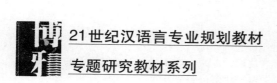

21世纪汉语言专业规划教材

专题研究教材系列

汉语白话史

（第二版）

徐时仪 著

图书在版编目(CIP)数据

汉语白话史/徐时仪著. —2 版. —北京：北京大学出版社，2015.7
(21 世纪汉语言专业规划教材·专题研究教材系列)
ISBN 978-7-301-25836-1

Ⅰ.①汉⋯ Ⅱ.①徐⋯ Ⅲ.①白话文–汉语史–高等学校–教材
Ⅳ.①H1-09

中国版本图书馆 CIP 数据核字（2015）第 101980 号

书　　名	汉语白话史（第二版）
著作责任者	徐时仪　著
责任编辑	唐娟华　旷书文
标准书号	ISBN 978-7-301-25836-1
出版发行	北京大学出版社
地　　址	北京市海淀区成府路 205 号　100871
网　　址	http://www.pup.cn　新浪微博：@北京大学出版社
电子信箱	zpup@pup.pku.edu.cn
电　　话	邮购部 62752015　发行部 62750672　编辑部 62753374
印刷者	北京大学印刷厂
经销者	新华书店
	650 毫米×980 毫米　16 开本　29.75 印张　531 千字
	2007 年 8 月第 1 版
	2015 年 7 月第 2 版　2017 年 5 月第 2 次印刷
定　　价	59.00 元

未经许可，不得以任何方式复制或抄袭本书之部分或全部内容。
版权所有，侵权必究
举报电话：010-62752024　电子信箱：fd@pup.pku.edu.cn
图书如有印装质量问题，请与出版部联系，电话：010-62756370

本书系国家社会科学基金项目"古白话词汇研究"（13BYY107）、上海市教委科研创新项目"古白话词汇研究"（13ZS084）、上海师范大学研究生精品课程建设项目"近代汉语词汇学"研究成果。

前　言

　　古代汉语和现代汉语的区别表现在书面上就是文言与白话的区别，① 白话是一个与文言相对而并存的反映了东汉至今历代口语成分的汉语书面语系统。笼统地说来，古代汉语就是文言，现代汉语就是白话，而具体地说来，文言并不等于古代汉语，古代汉语最初也是白话，白话介于古代汉语和现代汉语之间，现代汉语也不完全等同于白话。文白的交替反映了汉语书面语发展的脉络。

　　文言是在上古口语的基础上加工而成的书面语，本也是由白话演变而成。钱玄同为胡适的《尝试集》作序说："我现在想，古人造字的时候，语言和文字，必定完全一致。因为文字本来是语言的记号，嘴里说这个声音，手下写的就是表这个声音的记号，断没有手下写的记号，和嘴里说的声音不相同的。""周秦以前的文章，大都是用白话；像那'盘庚'、'大诰'，后世读了，虽然觉得佶屈聱牙，异常古奥；然而这种文学，实在是当时的白话告示。"② 古代虽然没有录音设备，无法录下当时人说的口语，但从今天一些保留有古代汉语形态的南方方言中还可略

---

①　"文言"这个名称始见于《周易》，相传是孔子所作《易传》中的一种，其主旨为阐说《乾》《坤》两卦的象征义蕴。李鼎祚《周易集解》引姚信曰："《乾》《坤》为门户，文说《乾》《坤》，六十四皆放焉。"孔颖达《周易正义》引庄氏曰："文，谓文饰。以《乾》《坤》德大，故特文饰以为《文言》。"因文言有"华美之言"义，后用于指在先秦口语基础上形成的书面语。"白话"的名称出现较晚，"白话"中的"白"是从戏剧中"说白"的"白"而来，后用于指秦汉以后口语基础上形成的书面语。周祖谟《从文学语言的概念论汉语的雅言、文言、古文等问题》说："文言就是古代的文学语言，换句话来说，就是古代的书面语言和人民大众诗歌创作的语言。""至于白话，它是从十三世纪以来以北方话为基础而逐渐发展起来的民族语言的加工形式，也就是现代的文学语言。"（《北京大学学报》，1956 年第 1 期）

②　钱玄同《尝试集序》，载《中国新文学大系·建设理论集》，上海文艺出版社，2003 年，第 106 页。

窥上古口语的概貌。如我们平时打招呼的问候语"吃了没有",厦门话说"食未";问人家"有没有",厦门话说"有无";进一步问得详细一点的"到底是有还是没有",厦门话说"到底有抑无"。又如厦门人批评操之过急的人常说"未曾学行,就要学飞",即还没有学会走,就想要学着飞。其中"抑""未曾"现在只能在文言中才能读到,但还可在地地道道的厦门话中听到,其他方言也有类似现象,可见上古口语与文言相近,文言作为古代的书面语是在上古口语的基础上加工而成的。①

文白之分大致始于汉,自汉至清的两千年中,汉语书面语有文有白,由以文为主到以白为主。沿至明清,文言与白话就有了很大的不同。如明太祖朱元璋立于孔府的碑石是采用白话写的官府的命令,与史书所载文言的诏书完全不同。又如清光绪皇帝在一份奏折上的朱批大字写着"你们作督抚的"应如何如何,旁边有小字注着"尔等身膺疆寄",② 一白一文,判若泾渭。可见,在秦汉以来口语基础上形成的白话与在秦汉口语基础上形成的文言已有很大差异。明代来华的意大利传教士利玛窦曾描述当时汉语的文白差别说:"在风格和结构上,他们的书面语言和日常谈话中所用的语言差别很大,没有一本书是用口语写成的。""然而,说起来很奇怪,尽管在写作时所用的文言和日常生活中的白话很不相同,但所用的字词却是两者通用的。因此两种形式的区别,完全是个风格和结构的问题。"③

文言与白话都是从口语发展而来。打个比方来说,口语就像野丫头的语言,生动直露,只是文言在上古口语的基础上形成后,不再随口语的发展而发展,而是不断精雕细刻,趋于典雅,渐凝固成为模式化的蜡美人;白话则随口语的发展而发展,始终保持野丫头的风格。在某种程度上,文白的演变就是蜡美人与野丫头语言的演变,也可以说是死文字与活语言的演变。文言与白话之间又有相承关系,章太炎《国学概论》一书曾说:"提倡白话诗人自以为从西洋传来,我以为中国古代也曾有过,他们如要访祖,我可请出来。唐代史思明(夷狄)的儿子史朝义称

---

① 当然厦门人本身不会意识到他们说的话其实就是文言所依据的古代口语,因为语音的演变,现在"抑"读如"阿","未曾"的"曾"读如[jing]。参周振鹤《古代文言与白话相去不远》,《文汇报》,2002 年 4 月 20 日。

② 周振鹤《古代文言与白话相去不远》,《文汇报》,2002 年 4 月 20 日。

③ 何高济、王遵仲、李申译《利玛窦中国札记》,广西师范大学出版社,2001 年,第 22 页。

怀王,有一天他高兴起来,也咏一首樱桃的诗:'樱桃一篮子,一半青,一半黄;一半与怀王,一半与周赟。'那时有人劝他,把末两句上下对调,作为'一半与周赟,一半与怀王',便与'一半青,一半黄'押韵。他怫然道:'周赟是我的臣,怎能在怀王之上呢?'……这也可算是白话诗的始祖罢。"① 文白演变是上世纪初语言的重大变动,"五四"时期文白的转型深刻广泛地影响了我们整个民族的思维和演说方式,成为中国文化由古典形态走向现代形态的起点。文白的转变不仅是一种语言现象,也是一种文化现象,涉及社会的发展和人们思想观念的转变以及价值观念的更新等诸多方面。中国古代文化的形成到发展为现代文化也可以从文白转型的角度进行阐析。白话文是怎样取代了文言文?语言的变革在"五四"新文化运动中起了什么作用?白话史有哪些发展阶段?现代汉语的词语怎样由上古演变而来?凡此种种,前贤时哲虽也有论述,但尚乏从白话发展史的角度进行较为全面深入的研究。由于文言文自秦汉时凝固定型后实际上已是言文脱节的文献语言,虽然在不同程度上也或多或少地带有一些口语因素,但表现得时断时续,时隐时现,显得零星杂乱。这就使我们对于古代白话面貌的了解至今若明若暗,而传统语言学主要以文言文作为研究对象,对东汉以来白话词语的演变未作系统研究,因而有关汉语白话发展史的研究尚是汉语史研究中的一个空白点。

  汉语白话的发展涉及到语音、词汇、语法和修辞等语言诸要素的方方面面。汉语作为分析型语言(即孤立语),其特点是词基本上无专门表示语法意义的附加成分,形态变化很少,语法关系靠词序和虚词来表示。一般来说,形态发达的语言,语言研究注重语法学;形态不发达的语言,语言研究则注重词汇学。语言的功能在于具体应用时能表情达意,语言交际的目的是意义的交际和思想的交流。语言的变化发展往往是从意义开始的,任何一个新词新义的出现都是一种发明,一种创造。然而词义的研究与语音、语法的研究相比,迄今仍是语言研究中的一个薄弱环节。汉语白话发展史中的语音演变,有关的音韵学著述已有论及;具体语法句式的演变,赵克诚《近代汉语语法》、祝敏彻《近代汉语句法史稿》、俞光中和植田均《近代汉语语法研究》、冯春田《近代汉语语法研究》、崔山佳《近代汉语语法历史考察》、太田辰夫《中国语历

---

① 章太炎《国学概论》,上海古籍出版社,1997年,第66页。

史文法》和《汉语史通考》、志村良治《中国近世语法史研究》等也多有论述；① 词汇的演变则多为专题或专书词汇的研究，如张相《诗词曲语辞汇释》和蒋礼鸿《敦煌变文字义通释》等在讨论具体词语词义的演变时，兼或论及汉语白话的发展。② 因此，本书作为汉语白话发展史研究的一个尝试，将主要从浩如烟海的历代文献中，选取能反映汉语白话发展过程的代表典籍，爬罗剔抉，张皇幽眇，从文白此消彼长的角度着眼，从秦汉以来汉语白话的发展着手，侧重于客观描述文言向白话渐变过程中各时期文献典籍中的白话内容和词汇的演变，剖析先秦至明清白话典籍中反映的文白演变现象，冀通过解读文献典籍记载的白话由不登大雅之堂到升堂入室取代文言文的演变线索，较为全面深入地探讨文白演变的内在规律，从古白话系统的角度揭示汉语文白演变由量变到质变最终形成现代汉语的发展过程。

---

① 孙德金《现代书面汉语中的文言语法成分研究》指出："从吕叔湘《中国文法要略》看，古今语法还是同多异少。"（商务印书馆，2012年，第28页）美国传教士切斯特·何尔康比《中国人的德性》认为："幸运的是对于外国学者来说，汉语的语法并没有给他们带来什么麻烦，其语法非常简单，如同完全不存在。"（陕西师范大学出版社，2007年，第37页）

② 这方面的论著详参徐时仪《古白话词汇研究论稿》，此从略。

目 录

上编 ·· 1

第一章　汉语的书面语系统 ··· 3
　第一节　民族共同语的雏形 ·· 3
　第二节　文言的形成 ·· 6
　第三节　古白话的形成 ··· 8
　第四节　文言与古白话的性质和界限 ··································· 16

第二章　古白话系统概述 ··· 20
　第一节　古白话史的分期 ··· 21
　第二节　古白话的特点 ·· 23
　第三节　古白话的文献 ·· 31
　　一、汉译佛典 ··· 32
　　二、敦煌吐鲁番文献 ··· 37
　　三、禅儒语录 ··· 39
　　四、诗词歌曲 ··· 45
　　五、戏曲 ·· 46
　　六、散文 ·· 47
　　七、笔记 ·· 49
　　八、小说 ·· 51
　　九、方言 ·· 52
　　十、其他 ·· 52

中编 ·· 59

第三章　白话的露头期 ·· 61
　第一节　先秦的白话 ··· 62
　第二节　秦汉的白话 ··· 66
　　一、秦汉的乐府和民歌 ·· 67
　　二、秦汉的白话散文和辞赋 ··· 74

三、汉译佛经和道经 …………………………………………… 79
　　　四、秦汉的白话注释 …………………………………………… 83
　第三节　魏晋南北朝的白话 ……………………………………………… 85
　　　一、魏晋南北朝的白话诗 ……………………………………… 86
　　　二、魏晋南北朝的白话文 ……………………………………… 95
　　　三、魏晋南北朝的汉译佛经 …………………………………… 106
　　　四、魏晋南北朝的南北通语 …………………………………… 114
　第四节　小结 ……………………………………………………………… 117

第四章　白话的发展期 …………………………………………………………… 119
　第一节　隋唐的白话 ……………………………………………………… 121
　　　一、隋唐的白话诗词 …………………………………………… 122
　　　二、隋唐的变文传奇 …………………………………………… 145
　　　三、隋唐的白话文 ……………………………………………… 150
　　　四、隋唐的禅宗语录 …………………………………………… 153
　第二节　五代宋金的白话 ………………………………………………… 158
　　　一、五代宋的白话诗词 ………………………………………… 159
　　　二、五代宋的语录 ……………………………………………… 166
　　　三、五代宋的白话文 …………………………………………… 176
　　　四、五代宋的话本小说 ………………………………………… 181
　　　五、宋金的戏曲 ………………………………………………… 191
　　　六、五代宋金的南北通语 ……………………………………… 193
　第三节　元代的白话 ……………………………………………………… 195
　　　一、元代的汉儿语 ……………………………………………… 196
　　　二、元代的曲辞杂剧 …………………………………………… 206
　　　三、元代的白话文 ……………………………………………… 213
　第四节　小结 ……………………………………………………………… 221

第五章　白话的成熟期 …………………………………………………………… 223
　第一节　明代的白话 ……………………………………………………… 223
　　　一、明代的白话诗词 …………………………………………… 225
　　　二、明代戏剧的白话唱词 ……………………………………… 226
　　　三、明代的白话文 ……………………………………………… 228
　　　四、明代的白话小说 …………………………………………… 242

第二节　清代的白话 ································· 249
　　　一、清代的白话诗词 ······························· 250
　　　二、清代的白话文 ································· 253
　　　三、清代的白话小说 ······························· 271
　　　四、清代的南北通语 ······························· 276
　　第三节　小结 ····································· 280

第六章　文白转型的完成 ····························· 283
　　第一节　现代汉语词汇的形成 ························· 283
　　第二节　白话文书面语正统地位的确定 ················· 292
　　　一、清末民初统一语言的讨论 ······················· 292
　　　二、"言文一致"宗旨的实现 ························· 300
　　　三、拼音文字和汉字改革的探索 ····················· 302

下编 ··· 305

第七章　书面语系统的演变 ··························· 307
　　第一节　词义的发展 ································· 308
　　第二节　词义的系统 ································· 317
　　第三节　常用词的文白演变 ··························· 343
　　第四节　新书面语系统的形成 ························· 378

第八章　文白转变的必然规律 ························· 384
　　第一节　语言自身发展的趋势 ························· 386
　　　一、由形看文言演变为白话的内在原因 ··············· 390
　　　二、由音看文言演变为白话的内在原因 ··············· 399
　　　三、由义看文言演变为白话的内在原因 ··············· 404
　　第二节　思想和文化发展的需要 ······················· 406
　　第三节　思维和交际的需要 ··························· 417
　　第四节　语言接触的影响和推动 ······················· 421
　　第五节　平民意识的萌发 ····························· 423
　　第六节　口语和书面语的雅俗合璧 ····················· 429
　　第七节　文白演变的价值取向 ························· 434
　　　一、言语意义←→语言意义互动交融 ················· 435
　　　二、口语←→书面语共存交融 ······················· 437

三、本土文化⟷外来文化碰撞交融 ………………………… 440

四、社会底层⟷社会上层流动交融 ………………………… 442

五、趋雅⟷趋俗互补融合 …………………………………… 443

参考文献 ……………………………………………………… 449

第二版后记 …………………………………………………… 458

上 编

第一章 汉语的书面语系统

从语言的物质载体来说，书面语是把语言写在纸一类的载体上，口语是把语言用嘴说出来。口语和书面语属于语体的区别，口语丰富生动，与时俱进；书面语规范细密，精雕细刻。从语言的交际渠道来说，又有口头和笔头的区别。口语多用口头的形式，书面语多用笔头的形式，但口头的口语也可以记载在书面上成为书面语，如戏曲小说中人物的对话；书面语也可以用口头的形式表达，如新闻广播。口语是说的语言、听的语言，既是书面语的基础，也是书面语的源泉，凭借声音而受到时空的限制；书面语是在口语的基础上形成的，是写的语言、看的语言，要借助于文字，凭借文字而可以传于异地，留于异时。大致而言，口语是语言的自然形式，书面语是口语的加工形式，书面语并不就是口语的原始形态的实录，而是口语经过提炼加工的书面形式。汉语的书面语有文言和白话两个系统：一为在先秦口语基础上形成、以先秦到西汉文献语言为模仿对象的文言系统，一为在秦汉以后口语基础上形成的古白话系统。

第一节 民族共同语的雏形

汉语是汉民族的共同语，在某种程度上也可以说是我们中华民族的民族共同语，① 具有悠久的历史。"汉语"一词，最早见于南朝，如梁僧祐《广弘明集》卷八："万象既生，假名遂立，梵言菩提，汉语曰道，其显迹也。"又如《南齐书·魏虏传》："诸曹府有仓库悉置比官，皆使通虏，汉语以为传译。"据刘义庆《世说新语·言语》载："高坐道人不作汉语。"高坐道人为晋永嘉年间（307—312）东来的西域僧人，刘孝

---

① 回族、土家族等现在也使用汉语，中华民族的各民族间主要是使用汉语进行交际。

标注引《高坐别传》称其名曰尸黎密,《高僧传》则作帛尸梨密。"不作汉语"就是不说汉语。"汉"本为水名,据《书·禹贡》载:"嶓冢导漾,东流为汉,又东,为沧浪之水。"又据《诗·江汉》云:"江汉浮浮,武夫滔滔。"《书》和《诗》中所说的"汉"即河流的名称,其上游为漾水,发源于嶓冢山(今陕西宁强境内),其下游又称沧浪水。《说文》:"汉,漾也,东为沧浪水。"汉水是长江最大的支流,故与长江并称为江汉。汉(漢),从水莫声。表莫声的字往往有"盛"义,如嘆(叹)为口气之盛,熯为火势之盛等,漢(汉)为水势之盛。现在所能见到的载有"汉"字的实物是战国时楚怀王六年(前323)所铸的鄂君启舟节,藏中国历史博物馆。舟节记载鄂君启从事商业活动的舟行路线云:"自鄂市,逾湖,上汉。""逾汉,庚汪。""汉"后又用作地名,战国时楚国有汉中。战国末,秦攻楚汉中,取地六百里,置汉中郡。秦亡后,刘邦为汉王,与项羽逐鹿中原,打败了项羽,建立了汉朝,"汉"遂成为一个时代的代表,后又成为民族的名称,在一些场合往往成为中国的代表,如欧洲各国称研究中国的学问为"汉学",研究中国的学问者为"汉学家"。中华传统文化的语言载体有汉语、藏语、苗语等,其中汉语和汉字可视为自公元前三千年一直延续至今的中华传统文化统一体的最有力的一个标志,也是迄今世界上使用人数最多、最发达、最丰富的语言之一,列为联合国法定的六种通用语言之一,今成为中华民族共同语的名称。

汉语的远源可追溯至我国历史上传说中的"三皇五帝"时代,那时所用语言的具体状况尚无法考知。根据有关史料记载,夏代是中国历史上可考知的第一个朝代。1977年以来在河南王城岗已发掘出夏代的文化遗址,遗址中的陶器上刻有一些文字。一般认为,夏代是汉语有文字记载的最早的朝代。承夏而起的商朝是一个奴隶社会,那时已有比较成熟的甲骨文字。据历史记载,商末时有1800个国,即1800个氏族或部族,各自聚族而居,氏族或部族间的语言有同有异,而在甲骨文所记载的"令斿族寇周""令五族伐羌"等氏族的集体行动中,氏族或部族间语言的同化或融合已经出现。由此可知,由于政治、经济和文化各方面活动的需要,汉语产生后即形成一种作为人们交际和交流思想的工具的共同语,同时各地也存在着各自的方言。随着商朝定都殷,于是形成了以殷地话为中心的通用语。这个通用语实际上是以一个较大的方言为基础,维系各个氏族或部族的区域通用语,而商代甲骨文就是这一通用语的书面语。周武王灭商后,商周两族的语言融合,周族王畿所在地的镐京语成为比较强势和有影响的西都音，原来各诸侯国的语言也逐渐融合成几个相对稳定的大方言。至周平王东迁洛邑，洛阳成为全国政治文化中心，洛阳语的影响力渐强。由于交际的需要，各大方言以洛阳语为基础进行了一次大的整合，出现了一种以洛阳音为基础的读书音，成为各地都能通行的通用语。这种通用语与洛阳语的区别类似于现在普通话与北京土话的区别。周代金文和商代甲骨文在结构上大致相似，所用词汇也相差无几。其时各国参加外交宴会的人都能用彼此通晓的语言赋诗言志。《诗经》三百零五篇，采自十五国，用韵基本一致。十五国以外的其他诸侯国的诗文用韵也与《诗经》相合。①

　　春秋战国时期，各地也有各自的方言。据《孟子》中载孟轲说："有楚大夫于此，欲其子之齐语也，则使齐人傅诸？使楚人傅诸？曰：使齐人傅之。曰：一齐人傅之，众楚人咻之，虽日挞而求其齐也，不可得矣。引而置之庄岳之间数年，虽日挞而求其楚，亦不可得矣。"可见齐、楚两地方言的不同。扬雄《方言》说：表示"好"的意思，"秦曰娥，宋魏之间谓之嬿；秦晋之间凡好而轻者谓之娥。自关而东，河济之间谓之媌，或谓之娇。赵魏燕代之间曰姝，或曰娃。自关而西，秦晋之故都曰妍。好，其通语也。"表示"大"的意思也有"敦、丰、般、嘏、奕、戎、京、奘、将"等不同的说法。扬雄说："宋鲁陈卫之间谓之嘏，或曰戎。秦晋之间，凡人之大谓之奘，或谓之壮。燕之北鄙，齐楚之郊，或曰京，或曰将，皆古今语也，初别国不相往来之言也。今或同，而旧书雅记故俗，语不失其方，而后人不知，故为之作释也。"各地方言虽然不同，但已有彼此都使用的"通语"。"通语"二字屡见于《方言》全书中。据《论语·述而》载："子所雅言，《诗》、《书》、执礼，皆雅言也。"郑玄解释"雅言"为"正言"，认为"读先王典法必正言其音，然后义全"。刘台拱解释说："夫子生长于鲁，不能不鲁语，惟诵《诗》、读《书》、执礼必正其音，所以重先王之训典，谨末学之流失。"② 可见扬雄记载的"通语"和孔子说的"雅言"已具有中华民族共同语的雏形。共同语即当时的"雅言""通语"，方言则为"殊方异

----

①　王国维《周代金石文韵读》序说："昔人于有周一代韵文，除群经诸子《楚辞》外，所见无多。余更蒐集其见于金石刻者，得四十余篇。其时代则自宗周以讫战国之初，其国别如杞、鄫、邾娄、徐、许等，并出《国风》十五之外。然求其用韵，与三百篇无乎不合。"

②　刘端临《论语骈枝》认为雅言即"王都之言"，刘宝楠《论语正义》认为即当时"官话"。

语"。其时虽然"五方之民，言语不通，嗜欲不同"，① 但方言的差别主要表现在语音上，儒、道、墨、法、名、兵、农等各学派的著作，书面表达上基本一致。② 荀子在《正名篇》中说："散名之加于万物者，则从诸夏之成俗曲期，远方异俗之乡，则因之而为通。"又在《王制篇》中提出了"使夷俗邪音，不敢乱雅"的主张。由此可推知，周秦时大致以中原诸夏雅言为通用语。

第二节　文言的形成

吕叔湘曾说："世界上没有，也不可能有，完全没有口语做根底的笔语；文言不会完全是人为的东西。可是文言也不大像曾经是某一时代的口语的如实的记录，如现代的剧作家和小说家的若干篇章之为现代口语的如实的记录。"先秦的书面语"在当初大概跟口语相去不太远，还在听得懂的范围之内"。到了汉代，语言中产生了许多不同于周秦语言的新现象和新特征。其时仿袭周秦书面语而作的一些著述也渐与当时口语有较大的不同，变成纸上的语言，而不是口上的语言了，甚至连"文章尔雅，训辞深厚"的诏书律令，有时也竟致"小吏浅闻，不能究宣"了。③ 从语言本身的发展而言，语言不仅通过口耳代代相传，而且文字产生以后也通过书面的记录得以传承。今天的口语实际上是前人的口语和书面语的融合体。书面语虽是口语的记录，但已是经过加工的口语。书面语的发展必然要受到口语的影响，随口语的变化而有所演变，但一旦形成为一个独立的系统，则不再完全随着口语的变化而变化，而是根

---

① 参《礼记·王制》。

② 李亚农《欣然斋史论集·东周与西周》："当时各族间统治阶层的混血已经变成了司空见惯的平常事；则夏、殷、周以及其他诸古老民族，由于杂居的结果，民间的大混血，自不必说了。甚至中原内部的戎狄，在春秋末期，亦已和诸夏各族杂居。""入战国以后，我们既不见周人、殷人、夏人的区别，也不见中原内部还有戎狄的存在。各族通婚的结果，许许多多的民族的血统溶而为一了。""至于语言，我们在前面已经看到，春秋时代还有不同于华语的越语，有些稍不同于华语的楚语，甚至有言语衣服都不与华同的姜戎；但在进入战国以后，我们已经找不到列国语言不同的痕迹。读者不妨把《战国策》翻开来读一读中山的历史，谁能从中发现异族的气味呢？然而中山是鲜虞的别名，原属白狄的别种。由此可见，从北而南，中华民族的共同的语言形成了。"（上海人民出版社，1962年，第834—836页）

③ 参《史记·儒林传》。

据其自身的需要有所选择地吸收一些新的口语成分,自有其发展的规律,且必然也会对口语的发展产生一定的影响。先秦时的雅言就是这样在当时王畿的口语基础上凝固成书面语,出现了一大批雅言写的文献著作,如《左传》《论语》《孟子》《老子》《庄子》《韩非子》等,著书者虽然地分南北、言语异声,但在写作时却都向雅言靠拢,逐渐形成了与不断演变中的口语相对独立而自成体系的书面语系统。

  雅言是对直白的口语的文饰和美化,作为书面语,也就是文言。文言的形成历程可以说是书面语逐渐脱离口语的历程。自汉武帝罢黜百家、独尊儒术之后,在董仲舒的"天不变,道亦不变"的理论影响下,语言复古的倾向更趋严重,言文逐渐分离。魏晋以后,书面语和口语的距离日益加大。据《隋书·荣毗传》载,荣毗兄建绪不愿与隋高祖一起谋取北周的政权,及高祖夺得帝位,建绪来朝。"上谓之曰:'卿亦悔不?'建绪稽首曰:'臣位非徐广,情类杨彪。'上笑曰:'朕虽不解书语,亦知卿此言不逊也。'"建绪所说引经据典,故高祖说自己不解书语,可见随着言文的分离,人们已明确认识到文言与口语的差别。六朝骈文讲究骈偶、对仗、辞藻和用典,更远离了口语的实际,形式主义、唯美主义的文学思潮笼罩着当时的文坛。在这种社会思潮、文化思潮的影响下,不仅内容上以宗经、徵圣为主,而且为文务求典雅,遣词意在工丽,汉语书面语自然日益脱离清新活泼的口语发展,文白的分歧也越来越大。唐宋古文反对骈文,模仿先秦两汉的语言,与当时的口语也有很大的距离。于是古代汉语两个书面语系统中的文言文就这样从周秦和汉代的古典散文发展而凝固,形成了以先秦两汉的书面语为模式的文言系统。① 就书面语的文言系统而言,秦汉后模仿先秦两汉的文献虽然也出现有一些新词新义,但主要倾向于接受先秦两汉已使用过的趋于定型化的语言成分,或通过先秦两汉旧有的质素组合来表达新词新义,总体

---

① 郭锡良《汉语历代书面语和口语的关系》说:"从语言系统的角度来看,我们认为,书面语同口语自殷商到西汉都是一致的。""语法具有极大的稳固性,一种语法成分、句法结构的变化往往需要几个世纪才能完成。《史记》在语法方面同先秦典籍已有相当多的差异,可见它并非仿古之作,而是随着口语的发展而进行加工的书面语。西汉其他典籍的语言系统大多与《史记》相似,因此西汉的书面语仍然保持了与口语的一致,而不是变成了'死文字'。书面语脱离口语的内在原因是言语仿古造成的。战国以后,典籍日多,为书面语提供了仿古的蓝本。加上汉武帝罢黜百家,独尊儒术,崇古之风日盛;东汉以后,文尚整饬。"(《汉语史论集》,商务印书馆,1997 年)

上滞后于语言的发展,这可以说是文言系统从先秦直到明清共有的特点。

第三节 古白话的形成

语言作为社会交际的工具,一般都有口语和书面语两种表达形式。远古文字尚未产生,先民唯藉语音以达意,语言只有口头形式。文字产生后,口语得以用书面形式记载下来,故书面语是口语的反映。根据先秦书面语表现出来的语言的结构特征和规律,周秦书面语具有极大的同一性。就其风格而言,大致可分为质言体和文言体。① 质言体一般是口语的直录,辞句质朴,较少文饰,如《周书》中的《大诰》《康诰》《酒诰》等;文言体一般是经过加工润饰的作品,如《尚书》中的《洪范》《顾命》及《仪礼》十七篇等。诸子百家中,《论语》大多是孔子的语录,最能反映当时的口语。墨子爱用质言体著书,引用古语也多译成其时口语,荀子、韩非子文亦朴实,不注重文采,而孟子、庄子则力求文质并茂。其时许多作品还吸收徒歌、童谣、俗谚入文。刘勰《文心雕龙·书记篇》称:"文辞鄙俚,莫过于谚,而圣贤之书,采以为谈。"因此从书面语和口语的关系来说,不论质言体还是文言体,基本上都是当时口语的反映,周秦时代书面语和口语基本上是一致的,故刘知幾《史通·言语》说:"寻夫战国以前,其言皆可讽诵,非但笔削所致,良由体质素美。"朱熹说《尚书》中"至于《旅獒》《毕命》《微子之命》《君陈》《君牙》《冏命》之属,则是当时修其词命,所以当时百姓都晓得者,有今时老师宿儒之所不晓。今人之所不晓者,未必不当时之人却识其词义也"。② 同时,书面语又对口语有所加工。阮元《文言说》称:"古人无笔砚纸墨之便,往往铸金刻石,始传之远;其著之简策传事者,亦有漆书刀削之劳,非如今人下笔千言,言事甚易也。"又说:"古人以简策传事者少,以口舌传事者多,以目治事者少,以口耳治事者多。故同为一言,转相告语,必有愆误,是必寡其词,协其音,以文其言,使人易于记诵,无能增改,且无方言俗语杂于其间,始能达意,始能行远。"《诗经》就是经过加工润

---

① 文言的历史也有新旧之分。尚书体的古体文言简奥朴实,句式古拙;春秋时期的新文言典雅蕴藉,骈散结合。参傅道彬《春秋时代的"文言"变革与文学繁荣》,《中国社会科学》,2007年第6期。

② 《朱子语类》卷七八。

色而形成的书面语的典型代表,反映了其时书面语的同一性。其时列国朝聘,外交酬酢,谈判较胜,莫不以背诵《诗经》诗篇来表达自己的意志,可知这种经过加工的书面语是人人共晓的语言,虽然与当时的口语不一定完全相同,但相当接近当时的口语。

  口语与书面语具有源与流的关系,又各有其继承性。由于时代条件的限制,古人无法利用录音设备录下自己说的话,我们今天不可能听到古人的言语,只有一些流传下来的书面记录。从语言本身的发展而言,语言不仅通过一代一代的口耳相传,而且文字产生以后也通过书面的记录得以传承。今天的口语实际上是前人的口语和书面语的融合体。书面语虽是口语的记录,但已是经过加工的口语。如元稹《酬白学士代书一百韵》说:"翰墨题名尽,光阴听话移。"其自注说:"乐天每与予游,从无不书名屋壁。又尝于新昌宅说'一枝花话',自寅至巳,犹未毕词也。"据《醉翁谈录》载,"一枝花"是长安名妓李娃的别名,后白居易的弟弟白行简写成《李娃传》。又如沈既济建中二年(781)从长安贬官吴地,沿颍水坐船途中与四五个朋友"昼宴夜话,各征其异说",他讲的狐女故事后来写成《任氏传》。《李娃传》和《任氏传》是在白居易新昌宅"自寅至巳"说的"一枝花话"和沈既济自陕西至浙江的"昼宴夜话"雏形上写成,已是经过加工后的书面语。

  书面语的发展必然要受到口语的影响,随口语的变化而有所演变,但一旦形成为一个独立的系统,则自有其发展的规律,不再完全随着口语的变化而变化,而是根据其自身的需要有所选择地吸收一些新的口语成分,且必然也会对口语的发展产生一定的影响。

  随着时代的发展,口语也在发展演变。由于人们在写作时往往受到自身方言或其他方言的影响,共同语与方言词语的互相交流又是丰富词汇的一个重要源泉,因而人们在用书面语进行交际中或多或少地会夹带一些方言口语成分,从而对书面语有明显的影响。刘知幾《史通·言语》指出:"夫《三传》之说,既不习于《尚书》,两汉之词又多违于《战策》。足以验氓俗之递改,知岁时之不同。"朱熹曾说:"古人文字,有一般如今人书简说话,杂以方言,一时记录者;有一般是做出告戒之命者。""《书》有易晓者,恐是当时做底文字,或是曾经修饰润色来。其难晓者,恐又是当时说话。盖当时说话自是如此,当时人自晓得,后人乃以为难晓尔。若使古人见今之俗语,却理会不得也。以其间头绪多，若去做文字时，说不尽，故只直记其言语而已。"① 陈第《毛诗古音考》自序也说："时有古今，地有南北，字有更革，音有转移，亦势所必至。"口语和书面语是语言的两个互相依赖的存在方式，口语是书面语的基础，书面语自然应当反映口语中的新变化，否则就会与语言的口头形式脱节，影响语言交际的一致性。

在语言的发展演变中，早在商周时期，汉语的书面语中已出现文白的差异。如西周早期，"其"用作副词，"厥"用作代词，两者互不相涉；中期，副词"其"渐侵入"厥"的领地，出现了做代词的用例；晚期，在用作代词这一点上，"其"与"厥"已同义而没有区别，两词往往共见于同一篇铭文中。在秦汉的简帛中，"其"则完全取代了"厥"。"其"与"厥"嬗变的历史层次可以用作判定铜器铭文年代的辅助性坐标，也在一定程度上反映了早期汉语书面语中文白的分化。根据古文字资料和上古典籍的记载，"其"与"厥"的嬗变呈现出明显的不平衡，而文体的分歧可以说是造成这种不平衡的主要原因。铜器铭文作为一种书面化程度相当高的文体追求典雅庄重，带有崇古倾向。根据唐钰明《"其""厥"考辨》一文的统计，东周铭文"其"取代"厥"的比率是79.7%，而作为盟誓记录的同期文献侯马盟书中却用了1472个"其"，没有用"厥"，"其"取代"厥"的比例是100%。这表明商周时期的书面语已存在文白歧异的倾向，开后代文白分道的先河。②

吕叔湘认为："秦以前的书面语和口语的距离估计不至于太大，但汉魏以后逐渐形成一种相当固定的书面语，即后来所说的'文言'。""如果我们能知道，什么时候人们的说话从接近书面语变成跟书面语大不相同，我们就能把这个定为古代汉语和近代汉语的分界线。"③ 郭锡良《汉语历代书面语和口语的关系》说："研究汉语史最基本的材料是历代的书面语，弄清历代书面语同口语的关系是研究汉语史的前提条件。口语和书面语是一种语言的两种变体，两者当然有自己的特点，有某些差异。差异产生的根本原因是口语是通过口耳相传的耳治语言，往往是随口而出；书面语是让人阅读的目治语言，往往是经过认真思考才写出来的。""总体来看，两者的关系只是加工和未加工的区别，就语言系统来说，应该是一致的。其差异主要是修辞表达、言语风格方面的，

---

① 《朱子语类》卷七八。
② 唐钰明《"其""厥"考辨》，《中国语文》，1990年第4期。
③ 吕叔湘《近代汉语读本》序，1985年。

是属于语言系统以外的东西。"① 语言的整化和分化是语言发展的基本运动形式，语言的整化使语言凝聚成统一的民族共同语，方言口语的发展形成的语言分化又不断影响着共同语的发展，使其变得更为丰富多彩。文言文形成后，虽然已与语言的口头形式脱节，但在具体使用中仍不同程度地受到口语的影响。除了句式的演变外，更多的是吸收了大量的新词新义。东汉后的文言作品中不同程度地含有一些当时的口语成分，这些作品虽然整体上是仿求古雅的文言，但完全不受现实语言发展的影响也是不可能的，或多或少地会吸纳一些当时的口语因素，从而透露出古代口语由先秦发展到唐宋，以至于形成古白话的一些信息。如《墨子·小取》："假者，今不然也。"《经说下》："假，假必非也而后假。"例中的"假"是当时口语而沿用至今，文言文中一般用"伪"。又如《战国策·赵策一》："魏文侯借道于赵攻中山。"例中"借"也是当时口语而沿用至今，文言文中一般用"假"，如《战国策·齐策一》："秦假道韩魏以攻齐。"司马迁的《史记》是文言文中的杰作，其所用语言与《尚书》已不尽相同。如《尚书·尧典》的"庶绩咸熙"，《史记》改写为"众功皆兴"；《汤誓》的"夏罪其如台"，《史记》改写为"（夏）有罪其奈何"。唐宋八大家的著作也是文言文中的杰作，其所用语言又与《史记》有所不同。究其原因，盖时代在发展，语言也在发展演变，两汉时口语与书面语已渐趋歧异，演至唐宋，口语与先秦则有很大的不同。原有的词汇越来越不够用，口语中必然会出现大量新词新义，口语对书面语的影响和渗透自然也越来越明显。大致而言，东汉至魏晋古代汉语已形成了文言与白话的区别。

汉语在由古到今的演变过程中，一部分基本词汇如人、手、山、水、牛、羊等从先秦一直使用到现在，一部分词语则或多或少有所变化，如周秦时只有"日"一词，后来口语中又出现了"太阳"一词，东汉至魏晋时"太阳"一词取代"日"进入书面语中。如东汉和帝永元二年诏："邪气岁增，侵犯太阳。"又如曹植《洛神赋》："皎若太阳升朝霞。"周秦以后的文言文在形式基本一致的前提下，难免也受其时口语的影响，因此与周秦时的文言文或多或少有一些不同。

语言的功用在于"明志"，而"言恐灭遗，故著之文字。文字与言同趋，何为犹当隐闭指意"。② 语言贵在明白通俗，而"文犹语也"，语

---

① 郭锡良《汉语史论集》，商务印书馆，1997年。郭锡良说："从语言系统的角度来看，我们认为，书面语同口语自殷商到西汉都是一致的。"

② 王充《论衡·自纪篇》。

言的发展要求书面语与口语趋于一致,这一趋势导致了周秦文言文与其后的文言文有一些不同,这些不同也就是周秦后不同时期口语成分的反映。这些口语成分奠定了古汉语中另一书面语系统白话文形成发展的基础,相对于现代语体的白话文而言,可称为古白话。①

  语言中语音、语义、语法系统内部的各要素之间,以及这些系统彼此之间,都有互相联系和制约的关系,局部的变化往往会引起一系列的连锁反应。语言是社会的交际工具。社会的交际是语言发展的最基本的条件,语言内部各要素的相互影响是在这一条件的基础上起作用的,它决定着每一语言发展的特殊方向。任何事物的发展都有自己的特点,这是由事物的性质决定的。语言是人类最重要的交际工具,这种性质决定它的发展只能是渐变的,而且系统内部的各个组成部分的发展速度是不平衡的。渐变性和不平衡性是语言发展的两大特点。② 白话文的形成并不是一蹴而就的,而是在口语的基础上逐步影响文言文,增加文言文中的白话口语成分,进而形成与文言文相抗衡而并峙的反映实际口语发展的古汉语另一书面语系统。白话文书面语系统在其整个历史时期内并不完全相同。它逐渐演变,以适应口语本身的变化。

  白话文书面语系统的形成在汉代已发其端绪。汉代的乐府歌辞大都是民间创作,皆矢口而言,绝无文饰,浑朴真挚,实际上是当时口语的真实反映。西汉的诏令和陆贾的《新语》以及《汉书》赵飞燕传中一些直录的语句都表现出当时口语的某些特点,《史记》中也采用了不少当时的方俗口语。东西汉之交,开通西域,佛教由印度传入中原,僧人在传教时尽量使用简单的、易于为人接受的语言来说明教义,因而佛经文献往往具有较强的口语色彩。东汉王充则有鉴于言文分离不易为多数人所晓,在《论衡·自纪》中提出:"文字与言同趋,何为犹当隐蔽指意",要求"形露易观",反对"指意难睹",主张言文一致,其所著往往直露其文,集以俗语。

  魏晋南北朝时钟嵘所作《诗品》说魏文帝的诗"率皆鄙质如偶语"。《晋书·束皙传》载束皙"尝为《劝农》及《饼》诸赋,文颇鄙俗"。南朝刘义庆撰《世说新语》,记述东汉至东晋间佚文趣事和名士言行,书中也有不少口语词汇。

---

  ① 较早使用"古白话"这一术语的是黎锦熙的《国语运动史纲》序,商务印书馆,1935年。也有称为早期白话或旧白话的。
  ② 叶蜚声、徐通锵《语言学纲要》,北京大学出版社,1981年,第179—180页。

六朝乐府歌辞、汉译佛经和部分唐诗与其同时的散文相较而言则更接近口语。隋李谔上书疾呼改革文风。唐刘知幾也发出"怯书今语,勇效昔言,不其惑乎"的质问,提出书面语必须"近真"的主张。① 韩愈和柳宗元倡导的古文运动主张复兴秦汉散文,在一定程度上缩短了书面语和口语的距离。中唐时萌发有接近口语的半文言半白话的讲唱文学"变文"、禅宗"语录"和白话诗等,宋代则有"话本"和程朱语录等,反映了文言向白话的过渡。"话本"的"话"指用口语而不是文言讲述的故事,由"话本"的"话"可见,随着通俗文学的出现,口语已进入文学的殿堂,"话"和"文"渐分庭抗礼,文白已渐渐分流,文言与白话作为汉语这同一语言在发展演变过程中的两种不同表现形态,既有彼此的交融与借鉴吸收,表现为你中有我,我中有你,粗有涯界却又难以截然划分,又各循其话语规则而发展。

唐宋以降,随着市民阶层的兴起壮大,俗文化的兴盛,追求言文一致渐成为时代的潮流,语言的通俗化、口语化倾向越来越明显,口语与书面语的不一致越来越明显。据洪迈《夷坚丙志·契丹诵诗》载:"契丹小儿,初读书,先以俗语颠倒其文句而习之,至有一字用两三字者。顷奉使金国时,接伴副使秘书少监王补每为予言以为笑。如'鸟宿池边树,僧敲月下门'两句,其读时则曰'月明里和尚门子打,水底里树上老鸦坐',大率如此。"又据《说郛》卷七《轩渠录》载,北宋开封"有营妇,其夫出戍",其子名窟赖儿,她"托一教学秀才写书寄夫云:窟赖儿娘传语窟赖儿爷,窟赖儿自爷去后,直是忔憎儿,每日根特特地笑,勃腾腾地跳。天色汪囊,不要吃温吞蠖飥底物事"。那秀才无法下笔成书,只好把已收的写信钱退还给她。② 宋代的书面语大致仍沿用秦汉时的文言文,文化水平低的人往往听不懂书面语,也不会写书面语。书面语要反映当时的口语,因此就出现了书面语的白话文倾向。一些民间语言逐渐渗透到书面语中。如当时口语中的"勾当""管勾"等词,意为"管理",用作"勾当御药院、管勾文字、勾当公事、管勾帐司"

---

① 刘知幾《史通·言语》。
② 《说郛》卷七《轩渠录》还说到有一位陈姓妇女寓居严州,几个儿子都宦游未归。一天,她的族侄陈大琮过严州,于是陈氏叫他代作书寄给儿子,口授云:"孩儿要劣妳子,又阋阋霍霍地。且买一柄小剪子来,要剪脚上骨茁儿、肐胝儿也。"大琮迟疑不能下笔,这位妇女讥笑说:"原来这厮儿也不识字。"

等官名。① 又如陈师道吸取当时的谚语，把"巧媳妇做不得没面怀饦""远井不救近渴"和"瓦罐终须井上破"等改写成"巧手莫为无面饼，谁能留渴须远井""瓶悬甃间终一碎"等七言诗。

　　宋代朱熹根据书面语与口语的关系，在继承王充、刘知幾语言观念的基础上，进一步发展了"文字与言同趋"的观点，指出与口语保持一致的书面语是"说"出来的，而脱离口语的书面语是"做"出来的，认为"古人文章，大率只是平说而意自长；后人文章，务意多而酸涩。如《离骚》，初无奇字，只恁说将去自是好。后来如鲁直（黄庭坚），恁地着力做，却自是不好"，"今人作文，皆不足为文。大抵专务节字，更易新好生面辞语"。他反对寻章觅句一味模仿古人，用艰深的文言代替新鲜活泼的口语，造成文意晦涩不明，赞扬"欧公文章及三苏文好，说只是平易说道理"，"初不曾使差异的字换却那寻常的字"。陈骙所撰《文则》亦指出"古人之文，用古人之言也"，今人著文也应该用自己的口语，认为"既而强学焉，搜摘古语，撰叙今事，殆如昔人所谓大家婢学夫人，举止羞涩，终不似真也"。② 他把保持书面语与口语的一致性看作著文的基本法则。

　　元代，蒙古族统治了中国，蒙古人的文化政策成为使用汉语口语的刺激因素，以其时口语为规范基础的书面语与蒙古语同时成为元代行政机关的官方语言，汉语原有的书面语系统在其时口语的影响下，遂由不断增加文言文中的口语成分进而逐渐演变成另一书面语系统，文白此消彼长也渐由量变向质变转化，初步形成了不同于文言文系统的古白话系统，出现了一批基本上记录和反映当时口语的平话、杂剧和小说。变文、语录、话本、杂剧和小说等广泛运用白话，改变了六朝骈文和唐代古文脱离口语的情况。

　　明代李贽意识到语言的发展和文学反映社会的表达形式的演变，提出"诗何必古选？文何必先秦？降而为六朝，变而为近体，又变而为传奇，变而为院本，为杂剧，为《西厢曲》，为《水浒传》，为今之举子业，皆古今至文，不可得而时势先后论也"，③ 把《西厢记》和《水浒传》列入了"古今至文"。文学家袁宗道、袁宏道、袁中道兄弟三人为首的公安派受他的影响，主张文章要用当代的语言、自己的语言。袁宗道认为："时有古今，语言亦有古今。今人所诧奇字奥句，安知非古之

---

① 《宋会要》职官四十四之四十；《司马文正公传家集》卷三九《言王中正札子》；《续资治通鉴长编》卷三六七元祐元年二月丙戌。
② 陈骙《文则》，人民文学出版社，1960年，第8页。
③ 李贽《焚书·童心说》。

街谈巷语耶?"他提出"宁今宁俗,不肯拾人一字"的口号。① 冯梦龙也提出小说语言"话须通俗方传远,语必关风始动人"。② 清代袁枚论诗不避俚俗,李渔、金圣叹和郑燮等主张行文要直写胸臆,文章中常夹杂一些白话。

19世纪末,随着变法维新运动的兴起,雅训的文言已不足以表达新异纷繁的新思想和新事物,出现了书面汉语改革的潮流。黄遵宪在《日本国志·学术志》中注意到语言与文字就是指口语与书面语,指出"语言与文字离,则通文者少;语言与文字合,则通文者多","若小说家言,更有直用方言以笔之于书者,则语言文字几乎复合矣","乌知夫他日者不更变一文体为适用于今、通行于俗者乎"? 这些主张开了晚清至"五四"白话文运动的先声。戊戌变法时,裘廷梁提出"崇白话而废文言"的主张,同时指出:"人类初生,匪直无文字,亦且无话。咿咿哑哑,啁啁啾啾,与鸟兽等,而其音较鸟兽而繁。于是因音生话,因话生文字。文字者,天下公用之留声器也。文字之始,白话而已矣。"上古帝王的"文告皆白话,而后人以为诘屈难解者,年代绵邈,文字不变而言语变也","后人不明斯义,必取古人言语与今人不相肖者而摹仿之,于是文与言判然为二。一人之身而手口异国,实为二千年来文字一大厄"。③ 梁启超等倡创新文体,④ 虽仍文白夹杂,但白话成分已超过了文言。这种新文体以"解放"自期,以"觉世"自任,突破了文言的基本格局,动摇了文言的正统地位,吸引了当时的学者竞相仿效。1898年,第一份白话报在江苏无锡创刊,取名《无锡白

---

① 袁宗道《白苏斋类集》卷二〇《论文》和《与冯琢庵师》。
② 冯梦龙《警世通言》卷一二。
③ 裘廷梁《论白话为维新之本》,《近代史资料》第2期,第120页。
④ 梁启超《湖南时务学堂学约》指出"觉世之文"与"传世之文"在表达方式和语言风格上有很大的不同:"传世之文,或务渊懿古茂,或务沈博绝丽,或务瑰奇奥诡,无之不可;觉世之文,则辞达而已矣,当以条理细备、词笔锐达为上,不必求工",只求即时生效,为当时群众所理解。(《饮冰室文集》之二,中华书局,1989年,第27页)梁启超认为文言"于当世应用之新事物、新学理,多所隔阂",(《新民说·论进步》,《饮冰室文集》之四,中华书局,1989年,第57页)文言"太务渊雅,刻意摹仿先秦文体,非多读古书之人,一翻殆难索解"。(《绍介新著·原富》,《新民丛报》第一号,1902年2月)

话报》，后又改名为《中国官音白话报》。① 其时出版了十多种白话报纸，五十多种白话教科书，一千五百多种白话小说。② 大量的新概念新词语随着西学东渐而融入汉语，最终促成了文白演变由量变到质变的飞跃。"五四"后，各种白话报刊多达四百种，白话教科书盛行，古白话书面语系统遂演变为言文基本一致的现代书面语系统。

第四节　文言与古白话的性质和界限

文言，意思是只见于文而不口说的语言。白话，白是说，话是所说，总的意思是口说的语言。两者的内涵和关系相当复杂。③ 写出来的

---

① 据王洪祥《中国近代白话报刊简史》一文，1876年3月30日起，申报馆曾发行过《民报》，每周三份，"此报专为民间所设，故字句俱如寻常说话"。（《郑州大学学报》，1990年第6期）《民报》创刊出版的第二天，上海《字林西报》曾用纯粹的白话风格刊登介绍说："我们已看到申报馆新出版的一种报纸的创刊号，名字叫做民报，卖五个小钱一份，它的特点是在用白话写的，可以帮助读者容易懂得它的内容。每一句的末尾都空着一格，人名和地名的旁边均以竖线号（——）和点线号（……）表明之，并且只售半个铜板一份，是使它可以达到申报所不能及于的阶级，譬如匠人，工人和很小的商店里的店员等。它将每天刊行。"1897年在上海出版的《演义白话报》创刊号所载《白话报小引》认为："中国人要想发愤立志，不吃人亏，必须讲究外洋情形、天下大势；要想讲究外洋情形、天下大势，必须看报；要想看报，必须从白话起头，方才明明白白。"（参陈玉申《晚清报业史》，山东画报出版社，2003年，第109页）

② 谭彼岸《晚清白话文运动》，湖北人民出版社，1956年。这一时期，先后创办起来的白话报刊还有《苏州白话报》《常报》《扬子江白话报》《京话报》《劝业白话报》《京津白话报》《北京官话报》《正宗白话报》《智群白话报》《启民爱国报》《爱国白话报》《浙江白话报》《湖州白话报》《宁波白话报》《绍兴白话报》《安徽白话报》《芜湖白话报》《武昌白话报》《长沙演说通俗报》《成都启蒙通俗报》《山西白话报》《晋阳白话报》《直隶白话报》《福建俗话报》《山东白话报》《桂林白话报》《广东白话报》《岭南白话报》《潮州白话报》《伊犁白话报》《蒙古白话报》等。据方汉奇《中国近代报刊史》说："从19世纪末到20世纪初，国内陆续创办的各种政治倾向的白话报纸不下50种。"陈万雄《革命派与清末民初的文学革新运动》认为："清末最后约十年时间，出现过逾百份白话报和杂志。"（《辛亥革命与近代中国》，中华书局，1994年，第263页、1103页）蔡乐苏《清末民初一百七十余种白话报刊》一文统计其时有一百七十余种白话报刊。（丁守和主编《辛亥革命时期期刊介绍》第五集，人民出版社，1987年）

③ 张中行《文言与白话》，黑龙江人民出版社，1988年，第1页。

白话是口说而又见于文的语言,也称作语体文。① 文言文具有人为性和综合性的特征,有相当严格的词汇和句法系统。词汇上如名词,既可以说"犬",也可以说"狗",可是只能说"豕",不能说"猪";动词,"走"的所指是跑,表示现在的"走",要说"行";形容词,没钱不能说"穷",要说"贫"。语气词分别更显著,"的""了""吗""啦"等都不能用,要用"之""乎""也""矣"等。句法方面,如"唯予马首是瞻",不能说"唯瞻予马首";只能说"未之有也",不能说"未有之也"。文言文的这一词汇和句法系统定型后,可以说已成为一套根深蒂固的表达习惯,基本上不随时间的变化而变化。如范仲淹《岳阳楼记》说"微斯人,吾谁与归",句法上与《论语·宪问》"微管仲,吾其被发左衽矣"相似。汉语各地方言不一,如据扬雄《方言》载:"党、晓、哲,知也。楚谓之党,或曰晓,齐宋之间谓之哲。"文言以通用语为主体,吸收一部分方言定为一体后,则不因地域的不同而变化。如司马相如是四川人,班固是陕西人,撰文用词都为通用语。② 汉以后书面语的主体不根据当时的口语而使用秦汉以前书面语里的词汇及语法成分,这是人为性。然而,汉以后的人们在使用秦汉以前书面语写作时难免自觉或不自觉地把当时口语的某些成分用到所写的文章里面,这就是综合性。随着时代的推移,文言文不仅积累了某一时期口语里的某些成分,而且积累了历代各时期口语里的某些成分。如韩愈的诗文一方面采用了秦汉以前的书面语,一方面也常出现当时使用的方俗语。如《南山》诗"团辞试提挈,挂一念漏万"中,"团"是当时口语"估量""猜度"义,"团辞"即推敲揣度怎样用词。语言学家吕叔湘在《文言和白话》一文中说,文言与白话是两个互相对待的名词,又是两个不很确切而又很有实用的名称。不很确切,因为不能"顾名思义":文言有很简朴直率的,白话也有很多花言巧语的。很有实用,因为没有一对更好的名词可以拿来替代。究竟文言是什么,白话是什么呢?大家都苦于心知其意而不容易定下明确的界说。我们知道,书面语是口语的记录,但记录下来的口语总是或多或少经过加工的书面语,这种书面语和实际使用的口语多少会有出入。我们可以用听得懂和听不懂作为标准将书面语分成两类:凡

---

① 语言是表情达意的符号,文字是符号的符号。语言包括文字,文字有表意和表音之别,印欧语言用口语和笔语来区别其表现形式为声音还是形象,汉语则往往用语和文来区别。

② 张中行《文言与白话》,黑龙江人民出版社,1988年,第14页,第17—20页。

是读了出来其中所含的非口语成分不妨碍当代的人听懂它的意思的,可以称为"语体文";越出这个界限的为"超语体文"。一般说来,我们可以将古代汉语书面语中的文言看作超语体文,而将白话看作语体文。然而,由于语言是随着社会的发展而不断变化的,甲时代的口语到了乙时代可能已听不懂,甲时代的语体文到了乙时代也就变成了超语体文。例如《论语》是春秋战国时代的语体,今天已难以听懂。《世说新语》是魏晋时代的语体,今天亦难以听懂。从我们今人的直觉来看,唐以前的语体文反映了当时的一些口语,但似乎并不很纯粹,直至唐宋禅儒语录和话本小说问世,才有了含有较多口语成分的语体文。因而从历时的角度看,《论语》和《世说新语》可以看作是当时的语体,而从共时的角度看,《论语》和《世说新语》又只能看作是今天的超语体。这也是文言与白话这两个名词的不很确切之处,又是大家都苦于心知其意而不容易定下明确界说的原因。① 朱光潜《文学与语文》一文说:"从语文的观点看,文言与白话的分别也只是比较的而不是绝对的。活的语文常在生长,常在部分地新陈代谢。在任何一个时期,每一个活的语文必有一部分是新生的,也必有一部分是旧有的。如果全是旧有的,它就已到了衰死期;如果全是新生的,它与过去语文就脱了节,彼此了不相干。我们中国语文虽然变得很慢,却也还是活的,生长的,继续一贯的。这就是说,白话也还是从文言变来的,文言与白话并非两种截然不同的语文。不但许氏《说文》里面的字有许多现在还在口头流传,就是《论语》、《孟子》、《左传》、《史记》一类古典的字句组织法也还有许多是白话所常用的。""白话的定义容易下,它就是现在人在口头的语文;文言的定义却不易下,如果它指古语,指那一时代的古语呢?所谓'用文言作文'只有三个可能的意义。一是专用过去某一时代的语文,学周秦人说话,或是学两汉人说话。""第二种办法是杂会过去各时代的语文,任意选字,任意采用字句组织法。比如在同一篇文章里,这句学《论语》,那句学《楚辞》,另一句学《史记》,另一句又学归震川;只要是字,无论它流行于哪一个时代,都一律采用。多数文言文作者口里尽管只说先秦两汉,实际上都是用这个'一炉而冶之'的办法。""第三种办法是用浅近文言。所谓'浅近文言'是当代人易于了解的文言,一方面冷僻古字不用,奇奥的古语组织法不用;一方面也避免太俚俗的字和太俚俗的口语组织法。已往无心执古而自成大家的作者大半走这条路,我想孟

---

① 吕叔湘《文言和白话》,《吕叔湘语文论集》,商务印书馆,1983 年。

子、左丘明、司马迁、王充、陶潜、白居易、欧阳修、王安石、苏轼一班人都是显著的代表。看这些人的作品,我们可以看出两点:第一、他们的语文跟着时代变迁,不悬某一代'古文'做标准,泥古不化;第二、他们的原则与白话文的原则大致相近,就是要求语文有亲切生动的表现力与平易近人的传达力,作者写起来畅快,读者读起来也畅快。"①诚如吕叔湘和朱光潜所说,文言与白话是相对的,古代汉语的书面语文言的词汇和句法系统定型后,依照继续发展演变的口语写的书面语就有了相对于"文言"而言的"白话"之称。语言的演变是活的,生长的,继续一贯的。文言形成后基本上在原地踏步,不受时空的限制,词汇和句法系统不再有大的变化,但作为古代书面语的文言在各时代作者的笔下也或多或少地跟着时代变迁,既有从历时的角度看当时新出现的白话语体成分,又有从共时的角度看继承的历代的文言超语体成分,从而产生出随着口语的变化而发展的白话新书面语。

　　本书主旨在于探讨白话的发展历史,而文言与白话的界限很难截然判分,二者有时互有交叉,往往文白夹杂,尤其是"唐代以前,很少看到完全是白话的文献,人们所能看到的都是以文言文为基础,夹杂某些口语成分的文献,这种白话的成分,因人而异,因著作而异,没有人能指出哪个著作是确凿无疑的纯粹白话文体。所有的著作都表现了不同程度的文言和白话的混合"。② 因而我们主要从历时的角度来论述各个时代或多或少含有当时口语的白话语体文。概而言之,即我们认为唐以前的语体文,如《论语》和《世说新语》等,也不妨作为汉语史上的早期白话。至于白话文中夹杂一些文言的或基本格局是白话的,凡质朴通俗具有白话语体色彩的都可算作白话作品,以便于更好地探讨汉语白话的发展线索。

---

　　① 朱光潜《谈美谈文学》,人民文学出版社,1988年,第220—222页。
　　② 罗杰瑞《汉语概说》,语文出版社,1995年,第100页。

第二章 古白话系统概述

　　古白话系统是在秦汉以后的口语基础上形成的，秦汉以后口语中产生了大量新词新义和新句式。如"松紧"的"松"早期用例见于唐王建《宫词》之四二："蜂须蝉翅薄松松，浮动搔头似有风。""大腿"的"腿"早期用例见于元《赚蒯通》第三折："我将这瓦腿绷牢拴，磁头巾再裹。""脖子"的"脖"早期用例也见于元关汉卿《单刀会》第三折："青龙偃月刀，九九八十一斤，脖子里着一下，那里寻黄文来？""膀子"的"膀"早期用例见于金董解元《西厢记诸宫调》卷二："担一柄截头古锭刀，如神道，更胸高膀阔，胯大臀腰。"又如"去"在先秦指"离开"，后来演变为"往"义。如支谶译《般若道行品经》卷九："汝从是去到犍陀越国县无竭菩萨所。"（8/472a）① 佚名译《旧杂譬喻经》上："昔有二人从师学道，俱去到他国。"（4/514a）支谦译《大明度经》："诸佛本何所来？去何所？"（8/504c）竺法护译《佛般泥洹经》上："佛从罗致聚呼阿难去至巴邻聚。"（1/162a）法炬和法立译《法句譬喻经》卷四："于是梵志瞋恚，便去到优填王所。"（4/604a）诸例中"去到"和"去至"的"去"是"离开"义，"到"和"至"则是"往"义。"去"和"到"或"至"并列的这种语法位置使"去"逐渐产生了"到"和"至"所具有的"往"义，随着"到"或"至"逐渐脱落，"去"最终与宾语发生了语法上的联系，从而有了"往"义。如《世说新语·汰侈》："遂经几日，迷不知何处去。"又如《燕云奉使录》载阿骨打云："西京地本不要，止为去挈阿适须索一到，若挈了阿适，也待与南朝。""去"的"往"义发展至现代汉语则有"我去看朋友""我看朋友去"和"我去看朋友去"三种说法。这些新词新义和新句式不见于文言文中，反映了白话文不同于文言文的面貌。

---

　　① 本书引用佛经据日本大正一切经刊行会编《大正新修大藏经》（1924年刊行，新文丰出版公司，1996年重印），括号内斜线前、后的数字分别为所引佛经在《大正藏》中的册数和页码，a、b、c分别表示上、中、下栏。下同。

第一节　古白话史的分期

　　汉语史的分期历来是个复杂的问题，各家说法不一，有的以纯语音为分期标准，有的以纯语法为分期标准，有的则兼收并蓄，然皆互有短长，迄今没有定论。如有关近代汉语的上限和下限，语言学界就有数种不同的意见。有关中古汉语的界限，也存在不同的说法。王力在《古代汉语》绪论中说到古代汉语有两个书面系统："一个是以先秦口语为基础而形成的上古汉语书面语言以及后来历代作家仿古的作品中的语言，也就是通常所谓的文言；一个是唐宋以来以北方话为基础而形成的古白话。"因而，汉语史的分期应从这一实际情况出发。江蓝生《古代白话说略》指出："古代白话跟汉语史的分期有直接关系。长期以来大学里教汉语只有古代汉语和现代汉语之分，把'五四'时期以前的语言统统称为古代汉语。这种分期忽略了文言与白话的区别，没有正确地反映汉语发展的历史阶段，因而是不太科学的。"① 胡竹安在谈到"中古白话"时期的划分时认为各家分期的标准不一，但均未把"词汇——语义"列为依据。这是值得讨论的问题。因为"词汇——语义"是语言（特别是口语）的最活跃的要素，当一个历史时期中相当数量的基本词和常用词词义发生了显著的变化时，说它和语言的"质变"（分期的最终依据）没有什么关系，这显然是不可思议的。更何况，古白话是用以记录古代口语的书面语，"词汇——语义"的面貌决定了古白话的性质，因而，"词汇——语义"应该作为古白话分期的主要标准。当然，万事开头难，刚开头时总是幼稚的、粗糙的，甚至有很多错误的部分。然而，没有人去做，将永远没有开端，更无论成熟和完善。② 事物发展总是由量变到质变的。在语言演变的历史进程中，决定音和义演变的因素各有其阶段性的特征，语言内部构造上的诸多层次也各有其相对的独立性，这些语言现象虽都可以作为汉语历史分期的因素来考虑，但却各有差别，缺乏较为同一的阶段性演进特征。因而汉语史的分期应从这一实际情况出发，从语言的整体来综合衡量，以反映某一时期的本质特征为原则，同时兼顾各个方面。语言发展的各个时期之间难免有过渡，有联系，这本

---

① 江蓝生《古代白话说略》，语文出版社，2000年，第 7 页。
② 胡竹安《中古白话及其训诂的研究》，《天津师范大学学报》，1983 年第 5 期。

是很自然的事，不能用绝对的观点来一切两断。大致说来，先秦到西汉的文献语言基本与口语一致，东汉以后逐渐形成言文分离的局面，书面文献也渐分为两大系统：一为以先秦到西汉文献语言为模仿对象的文言系统，一为以当时口语为基础的古白话系统。这两大系统也就是吕叔湘《文言与白话》中所说的"超语体文"与"语体文"。① 古白话这种语体文萌芽于汉魏，成熟于晚唐五代。大多数佛经译文、变文俗讲以及后来的话本、小说、杂剧和南戏剧本等都属于古白话系统，也有一些则介于两大系统之间。如较为通俗的诗、词、曲等。文言系统中历代的文言文文献虽或多或少掺杂了当时的口语成分，但并没有改变文言的格局。古白话系统则经历了一个口语成分不断增加的量变过程，最终质变为现代汉语书面系统。

吕叔湘在《近代汉语读本》序中说："事实是，语言总是渐变的，言文分歧是逐渐形成的，此其一；另一方面，言文开始分歧之后，书面语也不是铁板一块，在不同时期，用于不同场合，有完全用古代汉语的，有不同程度地搀和进去当时的口语的。"② 又在《魏晋南北朝小说词语汇释》序中说："以语法和词汇而论，秦汉以前的是古代汉语，宋元以后的是近代汉语，这是没有问题的。从三国到唐末，这七百年该怎么划分？这个时期的口语肯定是跟秦汉以前有很大差别，但是由于书面语的保守性，口语成分只能在这里那里露个一鳞半爪，要到晚唐五代才在传统文字之外另有口语成分占上风的文字出现。""长时期的言文分离，给汉语史的分期造成一定的困难。因此，是不是可以设想，把汉语史分成三个部分：语音史，文言史，白话史？这样也许比较容易论述。文言由盛而衰，白话由微而显，二者在时间上有重叠，但是起讫不相同，分期自然也不能一致。"③ 事实上，尽管在宋元以降古白话文献中出现了相当口语化的作品，但在古代汉语的两个书面语系统中，文言文始终处于汉语书面语系统的主流地位，古白话则作为旁系而存在。由于古白话在演变为现代汉语书面语系统的过程中总是处于旁系地位，因而造成古白话文献中长时期的文白夹杂现象，从而形成了有关中古汉语、近代汉语分期之间难分难舍的复杂状况。

本书有鉴于此，谨在吕叔湘的设想和前辈学者所论基础上，将古代汉语切分为文言和古白话两大系统，即不对所谓中古和近代汉语强作分

---

① 吕叔湘《文言与白话》，《吕叔湘语文论集》，商务印书馆，1983年，第67页。
② 刘坚《近代汉语读本》，上海教育出版社，1985年。
③ 吕叔湘《近代汉语读本·序》，上海教育出版社，1985年。

期。白话也有古今之分，汉魏以来各个时代的白话与现代的白话是有区别的。其中有些词语既不是文言中的词，也不是现代白话中的词，而是古白话独有的词。本书拟从古白话系统的角度来论述汉语白话的发展，按照古白话由微而显、由始附属于文言到终于取而代之的发展线索将古白话的发展分为露头、发展、成熟三个时期，即秦汉到唐的早期白话（白话挤入书面语）、唐到明的中期白话（白话书面语系统形成）和明到清的晚期白话（白话与文言并存）。考虑到白话词语演变过程的连贯性和不可分割性，这三个时期中的唐和明可看作前后两期的交叉部分，① 以便更好地体现古白话词汇自成系统的特征。

第二节 古白话的特点

　　语言的发展变化不是一蹴而就的，不是一朝一夕突然形成的。语言从一种质过渡到另一种质不是经过爆发，不是经过一下子消灭旧的和建立新的那种方法，而是经过逐渐的长期的语言新质要素的积累，经过旧质要素的逐渐衰亡来实现的。古白话反映了社会的变化，其演变发展是与社会生活的变化相适应的。古白话中承袭的语言现象与新生的语言现象共处一体，形成古白话独特的语言风格。因此，可以说，古白话是汉语从旧质态向新质态的过渡，糅合了当时的口语和书面语，正好是上古汉语和现代汉语早期成分的均衡混合，处于先秦的上古汉语和五四运动时形成的现代汉语的中间状态。

　　赵元任曾举了一个文白分离的例子。他用文言写成《施氏食狮史》的故事，内容如下：

　　　　石室诗士施氏嗜狮，誓食十狮。氏时时适市视狮。十时，氏适市，适十硕狮适市。是时氏视是十狮，恃十石矢势，使是十狮逝世。氏拾是十狮尸适石室。石室湿，氏使侍试拭石室。石室拭，氏始试食是十狮尸。食时始识是十硕狮尸实十硕石狮尸。是时，氏始识是实事实。试释是事。

　　由于只用一个音节，读起来听颇不可理解，写下来看却能理解。改

---

　　① 明人杨慎说："观一代书，须晓一代语；观一方书，须通一方之言。"（《升庵外集》卷三）然而语言是渐变的，不可能随着朝代的更替而发生明显的突变。因而以朝代为依据并不是严格意义上的语言分期。

用白话则为：

> 石头屋子里有个诗人姓施，偏好狮子，发誓要吃掉十头狮子。这位先生经常去市场寻找狮子。十点钟的时候，他到了市场，正巧有十头大狮子也到了市场。于是这位先生注视着这十头狮子，凭借着自己的十支石头箭，把这十头狮子杀死了。先生扛起狮子的尸体走回石屋。石屋里面很潮湿，先生让仆人试着擦一擦这石屋子。擦好之后，先生开始试着吃这十头狮子的尸体。当他吃的时候，才发现这十头大狮子的尸体原来是十只石头狮子的尸体。这时，先生才意识到这就是事情的真相。请试着解释这件事情。

这是一个为了说明文白的区别而特地编造的故事，前者依赖视觉可看懂，后者依赖听觉就可听懂。文言和白话都是汉语的书面语，二者有同有异，相同点在于都是书面语，而书面语与口语总有不一致处，文言和白话的不同点则在于文言是在先秦口语基础上形成的，与先秦和秦汉的口语相近，成为看的语言；白话是随先秦和秦汉以后口语的变化而形成的，与秦汉以后的口语相近，成为可看也可听的语言。因而文言和白话同为汉语书面语而又有明显的区别，各有自己的一套词汇句法系统，形成性质不同的两套书面语。如《三朝北盟会编》和《续资治通鉴长编纪事本末》都记载了赵良嗣出使燕云的记录，一为抄录当时交谈的实录，白话成分较多；一为转录改编，文言成分较多。从中可见文白的不同。如：

> 应系契丹州域全是我家田地。（《三朝北盟会编》）
> 其土疆皆我有。（《续资治通鉴长编纪事本末》）
> 及燕京本是汉地。（《三朝北盟会编》）
> 且燕京皆汉地。（《续资治通鉴长编纪事本末》）
> 去年不遣使，乃是失信。（《三朝北盟会编》）
> 去年不遣使，以为失信。（《续资治通鉴长编纪事本末》）

《三朝北盟会编》实录用系词"是"，《续资治通鉴长编纪事本末》用文言转录不用。

> 一住半年，滞了军期。（《三朝北盟会编》）
> 已误出师期会。（《续资治通鉴长编纪事本末》）
> 不先下了燕京。（《三朝北盟会编》）
> 若不得燕京。（《续资治通鉴长编纪事本末》）

《三朝北盟会编》实录用完成式"了",《续资治通鉴长编纪事本末》用文言转录不用。

恰来皇帝有朝旨。(《三朝北盟会编》)
适皇帝有旨。(《续资治通鉴长编纪事本末》)

《三朝北盟会编》实录时间词后可加"来",《续资治通鉴长编纪事本末》用文言转录不加。

只是使副到南朝奏知皇帝。(《三朝北盟会编》)
使副至南朝奏皇帝。(《续资治通鉴长编纪事本末》)

《三朝北盟会编》实录用"到",《续资治通鉴长编纪事本末》用文言转录改为"至"。①

白话的特点主要是就其与文言的不同而言,大致有如下八个特点:

1. 白话文与文言文的一个显著的不同在于对一些常用词词义的表述方面,许多常用词的替代现象在汉代已经发生。如"树"早在先秦就可以做名词用,"树木"同义连文也常可见到,但从总体上看,表示"树木"的概念先秦以用"木"为常,而到了两汉之交,表示"树木"的概念几乎已经是"树"的一统天下。现代汉语木本植物统称为"树"的格局远在汉代已经基本形成。现代汉语中"关门、关闭"的"关"、"书写"的"写"、"晒衣服"的"晒"、"错误"的"错"、"寒冷"的"冷"、方位词"里"等也始见于汉。② 沿至唐宋,许多前代产生的口语词得到普遍使用,出现了一种以中原一带北方方言为基础而形成的口语通用语,书面语也已具有文白并用的趋势,出现了一些白话与文言的替换现象。这在其时重刻的佛经中表现得更为突出。如东汉昙果和康孟祥译《中本起经》卷上:"无上正觉,不可以生死意待也,何得对吾面称父字?"(4/148a) 例中"称",宋刻本改为"说"。"若是日耶,吾目得逮;谓是天人,其目復眴"例中"目",宋、元、明的刻本已改为"眼"。"汝观吾身,何如树下"例中"吾",宋、元、明的刻本已改为"我"。"比丘尼虽有百岁持大戒,当处新受大戒幼稚比丘僧下坐"例中"幼稚",宋、元、明的刻本已改为"幼小"。

2. 白话文与文言文的另一个显著的不同在于白话里有大量的俗词。

---

① 梅祖麟《三朝北盟会编里的白话资料》,《中国书目季刊》,1980 年第 14 卷第 2 期。
② 汪维辉《东汉——隋常用词演变研究》,南京大学出版社,2000 年。

语言文字在同一民族的不同历史时期内有其不同的内容，且随时代的发展，其形式结构也必有其历史演变的规律。孙诒让《尚书骈枝·序》揭示语文内部中"雅""质"的区别说："唐、虞典谟，简而易通；商、周命诰，繁而难读。是岂如后世扬雄、樊宗师之伦故为艰深以难学子哉！亦其词有雅、质，区以别耳！""常语恒畸於质，期於辞约旨明而已。雅辞则诡名奥谊，必式古训，而称先民。其体遂判然若沟畛之不可復合矣！"雅、质区分的主要原因在于语言使用者文化修养不同，"语言则童蒙简而成人繁，蠢愚朴而智慧文，野鄙质而都邑雅。夫文辞亦然：有常也，有雅也；或简而径，或繁而曲，不可以一崐尽也。"其《札迻·序》说："秦汉文籍谊旨奥博，字例、文例多与后世殊异。"语言有雅俗之别，雅是典雅，俗是通俗，也是粗俗。雅和俗不在于文之古今。《诗经》《楚辞》出自民间，在当时大体也是白话，具有先秦时期野丫头活语言的生气，经文人加工后，去除粗俗的成分，而成为比较典雅的。后世出自民间或采用口语的作品同样具有当时野丫头活语言的生气，经文人加工去除粗俗成分后也可以说是比较典雅的，而单纯惟妙惟肖地模仿《诗经》《楚辞》的作品虽然可能是比较典雅的，只是与《诗经》《楚辞》相较，已不是当时的白话，而是死文字雕琢出来的蜡美人。语言的使用具有说听与写读、俗与文的差异。傅憎享《金瓶梅词语俗与文的异向分化》说崇祯本《金瓶梅》把常俗之语改铸为文人之言，崇祯本与词话本就有文与俗的不同。俗人的俗语常言与文人的书面语言之间的语沟有时难以跨越，[①] 形成文白之别。

在佛教中，"俗"是相对"僧"而言，所以"俗词"就是一般非佛教信徒也习用的语词。其次，"俗"是相对"正"或"雅"而言，所以"俗词"也可以是口语词或逐渐进入书面的书面语词。其三，"俗"可以是方俗语词，这是从地域的角度，相对中原语言而说的。如《史记·陈涉世家》："夥颐！涉之为王沉沉者。"文中"夥颐"是口语中的感叹词，文言不用。《京本通俗小说·西山一窟鬼》说吴秀才"没甚么盘缠"，文中"没""甚么""盘缠"都是白话。[②] 古白话中的这些口语词汇在当时即使是不识字的人也一定是一听就懂的，而今天反而很难索解。如王梵志诗《吾富有钱时》："吾富有钱时，妇儿看我好。吾若脱衣裳，与吾叠袍袄。吾出经求去，送吾即上道。将钱入舍来，见吾满面笑。绕吾白鸽

---

① 傅憎享《金瓶梅词语俗与文的异向分化》，《社会科学辑刊》，1992年第3期。
② 张中行《文言与白话》，黑龙江人民出版社，1988年，第158—160页。

旋，恰似鹦鹉鸟。邂逅暂时贫，看吾即貌哨。人有七贫时，七富还相报。图财不顾人，且看来时道。"诗中"貌哨"一词是当时俗语词，今已不知其义。检敦煌写本字书《字宝碎金》中有"人鬼貌魃"一语，据王梵志诗意，"貌哨"似即当时俚语，意谓"丑陋"。又如《抚州曹山元证禅师语录》："示学人偈曰：从缘荐得相应疾，就体消停得力迟。瞥起本来无处所，吾师暂说不思议。"（47/530a）偈中"荐"意谓"认识"。如《景德传灯录》卷一六："有僧问：'只如达摩是祖师不？'师云：'不是祖。'僧曰：'既不是祖，又来东土作什摩？'师云：'为汝不荐祖。'僧曰：'荐后如何？'师云：'方知不是祖。'"（51/328c）偈中"消停"有"停歇"义。如《水浒传》第五十回："既是大官人不落草，且在山寨消停几日，打听得没事了时，再下山不迟。"

编有《续急就篇》的日本学者宫岛大八曾说："贵邦载籍极多，不惟五车二酉也。而群籍中俗语无译语者有不可句者矣……《聊斋志异》、《今古奇观》皆尝之者，吾乐读之，但《奇观》多俗语不可解者，故不卒业而止。"古白话中俗语不可解者甚多，有许多词从字面上看，属于现在还在使用的普通词语，但其词义往往不是人们所熟悉的今义。如杨万里《垂虹亭观打鱼斫鲙》诗："鲈鱼小底最为佳，一白双鳃是当家。"诗中"当家"一词在宋代有"绝妙、出色"义，与其在现代汉语中的词义不同。又如王梵志诗《我有一方便》："我有一方便，价直百疋练。"《贮积千年调》："方便还他债，驱遣耕田作。"《尊人立莫坐》："蹲坐无方便，席上被人嗔。"三例中"方便"一词是今天的常用词，但当时所表的词义却与今不同。第一例中的"方便"有"方法、计策"义。如《百喻经》卷四《小儿得大龟喻》："昔有一小儿，陆地游戏，得一大龟，意欲杀之，不知方便，而问人言：云何得杀？"（4/557c）《生经》卷二《佛说舅甥经》："此人方便，独一无双。久捕不得，当奈之何？"（3/78c）《水浒传》六十五回："老娘怎地做个方便，教她和我厮会则个。"第二例中的"方便"有"设法、作计"义。如《大般涅槃经》卷三："是人方便，即得醍醐。"（12/382a）唐张彦远《法书要录》卷三："数日后，因言次，乃言及《兰亭》，方便善诱，无所不至。"《贤愚经》卷五："时女怪迟，趣门看之。见户不开，唤无应声。方便开户，见其已死，失本容色。"（4/381b）第三例中的"方便"有"规矩、仪则"义。如元稹《望云骓马歌》："圉人还进望云骓，性强步阔无方便。分鬃摆杖头太高，擘肘回头项难转。人人共恶难回跋，潜遣飞龙减刍秣。"薛涛《十离诗·鹦鹉离笼》："陇西独自一孤身，飞去飞来上锦茵。都缘出语无方便，不得笼中再唤人。""方便"的这些词义都是当时口语的常用义。

3. 古白话还常常带有方言色彩，反映了口语的地域性。如《朱子语类》卷五三载："《横渠语录》是吕与叔诸公随日编者，多陕西方言，全有不可晓者。"又如《水浒传》二十一回："阎婆只怕宋江走去，便帮在身边坐了。"例中"帮"是淮河流域一带的方言，意思是"紧靠、迫近"义。

4. 白话文与文言文的显著不同还在于构词和句法方面。先秦时的汉语词语大多数是单音节的，从先秦至清代，汉语词汇的发展趋势就是在单音节词的基础上涌现出大量多音节复合词。程湘清《先秦的双音词研究》一文指出，汉语最早"主要依靠单音节内部的曲折变化，即采用改变一个音节内部声、韵、调某要素的方法孳生新词，这种主要诉诸语音特点的构词法，我们叫它语音造词"。后来由于社会的发展和人的认识的发展，"单音节这种词的物质结构（交际手段）就再不能有效地承担新的交际任务了。""单音节的形式开始被突破了，从而转向利用语法特点——词序和虚词——把单音节有规律地搭配起来而构成双音节词和双音节词组（也包括一小部分三音节和四字成语）；这种诉诸语法特点的产生新词的方法，我们叫它语法造词。""语音造词逐渐被语法造词所替代，音节内部的形态功能逐渐被词序和虚词所替代的时候，为适应语音造词而存在的复杂音系就成为多余的了。"① 许威汉《二十世纪的汉语词汇学》认为："原先语音系统复杂化激发了词汇复音化，词汇复音化引致语音简化，语音简化又反过来促进词汇复杂化。"词汇"复音化的根据是汉语孤立语这个语言类型的本质特点"。② 文言文是在先秦口语的基础上形成的，多为单音节词。文言定型后不再有大的变化，后世皆依循而作，其中虽然也会夹杂有白话成分，但仿照秦汉文言写的部分一般都相似，而白话则随着口语而不断变化，各个时期的语言有不同的新词语和新的语法。如出现了第二人称代词"你"，第三人称代词"他""渠"和"伊"，反身代词"自家"和"自己"，指示代词"这"和"那"，否定性动词"没"，疑问语气词"么"，连词"所以"，介词"把"和"将"等。构词上出现了"老""阿""子""头"等词缀，双音节词则大量产生，反映了汉语词汇双音化的趋势。其中有些是同义词，如"清早、侵早，

---

① 程湘清主编《先秦汉语研究》，山东教育出版社，1982年。
② 许威汉《二十世纪的汉语词汇学》，书海出版社，2000年。

欺侮、欺负、欺凌，方才、适才、适间"等。同义词中有一些是同素异序，如"处分、分处，忌妒、妒忌，要紧、紧要，口角、角口，闹热、热闹，主张、张主，整齐、齐整"等。有的还出现在同一文献中，如《水浒传》第八回："众邻舍亦有妇人来劝林冲娘子，搀扶回去。"又如第四十九回："扶搀乐大娘子上了车儿。"搀扶、扶搀同义异序。据统计，《水浒传》和《红楼梦》中单音节词和复音节词的比例约为一比一。句法上白话也出现了文言没有的把字句等，如《京本通俗小说·西山一窟鬼》中说："都把孩儿们来与他教训"，"走将一个人入来"，文言中也不用。

5. 古白话中一词多义现象迅速发展，许多词形成了多义系统。如"消息"源出于《易》，为反义并列词组，表"消长、盛衰、增减"义。增减损益需作衡量斟酌，引申有"仔细斟酌"义。《颜氏家训·书证》："考校是非，特须消息。""消息"可用来表示"消"义，于是有"休息、止息"义；又可表示"息"义，于是有"调养"义。郗炎《遗命书》："消息汝躬，调和汝体。"又指照料。三国吴康僧会译《六度集经》："夜常三兴，消息寒温。""消息"与"起居、行止"有相通之处，故又有"起居、行止"义。竺法护译《佛般泥洹经》下："尔诣佛所，稽首佛足，敬问消息。""消息"与"动静、虚实"也有共通之处，故又有"音信"义。蔡琰《悲愤诗》："迎问其消息，辄复非乡里。"又由"问消息"的专门用法产生"问候"义。《佛般泥洹经》下："后进比丘若得疫病，耆旧比丘当有乃心，消息占视。""消息"又指敬奉。竺法护译《普门品经》："是故阿难当受斯经消息，将慎谛持讽诵为众人。"

6. 古白话反映口语，口语中有许多词又是文言中没有的，因而古白话作品中记录口语成分的部分往往同音通假字较多，民间所造的俗字也多。如人称代词表复数的"们"缀，唐代写作"弭、弥、伟"，宋代写作"懑、满、瞒、门、们"，元代写作"每、门、们"。① 又如《西游记》第一回："红囊黑子熟西瓜，四瓣黄皮大柿子。"例中"囊"用为"瓤"。又第四十二回："那孙行者共有兄弟三人，领唐僧在我半山之中，被我使个变化，将他师父摄来。他与那猪八戒当时寻到我的门前，讲什么攀亲托熟之言，被我怒发冲天，与他交战几合，也只如此，不见什么高作。"例中"高作"指"高着"，现在一般写作"高招"。

7. 文言具有超越时空的广泛性和规范性，汉代的司马迁是现在的陕西省人，宋代的苏轼是现在的四川省人，他们用文言写的文章用词和

---

① 祖生利《近代汉语"们"缀研究综述》，《古汉语研究》，2005 年第 4 期。

句法大致相似。白话则随着口语而不断变化，采用新的语言形式，往往多用日常使用的俗语言，不同时期的白话作品反映了不同时期的民间所用的口语，因而各个时期的白话尽管与文言相对而言同为白话，面貌却不完全相同，不像定型后的文言不管在哪个时代都大致面貌相似。如宋元话本与《水浒传》《红楼梦》等同为白话作品，语言面貌则有较大不同。

8. 文言长于概括和写意，白话则善于铺陈描绘。如《大铁椎传》写江湖好汉大铁椎武艺高超，只简练地说："客大呼挥椎，贼应声落马"，"客奋椎左右击，人马仆地"。《水浒传》第二回写鲁提辖拳打镇关西："郑屠右手拿刀，左手便来要揪鲁达。被这鲁提辖就势按住左手，赶将入去，望小腹上只一脚，腾地踢倒了在当街上。鲁达再入一步，踏住胸脯，提起那醋钵儿大小拳头，看着这郑屠道：'洒家始投老种经略相公，做到关西五路廉访使，也不枉了叫做镇关西。你是个卖肉的操刀屠户，狗一般的人，也叫做镇关西！你如何强骗了金翠莲！'扑的只一拳，正打在鼻子上，打得鲜血迸流，鼻子歪在半边，恰似开了个油酱铺，咸的酸的辣的，一发都滚出来。郑屠挣不起来。那把尖刀也丢在一边，口里只叫：'打得好！'鲁达骂道：'直娘贼，还敢应口。'提起拳头来，就眼眶际眉稍只一拳，打得眼棱缝裂，乌珠迸出，也似开了个采帛铺的，红的黑的绛的，都滚将出来。两边看的人，惧怕鲁提辖，谁敢向前来劝。郑屠当不过，讨饶。鲁达喝道：'咄！你是个破落户。若是和俺硬到底，洒家倒饶了你。你如何叫俺讨饶，洒家却不饶你！'只一拳，太阳上正着，却似做了一个全堂水陆的道场，磬儿钹儿铙儿一齐响。鲁达看时，只见郑屠挺在地下，口里只有出的气，没了入的气，动弹不得。鲁提辖假意道：'你这厮诈死，洒家再打。'只见面皮渐渐的变了。鲁达寻思道：'俺只指望痛打这厮一顿，不想三拳真个打死了他。洒家须吃官司，又没人送饭。不如及早撒开。'拔步便走。回头指着郑屠尸道：'你诈死！洒家和你慢慢理会。'一头骂，一头大踏步去了。"前者概括写意，后者铺陈描绘，各有特色。

白话相较文言而言，同样内容的白话语料比文言语料的篇幅更大。文言单音词多，且言简意赅，多隐含省略，多合并约缩；白话复音词多，且言详意明，多铺叙缕述，不避繁复。值得特别提出的是，文言在表达上具有一种封闭性，白话则具有一种开放性，能随事随言书写，随时代的发展变化而容纳新事物、新思想与新词语。历代的白话都出现了文言中没有的新词和新义，西学东渐后的白话中更是出现了大量反映新概念和新事物的新词和新义,大致可分为物质性和思想性词语两类。前者如"火车""轮船""乒乓球""火柴"等,属形而下的工具层面;后者如"科学""民主""自由""平等""逻辑""理性"等,属形而上的文化思想层面。① 这些反映新概念和新事物的新词和新义,尤其是属形而上文化思想层面的新词和新义使文言和白话判然有别。

第三节 古白话的文献

语言总是在不断地发生着变化,这种变化总会在记录语言的各种文献中反映出来。所不同的只是有些文献反映这种变化的情况多一些,有些文献反映这种变化的情况少一些。古白话的文献主要是那些较能反映当时口语面貌的古白话作品。从汉魏到明清,各种体裁的古白话作品与日俱增,从这些古白话作品所反映的当时的口语状况,可以清楚地看到汉语白话的发展。历代记载当时实际语言而反映汉语白话发展的文献资料主要有下列作品:

(1) 用口语体写的文学作品,如敦煌曲子词、敦煌变文、宋元话本、金元时的诸宫调、元杂剧、明清白话小说等。

(2) 为某种特定需要而记载下来的当时口语的实录,如禅宗语录、理学家语录、外交谈判记录、司法文书、直讲体、会话书等。

(3) 散见于文言作品中的白话资料,如诗、词、曲中反映口语的语句或笔记、史传和碑帖中反映口语的片断。

在由文言到白话的转变过程中,直到现代汉语形成之前,文言在汉语书面语系统中始终占据着主要的地位,刘知幾《史通·言语》曾说:"夫三传之说既不习于《尚书》,两汉之词又多违于《战策》,足以验甿俗之递改,知岁时之不同,而后来作者通无远识,记其当世口语,罕能从实而书,方复追效昔人,示其稽古。"日本学者太田辰夫《汉语史通考》一书也说道:"中国文艺的诸形态多发源于民间,一经知识人吸收并获可嘉的发展,便逐渐僵化而死亡,这在文学史上有一致的见解。语言也同样,常常是新的因素从民间产生,开始作为卑俗的东西,笔下自不必说了,就是口头上也很少用。但不久成为普通话,成为文学语言,随之便死亡了。""在这种状况下,口语不单单是缺乏被记录的机会,它

---

① 王国维《论近年之学术界》,《王国维文集》第 3 卷,第 36—37 页。

的发展也不能不受到抑压。这是通贯中国各时代都可以看到的倾向。"①因而在汉语白话发展史上纯粹的白话文献不多，我们所说的古白话作品往往文白交杂，既有文言的成分，又有口语的成分。如孙光宪《北梦琐言》卷四："（梁祖）乃问曰：'庄中有牛否？'（崔）禹昌曰：'不识得有牛。'"例中文白夹杂，"不识得有"是当时的口语，意思是"没有"。又如《朱子语类》卷五三说："'满腔子是恻隐之心'，腔子，犹言邸郭，此是方言，指盈于人身而言。"再如《红楼梦》中既有文言词"负暄""针黹"，又有白话口语词"晒日阳儿""针线"；既有通语词"客人""下流"等，又有方言词"人客""下作"和"促狭、边派、待见、寻趁、尺寸、地方"等，其中"人客、下作、促狭"是吴方言词，"边派、待见、寻趁、尺寸、地方"是北京方言词；而表"妻子"义的词则既有通语"妻、妻子"，又有方俗口语"媳妇、女人、老婆"，还有文言雅语"夫人、娘子、贱荆、贱内、内人"等，从中可见古白话文献文白雅俗方言口语交融共存的特征。

下面择要略作介绍。

一、汉译佛典

自汉武帝时张骞出使西域开辟丝绸之路后，佛教由古印度经过西域传入我国。佛教的传播时间长达两千年，范围遍及长城内外，大河上下。佛经是佛教文献的总称，又叫众经、一切经、藏经、大藏经等。佛教最初流行于民间，作为宣传品的佛经也自然倾向于通俗。佛教徒为了教说大众，使用了不少当时的传说、寓言和日常的口语。"宗教是以群众为对象的，所以佛经的文字也包含较多的口语成分。""白话的兴起跟佛教大有关系。"② 佛经的翻译始于东汉，至唐达到极盛，大部分佛经的翻译是在东汉至唐这一段时间内，这是汉语发展史上的一个重要阶段，经文中对这种语言的演变必然会有所反映。

任何宗教的宣传都以争取群众为目的，佛教也是如此。"佛（还有他的继承人）对语言的态度是讲求实效的，抱着'实用主义'的态度。他们的最高目的就是要宣传教义，弘扬大法。谁听懂什么话，就用什么话向他宣传。违反这个规定，对牛弹琴，就是犯罪。"③ 这种语言策略

---

① 江蓝生、白维国译，重庆出版社，1991年，第194页、206页。
② 吕叔湘《语文常谈》。
③ 季羡林《三论原始佛教的语言问题》，《原始佛教的语言问题》，中国社会科学出版社，1985年。

从释迦牟尼起,一直到他灭度后极长的时间内,都被佛教僧徒所奉行。宋释赞宁在谈到佛经翻译时说:"声明中(一)'苏漫多',谓泛语、平语言辞也。(二)'彦底多',谓典正言辞也。佛说法多依'苏漫多',意住于义,不依于文,又被一切故。"(50/723c)① "彦底多"指古雅之文;"苏漫多"指通俗之文。《高僧传》卷一三说佛教僧徒阐述经义:"如为出家五众,则须切语无常,苦陈忏悔。若为君王长者,则须兼引俗典,绮综成辞。若为悠悠凡庶,则须指事造形,直谈闻见。若为山民野处,则须近局言辞,陈斥罪目。"(50/417c)梁启超在《翻译文学与佛典》一文中指出:"佛恐以辞害意且妨普及,故说法皆用通俗语。译家惟深知此意,故遣语亦务求喻俗。"② 释迦牟尼采用实用主义的语言策略,说法的内容往往和日常生活相联系,并且用听法人能听懂的口语,力求通俗易懂。这种语言策略在他灭度后仍在执行,佛经的翻译自然也遵从这一策略。据《法显传》载:"法显本求戒律,而北天竺诸国皆师师口传,无本可写。"又据《三国志》裴注引鱼豢《魏略》云汉哀帝元寿元年博士弟子"秦景宪从月氏使臣口受浮屠经"。《高僧传》卷二载翻译《阿毗昙婆沙》时,"由僧伽跋澄口诵经本,昙摩难提笔受为梵文,佛图罗刹宣译,秦沙门敏智笔受为晋本"。可见最初翻译佛经时,尚无书本,仅凭译人背诵,往往多由西域僧侣口述。这些僧侣大多是通过与汉人交往在短期内掌握汉语的,这些汉语词语往往多为俚俗口语。因而在翻译佛典时,译者不受文言文的局限,采用了很多当时的通俗口语,尤其是宗教的经典重在传真,切合经文的原意,而不重在辞藻文采;重在读者易解,而不重在古雅,所以译经大师们多以"不加文饰,令易晓,不失本义"相勉,③ 注意从"雅古"到"今时"的转换,即用"今时"之语取代"雅古"之语,使"千岁之上微言"的佛教奥义变成"百王之下末俗"的凡夫俗子也可理解的道理。这也使佛经中包含了许多口语成分,形成一种白话文体。④ 因而佛经语料反映新兴常用词往往要比中土文献早一个节拍,佛经可以说是用既包含文言文又包含历代口

---

① 《宋高僧传》卷三。
② 梁启超《翻译文学与佛典》,载《翻译论集》。
③ 胡适《白话文学史》第九章《佛教的翻译文学》(上),上海古籍出版社,1999年,第98页。
④ 俞理明《佛经文献语言》:"佛经文学用语实际上成为一种专供佛教使用的、既不同于口语又区别于传统文言的新型书面语,是以汉魏以来的民族共同语为基础,反映的主要是南北朝以前口语的白话文。"(巴蜀书社,1993年,第24页)

语成分的混合语言译成的。

一般而言，书面语多崇尚典雅，往往排斥口语，佛经的翻译和传播则使一大批昔日难登书面语大雅之堂的口语进入书面语中。汉译佛经中系统地保存了从东汉以来的口语材料，古白话中的许多词语源于这些口语材料。因而，汉译佛经在汉语的发展史上可以说是影响古白话书面语发展的重要媒体。梁启超指出："吾侪今读佛典，诚觉仍有许多艰深难解之处。须知此自缘内容含义，本极精微，非可猝喻。亦如近译罗素、安斯坦诸述作，虽用白话，原非尽人能解也。若专以文论，则当时诸译师，实可谓力求通俗。质言之，则当时一种革命的白话新文体也。"① 随着佛教的传入，从东汉到宋代，大量的域外佛教经典被译成汉语。据吕澂《新编汉文大藏经目录》所收今存译本统计，保留至今的汉译佛典约有1480部，5700余卷。这些汉译佛典是汉语历史文献宝库的重要组成部分，也是研究汉语白话发展史的重要资料。

古代印度佛教既是一个庞大完整的宗教哲学体系，又是一个庞大完整的民族文化体系。佛教的传入不是短时间就完成的，而是跟随着延续近千年的佛典翻译逐渐实现的。按传统分法，佛典可以分为经藏、律藏、论藏三大类，合称"三藏"。经藏是古代印度佛教在产生和发展过程中逐步积累起来的阐述其宗教信仰的根据、途径、方法、境界等基本理论的著作汇集，是整个佛典的核心。按照中国佛学的体系，汉文经藏分为阿含、宝积、般若、华严、涅槃和本缘等部。阿含部是小乘佛教经藏的汇集，宝积、般若、华严和涅槃部是大乘佛教经藏的汇集。本缘部是关于佛本人身世的传说、故事和一些说教性的寓言等。这一部分佛经文学性强，涉及的生活面广，是佛经语言材料中最有价值的部分。律藏是为修行的僧侣制定的日常生活和精神修养等方面的行为准则，包括僧尼的衣食住行以至七情六欲，涉及生活的每一个角落。为了说明制定戒律的理由，还穿插了许多比喻和举例性的小故事。其中反映日常事物、行动的词汇尤其丰富，也是很有价值的语言材料。论藏主要是后学僧侣从宗教角度阐发佛理的微言大义，其中也有不少是对词义的解释。佛经的翻译始于汉代，最早译成汉文的是经藏中的一部分佛经，主要介绍一些基本的佛学理论，多采用问答形式。此后又有律藏和论藏的翻译。汉译佛经中保留口语成分最多的当推叙述佛教故事的一些作品，如吴支谦译的《撰集百缘经》、康僧会译的《六度集经》、北魏吉迦夜共昙曜译的《杂

---

① 梁启超《翻译文学与佛典》，载《翻译论集》。

宝藏经》、康觉译的《贤愚因缘经》、南齐求那毗地译的《百喻经》、隋阇那崛多译的《佛本行集经》等。其中《六度集经》辑录佛本生故事和佛传故事91篇，按大乘佛教认为人应当通过布施、持戒、忍辱、精进、禅定、智慧等六种方法来争取解脱的次序编排；《杂宝藏经》收录佛本生、佛传、因缘以及古印度的一些民间故事121篇；《贤愚因缘经》收录佛本生故事和佛传故事69篇；《百喻经》收录寓言、譬喻故事98篇。

  汉译佛经的语言从整体上看，是一种既非纯粹口语又非一般文言的特殊语言变体，其既非散文，又非韵文，然而富有节奏感。汉译佛经的语言在一定程度上反映了汉末以后数百年间汉语的实际情况，"具有强烈的白话味儿，这种白话性质，延续了几个世纪，直到宋代都是这样"，① 弥补了这一时期其他汉语典籍中口语材料的不足，提供了研究汉语实际语言变化的宝贵材料，在白话发展史的研究方面具有很大的价值。有些词语在一般典籍中不多见，历来争议较大，难以断论，然而在佛经中不仅有较多用例，而且意义显豁，可以作为诠释这些疑难词语的有力佐证。如代词"他"在先秦主要指事物，也可指人，后又用作第三人称。据东汉康孟祥所译《中本行经》载：

  王觉，求诸妓女，而见坐彼道人之前，王性妒害，恶心内发。便问道人："何故诱他妓女著此坐为？"

  "他妓女"不是"别的妓女"，而是"别人的妓女"。"他"指"别人"，已成为一个人称代词。"他"表示"别人"，其指代对象是不确定的。经中亦有表示定指的用例，如南齐求那毗地译《百喻经》：

  世间之人亦复如是。见他头陀苦行山林旷野冢间树下，修四意止及不净观，便强将来于家中，种种供养，毁他善法，使道果不成。

  "他头陀"不是说"别的头陀"，而是说"人家头陀"。"他"就指"头陀"，二者同位。下文"毁他善法"中的"他"，已明确地指"头陀"了。"他"由不定指到定指，从意念上的定指到语言形式上的定指，常用来指称第三人称，因而到了唐代，终于演变为一个真正的第三人称代词，而其原有的"别人"一义反而被排挤，而用复音词"他人""其他""别人"来表示了。② 从"他"由表示"别的"演变为指第三人称，可

---

  ① 罗杰瑞《汉语概说》，语文出版社，1995年，第100页。
  ② 郭锡良《汉语第三人称代词的起源和发展》和唐作藩《第三人称代词"他"的起源时代》，《语言学论丛》第六辑，商务印书馆，1980年。

见佛经材料在研究汉语白话发展变化中的价值之一斑。

汉译佛经因译者不同,或偏向用文言,或倾向用白话,尤其是同经异译的用语不同,往往反映了文白的具体差异。如东汉支谶所译《道行般若经》和三国支谦所译《大明度经》是属于"般若经"系列的两部同源异译经,《道行般若经》偏向白话,《大明度经》偏向于文言。据胡敕瑞《汉译佛典所反映的汉魏时期的文言与白话》一文考察,支谶用"大海""眼目""怨家""因缘""山巅""譬如""会当"等复音词,支谦则用相应的"海""目""怨""缘""巅""若""必"等单音词。支谶多用名词"头"、动词"言"、人称代词"汝"、指示代词"是"、介词"从"等,支谦则用相应的名词"首"、动词"曰"、人称代词"若"、指示代词"斯"、介词"于"等。支谶多用"过去""庐舍""女人""譬如"等先秦不见或罕见的复音词,支谦多用"往昔""居舍""妇人""譬若"等。① 如果说支谦所译《大明度经》是汉魏文言的一个代表,支谶所译《道行般若经》用语是汉魏白话的一个代表,那么从中可见汉魏时期文言与白话的异同和文白的演变。

作为外来文化,佛教对于汉文化来讲是全新的,许多内容在汉语中没有对应的词语来体现,佛典翻译不得不创造出一些新词和新用法来满足需要。因而汉译佛典的词汇系统就有了大量的外来成分或外来影响,主要表现在出现了一些新词新义以及词汇的双音化。据朱庆之《佛典与中古汉语词汇研究》一书将《中本起经》中的新词新义与《汉语大词典》相比较所作统计,中土文献往往未能包涵佛典材料中的词和义,同一个词或义也往往先见于佛典,然后才见于中土文献。佛典中的词语与口语词汇的一般特点相似,具有多义、语义宽泛、感情色彩丰富而形象具体等特点。

汉译佛典中双音节的词汇含有量远远超过同时期中土文献语言的词汇系统。这些复音词多是东汉到唐代这一时期新产生的。随意浏览一下佛经经文,就会发现经文中的复音词俯拾皆是。如东汉支娄迦谶《阿閦佛国经》云:"人民转相灌注","人们但共同快乐"。《道行般若经》云:"共相娱乐。"例中"灌注、人们、共同、快乐、娱乐"等都是当时新产生而进入现代汉语中的常用词。又如后秦鸠摩罗什《大宝积经》云:"是菩萨念过去世不善根,轻毁可恶背舍离之;未来不善根,当受不善果报,不喜不爱不可适意;现在不善根,当令不起。"例中已出现"过去、

---

① 胡敕瑞《汉译佛典所反映的汉魏时期的文言与白话》,载冯胜利主编《汉语书面语的历史与现状》,北京大学出版社,2013年,第157—176页。

现在、未来"这组现代汉语用来表示时间概念的复音词。经文中很多复音词尚未凝固定型，可以互相颠倒，如"照明、明照"，"净洁、洁净"，"室家、家室"，"共同、同共"等，反映了汉语词汇由单音词向复音词演变的过渡状况。造成汉译佛典词汇双音化的因素是多方面的，有汉语自身发展规律的影响，亦有佛典讲求节律特殊文体的影响，而原典词汇结构方面的影响也是一个不能忽视的重要方面因素。佛典采用的基本上是一种便于记诵的讲求语言节拍字数但不押韵的特殊文体，为了满足这种文体的需要，汉译佛典不仅着意吸收了汉语已有的双音节词，而且还临时制造了一些双音节和多音节的表意形式，表现出异常强烈的双音化乃至多音化倾向。由于音译多采用一个汉字对一个音节的办法，意译多采用一个汉字对一个词素的办法，结果译文必然会出现许多双音节或多音节的新词，这也使汉译佛典词汇的双音化程度比同期其他文献显得更高。

二、敦煌吐鲁番文献

1930年，陈寅恪在《敦煌劫馀录》序中指出："一时代之学术，必有其新材料与新问题。取用此材料以研究问题，则为此时代学术之新潮流。治学之士得预于此潮流者，谓之预流。其未得预者，谓之未入流。此古今学术之通义，非彼闭门造车之徒所能同喻者也。敦煌学者，今日世界学术之新潮流也。"敦煌吐鲁番文献多为唐五代时的写本，反映了当时语言的原貌，因而是研究白话发展史的重要资料。据有关史料记载，大约在宋代，敦煌莫高窟寺庙里的僧人为了躲避战乱而将一批经卷、文书封存在千佛洞的一个复洞内。1900年（一说1899年），道士王元箓在第16号窟甬道北壁发现了这个洞室（现编号为第17窟），洞内重重叠叠堆满了从十六国到北宋时期的经卷和文书。这批文献总数在五万卷以上，多数为手写本，也有极少量雕版印刷品和拓本；其形态有卷子、摺本（包括褶叶装、旋风装、蝴蝶装）、册叶本和单片纸叶；其文字多为汉文，但古藏文、回鹘文、于阗文、粟特文、梵文和突厥文等其他文字的文献亦为数不少；其内容极为丰富，涉及宗教、历史、地理、语言、文学、美术、音乐、天文、历法、数学、医学等诸多学科，但以佛教典籍和寺院文书为主。由于当时的清政府未予以重视，在1901年到1908年，英国人斯坦因（M. A. Stein）劫走九千余卷，法国人伯希和（P. Pilliot）劫走五千余卷。1910年清政府才将劫余部分运往北京。押运途中及运抵北京后又有散失，仅余约八千卷，现藏北京图书馆。斯坦因所劫部分今藏大不列颠博物院，伯希和所劫部分今藏巴黎国家图书馆。此外，还有部分流散至日本和前苏联。

敦煌文献中有些是已佚古籍，有些是有传世本的典籍。佚籍的价值自不待言，有传世本的典籍也因抄写时间较早而具有重要的版本价值。其中除了佛教经卷外，也有经史子集四部书籍、契约文书、账籍、俗讲、白话诗词、俗赋等。敦煌文书中的文学作品和契约文书往往有年代可考，且皆为当时所用语言的原始记录，颇有一些当时习俗用语而一般文籍不载或意义不很明白的词语。这些词语未经后人的加工改动，因而成为研究白话发展史的第一手资料，具有弥足珍贵的学术价值。

如中国科学院历史研究所资料室编《敦煌资料》辑集的契约文书中《未年张国清便麦契》载："如中间身不在，一仰保人代还。"《酉年曹茂成便豆种契》："如身东西，一仰保人代还。"《辛丑年罗贤信贷生绢契》："若东西不平善者，一仰口承弟定德丑子面上取本褐。"《辛丑年贾彦昌贷生绢契》："若路上般次不善之，仰口承人弟彦佑于尺数还本绫本锦绫便休。"① 例中"不在、东西、平善、般次"这些词语是当时的习俗词语。《文化大革命期间出土文物》载新疆吐鲁番唐墓所出《麟德二年卜老师举钱契》亦有："若身东西不在，一仰妻儿权后。"蒋礼鸿《敦煌资料（第一辑）词释》云："说'东西'，应是说东西奔走于道路，犹言不在，其义与道上、路上般次相同。这些说东西或道上之类的契，借贷者常常是出使或出外经商的人，所以可以推知东西犹如说道上。"② 廖名春《吐鲁番出土文书语词管窥》一文进一步指出"东西"由"四处奔波"引申而有"逃亡"义。③ 这些契约文书记载了民间的经济往来，因写契者文化程度有限，故多以口语记录，且作为契约，往往注明写契年月，如实反映了当时的语言。

唐代，由于佛教的兴盛和寺院的增多，讲经成为佛事中一项必要的内容，从而出现了俗讲这种形式。僧侣们为了便于一般听众接受佛理，精心选择富有故事性的佛教传说，加以通俗的讲唱，遂为人们所喜闻乐见。这些讲经文中引用的佛经反映了六朝时期的语言，诗句和讲解则反映了唐代的语言。变文就是记录这种俗讲内容的一种文体，敦煌文书中即有八种明确标名为变文的文学作品。变文作为市民文学的语言特色就在于含有许多在文言和白话交界线上的半文言半白话的词，反映了当时语言的实际演变面貌。

---

① 中国科学院历史研究所资料室编《敦煌资料》第一辑，中华书局，1961年。
② 蒋礼鸿《敦煌资料（第一辑）词释》，《中国语文》，1978年第2期。
③ 廖名春《吐鲁番出土文书语词管窥》，《古汉语研究》，1990年第1期。

《吐鲁番出土文书》也是研究白话发展史的宝贵资料。如王力《汉语史稿》说，动词形尾"了"的产生是"近代汉语语法史上划时代的一件大事"。一般的语法史论著都说这件大事发生在唐五代。《吐鲁番出土文书》中"了"字出现的频率较大，大致上反映了其演变的不同层次。如第五册所载初唐文书中有"张元爽正月十九日取叁拾，同日更取拾文。八月十六日赎了物付仓桃仁去"。例中"赎"后附着的"了"可说已是动词词尾。

王梵志是唐初的民间诗人，其诗作从唐宋以来一直受到僧俗人士的欢迎，明代以后失传。王梵志生值战祸频仍的时代，没有仕进的机会，不受功令的束缚，故其诗作语言趋近于当时口语真貌。如《有钱不造福》："马即别人骑。"诗中"别人"即当时新出现的口语成分，隋以前尚未见到用例。

敦煌曲子词是汉语白话发展史研究的珍贵文献，这些词的写本出自民间，大半随便写在卷子后面或背面，也有写在卷子夹缝部位的，其句法、文意多具有民间爽直而富有感情的特色，运用了许多当时的口语，其中有不少同音通用字和写错了的字。搜集、整理曲子词的集大成著作有王重民编的《敦煌曲子词集》、任二北编的《敦煌曲校录》和《敦煌曲初探》。

敦煌文献中有一类以祈愿为主要内容的愿文。这些愿文中有大量的词语是变文等材料中没有的，可以和变文等文献中的疑难词语相佐证。如《捉季布变文》："今遭国难来投仆，辄莫谈扬闻四邻。"例中"谈扬"一词，词义可参《儿郎伟》："今载初修功德，社人说好谈量。""谈扬"与"谈量"义近。黄征和吴伟从已公布的敦煌文献中校录了六百多个含有愿文的卷号，并从中选出271个卷号辑校成《敦煌愿文集》。

三、禅儒语录

语录体是中国古代典籍中一种特有的体制，一般语句简短，多用问答形式，随事记录，不避俚俗，往往寥寥数语就能刻画出人物的精神风貌，阐明事理的是非曲直。语录体常常采取点悟式的话语表达方式，点到即止，不作长篇大论的引申发挥，具有一种精炼简约、片言百意的表达效果。由于语录体多是讲学讨论与外交论辩的如实记录，其中颇多当时的方言口语，用语通俗，与文人们的精心推敲之作不同，具有一种新鲜活泼和明白显豁的特色，因而语录体散文的兴起和发展可以说是汉语白话发展史上的重要一环，缩短了"言（白话）""文（文言）"间的距离，使古白话由"边缘"逐渐入主"中心"；最后取代文言，在汉语由雅而俗、从文言到白话的漫长发展过程中起了重要作用。

语录体散文起源于古代的教学活动，春秋时，由孔门后学记录整理的孔子讲学语录《论语》是我国历史上第一部语录体著作。《论语》可以说是孔子与其弟子门徒问学论道、探讨社会人生真实而传神的实录，虽然经过整理，但大致与当时口语绝不会相差太远。《论语》的文字平易简约，这与大量采用口语有关。先秦诸子中的孟子、庄子、韩非子和荀子诸家虽也有时采用问答形式，但已非析理论辩的实况记录，具有雅化的倾向。西汉扬雄曾仿《论语》作《法言》，然文辞艰深，未能与时共进地继承《论语》采用口语的传统。隋末王通也曾仿《论语》体例作《中说》，然只是以代圣人立言的口吻模仿《论语》，未能根据语言的变化采用当时的口语白话。真正继承《论语》传统采用口语的俗言来讲学论道的是佛教的禅师和宋代的理学家。唐五代禅家僧侣录下了一些禅师传教时的讲话，其中有一部分保存了下来。这些记录所用的都是口语，只在记录简短的叙事时才用文言。① 沿至宋代，宋儒喜欢给儒家经典以新的解说，讲学之风一时大盛，遂有其讲学或谈话的记录，即宋儒语录。讲学必然运用大量的口语，带有浓厚的时代气息，而随事问答与辩难则没有充裕的时间去斟酌措辞，修饰文藻。这就如同考试时笔试与口试的不同，前者须于解答辨析中见出文词之美及行文布局之功，后者则重在应对之便捷与精神意蕴之领会。诸生随堂听记，唯恐失真，故片言只语不敢遗漏；讲论者为使听者易于领会，故多方设喻，语不求深，如话家常，娓娓而谈，唯以明白显豁为务。因而这些语录体著作比起其他著作，甚至同一作者的其他文章来，运用口语也更多。

五代《祖堂集》、宋《景德传灯录》和《二程遗书》《朱子语类》《陆九渊集》中都有许多当时讲学论辩的如实记录，这些语录运用了大量当时的口语，其中有些片断与我们现在的白话语体已差别不大。钱大昕《十驾斋养新录》卷一八"语录"条云："佛书初入中国曰经，曰律，曰论，无所谓语录也。达摩西来，自称教外别传，直指心印。数传以后，其徒日众，而语录兴焉。支离鄙俚之言奉为鸿宝，并佛所说之经典，亦束之高阁矣。甚者诃佛骂祖，略无忌惮。而世之言佛者，反尊尚之，以为胜于教律僧。甚矣，人之好怪也。释子之语录始于唐，儒家之语录，始于宋。儒其行而释其言，非所以垂教也，君子之出辞气必远鄙

---

① 《旧唐书·经籍志》著录有孔尚思的《宋齐语录》十卷，大概是最早以"语录"集六朝时宋齐二代人的言论的著作。

倍。语录行，而儒家有鄙倍之词矣。"鄙倍之词亦即俗语口语，禅儒语录反映当时实际口语的程度较高，是研究汉语白话发展史的主要文献。

1. 禅宗语录

禅宗是中国佛教史上的重要流派之一。相传佛陀在"悟"之后保持沉默，经过梵天的劝请才决心说法，于是产生了佛教。禅宗托始于菩提达摩而畅行于唐代的慧能，自称"传佛心印"，以觉悟所谓众生本有之佛性为目的，以禅观静虑为研究对象，融摄了中国传统文化及佛性论，注重顿悟，主张"不立文字，教外别传"，力图突破语言文字的局限，不执着于语言文字来理解佛法，即所谓"言语道断，而未始无言；心法双亡，而率相传法。有得兔忘蹄之妙，无执指为月之迷"。(47/668c)① 其"不立文字"的实质是不著文字，即所谓到什么山唱什么歌，见什么人说什么话，或用祖师句偈，或以非逻辑的语言，或以手势，或以棒喝来替代诸佛经论，禅宗禅师把这比作"看风使帆"的艺术。宋释赞宁撰《习禅篇》论曰："粤有中天达磨，哀我群生，知梵夹之虽传为名相之所溺，认指忘月，得鱼执筌，但矜诵念以为功，不信己躬之是佛。是以偈言曰：'吾直指人心，见性成佛，不立文字也。'此乃乘方便波罗蜜，径直而度，免无量之迂回焉。嗟乎！经有曲指，曲指则渐修也。见性成佛者，顿悟自心本来清静，元无烦恼，无漏智性，本自具足。此心即佛，毕了无异。如此修证，是最上乘禅也。不立文字者，经云'不著文字，不离文字'。非无文字，能如是修，不见修相也。又达磨立法，要唯二种，谓理也、行也。然则直而不迂，不速而疾，云不立文字，乃反权合道也。"(50/789c)②

禅宗不立文字，但不立文字还是要立文字，不可言说毕竟又要言说，不可表达却还要表达。传教毕竟不能完全逃避言语文字，没有言语文字的中介，禅宗作为教派也不能存在和延续。初期的禅宗力主"内证禅"，其方法是自我"体认"和师生之间的相互"参究"。这段时期，只有少量的语录记载下来。随着禅宗的迅速发展，禅宗从"内证禅"走向"文字禅"，出现了许多记载禅宗公案的语录和传灯录。这些著作里既有粗朴的野语俗谈，也有极其典雅的诗句韵语，既有痴愚的疯话，也有机敏的戏言，构成了一个丰富多彩的语言世界。"禅家语言不尚浮华，唯要务实，直须似三家村里纳税汉及婴儿相似，始得相应。"③ 禅僧们一般不承认经典的权威，不作祖述注释，反对雕琢语言，提倡用白话说法，

---

① 《法演语录》附录序文。
② 《宋高僧传》卷一三。
③ 《嘉泰普灯录》卷二五。

往往喜好临场生智，即兴发挥，用自己的语言来阐述思想，因而禅宗语录的语言是一种白话文体，主要记载了禅师接引人的言语和行事，含有很多俚俗鄙野口语成分，淳朴清新，如"活泼泼""圆陀陀""一点浮云过太虚"等。胡适曾将其与文言文相比，称誉"这种语录像活美人"。① 又如《中岩录》："索性放下便了。"《应庵录》："牛从窗棂过，两角四蹄悉皆过了，唯尾巴过不得。"《峦庵录》："全身在荒草，狐狸咬尾巴。"其中"索性""尾巴"等词皆沿用至今而成为现代汉语词汇的一部分。

禅僧有南方人，也有北方人，他们的语录不免交杂有南北方言色彩，因而根据禅师的籍贯和活动区域可进行语言的比较研究。敦煌石窟中发现的俗文学作品所用语言多带有西北方言色彩，而禅宗以南宗禅为主，南宗禅活动区域大多在江西、湖南、浙江、福建、江苏、安徽、湖北、四川、广东一带，故禅宗语录往往反映了长江流域一带的方言，恰与敦煌俗文学作品形成互补。

禅师们说法往往"出语尽双，皆取对法"，让人处于矛盾中而觉悟真谛，既不住于一边，又不黏滞于一端，总是先立一义，随即又破此义，横说竖说，正说反说，交错回环，好用否定句，且往往肯定、否定成对而出，形成禅门蝉联三句，出现了表强调语气的否定式动补结构。禅门妙对机锋，往往截断话头绕路说禅来接引学人，常常使用一字语、数字语、正反义词构句、方位名词或时间名词对称组句。禅师们的对话风趣高雅、理趣横生，以问答对话为主，一问一答，随机应变，妙语连珠，可以说集已有否定词、疑问词、语气词、否定句型、疑问句型等之大成，提供了研究唐宋时期否定句和疑问句的非常宝贵的第一手资料，在汉语白话发展史研究上具有重要价值。

禅宗语录的内容大致有如下几个方面：（1）记述历代禅师的轶事，包括世尊、菩萨、西天二十八祖有关禅的故事；（2）记载历代禅师的语录，如说法时的示众语、参究时的禅机问答语和偈颂等；（3）陈述历代禅师的问题，也即禅宗所说的话头；（4）阐述禅门五家七宗各派的禅法和门庭风范。

禅宗语录始盛于唐代和北宋，据禅宗史籍记载，禅宗公案有1700多则，语录和灯录数百部。这些著作有单行的别集，也有后人汇编成总集的。较早的语录别集有唐释慧然编集的其师义玄的传道语录《镇州临济慧照禅师语录》、唐裴休编集的希运禅师的传道语录《黄檗山断际禅师传法心要》和《黄檗山断际禅师宛陵录》等，由神会门人所记的《神会语录》则是禅

---

① 胡适《禅宗的白话散文》，《国语月刊》，1922年1卷4期。

宗史上第一部以"语录"命名的著作，现存禅宗语录别集约有300余种。比较著名的语录总集有宋代赜藏主编的《古尊宿语录》、师明编《续古尊宿要》等，成书于五代南唐的《祖堂集》则是现存最早的禅宗语录总集。日本大正一切经刊行会编印的《大正新修大藏经》（卷四七至卷五〇禅宗部收有49部，卷五一至卷五二史传部收有9部，卷八五古逸部收有11部）和《续藏经》（诸宗部和史传部）收录禅宗语录和史书300多部。

2. 宋儒语录

宋儒语录的语言可以说是一种文白混杂的半口语化的语言，在这些语录中既有宋代的口语成分又有文言的成分。据《宋史·艺文志四》著录，宋儒如程颐、刘安世、谢良佐、张九成、尹焞、朱熹等人都有语录行世，今传有张载的《张子语录》、谢良佐的《上蔡语录》、杨时的《龟山语录》、朱熹的《朱子语类》等。清杨复吉在其所著《梦阑琐笔》中谈到宋儒语录，对其阐扬理学而采用俚鄙之语深为不满，然唯世人皆知之浅显通俗的语言方能使神奥的道理一点即明。宋儒明于此理，故讲学时大量使用了当时人们口中常用的一些通俗习语。朱熹的弟子郑可学曾问"活泼泼地"是禅语否？朱熹指出这"不是禅语，是俗语"。① 宋儒语录中使用的口语词语为我们研究汉语白话发展史提供了一份珍贵的语言实录。

朱熹在兴建白鹿洞书院与主持岳麓书院时，主持编辑有《伊洛渊源录》，记载了宋代理学家程颢、程颐的讲学语录。朱熹的门人也编有朱熹讲学的语录。其时记录朱熹讲学内容的语录有数十人，南宋理宗景定四年（1263），黎靖德根据李道传编辑的池州刊《朱子语录》、李性传编辑的饶州刊《朱子语续录》、蔡抗编辑的饶州刊《朱子语后录》和黄士毅编辑的眉州刊《朱子语类》、王佖编辑的徽州刊《朱子语续类》、吴坚编辑的建州刊《朱子语别录》，综合了100多家所记载的朱熹语录，②编辑成现在的《朱子语类》，共140卷。朱熹讲学用的是当时文人交际

---

① 《朱子语类》卷一二六。
② 《朱子语类大全》卷首《朱子语录姓氏》载九十七人，实际上可能有一百多人。如据朝鲜古写徽州本《朱子语类》卷首"今增多三十八家"所载有"卢淳"，又有"庚、辛此系二家，无姓名"。检《朱子语类》卷二五《林放问礼之本章》载有"辛适正问：'林放问礼之本，何故只以丧礼答之?'""辛"可能是"辛适正"。又如检《朱子语类》卷一二二《吕伯恭》载有"李德之问：'《系辞精义》编得如何?'"又卷一三七《战国汉唐诸子》载有："李德之言：'东坡晚年却不衰。'"李德之，名长民，袁州人。《朱子语录姓氏》中亦无。

用的口语，他的门人弟子写入笔记虽然会有所加工，加以书面化，但毕竟是边听边记，不可能完全改成书面语，往往是直录朱熹的原话，保存了大量活的口语。语言在演变发展中，一方面是口语成分渗透入书面语中，另一方面则是书面用语的成分被吸收到口语中来。文人的日常用语很自然会受书面语的影响，尤其是词汇方面。在社会上享有一定威望的文人，他们的口语也会被一般的人模仿，形成一种与当时口语不尽相同的文人口语。《朱子语类》的记载实际上是文人的口语，既有书面语成分，又有口语成分。同时，《朱子语类》中的口语成分与当时白话文学作品中所记录下来的口语又不尽相同，当时白话文学作品中所记录下来的许多口语成分在《朱子语类》中或者较少见到，或者根本没有。如朱熹不用"来不来"这种重复形式发问，复数后缀"们"较少见到，等等。因而，大抵可以将《朱子语类》看作是朱熹与其门人讲学问答的实录，反映了当时文人的口语概貌。其中辅广所记的那部分语录曾经朱熹亲自审阅。有一些讲学内容，几个弟子都有记载，这些详略不同的语录形成互补，可以参证。《朱子语类》不仅反映了朱熹的思想演变脉络和当时的社会生活状况，而且反映了当时语言的使用状况和文白演变的概貌，文献史料的可靠程度较高。

3. 出使语录

宋辽、宋金对峙时期，双方外交往来十分频繁。宋使出使北方时对交涉始末都有详细的记录，如"某某上契丹事""某某行程录"等。接送陪伴辽、金使者的接伴史、送伴史、馆伴史也要把接送陪伴期间与使者的问答等情况记录下来，后来将这些记录也叫语录。宋金双方屡次和谈，方式不外乎书面及口头。书面是致对方的国书，甚至是皇帝的亲笔，但双方都不太愿意把立场用文字写明，原因很简单，所谓谈判就是讨价还价。有些让步条件如果写在国书里，谈判时就不易更改。所以使者的任务之一是口头传达皇帝或朝廷的意思，以及为本朝的立场作口头上的辩护。这样赢了就希望能变成正式书面的协定，输了反正没有国书作证，以后还可以变通。至于朝廷这方面当然想知道口头谈判到底说了些什么话，使者回朝也愿意写详尽的报告，以便邀功，结果促使奉使录及接送陪伴语录只能就当时事实作准确的记录，从而发展成一种近于白话的文体。这些语录的功用有二：一是谈判中发生了问题，可以把语录呈上朝廷，听候指示；二是作为使臣的备忘录，等到谈判结束之后，可以按照记录向皇帝或上司报告谈判经过。史书中有不少这方面的语录。如《续资治通鉴长编》卷二六五收有宋沈括熙宁八年（1075）乙卯出使辽国，与辽谈判辽求割宋河东黄嵬地的记录，所用词语多为当时的口语。又如《三朝北盟会编》中也保存了不少当时口语的实录，尤其是一些关键性的谈话，往往用白话记载。

除儒释和宋代出使语录外，道教典籍中也有不少语录体著述。这类著述记载高道仙人平时训释教导生徒的言行，语言通俗，多用口语俗语。较重要的有《海白真人语录》《北游语录》《长春祖师语录》《丹阳真人语录》《虚静天师语录》和《吕祖东园语录》等。

四、诗词歌曲

历代诗词歌曲中也保存了许多当时的口语词语，这些词语是研究白话发展史的宝贵资料。

1. 诗

诗歌是较易吸收口语成分的文学样式，大致可分为民歌和文人诗两大类。历代的大量民歌自然是用当时的口语创作的。如汉代《行行重行行》："道路阻且长。"南朝《读曲歌》："打杀长鸣鸡，弹去乌臼鸟。"一般的文人作品也或多或少采用民间习用的口语。如梁简帝《登城》："短歌虽可裁，缘情非雾縠。"诗中"裁"有"写作"义。

汉乐府诗和北朝民歌来自民间，文笔质朴生动，生活气息浓郁。南朝乐府诗多为吴声歌曲，委婉缠绵。南朝陈徐陵编有《玉台新咏》，选收梁朝前的诗歌；宋郭茂倩编有《乐府诗集》一百卷；丁福保编有《全汉三国晋南北朝诗》；逯钦立辑校的《先秦汉魏晋南北朝诗》汇集了从先秦到南北朝的诗歌，是研究早期古白话诗歌语言的重要文献。

唐代以诗著称于世，现存唐诗约有五万首。蒋绍愚《唐诗语言研究》说："晚唐五代时出现的新词语，其中很多应在初唐到中唐就出现了。而初唐到中唐时缺乏像敦煌变文那样典型的集中反映口语词汇的作品，因此，唐诗就成为研究唐代口语词汇的一项重要材料。""从汉语史的角度来说，它们是当时新出现的词语，是很值得注意的。"唐诗中有一些白话诗。王梵志的白话诗在唐代有相当的影响，尤其是寒山、拾得受他影响很深。敦煌写卷中保存有他的诗作。寒山和拾得都是僧人，其吟诗作偈亦多以白话。

2. 词

词是盛唐开始出现、中晚唐以后进一步发展、两宋时盛行的一种新的诗歌体裁。

宋词在反映口语方面要胜于唐五代词，有一些俚俗词，如黄庭坚、晁元礼和曹组的一些词作，往往以口语入词；也有一些半雅半俗的词作，如辛弃疾的一些词作，但多数宋词只是偶尔出现白话词语。

3. 散曲

散曲是一种雅俗共赏的文学作品，兴起于金而盛于元，分小令和套数两类。散曲所用语言往往文白夹杂，也有一些全用白话的作品，如关汉卿的《不伏老》和《女校尉》、马致远的《借马》、睢景臣的《高祖还乡》等。

4. 民歌

历代流传下来的民歌散见于各种史料杂著中，语言接近口语，生活气息浓厚，如冯梦龙编《挂枝儿》和《山歌》等民歌集，都是研究白话发展的重要资料。

五、戏曲

戏曲兴起于唐代，经宋金的积蓄发展，到元代蔚为大观。戏曲有诸宫调、南戏和杂剧等。戏曲中分唱段和对白，对白是纯口语的，唱词往往带有一些古白话成分。戏曲是比诗词更接近口语的资料。臧晋叔《元曲选·序二》说："如六经语、子史语、二藏语、稗官野乘语，无所不供其采掇。"如《永乐大典戏文三种》中《张协状元》《宦门子弟错立身》和《小孙屠》都是下层文人甚至演员参与编写而成，曲文与念白多使用方言土语，口语成分较多。又如清代车王府藏曲本《镇冤塔》第五部："杏梅：'指挥袁滚无妻子，寡居几载守空房。你俩何不打了伙，也省得他受寂寞你凄凉。不知贤妹如意否？'花魁：'管他黑猫黄猫，咬着耗子就是好猫。我是无价的局儿，将就些儿罢咧。'"① 例中"打了伙、省得、局儿、将就"等皆为当时口语，而"管他黑猫黄猫，咬着耗子就是好猫"则为当时民间俗语，其相应的文言形式为"黄狸黑狸，得鼠者雄"，② 今演变为"不管黑猫白猫，捉到老鼠就是好猫"，成为人们耳熟能详的俗谚。概括而言，戏曲语言大致有关于历史故事方面的，有关于典章制度方面的，有关于风俗习惯方面的，有关于戏剧习用语方面的，有关于少数民族语方面的，有关于乡谈土语、江湖行话、插科打诨、隐语俗谚歇后等方面的。这些词语或与雅诂旧义相违甚远，或于辞书求之不得，多为当时生活中生动活泼的用语，因而是探寻白话发展和有关语

---

① 台湾"中央研究院"编《俗文学丛刊》第3辑第240册，新文丰出版公司2001—2006年影印。

② 蒲松龄《聊斋志异》卷四《驱怪》："异史氏曰：'黄狸黑狸，得鼠者雄。'此非空言也。"

言现象渊源的重要语料。

六、散文

散文多用来记事、达意、说理，注重实用，往往多用白话，或多或少反映了当时民间活语言的面貌，大致有议论说理的散文和叙事的历史散文之别。

1. 史书

历代的史书保存了大量的口语资料，尤其是其中的一些人物对话、狱词、诉状和一些奏章、信件等，多为当时口语的实录。如《汉书·孝成赵皇后传》中审讯宫女的记载，《南齐书·王奂传》中孔稚圭的奏章，《隋书·北狄传》中处罗与隋帝的对话，《建炎以来系年要录》中王俊诬陷岳飞的诉状，清代档案内的刑科题本等。裴松之注《三国志·魏书·陈泰传》曾说："凡记言之体，当使若出其口。"史家贵秉笔直书，[1] 往往如实记载人物所说的方言俗语。如《史记》所载刘邦怒叱郦生云："竖儒，几败乃公事！"又如《世说新语》中乐广称道卫玠说："谁家生得宁馨儿！"刘知幾《史通》的《叙事篇》和《言语篇》提及王邵撰《齐志》"志存实录"，"方言世语，由此毕彰"，《杂说篇》称道："裴政《梁太清实录》称元帝使王琛聘魏，长孙俭谓宇文（泰）曰：'王琛眼睛全不转。'公（宇文泰封安定公）曰：'瞎奴使痴人来，岂得怨我？'此言与王（邵）、宋（孝王，撰《关东风俗传》）所载相类，可谓真宇文之言，无愧于实录矣。"《新五代史·冯道传》载："耶律德光尝问道曰：'天下百姓如何救得？'道为俳语以对曰：'此时佛出救不得，惟皇帝救得。'人皆以谓契丹不夷灭中国之人者，赖道一言之善也。"这些记载忠实地记录了当时的口语，都是研究白话发展的可信资料。

域外的汉文史籍和行记中也记载有一些反映汉语口语的白话语料。如《高丽史》和《朝鲜王朝实录》中保存不少明初皇帝口谕，[2] 《燕行记事》和《燕行录》等保存有朝鲜使者所记明清语言。[3] 如《朝鲜王朝

---

[1] 刘知幾《史通·杂说篇下》说："夫所谓直笔者，不掩恶，不虚美，书之有益于褒贬，不书无损于劝诫，但举其宏纲，存其大体而已。"

[2] 详张全真《朝鲜文献中的明初白话圣旨语言研究》（日本松山大学《言语文化研究》，2005年第26辑）和汪维辉《高丽史和李朝实录中的汉语研究资料》（《韩汉语言探索》，学古房，2010年）。

[3] 丁锋《燕行录全集所见朝鲜使者的明清语言记录》，《韩汉语言探索》，学古房，2010年。

实录·太宗实录》:"太祖皇帝开设东宁卫,好生安养你每。后来建文苦得你每没奈何,漫散出去。如今天下太平了,我只遵着太祖皇帝的法度安养你每,都回来东宁卫里来住,官仍旧做官,军仍旧做军,民仍旧做民。"又如洪大容《湛轩燕记·京城记略》:"骂辱绝无丑语,如没良心、甚么东西是寻常骂话。王八淬子、杂种、狗淬子等话乃贱汉嫚戏,最发怒者天火烧死也。"《燕槎日记·水浒志语录》收释有《水浒》中1132条俗语词和谚语。①

　　史书语料是一种复杂的混合体,因而史书语料的年代确定需要进行具体分析,慎重对待。传统的做法是以所记时代为准,如《后汉书》就看成是代表后汉的语言,《晋书》代表晋代的语言。然而史书所据的史料虽然大多承自前代,但毕竟是经过编纂者改写过的,遣词造句不可能没有更动(当然改动的程度也因人而异)。就一般情况而言,史书中出现的那些白话词,大多是保存前代的原貌,较少出自后人的改写。

　　2. 文书法典

　　皇帝的宣谕和圣旨、大臣的奏章和呈文、中外交往中使节传递的照会和文书、历代的法典等这些公文具有应时的性质,内容也比较具体实在。这决定了公文文体不可能像后来的八家派古文那样一味地仿古求雅,所以比较通俗,接近口语。如明世宗朱厚熜曾意识到传谕的对象中有学富五车的大臣,也有目不识丁的平民,指出为了交际时便于理解,"我也不能深文,这等与你每说,以便那不知文理者教他便省的"。② 由此可见,他对臣下所说多为不是深文的白话。又如成书于贞观年间的唐《律》和元代法令文书的总汇《元典章》中也有一些白话资料。再如朝鲜为了使本国官员熟悉吏治文书的格式体例,曾从明朝的各种文书以及朝鲜与明朝之间往来的文书中选编有《吏文》一书,此书作为官员学习的范文读本,分四卷。卷一是明代皇帝的宣谕和圣旨,卷二至卷四是奏章、呈文、照会和咨议等各类吏文,③ 共93篇,其中80篇皆注明具体日期,反映了当时的口语使用情况。

---

　　① [韩]林基中编《燕行录全集》,东国大学出版部,2001年。
　　② 《皇明诏令》,顾廷龙主编《续修四库全书》第457册,上海古籍出版社,2002年,第508页。
　　③ 李朝时期(明嘉靖十八年,1539)崔世珍对《吏文》中的专名和疑难词语等进行训释,编有《吏文辑览》。日本前间恭作在昭和十五至十六年(1940—1941)加了日文训读,1975年更名为《训读吏文》出版。韩国朴在渊校注整理有《吏文、吏文辑览·校记》,延梨文化社,2001年。

文书还包括交易文契、合同文书、承继文书、诉讼文案、乡规民约、账簿书札等，如上文所举敦煌文献中的契约文书，又如《徽州千年契约文书》收录了清代和民国时期安徽省徽州的租佃文约、田土契约、合同文书、卖身契、典当文约、税契凭证、赋税票据等契约文书。① 这些手写文书不仅保存了大量的历史文化信息，而且也是民间常用方俗口语的实录，反映了语言文字原生态的使用状况。

如《释义经书便用统考杂字》所载雇工人文约："立雇约人某都某人，今因生意无活，自情托中帮到某都某名下替身农工一年，议定工银若干，言约朝夕勤谨照管田园不懒惰，主家杂色器皿不敢疏失，其银归按季支取不致欠少，如有荒失，招数扣算，风水不虞此系听天命，凭此文约存照。"又如《增补易知杂字全书》所列清代商人合伙经商的同本合约："立合约人，窃见财从伴生，事在人为。是以两人商议，合本求财。凭中见每人各出本银若干，两同心揭胆营谋生意，所获利息逐年面算明白，量分家用，仍留资本，以为渊源不竭之计。至于私己用度个人自备，不许扯动此银并混乱账目。故歃血定盟，务宜一图和气苦乐均受，慎毋执拗争忿，不得积私肥己。如犯此议者，神人共鉴。今欲有凭，共立合同各执为照。"

3. 碑帖

历代碑志也载录有当时口语，其所载语料年代可考，如《淳化阁帖》和元代白话碑等。冯承钧《元代白话碑》绪言指出，这些白话碑文的特点"不文"，"但就史料方面言，文饰亦可掩其真。人类思想发展为白话，已经矫饰一次，复由白话变为文言，又经矫饰一次，所存之真已寡矣。与其文无宁俚"，"故在史料中量度真之多寡，骚人墨客之文，实不及村妇里老之言"。这些"不文"的语料也较为真实地反映了白话的发展演变。

七、笔记

笔记，顾名思义，即不刻意为文而随兴之所至的笔录，与散文也有相似之处。北宋宋祁将所撰随笔杂录集为《笔记》三卷，后遂以笔记泛指同类著作。王锳《唐宋笔记语辞汇释》前言指出，所谓"笔记"或"笔记小说"是一个传统的概念，其内容和形式都相当驳杂，除了考据辨证之类的学术文字以及记载历史琐闻和掌故的稗官野史之外，还包含

---

① 中国社会科学院历史研究所编《徽州千年契约文书》，花山文艺出版社，1991年。

"残丛小语"式的故事传说和一定数量现代意义的小说。笔记取材广泛，内容丰富。作为语言研究的材料看，具有这样几个特点：（一）大都出自当时的文人之手，用的基本上是文言。不过由于这种体裁形式活泼，可以不拘一格，信笔所之，娓娓而谈，所以比起正宗的八家派古文来，口语色彩要强。（二）涉及的范围和生活面广，举凡诸子百家、文学艺术、历史地理、天文历算、博物技艺、医药卫生、典章制度、金石考据、民情风俗、人物传记、宫廷琐闻、神话传说、现实政治等，几乎无所不谈，无所不包，因而词汇的容量相应较大。（三）其中的白话资料虽然大多只是片言只语，但往往也有成段成篇的白话资料，① 尤其是一些市井生活、供词、诉状、外交谈判方面的记录。如宋王明清《挥麈录》中王俊诬陷岳飞的诉状，基本上是当时的口语；元陶宗仪《南村辍耕录》所载王万里妖术害人的供状通篇全为白话；明李诩《戒庵老人漫笔》所载朱元璋写给江阴卫指挥吴国兴的御札采用白话；沈榜《宛署杂记》所载"宣谕"以及陆粲《庚巳编》所载直隶真定府晋州奏桑冲以男装女魑魅行奸事等，基本上也都是当时的口语。笔记中一些故事传说中的人物对话部分，口语的程度也往往较高，都是研究白话发展的重要资料。

由于口语程度较高的白话文献较为缺乏，历代笔记有关古白话词语的记载尽管显得支离零散，但皆为当时人记当时语，也是古白话研究取材的重点之一。一些有关历史琐闻和考据辨证的笔记，或考证文献、研究俗语、记录方音，或辨析词语、修订《说文》、探求词源，对白话发展史的研究很有价值。如楼钥《攻媿集》载："上梁文必言'儿郎伟'，旧不晓其义，或以为唯喏之'唯'，或以为奇伟之'伟'，皆所未安。在敕局时，见元丰中获盗推赏刑部例皆节元案，不改俗语。有陈棘云，'我部领你懑厮逐去'；深州边吉云，'我随你懑去'。懑本音闷，俗音门，犹言辈也。独秦州李德一案云，'自家伟不如今夜去'云。余哑然笑曰：得之矣，所谓'儿郎伟'者，犹言'儿郎懑'，盖呼而告之，此关中方言也。"吕叔湘据此考定"伟"作"们"用。又如王楙《野客丛书》卷五考证"绿沉"一词指浓绿色，卷二四解释由"狼"构成的九个复合词，分别解释了这些词的词义。再如欧阳修《归田录》卷二、刘昌诗《芦浦笔记》卷三、吴曾《能改斋漫录》卷五和张世南《游宦纪闻》卷二所载"打"的音义等，这些记载无疑都是研究白话发展史的重要资料。

---

① 王锳《唐宋笔记语辞汇释》，中华书局，1990年。

八、小说

在中国语言学史和中国文学史上,小说占据着十分重要的地位。《三国志·魏书·王粲传》裴松之注引《魏略》说:"太祖遣(邯郸)淳诣(曹)植。植初得淳,甚喜,延入坐,不先与谈。时天暑热,植因呼常从取水,自澡讫,傅粉。遂科头拍袒、胡舞五椎锻、跳丸、击剑、诵俳优小说数千言讫。谓淳曰:'邯郸生何如邪?'"曹植所诵俳优小说数千言表明小说最初作为一种口传文学形式具有故事性的口头表演性质。"小说"一词最早见于《庄子·外物》:"饰小说以干县令。"庄子所说的"小说"指当时游说诸侯的说辞。小说的雏形是民间流传的丛残小语,往往具有故事性。《汉书·艺文志》说:"小说家者流,盖出于稗官,街谈巷语,道听途说者之所造也。"如淳注说:"主者欲知里巷风俗,故立稗官使称说之。"这些街谈巷语和道听途说虽多为内容浅俗琐屑的"小道",但其中也"必有可视者",可以"辍而不忘"。据《汉书·艺文志》著录,早期小说既有偏于史实的"史官记事",也有"迂诞依托"的神怪之作;不仅有阐发哲理的议论,也有风俗逸闻的记载。

小说由魏晋南北朝的志怪和史传小说到唐代的传奇,再由宋金元的话本小说到明清的长篇小说,既有相承,又有革新,语言上也反映了文言到白话的演变。据罗烨《醉翁谈录·舌耕叙引·小说引子》说:"小说家流,出于机戒之官,遂分百官记录之司。由是有说者纵横四海,驰骋百家。以上古隐奥之文章,为今日分明之议论。或名演史,或谓合生,或称舌耕,或作挑闪,皆有所据,不敢谬言。言其上世之贤者可为师,排其近世之下愚者可为戒。言行非无根,听之有益。"《醉翁谈录》所举的有些小说又见于"说话"的目录,可能是宋元说话艺人的底本,可见文言小说与白话通俗小说同源异流的关联和演变。鲁迅《中国小说史略》说:"小说亦如诗,至唐代而一变,虽尚不离搜奇记逸,然叙述宛转,文辞华艳,与六朝之粗陈梗概者较,演进之迹甚明,而尤显者乃在是时则始有意为小说。"既有意为小说,故不仅其内容反映其时社会生活,而且其语言亦反映其时口语的情貌。从魏晋南北朝时的志怪和轶事、唐宋的传奇和平话到明清的长篇章回小说,许多作品像一颗颗璀璨的明珠,闪烁着耀眼的光辉,在人们的口中盛传不衰。其中一些白话小说,如《三国演义》《水浒传》《西游记》《三言》《二拍》《儒林外史》《说岳全传》《红楼梦》等,更可谓家喻户晓,妇孺皆知。这些小说中多浅俗委巷之语，保存了大量当时的口语资料，① 反映了古白话的概貌，是研究白话发展史的重要文献。

九、方言

古代汉语没有全国各地一致的标准口语，口语都是方言，因而涉及方言的文献资料在白话发展史研究方面具有重要的价值。方言俗语往往状人状物形神毕肖，言情叙事意趣横生，很多词语颇富幽默感和强烈的讽喻意味，可供我们更确切地阐明某些古白话词语的词义，有画龙点睛的传神之处。如《秋胡戏妻》第四折："若不是江村四月正农忙，扯住那吃敲才决无轻放。"《梧桐雨》第三折："每月江头烂如泥，把似噇不的少吃，则被你殃煞我，吃敲贼！"《戏曲词语汇释》释"吃敲才""吃敲贼"为"该打的家伙"，然而"敲"（即"剿"）在北京、天津、河北、山东一带的方言中尚有"阉割"义，往往在盛怒之下骂人有"挨敲的货""敲了你"等说法。阉割是古代仅次于死刑的最残酷刑罚之一，世人把被阉割过的人看作是不齿于人类的人，故人在恨极之时，骂"该打"尚不解其恨，而"阉割"则将其感情宣泄无遗。明清小说往往多用方言，如吴敬梓的《儒林外史》带有全椒方言的色彩，② 李绿园《歧路灯》使用了大量河南方言，诸如"擘画、扯捞、腌臜、兑搭、饭时"等至今还活在河南话中。③

十、其他

1. 文集

历代文人的别集中也有一些白话资料。如《文选》卷四〇所收梁任昉《奏弹刘整》中具录家奴婢女证词，不避俚俗，反映出当时口语的实际情况。收入文集的书信和公文性质的篇章里有时也有较多的白话成分。如文起八代之衰的韩愈，虽然自称"非三代两汉之书不敢观，非圣人之志不敢存"，④ 在他的文集中则不仅有佛、佛寺、浮屠、僧、尼、上人、师、道士、山人、修行、寺、观、释氏、福田等佛教、道教词语，进士、明经、甲科、主司、及第、登第、落第、贡、举、考试、中

---

① 如明代《详刑公案》《详情公案》《廉明公案》《明镜公案》和《诸司公案》等一些公案小说所载原告的状词、被告的辩词和主审官的判词多为当时的口语白话。
② 遇笑容《儒林外史词汇研究》，北京大学出版社，2001年。
③ 张生汉《歧路灯词语汇释》，河南大学出版社，1999年。
④ 韩愈《答李翊书》。

科等随着隋唐科举制而产生的词语，而且还有当时的一些口语。如"都"作副词"皆"用。《答崔立之书》中有"若都不可得"，《与崔群书》中有"又不知无乃都不省记"。又如用"太阳"代替"日"，《贺太阳不亏状》中有"太阳合亏""太阳不亏"等。《原道》中有恩爱、葬埋、祭祀、器皿、货财、天下、国家等四十来个双音词。有些新兴的语法形式也出现在韩愈的文集中，如数词"两"已不再是只能表示天然成双或被认为成双的东西了，而与现代的用法相同，代替了"二"的一部分用法。如《与崔群书》中有"凡两度枉问"，《张中丞传后叙》中有"两家子弟材智下"等。司马光文集中的《议谋杀已伤案问欲举而自首状》和《乞不贷故斗杀札子》等涉及当事人的供述部分，基本上也都是用白话记录。

元代大臣给皇帝讲解汉文典籍，往往用当时口语逐词逐句翻译，他们的文集里有的还保存着讲解的记录，如许衡讲解《大学》中"如恶恶臭，如好好色"时说："如臭秽之物，人见便嫌，是真个嫌；好的颜色，人见便爱，是真个爱。"所用词语"的""便""真个"皆为当时口语。其讲解的记录《直说大学要略》《大学直解》《中庸直解》等都收录在《许文正公遗书》（亦作《鲁斋遗书》）中。贯云石也曾以当时口语逐字翻译《孝经》，有《孝经直解》传世。吴澄《吴文正公文集》中亦载有其给皇帝讲解史书的讲义。

明清文集中也有不少口语白话的记录，如刘基的《诚意伯文集》卷首的《遇恩录》记录了朱元璋召见刘基儿子刘仲璟时谈话中引述的述状和证词，张居正《张太岳集》卷一一收有其对班昭《女诫》的直解。王世贞《弇山堂别集》中引有一些白话诏令，山川英彦《〈弇山堂别集〉所引白话诏令考》对此作有考述。清代《牧斋初学集》"太祖实录"中载有李善长的狱词等。

2. 会话书

会话书是给母语为非汉语的人学习汉语时使用的教科书，因而多以当时的共同语为标准，具有一定的典范性，是研究白话发展史的极好材料。如《原本老乞大》："就那里拿起一块大石头，投那人头上打了一下"，"似这等布宽呵好，这几个布哏窄有"，"窄呵偏争什么？也一般卖了"，"恁怎说那等言语？宽呵，做出衣裳余剩，又容易卖；窄呵，做衣裳不勾"。又如《老乞大谚解》："咱急急的收拾了行李，备了马时，天亮了"，"大哥因事到我那里，不弃嫌小人时，是必家里来"。

《老乞大》和《朴通事》是元末明初朝鲜人学习汉语的两部会话书，大致反映了宋元以来的北方话，也有少数元代进入汉语中的蒙古语成分。《老乞大》分上、下两卷，上卷55节，下卷53节，共108节，相当于108篇课文，以旅行、商业交易方面的会话为主要内容；《朴通事》分上、中、下三卷，上卷和中卷各38节，下卷30节，共106节，相当于106篇课文，其内容包括名物制度、社会习尚、饮食起居、文化娱乐等方面，几乎涉及社会生活的各个领域。这两部书是我们今天研究当时口语的好材料。

明代李边编的《训世评话》也是一部供朝鲜人学汉语的教科书，收集了古代名人、贤人及贞节烈妇的忠孝故事及寓言、民间传说和笑话等65则，先列文言原文，再译为口语评话，反映了文白词语兴替和新旧质素共存的概貌。

清代又有《华音启蒙谚解》《学清》《你呢贵姓》《中华正音》《华音撮要》和《华语抄略》等朝鲜后期的官话教科书，还有一些专为英法日学生学汉语编的《语学举隅》《西汉同文法》《官话指南》和《汉语入门》等读本也反映了当时的口语，尤其是威妥玛的《语言自迩集》作为汉语教学史上教学北京话口语的汉语课本，堪称19世纪中期北京话的实录。① 六角恒广《中国语教本类集成》分10集40卷收录了日本所编的汉语教材，如《支那语学校讲义录》《清语读本》《最新清语捷径》《官话急就篇》和《官话应酬新篇》等。②

3. 宝卷

宝卷是流传于民间的俗文献，渊源于唐代佛教的俗讲，具有特殊的民俗文化背景。相传最早的宝卷是宋代普明禅师所作的《香山宝卷》，现存最早的宝卷是宋元之际的抄本《销释真空宝卷》和元末宣光三年（1372）蒙古脱脱氏抄写施舍的《目连救母出离地狱升天宝卷》。宝卷是至今尚未被充分发掘、整理、研究的一大宗民间文献。宝卷都用白话叙写，有讲有唱，在一定程度上反映了民间所用的语言。

4. 医药、科技

医药和科技方面的文献也是语言研究的重要文献之一。医药和科技方面的文献重在说明问题，指导实践，故以明白易懂为宗旨，不求文采的华丽，与口语较为接近。如《灵枢经》《齐民要术》《肘后备急方》《医宗金鉴》《针灸甲乙经》《脉经》《本草纲目》《雷公炮炙论》《天工开物》等中都有一些反映当时口语的语言现象，可作为研究白话发展的参考佐证。

---

① 威妥玛《语言自迩集》，张卫东译，北京大学出版社，2002年。
② 六角恒广《中国语教本类集成》，不二出版社，1991－1998年。

北魏贾思勰所著《齐民要术》是我国迄今为止保存最完整、时代最早的农学名著，共10卷，92篇，序称"起自耕农，终于醯醢，资生之业，靡不毕书"。其文笔朴实流畅，保存了很多南北朝时期的俚俗口语，对于白话研究颇有参考价值。如《造神曲并酒》："昼日晒，夜受露霜，不须覆盖。久停亦尔，但不用被雨。此曲得三年停，陈者弥好。"例中"停"有"贮放"义，"不用"有"不能、不准"义。①

郦道元《水经注》详细记载了大小河流1200多条，描述了水流所经地区的地理位置、历史沿革、人物掌故、神话传说、渔歌民谣等，不仅对研究历史地理有重要意义，而且语言清丽，在白话发展史研究中也有一定价值。

此外，杨衒之《洛阳伽蓝记》详述了洛阳寺庙佛塔的盛衰兴废和传闻掌故，在某种程度上也反映了当时的语言面貌。

这些医药和科技方面的文献还记载了当时疾病诊治和工农业生产方面的日常用语和专门用语，这部分内容尤其是白话发展史研究的宝贵资料。如宋应星的《天工开物》是我国科学技术史上的名著，共18卷，内容包括粮食和各种经济作物的栽培种植，蚕和蜂的饲养，矿石和珠玉的采集以及纺织、染整、粮油加工、制糖、制盐、造纸、陶瓷、冶金、铸造、舟车和兵器制造等行业的专门技术，所用术语或来自民间，或由古语演化，基本上反映了古白话俗语词土生土长的工艺技术用语的轮廓和风貌。

5. 书信

钱锺书曾说："六朝法帖，有煞费解处。此等大半为今日所谓便条字条，即时受者必到眼即了，后世读之却常苦思而尚未通。"② 私人书信往往多涉及一些家常话，不假藻饰，因而书信中有大量的口语词。如《淳化阁帖》卷八载王羲之《十一月四日帖》中说："不得近问，邑邑，吾心苦痛，不得食经日，甚为虚顿。"例中"不得近问"之"问"有"消息"义；"经日"指"多日"。"问"的"消息"义和"经日"的"多日"义都是当时习语。又如司马光《宁州帖》："今汝才去，朝旨许令侍养，若本府奏称，本官已赴本任，缴回文字，则朝廷必以为厥叔强欲差它侍养，它自不愿，已到本任，直收杀不行。"例中"收杀"是当时口语，有"结束"义。再如郑燮《范县署中寄舍弟墨第四书》："他自做他家事，我自做我家事。世道盛则一德遵王，风俗偷则不同为恶，亦板桥之家法也。哥哥字。"

---

① 缪启愉《齐民要术校释》，农业出版社，1982年。
② 钱锺书《管锥编》第三册，中华书局，1987年，第1108页。

例中"他自做他家事,我自做我家事""哥哥"都是白话口语。

6. 笑话

笑话书多含有白话的成分。三国时期邯郸淳编有《笑林》,明代冯梦龙编有《笑府》,清代游戏主人编有《笑林广记》。王利器编选的《历代笑话集》收有70多种有关笑话的典籍。如冯梦龙《笑府》:"一亲家新置一床,穷工极丽。自思好床不使亲家一见,枉自埋没,乃假装有病,偃卧床中,好使亲家来望。那边亲家做得新裤一条,亦欲卖弄,闻病欣然往探。既至,以一足架起,故将衣服撩开,使裤现出在外,方问曰:'亲翁所染何症而清减至此?'病者曰:'小弟的贱恙却象与亲翁的尊病一般。'"例中"亲家、假装、卖弄、一般"都是白话口语。

7. 注疏

历代为前代文献所作往往或以通语释方言,或以今语释古语,不仅搜寻相关文献中的词语为训,而且常以当时口语来类比释义,反映了当时的语言现象。如胡三省注《资治通鉴》:"了事,犹言晓事也。""优,饶也。今人犹谓宽假为优饶。""善思,犹今人言好思量也。""自尔以来,犹今言自那时以来也。"这些注疏材料反映了古代词语与当时词语的对应关系,可以作为考察词义存亡演变的依据,为文白演变的研究提供了不可忽视的宝贵线索。

8. 辞书

语文辞书是适应社会需求的产物,自然也反映了语言的演变。收释白话的语文辞书可溯至西汉扬雄所撰《𬨎轩使者绝代语释别国方言》和东汉末服虔所撰《通俗文》。南朝梁有殷仲堪《常用字训》和李虔《续通俗文》,唐五代有流行民间的《字宝碎金》和《俗务要名林》,宋代有洪迈《俗说》、王浩《方言》、王资深《方言》、① 佚名《释常谈》和龚熙正《续释常谈》,明代有杨慎《俗言》、陈士元《俚言解》、周梦旸《常谈考误》、赵南星《目前集》、岳元声《方言据》、李实《蜀语》、张存绅《雅俗稽言》、李翊《俗呼小录》、陈沂《询刍录》等,清代有吕种玉《言鲭》、翟灏《通俗编》、李调言《方言藻》、杭世骏《续方言》、梁同书《直语补正》、顾张思《土风录》、钱大昕《恒言录》、陈鳣《恒言广证》、西崖《谈征》、郝懿行《证俗文》、钱大昭《迩言》、郑志鸿《常语录源》、易本烺《常语搜》、唐训方《里语徵实》、平步青《释谚》、胡式玉《语窦》和胡文英《吴下方言考》,近人章炳麟《新方言》等。这

---

① 徐时仪《北宋王浩、王资深曾著有方言》,《文献》,2005年第2期。

些辞书收录诠释民间日常生活的方言俗语和俗语词。如《通俗文》："去汁曰滗"，"渐米谓之洮汰"，"理乱谓之撩理"。又如《谈徵·言部》"趴"："今俗谓小儿匍匐曰趴。"《通俗编》卷一四《境遇》"平白地"："按，白，犹言空，今俗以徼幸营求而空费心力曰'白白儿'，同此。"

明清时来华的传教士不受中土辞书编纂传统理念的约束，编的辞书解释词义多用白话口语。如马礼逊编的《华英字典》释词既有文言词语和书面词语，也有口语和俚俗词语，有专名也有成语、谚语，增补了大量白话释义和例证，引文范围扩大到小说、戏曲等俗语。马礼逊曾在1819年11月25日给传教会委员会的信中说："一向被中国文人所忽略的俗语，并不意味是低级趣味的措词，只是对那种仅仅适合读书人的高雅、古典、佶屈聱牙的形式而言，是一种大众化的语言。就像欧洲的知识分子在黑暗时代认为每一本正统的书都应该使用拉丁文而不是俗语那样，中国的文人也一样。"他指出："没有比简单的语言更能准确地表达新思想的了。"① "中国文人对于用俗语，即普通话写成的书是鄙视的。必须用深奥的、高尚的和典雅的古文写出来的书，才受到知识分子的青睐，因此只有极小一部分中国人才看得懂这种书。正如中世纪黑暗时期那样，凡是有价值的书，都必须用拉丁文写出，而不是用通俗的文字。朱熹在他的理学作品中，突破了这个旧传统，他很好地使用了简明的语体传达了他的新思想。"② 马礼逊把自宋、元、明以来已经形成的白话文风引进辞书的编纂，且大量引进了过去不进殿堂的民间小说、戏曲、俗语等当作例证。

我国第一部白话语文辞书是周铭山所编《国语辞典》，1922年商务印书馆出版。黎锦熙、钱玄同主编的《国语辞典》1937—1947年由商务印书馆出版，收录受过中等以上教育的北京人常用的口语词约5500条，释义多用北京口语，并举例句。如：

〔扎耳朵〕（解）用针穿耳（女子戴耳环）。还有不好听的话听在耳内，也说扎耳朵。（例）临上轿再扎耳朵眼，那不晚了么。刚才我听见一个女子骂人，句句扎耳朵，他还以为得意呢。

〔扎透了〕（解）扎过去啦。（例）他的鞋叫锥子扎透了，幸而没伤了脚，实在万幸。

---

① Eliza Morrison. 1939. *Memoirs of the Life and Labors of Robert Morrison*. London. Vol. IIp. 7.

② 〔英〕马礼逊夫人编，顾长声译《马礼逊回忆录》，广西师范大学出版社，2004年，第154页。

民国时期还出版有 40 多部白话语文辞书。如马俊如等编《国语普通词典》，唐昌言等编《（国音白话注）学生词典》，王云五编《王云五大辞典》等。这些白话语文辞书的诠释力求言文一致，以白话释义，具有鲜活的口语色彩。如方宾观编《国音标准白话词典》，专收常用词语和白话小说中各地习用方言等约 12000 条，释义简明扼要。如：

　　［了不得］就是不得了，说事情大而难了，非凡的意思。"好得了不得"，本事大亦叫了不得。

又如黄钟瀛编《（词性分解红皮新式）中华字典》：

　　［乳］乳就是奶。人有两奶，生在胸膛的两旁，叫做乳。男人乳小，女人乳白色大。女人乳中出来的乳汁，也叫做乳。在人身的叫人乳，牛身上的叫牛乳。

朝鲜和日本编的一些辞书也是研究白话口语的重要语料。如明治三十八年（1905）南江堂和文求堂共同出版有石山福治编的《日汉辞汇》，收录约一万多条词语，每个词列出相对应的汉字词。如"味"对应汉语词"味道、味儿、口味"，"悉皆"对应汉语词"全、都、所"，"朝"对应汉语词"早起、早晨"，"欺"对应汉语词"欺哄、欺负"等，其中"夜儿个、才刚、料估、左近、管保、溜达、定规、眨巴眼、就手儿、胡哩吗哩"等都是白话口语词。

　　此外，明清来华传教士编的一些宣教书多用白话口语，如 1733 年出版的《盛世刍荛》指出："若欲得心应口，必须俗语常言"，"若系不识字之人，或妇人女子，或衰老病躯，欲闻圣道而无人能讲，只须一位识字之亲友，看书朗诵，又与讲道无异。正所谓书中有舌，如获而谈也"。① 传教士编的《通问报》早于《新青年》采用了白话，如《耶稣教家庭新闻》："本报每回均用官话，演成小说寓言等。清新浅显，意味深长，而且寓有劝征之意，足可消愁解闷，醒世破迷。"②

---

① 《盛世刍荛》，《明末清初耶稣会思想文献汇编》第二十二册，北京大学宗教研究所 2000 年影印。
② 《耶稣教家庭新闻》，《通问报》，1906 年 1 月，第 181 回。

中 编

第三章 白话的露头期

　　文言和白话是同源异途的两种书面语,二者既有不同,又互有联系。文言是以先秦两汉口语为基础凝固而成,而白话则是在文言基础上的继续发展,即白话是随着社会的发展,在先秦两汉口语的基础上继续发展而形成。秦汉以后的文献中或多或少地夹杂有一些新产生的口语成分,这些文言没有的新成分是形成白话书面语的萌芽。如"泪"在《楚辞》和《韩非子》等战国文献中已出现,东汉时使用渐多;"翅"见于《战国策》中,东汉后用例渐多;名词"树"始见于春秋战国之交,两汉时取代了"木";方位词"边"在西汉已出现,东汉后使用渐多;方位词"里"也始见于西汉,魏晋后使用渐多;"著"和"戴"都始见于战国;"看"始见于《韩非子》;表示"寻找"义的"觅"和"寻"见于汉代,魏晋南北朝时取代了文言的"求"和"索";"打"在东汉已出现,魏晋南北朝时渐取代文言的"击";"关"的"关闭"义的产生不晚于西汉初,东汉魏晋南北朝后渐取代文言的"闭";"放下"的"放"始见于《庄子》,魏晋南北朝时渐取代文言的"释";"进"在东汉已有"进入"义,魏晋南北朝时使用渐多;"瘦"始见于战国末期,东汉中后期渐取代了文言的"瘠";表示"错误"义的"错"始见于东汉,魏晋南北朝时用例渐多;"冷"始见于西汉,东汉后渐取代文言的"寒";"少"始见于《诗经·邶风》,东汉时取代了文言的"寡"。①

　　这一时期文献典籍中的词汇以单音为主,大致可分为"承而传之"和"承而变之"两大类。"承而传之"的词汇是汉语词汇的基本词汇,如"天、地、山、水"等,"承而变之"的词汇又含有"变而即逝者""变而又变者"和"变延至今者"三种情况。"变而即逝者"指的是书中出现的新词或新义,后世未见用例。如"身"的本义为人的身体,魏晋南北朝时期的文献典籍中引申有"自己"义,如郭璞注《尔雅·释诂》"朕"云:"今人亦自呼为身。"此后的文献典籍中则未见有这种用法。

---

　　① 汪维辉《东汉——隋常用词演变研究》,南京大学出版社,2000年。

"变而又变者"指的是先秦出现的词在这一时期的文献典籍中产生变化，在此后的文献典籍中又出现变化。如"尔"在先秦是第二人称代词"你"，魏晋南北朝时期演变为指示代词，指"此""彼"，"尔"与助词"馨"在魏晋南北朝时期组合为方言词"尔馨"，表"这样""这般"义，魏晋南北朝以后又变为"那杭""能个"等。"变延至今者"如"挑"，据《说文》，其本义为"挠扰"，魏晋南北朝时产生有"拣选"义。如《世说新语》卷上之下《文学》："裴散骑娶王太尉女。婚后三日，诸婿大会，当时名士、王、裴子弟悉集。郭子玄在坐，挑与裴谈。"例中"挑"的"拣选"义沿用至今。

第一节　先秦的白话

商代以前的一些诗歌神话等由人们口耳相传，文字产生后，后人记载为书面语，从中有时也可看到当时的口语色彩。如《吴越春秋》卷五《勾践阴谋外传》所载《弹歌》："断竹，续竹，飞土，逐宍。"又如卜辞："雨？不雨？雨不雨？"据《韩非子·解老》载："树木有曼根，有直根。根者，书之所谓柢也。"韩非子指出"根"是当时的口语。《诗经》中的《国风》是当时的民歌，出于农夫、牧童等，多用民间口语。如《汉广》："南有乔木，不可休思。汉有游女，不可求思。"又如《柏舟》："我心匪石，不可转也。我心匪席，不可卷也。"即使今天读起来觉得诘屈聱牙的《尚书》，也可看出是基于当时口语白话记载下来的文言文。如《尚书·牧誓》："今商王受，惟妇言是用，昏弃厥肆祀弗答，昏弃厥遗王父母弟不迪，乃惟四方之多罪逋逃，是崇是长，是信是使，是以为大夫卿士。俾暴虐于百姓，以奸宄于商邑。今予发，惟恭行天之罚。今日之事，不愆于六步、七步，乃止齐焉。夫子勖哉！不愆于四伐、五伐、六伐、七伐，乃止齐焉。勖哉夫子！尚桓桓，如虎如貔，如熊如罴，于商郊，弗迓克奔，以役西土。勖哉夫子！尔所弗勖，其于尔躬有戮！"据《汉书·艺文志》说："《尚书》者，直言也。"直言正是指直白的口语，后随着时代的发展，凝固成与口语脱节的文言文。

现代汉语中一些常用词在先秦已经出现。如"取笑"一词，《汉语大词典》引的最早例证是《后汉书·盖勋传》："既足结怨一州，又当取笑朝廷。"佛经译文中也有用例。如西晋竺法护译《力士移山经》："惭耻无效，取笑天下。"然而它在文献中的始见用例还可以追溯至先秦，如《吴子·励士》："脱其不胜，取笑于诸侯，失权于天下矣。"又如"清洁"一词始见于《韩非子》，凡四见。如《人主》："游宦之士焉得无扰於私门，而务於清洁矣。"《外储说右下》："今人主以其清洁也进之，以其不适左右也退之，以其公正也誉之，以其不听从也废之。"再如"朋友"见于《论语·学而》"与朋友交而不信乎"，"讨论"见于《论语·宪问》"世叔讨论之"，"光明"见于《诗经·周颂·敬之》"学有缉熙于光明"，"变动"见于《荀子·议兵》"观敌之变动"等。

现代汉语中一些复合词的词义也可溯至先秦，如《左传》中已有"人民、制度、纪律、功绩、外援、元帅、将军、兄弟、朋友、商人、东道主、先驱、爪牙、辽远、粮食、道路、马路、土地、边疆、平原、借口、动作、容貌、往年、宣言、宣告、访问、贡献、供养、负担、借助、保障、教训、讲求、从事、安定、成功、百姓、绝望、歌舞、施舍、战斗、愚弄、滋长、分散、跋涉、禁止、挑战、周旋、流亡、死亡、子弟、自杀、地震、辛苦、和睦、坚强、懦弱、狡猾、长久、神圣、或者"等词；《国语》中有"土地、等级、军事、天下、四方、周游、平原、仓库、宣布、号召、建立、合作、可以、觉悟、转化、中立、生气、果敢、镇静、惭愧、奢侈、空虚、脆弱、必然"等词；《战国策》中有"近代、计划、战场、患难、事变、木材、亲戚、禽兽、先生、丈夫、处女、精力、消亡、身体、气力、羽毛、丰满、思念、揣摩、留意、小心、相信、接收、绍介、从事、扶持、掩盖、争论、分裂、瓜分、动摇、勇敢、公平、强大、亲近、欢喜、空虚、虚弱、软弱"等词；《荀子》中有"宇宙、工人、大众、群众、法令、战士、主人、宾客、朋友、血气、态度、处女、君子、小人、学者、法式、敌人、中央、四方、道路、土地、边境、名声、事业、光辉、功利、黄金、死刑、毒药、故乡、节奏、行列、风俗、道德、礼节、学问、廉耻、耻辱、患难、是非、嫌疑、本性"等词；《黄帝内经·素问》中有"神气、思想、皮肤、骨髓、肌肉、呼吸、喘息"等词；近年出土的信阳楚简、曾侯乙墓竹简、包山楚简、郭店楚墓竹简、上海博物馆藏战国楚竹书等中有"微妙、兵革、长久、成功、赤子、春秋、仁义、大方、道路、东方、法物、方圆、父母、甘露、富贵、祭祀、江湖、可以、中心、礼乐、流言、后人、迷惑、祈祷、家室、南方、贫贱、忧患、忌讳、其次、然后、人民、人情、犯人、子孙、神明、性命、四方、天地、万物、宠辱、天象、土地、威仪、西方、刑罚、宾客、兄弟、亲戚、言谈、朋友、饮食、衣裳、衣服、正直、制约、志气、容貌、忠信、终日、终身、勇力、自然"等词。

现代汉语中一些常用句式在先秦已经出现。如《左传·昭公十九年》:"谚曰:无过乱门。"《国语·周语》:"人有言曰:无过乱人之门。"《左传》及《国语》记载了民间流传的谚语,反映了当时口语中否定句已有代词宾语不前置的句式。又如《诗·黍离》:"知我者谓我心忧,不知我者谓我何求?"《尚书·金縢》:"尔之许我,我其以璧与珪归俟尔命;尔不许我,我乃屏璧与珪。"《战国策·楚策》:"子无敢食我也。"诸例中否定句代词宾语不前置。《战国策·东周策》:"若其王在阳翟,主君将令谁往?"《论语·子张》:"子张曰:'子夏云何?'"诸例中疑问代词宾语不前置。

与传世文献相比,近年来出土的一些简帛文献在作为研究先秦语言的"同时资料"或"准同时资料"方面更为真实客观地反映了先秦时代的语言面貌,现代汉语中一些常用词往往在简帛文献中已有露头。如刘坚《从〈国语〉的用例看先秦汉语的"可以"》一文从传世文献角度进行论证,得出"与现代汉语相同的复音词'可以'至少在战国初期就已经形成并在先秦文献中得以较为广泛的使用"的结论,① 张显成《简帛中新词新义》又进一步从简帛文献的角度说明复音词"可以"早在春秋时期就已产生。如马王堆汉墓帛书中《阴阳灸经甲》:"要(腰)甬(痛)不可以仰。"②

成书于先秦的《论语》是孔子讲学的记录,标志着中国历史上私人著书的开始,在诸子散文的发展史上具有开辟道路的作用。讲学需要讲解、阐释、质疑、问难,自然会有对话。要使听者理解,讲者的语言、语气都会尽量口语化。《论语》所记,大半是问答对话的实录,接近口语,具有一定的形象性、概括性。从书中凝练逼真的记述中,不仅可以看到孔子的政治主张、教育思想及当时的一些社会现象,而且能感受到孔子这个历史人物的伟大人格、风度和精神气质,以及孔门弟子的人格

---

① 刘坚《从〈国语〉的用例看先秦汉语的"可以"》,《中国语文》,1994年第5期。

② 王力《汉语史稿》说:"上古汉语的'以为'和'可以'并不等于现代汉语的'以为'和'可以'。现代汉语的'以为'和'可以'都是双音词(单词);上古的'以为'和'可以'都应该理解为两个词的结合,而'以'字后面还省略了一个宾语。""汉代以后,'以为'和'可以'才逐渐凝固成为复音词。"(中华书局,1958年,第461页)参张显成《简帛中新词新义》,《汉语史研究集刊》第二辑,第194页。

修养与处世态度。如卷一《学而》:"子贡曰:'贫而无谄,富而无骄,何如?'子曰:'可也。未若贫而乐,富而好礼者也。'"又《为政》:"子曰:'吾十有五而志于学,三十而立,四十而不惑,五十而知天命,六十而耳顺,七十而从心所欲,不踰矩。'"又如卷二《里仁》:"子曰:'父母在,不远游。游必有方。'"①

《论语》的价值体现在哲学、文学、思想等各个方面,就语言而言,它在语言词汇上的创新为汉语的发展注入了新的活力,记载了当时的白话,成为汉语发展史上的一座里程碑。

《吕氏春秋》成书于战国末期,《序意》篇称"维秦八年,岁在涒滩",由秦国丞相吕不韦主持召集门客编纂,成书后,吕不韦为了显示和巩固自己的政治地位,"布咸阳市门,悬千金其上,延诸侯游士宾客有能增损一字者予千金"。吕不韦编此书虽有他的政治目的,但既然要在城门张榜悬赏千金延请诸侯游士宾客来修改,那么书中所用语言也就必然是当时各国基本通行的用语,具有通俗白话的色彩,大致反映了周秦之交的语言面貌,从中可见先秦至秦汉时期人们所用语言的概况和文白演变的露头。据张双棣《〈吕氏春秋〉词汇研究》一书的考察,全书总共近 5000 个词,其中单音词 2972 个,复音词 2017 个,"很多先秦末期以前不用而汉代常用的词或词义,可以在《吕氏春秋》中找到,所谓古曰屦,今曰履,《吕氏春秋》中'履'已有四次用作名词,表示'屦'的意思。又所谓古曰衾,汉曰被,《吕氏春秋》中'被'也已有二次用为衾义。"②"毙"也已改用"死"。有些当时产生的新词新义为后代沿用,如"遗老"指前朝臣民,汉以后成为常用词汇。

由于文言是在先秦口语的基础上形成的,因而先秦口语可以说既是文言的源头,也是先秦和秦汉以后白话的源头。现代汉语中一些先秦已出现的词语可以说是汉语白话的露头,也可以说是汉语词汇的古今传承。

---

① 江蓝生《古代白话说略》指出:"晚清维新派人物王照就认为孔夫子的著作是用'当时俗语言'写的,他说夏代殷代书中所没有的'也、已、焉、乎'等助词,实际上就相当于今天白话文中的'呀、么、哪、咧'等,这个看法是很有道理的。"(语文出版社,2000 年,第 2 页)

② 张双棣《〈吕氏春秋〉词汇研究》,山东教育出版社,1989 年,第 3—4 页。

第二节　秦汉的白话

秦代的时间短，语言演变线索不明显，故本书将秦汉合在一起来论述。从汉语白话发展史的角度看，秦汉是一个过渡时期，秦汉三百多年可以说是汉语史上文白演变的一个转折期，汉语的发展在秦汉进入了一个新的阶段。

秦汉时语言的要素都在逐步地发生着变化。如睡虎地秦墓竹简中有"是是饿鬼"，马王堆汉墓帛书《彗星图》中有"是是竹彗"，东汉安世高译《佛说大安般守意经》："息亦是意，亦非意。"（15/166b）诸例中已出现了系词"是"。① 又如"鼻腔、同居、权衡、野兽、从军、口舌、自杀、追捕、暴风雨、怪物、完善"等词语在睡虎地秦墓出土的竹简中也已出现。②

秦汉时代的一些乐府民歌、史书、注释语料及佛经翻译文献等记载口语词较多，反映了文言与白话渐趋歧异的趋势。我们只要将汉代的乐府民歌和《诗经》中的民歌作一个粗略的比较，就可发现早在汉代，一批新鲜的口头词语已进入书面语中，显示了白话文的萌生。如《十五从军征》："兔从狗窦入，雉从梁上飞。"诗中的"狗"，《诗经》用"犬"；诗中的"从"也已虚化，已可用作介词。《孤儿行》中有："孤儿泪下如雨。"《诗经》中无"泪"，只用"涕"。③《羽林郎》中说道："金盘脍鲤鱼。"《诗经》中没有"鲤鱼"的说法。《孔雀东南飞》："左手持刀尺，右手执绫罗。"诗中用"左手""右手"两个词组代替了左、右两词的本义。又"处分适兄意，那得自任专"中的"处分""交语速装束"中的"装束"等已是唐宋白话之嚆矢。我们现在看汉代的这些民歌，没有注释也能大致理解歌词的大意，而《诗经》在汉代已不易看懂，有了毛传还难理解，又加有郑笺。司马迁的《史记》是汉代书面语的典范，其中也使用了许多当时口语中出现而沿用至今的词语和语法格式。如《扁鹊

---

① 东汉译经中系词"是"已用得相当普遍，并且系词"是"前面已可加否定词"不"。详参汪维辉《系词"是"发展成熟的年代》，《中国语文》，1998年第2期。

② 魏德胜《睡虎地秦墓竹简复音词简论》，《语言研究》，1999年第2期。

③ 汪维辉《东汉——隋常用词演变研究》指出，"泪"始见于战国，不晚于汉末在口语中取代了"涕泣"。

仓公列传》："其病得之筋髓里。"例中的"里"是现代汉语最常用的词之一，上古汉语多用"中""内"来表示"里外"的"里"义。又如《项羽本纪》："头发上指，目眦尽裂。"例中的"头发"，上古汉语用"发"来表示。汉语在单音孳生造词时期，造词与孳生造字几乎同步进行，秦汉时已积累了足够量的单音词和汉字，单音词渐趋于双音化，复音词在此时有较大发展。如《论语·公冶长》："子曰：'朽木不可雕也，粪土之墙不可圬也。'"例中"朽"，《汉书·董仲舒传》用"腐朽"。先秦时"皮"指兽皮、树皮，"肤"指人的皮肤。东汉时"皮"和"肤"渐变得同义而凝固成复合词"皮肤"。如葛洪《抱朴子·内篇·极言》："面无光色，皮肤枯腊，唇焦脉白，腠理萎瘁者，血减之证也。"再如王褒的《僮约》虽然仅是一份几百字的契约，但其中已有"交关""鼻涕""作恶"等一些为汉代以前罕见而后代常用的词语。由此可知，先秦语言中没有或很少出现而在现代汉语中常见的一些词语早在汉代就已有露头，古白话在汉代民歌等作品中已经萌发。汉代可以说是汉语发展史上的一个古今转折点。①

一、秦汉的乐府和民歌

乐府是秦汉时设置的音乐官署，掌管朝会宴飨和道路出行时所用的音乐，兼采民间诗歌和乐曲。据《汉书》卷二二说："武帝乃立乐府，采诗夜诵，有赵代秦楚之讴。以李延年为协律都尉。多举司马相如等造为诗赋，略论律吕，以合八音之调，作十九章之歌。"乐府机构的建立，使民间歌曲得到了写定的机会。乐府民歌来自民间，出自平民百姓之口，"感于哀乐，缘事而发""饥者歌其食，劳者歌其事"，唱的是平民百姓自己的心声，用的往往是大家都懂的口语，具有浓厚的口语色彩。如《诗经》中的《国风》和《楚辞》中的《九歌》等。汉代的民歌也同

---

① 太田辰夫说："通常认为到后汉时口语和文言之间的差别似乎已经产生，这从后汉的文章中有一些跟后世的口语（即所谓的白语）一致，相反跟文言不一致的成分上面可以推测出来。这样一来，口语和文言渐渐地分离开了。"（《汉语史通考》，重庆出版社，1991年，第187页）现代汉语中常见的一些词语的远源还可上溯至先秦时期。如《孟子·滕文公上》："许子必种粟而后食乎？"例中的"种"在先秦书面语中多用"树"。如《孟子·梁惠王上》："五亩之宅，树之以桑。"现代汉语中表示"再"的词，先秦一般用"复"，但也已出现表示"复"义的"再"，如《国语·越语下》："得时无怠，时不再来。"《楚辞·湘君》："时不可兮再得，聊逍遥兮容与。"任学良《汉英词汇比较》一书中举有一些先秦沿用至今的口语词与文言词并用的例子，这些例子表明，先秦时口语与书面语已不完全一致。

样如此，胡应麟《诗薮》赞美汉代的民歌，说其"浑朴真至，独抚古今"。民歌不事雕琢，清新淳朴，一些文人出于表达真情实意的需要，往往也模仿民歌，创作了一些明白如话的诗歌。

汉代民歌有许多传存至今，如《史记·淮南横山列传》引民歌："一尺布，尚可缝，一斗粟，尚可舂，兄弟二人不能相容。"《汉书·货殖传》引谚语："以贫求富，农不如工，工不如商，刺绣文不如倚市门。"《后汉书·马廖传》引长安语曰："城中好高髻，四方高一尺；城中好广眉，四方且半额；城中好大袖，四方全匹帛。"

据《晋书·乐志》载："凡乐章古辞，今之存者，并汉世街陌谣讴，《江南可采莲》《乌生十五子》《白头吟》之属也。"如《江南可采莲》：

江南可采莲，莲叶何田田！鱼戏莲叶间。鱼戏莲叶东，鱼戏莲叶西，鱼戏莲叶南，鱼戏莲叶北。

类似《诗经·周南·芣苢》，语言通俗，音节和悦。

《十五从军行》：

十五从军行，八十始得归。道逢乡里人："家中有阿谁？""遥看是君家，松柏冢累累。"兔从狗窦入，雉从梁上飞。中庭生旅谷，井上生旅葵。舂谷持作饭，采葵持作羹。羹饭一时熟，不知贻阿谁。出门东向望，泪落沾我衣。

诗歌以应征戍边者之口，叙述他自十五岁离家从军，至八十高龄始得返回家乡。谁知回到家中，竟不见一个亲人，眼前呈现的是一片荒芜的凄凉景象。全诗犹如说话，大多是现代常用的词语，如"遥看是君家"中的"是"已是后来常用的判断词。又如"泪落沾我衣"中的"泪"也已替代了文言的"涕"。

《有所思》：

有所思，乃在大海南。何用问遗君？双珠瑇瑁簪，用玉绍缭之。闻君有他心，拉杂摧烧之。摧烧之，当风扬其灰。从今以往，勿复相思！相思与君绝！鸡鸣狗吠，兄嫂当知之。妃呼狶！秋风肃肃晨风飔，东方须臾高知之。

诗中的女孩用白话口语表达了她执着于真爱的情感。

《陌上桑》：

日出东南隅，照我秦氏楼。秦氏有好女，自名为罗敷。罗敷善蚕桑，采桑城南隅。青丝为笼系，桂枝为笼钩。头上倭堕髻，耳中明月珠。湘绮为下裙,紫绮为上襦。行者见罗敷,下担捋髭须。少年见罗敷,脱帽著帩头。耕者忘其犁,锄者忘其锄。来归相怒怨,但坐观罗敷。

使君从南来,五马立踟蹰。使君遣吏往,问是谁家姝。"秦氏有好女,自名为罗敷。""罗敷年几何?""二十尚不足,十五颇有余。"使君谢罗敷:"宁可共载不?"罗敷前致词:"使君一何愚!使君自有妇,罗敷自有夫。东方千余骑,夫婿居上头。何用识夫婿?白马从骊驹,青丝系马尾,黄金络马头;腰中鹿卢剑,可值千万余。十五府小吏,二十朝大夫,三十侍中郎,四十专城居。为人洁白皙,鬑鬑颇有须。盈盈公府步,冉冉府中趋。坐中数千人,皆言夫婿殊。"

诗中的女主人公不仅美丽,而且聪明,反应敏捷。全诗语言朴实生动,口语色彩浓厚,活脱脱地表现了一个天真烂漫的采桑姑娘的形象。

《孤儿行》:

孤儿生,孤子遇生,命独当苦。父母在时,乘坚车,驾驷马。父母已去,兄嫂令我行贾。南到九江,东到齐与鲁。腊月来归,不敢自言苦。头多虮虱,面目多尘土。大兄言办饭,大嫂言视马。上高堂,行取殿下堂。孤儿泪下如雨。使我朝行汲,暮得水来归。手为错,足下无菲。怆怆履霜,中多蒺藜。拔断蒺藜肠肉中,怆欲悲。泪下渫渫,清涕累累。冬无复襦,夏无单衣。居生不乐,不如早去,下从地下黄泉。

春气动,草萌芽。三月蚕桑,六月收瓜。将是瓜车,来到还家。瓜车反覆,助我者少,啖瓜者多。"愿还我蒂,兄与嫂严。"独且急归,当兴校计。

乱曰:里中一何譊譊!愿欲寄尺书,将与地下父母:兄嫂难与久居。

诗中孤儿自述遭遇,以朴素的口语直抒胸臆,诉说自己的不幸。

《上山采蘼芜》:

上山采蘼芜,下山逢故夫。长跪问故夫,新人复何如?新人虽言好,未若故人姝。颜色类相似,手爪不相如。新人从门入,故人从阁去。新人工织缣,故人工织素。织缣日一匹,织素五丈余。将缣来比素,新人不如故。

诗中写弃妇与故夫相遇的情景,基本上是白话口语。

这些诗的作者不一定识字，只是用口语的形式真率地表达了他们自己内心的感受，讲述了他们的故事和人生体会。

又如古诗十九首：

> 行行重行行，与君生别离。相去万余里，各在天一涯。道路阻且长，会面安可知。胡马依北风，越鸟巢南枝。相去日已远，衣带日已缓。浮云蔽白日，游子不顾返。思君令人老，岁月忽已晚。弃捐勿复道，努力加餐饭。

> 青青河畔草，郁郁园中柳。盈盈楼上女，皎皎当窗牖。娥娥红粉妆，纤纤出素手。昔为倡家女，今为荡子妇。荡子行不归，空床难独守。

> 孟冬寒气至，北风何惨栗。愁多知夜长，仰观众星列。三五明月满，四五蟾兔缺。客从远方来，遗我一书札。上言长相思，下言久离别。置书怀袖中，三岁字不灭。一心抱区区，惧君不识察。

> 迢迢牵牛星，皎皎河汉女。纤纤擢素手，札札弄机杼。终日不成章，泣涕零如雨。河汉清且浅，相去复几许？盈盈一水间，脉脉不得语。

诗中写思妇对游子的思念，虽有文人加工之嫌，但仍不失民歌特有的清新，具有口语的色彩。

《汉书》卷九七上记载吕后把戚姬囚在永巷做舂米的苦工，戚姬想念自己的儿子赵王如意，一面舂，一面唱道："子为王，母为虏，终日舂薄暮，常与死为伍。相离三千里，当谁使告女！"吕后听到后毒死了赵王，又残忍地迫害戚姬直至惨死。戚姬唱的也就是她想说的话，所以具有口语色彩。

这一时期还出现了我国民间杰出的叙事诗《焦仲卿妻》：

> 孔雀东南飞，五里一徘徊。十三能织素，十四学裁衣。十五弹箜篌，十六诵诗书。十七为君妇，心中常苦悲。君既为府吏，守节情不移。鸡鸣入机织，夜夜不得息。三日断五疋，大人故嫌迟。非为织作迟，君家妇难为。妾不堪驱使，徒留无所施。便可白公姥，及时相遣归。

> 府吏得闻之，堂上启阿母："儿已薄禄相，幸复得此妇。结发同枕席，黄泉共为友。共事二三年，始尔未为久。女行无偏斜，何意致不厚？"阿母谓府吏："何乃太区区！此妇无礼节，举动自专

由。吾意久怀忿，汝岂得自由！东家有贤女，自名秦罗敷。可怜体无比，阿母为汝求。便可速遣之，遣去慎莫留！"

府吏长跪告，伏惟启阿母："今若遣此妇，终老不复娶！"阿母得闻之，槌床便大怒："小子无所畏，何敢助妇语！吾已失恩义，会不相从许！"

府吏默无声，再拜还入户。举言谓新妇，哽咽不能语："我自不驱卿，逼迫有阿母。卿但暂还家，吾今且报府。不久当归还，还必相迎取。以此下心意，慎勿违吾语。"

……

入门上家堂，进退无颜仪。阿母大拊掌："不图子自归！十三教汝织，十四能裁衣。十五弹箜篌，十六知礼仪。十七遣汝嫁，谓言无誓违。汝今何罪过，不迎而自归？"兰芝惭阿母："儿实无罪过。"阿母大悲摧。

还家十余日，县令遣媒来。云有第三郎，窈窕世无双。年始十八九，便言多令才。阿母谓阿女："汝可去应之。"阿女含泪答："兰芝初还时，府吏见叮咛，结誓不别离。今日违情义，恐此事非奇。自可断来信，徐徐更谓之。"阿母白媒人："贫贱有此女，始适还家门。不堪吏人妇，岂合令郎君？幸可广问讯，不得便相许。"

媒人去数日，寻遣丞请还。说有兰家女，承籍有宦官。云有第五郎，娇逸未有婚。遣丞为媒人，主簿通语言。直说太守家，有此令郎君。既欲结大义，故遣来贵门。阿母谢媒人："女子先有誓，老姥岂敢言！"

阿兄得闻之，怅然心中烦。举言谓阿妹："作计何不量！先嫁得府吏，后嫁得郎君。否泰如天地，足以荣汝身。不嫁义郎体，其往欲何云。"兰芝仰头答："理实如兄言。谢家事夫君，中道还兄门。处分适兄意，那得自任专？虽与府吏要，渠会永无缘。登即相许和，便可作婚姻。"

……

其日牛马嘶，新妇入青庐。奄奄黄昏后，寂寂人定初。"我命绝今日，魂去尸长留。"揽裙脱丝履，举身赴清池。府吏闻此事，心知长别离。徘徊庭树下，自挂东南枝。

两家求合葬，合葬华山傍。东西植松柏，左右种梧桐。枝枝相覆盖，叶叶相交通。中有双飞鸟，自名为鸳鸯。仰头相向鸣，夜夜达五更。行人驻足听，寡妇起彷徨。多谢后世人，戒之慎勿忘！

这首叙事诗大致可以认为是在汉末魏初民间口头流传基础上记载下来的长篇民歌，虽经文人的加工润饰，然从人物的对话中仍可略窥当时的口语特点，保存了一些俚俗词语。①

蔡琰作有《悲愤诗》：

　　汉季失权柄，董卓乱天常。志欲图篡弑，先害诸贤良。逼迫迁旧邦，拥主以自强。海内兴义师，欲共讨不祥。卓众来东下，金甲耀日光。平土人脆弱，来兵皆胡羌。猎野围城邑，所向悉破亡。斩截无孑遗，尸骸相撑拒。马边悬男头，马后载妇女。长驱西入关，迥路险且阻。还顾邈冥冥，肝脾为烂腐。所略有万计，不得令屯聚。或有骨肉俱，欲言不敢语。失意几微间，辄言毙降虏。要当以亭刃，我曹不活汝。岂复惜性命，不堪其詈骂。或便加棰杖，毒痛参并下。旦则号泣行，夜则悲吟坐。欲死不能得，欲生无一可。彼苍者何辜？乃遭此厄祸。

　　边荒与华异，人俗少义理。处所多霜雪，胡风春夏起。翩翩吹我衣，肃肃入我耳。感时念父母，哀叹无穷已。有客从外来，闻之常欢喜。迎问其消息，辄复非乡里。邂逅徼时愿，骨肉来迎己。己得自解免，当复弃儿子。天属缀人心，念别无会期。存亡永乖隔，不忍与之辞。儿前抱我颈，问母欲何之？人言母当去，岂复有还时！阿母常仁恻，今何更不慈？我尚未成人，奈何不顾思！见此崩五内，恍惚生狂痴。号泣手抚摩，当发复回疑。兼有同时辈，相送告离别。慕我独得归，哀叫声摧裂。马为立踟蹰，车为不转辙。观者皆嘘唏，行路亦呜咽。

　　去去割情恋，遄征日遐迈。悠悠三千里，何时复交会？念我出腹子，胸臆为摧败。既至家人尽，又复无中外。城廓为山林，庭宇生荆艾。白骨不知谁，纵横莫覆盖。出门无人声，豺狼号且吠。茕茕对孤景，怛咤糜肝肺。登高远眺望，魂神忽飞逝。奄若寿命尽，旁人相宽大。为复强视息，虽生何聊赖？托命于新人，竭心自勖励。流离成鄙贱，常恐复捐废。人生几何时？怀忧终年岁。

这是一篇写实的叙事诗。作者蔡琰是蔡邕的女儿，很有才学，人称

---

①　这首诗在流传过程中又有后人的加工，徐复《从语言上推测〈孔雀东南飞〉一诗的写定年代》一文指出，其中的一些词语具有晋代的语言特点。如"处分适兄意，那得自任专"中"那得"是晋代通行的语言，《世说新语》中已大量应用。如《政事篇》："一日万机那得速？"《品藻篇》："外人那得知？"

才女。她在战乱中被掳至匈奴十二年,生了两个儿子。后曹操将她赎回。她在诗中叙述了自己悲哀的遭遇,感情真挚,语言朴实,好似说话,一倾胸臆,抒发了她经历乱离的伤感。

辛延年《羽林郎》:

　　昔有霍家奴,姓冯名子都。依倚将军势,调笑酒家胡。胡姬年十五,春日独当垆。长裾连理带,广袖合欢襦。头上蓝田玉,耳后大秦珠。两鬟何窈窕,一世良所无。一鬟五百万,两鬟千万余。不意金吾子,娉婷过我庐。银鞍何煜耀,翠盖空踟蹰。就我求清酒,丝绳提玉壶。就我求珍肴,金盘脍鲤鱼。贻我青铜镜,结我红罗裾。不惜红罗裂,何论轻贱躯!男儿爱后妇,女子重前夫。人生有新故,贵贱不相逾。多谢金吾子,私爱徒区区。

孔融《杂诗》:

　　远送新行客,岁暮乃来归。入门望爱子,妻妾向人悲。闻子不可见,日已潜光辉。孤坟在西北,常念君来迟。褰裳上墟丘,但见蒿与薇。白骨归黄泉,肌体乘尘飞。生时不识父,死后知我谁?孤魂游穷暮,飘遥安所依?人生图嗣息,尔死我念追。俯仰内伤心,不觉泪沾衣。人生自有命,但恨生日希。

又《临终诗》:

　　言多令事败,器漏苦不密。河溃蚁孔端,山坏由猿穴。涓涓江汉流,天窗通冥室。谗邪害公正,浮云翳白日。靡辞无忠诚,华繁竟不实。人有两三心,安能合为一。三人成市虎,浸渍解胶漆。生存多所虑,长寝万事毕。

秦嘉《赠妇诗》:

　　人生譬朝露,居世多屯蹇。忧艰常早至,欢会常苦晚。念当奉时役,去尔日遥远。遣车迎子还,空往复空返。省书情凄怆,临食不能饭。独坐空房中,谁与相劝勉?长夜不能眠,伏枕独辗转。忧来如循环,匪席不可卷。

　　皇灵无私亲,为善荷天禄。伤我与尔身,少小罹茕独。既得结大义,欢乐苦不足。念当远离别,思念叙款曲。河广无舟梁,道近隔丘陆。临路怀惆怅,中驾正踟蹰。浮云起高山,悲风激深谷。良马不回鞍,轻车不转毂。针药可屡进,愁思难为数。贞士笃终始,恩义可不属。

　　　　肃肃仆夫征，锵锵扬和铃。清晨当引迈，束带待鸡鸣。顾看空室中，仿佛想姿形。一别怀万恨，起坐为不宁。何用叙我心，遗思致款诚。宝钗好耀首，明镜可鉴形。芳香去垢秽，素琴有清声。诗人感木瓜，乃欲答瑶琼。愧彼赠我厚，惭此往物轻。虽知未足报，贵用叙我情。

　　这些诗作都直抒胸臆，不事藻饰，质朴顺畅，明白如话。

二、秦汉的白话散文和辞赋

　　汉代散文承接战国淳朴平实的遗风，在议论说理方面大体与《论语》《孟子》等先秦诸子散文相似，叙事方面大体与《左传》《国语》等历史散文相似。如司马迁《史记·魏其武安侯列传》叙述灌夫行酒，轮到给临汝侯灌贤斟酒时，灌贤正与程不识耳语，又不避席谦谢。灌夫气得怒骂灌贤："平生毁程不识不直一钱，今日长者为寿，乃效女曹儿呫嗫耳语。"

　　《史记》叙事简洁委婉，颇似《左传》，但语言浅近平易，读起来要比《左传》容易理解。司马迁引证古书，有意避免难懂的古僻词语，往往"代奇辞以浅语，易古文为今字"；人物传记中的对话多用口语，不假雕琢；上承周秦传统书面语的基调和语气，时或也间用当时新出现的词语和句式，且常常引用俚语。其兼融二者，反映了汉代语言处于文白分家初期阶段的风貌，堪称汉代书面语的典范。如《尚书·尧典》的"庶绩咸熙"，《史记》改写为"众官皆兴"。《史记·陈涉世家》记陈涉称王后，他做雇工时的伙计们去看他，看到宫殿中的摆设，脱口而出："伙颐！涉之为王沉沉者！""伙颐"当是口语中的感叹语。又如"是"在《史记》中用作判断词的有：

　　　　此必是豫让也。（《刺客列传》）
　　　　此是家人言耳。（《儒林列传》）
　　　　客人不知其是商君也。（《商君列传》）
　　　　朱家心知是季布，乃买而置之田。（《季布栾布列传》）
　　　　无季氏是无叔孙氏。（《鲁周公世家》）
　　　　且成，孟氏之保障，无成是无孟氏也。（《孔子世家》）

　　《史记》还有一些口语句式，如《高祖纪》"萧相国即死，令谁代之"，又《留侯世家》"陛下与谁取天下乎"，反映了当时口语中已有疑问代词宾语不前置的句式。"到"本是自远而至的意思，先秦时多用"至"，虽《诗经》中已有"蹶父孔武，靡国不到"一例，《论语》中也有"民到于今受其赐"等少量用例,但《左传》《孟子》等皆未见使用。汉代始使用日多,《史记》中就有57例,如《大宛列传》"骞还到,拜大行"。

诏令、告示、家信、讼状与口供记录等也多用当时的白话口语。如《汉书·外戚传》中有司隶解光奏弹赵飞燕姊妹时的审案记录,下文为中宫史曹宫一案的供词:

元延元年中,(曹)宫语(道)房曰:"陛下幸宫。"后数月,(曹宫母曹)晓入殿中,见(曹)宫腹大,问(曹)宫,(曹)宫曰:"御幸有身。"其十月中,(曹)宫乳掖庭牛官令舍,有婢六人。中黄门田客持诏记,盛绿绨方底,封御史中丞印,予(掖庭狱籍)武曰:"取牛官令舍妇人新产儿,婢六人,尽置暴室狱。毋问儿男女,谁儿也。"

(籍)武迎置狱。(曹)宫曰:"善藏我儿胞。丞知是何等儿也?"

后三日,(田)客持诏记与武,问:"儿死未?手书对牍背。"(籍)武即书对:"儿见在,未死。"

有顷,(田)客出曰:"上与昭仪大怒,奈何不杀?"

(籍)武叩头啼曰:"不杀儿,自知当死,杀之亦死。"即因(田)客奏封事曰:"陛下未有继嗣。子无贵贱。惟留意。"

奏入,(田)客复持诏记予,武曰:"今夜漏上五刻,持儿与(黄门王)舜,会东交掖门。"(籍)武因问(田)客:"陛下得武书,意何如?"曰:"憪也。"

(籍)武以儿付(王)舜。(王)舜受诏,内儿殿中,为择乳母,告:"善养儿,且有赏,毋令漏泄。"(王)舜择(张)弃为乳母。时儿生八九日。

后三日,(田)客复持诏记,封如前,予(籍)武。中有封小绿箧,记曰:"告(籍)武以箧中物书予狱中妇人。(籍)武自临饮之。"

(籍)武发箧中有裹药二枚,赫蹄书,曰:"告伟能,努力饮此药,不可复入。汝自知之。"

伟能即(曹)宫。(曹)宫读书已,曰:"果也欲姊弟擅天下!我儿,男也,额上有壮发,类孝元皇帝。今儿安在,危杀之矣!奈何令长信得闻之?"(曹)宫饮药死。

这是司隶解光派人验问知情者籍武、王舜等人的口供,可以说基本上是口语的实录,未经过加工。当时人说的口语大致就是这样的。

汉宣帝时,王褒写的《僮约》也是一篇反映当时口语的白话文,

《僮约》前的序文记他在一个寡妇家歇宿，那个人家的奴仆便了说当初男主人买自己时，只说守家，没有说做其他的事情，因而不肯给客人酤酒。王褒于是将他买下。序文说：

> 蜀郡王子渊，以事到湔，止寡妇杨惠舍。惠有夫时奴，名便了。子渊倩奴行酤酒，便了拽大杖，上夫冢岭曰："大夫买便了时，但要守家，不要为他人男子酤酒。"子渊大怒曰："奴宁欲卖耶？"惠曰："奴大忤人，人无欲者。"子渊即决买券云云。奴复曰："欲使，皆上券；不上券，便了不能为也。"子渊曰："诺。"

正文中，王褒用一般人都能听懂的口语与卖身奴便了制订了他必须做的活儿。《僮约》券文曰：

> "神爵三年正月十五日，资中男子王子渊，从成都安志里女子杨惠买亡夫时户下髯奴便了，决贾万五千。奴当从百役使，不得有二言。晨起早扫，食了洗涤。居当穿臼缚帚，截竿凿斗，浚渠缚落，锄园斫陌，杜埤地，刻大枷，屈竹作杷，削治鹿卢。出入不得骑马载车，跕坐大呶，下床振头。捶钩刈刍，结苇躐纑。汲水络，佐酤醷。织履作篼，黏雀张鸟；结网捕鱼，缴雁弹凫；登山射鹿，入水捕龟。后园纵养雁鹜百余，驱逐鸱鸟，持稍牧猪。种姜养芋，长育豚驹。粪除堂庑，餧食马牛。鼓四起坐，夜半益刍。二月春分，被堤杜疆，落桑皮棕，种瓜作瓠，别茄披葱，焚槎发芋，垄集破封。日中早馎，鸡鸣起舂，调治马户，兼落三重。舍中有客，提壶行酤，汲水作餔，涤杯整案，园中拔蒜，斫苏切脯，筑肉臛芋，脍鱼炰鳖，烹茶尽具。已而盖藏，关门塞窦。餧猪纵犬，勿与邻里争斗。奴但当饭豆饮水，不得嗜酒。欲饮美酒，唯得染唇渍口，不得倾盂覆斗。不得辰出夜入，交关伴偶。舍后有树，当裁作船。上至江州，下到湔主。为府椽求用钱，推访恶贩棕索。绵亭买席，往来都洛，当为妇女求脂泽。贩于小市，归都担枲。转出旁蹉，牵犬贩鹅。武都买茶，杨氏担荷，往来市聚，慎护奸偷。入市不得夷蹲旁卧，恶言丑骂。多作刀矛，持入益州，货易羊牛。奴自教精慧，不得痴愚。持斧入山，断辕裁辕。若有余残，当作俎几木屐及犬彘盘。焚薪作炭，垒石薄岸，治舍盖屋，削书代牍。日暮欲归，当送干柴两三束。四月当披，九月当获，十月收豆，抢麦窖芋。南安拾栗采橘，持车载辕。多取蒲苎，益作绳索。雨堕无所为，当编蒋织簿。种植桃李，梨柿柘桑。三丈一树，八尺为行。果类相从，纵横

相当。果熟收敛，不得吮尝。犬吠当起，惊告邻里。枨门柱户，上楼击鼓。荷盾曳矛，还落三周。勤心疾作，不得遨游。奴老力索，种莞织席。事讫休息，当春一石。夜半无事，浣衣当白。若有私敛，主给宾客。奴不得有奸私，事事当关白。奴不听教，当笞一百。"读券文适讫，词穷咋索，仡仡扣头，两手自搏，目泪下落，鼻涕长一尺："审如王大夫言，不如早归黄土陌，丘蚓钻额。早知当尔，为王大夫酤酒，真不敢作恶。"

统观全文，所用语言多为当时口语，处于社会底层的便了也能听懂，应该说可以代表其时的白话文了。

汉初的一些诏令也往往明白如说话，如《汉书》卷七载昭帝始元二年（前85）诏：

> 往年灾害多，今年蚕麦伤。所赈贷种食，勿收责，毋令民出今年田租。

元凤二年（前79）诏：

> 朕悯百姓未赡，前年减漕三百万石，颇省乘舆马及苑马以补边郡三辅传马。其令郡国毋敛今年马口钱。三辅太常郡，得以叔粟当赋。

汉代思想家王充曾用白话写成《讥俗节义》，他在《论衡》末的《自纪篇》中说："闲居作《讥俗节义》十二篇，冀俗人观书而自觉，故直露其文，集以俗言。"《讥俗节义》今已不存，传世唯有《论衡》。他在《论衡》中说有人批评他写"《讥俗》之书欲悟俗人，故形露其指，为分别之文。《论衡》之书何为复然"，由此可知二书所用都是近于当时口语的通俗语言。王充主张一切著述议论的文字都应该具有实用的功能，认为"说发胸臆，文作手中，其实一也"（《论衡·对作篇》）。"论衡者，论之平也。口则务在明言，笔则务在露文。高士之文雅，言无不可晓，指无不可睹。观读之者，晓然若盲之开目，聆然若聋之通耳。"他说："夫文犹语也，或浅露分别，或深迂优雅，孰为辩者？故口言以明志，言恐灭遗，故著之文字。文字与言同趋，何为犹当隐闭指意？狱当嫌辜，卿决疑事，浑沌难晓，与彼分明可知，孰为良吏？夫口论以分明为公，笔辩以荻露为通，吏文以昭察为良。深覆典雅，指意难睹，唯赋颂耳。经传之文，贤圣之语，古今言殊，四方谈异也。当言事时，非务难知，使指（意）闭隐也。后人不晓，世相离远，此名曰语异，不名曰材鸿。浅文读之难晓，名曰不巧，不名曰知明。"（《论衡·自纪篇》）他写的《论衡》实践了他的主张，书中使用明白显露的白话，通俗易懂。如《无形篇》：

> 且物之变，随气，若应政治，有所象为，非天所欲寿长之故，变易其形也，又非得神草珍药食之而变化也。人恒服药固寿，能增加本性，益其身年也。遭时变化，非天之正气，人所受之真性也。天地不变，日月不易，星辰不没，正也。人受正气，故体不变。时或男化为女，女化为男，由高岸为谷，深谷为陵也，应政为变，为政变，非常性也。汉兴，老父授张良书，已化为石，是以石之精为汉兴之瑞也，犹河精为人持璧与秦使者，秦亡之征也。蚕食桑老，绩而为蛹，蛹又化而为蛾，蛾有两翼，变去蚕形。蛴螬化为复育，复育转蝉，蝉生两翼，不类蛴螬。凡诸命蠕蛊之类，多变其形，易其体；至人独不变者，禀得正也。生为婴儿，长为丈夫，老为父翁，从生至死，未尝变更者，天性然也。天性不变者，不可令复变；变者，不可（令）不变。若夫变者之寿，不若不变者。人欲变其形，辄增益其年，可也。如徒变其形，而年不增，则蝉之类也，何谓人愿之？龙之为虫，一存一亡，一短一长；龙之为性也，变化斯须，辄复非常。由此言之，人，物也，受不变之形，（形）不可变更，年不可增减。

例中"变化、增加、本性、婴儿、丈夫、变更、天性"等词沿用至今。在王充的影响下，东汉出现了不少明白晓畅的议论文章，主要有崔寔《政论》、仲长统《昌言》等。

东汉的碑刻涉及政治、经济、军事、宗教、教育、历史、地理、建筑、民俗、祥瑞等，社会生活面广，有一些碑刻所用语言也较为通俗，比较接近当时的口语，如《许阿瞿画像石左方墓志》等。其中有一些词一直沿用至今，如"气力、功夫、安稳、大意、模式、白日、辛酸"等。①

东汉的赋中也有一些具有口语色彩。如汉末政治昏乱，灵帝时赵壹作《刺世疾邪赋》，赋中有一首歌说："河清不可俟，人命不可延。顺风激靡草，富贵者称贤。文籍虽满腹，不如一囊钱！伊优北堂上，抗脏倚门边。"又如尹湾汉简中的《神乌赋》可以说是一篇民间故事赋，其中

---

① 据刘志生《东汉碑刻复音词研究》（华东师范大学博士论文，2005年）一文统计，《汉语大词典》首举书证为魏晋南北朝的词中有420多个可补东汉碑刻用例，首举书证为唐代的词中有130多个可补东汉碑刻用例，首举书证为宋代的词中有50多个可补东汉碑刻用例，现代汉语中许多词的词源可溯至东汉。

雌鸟追呼盗鸟"咄！盗还来"的"咄"是汉代民间常用的俗语，① "各有分理""更索贤妇"也反映了当时的口语。

三、汉译佛经和道经

西汉末年，佛教随着丝绸之路上的骆驼商队缓缓地踏上古老的华夏大地。普度众生的阿弥陀佛，人们只要念他的名号即可往生西方"极乐世界"；大慈大悲的观世音菩萨，人们只要念他的名号就能水火不伤，超脱苦难；维摩诘居士不必出家当和尚即可"现身说法"；《金刚经》只要传诵一"偈"，就有"无量功德"。佛教传播中的中外文化的碰撞、沟通和融合，对中土的学术理念和治学方法都有着重要的启迪，对当时的学术思想、文化生活产生了极大的影响，而佛经的翻译则在很大程度上推动促进了汉语文白的演变。

佛经翻译始自东汉的安世高，② 终至北宋末年，近十个世纪，译出的经、律、论三藏凡 1690 余部，6420 余卷。印度佛教的大小乘之经、律、论三藏几乎全部被译成汉文。胡适在《白话文学史》第十章《佛教的翻译文学（下）》说："维祇难、竺法护、鸠摩罗什诸位大师用朴实平易的白话文体来翻译佛经，但求易晓，不加藻饰，遂造成一种文学新体。这种白话文体虽然不曾充分影响当时的文人，甚至于不曾影响当时的和尚，然而宗教经典的尊严究竟抬高了白话文体的地位，留下无数文学种子在唐以后生根发芽，开花结果。佛寺禅门遂成为白话文与白话诗的重要发源地。"据《大正一切经》载，汉代所译佛经有 96 种，许理和《最早的佛经译文中的东汉口语成分》和《关于最早的佛经译文的一些新看法》考定，其中《修行本起经》《八正道经》《中本起经》《五阴譬喻经》和《转法轮经》等 29 种为东汉佛经。③ 这些东汉佛经译文充满了口语，与传统的文言显然不同，采用了一种半文半白的书面语形式，

---

① 如汉乐府《东门行》中因贫困难耐而走上反抗道路的那个男子所说："咄！行！吾去为迟！"《史记·滑稽列传》载郭舍人疾言相骂之语："咄！老女子！何不疾行！"

② 相传最早的译者是摄摩腾和竺法兰，摄摩腾译的《四十二章经》是现存佛经中最早的译本，今传本又经后人润饰。参汤用彤《汉魏两晋南北朝佛教史》上卷，第 36 页。

③ 许理和《最早的佛经译文中的东汉口语成分》，《中国语教师会会报》第 12 卷第 3 期；蒋绍愚译，《语言学论丛》第 14 辑，1987 年。《关于最早的佛经译文的一些新看法》，载 Essays on Buddhism and Chinese Religion in Honour of Prof. Jan Yu-hua, 1991 年。

即在文言的基础上夹杂了大量的非文言成分。① 在有些译文中，口语是占支配地位的。另一些译文中口语和文言混杂，但尽管如此，从中仍能看出一些新出现的词汇和语法特点。这些东汉佛经译文和同时期的非宗教性文献相比较，其中的口语成分要多得多，大多是朴质浅俗、不加润饰的文言散文。通过对佛经原文和译文语言的分析，我们能了解关于公元二世纪时洛阳口语相当可靠的概貌。

如康孟祥译的《中本起经》卷一：

> 过去久远时有国王，名曰恶生，将诸妓女，入山游戏。王令官属，住顿山下，唯从妓女，步涉山顶。王疲极卧，诸妓女辈舍王取华，见一道人端坐树下。诸女心悦，皆前作礼。道人咒愿，诸妹那来，命令就坐，为说经法。王觉求诸妓女，而见坐彼道人之前。王性妒害，恶心内发，便问道人："何故诱他妓女著此坐为？卿是何人？"（4/148c）

竺大力共康孟祥译《修行本起经》卷二：

> 于是王告太子，当行游观。太子念言，久在深宫，思欲出游，审得所愿。王敕国中，太子当出，严整道巷，洒扫烧香，悬缯幡盖，务令鲜洁。太子导从，千乘万骑，始出东城门。时首陀会天，名难提和罗，欲令太子速疾出家，救济十方三毒火然，愿雨法水，以灭毒火。难提和罗，化作老人，踞于道傍，头白齿落，皮缓面皱，肉消脊偻，支节萎曲，眼泪鼻涕，涎出相属。上气肩息，身色黧黑，头手疣掉，躯体战慄，恶露自出，坐卧其上。太子问言："此为何人？"天神寤仆，仆言老人。"何等为老？"曰："夫老者，年耆根熟，形变色衰，气微力竭，食不消化，骨节欲离，坐起须人，目瞽耳聋，便旋即忘。言辄悲哀，余命无几，故谓之老。"太子叹曰："人生于世，有此老患，愚人贪爱，何可乐者？物生于春，秋冬悴枯，老至如电，身安足恃？"（3/466b）

康孟祥译《佛说兴起行经》卷一：

> 时大节日聚会。时国中有两姓力士，一姓刹帝利种，一姓婆罗门种，亦来在会。时两力士共相扑。婆罗门力士语刹帝利力士曰："卿莫

---

① 梁启超《翻译文学与佛典》出："吾辈读佛典，无论何人，初展卷必生一异感，觉其文体与他书迥然殊异。……凡此皆文章构造形式上，豁然开辟一新国土。"（上海古籍出版社，2001年）

扑我，我当大与卿钱宝。"刹帝利便不尽力，戏令其屈伏也。二人俱得称，皆受王赏。婆罗门力士竟不报刹帝利力士所许。到后节日，复来聚会相扑。婆罗门力士复求首刹帝利力士如前相许。刹帝利力士复饶不扑，得赏如上，复不相报。如是至三。后节复会，婆罗门力士重语刹帝利力士曰："前后所许，当一时并报。"刹帝利力士心念曰："此人数欺我，既不报我，又侵我分。我今日当使其消。"是刹帝利便干笑语曰："卿诳我满三，今不复用卿物。"便右手捺项，左手捉袴腰，两手蹙之，挫折其脊，如折甘蔗，擎之三旋，使众人见，然后扑地，堕地即死。王及群臣，皆大欢喜，赐金钱十万。(4/167c)

  道经的最早著作是东汉于吉和宫崇等撰写的《太平经》，又称《太平清领书》。书中多通过天师和真人的对话阐述哲理，语言平直朴实，含有不少方俗口语。如卷三六《事死不得过生法》：

  〔起〕"真人前。""唯唯。""孝子事亲，亲终，然后复事之，当与生时等邪？""不也，事之当过其生时也。""何也哉？""人由亲而生，得长巨焉。见亲死去，迺无复还期，其心不能须臾忘。生时日相见，受教敕，出入有可反报；到死不复得相睹，誓念其悒悒，故事之当过其生时也。""真人言是也，固大已失天道真实，远复远矣。今真人说尚如此，俗人冥冥是也，失天法明矣。""何谓也？唯天师。""然。人生，象天属天也。人死，象地属地也。天，父也。地，母也。事母不得过父。生人，阳也。死人，阴也。事阴不得过阳。阳，君也。阴，臣也。事臣不得过君。事阴反过阳，则致逆气；事小过则致小逆，大过则致大逆，名为逆气，名为逆政。其害使阴气胜阳，下欺其上，鬼神邪物大兴，共乘人道，多昼行不避人也。今使疾病不得绝，列鬼行不止也。其大咎在此，子知之邪，子知之耶？""愚生大不及有过，不也？今见天师已言，迺恻然大觉。师幸原其勉勉慎事，开示其不达，今是过小微，何故迺致此乎哉？""事阴过阳，事下过上，此过之大者也。极於此，何等迺言微乎？真人复重不及矣。又生人，乃阳也。鬼神，迺阴也。生人属昼，死人属夜，子欲知其大深放此。若昼大兴长则致夜短，夜兴长则致昼短，阳兴则胜其阴，阴伏不敢妄见，则鬼神藏矣。阴兴则胜其阳，阳伏，故鬼神得昼见也。夫生人，与日俱也；奸鬼物，与星俱也。日者，阳也。星者，阴也。是故日见则星逃，星见则日入。故阴胜则鬼物共为害甚深，不可名字也。迺名为兴阴，反衰阳也。使治失政，反伤生人。此其为过甚重，子深计之。""唯唯。"〔止〕

卷一一四《为父母不易诀》：

惟有善行之人，自不犯天地四时五行、日月星辰诸神之禁。畏其所施，恐犯之，辄有上姓名，以故自欲为善，行孝顺之义。天地禁书，故不欲令民犯之者，欲令民充盛，何时欲令藏乎？设施当生之物，使得食之，何时欲使相危乎？人自犯耳。故善人无恶言者，各有其文，所诫所成，分明可知。善自得生，恶自早死，与民何争？故置善人文以示生民，各知寿命吉凶所起，为道其诫，使不犯耳。

行善之人，无恶文辞。天见善，使神随之，移其命籍，著长寿之曹神，遂成其功。使后生之人，常以善日直天王相下，无忌讳。先人余算并之，大寿百二十。其子孙而承后得善意，无有小恶，亦复得寿，白发相次。子子孙孙，家足人备，亦无侵者。佃作商贾，皆有利。入为吏数迁，无刑罚之意，善所叔也。人不能仿效，反倨笑之。是善人之心行自善，有益于人。见人穷厄，假贷与之，不责费息。人得其恩，必不负。小有先偿，酒肉相谢，两相得恩。天见其行，复善之，使其出入，无干犯之者。行善之人，天自佐之，不令逢恶，是行所致。其余为不善之人，欲望坐得寿，复有子孙，是为不分别，故天别其寿。殊能行天上之事，与天同心志合，可得仙度，录上贤圣，精神增加，其寿何极？故言善不可不为，亦人所不及。故天重有善人，爱之，不欲使有恶也。善恶之人，各有分部，何得二千乎？故天书辞具，自可知也。善者善之，恶者戒之，欲使不陷于危亡之失其年耳。是天报善增其命，恶者使下不成人，是亦可知也，何为有疑乎？

人从生至老，自致有子孙，各令长大成就，在所喜随使安之，无逆其意，各得其宜，乃为各从其愿。为人父母，亦不容易。子亦当孝，承父母之教。乃善人骨肉肢节，各保令完全。父母所生，当令完，勿有刑伤。父母所生，非敢还言，有美辄进。家少财物，赇恭温柔而已，数问消息，知其安危，是善之善也。邻里近亲，尽爱象之，成善之行。

卷一四三《力学问得封不敢失三事诀》：

问曰："天封人以等，地封人以等，人封人以等，岂可闻耶？"曰："天封人以道，地封人以养德，人封人以禄食。""何也？""天者，以道自殊且久，故封之道，使寿，可得食风气而饱。地者主养善地。地令人富，故封人以德富。君者封人以禄食，赐之以衣服。此三事皆善也。好道不解，故得封于天。好德爱地，知相地授而居之，去凶得吉，得封于地。好学而有益于上政者，君父乃不能远也，须以理事，故得封于人也。是古者圣贤力学，不敢失此三事。故有得道而去者，有避世而之复地者，或有得君之禄食者也。"①

四、秦汉的白话注释

汉语发展到秦末汉初，由于社会的变化和语言文字的演变等原因，秦以前典籍所用语言与秦汉所用已有很大距离。先秦的许多典籍流传到汉代，汉代的人已无法完全读懂，需要改写成汉代的语言或进行注释。如先秦时孟子、荀子引《诗经》，韩非子引《老子》，皆直接引原文。到了汉代，司马迁在《史记》中引先秦的文献则往往改成汉代说的话。至于就书中某个词作随文注释的现象，早在先秦已经出现。如《孟子·离娄上》："《诗》云：'天之方蹶，无然泄泄。'泄泄，犹沓沓也。事君无义，进退无礼，言则非先王之道者，尤沓沓也。"例中"泄泄"即纷纷附和。又如《左传·宣公十六年》："凡火，人火曰火，天火曰灾。"然而，系统地大规模地给古书作注释则始于汉代。汉代经师传授先秦典籍，串讲文意，多以今语释古语。当时《诗经》流传有鲁申培公、齐辕固生、燕韩婴和毛亨四家的解说，郑玄则有《毛诗笺》《周礼注》《仪礼注》《礼记注》，孔安国有《尚书传》，何休有《春秋公羊传注》，赵岐有《孟子章句》，王逸有《楚辞章句》，高诱有《战国策注》《吕氏春秋注》和《淮南子注》等。注释语料的主要特点是以今释古，即以当时的通用语言（包括方言和俗语）来解释古代文献记载的书面语言，因而具有较强的口语色彩。如《孟子》："王在灵沼，于牣鱼跃。"赵岐《孟子章句》注释为："文王在池沼，鱼乃跳跃喜乐。"注释中"池沼、跳跃、喜乐"都是当时的常用口语词。又如郑玄注：

> 奄，精气闭藏者，今谓之宦人。（《周礼·天官·酒人》）
> 傅别、质剂，皆今之下券书也。（《周礼·天官·小宰》）
> 酏，今之粥。（《周礼·天官·酒正》）
> 囿，今之苑。（《周礼·地官·囿人》）
> 版，今户籍也。（《周礼·秋官·司民》）
> 次，若今时更衣处，帐帷席为之。（《仪礼·大射礼》）
> 名，书文也。今谓之字。（《仪礼·聘礼》）
> 庖，今之厨也。（《礼记·王制》）

---

① 俞理明《太平经正读》，巴蜀书社，2001年。

> 囹圄,所以禁守系者,若今别狱矣。(《礼记·月令》)
> 纩,谓今之新绵也。(《礼记·玉藻》)
> 栽,犹殖也。今时人名草木之殖曰栽。(《礼记·中庸》)

这些注释中所用的词语有许多是当时才出现的新词,有一些则是现代汉语中的常用词。如郑玄笺注中用了6000个双音词,其中约有2000个是东汉时产生的新词,如"现在、承受、主张、制治、废止、头象、投射、相配"等。①

任何一个民族的语言,随着历史的发展,都会出现古今的差别和地域的歧异。前者是今言和古语的不同,后者是共同语和方言的差异。方言和共同语的分歧,不仅属于共时的范畴,同时也具有历时范畴的属性,因为方言也有历史发展的过程。在历史发展中,方言和共同语在词汇方面总是经常互相渗透补充的。正是由于现代汉语同古代汉语、共同语同方言之间有历史继承和亲属的渊源,它们之间就形成了一种错综复杂的关系。西汉扬雄所撰《方言》记载了古代不同方域的词语,地域东起齐鲁海岱,西至秦陇凉州,北起燕赵,南至沅湘九嶷,东北至北燕朝鲜,西北至秦晋北鄙,东南至吴越东瓯,西南至梁益蜀汉,差不多覆盖了当时全国的各主要方言区。它不仅记载了汉语的方言,而且也记载了一些少数民族的语言。如东齐青徐方言包括夷语,南楚方言包括蛮语,西秦方言包括氐羌语,秦晋北方言包括狄语,燕代方言包括朝鲜语。

《方言》,全称《輶轩使者绝代语释别国方言》,"輶轩"是一种轻便的马车,"绝代语释"指从时间上看语词的历史演变,"别国方言"指从空间上看语词的地域变体,书名的意思是皇帝派遣的使者乘车周游四方所收集的古人之语和各地及异域方言。书中收释了2300多个词,分为675条。每条先列出若干方言词、古语词,再用一个常用词加以诠释,然后逐一说明某词为某地方言或古语词。如卷一:"嫁、逝、徂、适,往也。自家而出谓之嫁,由女而出为嫁也。逝,秦晋语也。徂,齐语也。适,宋鲁语也。往,凡语也。"既说明了"逝、徂、适"三词的地域分布,又阐明了"嫁"的引申义。

扬雄的《方言》可以说是我国、也是世界上第一部以活语言为研究对象的比较方言词典,书中记载了古代不同方域的词语,反映了当时的生活面貌,描写了各个词语的具体地理分布,提出了方言的分区问题,

---

① 张能甫《从郑玄笺注看东汉时代的新词新义》,《汉语史研究集刊》第二辑,第368页。

注意到语言在时间上的变化和地域上的转移,不仅提供了有关词语的地理差别信息,而且还对有些词的历史用法作有说明。如指出此词往昔使用,现已为彼词取代等,使我们知道了两千多年前中国的语言状况和演变线索,表明了我国的方言尽管分歧很大,但都是统一的民族语言的地域变体,而不是各自独立的不同语言。

郑玄在注释古书时也多用方言来解释。如:

> 齐鲁之间谓蛙为蝈。(《周礼·秋官·蝈氏》)
> 荍,蔓菁也。陈、宋之间谓之荍。(《礼记·坊记》)

第三节 魏晋南北朝的白话

魏晋南北朝是中国历史上的大变动时代,国家战乱频繁,南北对峙,国土四分五裂,人民迁徙,民族交融,汉语的口语和书面语产生了明显的分歧,形成文白的对立。反映在语音上,东晋前洛下书生咏的通语读书音演变为南北两派,产生了南染吴越的南方通语和北杂夷虏的北方通语,① 正处于语音发展史上从"古音"嬗变到"今音"的历史阶段,较之于先秦和两汉,出现了极为显著的变化和发展。词汇上,除了承袭秦汉以来正统的书面语中的各类文言词汇以外,最为突出的就是出现了大量未见于前代典籍的口语新词,许多旧有词语也出现了不同于秦汉的新的意义和用法,尤其是大量的口语词和习俗用语进入文人笔底,与秦汉文献典籍中口语的偶见和零星分布状态有了明显的区别,一些词组也渐趋于凝固成词,白话词汇系统由此开始逐渐形成。语法上,表现为新旧语法形式进行交替。在旧有语法形式继续沿用的同时,又出现了一些新的语法形式,无论是在词法上还是在句法上均颇具特色。

这一时期的文献中文言与白话处于复杂的共融状态,其复杂性主要体现在文言与口语共融,语言的新旧形态共融,佛教词语与中土词语共融,新旧词义共融。承古的成分使这一时期的文献维持着一种文言的基调,大量的习俗用语、新词新义又使这一时期的文献呈现出一种语体的色彩,形成了文白相间杂糅的语言风格,既和秦汉的文言体系不相一致,又和唐宋以后传奇、话本等更为纯粹的古白话作品有着不同,而这

---

① 关于南方通语和北方通语的相互关系,鲁国尧《"颜之推谜题"及其半解》(上、下)(《中国语文》,2002年第6期、2003年第2期)一文所论甚详,此从略。

正是文言发展到白话必须经历的一个中间阶段,反映了语言的传承与发展、语言新旧质态的交替和新质要素的孕育。① 总体上说,这一时期的文献以文言为主,其中夹杂的口语成分较之秦汉已呈现出逐渐增多的态势,孕育着唐五代以后白话的新质态,但还只不过是在向以口语为主的白话实现质变而进行的量的积累。

一、魏晋南北朝的白话诗

汉魏之际,曹操实行"用人唯才"的政策,政治上也有一定的抱负。在他周围聚集了许多当时著名的人物。他们向乐府民歌学习,形成文学上的汉魏风骨。刘勰《文心雕龙·时序篇》说:"观其时文,雅好慷慨,良由世积乱离,风衰俗怨,并志深而笔长,故梗概而多气也。"

曹操所作的乐府歌辞多用旧曲作新词,语言自然,不加修饰,有白话色彩。如《短歌行》:

> 对酒当歌,人生几何?譬如朝露,去日苦多。慨当以慷,忧思难忘。何以解忧?惟有杜康。
>
> 青青子衿,悠悠我心。但为君故,沉吟至今。呦呦鹿鸣,食野之苹。我有嘉宾,鼓瑟吹笙。
>
> 明明如月,何时可掇?忧从中来,不可断绝。越陌度阡,枉用相存。契阔谈䜩,心念旧恩。
>
> 月明星稀,乌鹊南飞。绕树三匝,何枝可依?山不厌高,海不厌深。周公吐哺,天下归心。

曹操长子曹丕的诗更接近民歌,如《上留田行》:

> 居世一何不同?——上留田。富人食稻与粱,——上留田。贫子食糟与糠,——上留田。贫贱亦何伤?——上留田。禄命悬在苍天,——上留田。今尔叹息,将欲谁怨?——上留田。

又如《杂诗》:

> 西北有浮云,亭亭如车盖。惜哉时不遇,适与飘风会。吹我东南行,行行至吴会。吴会非我乡,安得久留滞?弃置勿复陈,客子

---

① 志村良治《中国中世语法史研究》论及魏晋至唐五代汉语的发展时说:"请注意,即使是反映当时口语的资料,也还是地道的书面语,是用文言进行会话的知识层写的文章,是在这种基础之上反映出来的口语。"

常畏人。

曹丕弟弟曹植的诗也通俗易懂，如《白马篇》：

　　白马饰金羁，连翩西北驰。借问谁家子，幽并游侠儿。少小去乡邑，扬声沙漠陲。宿昔秉良弓，楛矢何参差。控弦破左的，右发摧月支。仰手接飞猱，俯身散马蹄。狡捷过猴猿，勇剽若豹螭。边城多警急，胡虏数迁移。羽檄从北来，厉马登高堤。长驱蹈匈奴，左顾陵鲜卑。弃身锋刃端，性命安可怀？父母且不顾，何言子与妻？名编壮士籍，不得中顾私。捐躯赴国难，视死忽如归。

又如《野田黄雀行》：

　　高树多悲风，海水扬其波。利剑不在掌，结友何须多？不见篱间雀，见鹞自投罗？罗家得雀喜，少年见雀悲。拔剑捎罗网，黄雀得飞飞。飞飞摩苍天，来下谢少年。

曹植还作有《七步诗》：

　　煮豆持作羹，漉豉以为汁。萁在釜下然，豆在釜中泣。本自同根生，相煎何太急！

曹植以"豆萁相煎"比喻兄弟骨肉相残，浅显直白而寓意深长。

陈琳《饮马长城窟行》：

　　饮马长城窟，水寒伤马骨。往谓长城吏："慎莫稽留太原卒！""官作自有程，举筑谐汝声！""男儿宁当格斗死，何能怫郁筑长城？"长城何连连，连连三千里。边城多健少，内舍多寡妇。作书与内舍："便嫁莫留住！善待新姑嫜，时时念我故夫子！"报书往边地："君今出语一何鄙！""身在祸难中，何为稽留他家子？生男慎莫举，生女哺用脯。君独不见长城下，死人骸骨相撑拄？""结发行事君，慊慊心意关。明知边地苦，贱妾何能久自全！"

诗歌写穷兵黩武给人民带来的灾难，征人夫妇的对话生动地反映了当时的口语。

繁钦《定情诗》：

　　我出东门游，邂逅承清尘。思君即幽房，侍寝执衣巾。时无桑中契，迫此路侧人。我既媚君姿，君亦悦我颜。何以致拳拳？绾臂双金环。何以道殷勤？约指一双银。何以致区区？耳中双明珠。何以致叩叩？香囊系肘后。何以致契阔？绕腕双跳脱。何以结恩情？

美玉缀罗缨。何以结中心？素缕连双针。何以结相与？金薄画搔头。何以慰别离？耳后玳瑁钗。何以答欢忻？纨素三条裙。何以结愁悲？白绢双中衣。与我期何所？乃期东山隅。日旰兮不来，谷风吹我襦。远望无所见，涕泣起踟蹰。与我期何所？乃期山南阳。日中兮不来，飘风吹我裳。逍遥莫谁睹，望君愁我肠。与我期何所？乃期西山侧。日夕兮不来，踯躅长叹息。远望凉风至，俯仰正衣服。与我期何所？乃期山北岑。日暮兮不来，凄风吹我襟。望君不能坐，悲苦愁我心。爱身以何为，惜我华色时。中情既款款，然后克密期。褰衣蹑茂草，谓君不我欺。厕此丑陋质，徙倚无所之。自伤失所欲，泪下如连丝。

《定情诗》中的铺叙基本上是白话。

应场《斗鸡诗》：

戚戚怀不乐，无以释劳勤。兄弟游戏场，命驾迎众宾。二部分曹伍，群鸡焕以陈。双距解长绁，飞踊超敌伦。芥羽张金距，连战何缤纷。从朝至日夕，胜负尚未分。专场驱众敌，刚捷逸等群。四坐同休赞，宾主怀悦欣。博弈非不乐，此戏世所珍。

应璩《三叟》：

古有行道人，陌上见三叟。年各百余岁，相与锄禾莠。住车问三叟："何以得此寿？"上叟前致辞："内中妪貌丑。"中叟前致辞："量腹节所受。"下叟前致辞："夜卧不覆首。"要哉三叟言，所以能长久。

这首诗以白话说理，通过上、中、下三叟的口阐明了养生长寿的道理。

又《百一诗》：

下流不可处，君子慎厥初。名高不宿著，易用受侵诬。前者隳官去，有人适我闾。田家无所有，酌醴焚枯鱼。问我何功德，三入承明庐。所占於此土，是谓仁智居。文章不经国，筐箧无尺书。用等称才学，往往见叹誉。避席跪自陈，贱子实空虚。宋人遇周客，惭愧靡所如。

左思有《咏史》八首，其二：

郁郁涧底松，离离山上苗。以彼径寸茎，荫此百尺条。世胄蹑高位，英俊沉下僚。地势使之然，由来非一朝。金张藉旧业，七叶珥汉貂。冯公岂不伟，白首不见招。

又《娇女诗》：

> 吾家有娇女，皎皎颇白皙。小字为纨素，口齿自清历。鬓发覆广额，双耳似连璧。明朝弄梳台，黛眉类扫迹。浓朱衍丹唇，黄吻澜漫赤。娇语若连琐，忿速乃明懂。握笔利彤管，篆刻未期益。执书爱绨素，诵习矜所获。其姊字惠芳，面目粲如画。轻妆喜楼边，临镜忘纺绩。举觯拟京兆，立的成复易。玩弄眉颊间，剧兼机杼役。从容好赵舞，延袖象飞翮。上下弦柱际，文史辄卷襞。顾眄屏风画，如见已指摘。丹青日尘暗，明义为隐赜。驰骛翔园林，果下皆生摘。红葩缀紫蒂，萍实骤抵掷。贪华风雨中，倏睒数百适。务蹑霜雪戏，重綦常累积。并心注肴馔，端坐理盘核。翰墨戢函案，相与数离逖。动为垆钲屈，屣履任之适。止为茶荈据，吹吁对鼎䥐。脂腻漫白袖，烟熏染阿锡。衣被皆重地，难与沉水碧。任其孺子意，羞受长者责。瞥闻当与杖，掩泪俱向壁。

这首诗写两个女孩天真活泼，语言清新朴实。

阮籍有《咏怀》诗八十多首，其中有些部分带有白话的成分。如其四：

> 昔闻东陵瓜，近在青门外。连畛距阡陌，子母相钩带。五色曜朝日，嘉宾四面会。膏火自煎熬，多财为患害。布衣可终身，宠禄岂足赖？

又如其七：

> 昔年十四五，志尚好书诗。被褐怀珠玉，颜闵相与期。开轩临四野，登高望所思。丘墓蔽山冈，万代同一时。千秋万岁后，荣名安所之？乃悟羡门子，噭噭今自嗤。

程晓《嘲热客》：

> 平生三伏时，道路无行车。闭门避暑卧，出入不相过。今世褦襶子，触热到人家。主人闻客来，颦蹙奈此何！谓当起行去，安坐正跘跨。所说无一急，嗑嗑一何多？疲瘠向之久，甫问君极那？摇扇臂中疼，流汗正滂沱。莫谓此小事，亦是人一瑕。传戒诸高朋，热行宜见呵。①

---

① 程晓《嘲热客》传本不一，此据逯钦立辑校《先秦汉魏晋南北朝诗》，中华书局，1983年，第578页。

左延年《秦女休行》：

> 始出上西门，遥望秦氏庐。秦氏有好女，自名为女休。休年十四五，为宗行报仇。左执白杨刃，右据宛鲁矛。仇家便东南，仆僵秦女休。女休西上山，上山四五里。关吏呵问女休，女休前置辞："生为燕王妇，今为诏狱囚。平生衣参差，当今无领襦。明知杀人当死，兄言快快，弟言无道忧。女休坚辞为宗报仇，死不疑。"杀人都市中，徼我都巷西。丞卿罗列东向坐，女休凄凄曳梏前。两徒夹我持刀，刀五尺余。刀未下，朣胧击鼓赦书下。

《秦女休行》叙述了一个烈女子为宗族报仇的动人故事。

东晋陶潜喜爱自然，诗文常用民间的言语，多用田家语。他所作《五柳先生传》描叙自己说：

> 先生不知何许人，不详姓字；宅边有五柳树，因以为号焉。闲静少言，不慕荣利。好读书，不求甚解；每有会意，欣然忘食。性嗜酒，而家贫不能恒得。亲旧知其如此，或置酒招之，造饮必尽，期在必醉；既醉而退，曾不吝情。环堵萧然，不蔽风日，短褐穿结，箪瓢屡空，——晏如也。常著文章自娱，颇示己志。忘怀得失，以此自终。

陶潜的诗天然去雕饰，具有白话诗的特点。如《归园田居》其一：

> 少无适俗韵，性本爱丘山。误落尘网中，一去三十年。羁鸟恋旧林，池鱼思故渊。开荒南野际，守拙归田园。方宅十余亩，草屋八九间。榆柳荫后檐，桃李罗堂前。暧暧远人村，依依墟里烟。狗吠深巷中，鸡鸣桑树颠。户庭无尘杂，虚室有余闲。久在樊笼里，复得返自然。

其三：

> 种豆南山下，草盛豆苗稀。晨兴理荒秽，带月荷锄归。道狭草木长，夕露沾我衣。衣沾不足惜，但使愿无违。

《饮酒》二十首，其五：

> 结庐在人境，而无车马喧。问君何能尔，心远地自偏。采菊东篱下，悠然见南山。山气日夕佳，飞鸟相与还。此中有真意，欲辨已忘言。

其七：

秋菊有佳色，裛露掇其英。泛此忘忧物，远我遗世情。一觞虽独进，杯尽壶自倾。日入群动息，归鸟趋林鸣。啸傲东轩下，聊复得此生。

《责子》：

白发被两鬓，肌肤不复实。虽有五男儿，总不好纸笔。阿舒已十六，懒惰故无匹。阿宣行志学，而不爱文术。雍端年十三，不识六与七。通子垂九龄，但见梨与栗。——天运苟如此，且进杯中物。

《挽歌辞》：

有生必有死，早终非命促。昨暮同为人，今旦在鬼录。魂气散何之？枯形寄空木。娇儿索父啼，良友抚我哭。得失不复知，是非安能觉？千秋万岁后，谁知荣与辱？但恨在世时，饮酒不得足。

南北朝时南朝的民歌多儿女情长，缠绵宛转，感情细腻；北朝的民歌多英雄慷慨，尚武好勇，感情豪放。南北朝的民歌不仅具有鲜明的时代和地区特色，而且生动地反映了当时的白话口语。如北朝的《敕勒歌》：

敕勒川，阴山下。天似穹庐，笼盖四野。天苍苍，野茫茫，风吹草低见牛羊。

这是一首由鲜卑语译成汉语的民歌，语言朴实，歌的是山、川、天、野大景大物，颂的是风、草、牛、羊生活之友，就像一幅动感极强、可触可摸的石雕。远方的背景苍茫却不悲凉，近处的景物鲜明而传情，主题纯净、自然，意境开阔、明澈，反映了北方鲜卑族逐水草而居的草原生活，体现了游牧文明与农耕文明的融合。

又如《折杨柳枝歌》：

门前一株枣，岁岁不知老。阿婆不嫁女，那得孙儿抱？敕敕何力力，女子临窗织。不闻机杼声，唯闻女叹息。问女何所思，问女何所忆。阿婆许嫁女，今年无消息。

这首民歌歌词明快朴实，语气天真烂漫，毫不造作地道出了女孩隐藏在心头的心事。

又如根据北朝民间流传的女英雄木兰代父从军故事所作的杰作《木兰辞》（又称《木兰诗》）：

唧唧复唧唧，木兰当户织。不闻机杼声，唯闻女叹息。问女何所思，问女何所忆？女亦无所思，女亦无所忆。昨夜见军帖，可汗大点兵，军书十二卷，卷卷有爷名。阿爷无大儿，木兰无长兄，愿为市鞍马，从此替爷征。

东市买骏马，西市买鞍鞯，南市买辔头，北市买长鞭。旦辞爷娘去，暮宿黄河边。不闻爷娘唤女声，但闻黄河流水鸣溅溅。旦辞黄河去，暮至黑山头。不闻爷娘唤女声，但闻燕山胡骑鸣啾啾。

万里赴戎机，关山度若飞。朔气传金柝，寒光照铁衣。将军百战死，壮士十年归。

归来见天子，天子坐明堂。策勋十二转，赏赐百千强。可汗问所欲，木兰不用尚书郎，愿驰千里足，送儿还故乡。

爷娘闻女来，出郭相扶将。阿姊闻妹来，当户理红妆。小弟闻姊来，磨刀霍霍向猪羊。开我东阁门，坐我西阁床。脱我战时袍，著我旧时裳。当窗理云鬓，对镜帖花黄。出门看火伴，火伴皆惊忙。同行十二年，不知木兰是女郎。

雄兔脚扑朔，雌兔眼迷离。两兔傍地走，安能辨我是雄雌！

辞中"雄兔脚扑朔"的"脚"本指"小腿"，辞中指"足"，反映了"脚"在当时口语中已替代了"足"；"雌兔眼迷离"的"眼"本指"眼珠"，辞中指"眼睛"，反映了"眼"在当时口语中已替代了"目"；"当窗理云鬓"的"窗"则替代了"牖"。又如辞中"可汗大点兵"的"点"，"暮宿黄河边"的"边"，"出门看火伴"的"看"，"不知木兰是女郎"的"是"等都是当时的白话，已与我们现在平常说的话没有什么两样。①

---

① 学术界关于《木兰诗》的写作年代说法不一，有认为作于北魏，也有认为作于初唐，沈德潜选录的《古诗源》收在卷一三梁诗《乐府歌辞》，逯钦立辑校《先秦汉魏晋南北朝诗》收在梁诗卷二九《横吹曲辞》，聂世美、仓阳卿校点《乐府诗集》（上海古籍出版社，1998年，第307页）所录此诗前载曰："《古今乐录》曰：木兰不知名。浙江西道观察使兼御史中丞韦元甫续附入。"考《古今乐录》为隋释智匠编，韦元甫则为唐大历年间人。检《先秦汉魏晋南北朝诗》（中华书局，1983年，第2160页）所录此诗前载曰："《诗纪》云：《古今乐录》曰：木兰不知名。浙江西道观察使兼御史中丞韦元甫续附入。又云：《古文苑》作唐人木兰诗。"盖《诗纪》为明人冯惟讷所编，"浙江西道观察使兼御史中丞韦元甫续附入"当为《诗纪》之文。据《涌幢小品》卷二一《孝烈将军》载，木兰是隋炀帝时（605—617）人，《江南通志》和《清一统志》等一些方志所载是隋恭帝时（617—618）人，因此《木兰诗》的写作年代可能也在隋炀帝至隋恭帝年间。

又如南朝有《读曲歌》数百首,其中一首说:

  打杀长鸣鸡,弹去乌白鸟。愿得连冥不复曙,一年都一晓。

歌中女子直抒胸臆,不加掩饰地说出自己的情感。"打杀"和"弹去"都是当时新产生的使成式结构。另一首说:

  觅欢敢唤名,念欢不唤字。连唤欢复欢,两誓不相弃。

诗中以女子的口吻倾诉绵绵情话,"欢"是女子对自己钟情的情郎的昵称。

又如《西洲曲》:

  忆梅下西洲,折梅寄江北。单衫杏子红,双鬓鸦雏色。西洲在何处?两桨桥头渡。日暮伯劳飞,风吹乌白树。树下即门前,门中露翠钿。开门郎不至,出门采红莲。采莲南塘秋,莲花过人头。低头弄莲子,莲子清如水。置莲怀袖中,莲心彻底红。忆郎郎不至,仰首望飞鸿。鸿飞满西洲,望郎上青楼。楼高望不见,尽日栏杆头。栏杆十二曲,垂手明如玉。卷帘天自高,海水摇空绿。海水梦悠悠,君愁我亦愁。南风知我意,吹梦到西洲。

曲中"两桨桥头渡"的"桥头","莲心彻底红"的"彻底"等都是当时新产生而沿用至今的白话词。又如《子夜歌》:

  宿昔不梳头,丝发披两肩。婉伸郎膝上,何处不可怜。(其一)
  自从别欢来,奁器了不开。头乱不敢理,粉拂生黄衣。(其二)
  欢愁侬亦惨,郎笑我便喜。不见连理树,异根同条起。(其三)
  遣信欢不来,自往复不出。金铜作芙蓉,莲子何能实。(其四)

诗中的语言正如《大子夜歌》所说"慷慨吐清音,明转出天然"。梁武帝萧衍仿作有乐府《子夜歌》:

  恃爱如欲进,含羞未肯前。朱口发艳歌,玉指弄娇弦。阶上香入怀,庭中草照眼。春心一如此,情来不可限。

梁简文帝萧纲也作了不少乐府歌辞。如《春江曲》:

  客行只念路,相争度京口。谁知堤上人,拭泪空摇手。

又如《秋闺怨》:

  闺阁行人断,房栊月影斜。谁能北窗下,独对后园花?

南朝陈的风流天子陈叔宝作的诗也颇有民歌风味，如《舞媚娘》：

  春日好风光，寻观向市傍。转身移佩响，牵袖起衣香。

又如《三妇艳词》其一：

  大妇西北楼，中妇南陌头。小妇初妆点，回眉对月钩。可怜还自觉，人看反更羞。

阴铿的诗也颇具白话色彩，开盛唐律诗风气之先。如《渡青草湖》：

  洞庭春溜满，平湖锦帆张。沅水桃花色，湘流杜若香。穴去茅山近，江连巫峡长。带天澄迥碧，映日动浮光。行舟逗远树，度鸟息危樯。滔滔不可测，一苇讵能航。

又如《晚出新亭》：

  大江一浩荡，离悲足几重。潮落犹如盖，云昏不作峰。远戍唯闻鼓，寒山但见松。九十方称半，归途讵有踪。

南朝宋鲍照受乐府民歌的影响，作有许多白话诗。如《拟行路难》十八首其四：

  泻水置平地，各自东西南北流。人生亦有命，安能行叹复坐愁！酌酒以自宽，举杯断绝歌路难。心非木石岂无感？吞声踯躅不敢言。

《拟行路难》十八首其五：

  对案不能食，拔剑击柱长叹息。丈夫生世会几时，安能蹀躞垂羽翼？弃置罢官去，还家自休息。朝出与亲辞，暮还在亲侧。弄儿床前戏，看妇机中织。自古圣贤尽贫贱，何况我辈孤且直！

当时的和尚也作有白话诗，如惠休《白纻歌》：

  少年窈窕舞君前，容华艳艳将欲然。为君娇凝复迁延，流目送笑不敢前。长袖拂面心自煎，愿君流光及盛年。

这首诗写得颇为艳丽。又有宝月《估客乐》：

  郎作十里行，侬作九里送。拔侬头上钗，与郎资路用。有信数寄书，无信心相忆。莫作瓶落井，一去无消息。大艑珂峨头，何处发扬州？借问艑上郎，见侬所欢不？

《景德传灯录》卷二九收录南朝释宝志所作歌偈三十八首。如

《大乘赞》十首之八、九：

> 世间几许痴人，将道复欲求道。广寻诸义纷纭，自救己身不了。专寻他文乱说，自称至理妙好。徒劳一生虚过，永劫沉沦生老。浊爱缠心不舍，清净智心自恼。真如法界丛林，返生荆棘荒草。但执黄叶为金，不悟弃金求宝。所以失念狂走，强力装持相好。口内诵经诵论，心里寻常枯槁。一朝觉本心空，具足真如不少。

> 声闻心心断惑，能断之心是贼。贼贼递相除遣，何时了本语默。口内诵经千卷，体上问经不识。不解佛法圆通，徒劳寻行数墨。头陀阿练苦行，希望后身功德。希望即是隔圣，大道何由可得。譬如梦里度河，船师度过河北。忽觉床上安眠，失却度船轨则。船师及彼度人，两个本不相识。众生迷倒羁绊，往来三界疲极。觉悟生死如梦，一切求心自息。悟解即是菩提，了本无有阶梯。(51/450a)

此首歌偈以黄叶作金为喻，讥讽义学僧只知经论说法而不悟佛法本空，所记多为当时口语。

前秦著作郎赵整曾作白话俗歌劝谏苻坚说："昔闻孟津河，千里作一曲。此水本自清，是谁搅令浊？"赵整后出家为僧，用白话作颂说："我生一何晚，泥洹一何早！归命释迦文，今了投大道。"

《北史》卷四二载阳休之弟阳俊之作有六字句的俗歌："多作六言歌辞，淫荡而拙。世俗流传，名为《阳五伴侣》，写而卖之，在市不绝。"

二、魏晋南北朝的白话文

魏晋南北朝文人的文集中出现了不少新词和新义，如据陈秀兰《魏晋南北朝文与汉文佛典语言比较研究》一书统计，阮籍和嵇康的文章中有新词127个，新义21个，其中"狂暴、每常、羡慕"等102个新词和"局促、勉强、叛逆"等17个新义仍然在后世文献中沿用。① 又如据万久富《〈宋书〉复音词研究》一书统计，《宋书》51万余字中双音节词多达11416个，其中有不少不见于前代的新词和新义。《汉语大词

---

① 陈秀兰《魏晋南北朝文与汉文佛典语言比较研究》，新星出版社，2004年，第206页。

典》以《宋书》为孤证来证明新生复音词的条目有 707 条，以《宋书》为第一书证来证明新生复音词的条目有 668 条；以《宋书》为孤证来证明复音词新生义的条目有 195 条，以《宋书》为第一书证来证明复音词新生义的条目有 360 条。① 其中"逼迫、干笑、中兴、浅近、抚爱、性情、掌握、激动、意趣、快手"等词至今仍沿用。

这时期的笔记小说，有写鬼怪的，有写人事的。这些笔记小说是在当时流传的故事或传说基础上写成书面语的，因而或多或少吸收了一些白话成分，具有口语色彩。如《列异传·宋定伯卖鬼》：

> 南阳宋定伯，年少时，夜行逢鬼。问之，鬼言："我是鬼。"鬼曰："汝复谁？"定伯诳之，言："我亦鬼。"鬼问："欲至何所？"答曰："欲至宛市。"鬼言："我亦欲至宛市。"遂行数里。鬼言："步行大亟；可共递相担。"定伯曰："大善。"鬼便先担定伯数里。鬼言："卿太重！将非鬼也？"定伯言："我新鬼，故身重耳。"定伯因复担鬼，鬼略无重。如其再三。定伯复言："我新鬼，不知鬼有何所畏忌？"鬼答言："唯不喜人唾。"于是共行。道遇水，定伯令鬼先渡；听之了然无水音。定伯自渡，漕漼作声。鬼复言："何以有声？"定伯曰："新死，不习渡水故耳。勿怪！"行欲至宛市，定伯便担鬼著肩上，急持之。鬼大呼，声咋咋然，索下，不复听之。径至宛市中，著地化为一羊。便卖之。恐其便化，唾之。得钱千五百，乃去。当时有言："定伯卖鬼，得钱千五。"②

南朝梁周子良、陶弘景所撰《周氏冥通记》是一部日记体著作，其中一些日常用语往往文白并用，但多用白话，反映了文白此消彼长的概貌。如书中用白话的"看"字共有 16 例，而文言的"视"仅出现 2 次；用白话的"寻"字共有 20 例，而"觅"仅出现 4 次，其中有 1 例是"寻觅"连文。③

南朝宋刘义庆所撰《世说新语》记载了东汉末年至东晋年间士族阶层的遗闻轶事、言行风貌和生活情趣，叙事接近口语，对话中记录的白话口语成分更多。如卷上之下《政事》：

---

① 万久富《〈宋书〉复音词研究》，凤凰出版社，2006 年，第 6 页，第 189—190 页。

② 鲁迅《古小说钩沉》上。

③ 汪维辉《〈周氏冥通记〉词汇研究》，《中古近代汉语研究》，上海教育出版社，2000 年。

谢镇西少时,闻殷浩能清言,故往造之。殷未过有所通,为谢标榜诸义,作数百语。既有佳致,兼辞条丰蔚,甚足以动心骇听。谢注神倾意,不觉流汗交面。殷徐语左右:"取手巾与谢郎拭面。"

又卷中之下《赏誉》:

　　王夷甫雅尚玄远,常嫉其妇贪浊,口未尝言"钱"字。妇欲试之,令婢以钱绕床,不得行。夷甫晨起,见钱阁行,呼婢曰:"举却阿堵物。"

诉状讼词重事实,多实录口语。如《文选》卷四〇载有任昉《奏弹刘整》:

　　御史中丞臣任昉稽首言:臣闻马援奉嫂,不冠不入;氾毓字孤,家无常子。是以义士节夫,闻之有立。千载美谈,斯为称首。臣昉顿首顿首,死罪死罪。谨案,齐故西阳内史刘寅妻范,诣台诉,列称:

　　"出适刘氏,二十许年。刘氏丧亡,抚养孤弱。叔郎整常欲伤害,侵夺分前奴教子、当伯,并已入众。又以钱婢姊妹弟温,仍留奴自使。伯又夺寅息逡婢绿草,私货得钱,并不分逡。寅第二庶息师利,去岁十月,往整田上,经十二日,整便责范米六斗哺食。米未展送,忽至户前,隔箔攘拳大骂。突进房中,屏风上取车帷准米。"

　　"去二月九日夜,婢采音偷车栏、夹杖、龙牵。范问失物之意,整便打息逡。整及母并奴婢等六人来至范屋中,高声大骂,婢采音举手查范臂。——求摄检如诉状。"

　　辄摄整亡父旧使奴海蛤到台辩问,列称:"整亡父兴道,先为零陵郡,得奴婢四人。分财,以奴教子乞大息寅。寅亡后,第二弟整仍夺教子,云:'应入众。'整便留自使。婢姊及弟各准钱五千文,不分逡。其奴当伯,先是众奴。整兄弟未分财之前,整兄寅以当伯贴钱七千,共众作田。寅罢西阳郡还,虽未别火食,寅以私钱七千赎当伯,仍使上广州去。后寅丧亡,整兄弟后分奴婢,唯余婢绿草入众。整复云:'寅未分财赎当伯,又应属众。'整意贪得当伯,推绿草与逡。整规当伯行还,拟欲自取。当伯遂经七年不返,整疑已死亡不回,更夺取婢绿草,货得钱七千。整兄弟及姊共分此钱,又不分逡。"

寅妻范云："当伯是亡夫私赎，应属息逡。当伯天监二年六月从广州还，至，整复夺取，云：'应充众，准雇借上广州四年夫直。'今在整处使。"

进责整婢采音："刘整兄寅第二息师利，去年十月十二日忽往整墅停住十二日。整就兄妻范求米六斗哺食。范未得还，整怒，仍自进范所住，屏风上取车帷为质。范送米六斗，整即纳受。范今年二月九日夜失车栏子、夹杖、龙牵等，范及息逡道是采音所偷。整闻声仍打逡。范唤问：'何意打我儿？'整母子尔时便同出中庭，隔箔与范相骂。婢采音及奴教子、楚玉、法志等四人于时在整母子左右。整语采音：'其道汝偷车校具，汝何不进里骂之？'既进，争口，举手误查范臂。车栏、夹杖、龙牵实非采音所偷。"

进责寅妻范奴苟奴，列："孃去二月九日夜，失车栏、夹杖、龙牵，疑是整婢采音所偷。苟奴与郎逡往津阳门籴米，遇见采音在津阳门卖车栏、龙牵。苟奴登时欲捉取，逡语苟奴：'已尔！不须复取。'苟奴隐僻少时，伺视人买龙牵，售五千钱。苟奴仍随逡归宅，不见度钱。"

并如采音、苟奴等列状，粗与范诉相应。重覈当伯、教子列："孃被夺，今在整处使。"悉与海蛤列不异。以事诉法，令史潘僧尚议："整若辄略兄子逡分前婢货卖，及奴教子等私使，若无官令，辄收付近狱测治。诸所连逮絓，应洗之源，委之狱官，悉以法制从事。"如法所称。整即主。

臣谨案：新除中军参军臣刘整，间阎闉茸，名教所绝。直以前代外戚，仕因纨袴；恶积莘稔，亲旧侧目。理绝通问，而妄肆丑辞；终夕不寐，而谬加大杖。薛包分财，取其老弱；高凤自秽，争讼寡嫂。未见孟尝之深心，唯效文通之伪迹。昔人睦亲，衣无常主；整之抚侄，食有故人。何其不能折契钟庾而襜帷交质？人之无情，一何至此！实教义所不容，绅冕所共弃。臣等参议：请以见事免整所除官，辄勒外收付廷尉法狱治罪。诸所连逮，应洗之源，委之狱官，悉以法制从事。婢采音不款偷车栏、龙牵，请付狱测实。其宗长及地界职司，初无纠举，及诸连逮，请不足申尽。臣昉诚惶诚恐，顿首顿首，死罪死罪，稽首以闻。

任昉的这篇奏呈弹劾刘整欺凌寡嫂，实录了刘寅妻范氏以及几个奴婢的证词，保存了一批梁代的口语词。

北魏贾思勰《齐民要术》是我国迄今为止保存最完整也是时代最早

的农学著作,全书十卷,内容涉及农、林、牧、渔、副各方面,详细介绍了农作物的耕作栽培、酱醋的制作等,几乎包括了古代农家的所有生产活动,文笔平实。书中出现了现代汉语中的一些常用词,名词如"头、眼、泪、翅、树"等,方位词如"边、里"等,名量词如"个、道、把、粒、根、科"等,动量词如"度、过、遍、匝"等,动词如"看、眠、吃、打、写、洗、盖、晒、挂、捉、换、拍"等,形容词如"硬、瘦、暖、粗、冷、阔、软、快、甜"等,且多用当时的俚俗口语。如卷一《种谷》:

  凡种谷,雨后为佳。遇小雨,宜接湿种;遇大雨,待秽生。小雨不接湿,无以生禾苗;大雨不待白背,湿辗则令苗瘦。薉若盛者,先锄一遍,然后纳种乃佳也。

又卷三《种葵》:

  掐秋菜,必留五六叶。不掐则茎孤;留叶多则科大。凡掐,必待露解。谚曰:"触露不掐葵,日中不剪韭。"

又卷三《杂说》:

  雌黄治书法:先于青硬石上,水磨雌黄令熟;曝干,更于瓷碗中研令极熟;曝干,又于瓷碗中研令极熟。乃融好胶清,和于铁杵臼中,熟捣。丸如墨丸,阴干。以水研而治书,永不剥落。若于碗中和用之者,胶清虽多,久亦剥落。凡雌黄治书,待潢讫治者佳;先治入潢则动。

  书厨中欲得安麝香、木瓜,令蠹虫不生。五月湿热,蠹虫将生,书经夏不舒展者,必生虫也。五月十五日以后,七月二十日以前,必须三度舒而展之。须要晴时,于大屋下风凉处,不见日处。日曝书,令书色暍。热卷,生虫弥速。阴雨润气,尤须避之。慎书如此,则数百年矣。

又卷六《养羊》:

  将息失所,有羔死之患也。①

颜之推《颜氏家训》是一部家训书,内容包括教子、兄弟、治家、风操、勉学、养生等,大旨论述处世为人修身治家之道,兼及当时风俗人情和治学方法等。由于家训是谆谆告诫之作,因此辞质义

---

① 缪启愉校释《齐民要术》,农业出版社,1982年。

直，平易简朴，"其为言也，近而不俚，切而不激"，"只如当面说话"，"虽野人女子，走卒儿童，皆能诵其词而知其义也"，① 多为口语。如卷一《教子》：

> 上智不教而成，下愚虽教无益，中庸之人，不教不知也。古者，圣王有胎教之法：怀子三月，出居别宫，目不邪视，耳不妄听，音声滋味，以礼节之。书之玉版，藏诸金匮。子生咳提，师保固明孝仁礼义，导习之矣。凡庶纵不能尔，当及婴稚，识人颜色，知人喜怒，便加教诲，使为则为，使止则止。比及数岁，可省笞罚。父母威严而有慈，则子女畏慎而生孝矣。吾见世间，无教而有爱，每不能然；饮食运为，恣其所欲，宜诫翻奖，应诃反笑，至有识知，谓法当尔。骄慢已习，方复制之，捶挞至死而无威，忿怒日隆而增怨，逮于成长，终为败德。孔子云"少成若天性，习惯如自然"是也。俗谚曰："教妇初来，教儿婴孩。"诚哉斯语！

又《兄弟》：

> 夫有人民而后有夫妇，有夫妇而后有父子，有父子而后有兄弟：一家之亲，此三而已矣。自兹以往，至于九族，皆本于三亲焉，故于人伦为重者也，不可不笃。兄弟者，分形连气之人也，方其幼也，父母左提右挈，前襟后裾，食则同案，衣则传服，学则连业，游则共方，虽有悖乱之人，不能不相爱也。及其壮也，各妻其妻，各子其子，虽有笃厚之人，不能不少衰也。娣姒之比兄弟，则疏薄矣；今使疏薄之人，而节量亲厚之恩，犹方底而圆盖，必不合矣。惟友悌深至，不为旁人之所移者，免夫！

又《治家》：

> 借人典籍，皆须爱护，先有缺坏，就为补治，此亦士大夫百行之一也。济阳江禄，读书未竟，虽有急速，必待卷束整齐，然后得起，故无损败，人不厌其求假焉。或有狼籍几案，分散部帙，多为童幼婢妾之所点污，风雨虫鼠之所毁伤，实为累德。吾每读圣人之书，未尝不肃敬对之；其故纸有五经词义，及贤达姓名，不敢秽用也。

---

① 黄叔琳《〈颜氏家训〉节钞序》，沔阳星《重刻〈颜氏家训〉小引》，颜邦城《三刻黄门家训小引》。

又卷六《书证》：

世间小学者，不通古今，必依小篆，是正书记；凡《尔雅》《三苍》《说文》，岂能悉得苍颉本指哉？亦是随代损益，互有同异。西晋已往字书，何可全非？但令体例成就，不为专辄耳。考校是非，特须消息。至如"仲尼居"，三字之中，两字非体，《三苍》"尼"旁益"丘"，《说文》"尸"下施"几"。如此之类，何由可从？古无二字，又多假借，以中为仲，以说为悦，以召为邵，以闲（閒）为閒：如此之徒，亦不劳改。自有讹谬，过成鄙俗，"（乱）亂"旁为"舌"，"揖"下无"耳"，"鼋""鼍"从"龟"，"奋""夺"从"雚"，"席"中加"带"，"恶"上安"西"，"鼓"外设"皮"，"凿"头生"毁"，"离"则配"禹"，"壑"乃施"豁"，"巫"混"经"旁，"皋"分"泽"片，"猎"化为"獦"，"宠"变成"竉"，"业"左益"片"，"灵"底著"器"，"率"字自有律音，强改为别；"单"字自有善音，辄析成异。如此之类，不可不治。吾昔初看《说文》，蚩薄世字，从正则惧人不识，随俗则意嫌其非，略是不得下笔也。所见渐广，更知通变，救前之执，将欲半焉。若文章著述，犹择微相影响者行之，官曹文书，世间尺牍，幸不违俗也。

杨衒之的《洛阳伽蓝记》是一部以佛寺兴废为题，记述北魏拓跋王朝盛衰史实的笔记著作，具有文言的整体特点，由于记述的内容与佛教有关，在一定程度上又蕴含有当时的口语成分。其书中既有文言词语，又有一些佛教词语和当时的口语词语，其中有一些浅白的人物对话和民谣传语等，可以说是魏晋南北朝时期文言中夹杂着一些口语的代表文献，介于汉译佛经和中土文言文献之间，处于汉语文白质素的共融状态，反映了白话的萌芽状态。① 如卷一《永宁寺》："唯长乐王子攸像，光相具足，端严特妙。"卷二《龙华寺》："综形貌举止甚似昏主。其母告之，令自方便。综遂归我圣阙。"例中"端严""方便"，汉译佛经常用。又如《龙华寺》："太后以钟声远闻，遂移在宫内，置凝闲堂前。讲内典，沙门打为时节。"例中"打"为"敲击"义，最早出现于东汉王

---

① 化振红《洛阳伽蓝记词汇研究》，中国文史出版社，2002年。

延寿《梦赋》中的"撞纵目，打三颅"。①

史书中也有一些口语的记载。如《梁书·曹景宗传》载景宗"性躁动，不能沉默，出行常欲褰车帷幔，左右辄谏以位望隆重，人所具瞻，不宜然"。景宗曾对身边的亲信说：

> 我昔在乡里，骑快马如龙，与年少辈数十骑，拓弓弦作霹雳声，箭如饿鸱叫，平泽中逐獐，数肋射之，渴饮其血，饥食其肉，甜如甘露浆，觉耳后风生，鼻头出火。此乐使人忘死，不知老之将至。今来扬州作贵人，动转不得。行路开车幔，小人辄言不可。闭置车中，如三日新妇。遭此邑邑，使人无气。

《宋书·孔琳之传》载孔琳之奏劾徐羡之说：

> 臣以今月七日，预皇太子正会。会毕车去，并猥臣停门待阙。有何人乘马，当臣车前，收捕驱遣命去。何人骂詈收捕，谘审欲录。每有公事，臣常虑有纷纭，语令勿问，而何人独骂不止，臣乃使录。何人不肯下马，连叫大唤，有两威仪走来，击臣收捕。尚书令省事倪宗又牵威仪手力，击臣下人。宗云："中丞何得行凶，敢录令公人。凡是中丞收捕，威仪悉皆缚取。"臣敕下人一不得斗，凶势辀张，有顷乃散。

《晋书·愍怀太子遹传》载贾后设计以欲谋害皇帝的罪名废弃愍怀

---

① 载唐欧阳询编《艺文类聚》卷七九。黄生《字诂》云："古无打字，《说文》'打'（都挺切）乃徐铉新增者。按：古止借提字为上声（典礼切）。如《史记·绛侯世家》'以帽絮提文帝'，《刺客传》'以药囊提荆轲'，《吴王濞传》'以博局提杀吴太子'，其义皆即打字为古今音转。故后人续制打字为用尔。晋时呼打与等无别，故逸少草书借打为等，而打字入用亦始六朝。《韵会》引《北史·张彝传》：'击打公门。'《小补》引《谷梁·宣十八年传注》：'挍，捶打也。'予又考宗懔《岁时记》'搥床打户'，颜之推《家训》'打拂之，簸扬之'，六朝已前固无用打字者。""此字见于六朝，当是本音鼎（都挺切，本孙愐《唐韵》），而北俗语音不正，呼丁雅反，流转南方，亦变其音。""盖凡起而作其事，皆谓之打耳。"（黄承吉《字诂义府合按》，中华书局，1984年，第57页）汪维辉《东汉——隋常用词演变研究》指出，"打"是东汉中后期出现的一个新词，东汉三国时期主要出现在汉译佛经中，至南北朝时已较普遍地出现在民歌、小说、谣谚和史书的对话等中土古白话文献中，从而取代了"击"的"击打"义。考《慧琳音义》卷八释《大般若经》第五七五卷中"锻金"引郑注《礼记》云："锻，捶打也。"郑玄注也是"打"字东汉已出现的一个佐证。东汉初期也有"打"的用例。如桓谭《新论·辨惑》："其后醉，形坏，但得老狗便打杀之。"

太子司马遹，司马遹在写给妃子的信中说：

> 遹虽顽愚，心念为善，欲尽忠孝之节，无有恶逆之心。虽非中宫所生，奉事有如亲母。自为太子以来，敕见禁检，不得见母。自宜城君亡，不见存恤，恒在空室中坐。去年十二月，道文疾病困笃，父子之情，实相怜愍。于时表国家乞加徽号，不见听许。疾病既笃，为之求请恩福，无有恶心。自道文病，中宫三遣左右来视，云："天教呼汝。"到二十八日暮，有短函来，题言东宫发，疏云："言天教欲见汝。"即便作表求入。二十九日早入见家，须臾遣至中宫。中宫左右陈舞见语："中宫旦来吐不快。"使住空屋中坐，须臾中宫遣陈舞见语："闻汝表陛下为道文乞王，不得王是成国耳。"中宫遥呼陈舞："昨天教与太子酒枣。"便持三升酒、大盘枣来见与，使饮酒啖枣尽。遹素不饮酒，即便遣舞启说不堪三升之意。中宫遥呼曰："汝常陛下前持酒可喜，何以不饮？天与汝酒，当使道文差也。"便答中宫："陛下会同一日见赐，故不敢辞，通日不饮三升酒也。且实未食，恐不堪。又未见殿下，饮此或至颠倒。"陈舞复传语曰："不孝耶！天与汝酒饮，不肯饮，中有恶物邪？"遂可饮二升，余有一升，求持还东宫饮尽。逼迫不得已，更饮一升。饮已，体中荒迷，不复自觉。须臾有一小婢持封箱来，云："诏使写此文书。"遹便惊起，视之，有一白纸，一青纸。催促云："陛下停待。"又小婢承福持笔砚墨黄纸来，使写。急疾不容复视，实不觉纸上语轻重。父母至亲，实不相疑，事理如此，实为见诬，想众人见明也。

信中陈述了贾后指使宫女陈舞逼迫自己喝下过量的酒，喝醉后身不由己中了贾后的奸计，其中"吐不快、颠倒、恶物、停待"等都是口语词。

《周书·晋荡公护传》载阎姬写给其子宇文护的信：

> 汝与吾别之时，年尚幼小，以前家事，或不委曲。昔在武川镇生汝兄弟，大者属鼠，次者属兔，汝身属蛇。鲜于修礼起日，吾之阖家大小，先在博陵郡住。相将欲向左入城，行至唐河之北，被定州官军打败。汝祖及二叔，时俱战亡。汝叔母贺拔及儿元宝，汝叔母纥干及儿菩提，并吾与汝六人，同被擒捉入定州城。未几间，将吾及汝送与元宝掌。贺拔、纥干，各别分散。宝掌见汝云："我识其祖翁，形状相似。"时宝掌营在唐城内。经停三日，宝掌所掠得

男夫、妇女，可六七十人，悉送向京。吾时与汝同被送限。至定州城南，夜宿同乡人姬库根家。茹茹奴望见鲜于修礼营火，语吾云："我今走向本军。"既至营，遂靠吾辈在此。明旦日出，汝叔将兵邀截，吾及汝等，还得向营。汝时年十二，共吾并乘马随军，可不记此事缘由也？于后，吾共汝在受阳住。时元宝、菩提及汝姑儿贺兰盛洛，并汝身四人同学。博士姓成，为人严恶，凌等四人谋欲加害。吾共汝叔母等闻之，各捉其儿打之。唯盛洛无母，独不被打。其后尔朱天柱亡岁，贺拔阿斗泥在关西，遣人迎家累。时汝叔亦遣奴来富迎汝及盛洛等。汝时著绯绫袍、银装带，盛洛著紫织成缅通身袍、黄绫裹，并乘骡同去。盛洛小于汝，汝等三人并呼吾作"阿摩敦"。如此之事，当分明记之耳。

信中"委曲、可、靠、捉、家累"等都是口语词。
《南齐书·谢超宗》载袁彖奏劾谢超宗：

  辄摄白从王永先到台辨问："超宗有何罪过，诣诸贵皆有不逊言语，并依事列对。"永先列称："主人超宗恒行来诣诸贵要，每多触忤，言语怨怼。与张敬儿周旋，许结姻好，自敬儿死后，惋叹忿慨。今月初诣李安民，语论'张敬儿不应死'。安民道：'敬儿书疏，墨迹炳然，卿何忽作此语？'其中多有不逊之言，小人不悉尽罗缕谙忆。"如其辞列，则与风闻符同。超宗罪自已彰，宜附常准。

奏文中"摄（传讯）、白从（差役）、辨问（盘问）、罪过、列称（陈述）、行来（外出）、贵要、触忤、怨怼、周旋、姻好、惋叹、忿慨、语论、何忽、风闻、符同、常准"等词语大多是汉魏以来通行的口语词。

一些诏令也多用当时口语，如同说话。如《宋书·晋平刺王休祐传》载宋明帝刘彧《与诸方镇及诸大臣诏》：

  休祐平生，狼抗无赖，吾虑休仁往哭，或生祟祸。且吾尔日本办仗往哭，晚定不行。吾所以为设方便，呼入在省。而休仁得吾召入，大自惊疑，遂入辞杨太妃，颜色状意，甚与常异。既至省，杨太妃骤遣监子去来参察。从此日生嫌惧，而吾之推情，初不疑觉。从休祐死后，吾再幸休仁第，饮啖极日，排闼入内，初无猜防，休仁坐生嫌畏。

  一日，吾春中多期射雉，每休仁清闲，多往雉场中，或敕使陪辇，及不行日，多不见之。每值宵，休仁辄语左右云："我已复得今一日。"及在房内见诸妓妾,恒语:"我去不知朝夕见底,若一旦死去作鬼,亦不取汝,取汝正足乱人耳。"休祐死时,日已三晡,吾射雉,始从雉场出,休仁从骑在右,伏野中,吾遣人召之,称云:"腹痛,不堪骑马。"尔时诸王车皆停在朱雀门里,日既暝,不暇远呼车,吾衣书车近在离门里,敕呼来,下油幢络,拟以载之。吾由来谙悉其体有冷患,闻腹痛,知必是冷,乃敕太医上省送供御高粱姜饮以赐之。休仁得饮,忽大惊,告左右称:"败今日了。"左右答曰:"此饮是御师名封题。"休仁乃令左右先饮竟,犹不甚信,乃傀俛噬之,裁进一合许。妾先嫌贰,事事如是。

文中"狼抗"义为"傲慢、刚愎","无赖"义为"乖戾、暴虐","办仗"谓准备车驾,"定"义为"终究、到底","方便"义为"办法、计谋","大自"义为"非常","状意"义为"表情、神态","去来"义为"来回、往返","参察"义为"窥视、打探","由来"义为"一向来","谙悉"义为"知道、了解","患"义为"病","姜饮"指"姜汤","败"义为"糟、坏事","了"义为"知道","傀俛"义为"勉强","嫌贰"义为"猜疑"等,基本上都是当时的口语词。①

魏晋南北朝清谈之风盛行,玄学家主张剖析名理,佛家则宣扬佛法,释道安首创义疏之学,讲解佛教典籍。这也影响到经学家的讲经,出现了经书的义疏。所谓义疏,就是以当时语言解释古书所载的词义,即以当时人们能懂的通俗口语来解释方俗古语,具有口语化的特征。流传至今的有汉毛亨《毛诗传》和郑玄笺,何休《公羊传注》,赵岐《孟子章句》,王逸《楚辞章句》,魏何晏《论语集解》,王弼、韩康伯《周易注》,晋杜预《左传注》,范宁《穀梁传注》,郭璞《尔雅注》和《方言注》,郭象《庄子注》,张湛《列子注》,南朝梁皇侃《论语义疏》等。这些义疏透露出古语到今语历时演变的信息,也在一定程度上勾勒出文白演变的轨迹。如自汉至晋,同一事物常有不同的称呼,同一语词所指称的事物也有不同。郭璞所撰《尔雅注》和《方言注》,用晋代口语解释《尔雅》和《方言》,用晋代语音标音,往往以《尔雅》和《方言》相互参证,根据晋时方言来解释古代语词,尤其注重当时的活语言,大体上反映了汉晋方言的沿革和流变。如《尔雅·释鸟》:"鸤鸠,鴶鵴。"郭璞注:"今之布谷也。江东呼为获谷。"又《释亲》:"女子谓兄之妻为嫂,弟之妻为妇。"郭璞注:"犹今言新妇是也。"郭璞指出晋时称鸤鸠

---

① 方一新《东汉魏晋南北朝史书词语笺释》,黄山书社,1998年。

为布谷，称弟之妻为新妇。又如《方言》卷六："擘，楚谓之纫。"郭璞注："今亦以线贯针为纫。"郭璞还注意到汉晋间方言的变迁。如《尔雅·释诂》："悈、怜、惠，爱也。"郭璞注"悈，韩郑语，今江东通呼为怜"，指出"怜"已变为江东通语。有些词《方言》中没有记载，而出现在晋代的方言里，郭璞在注中也有记录。如《方言》卷三："东齐之间壻谓之倩。"郭璞注："言可借倩也。今俗呼女壻为卒便是也。"又如据徐望驾《〈论语义疏〉语言研究》一书考察，《论语义疏》中词汇的总体构架是新旧交融：一是出现了大量的新词新义和时代习语，比较真实地反映了魏晋以来汉语口语的状况；二是词汇复音化进程进一步加快，各种构词方式都已发展具备；三是新增了大量的同义词和反义词聚合；四是深受社会佛教文化的影响，出现了一大批佛源词。从总体上看，其语言风格介于仿古作品与白话作品之间。从词汇上看，呈现出文白夹杂、新词新义和古词古义并存的局面。其中新词有"白日""沉吟""答对""多少""弘大""江湖""制止""证明"等约五百个，新义有"东西"的"外出奔走、奔波"义、"轻易"的"轻率、随便"义、"听"的"允许、许可"和"决断、断定"义等，① 大致反映了白话露头期汉语词汇的面貌和特征。

三、魏晋南北朝的汉译佛经

魏晋南北朝时汉译佛经有长足的发展，译者大多是外来僧人，翻译时大抵先由外来僧人诵讲原文，经译者译成汉语，然后由笔受者记录下来。汉译佛经在文体上散文叙事和韵文偈颂交替使用，词汇上出现了大量的音译词，语体上采用一种文白错杂的书面语形式，"在中国散文和韵文都走到骈偶滥套的路上的时期，创造了朴实平易的白话新文体，以至影响了唐以后的白话文学。"② 这一时期重要的译者有支谦、康僧会、竺法护、道安、法显、鸠摩罗什等。三国吴支谦译的《撰集百缘经》、康僧会译的《六度集经》等叙述佛教故事，不加藻饰，浅近明白，保留白话口语成分较多。

吴康僧会译《六度集经》八卷，辑录佛本生故事和佛传故事91篇，按"六度"（印度大乘佛教认为，人应当通过布施、持戒、忍辱、精选、禅定、智慧等六种方法来争取涅槃解脱，称之为"六度"，"度"即到彼

---

① 徐望驾《〈论语义疏〉语言研究》，中国社会科学出版社，2006年。
② 胡适《白话文学史》，岳麓书社，1986年。

岸之义）的次序编排，并在每一"度"前扼要地说明其意义。《六度集经》叙事生动，语言富有口语性。其中的不少故事在我国广为流传，像著名的"瞎子摸象"的故事，就出在其中的《镜面王经》。又如卷二《布施度无极章》中的《须大挐经》：

> 后有鸠留县老贫梵志，其妻年丰，颜华端正。提瓶行汲，道逢年少，遮要调曰："尔居贫乎？无以自全。贪彼老财，庶以归居。彼翁学道内否，不通教化之纪，希成一人，专愚忱悷，尔将所贪乎？颜状丑黑，鼻正匾𰯲，身体缭戾，面皱唇䫴，言语蹇吃，两目又青，状类若鬼。举身无好，孰不恶憎？尔为室家，将无愧厌乎？"妇闻调婿，流泪而云："吾睹彼翁，鬓须正白，犹霜著树。朝夕希心，欲其早丧，未即从愿，无如之何。"归向其婿，如事具云，曰："子有奴使，妾不行汲。若其如今，吾去子矣。"婿曰："吾贫，缘获给使乎？"妻曰："吾闻布施上士名须大挐，洪慈济众，虚耗其国，王逮群臣，徙著山中。其有两儿，乞则惠卿。"妻数有言，爱妇难违，即用其言，到叶波国。诣宫门曰："太子安之乎？"卫士上闻。王闻斯言，心结内塞，涕泣交流，有顷而曰："太子见逐，唯为斯辈，而今复来乎？请现劳徕，问其所以。"对曰："太子润馨，退迩咏歌，故远归命，庶自稣息。"王曰："太子众宝，布施都尽。今处深山，衣食不充，何以惠子？"对曰："德徽巍巍，远自竭慕，贵睹光颜，没齿无恨也。"王使人示其径路。道逢猎士曰："子经历诸山，宁睹太子不？"猎士素知太子迸逐所由，勃然骂曰："吾斩尔首！问太子为乎？"梵志恶然而惧曰，吾必为子所杀矣，当权而诡之耳。曰："王逮群臣令呼太子，还国为王。"答曰："大善。"喜示其处。遥见小屋，太子亦睹其来。两儿睹之，中心怛惧。兄弟俱曰："吾父尚施，而斯子来。财尽无副，必以吾兄弟惠与之。"携手俱逃。母故掘菑，其坎容人。二儿入中，以柴覆上。自相诫曰："父呼无应也。"太子仰问，请其前坐，果浆置前。食果饮毕，慰劳之曰："历远疲倦矣。"对曰："吾自彼来，举身恼痛，又大饥渴。太子光馨，八方叹懿，巍巍远照，有如太山，天神地祇，孰不甚善。今故远归穷，庶延微命。"太子恻然曰："财尽无惜矣。"梵志曰："可以二儿给养吾老矣。"答曰："子远来求儿，吾无违心。"太子呼焉，兄弟惧矣，又相谓曰："吾父呼求，必以惠鬼也，违命无应。"太子隐其在坎，发柴睹之，儿出抱父，战悚涕泣，呼号且言："彼是鬼也，非梵志矣。吾数睹梵志，颜类未有若兹，无以吾等为

鬼作食。吾母采果，来归何迟，今日定死，为鬼所啖。母归索吾，当如牛母索其犊子，狂走哀恸，父必悔矣。"太子曰："自生布施，未尝微悔。吾以许焉，尔无违矣。"梵志曰："子以普慈相惠，儿母归者，即败子洪润，违吾本愿。不如早去。"太子曰："卿愿求儿，故自远来。终不敢违，便可速迈。"太子右手沃澡，左手持儿，授彼梵志。梵志曰："吾老气微，儿舍遁迈，之其母所，吾缘获之乎？太子弘惠，缚以相付。"太子持儿，令梵志缚，自手执绳端。两儿躄身，宛转父前，哀号呼母，曰天神、地祇、山树诸神，一哀告吾母，意云："两儿以惠人，宜急舍彼果，可一相见。"哀感二仪，山神怆然，为作大响，有若雷震。母时采果，心为忪忪。仰看苍天，不睹云雨。右目瞤，左腋痒，两乳渾流出相属。母惟之曰："斯怪甚大，吾用果为？急归视儿，将有他乎？"委果旋归，惶惶如狂。帝释念曰："菩萨志隆，欲成其弘誓之重任。妻到，坏其高志也。"化为师子，当道而蹲。妇曰："卿是兽中之王，吾亦人中王子，俱止斯山。吾有两儿，皆尚微细，朝来未食，须望我耳。"师子避之，妇得进路。回复于前，化作白狼。妇辞如前，狼又避焉。又化为虎，适梵志远，乃遂退矣。妇还，睹太子独坐，惨然怖曰："吾儿如之，而今独坐？儿常望睹，吾以果归，奔走趣吾，躄地复起，跳踉喜笑。曰：'母归矣，饥儿饱矣。'今不睹之，将以惠人乎？吾坐儿立，各在左右。睹身有尘，竞其拂拭。今儿不来，又不睹处，卿以惠谁？可早相语。祷祀乾坤，情实难云，乃致良嗣。今儿戏具泥象、泥牛、泥马、泥猪杂巧诸物纵横于地，睹之心感，吾且发狂。将为虎狼鬼魅盗贼吞乎？疾释斯结，吾必死矣。"太子久而乃言："有一梵志，来索两儿，云：'年尽命微，欲以自济。'吾以惠之。"妇闻斯言，感踊擗地，宛转哀痛，流泪且云："审如所梦。一夜之中，梦睹老贫婆梵志，割吾两乳，执之疾驰。正为今也。"哀恸呼天，动一山间。云："吾子如之，当如行求乎？"太子睹妻哀恸尤甚，而谓之曰："吾本盟尔，隆孝奉遵。吾志大道，尚济众生，无求不惠，言誓甚明。而今哀恸，以乱我心。"妻曰："太子求道，厌劳何甚？夫士家尊，在于妻子之间，靡不自由。岂况人尊乎？"愿曰："所索必获，如一切智。"

此经文是在当时口语基础上加工而成的书面语，可以说是早期的白话文，较为通俗，具有故事性。文中须大拏是叶波国王的太子。他心地善良，乐道好施，因把国家赖以战胜敌人的大象施舍给了敌国，而被父王放逐国外，流落山中。就在这种处境中，他还是布施不已，直至奉出自己的亲生骨肉和结发妻子。须大拏的善行感动了天地诸神，后来，在天帝释的帮助下，他终于返回了祖国，与家人团聚，并最终成佛。故事通过须大拏这一形象的塑造，为佛门信徒树立了一个乐施积德的典范。

  南北朝时慧觉（一作昙觉）等译有《贤愚因缘经》，经文通过譬喻比方来宣传因果报应等佛教教义，故事曲折动人，语言明快流畅，可读性强。此经是北魏太平真君六年（445）慧觉、威德等八人结伴西行求法，在于阗（今新疆和田）遇上了五年一次的般遮于瑟会，会上长老各讲经律，八人分头听取并记录下来，回到高昌后整理而成。《贤愚因缘经》共收集佛本生故事、佛传故事以及各式因缘故事六十九个，凡六十九品。其中不少故事寓有惩恶扬善的积极意义，对后世影响较大。如卷五《长者无耳目口舌品》：

  如是我闻，一时佛在舍卫国祇陀精舍，与诸比丘大众说法。尔时国内有大长者，财富无量，金银七宝，象马牛羊，奴婢人民，仓库盈溢。无有男儿，唯有五女，端正聪达。其妇怀妊，长者命终。时彼国法，若其命终，家无男儿，所有财物，悉应入官。王遣大臣，摄录其财，垂当入官。其女心念："我母怀妊，未知男女，若续是女，财应属官；若其是男，应为财主。"念已，往白王言："我父命终，以无男故，财应入王。然今我母怀妊，须待分身，若苟是女，入财不迟；若或是男，应为财主。"时波斯匿王，住法平整，即可所白，听如其言。其母不久，月满生儿。其身浑沌，无复耳目，有口无舌，又无手足，然有男根。即为作字，名曼慈毘梨。尔时是女具以是事，往问于王。王闻是已，思惟其义，不以眼耳鼻舌手足等而为财主，乃以男故，得为财主。儿有男根，应得父财。即告诸女："财属汝弟，吾不取也。"尔时大女，往适他家，奉给夫主，谦卑恭谨，拂拭床褥，供设饮食，迎来送去，拜起问讯，譬如婢事大家。比近长者睹其如是，怪而问言："夫妇之道，家家皆有。汝属何为，改操若兹？"女子对曰："我父终没，家财无量。虽有五女，犹当入王。会母分身，生我一弟，无有眼耳舌及手足，但有男根，得为财主。以是义故，虽有诸女，不如一男。是故尔耳。"长者闻已，怪其如是。即与其女，往至佛所，白言："世尊，彼长者子，以何因缘，无有眼耳舌及手足，而生富家，为此财主？"佛告长者："善哉问也。谛听善思，当为汝说。""唯然乐闻。"佛告长者：乃往过去，有大长者兄弟二人，兄名檀若世质，弟名尸罗世质。其兄少小,忠信成实,常好布施,赈救贫乏。以其信善,举国称美。王任此人,为国平事。诤讼典直,由之取决。是时国法,举贷取与,无有券疏,悉诣平事。檀若世质,以为明人。时有估客,将欲入海,从弟尸罗世质,多举钱财,以供所须。时弟长者,唯有一子,其年幼小。即将其子并所出钱,到平事所,白言:"大兄,是估客子从我举钱,入海来还,应得尔许;兄为明人。我若终亡,证令子得。"平事长者,指言如是。其弟长者,不久命终。时估客子,乘船入海,风起波浪,船坏丧失。时估客子,捉板得全,还其本国。时长者子,闻其船坏空归,唯见此人。便自念言:"此虽负我,今者空穷,何由可得?须有当债。"时见此估客长者,复与余贾,续复入海。获大珍宝,安隐吉还。心自念言:"彼长者子,前虽见我,不从我债。我举钱时,此人幼稚,或能不忆;或以我前穷,故不债耶?今当试之。"即严好马,众宝服饰,宝衣乘马入市。长者子见服乘如是,心念:"此人似还有财,当试从债。"即遣人语言:"汝负我钱,今可偿。"答言:"可尔,当思宜了。"估客自念:"所举顿大,重生累息,无由可毕。当作一策,乃可了尔。"即持一宝珠,到平事妇所,白言:"夫人,我本从尸罗世质举少钱财,其子来从我债。今上一珠,价直十万,若从我债,可嘱平事,莫为明人。"其妇答言:"长者诚信,必不肯尔。为当试语。"即受其珠。平事暮归,即便具白。长者答言:"何有是事!以我忠信,不妄语故,故王立我为国平事。若一妄言,此事不可。"时估客来,具告情状,即还其珠。时估客子,更上一珠,价直二十万,复往白言:"愿使嘱及。此既小事,但作一言,得三十万。彼若得胜,虽复侄儿,无一钱分。此理可通。"尔时女人,贪爱宝珠,即为受之。暮更白夫:"昨日所白,事亦可通,愿必在意。"长者答言:"绝无此理。我以可信,得为平事。若一妄语,现世为世所不信,后世当受无量劫苦。"尔时长者,有一男儿,犹未能行。其妇泣曰:"我今与汝共为夫妻,若有死事,犹望不违。嘱此小事,直作一言,当不相从,我用活为?若不见随,我先杀儿,然后自杀。"长者闻此,譬如人噎,既不得咽,亦不得吐。自念:"我唯有此一子,若其当死,财无所付。若从是语,今则不为人所信用,将来当受无量苦恼。"迫蹙不已,即便可之。其妇欢喜,语估客言:"长者已许。"估客闻之,欣悦还家。严一大象,众宝庄校,著大宝衣,乘象入市。长者子见,心喜念言:"是人必富,服乘乃尔。我得财矣。"即往语曰:

"萨薄当知，先所负钱，今宜见偿。"估客惊言："我都不忆，何时负君？若相负者，明人是谁？"长者子言："若干日月，我父及我，手付汝钱。平事为我明人。何缘言不？"估客子言："我今不念。苟有事实，当还相偿。"寻共相将，至平事所。长者子言："此人往日，亲从我父，举若干钱，伯为明人，我时亦见。事为尔不？"答言："不知。"其侄惊曰："伯父尔时审不见闻？不作是语：此事可尔。不以手足，指是财耶？"答言："不尔。"侄子恚曰："以伯忠良，王令平事，国人信用。我亲弟子，非法犹尔，况于外人？枉者岂少！此之虚实，后世自知。"佛告长者：欲知尔时平事长者，今曼慈毘梨无有耳目浑沌者是。由于尔时一妄语故，堕大地狱，多受苦毒。从地狱出，五百世中，常受浑沌之身。由于尔时好布施故，常生豪富，得为财主。善恶之报，虽久不败。是故汝等，当勤精进，摄身口意，莫妄造恶。

经文讲述了一个官员贪赃枉法，最终受到转世投胎时没有耳朵、眼睛和舌头的报应。整个故事情节跌宕起伏，读来饶有趣味，语言也基本上是白话。

北魏吉迦夜译的《杂宝藏经》收录佛本生、佛传、因缘以及古印度的一些民间故事121篇。如《弃老国缘》：

佛在舍卫国。尔时世尊而作是言："恭敬宿老有大利益，未曾闻事，而得闻解名称远达，智者所敬。"诸比丘言："如来世尊，而常叹赞恭敬父母、耆长、宿老。"佛言："不但今日，我于过去无量劫中，恒恭敬父母、耆长、宿老。"诸比丘白佛言："过去恭敬，其事云何？"

佛言：过去久远，有国名"弃老"。彼国土中，有老人者，皆远驱弃。有一大臣，其父年老，依如国法，应在驱遣。大臣孝顺，心所不忍，乃深掘地，作一密屋，置父著中，随时孝养。

尔时天神，捉持二蛇，著王殿上，而作是言："若别雌雄，汝国得安。若不别者，汝身及国，七日之后，悉当覆灭。"王闻是已，心怀懊恼，即与群臣，参议斯事。各自陈谢，称不能别。即募国界谁能别者，厚加爵赏。大臣归家，往问其父，父答子言："此事易别。以细软物，停蛇著上，其躁扰者，当知是雄；住不动者，当知是雌。"即如其言，果别雌雄。

天神复问言："谁于睡者名之为觉，谁于觉者名之为睡？"王与群臣，复不能辩。复募国界，无能解者。大臣问父："此是何言？"

父言:"此名学人,于诸凡夫,名为觉者,于诸罗汉,名之为睡。"即如其言以答。

天神又复问言:"此大象有几斤两?"群臣共议,无能知者。亦募国内,复不能知。大臣问父,父言:"置象船上,著大池中,画水齐船,深浅几许,即以此船量石中,水没齐画,则知斤两。"即以此智以答。

天神又复问言:"以一掬水多于大海,谁能知之?"群臣共议,又不能解。又遍募问,都无知者。大臣问父:"此是何语?"父言:"此语易解。若有人能信心清静,以一掬水,施于佛僧,及以父母、困厄病人,以此功德,数千万劫,受福无穷。海水极多,不过一劫。推而言之,一掬之水,百千万倍,多于大海。"即以此言用答天神。

……天神又以一真檀木,方直正等,又复问言:"何者是头?"君臣智力,无能答者。臣又问父,父答言:"易知,掷著水中,根者必沉,尾者必举。"即以其言,用答天神。

天神又以二白䮪马,形色无异,而复问言:"谁母谁子?"君臣亦复无能答理者。复问其父,父答言:"以草令食,若是母者必推草与子。"

如是所问,悉皆答之。天神欢喜,大遗国王珍奇财宝,而语王言:"汝在国土,我当拥护,令诸外敌不能侵害。"

王闻是已,极大踊悦,而问臣言:"为是自知,有人教汝?赖汝才智,国土获安,即得珍宝,又许拥护,是汝之力。"臣答王言:"非臣之智慧。愿施无畏,乃敢俱陈。"王言:"设汝今有万死之罪,犹尚不问,况小罪过。"臣白王言:"国有制令,不听养老。臣有老父,不忍遗弃,冒犯王法,藏于地中。臣来应答,尽是父智慧,非臣之力。唯愿大王,一切国土,还听养老。"王即叹美,心生喜悦,奉养臣父,尊以为师。"济我国家一切人命,如此利益,非我所知。"即便宣令,普告天下,不听弃老,仰令孝养,其有不孝父母,不敬师长,当加大罪。

尔时父者,我身是也;尔时臣者,舍利弗是;尔时王者,阿阇王是;尔时天神,阿难是也。

南齐求那毗地译的《百喻经》收录寓言、譬喻故事98篇。如《三重楼喻》:

往昔之世,有富愚人,痴无所知。到余富家,见三重楼,高广严丽，轩敞疏朗，心生渴仰，即作是念："我有财钱，不减于彼，云何顷来而不造作如是之楼？"即唤木匠而问言曰："解作彼家端正舍不？"

木匠答言："是我所作。"

即便语言："今可为我造楼如彼。"

是时木匠即便经地垒墼作楼。

愚人见其垒墼作舍，犹怀疑惑，不能了知，而问之言："欲作何等？"

木匠答言："作三重屋。"

愚人复言："我不欲下二重之屋，先可为我作最上屋。"

木匠答言："无有是事！何有不作最下重屋，而得造彼第二之屋？不造第二，云何得造第三重屋？"

愚人固言："我今不用下二重屋，必可为我作最上者。"

时人闻已，便生怪笑，咸作此言："何有不造下第一屋而得上者！"

譬如世尊四辈弟子，不能精勤修敬三宝，懒惰懈怠，欲求道果，而作是言："我今不用余下三果，唯求得彼阿罗汉果。"亦为时人之所嗤笑，如彼愚者等无有异。

鸠摩罗什译有《大品般若》《法华经》和《维摩诘经》等，注重意译，译文畅达。如：

佛告阿难："汝行诣维摩诘问疾？"阿难白佛言："世尊，我不堪任诣彼问疾，所以者何？忆念昔时，世尊身小有疾，当用牛乳，我即持钵诣大婆罗门家门下立。时维摩诘来谓我言：'唯，阿难，何为晨朝持钵住此？'我言：'居士，世尊身小有疾，当用牛乳，故来至此。'维摩诘言：'止，止，阿难，莫作是语。如来身者，金刚之体，诸恶已断，众善普会，当有何疾？当有何恼？默往，阿难，勿谤如来。莫使异人闻此粗言。无令大威德诸天及他方净土诸来菩萨得闻斯语。阿难，转轮圣王以少福故，尚得无病，岂况如来无量福会，普胜者哉？行矣，阿难，勿使我等受斯耻也。外道梵志若闻此语，当作是念：何名为师，自疾不能救，而能救诸疾人？可密速去，勿使人闻。当知，阿难，诸如来身，即是法身，非思欲身。佛为世尊，过于三界。佛身无漏，诸漏已尽。佛身无为，不堕诸数。如此之身，当有何疾？当有何恼？'时我，世尊，实怀惭愧，得无近佛而谬听耶？即闻空中声曰：'阿难，如居士言，但为佛出五浊恶世，现行斯法，度脱众生。行矣，阿难。取乳勿惭！'世尊，维摩诘智慧辩才为若此也，是故不任诣彼问疾。"

上引经文中的对话问答大体反映了当时的白话。据陈秀兰《魏晋南北朝文与汉文佛典语言比较研究》一书考察，魏晋南北朝文与汉译佛经在使用新的语言成分方面存在着差异，汉译佛经使用新的语言成分多于魏晋南北朝文，汉译佛经比同期其他文献更具有口语性。如双音节总括副词，魏晋南北朝文有 37 个，使用了 305 次；汉译佛经有 57 个，使用了 2093 次。表示"燃烧"义，魏晋南北朝文使用了"焚烧、烧焚、烧燃"3 个双音词，汉译佛经使用了"燔烧、焚烧、然烧、烧燔、烧然、烧燃"6 个双音词，共出现了 185 次。表示"辱骂"义，魏晋南北朝文中用文言的"詈"9 次，用白话的"骂"13 次；汉译佛经都用"骂"，共用 189 次。① 由此可见当时语言使用中文白明显分化的实况。

佛教徒布道目的在于宣传教义，为了使人易于明白经义，又把经文敷演成用白话演唱的通俗唱本。六朝以下，律师宣律，禅师谈禅，都倾向白话的讲说，遂有唐五代时的变文和禅宗大师的白话语录。

四、魏晋南北朝的南北通语

魏晋南北朝时期汉语的南北方言不同。据颜之推《颜氏家训·音辞》说，其时"音韵锋出，各有土风，递相非笑，指马之谕，未知孰是。共以帝王都邑，参校方俗，考核古今，为之折衷。推而量之，独金陵与洛下耳。南方水土和柔，其音清举而切诣，失在浮浅，其辞多鄙俗。北方山川深厚，其音沉浊而鈋钝，得其质直，其辞多古语。然冠冕君子，南方为优；闾里小人，北方为愈。易服而与之谈，南方士庶，数言可辩；隔垣而听其语，北方朝野，终日难分。而南染吴越，北杂夷虏，皆有深弊，不可具论"。② 颜之推指出南北语音不同，南方士人用南方通语，庶民用方言口语，南方通语与口语有较大差异，北方朝野的口语则已趋于一致。如以帝王都邑参校方俗，可折衷为金陵与洛下南北两派。南北两派其源皆出自祖传的洛下读书音，③ 颇多一脉相承之处，

---

① 陈秀兰《魏晋南北朝文与汉文佛典语言比较研究》，新星出版社，2004 年。
② 王利器《颜氏家训集解》，中华书局，1993 年，第 529 页。
③ 宋寇准和丁谓"曾闲论及天下语音何处为正"，寇准说："唯西洛人得天下之下中。"丁谓说："不然，四远各有方言，唯读书人然后为正。"读书人与洛阳话之别类似于现在普通话与北京土话之别。(《耆旧续闻》卷七、《老学庵笔记》卷六、《说郛》卷五《选谈》)

只是"南染吴越，北杂夷虏"，而有分合的不同。据陆法言《切韵》自序说，其时"吴楚则时伤轻浅，燕赵则多涉重浊；秦陇则去声为入，梁益则平声似去；又支脂、鱼虞共为一韵，先仙、尤侯俱论是切。欲广文路，自可清浊皆通；若赏知音，即须轻重有异"。隋开皇初，颜之推、萧该、魏彦渊、薛道衡、刘臻、李若、卢思道、辛德源曾在陆法言家中于酒阑饭饱之余，乘兴讨论南北通语的不同，经过就其时通语读书音南北之异从分不从合的讨论，"向来论难，疑虑悉尽"，于是"我辈数人定则定矣"，讨论结果由陆法言"随口记之"，后陆法言又参酌南北韵书编定为《切韵》。可见魏晋南北朝时已有南北通语之分，处于由古音嬗变到今音的发展演变中。

　　魏晋南北朝时期南北在词汇上也有一些差别。如表示"寻找"这一词义，文言主要用"求""索"，表特定的"寻找"，文言用"搜"，大约从两汉之交起开始用"寻"，东汉开始用"觅"，到南北朝时期，"寻"和"觅"在口语中大概已经取代了"求"和"索"。据汪维辉《东汉——隋常用词演变研究》一书考证，"觅"在后汉失译的几部佛经中有用例，在三国吴支谦所译的几部佛经中常用，晋以后用例日趋增多，自晋至隋之间文献中的用例有 80 多个。这些用例绝大部分出现在南朝的民歌、小说、文人诗和史书中，而在北方文献中用得很少，表明了在南北朝时期表示"寻找"这一义位，在南方口语中以说"觅"为主，在北方则基本说"寻"，① 而文言词"求""索"在口语中看来是被淘汰了。② 又如北魏贾思勰《齐民要术·养羊》："若多者，日别渐渐涂之，勿顿涂令遍。"北魏杨衒之《洛阳伽蓝记·景林寺》："景阳山南有百果园，果别作林，林各有堂。"北齐魏收所撰《魏书·尔朱荣传》："自是之后，日觉滋盛，牛羊驼马，色别为群，谷量而已。"例中"别"有"每""每一"义，此义在北朝文献中用例甚多，如《魏书》中还有"家别""州别""人别""户别""部别""事别"等，《齐民要术》中还有"种别""区别""井别""树别""根别""年别"等，南方文献中则没有用例。③ 入矢义高《中国口语史的构想》说："从北魏、六朝早期到唐代一段时间内偶尔在文献中出现过一些奇妙的词汇：'年别''月别'。

---

①　敦煌变文和王梵志诗中说"觅"，《朱子语类》中多说"寻"。
②　汪维辉《东汉——隋常用词演变研究》，南京大学出版社，2000 年。
③　参董志翘《敦煌文书词语考释》，《敦煌研究》，1998 年第 1 期；阚绪良《齐民要术三则札记》，《中国农史》，2003 年第 4 期；李丽《魏书词汇研究》，南京师范大学博士学位论文，2006 年。

'年别'即每年的意思,还有'日别''人别''家别'等,《北齐书》和《齐民要术》中有很多带'别'字的用例。小川环树先生推测这或许是乌拉尔·阿尔泰语系的词汇掺杂在汉语中的痕迹。汉语中已经有'每年'这个正规的词,而'年别'这个词总觉得有点奇怪。"① 表"每""每一"义的"别"反映了北方"北杂夷虏"的口语。又如南朝宋沈约所撰《宋书·何承天传附谢元传》:"太尉江夏王义恭岁给资费钱三千万,布五万匹,米七万斛。义恭素奢侈,用常不充,二十一年,逆就尚书换明年资费,而旧制出钱二十万,布五百匹以上,并应奏闻,(谢)元辄命议以钱二百万给太尉。"又《索虏传》:"有司又奏军用不充,扬、南徐、兖、江四州富有之民,家资满五千万,僧尼满二千万者,并四分换一,过此率讨,事息即还。"例中"换"有"借贷"义,此义在南朝其他文献中也有用例。如《南齐书·明帝纪》:"逋租宿责,换负官物,在建武元年以前,悉原除。"《世说新语·雅量》:"后以其性俭家富,说太傅令换千万,冀其有吝,於此可乘。"例中"换"皆"借贷"义。此义在《魏书》和北朝文献中未见有用例。② 汪维辉曾以《齐民要术》与《周氏冥通记》为例,探讨了6世纪汉语词汇的南北差异,如"眠床""侬""伊""寻觅"等词基本上出现在南方的文献中,"伤""浑脱""寻手"等词基本上出现在北方的文献中。同时,他指出,表达同一个意思,南北使用不同的词。如表示"曾经"义的副词,文言通常用"尝",现代汉语用"曾"或"曾经",《齐民要术》多用"尝",《周氏冥通记》用"经"不用"曾","看来在陶弘景的口语中'尝'已趋于淘汰,只说'经'而不说'曾'"。又如表示"进入"义,文言用"入",现代口语用"进",《齐民要术》不用"进"用"入",《周氏冥通记》用"进"则多达7例。在梁初任昉《奏弹刘整》所录的诉状供词部分有四处讲到进屋,也都用"进"而不用"入",这也反映了当时南朝金陵一带口语在这种场合说"进"而不说"入"。大致而言,北方多用旧词,南方多用新词,正如颜之推《颜氏家训·音辞》所说,南方"其词多鄙俗",北

---

① 入矢义高《中国口语史的构想》,《汉语史学报》第4辑,上海教育出版社,2004年。
② 蔡镜浩《魏晋南北朝词语汇释》,江苏古籍出版社,1992年;王云路、方一新《中古汉语语词例释》,吉林教育出版社,1992年;余让尧《宋书词语札记》,《江西大学学报》,1993年第1期;李丽《魏书词汇研究》,南京师范大学博士学位论文,2006年。

方"其词多古语",反映出南北朝时期语言演变的大势。①

第四节　小结

　　文言在先秦口语的基础上形成后,白话作为跟文言相对的书面语则随着时代的发展而发展,跟一定时代的口语相接近。就汉语常用词而言,根据《汉语水平词汇等级大纲》(适用于对外汉语教学)确定的3051个常用词,其中1033个最常用词中有518个在秦至南北朝时已出现,2018个一般常用词中有859个在秦至南北朝时已出现,秦至南北朝出现的这些现代汉语传承沿用的常用词达45%。其中有不少都是不见于文言的白话词,如魏晋南北朝出现的"错误""困难""阿姨""背后"等248个现代汉语沿用的常用词都不见于文言。② 又如相传东汉服虔编的《通俗文》所载"撞出曰打""沉取曰捞""辛甚曰辣""鱼臭曰腥""物柔曰软""水浸曰渍""以水掩尘曰洒""惭耻谓之忸怩"和"张口运气谓之欠欱"等,其中"打""捞""辣""腥""软""渍""洒""忸怩"和"欠欱"等也都是当时出现的白话词。再如表示人体小腿的"腿"已有用例。如《肘后备急方》卷三《治风毒脚弱痹满上气方》:"《简要济众》治脚气连腿肿满久不差方。"卷四《治卒患腰肋痛诸方》:"或当风卧湿,为冷所中,不速治,流入腿膝,为偏枯。"因而,这一时期可以说是汉语书面语文白分道扬镳的起始期,其时佛教东传,为了宣传佛教教义,使目不识丁的平民百姓都能听得懂,汉译佛经舍弃典雅的文言文而采用跟当时口语十分接近的文白夹杂的白话语体。一些文人记录了民间的鬼怪传闻,其中人物的对话较多地反映了当时的口语,书信、诏令和诉状也多用口语直书,义疏注释则用今语释古语,亦即用白话释文言。这一时期复音词也渐占有优势,不少单音词往往已有双音词可以代替。如《尔雅·释诂》:"苞、芜、茂,丰也。"郭璞注:"苞丛、蘩芜,皆丰盛。"又如:"骛、务……强也。"郭璞注:"驰骛、事务,皆自勉强。"再如先秦时期所说"射而中之(《左传·成公十六年》)""攻而杀之(《左传·文公十六年》)",汉代说"射中(《史记·楚世家》)""攻杀(《史记·宋微子世家》)"等。汉语词汇系统文白演变的双音化引

---

　　①　汪维辉《六世纪汉语词汇的南北差异》,《中国语文》,2007年第2期。
　　②　曹炜、龚穗丰《试论现代汉语词汇的形成》,《语文建设通讯》,第76期,2003年。

发了句法结构关系的改变,在某种意义上也可以说,文白的演变反映了人的语言认知行为方式的改变,进而导致语法结构的改变。文言中的"袭而取之(《孟子·公孙丑上》)""谋而杀之(《国语·晋语五》)""击而杀之(《左传·襄公二十三年》)"等强调动作的时间系列,白话中的"袭取""谋杀""击杀"(《史记》《汉书》)等强调动作的结果与状态。

  先秦时期正在形成的还不固定的复音词组趋于凝固成词,产生出一大批复音新词。如《百喻经》中的复音词有名词:自然、智慧、技艺、知识、道路、过失、名利、钱财、饮食、滋味、语言、价值、功德、方法、事情、妇女、导师、面貌、衣服等;有动词:布施、忍受、逃避、流传、养育、担负、忏悔、推寻、颠倒、布置、疑惑、计算、迷失、产生、证明、保护等;有形容词:快乐、亲爱、端正、真实、庄严、严厉、明白、清凉、寂静、清静、恭敬等。这些反映当时口语的记载都是汉语白话露头的涓涓细流,汇合成汉语白话的源头。

第四章　白话的发展期

　　魏晋至南北朝的战乱造成的南北分裂对中国社会政治、经济和文化的发展产生了极其深刻的影响，语言也随之而有较大的变化。一方面，由于战乱，北方的士族纷纷南迁，带来了黄河流域的文明，也带来了北方的中原雅音，从而使中原雅音与江南各地的语音发生了一定的交融。此后的几百年间，由于南朝的政治相对来说比较稳定，江南的语音基本上循着各自方音的方向发展；另一方面，北方的语音却向着偏于"革新"的方向发展。这首先是连年战乱造成的兵祸、天灾、瘟疫和人口大迁移使黄河流域地区人口锐减，例如311年前赵刘曜攻占长安，其时幸存者不足百分之一二。① 这显然客观上使中原旧的音韵系统的同化力受到削弱，与此同时，流民群的迁移在不同程度上又加速了北方各地方言的交融；其次，由于北方人口剧减，为了补充人力，少数民族迁入与汉族杂居的人数越来越多，以至到了南北朝时，关中人口百余万，其中氐、羌、鲜卑等族竟占半数。② 虽然汉族高度的文明逐渐同化了这些民族，但在同化的过程中，由于这些少数民族人数众多，必然会带来其自身的语言特点，如同成年人学外语难免带有自己母语的一些成分，而为了交际的需要，北方当地的汉族人也必然会在语言的某些方面作些迁就和让步，如同我们与说不同语言的人交谈时，在语言上彼此都会包涵和容忍一些。由于这些原因，再加上南北的长期分裂，彼此缺少交流，使南北的语言有了明显的差别，尤其是在语音方面。如果说旧的书面语通语的语音系统曾为南北所共有，彼此相异处不多，那么调整后的语音系统自然会反映出南北方言在地域上的不同。

　　由于魏晋至南北朝的战乱造成的南北分裂和宋、辽、金时南北的又一次分裂，宋元时南北的语言已有明显的差别。吕叔湘在《汉语语法论文集》序中说："在语言发展的过程中起作用的不但有时间的因素，也

---

　　① 范文澜《中国通史简编》第二编，人民出版社，1965年，第317页。
　　② 范文澜《中国通史简编》第二编，人民出版社，1965年，第328页。

还有地域的因素。"① 北宋时期，中原的方言还是属于南方；现在的北方系官话的前身只是燕京一带的一个小区域的方言。② 到了金、元两代，人民大量迁徙，北方系官话才通行至大河南北，而南方系官话更向南引退。就宋元时北方的语音而言，一方面是整个北方地区方音的交融和接近，相互间的差异减少，从而为今天北方大方言区的形成奠定了基础；另一方面是各民族间的交融导致了中原原有的语音系统的调整，从而在原有语音系统的基础上产生了一个反映当时口语的新系统。

元代中原人的语音与《切韵》系统已有较大的不同，随着北曲创作的兴盛，需要有符合当时实际读音的用韵规则。周德清（1277—1365）所撰《中原音韵》就是应当时人们所需而编的一部反映当时北方实际语音的北音韵书，分两部分：前一部分是作为北曲押韵标准的韵谱，后一部分论北曲语言艺术的法则。韵谱分为十九部，大致上只要韵腹和韵尾相同就可归为同一韵部，同部的字都可押韵。每个韵部一般包括一个到四个不同的韵母。周德清认为，语言文字随着社会的发展而发展，研究语言文字要反映语言文字的实际演变，他批评自隋至宋的韵书只不过"年年依样画葫芦耳"，在自序中指出"欲作乐府，必正言语；欲正言语，必宗中原之音"，揭示了中古音的声调演变至元代形成"平分阴阳""入派三声"的规律。

元曲基本上属于白话文作品，与唐诗宋词依据《切韵》《广韵》和《礼部韵略》等韵书押韵不同，采用的是以元代中原通语为标准的北方口语音系。周德清在《中原音韵》后一部分《正语作词起例》中说："世之泥古非今、不达时变者众；呼吸之间，动引《广韵》为证，宁甘受鸠舌之诮而不悔，亦不思混一日久，四海同音，上自缙绅论治道及国语翻译国学教授言语，下至讼庭理民，莫非中原之音。"他意识到隋唐至元代语音的变化，依据关汉卿、郑光祖、白朴、马致远等元曲大家所用韵脚，归纳成一部作曲的韵谱，撰成了反映当时实际音读系统的《中原音韵》，分为十九部，在韵书史上开创了一个新的派别。其时，"混一日久，四海同音，上自缙绅讲论治道及国语翻译国学教授言语，下至讼

---

① 吕叔湘《汉语语法论文集》，商务印书馆，1999年。
② 吕叔湘《释景德传灯录中"在"、"著"二助词》："话本系白话大致可信其依据汴京与临安之口语，金、元系白话则其初殆限于燕京一带而渐次南伸。"（《汉语语法论文集》，科学出版社，1955年）

庭理民，莫非中原之音。"① 随着北曲的兴盛和流行，《中原音韵》自然而然地扩大了"中原之音"的影响，树立了"中原之音"的权威地位，顺应了汉语以北京音为标准音、以北方话为基础方言的历史发展趋势。

《中原音韵》以后，明代乐韶凤等以北音为基础编有《洪武正韵》，兰茂撰有《韵略易通》，毕拱宸撰有《韵略汇通》。兰茂根据当时语音的发展，把中古的"三十六字母"删定为二十个声母，用一首"早梅诗"来表示《韵略易通》的声母系统，这首诗是："东风破早梅，向暖一枝开。冰雪无人见，春从天上来。"诗中的每一个字代表了一个声母，与《中原音韵》的声母系统基本相合，也与现代北方话很相似。清代又有樊腾凤等的《五方元音》、沈乘麐的《曲韵骊珠》和李光地的《音韵阐微》等。《五方元音》记录了17世纪北京的语音系统。《音韵阐微》是奉康熙之命编的一部《切韵》系官韵，按"平水韵"排列，所注反切与现代汉语的语音已很接近。

随着语音系统的演变，汉语书面语也日趋直记其词，渐由文白夹杂到白话居多，有的则纯记口语，一大批词组凝固成词或介于词组和词的词汇化过程中，新产生的词中双音词占大多数，大都以原单音词为词根而构成，如"画匠、泥匠、都市、早市、夜市、花市、感谢、拜谢"等；也有以同义词做语素而构成，如"田地、根基、差错、利益、雷同、开张、容许、指挥、赞扬、计较、希奇、灿烂、寻求"等；还有一些加附加成分的复音词，汉语白话有了较大发展。

第一节 隋唐的白话

隋唐好似秦汉，汉承秦制，唐承隋制，隋代的时间短，隋唐主要是唐。这一时期是汉语古今演变的一个重要发展时期，敦煌曲子词、敦煌变文等基本采用口语体所写的文学作品渐为人们所接受。词汇上，新词新义大量出现，口语词汇逐渐进入书面语，形成与文言文相抗衡的古白话系统，文言与白话分流。语法上，一些新的语法形式取代了旧有的语法形式。语音上，已从"古音"嬗变到"今音"，上古音趋于湮没，渐形成了以《切韵》为代表的中古音系统。这一时期记载口语词较多的语料

---

① 见周德清《中原音韵》。周德清所说"中原之音"是唐宋以来中原共同语的延续和发展，反映了当时以中原通语为标准的北方口语音系。

主要有诗、曲子词、禅宗语录、变文等。

一、隋唐的白话诗词

隋唐诗词大多具有白话色彩，选词用语趋于口语化，陆游《老学庵笔记》说："今世所道俗语，多唐以来人诗。'何人更向死前休'，韩退之诗也；'林下何曾见一人'，灵澈诗也；'长安有贫者，为瑞不宜多'，罗隐诗也；'世乱奴欺主，年衰鬼弄人'、'海枯终见底，人死不知心'，杜荀鹤诗也；'事向无心得'，章碣诗也；'但有路可上，更高人也行'，龚霖诗也；'忍事敌灾星'，司空图诗也；'一朝权入手，看取令行时'，朱湾诗也；'自己情虽切，他人未肯忙'，裴说诗也；'但知行好事，莫要问前程'，冯道诗也；'在家贫亦好'，戎昱诗也。"① 唐诗中许多名篇不仅当时老妪能解，而且时至今日读来仍琅琅上口，明白如话。②

还有一些是缘事而作的民歌。如《炀帝幸江南时闻民歌》："我儿征辽东，饿死青山下。今我挽龙舟，又困隋堤道。方今天下饥，路粮无些小。前去三十程，此身安可保。"《鲁城民歌》："鲁地抑种稻，一概被水沫。年年索蟹夫，百姓不可活。"这首民歌记录了鲁地百姓对沧州刺史姜师度的怨恨。又如张议潮在寺观求学时抄写的《无名歌》："天下沸腾积年岁，米到千钱人失计。附椰（郭）种得二顷田，磨折不充十一税。今年苗稼看更弱，枌榆产业须抛却。不知天下有几人，只见波逃如雨脚。去去如同不系舟，随波逐水泛长流。漂泊已经千里外，谁人不带两乡愁。舞女庭前厌酒肉，不知百姓饿眠宿。君觅城外空墙匡，将军只是栽花竹。君看城外凄惶处，段段茅花如柳絮。海燕衔泥欲作巢，空堂无人却飞去。"《无名歌》描绘了一幅贫富悬殊、社会凋敝的凄楚景象。

这些民歌散载于典籍中。如《朝野佥载》卷二："前尹正义为都督公平，后（王）熊来替，百姓歌曰：'前得尹佛子，后得王癫獭。判事驴咬瓜，唤人牛嚼沫。见钱满面喜，无锡从头喝。尝逢饿夜叉，百姓不可活。'"歌词记录了泽州百姓对都督王熊昏庸贪鄙的嘲讽抨击。

宋马永易《实宾录》卷八载有《神鸡童》：

> 贾昌自言解鸟语音，明皇喜斗鸡，养数千于鸡坊。昌为五百小

---

① 陆游《老学庵笔记》卷四，中华书局，2005年。
② 胡适在《白话文学史》第十一章"唐初的白话诗"中指出唐初的白话诗有四种来源：一是民歌，二是打油诗，三是歌妓，四是宗教与哲理。（上海古籍出版社，1999年，第132—133页）

儿长，加以忠厚谨密，天子甚爱幸之，金帛日至其家。开元十三年，笼鸡三百，从封东岳。父忠死，归葬。雍州县官为葬丧车，乘传洛城道。十四年三月，衣斗鸡服会帝于温泉。时天下号为神鸡童。时人为之语曰："生儿不用识文字，斗鸡走马胜读书。贾家小儿年十三，昌盛荣华代不如。能令金距期胜负，白罗绣衫随软舆。父死长安千里外，差夫持道挽丧车。"

时人所语可谓快人快语，平白直率地嘲讽了热衷斗鸡的唐玄宗。

《旧唐书·承天皇帝倓传》载有《黄台瓜辞》："种瓜黄台下，瓜熟子离离。一摘使瓜好，再摘令瓜稀。三摘尚云可，四摘抱蔓归。"相传，武后图谋帝位，药死太子弘而立次子贤，贤忧惕而作。诗语直白如话而讽意深沉。

《景德传灯录》卷一六载因山民在衡山斩木烧山南岳玄泰上坐为之而作的《畲山谣》："畲山儿无所知，年年斫断青山嵋。就中最好衡岳色，杉松利斧摧贞枝。灵禽野鹤无因依，白云回避青烟飞。猿猱路绝岩崖出，芝朮失根茅草肥。年年斫罢仍栽锄，千秋终是难复初。又道今年种不多，来年更斫当阳坡。国家寿岳尚如此，不知此理如之何？"（51/330c）玄泰上坐所作亦平白如话。

敦煌遗书 S.5692 佚名《山僧歌》："问曰居山何似好，起将日高睡时早。山中软草以为衣，斋餐松柏随时饱。卧岩龛，石枕脑，一抱乱草为衣袄。面前若有狼藉生，一阵风来自扫了。独隐山，实畅道，更无诸事乱相挠。……只向岩前取性游，每看飞鸟作忙闹。"

S.4129《崔氏夫人训女文》："香车宝马竞争辉，少女堂中哭正悲。吾今劝女不须哭，三日拜堂还得归。教汝前头行妇礼，但依吾语莫相违。""路上逢人须敛手，尊卑回避莫汤前。外言莫向家中说，家语莫向外人传。""若能一一依吾语，何得公婆不爱怜。故留此法相教示，千秋万古共流传。"

《山僧歌》和《训女文》皆如话家常，浅显通俗。

有一些信手信口即兴创作、反映人情世态的诗也颇具白话色彩。如北京图书馆藏敦煌遗书宿 99 中载有抄写卷子的抄手题诗："写书今日了，因何不送钱？谁家无赖汉，迥面不相看。"S.692《学仕郎安友盛诗》："今日写书了，合有五升麦。高贷不可得，还是自身灾。"P.4701："法师寻常大模样，今日小座屈不上。外边似个偻㑩人，莫是怀中没伎量（俩）。"P.2621："写书不饮酒，恒日笔头干。且作随疑（宜）过，即与后人看。"P.3305《论语序》下题："今朝梦会会（愦愤），更将愁来对。靠酒沽五升，送愁千里外。学生李文段书卷。"又如《太平广记》卷四九三《裴玄智》记载监守自盗的盗贼盗走宝藏留下的题壁诗："放羊狼领下，置骨狗前头。自非阿罗汉，安能免得偷！"① 再如五代王定保《唐摭言》卷七《起自寒苦》载："王播少孤贫，常客扬州惠昭寺木兰院，随僧斋飡。诸僧厌怠，播至，已饭矣。后二纪，播自重位出镇是邦。因访旧游，向之题已皆碧纱幕其上。播继以二绝句曰：'二十年前此院游，木兰花发院新修。而今再到经行处，树老无花僧白头。''上堂已了各西东，惭愧阇黎饭后钟。二十年来尘扑面，如今始得碧纱笼。'"宰相王播通显前后的僧院题诗直抒心意，平白而又深刻地反映了世态的炎凉。

据《五代诗话》载，晚唐卢延逊写诗多用口语。如："狐冲官道过，犬刺客门开"，"饿猫临鼠穴，馋犬舐鱼砧"，"栗爆烧毡破，猫跳触鼎翻"。他用所写的白话诗来投谒公卿，得到公卿的赏识，中第后曾与同科进士被请到宫中参加御宴，每人吃了一枚红绫饼餤。年老时他还写诗说："莫欺零落残牙齿，曾吃红绫饼餤来。"②

唐代的《竹枝词》也是民歌，本出于巴渝。贞元中，刘禹锡在沅湘，以俚歌鄙陋，乃依《楚辞·九歌》，作《竹枝词》九首，教里中小儿歌之，流行于贞元、元和之间。如：

　　白帝城头春草生，白盐山下蜀江清。南人上来歌一曲，北人莫上动乡情。

　　山桃红花满上头，蜀江春水拍山流。花红易衰似郎意，水流无限似侬愁。

　　瞿塘嘈嘈十二滩，此中道路古来难。长恨人心不如水，等闲平地起波澜。

---

① 《太平广记》卷四九三《裴玄智》："武德中，有沙门信义，习禅，以三阶为业，于化度寺置无尽藏。贞观之后，舍施钱帛金玉，积聚不可胜计。常使此僧监当。分为三分，一分供养天下伽蓝增修之备，一分以施天下饥馁悲田之苦，一分以充供养无碍。士女礼忏阗咽，施舍争次不得，更有连车载钱绢，舍而弃去，不知姓名。贞观中，有裴玄智者，戒行精勤，入寺洒扫。积十数年，寺内徒众，以其行无玷缺，使守此藏。后密盗黄金，前后所取，略不知数，寺众莫之觉也。因僧使去，遂便不还。惊疑所以，观其寝处，题诗云：'放羊狼领下，置骨狗前头。自非阿罗汉，安能免得偷！'更不知所之（出《辨疑志》）。"

② 王士禛《五代诗话》卷四，人民文学出版社，1989年。

巫峡苍苍烟雨时，清猿啼在最高枝。个里愁人肠自断，由来不是此声悲。

　　城西门前滟滪堆，年年波浪不能摧。懊恼人心不如石，少时东去复西来。

　　杨柳青青江水平，闻郎江上唱歌声。东边日出西边雨，道是无晴却有晴。

又如白居易所作《竹枝词》：

　　楚水巴山江雨多，巴人能唱本乡歌。今朝北客思归去，回入纥那披绿罗。

　　瞿塘峡口冷烟低，白帝城头月向西。唱到竹枝声咽处，寒猿晴鸟一时啼。

　　竹枝苦怨怨何人，夜静山空歇又闻。蛮儿巴女齐声唱，愁杀江楼病使君。

　　江畔谁人唱竹枝，前声断咽后声迟。怪来调苦缘词苦，多是通州司马诗。

唐代是诗的黄金时代。胡适《佛教的翻译文学》说，盛唐的诗所以特别发展的关键在乐府歌辞。"第一步是诗人仿作乐府。第二步是诗人沿用乐府古题而自作新辞，但不拘原意，也不拘原声调。第二步是诗人用古乐府民歌的精神来创作新乐府。在这三步之中，乐府民歌的风趣与文体不知不觉地浸润了，影响了，改变了诗体的各方面，遂使这个时代的诗在文学史上放一大异彩。"这个时代产生的文学"多解放的，自然的文学"，① 语体上也多具有白话的色彩。

如王勃《九日》：

　　九日重阳节，开门有菊花。不知来送酒，若个是陶家。②

王绩《过酒家》：

　　此日长昏饮，非关养性灵。眼看人尽醉，何忍独为醒。对酒但知饮，逢人莫强牵。倚炉便得睡，横瓮足堪眠。

---

① 胡适《白话文学史》第十章，上海古籍出版社，1999年，第158页、160页。
② 诗中"若个"是当时口语，意为"哪个"，既可指人，也可泛指。

常建《三日寻李九庄》：

> 故人家在桃花岸，直到门前溪水流。

高适《除夜作》：

> 故乡今夜思千里，愁鬓明朝又一年。

司空曙《江村即事》：

> 纵然一夜风吹去，只在芦花浅水边。

高适《行路难》：

> 君不见富家翁，旧时贫贱谁比数。一朝金多结豪贵，万事胜人健如虎。子孙成长满眼前，妻能管弦妾能舞。自矜一朝忽如此，却笑傍人独愁苦。东邻少年安所如，席门穷巷出无车。有才不肯学干谒，何用年年空读书。①

张打油《雪》：

> 江山一笼统，井上黑窟窿。黄狗身上白，白狗身上肿。②

权龙褒《喜雨》：

> 暗去也没雨，明来也没云？日头赫赤出，地上绿氤氲。

杨鸾《即事》：

> 白日苍蝇满饭盘，夜来蚊子又成团。每到更深人静后，定来头上咬杨鸾。

李白《有所思》：

> 我思仙人，乃在碧海之东隅。海寒多天风，白波连山倒蓬壶。长鲸喷涌不可涉，抚心茫茫泪如珠。西来青鸟东飞去，愿寄一书谢麻姑。

李白《长干行》：

> 妾发初覆额，折花门前剧。郎骑竹马来，绕床弄青梅。同居长

---

① 高适承汉乐府口语化的特点，所作诗多用口语白话。如"穷达自有时，夫子莫下泪"，"莫愁前路无知己，天下谁人不识君"，"君不见沙场征战苦，至今犹忆李将军"，皆平白如话。参见孟昭连《唐诗的口语化倾向》，《徐州工程学院学报》，2012年第6期。

② 载《杨慎诗话》，《明诗话全编》，江苏古籍出版社，1997年。

干里，两小无嫌猜。十四为君妇，羞颜尚不开。低头向暗壁，千唤不一回。十五始展眉，愿同尘与灰。常存抱柱信，岂上望夫台。十六君远行，瞿塘滟滪堆。五月不可触，猿鸣天上哀。门前迟行迹，一一生绿苔。苔深不能扫，落叶秋风早。八月蝴蝶来，双飞西园草。感此伤妾心，坐愁红颜老。早晚下三巴，预将书报家。相迎不道远，直至长风沙。①

杜甫《江南逢李龟年》：

　　正是江南好风景，落花时节又逢君。

杜甫《饮中八仙歌》：

　　知章骑马似乘船，眼花落井水底眠。汝阳三斗始朝天，道逢麹车口流涎，恨不移封向酒泉。左相日兴费万钱，饮如长鲸吸百川，衔杯乐圣称世贤。宗之潇洒美少年，举觞白眼望青天，皎如玉树临风前。苏晋长斋绣佛前，醉中往往爱逃禅。李白一斗诗百篇，长安市上酒家眠。天子呼来不上船，自称臣是酒中仙。张旭三杯草圣传，脱帽露顶王公前，挥毫落纸如云烟。焦遂五斗方卓然，高谈雄辩惊四筵。

白居易《遇微之于峡中，停舟夷陵七言十七韵以赠》：

　　未死会应相见在，又知何地复何年。

这些诗句读来好似说话，通俗达意。

有些诗读来就好似在话家常，如杜甫《示从孙济》：

　　平明跨驴出，未知适谁门。权门多噂沓，且复寻诸孙。诸孙贫无事，宅舍如荒村。堂前自生竹，堂后自生萱。萱草秋已死，竹枝霜不蕃。淘米少汲水，汲多井水浑。刈葵莫放手，放手伤葵根。阿翁懒惰久，觉儿行步奔。所来为宗族，亦不为盘飧。小人利口实，薄俗难可论。勿受外嫌猜，同姓古所敦。

---

① 李白作诗往往酒后抒情，读者多是下层百姓，自然要用这些人听得懂的白话。诸如"天生我材必有用，千金散尽还复来。烹羊宰牛且为乐，会须一饮三百杯"，或者"长相思，在长安""长相思，摧心肝"，无论是悲壮的《将进酒》，还是美艳的《长相思》，无论是飘逸的《怀仙歌》，还是沉痛的《战城南》，无不都是近乎脱口而出的口语，具有明白晓畅和通俗易懂的特点。参见孟昭连《唐诗的口语化倾向》，《徐州工程学院学报》，2012年第6期。

顾况《田家》：

　　带水摘禾穗，夜捣具晨炊。县帖取社长，嗔怪见官迟。

顾况《酬柳相公》：

　　天下如今已太平，相公何事唤狂生。个身恰似笼中鹤，东望沧溟叫数声。

顾况《杜秀才画立走水牛歌》：

　　昆仑儿，骑白象，时时锁著狮子项。奚奴跨马不搭鞍，立走水牛惊汉官。江村小儿好跨骋，脚踏牛头上牛领。浅草平田擦过时，大虫著钝几落井。杜生知我恋沧洲，画作一张障床头。八十老婆拍手妒笑，妒他织女嫁牵牛。

张籍《野老歌》：

　　老农家贫在山住，耕种山田三四亩。苗疏税多不得食，输入官仓化为土。岁暮锄犁傍空室，呼儿登山收橡实。西江贾客珠百斛，船中养犬长食肉。

卢仝《寄男抱孙》：

　　别来三得书，书道违离久。书处甚粗杀，且喜见汝手。殷十七又报，汝文颇新有。别来才经年，囊盎未合斗。当是汝母贤，日夕加训诱。《尚书》当毕功，《礼记》速须剖。喽啰儿读书，何异摧枯朽。寻义低作声，便可养年寿。莫学村学生，粗气强叫吼。下学偷功夫，新宅锄藜莠。乘凉劝奴婢，园里耨葱韭。远篱编榆棘，近眼栽桃柳。引水灌竹中，蒲池种莲藕。捞漉蛙蟆脚，莫遣生科斗。竹林吾最惜，新笋好看守。万箨苞龙儿，攒迸溢林薮。吾眼恨不见，心肠痛如搊。宅钱都未还，债利日日厚。箨龙正称冤，莫杀入汝口。丁宁嘱托汝，汝活箨龙不？殷十七老儒，是汝父师友。传读有疑误，辄告谘问取。两手莫破拳，一吻莫饮酒。莫学捕鸠鸽，莫学打鸡狗。小时无大伤，习性防已后。顽发苦恼人，汝母必不受。任汝恼弟妹，任汝恼姨舅。姨舅非吾亲，弟妹多老丑。莫恼添丁郎，泪子作面垢。莫引添丁郎，赫赤日里走。添丁郎小小，别吾来久久。脯脯不得吃，兄兄莫捻搜。他日吾归来，家人若弹纠。一百放一下，打汝九十九。

韩愈《寄卢仝》：

　　玉川先生洛城里，破屋数间而已矣。一奴长须不裹头，一婢赤脚老无齿。辛勤奉养十余人，上有慈亲下妻子。先生结发憎俗徒，闭门不出动一纪。至今邻僧乞米送，仆忝县尹能不耻。俸钱供给公私余，时致薄少助祭祀。劝参留守谒大尹，言语才及辄掩耳。水北山人得名声，去年去作幕下士。水南山人又继往，鞍马仆从塞闾里。少室山人索价高，两以谏官征不起。彼皆刺口论世事，有力未免遭驱使。先生事业不可量，惟用法律自绳已。《春秋》三传束高阁，独抱遗经究终始。往年弄笔嘲同异，怪辞惊众谤不已。近来自说寻坦途。犹上虚空跨绿騑。去年生儿名添丁，意令与国充耘耔。国家丁口连四海，岂无农夫亲未耜。先生抱才终大用，宰相未许终不仕。假如不在陈力列，立言垂范亦足恃。苗裔当蒙十世宥，岂谓贻厥无基阯。故知忠孝生天性，洁身乱伦定足拟。昨晚长须来下状：隔墙恶少恶难似。每骑屋山下窥阚，浑舍惊怕走折趾。凭依婚媾欺官吏，不信令行能禁止。先生受屈未曾语，忽此来告良有以。嗟我身为赤县令，操权不用欲何俟？立召贼曹呼伍伯，尽取鼠辈尸诸市。先生又遣长须来：如此处置非所喜。况又时当长养节，都邑未可猛政理。先生固是余所畏，度量不敢窥涯涘。放纵是谁之过欤？效尤戮仆愧前史。买羊沽酒谢不敏，偶逢明月曜桃李。先生有意许降临，更遣长须致双鲤。

韩愈《赠刘师服》：

羡君齿牙牢且洁，大肉硬饼如刀截。我今呀豁落者多，所存十余皆兀臲。匙抄烂饭稳送之，合口软嚼如牛呞。妻儿恐我生怅望，盘中不饤栗与梨。只今年才四十五，后日悬知渐莽卤。朱颜皓颈讶莫亲，此外诸余谁更数。忆昔太公仕进初，口含两齿无赢余。虞翻十三比岂少，遂自愧恨形于书。丈夫命存百无害，谁能点检形骸外。巨缗东钓倘可期，与子共饱鲸鱼脍。

孟郊《织妇辞》：

夫是田中郎，妾是田中女。当年嫁得君，为君秉机杼。筋力日已疲，不息窗下机。如何织纨素，自着蓝缕衣。官家榜村路，更索栽桑树。

胡曾《乌江》：

争帝图王势已倾，八千兵散楚歌声。乌江不是无船渡，耻向东吴再起兵。

《李陵台》：

　　北入单于万里疆，五千兵败滞穷荒。英雄不伏蛮夷死，更筑高台望故乡。

罗隐《自遣》：

　　得即高歌失即休，多愁多恨亦悠悠。今朝有酒今朝醉，明日愁来明日愁。

《蜂》：

　　不论平地与山尖，无限风光尽被占。采得百花成蜜后，为谁辛苦为谁甜？

《水边偶题》：

　　野水无情去不回，水边花好为谁开。只知事逐眼前去，不觉老从头上来。穷似丘轲休叹息，达如周召亦尘埃。思量此理何人会，蒙邑先生最有才。

杜荀鹤《秋宿临江驿》：

　　南来北去二三年，年去年来两鬓斑。举世尽从愁里老，谁人肯向死前闲。渔舟火影寒归浦，驿路铃声夜过山。身事未成归未得，听猿鞭马入长关。

《晚春寄同年张曙先辈》：

　　莫将时态破天真，只合高歌醉过春。易落好花三个月，难留浮世百年身。无金润屋浑闲事，有酒扶头是了人。恩地未酬闲未得，一回醒话一沾巾。

正是这种好似说话的语体形成了唐诗中许多至今脍炙人口的名篇，如王之涣《出塞》：

　　黄河直上白云间，一片孤城万仞山。羌笛何须怨杨柳，春风不度玉门关。

王昌龄《出塞》：

　　秦时明月汉时关，万里长征人未还。但使龙城飞将在，不教胡马度阴山。

岑参《走马川行》：

　　君不见走马川行雪海边，平沙莽莽黄入天。轮台九月风夜吼，一川碎石大如斗，随风满地石乱走。匈奴草黄马正肥，金山西见烟尘飞，汉家大将西出师。将军金甲夜不脱，半夜军行戈相拨，风头如刀面如割。马毛带雪汗气蒸，五花连钱旋作冰，幕中草檄砚水凝。

王维《渭城曲》：

　　渭城朝雨浥轻尘，客舍青青柳色新。劝君更尽一杯酒，西出阳关无故人。

王维《九月九日忆山东兄弟》：

　　独在异乡为异客，每逢佳节倍思亲。遥知兄弟登高处，遍插茱萸少一人。

孟浩然《过故人庄》：

　　故人具鸡黍，邀我至田家。绿树村边合，青山郭外斜。开轩面场圃，把酒话桑麻。待到重阳日，还来就菊花。

贺知章《咏柳》：

　　碧玉妆成一树高，万条垂下绿丝绦。不知细叶谁裁出，二月春风似剪刀。

贺知章《回乡偶书》二首：

　　少小离乡老大回，乡音无改鬓毛衰。儿童相见不相识，笑问客从何处来。

　　离别家乡岁月多，近来人事半消磨。惟有门前镜湖水，春风不改旧时波。

李白《静夜思》：

　　床前明月光，疑是地上霜。举头望明月，低头思故乡。

李白《早发白帝城》：

　　朝辞白帝彩云间，千里江陵一日还。两岸猿声啼不住，轻舟已过万重山。

李白《赠汪伦》：

　　李白乘舟将欲行，忽闻岸上踏歌声。桃花潭水深千尺，不及汪伦送我情。

李白《月下独酌》：

　　花间一壶酒，独酌无相亲。举杯邀明月，对影成三人。月既不解饮，影徒随我身。暂伴月将影，行乐须及春。我歌月徘徊，我舞影零乱。醒时同交欢，醉后各分散。永结无情游，相期邈云汉。

李白《蜀道难》：

　　噫吁嚱，危乎高哉！蜀道之难，难于上青天。蚕丛及鱼凫，开国何茫然。尔来四万八千岁，乃与秦塞通人烟。西当太白有鸟道，可以横绝峨眉巅。地崩山摧壮士死，然后天梯石栈方钩连。上有六龙回日之高标，下有冲波逆折之回川。黄鹤之飞尚不得过，猿猱欲度愁攀缘。青泥何盘盘，百步九折萦岩峦。扪参历井仰胁息，以手抚膺坐长叹。问君西游何时还，畏途巉岩不可攀。但见悲鸟号枯木，雄飞呼雌绕林间。又闻子规啼夜月，愁空山。蜀道之难，难于上青天，使人听此凋朱颜。连峰去天不盈尺，枯松倒挂倚绝壁。飞湍瀑流相喧豗，砯崖转石万壑雷。其险也若此，嗟尔远道之人胡为乎来哉！剑阁峥嵘而崔嵬，一夫当关，万夫莫开。所守或匪亲，化为狼与豺。朝避猛虎，夕避长蛇，磨牙吮血，杀人如麻。锦城虽云乐，不如早还家。蜀道之难，难于上青天，侧身西望长咨嗟。

杜甫《登高》：

　　风急天高猿啸哀，渚清沙白鸟飞回。无边落木萧萧下，不尽长江滚滚来。万里悲秋常作客，百年多病独登台。艰难苦恨繁霜鬓，潦倒新停浊酒杯。

杜甫《茅屋为秋风所破歌》：

　　八月秋高风怒号，卷我屋上三重茅。茅飞度江洒江郊，高者挂罥长林梢，下者飘转沉塘坳。南村群童欺我老无力，忍能对面为盗贼，公然抱茅入竹去。唇焦口燥呼不得，归来倚杖自叹息。俄顷风定云墨色，秋天漠漠向昏黑。布衾多年冷似铁，骄儿恶卧踏里裂。床头屋漏无干处，雨脚如麻未断绝。自经丧乱少睡眠，长夜沾湿何由彻。安得广厦千万间，大庇天下寒士俱欢颜，风雨不动安如山。

呜呼！何时眼前突兀见此屋，吾庐独破受冻死亦足。

杜甫《闻官军收河南河北》：

  剑外忽传收蓟北，初闻涕泪满衣裳。却看妻子愁何在，漫卷诗书喜欲狂。白日放歌须纵酒，青春作伴好还乡。即从巴峡穿巫峡，便下襄阳向洛阳。①

杜牧《泊秦淮》：

  烟笼寒水月笼沙，夜泊秦淮近酒家。商女不知亡国恨，隔江犹唱后庭花。

杜牧《山行》：

  远上寒山石径斜，白云生处有人家。停车坐爱枫林晚，霜叶红于二月花。

李商隐《夜雨寄北》：

  君问归期未有期，巴山夜雨涨秋池。何当共剪西窗烛，却话巴山夜雨时。

李商隐《无题》：

  相见时难别亦难，东风无力百花残。春蚕到死丝方尽，蜡炬成灰泪始干。晓镜但愁云鬓改，夜吟应觉月光寒。蓬山此去无多路，青鸟殷勤为探看。

崔护《题都城南庄》：

  去年今日此门中，人面桃花相映红。人面不知何处去？桃花依旧笑春风。

这些诗多用口头语记眼前景来抒情写意。唐诗中一些写实的名篇表现的是"实在的人生：民间的实在痛苦，社会的实在问题，国家的实在状况，人生的实在希望与恐惧"，而要"表现一个新时代的实在的生活"，② 当然就要用实在的口语实在的白话来写，也只有用直白的白话

---

① 孟昭连《唐诗的口语化倾向》指出："杜诗所用的词汇几乎全为口语词，而且又喜欢引用里谚，这是杜诗'晓然易见'的根本原因。"（《徐州工程学院学报》，2012年第6期）

② 胡适《白话文学史》第十四章，上海古籍出版社，1999年，第186页。

才能真实直率地表达实在的内容和感情。如文学史上称为诗圣的杜甫写的《兵车行》：

> 车辚辚，马萧萧，行人弓箭各在腰。耶娘妻子走相送，尘埃不见咸阳桥。牵衣顿足拦道哭，哭声直上干云霄。道旁过者问行人，行人但云点行频。或从十五北防河，便至四十西营田。去时里正与裹头，归来头白还戍边。边庭流血成海水，武皇开边意未已。君不闻汉家山东二百州，千村万落生荆杞。纵有健妇把锄犁，禾生陇亩无东西。况复秦兵耐苦战，被驱不异犬与鸡。长者虽有问，役夫敢申恨。且如今年冬，未休关西卒。县官急索租，租税从何出。信知生男恶，反是生女好。生女犹得嫁比邻，生男埋没随百草。君不见青海头，古来白骨无人收。新鬼烦冤旧鬼哭，天阴雨湿声啾啾。

借汉武来说当时事，全用白话，不假雕饰，真实地反映了统治者穷兵黩武给人民带来的痛苦。

又如杜甫的《自京赴奉先县咏怀五百字》：

> 杜陵有布衣，老大意转拙。许身一何愚，窃比稷与契。居然成濩落，白首甘契阔。盖棺事则已，此志常觊豁。穷年忧黎元，叹息肠内热。取笑同学翁，浩歌弥激烈。非无江海志，潇洒送日月。生逢尧舜君，不忍便永诀。当今廊庙具，构厦岂云缺。葵藿倾太阳，物性固莫夺。顾惟蝼蚁辈，但自求其穴。胡为慕大鲸，辄拟偃溟渤？以兹悟生理，独耻事干谒。兀兀遂至今，忍为尘埃没。终愧巢与由，未能易其节。沈饮聊自适，放歌破愁绝。岁暮百草零，疾风高冈裂。天衢阴峥嵘，客子中夜发。霜严衣带断，指直不得结。凌晨过骊山，御榻在嵽嵲。蚩尤塞寒空，蹴蹋崖谷滑。瑶池气郁律，羽林相摩戛。君臣留欢娱，乐动殷胶葛。赐浴皆长缨，与宴非短褐。彤庭所分帛，本自寒女出。鞭挞其夫家，聚敛贡城阙。圣人筐篚恩，实欲邦国活。臣如忽至理，君岂弃此物。多士盈朝廷，仁者宜战栗。况闻内金盘，尽在卫霍室。中堂舞神仙，烟雾蒙玉质。暖客貂鼠裘，悲管逐清瑟。劝客驼蹄羹，霜橙压香橘。朱门酒肉臭，路有冻死骨。荣枯咫尺异，惆怅难再述。北辕就泾渭，官渡又改辙。群冰从西下，极目高崒兀。疑是崆峒来，恐触天柱折。河梁幸未坼，枝撑声窸窣。行旅相攀援，川广不可越。老妻寄异县，十口隔风雪。谁能久不顾？庶往共饥渴。入门闻号咷，幼子饥已卒。吾宁舍一哀，里巷亦呜咽。所愧为人父，无食致夭折。岂知秋未登，

贫窭有仓卒。生常免租税，名不隶征伐。抚迹犹酸辛，平人固骚屑。默思失业徒，因念远戍卒。忧端齐终南，澒洞不可掇。

这首诗长达五百字，字字拙朴，句句平实，沉郁顿挫，实实在在写出了当时真实的社会生活，于实在中见真情，不愧为文学中的史诗，也是白话史中的史诗。杜甫的《三吏》和《三别》也是如同说话的史诗，实实在在写出了当时真实的社会生活。如《石壕吏》：

暮投石壕村，有吏夜捉人。老翁逾墙走，老妇出门看。吏呼一何怒，妇啼一何苦。听妇前致词，三男邺城戍。一男附书至，二男新战死。存者且偷生，死者长已矣。室中更无人，惟有乳下孙。有孙母未去，出入无完裙。老妪力虽衰，请从吏夜归。急应河阳役，犹得备晨炊。夜久语声绝，如闻泣幽咽。天明登前途，独与老翁别。

老妇的哭诉直白地点明了兵祸的惨酷，平实而撼人心灵。这些直陈时事的诗篇用白话语体直率真切地表露民情民意，反映了一个时代人们实实在在的需求和感受，在某种程度上也体现了文言向白话演变的大趋势。人们要说自己想要表白的话，最方便直捷的当然是白话。这是文白演变的民意基础和大势所趋。

受杜甫影响，中唐时元稹和白居易发起倡导新乐府运动，提倡歌诗为君、为臣、为民、为物、为事而作，不为文而作，较多地反映了民间的疾苦，所作《新乐府》更接近口语，"禁省、观寺、邮候、墙壁之上无不书，王公、妾妇、牛童、马走之口无不道"。① 这些诗写"眼前景"而记"口头语"，② 本属"歌诗合为事而作"，"往往在人口中"，③ "其辞直而径，欲见之者易喻也；其言直而切，欲闻之者深诫也；其事核而实，欲采之者传信也；其体顺而肆，可以播于乐章歌曲也"。如元稹《田家词》：

牛吒吒，田确确。旱块敲牛蹄趵趵，种得官仓珠颗谷。六十年来兵蔟蔟，月月食粮车辘辘。一日官军收海服，驱牛驾车食牛肉。归来攸得牛两角，重铸锄犁作斤劚。姑舂妇担去输官，输官不足归

---

① 元稹《白氏长庆集序》。白居易《与元九书》说自己的诗"凡乡校、佛寺、逆旅、行舟之中，往往有题仆诗者；士庶、僧徒、孀妇、处女之口，每每有咏仆诗者"。

② 赵翼《瓯北诗话》卷四："元、白尚坦易，务言人所共欲言"，"坦易者多触景生情，因事起意，眼前景，口头语，自能沁人心脾，耐人咀嚼"。（人民文学出版社，1963年）

③ 白居易《与元九书》。

卖屋，愿官早胜雠早覆。农死有儿牛有犊，誓不遣官军粮不足。

白居易《新丰折臂翁——戒边功也》：

新丰老翁八十八，头鬓眉须皆似雪。玄孙扶向店前行，左臂凭肩右臂折。问翁臂折来几年，兼问致折何因缘。翁云贯属新丰县，生逢圣代无征战。惯听梨园歌管声，不识旗枪与弓箭。无何天宝大征兵，户有三丁点一丁。点得驱将何处去，五月万里云南行。闻道云南有泸水，椒花落时瘴烟起。大军徒涉水如汤，未过十人二三死。村南村北哭声哀，儿别爷娘夫别妻。皆云前后征蛮者，千万人行无一回。是时翁年二十四，兵部牒中有名字。夜深不敢使人知，偷将大石捶折臂。张弓簸旗俱不堪，从兹始免征云南。骨碎筋伤非不苦，且图拣退归乡土。此臂折来六十年，一肢虽废一身全。至今风雨阴寒夜，直到天明痛不眠。痛不眠，终不悔，且喜老身今独在。不然当时泸水头，身死魂孤骨不收。应作云南望乡鬼，万人冢上哭呦呦。老人言，君听取。君不闻开元宰相宋开府，不赏边功防黩武。又不闻天宝宰相杨国忠，欲求恩幸立边功。边功未立生人怨，请问新丰折臂翁。

白居易《时世妆——儆戎也》：

时世妆，时世妆，出自城中传四方。时世流行无远近，腮不施朱面无粉。乌膏注唇唇似泥，双眉画作八字低。妍媸黑白失本态，妆成尽似含悲啼。圆鬟无鬓堆髻样，斜红不晕赭面状。昔闻被发伊川中，辛有见之知有戎。元和妆梳君记取，髻堆面赭非华风。

白居易《缚戎人——达穷民之情也》：

缚戎人，缚戎人，耳穿面破驱入秦。天子矜怜不忍杀，诏徙东南吴与越。黄衣小使录姓名，领出长安乘递行。身被金创面多瘠，扶病徒行日一驿。朝餐饥渴费杯盘，夜卧腥臊污床席。忽逢江水忆交河，垂手齐声呜咽歌。其中一虏语诸虏："尔苦非多我苦多！"同伴行人因借问，欲说喉中气愤愤。自云乡管本凉原，大历年中没落蕃。一落蕃中四十载，身着皮裘系毛带。唯许正朔服汉仪，敛衣整巾潜泪垂。誓心密定归乡计，不使蕃中妻子知。暗思幸有残筋力，更恐年衰归不得。蕃候严兵鸟不飞，脱身冒死奔逃归。昼伏宵行经大漠，云阴月黑风沙恶。惊藏青冢寒草疏，偷渡黄河夜冰薄。忽闻汉军鼙鼓声，路旁走出再拜迎。游骑不听能汉语，将军遂缚作蕃生。配向东南卑湿地，定无存恤空防备。念此吞声仰诉天，若为辛苦度残年。凉原乡井不得见，胡地妻儿虚弃捐。没蕃被囚思汉土，归汉被劫为蕃虏。早知如此悔归来，两地宁如一处苦。缚戎人，戎人之中我苦辛。自古此冤应未有，汉心汉语吐蕃身。

白居易《上阳白发人——愍怨旷也》：

> 上阳人，红颜暗老白发新。绿衣监使守宫门，一闭上阳多少春。玄宗末岁初选入，入时十六今六十。同时采择百余人，零落年深残此身。忆昔吞悲别亲族，扶入车中不教哭。皆云入内便承恩，脸似芙蓉胸似玉。未容君王得见面，已被杨妃遥侧目。妒令潜配上阳宫，一生遂向空房宿。宿空房，秋夜长，夜长无寐天不明。耿耿残灯背壁影，萧萧暗雨打窗声。春日迟，日迟独坐天难暮。宫莺百啭愁厌闻，梁燕双栖老休妒。莺归燕去长悄然，春往秋来不记年。唯向深宫望明月，东西四五百回圆。今日宫中年最老，大家遥赐尚书号。小头鞋履窄衣裳，青黛点眉眉细长。外人不见见应笑，天宝末年时世妆。上阳人，苦最多。少亦苦，老亦苦，少苦老苦两如何！君不见昔时吕向《美人赋》，又不见今日《上阳白发歌》。

一些叙事诗也多用白话，通俗易懂。如白居易《长恨歌》：

> 汉皇重色思倾国，御宇多年求不得。杨家有女初长成，养在深闺人未识。天生丽质难自弃，一朝选在君王侧。回眸一笑百媚生，六宫粉黛无颜色。春寒赐浴华清池，温泉水滑洗凝脂。侍儿扶起娇无力，始是新承恩泽时。云鬓花颜金步摇，芙蓉帐暖度春宵。春宵苦短日高起，从此君王不早朝。承欢侍宴无闲暇，春从春游夜专夜。后宫佳丽三千人，三千宠爱在一身。金屋妆成娇侍夜，玉楼宴罢醉和春。姊妹弟兄皆列土，可怜光彩生门户。遂令天下父母心，不重生男重生女。骊宫高处入青云，仙乐风飘处处闻。缓歌慢舞凝丝竹，尽日君王看不足。渔阳鼙鼓动地来，惊破霓裳羽衣曲。九重城阙烟尘生，千乘万骑西南行。翠华摇摇行复止，西出都门百余里。六军不发无奈何，宛转蛾眉马前死。花钿委地无人收，翠翘金雀玉搔头。君王掩面救不得，回看血泪相和流。黄埃散漫风萧索，云栈萦纡登剑阁。峨嵋山下少人行，旌旗无光日色薄。蜀江水碧蜀山青，圣主朝朝暮暮情。行宫见月伤心色，夜雨闻铃肠断声。天旋地转回龙驭，到此踌躇不能去。马嵬坡下泥土中，不见玉颜空死处。君臣相顾尽沾衣，东望都门信马归。归来池苑皆依旧，太液芙

蓉未央柳。芙蓉如面柳如眉，对此如何不泪垂。春风桃李花开日，秋雨梧桐叶落时。西宫南内多秋草，落叶满阶红不扫。梨园弟子白发新，椒房阿监青娥老。夕殿萤飞思悄然，孤灯挑尽未成眠。迟迟钟鼓初长夜，耿耿星河欲曙天。鸳鸯瓦冷霜华重，翡翠衾寒谁与共。悠悠生死别经年，魂魄不曾来入梦。临邛道士鸿都客，能以精诚致魂魄。为感君王辗转思，遂教方士殷勤觅。排空驭气奔如电，升天入地求之遍。上穷碧落下黄泉，两处茫茫皆不见。忽闻海上有仙山，山在虚无缥缈间。楼阁玲珑五云起，其中绰约多仙子。中有一人字太真，雪肤花貌参差是。金阙西厢叩玉扃，转教小玉报双成。闻道汉家天子使，九华帐里梦魂惊。揽衣推枕起徘徊，珠箔银屏迤逦开。云鬓半偏新睡觉，花冠不整下堂来。风吹仙袂飘飘举，犹似霓裳羽衣舞。玉容寂寞泪阑干，梨花一枝春带雨。含情凝睇谢君王，一别音容两渺茫。昭阳殿里恩爱绝，蓬莱宫中日月长。回头下望人寰处，不见长安见尘雾。惟将旧物表深情，钿合金钗寄将去。钗留一股合一扇，钗擘黄金合分钿。但教心似金钿坚，天上人间会相见。临别殷勤重寄词，词中有誓两心知。七月七日长生殿，夜半无人私语时。在天愿作比翼鸟，在地愿为连理枝。天长地久有时尽，此恨绵绵无绝期。

白居易还作有一些闲适诗。《常乐里闲居偶题十六韵》："窗前有竹玩，门外有酒沽。何以待君子，数竿对一壶。"《问刘十九》："绿蚁新醅酒，红泥小火炉。晚来天欲雪，能饮一杯无？"《效陶潜体诗十六首》："朝亦独醉歌，暮亦独醉睡。未尽一壶酒，已成三独醉。勿嫌饮太少，且喜欢易致。一杯复两杯，多不过三四。便得心中适，尽忘身外事。"诗中语言浅易如说话。

唐代一些僧人居士也写了许多白话诗。如《虚堂和尚语录》卷二："鸡鸣丑，愁见起来还漏逗。裙子偏衫个也无，袈裟形相些些有。裈无腰，裤无口，头上青灰三五斗。指望修行利济人，谁知翻成不唧嚼。"（47/997b）

《敦煌曲子词——禅门十二时》诗其一："夜半子，夜半子，众生重重萦俗事。不能禅定自观心，何日得悟真如理。豪强富贵暂时间，究竟终归不免死。非论我辈是凡夫，自古君王亦如此。"

《敦煌歌辞总编》卷二"失调名（见真时）"："往日修行时，忙忙为生死。今日见真是，生死寻常事。见他生，见他死，返观自身亦如此。"

僧人居士中王梵志写的白话诗风行一时，代表了唐代诗坛富有创新精神的通俗诗派，乡村学堂里的小学生还用他的诗作习字课本，法国图书馆藏有当时这种写字本的残卷。① 如《得钱自吃用》：

　　得钱自吃用，留著柜里重。一日厌摩师，空得纸钱送。死入恶道中，良由罪根重。埋向黄泉下，妻嫁别人用。智者好思量，为他受枷棒。

《只见母怜儿》：

　　只见母怜儿，不见儿怜母。长大取得妻，却嫌父母丑。耶娘不采括，专心听妇语。生时不恭养，死后祭泥土。如此倒见贼，打煞无人护。

《请看汉武帝》：

　　请看汉武帝，请看秦始皇。年年合仙药，处处求医方。结构千秋殿，经营万寿堂。百年有一倒，自去遣谁当？

《好事须相让》：

　　好事须相让，恶事莫相推。但能办此意，祸去福招来。

《夫妇生五男》：

　　夫妇生五男，并有一双女。儿大须取妻，女大须嫁处。户役差科来，牵挽我夫妇。妻即无褐被，夫体无裈袴。父母俱八十，儿年五十五。当头忧妻儿，不勤养父母。浑家少粮食，寻常空饿肚。男女一处坐，恰似饿狼虎。粗饭众厨餐，美味当房弄。努眼看尊亲，只觅乳食处。少年生夜叉，老头自受苦。

《他人骑大马》：

　　他人骑大马，我独跨驴子。回顾担柴汉，心下较些子。

《贫穷田舍汉》：

　　贫穷田舍汉，庵子极孤恓。两共前生种，今世作夫妻。妇即客春捣，夫即客扶犁。黄昏到家里，无米复无柴。男女空饿肚，状似一食斋。里正追庸调，村头共相催。幞头巾子露，衫破肚皮开。体上无裈袴，足下复无鞋。丑妇来恶骂，啾唧掴头灰。里正被脚蹴，

---

① 据项楚《王梵志诗校注》考证，"王梵志诗"并非一人一时所作，而是若干无名白话诗人作品的总称。

村头被拳搓。驱将见明府，打脊趁回来。租调无处出，还须里正倍。门前见债主，入户见贫妻。舍漏儿啼哭，重重逢苦灾。如此硬穷汉，村村一两枚。

《富儿少男女》：

富儿少男女，穷汉生一群。身上无衣著，长头草里蹲。到大肥没忽，直似饱糠肫。长大充兵夫，未解弃家门。积代不得富，号曰穷汉村。

《吾有十亩田》：

吾有十亩田，种在南山坡。青松四五树，绿豆两三窠。热即池中浴，凉便岸上歌。遨游自取足，谁能奈我何。

《家中渐渐贫》：

家中渐渐贫，良由慵懒妇。长头爱床坐，饱吃没娑肚。频年勤生儿，不肯收家具。饮酒五夫敌，不解缝衫袴。事当好衣裳，得便走出去。不要男为伴，心里恒攀慕。东家能涅舌，西家好合斗。两家既不合，角眼相蛆妒。别觅好时对，趁却莫交住。

《兄弟义居活》：

兄弟义居活，一种有男女。儿小教读书，女小教针补。儿大与娶妻，女大须嫁去。当房作私产，共语觅嗔处。好贪竞盛吃，无心奉父母。外姓能蛆妒，啾唧由女妇。一日三场斗，自分不由父。

王梵志写的一些劝世诗类似应璩的《百一诗》，如《黄金未是宝》："黄金未是宝，学问胜珠珍。丈夫无伎艺，虚沾一世人。"又如《父母生男女》："父母生男女，没娑可怜许。逢着好饮食，纸裹将来与。心恒忆不忘，入家觅男女。养大长成人，角睛难共语。五逆前后事，我死即到汝。"

王梵志的有些诗不仅明白如说话，而且蕴涵着日常生活的哲理风味。如《城外土馒头》："城外土馒头，馅草在城里。一人吃一个，莫嫌没滋味。"又如《世间何物亲》："世间何物亲，妻子贵于珍。一朝身命谢，万事不由人。财钱任他用，眷属不随身。何须人哭我，终是一聚尘。"再如《饶你王侯职》："饶你王侯职，饶君将相官。蛾眉珠玉佩，宝马金银鞍。锦绮嫌不著，猪羊死不飡。口中气新断，眷属不相看。"这些诗写得自然平淡，具有隐约而又风趣的艺术特征和浓厚的生活气息。

王梵志也有一些诗是根据民间流行的诗歌改写的，如《主人相屈至》："主人相屈至，客莫先入门。若是尊人处，临时自打门。"湖南长沙窑曾出土一件唐代瓷壶，壶腹上写有："客人莫直入，直入主人宴（厌）。打门二三下，自有出来人。"① 这首诗的内容与王梵志所写相似，王梵志可能据此诗改写。

王梵志的诗不浪虚谈，皆陈俗语，既以全用口语的面貌出现，又在凝炼语言、巧设比喻、化用典故、寓意缘情等方面进行过使之适应通俗化需要的大胆尝试，开口语化、真实化的通俗诗派的诗风。唐代诗僧寒山作诗受王梵志影响，也多以白话入诗。如：

> 我今有一襦，非罗复非绮。借问作何色，不红亦不紫。夏天将作衫，冬天将作被。冬夏递互用，长年只这是。多少般数人，百计求名利。心贪觅荣华，经营图富贵。心未片时歇，奔突如烟气。家眷实团圆，一呼百诺至。不过七十年，冰消瓦解置。死了万事休，谁人承后嗣。水浸泥弹丸，方知无意智。

> 老翁娶少妇，发白妇不耐。老婆嫁少夫，面黄夫不爱。老翁娶老婆，一一无弃背。少妇嫁少夫，两两相怜态。我见百十狗，个个毛狰狞。卧者渠自卧，行者渠自行。投之一块骨，相与哞哖争。良由为骨少，狗多分不平。

诗僧拾得作诗也受王梵志影响，多以白话入诗。如：

> 世间亿万人，面孔不相似。借问何因缘，致令遣如此。各执一般见，互说非兼是。但自修己身，不要言他已。

> 世上一种人，出性常多事。终日傍街衢，不离诸酒肆。为他作保见，替他说道理。一朝有乖张，过咎全归你。

> 嗟见多知汉，终日枉用心。岐路逞喽罗，欺谩一切人。唯作地狱滓，不修来世因。忽尔无常到，定知乱纷纷。

> 人生浮世中，个个愿富贵。高堂车马多，一呼百诺至。吞并田地宅，准拟承后嗣。未逾七十秋，冰消瓦解去。

庞居士是继王梵志和寒山、拾得之后又一个富有传奇色彩的白话诗人，姓庞名蕴，人称"中土维摩诘"。据《祖堂集》卷一五载："庞居

---

① 《唐代瓷壶上的一首诗》，《北京晚报》，1983年6月14日三版。

士,嗣马大师。居士生自衡阳。因问马大师:'不与万法为侣者,是什摩人?'马师云:'待居士一口吸尽西江水,我则为你说。'居士便大悟,便去库头,借笔砚,造偈曰:'十方同一会,各各学无为。此是选佛处,心空及第归。'而乃驻留参承,一二载间,遂不变儒形,心游像外。旷情而行符真趣,浑迹而卓越人间。寔玄学之儒流,乃在家之菩萨。初住襄阳东岩,后居郭西小舍。唯将一女扶侍,制造竹漉篱。每令女市货,以遣日给。平生乐道偈颂,可近三百余首,广行于世,皆以言符至理,句阐玄猷,为儒彦之珠金,乃缁流之箧宝。"西明寺本《庞居士语录诗颂序》称他"唐贞元间,用船载家珍数万,縻于洞庭湘右,罄溺中流,自是生涯唯一叶耳"。元杂剧《庞居士误放来生债》即以此为题材推衍成剧本。《景德传灯录》卷八载:"居士将入灭,令女灵照出视日早晚及午以报。女遽报曰:'日已中矣,而有蚀也。'居士出户观次,灵照即登父座,合掌坐亡。居士笑曰:'我女锋捷矣。'于是更延七日。"(51/263c)父女以死斗机锋,灵照机锋更胜一筹。

庞居士有诗偈三百多首传世,今存《庞居士语录》三卷,存诗约两百首,多阐发禅理之作。如:"日用事无别,唯吾自偶谐。头头非取舍,处处勿张乖。朱紫谁为号,丘山绝点埃。神通并妙用,运水及搬柴。"①(47/896c)又如诗偈所说"外求非是宝,无念自家珍。心外求佛法,总是倒行人""持心更觅佛,岂不是愚痴""诸佛与众生,元来同一家"等,义理上承袭南朝宝志《大乘赞》和《十二时颂》等,语言上则更趋于白话通俗。

这些佛教僧徒和居士等生活在民众之中,深刻体验到民众的苦难和感情,其诗歌为民生、民风、民情而作,目的在于救民生,纯民风,导民情,表现出强烈的济世情怀和宗教精神,不仅深刻地影响了普通民众的意识形态,而且与文人诗歌的风格不同,极大地推动了我国白话通俗文学的演进,丰富了我国诗歌艺术的宝库。

唐代曲子词是从古乐府演变而来的一种民间词曲作品,形式生动活泼,语言通俗自然,风格清新刚健,质朴浑厚。今所存多出自敦煌石室,大多抄写在写卷后面或正文后面,也有抄写在经文夹缝间的。《敦煌曲子词集·叙录》云:"有边客游子之呻吟,忠臣义士之壮语,隐君子之怡情悦志,少年学子之热望与失望,以及佛子之赞颂,医生之歌诀,莫不入调。"其中有《云谣集杂曲子》三十首,语词质俚。如《望

---

① 《大慧普觉禅师语录》卷二〇。

江南》：

  天上月，遥望似一团银。夜久更阑风渐紧，为奴吹散月边云，照见负心人。

《捣练子》：

  孟姜女，杞梁妻，一去燕山更不归。造得寒衣无人送，不免自家送征衣。长城路，实难行，乳酪山下雪霏霏。吃酒只为隔饭病，愿身强健早还归。

《内家娇》：

  两眼如刀，浑身似玉，风流第一佳人。及时衣着，梳头京样，素质艳丽青春。善别宫商，能调丝竹，歌令尖新。任从说洛浦阳台，谩将比并无因。半含娇态，逶迤缓步出闺门。搔头重慵懒不插，只把同心，千遍捻弄，来往中庭。应是降王母仙宫，凡间略现容真。

《鹊踏枝》：

  叵耐灵鹊多谩语，送喜何曾有凭据？几度飞来活捉取，锁上金笼休共语。比拟好心来送喜，谁知锁我在金笼里。欲他征夫早归来，腾身却放我向青云里。

  这些词皆是当时歌唱脚本，多出自乐工伶人之手，信口信手，出语自然，接近口语，"衣着""叵耐""强健""尖新""比拟"等唐人习语，俯拾皆是，表现出清新素朴的语言风格。又如《菩萨蛮》：

  枕前发尽千般愿，要休且待青山烂。水面上秤锤浮，直待黄河彻底枯。白日参辰现，北斗回南面。休即未能休，且待三更见日头。

  词中列举青山烂掉、水面浮秤锤、黄河水枯、白日出现参星、北斗转到南方、半夜见到太阳等不可能实现的事，用来比喻爱情的坚贞不可改变。再如《抛毬乐》之一：

  珠泪纷纷湿绮罗，少年公子负恩多。当初姊妹分明道，莫把真心过与他。子细思量着，淡薄知闻解好么？

  此词出语不加雕饰，明白如话，全似口语体。词中"知闻"，犹谓朋友结交。首二句谓由于少年公子的负心忘情，泪湿罗衣伤透了心。次二句懊恼当初未听姊妹劝说，一片痴情把真心交付给他。末二句痛定思痛，总括全篇，省悟到与薄情人结交是不会有好结果的。这首词采用白描手法，浑然洒脱，"其设想铸辞，都未脱田间的泥土的气息"。①

又如韦庄《秦妇吟》：

> 千间仓兮万丝箱，黄巢过后犹残半。自从洛下屯师旅，日夜巡兵入村坞。匣中秋水拔青蛇，旗上高风吹白虎。入门下马若旋风，罄室倾囊如卷土。家财既尽骨肉离，今日垂年一身苦。一身苦兮何足嗟，山中更有千万家。朝饥山上寻蓬子，夜宿霜中卧荻花。

韦庄的这首词语言浅近通俗，深沉有力，反映了唐末农民起义的部分真相。

《敦煌零拾》中载有俚曲三种也多不加雕饰，全用口语。如《五更转》：

> 一更初，自恨长养枉生躯，耶娘小来不教授，如今争识文与书。
>
> 二更深，《孝经》一卷不曾寻。之乎者也都不识，如今嗟叹始悲吟。
>
> 三更半，到处被他笔头算。纵然身达得官职，公事文书争处断。
>
> 四更长，昼夜常如面向墙。男儿到此屈折地，悔不《孝经》读一行。
>
> 五更晓，作人已来都未了。东西南北被驱使，恰如盲人不见道。

大历十才子之一的韩翃因怀念离散的柳氏写有《章台柳》："章台柳，章台柳，往日依依今在否？纵使长条似旧垂，也应攀折他人手。"柳氏答有《杨柳枝》："杨柳枝，芳菲节，可恨年年赠离别。一叶随风忽报秋，纵使君来岂堪折。"二词用语平易流畅，情深意长。

唐代白话诗词的语体色彩，尤其是白居易作诗力求老妪能解的直白如话，② 体现了诗人自发地选择语体以便更明白地传情达意，开求新求变的宋诗以议论入诗和以俗为雅特色的先声，在某种程度上也反映了文白演变的趋势，对我国文学语言的文白演变产生了重要影响。

---

① 郑振铎《插图本中国文学史》，人民文学出版社，1957年，第440页。

② 宋彭乘《墨客挥犀》卷三："白乐天每作诗，令一老妪解之。问曰：'解否？'妪曰解则录之，不解则又复易之。故唐末之诗近於鄙俚也。"

二、隋唐的变文传奇

变文是唐代的一种民间说唱文学,原是佛教徒宣传佛经而用的散文韵文结合、有讲有唱的一种较为通俗的体裁,又称俗讲,① 如《目连变文》《太子成道变文》《维摩诘经讲经文》。后来也有用来讲唱历史故事或民间故事的,如《伍子胥变文》《秋胡变文》。变文有说有唱,说的是散文,唱的是韵文,所用语言既有传承前代的词语,又有佛教的用语,还有当时新出现的通俗口语,比汉魏六朝白话又增加了一批白话常用词。如"这、着、下来、眼下、冷、怕、热、你"等。蒋礼鸿《敦煌变文字义通释》考释了变文中约 800 个口语词,《唐五代语言词典》收词 4500 条,其中有 1885 条出自变文。这些宣传佛经和讲唱故事的变文反映了唐代的白话口语。如《目连变文》:

> 昔有目连慈母,号曰青提夫人,住在西方,家中甚富,钱物无数,牛马成群,在世悭贪,多饶杀害。自从夫主亡后,而乃孀居。唯有一儿,小名罗卜。慈母虽然不善,儿子非常道心,拯恤孤贫,敬重三宝,行檀布施,日设僧斋,转读大乘,不离昼夜。偶因一日,欲往经营,先至堂前,白於慈母:"儿拟外州,经营求财,侍奉尊亲。家内所有钱财,今拟分为三分。一分儿今将去,一分侍奉尊亲,一分留在家中,将施贫乏之者。"娘闻此语,深惬本情,许往外州,经营求利。
>
> 一自儿子去后,家内恣情,朝朝宰杀,日日烹庖,无念子心,岂知善恶。逢师僧时,遣家僮打棒。见孤老者,放狗咬之。不经旬日之间,罗卜经营却返,欲见慈母,先遣使报来。慈母闻道儿归,火急铺设花幡,辽绕院庭,纵横草秽狼藉,一两日间,儿子便到,跪拜起居:"自离左右多时,且喜阿娘万福。"阿娘见儿来欢喜:"自汝出向他州,我在家中,常修善事。"儿於一日行到邻家,见说慈母,日不曾修善,朝朝宰杀,祭祀鬼神,三宝到门,尽皆凌辱。闻此语惆怅归家,问母来由,要知虚实。母闻说已,怒色向儿:"我是汝母,汝是我儿,母子之情,重如山岳,出语不信,纳他人之闲词,将为是实。汝若今朝不信,我设咒誓,愿我七日之内命终,死堕阿鼻地狱。"儿闻此语,雨泪向前,愿母不赐嗔容,莫作如斯咒誓。慈母作咒,冥道早知,七日之间,母身将死,堕阿鼻地

---

① 《乐府杂录》:"长庆中,俗讲僧文叙,善吟经,其声宛畅,感动里人。"

狱，受无间之余殃。罗卜见母身亡，状若天崩地灭，三年至孝，累七修斋，思忆如何报其恩德，唯有出家最胜，况如来在世，罗卜投佛出家，便得神通第一，世尊作号，名曰大目连，三明六通具解，身超罗汉。既登圣贤之位，思报父母之深恩，遂乃天眼观占二亲，托生何处，慈父已生於天上，终朝快乐逍遥，母身堕在阿鼻，日日唯知受苦。

……慈母告目连："我为前生造业，广杀猪羊，善事都总不修，终日恣情为恶。今来此处，受罪难言。浆水不曾闻名，饭食何曾见面。浑身遍体，总是疮疾。受罪既旦夕不休，一日万生万死。"慈母唤目连近前："目连，目连，我缘在世不思量，悭贪终日杀猪羊，将为世间无善恶，何期今日受新殃。地狱每常长饥渴，煎煮之时入镬汤，或上刀山并剑树，或即长时卧铁床。更有犁耕兼拔舌，洋铜灌口苦难当，数载不闻浆水气，饥羸遍体尽成疮。"于是目连闻说，心中惆怅转加，慈母既被凌迟，旧日形容改变。"一自娘娘崩背，思量无事报恩，遂乃投佛出家，获得神通罗汉。今有琼浆香饭，我佛令遣将来。"母苦饥渴时多，香饭琼浆便吃。

……于是目连天眼，观见慈母，已离地狱，将身又向王城，化作狗身受苦，目连心中孝顺，行到王城，步步俯近狗边，狗见沙门欢喜。目连知是慈母，不觉雨泪向前。遂问阿娘："久居地狱，受苦多时，今乃得离阿鼻，深助娘娘。今在人间作狗，何如地狱之时？"阿娘被问来由，不觉心中欢喜。告儿目连曰："我在阿鼻地狱，受苦皆是自为，闻汝广设盂兰，供养十方诸佛。今得离于地狱，化为母狗之身，不净乍可食，不欲当时受苦。阿鼻受苦已多时，不论日夜受凌迟，今日喜欢离地狱，深心惭愧我娇儿。汝设盂兰将供养，故知佛力不思议，我乍人间食不净，不能时向在阿鼻。"

目连见母作狗，自知救济无方，火急却来白佛。"适如来教敕，广陈救母之方，依前教不敢有违，尽依处分。又蒙佛慈悲之力，阿娘得出阿鼻地狱。自知罪业增深，又向王舍作狗。愿佛慈悲怜念，母子情深，叩头请陈救母之方。""吾今赐汝威光，一一事须记取，当往祇园之内，请僧卅九人，七日铺设道场，日夜六时礼忏，悬幡点灯，行道放生，转念大乘，请诸佛以虔诚。"目连依教奉行，便置道场供养，虔心圣主，愿救慈亲。蒙我佛之威光，母必离于地狱，生于天上。

慈亲作狗受迍殃，恶业须交一一当，今朝若欲生天去，结净依吾作道场。七日六时长礼忏,炉焚海岸六铢香,点灯作道悬幡盖,救拔慈亲恰相当。

目连蒙佛赐威光,依教虔诚救阿娘,不惮劬劳申供养,投佛号咷哭一场,贤圣此时来救济,世尊又施白毫光,皆是目连行孝顺,慈亲便得上天堂。

将知目连行孝,慈亲便离三涂,千般万计虔诚,二种方圆救济。奉劝座下弟子,孝顺学取目连,二亲若也在堂,甘旨切须侍奉。父母忽愁崩背,修斋闻法酬恩,莫学一辈愚人,不报慈亲恩德。六畜禽兽之类,由怀乳哺之恩,况为人子之身,岂不行於孝顺。且如董永卖身,迁殡葬其父母,感得织女为妻。郭巨为母生埋子,天赐黄金五百斤。

孟宗泣竹,冬月笋生。王祥卧冰,寒溪鱼跃。慈乌返报,书史皆传。跪乳之牛,从前且说。上来讲赞目连因,只是西方罗汉僧,母号青提多造罪,命终之后却沈沦。奉劝闻经诸听众,大须布施莫因循,托若专心相用语,免作青提一会人。须觉悟,用心听,闲念弥陀三五声,火宅忙忙何日了,世间财宝少经营。无上菩提勤苦作,闻法三涂岂不惊。今日为君宣此事,明朝早来听真经。

又如《董永变文》:

人生在世审思量,暂时吵闹有何妨;大众志心须净听,先须孝顺阿耶娘。好事恶事皆抄录,善恶童子每抄将。

孝感先贤说董永,年登十五二亲亡。自叹福薄无兄弟,眼中流泪数千行;为缘多生无姊妹,亦无知识及亲房。家里贫穷无钱物,所卖当身殡耶娘。便有牙人来勾引,所发善愿便商量。长者还钱八十贯,董永只要百千强。领得钱物将归舍,拣择好日殡耶娘。父母骨肉在堂内,又领攀发出于堂,见此骨肉音哽咽,号咷大哭是寻常。六亲今日来相送,随东直至墓边傍。一切掩埋总以毕,董永哭泣阿耶娘。直至三日复墓了,拜辞父母几田常;父母见儿拜辞次,愿儿身健早归乡。又辞东邻及西舍,便进前程数里强。

路逢女人来委问:"此个郎君往何方?何姓何名依实说,从头表白说一场!""娘子既言再三问,一一具说莫分张。家缘本住朗山下,知姓称名董永郎。忽然慈母身得患,不经数日早身亡。慈耶得患先身故,后乃便至阿娘亡。殡葬之日无钱物,所卖当身殡耶娘。""世上庄田何不卖?擎身却入贱人行。所有庄田不将货,弃背今辰事阿郎。""娘子问贿是好事,董永为报阿耶娘。""郎君如今行孝仪，见君行孝感天堂。数内一人归下界，暂到浊恶至他乡。帝释宫中亲处分，便遣汝等共田常，不弃人微同千载，便与相逐事阿郎。"

董永向前便跪拜："少失父母大恓惶！""所卖一身商量了，是何女人立门傍？"董永对言依实说："女人住在阴山乡。""女人身上解何艺？""明机妙解织文章！"便与将丝分付了，都来只要两间房。阿郎把数都计算，计算钱物千疋强。经丝一切总尉了，明机妙解织文章。从前且织一束锦，梭声动地乐花香，日日都来总不织，夜夜调机告吉祥。锦上金仪对对有，两两鸳鸯对凤凰。织得锦成便截下，撲将来，便入箱。阿郎见此箱中物，念此女人织文章。女人不见凡间有，生长多应住天堂。但织绮罗数已毕，却放二人归本乡。二人辞了须好去，不用将心怨阿郎。

二人辞了便进路，更行十里到永庄。却到来时相逢处，"辞君却至本天堂！"娘子便即乘云去，临别分付小儿郎。但言"好看小孩子"，共永相别泪千行。

董仲长年到七岁，街头由喜（游戏）道边旁，小儿行留被毁骂，尽道董仲没阿娘。遂走家中报慈父，"奴等因何没阿娘？"当时卖身葬父母，感得天女共田常；如今便即思忆母，眼中流泪数千行。

董永放儿觅母去，往行直至孙宾傍："夫子将身来誓挂（筮卦），此人多应觅阿娘。""阿耨池边澡浴来，先于树下隐潜藏。三个女人同作伴，奔波直至水边傍。脱却天衣便入水，中心抱取紫衣裳；此者便是董仲母，此时羞见小儿郎。""我儿幼小争知处，孙宾必有好阴阳。阿娘拟收孩儿养，我儿不仪（宜）住此方，将取金瓶归下界，捻取金瓶孙宾傍。""天火忽然前头现，先生失却走忙忙，将为当时总烧却，检寻却得六十张。因此不知天上事，总为董（仲）觅阿娘。"

文中所用语言半文半白，大致为浅俗的文言文，夹杂一些方言口语，如《董永变文》中的"家里""便有""说一场""商量了""分付了""都来只要"等，为形成一种新的文学语言打开了局面。据陈秀兰《敦煌变文词汇研究》一书考察，敦煌变文有新词 1128 个，新义 258 个，这些新词新义有 60% 为宋元白话文学作品沿用。[①] 又据陈明娥《敦煌变文词汇计量研究》一书考察，变文中 1879 个双音新词，大约有

---

① 陈秀兰《敦煌变文词汇研究》，四川民族出版社，2002年。

62.05%都在唐宋直到清初的近代汉语文献作品中出现过，而一直保留到现代汉语中的词有 565 个，如"搬运""匆忙""赤诚""到处"等，约占 30.07%。①

考郭湜《高力士外传》载："上元元年（760 年）七月，太上皇（玄宗）移仗西内安置。每日上皇与高公亲看扫除庭院，芟薙草木，或讲经论议，转变说话，虽不近文律，终冀悦圣情。"文中所说"转变说话"也是变文一类的白话故事。

唐代传奇小说虽为文人所作，但在雅俗交融中也有一些白话成分。如张文成《游仙窟》：

> 须臾之间，忽闻内里调筝之声，仆因咏曰："自隐多姿则，欺他独自眠。故故将纤手，时时弄小弦。耳闻犹气绝，眼见若为怜。从渠痛不肯，人更别求天。"片时，遣婢桂心传语，报余诗曰："面非他舍面，心是自家心。何处关天事，辛苦漫追寻！"余读诗讫，举头门中，忽见十娘半面，余则咏曰："敛笑偷残靥，含羞露半唇。一眉犹巨耐，双眼定伤人。"又遣婢桂心报余诗曰："好是他家好，人非着意人。何须漫相弄，几许费精神！"
>
> ……五嫂为人饶剧，掩口而笑曰："娘子既是主人母，少府须作主人公。"下官曰："仆是何人，敢当此事！"十娘曰："五嫂向来戏语，少府何须漫怕！"下官答曰："必其不免，只须身当。"五嫂笑曰："只恐张郎不能禁此事。"众人皆大笑，一时俱坐，即唤香儿取酒。
>
> ……十娘笑曰："莫相弄！且取双六局来，共少府赌酒。"仆答曰："下官不能赌酒，共十娘赌宿。"十娘问曰："若为赌宿？"余答曰："十娘输筹，则共下官卧一宿；下官输筹，则共十娘卧一宿。"十娘笑曰："汉骑驴则胡步行，胡步行则汉骑驴，总悉输他便点。儿递换作，少府公太能生！"五嫂曰："新妇报娘子：不须赌来赌去，今夜定知娘子不免。"十娘曰："五嫂时时漫语，浪与少府作消息。"下官起谢曰："元来知剧，未敢承望。"
>
> ……十娘曰："儿等并无可收采，少府公云：'冬天出柳，旱地生莲。'总是相弄也！"下官答曰："十娘面上非春，翻生柳叶。"十娘应声答曰："少府头中有水，何不出莲花？"下官答曰："十娘机警，异同著便。"十娘曰："得便不能与，明年知有何处？"于时砚

---

① 陈明娥《敦煌变文词汇计量研究》，百花洲文艺出版社，2006 年。

在床头，下官咏笔砚曰："摧毛任便点，爱色转须磨。所以研难竟，良由水太多。"十娘忽见鸭头铛子，因咏曰："嘴长非为唦，项曲不由攀。但令脚直上，他自眼双翻。"五嫂曰："向来大大不逊，渐渐深入也。"于时乃有双燕子，梁间相逐飞，仆因咏曰："双燕子，联翩几万回。强知人是客，方便恼他来。"十娘咏曰："双燕子，可可事风流。即令人得伴，更亦不相求。"

全诗韵散结合，酬答歌辞既典雅高古，又浅显明快，受民歌影响而具有俚俗的特色，生活气息浓厚。

敦煌写卷中的一些冥报、感应、灵验故事，如《黄仕强传》与《忏悔灭罪〈金光明经〉冥报传》，曲折反映了人间社会的真实生活，口头创作成分较多。如《忏悔灭罪〈金光明经〉冥报传》写四小鬼索命："一人把棒，一人把索，一人把袋，一人著书，骑马戴帽，至门下马，唤居道着前，怀中拔一张文书，示居道看，乃是猪羊等同词共诉居道。"又如写张居道的惊恐状态："居道闻之，弥增惊怕，步步倒地，前人挈绳挽之，后人以棒打之。"例中"把""拔""惊怕"是当时口语。

三、隋唐的白话文

隋唐的笔记中大多夹杂有一些口语的白话。如《太平广记》卷二四八引《启颜录》载隋代侯白"在散官，隶属杨素，爱其能剧谈。每上番日，即令谈戏弄，或从旦至晚始得归。后出省门，即逢素子玄感，乃云：'侯秀才可为玄感说一个好话。'白被留连不获已，乃云：'有一大虫欲向野中觅肉，见一刺猬仰卧，谓是肉胔……'"杨玄感要侯白说一个好话取乐，侯白的故事是用白话说的。如"向野中觅肉"未说成"觅肉于野中"，把"虎"称为"大虫"等。

日本僧人圆仁所撰《入唐求法巡礼行记》采用日记体裁，逐日记载在唐求法的所见所闻，有较多的口语成分，较少官场的客套，特别是一些对话片断，大多是当时生活口语的实录。如：

相公对僧等近坐，问："那国有寒否？"留学僧答云："夏热冬寒。"相公道："共此间一般。"相公问云："有僧寺否？"答云："多有。"又问："有多少寺？"答："三千七百来寺。"又问："有尼寺否？"答云："多有。"又问："有道士否？"答云："无道士。"相公又问："那国京城方圆多少里数？"答云："东西十五里，南北十五里。"又问："有坐夏否？"答："有。"

时有库司典座僧，在于众前读申岁内种（种）用途帐，令众闻知。

四人每人吃四碗粉粥。主人惊怪:"多吃冷物,恐不消化矣。"

昔者大花严寺设大斋,凡俗男女、乞丐、寒穷者尽来受供。施主憎嫌云:"远涉山坂到此设供,意者只为供养山中众僧。然此尘俗乞索儿等尽来受食,非我本意。若供养此等色,只令本处设斋,何用远来到此山?"僧劝令皆与饭食。于乞丐中有一孕女,怀妊在座,备受自分饭食讫,更索胎中孩子之分。施主骂之,不与。其孕女再三云:"我胎中儿虽未产生,而亦是人数,何不与饭食?"施主曰:"你愚痴也!肚里儿虽是一数而不出来,索得饭食时与谁吃乎?"女人对曰:"我肚里儿不得饭,即我亦不合得吃。"便起出食堂。才出堂门,变作文殊师利,放光照曜,满堂赫奕。皓玉之貌,骑金毛师子,万菩萨围绕腾空而去。一会之众,数千之人,一时走出,忙然不觉倒地,举声忏谢,悲泣雨泪,一时称唱"大圣文殊师利"。讫于声竭喉涸,终不蒙回顾,仿佛而不见矣。大会之众,餐食不味。各自发愿:"从今以后,送供设斋,不论僧俗男女大小尊卑贫富,皆平等供养。"山中风法,因斯置平等之式。自馀灵化,频现多端,天下共知。今见斋会:于食堂内,丈夫一列,女人一列。或抱孩儿,儿亦得分。童子一列,沙弥一列,大僧一列,尼众一列,皆在床上受供养。施主平等行食。有人分外多索,亦不怪之。随多小皆与之也。

廿三日,天子在御楼,册尊号。诸司军兵马排队楼前。

例中"一般""用途""消化""孩子""平等""排队"等皆为日常用语。

《太公家教》多集当时俗谚格言,平浅易解。① 如:

得人一牛,还人一马。往而不来,非成礼也。知恩报恩,风流儒雅。

一日为师,终身为父。一日为君,终身为主。

男年长大,莫听好酒。女年长大,莫听游走。

凡人不可貌相,海水不可斗量。

唐代的进奏院状报不同于一般的公文,多为通报最新的事态或动

---

① 《太公家教》,载李翱《李习之先生文集》,上海会文堂书局,1911年。又,罗振玉《鸣沙石室佚书》,北京图书馆出版社,2004年。

态，往往为了赶速度抢时间，无官场的繁文缛节和陈辞虚语，遣词用语不加修饰，据实直书，有些句子就像民间的大白话。如 S.1165《进奏院状》："其四人言：'仆射有甚功劳，觅他旌节？二十年已前，多少楼罗人来论节不得。如今信这两三个憨屡生，愧沸万劫，不到家乡，从他宋闻盈、高再盛、史文信、李伯盈等诈祖乾圣，在后论节我则亲自下卦看卜，解圣也不得旌节。待你得节，我四人以头倒行！'"此是归义军（治沙州，即敦煌）进奏院官员发回本镇的状报，内容有关时任归义军节度留后的张淮深要求朝廷授予节度使的名号。

家信多信手而写，如同说话。如敦煌文书中《唐二娘子家书》："二娘子自离彼处，至今年闰三月七日平善，与天使司空一行到东京。目下并得安乐，不用远忧。今则节届炎毒，更望阿孃彼中骨肉各好将息，勤为茶饭，煞好将息，莫忧二娘子在此。今寄红锦一角子，是团锦，与阿姊充信；素紫罗裹肚一条，亦与阿姊；白绫半匹与阿孃充信。此拟剩寄物色去，恐为不达，未敢寄附，莫怪微少。今因信次，谨奉状起，拜上。六月二十日。日前阿孃通循末厮寰珠外甥，计得安乐。今寄团巢红锦两角、小镜子一个，与外甥收取充信。"此信写于咸通七年（866），信中"平善""将息""物色"等多为当时口语。

李延寿《北史》是汇合《魏书》《北齐书》《周书》《隋书》而改编的一部记载北朝历史的史书，从《北史》与《魏书》《北齐书》《周书》《隋书》所载一些词语的异同可略窥北魏至唐代文白的演变。如：

  始祖春秋已迈，帝以父老求归，晋武帝具礼护送。（《魏书·文帝纪》）

  后文帝以神元春秋已高，求归，晋武帝具礼护送。（《北史·文帝纪》）

《魏书》中的"迈"，《北史》改为"高"。[①]

从隋唐的一些注释也可略窥先秦至唐代文白的演变。如《汉书·李广传》："立政等见陵，未得私语，即目视陵。"颜师古注："以目相视而感动之，今俗所谓眼语者也。"颜师古指出"目视"即唐时俗语"眼语"，亦即现在所说"递眼色"。又如《诗·周南·樛木》："葛藟累之。"孔颖达疏："累，缠绕也。"《诗·卫风·氓》："静言思之，躬自悼矣。"孔颖达疏："静言思之，身自哀伤矣。"孔颖达指出诗中的"累"即唐时的"缠绕"，"悼"即"哀伤"。

[①] 李丽《魏书词汇研究》，南京师范大学博士学位论文，2006年。

四、隋唐的禅宗语录

语录体的源头可追溯到记录孔子讲学言行的《论语》，但这种特有的语录体著述体制可以说是在禅宗兴起后才得以兴盛。佛教在逐渐中国化的过程中也在一定程度上促进了汉语白话的发展，促使书面语由文言向白话靠拢，在文白演变中起了重要作用。

禅宗自五祖弘忍以后，分为南北两派，有顿渐之别。南宗开创者六祖慧能不识字，主张人人可以顿悟，立证佛性，掀起了"佛教史上的一大革命"和"中国思想史上的一大革命"，① 也促进了文白的演变。慧能的《坛经》可以说是禅宗发展史上第一部语录体著作，随着禅宗的迅速发展，语录体遂成为禅宗的主要传道言说文体，禅宗也从"内证禅"走向"文字禅"，出现了许多记载禅宗公案的语录和传灯录。这些著作里既有粗朴的野语俗谈，也有极其典雅的诗句韵语，既有痴愚的疯话，也有机敏的戏言，构成了一个丰富多彩的语言世界。禅僧们一般不承认经典的权威，不作祖述注释，反对雕琢语言，提倡用白话说法，往往喜好临场生智，即兴发挥，用自己的语言来阐述思想，因而禅宗语录的语言是一种白话文体，主要记载了禅师接引人的言语和行事，含有很多口语成分。如《镇州临济慧照禅师语录》卷一：

> 府主王常侍与诸官请师升座。师上堂云："山僧今日事不获已，曲顺人情方登此座。若约祖宗门下称扬大事，直是开口不得，无尔措足处。山僧此日以常侍坚请，那隐纲宗？还有作家战将直下展阵开旗么？对众证据看。"僧问："如何是佛法大意？"师便喝，僧礼拜。师云："这个师僧却堪持论。"问："师唱谁家曲？宗风嗣阿谁？"师云："我在黄檗处，三度发问，三度被打。"僧拟议，师便喝，随后打。云："不可向虚空里钉橛去也。"有座主问："三乘十二分教岂不是明佛性？"师云："荒草不曾锄。"主云："佛岂赚人也？"师云："佛在什么处？"主无语。（47/496b）
>
> 师示众云："道流，佛法无用功处。只是平常无事，屙屎送尿，著衣吃饭，困来即卧。愚人笑我，智乃知焉。古人云：向外作工夫，总是痴顽汉。"（47/498a）

又如《大慧普觉禅师语录》卷二六：

---

① 胡适《白话文学史》第十二章，上海古籍出版社，1999年，第159页。

若要径截理会，须得这一念子㘞地一破，方了得生死，方名悟入。然切不可存心待破，若存心在破处，则永劫无有破时。但将妄想颠倒底心，思量分别底心，好生恶死底心，知见解会底心，欣静厌闹底心，一时按下，只就按下处看个话头。僧问赵州："狗子还有佛性也无？"州云："无。"此一字子，乃是摧许多恶知恶觉底器仗也。不得作有无会，不得作道理会，不得向意根下思量卜度，不得向扬眉瞬目处垛根，不得向语路上作活计，不得扬在无事甲里，不得向举起处承当，不得向文字中引证。但向十二时中四威仪内，时时提撕，时时举觉："狗子还有佛性也无？"云："无。"不离日用。试如此做工夫看。"（47/921c）①

再如《云门山文偃禅师语录》：

师上堂云：诸和尚子，饶尔道有什么事，犹是头上着头，雪上加霜，棺木里瞠眼，灸疮瘢上着艾燋。遮个一场狼藉不是小事。尔合作么生各自觅取个托生处。好莫空游州猎县，只欲捉搦闲话。待老和尚口动，便问禅、问道、向上、向下、如何、若何。大卷抄了塞在皮袋里卜度，到处火炉边三个五个聚头，口喃喃举更道，遮个是公才语，遮个是从里道出语，遮个是就事上道底语，遮个是体悟语。尔屋里老爷老娘，噇却饭了只管说梦，便道我会佛法了也。将知尔行脚驴年得个休歇么？更有一般底，才闻人说个休歇处，便向阴界里闭眉合眼，老鼠孔里作活计，黑山下坐，鬼趣里体当，便道得个入头路。梦见么？似遮般底杀一万个。有什么罪过？唤作打底不遇作家，至竟只是个掠虚汉。尔若实有个见处，试捻来看共尔商量。莫空不识好恶，矻矻地聚头说闲葛藤。（51/358b）

---

① 《法演禅师语录》卷三："僧问赵州：'狗子还有佛性也无？'州云：'无。'僧云：'一切众生皆有佛性，狗子为什么却无？'州云：'为伊有业识在。'师云：'大众尔诸人，寻常怎么生会？老僧寻常只举无字便休。尔若透得这一个字，天下人不奈尔何。尔诸人作么生透？还有透得彻底么？有则出来道看。我也不要尔道有，也不要尔道无，也不要尔道不有不无。尔作么生道？珍重。'"这是有关赵州无字公案的较早说法。《无门关》卷一："莫有要透关底么？将三百六十骨节，八万四千毫窍，通身起个疑团，参个'无'字。昼夜提撕，莫作虚无会，莫作有无会。如吞了个热铁丸相似，吐又吐不出。荡尽从前恶知恶觉，久久纯熟，自然内外打成一片。如哑子得梦，只许自知。蓦然打发，惊天动地。如夺得关将军大刀入手，逢佛杀佛，逢祖杀祖，于生死岸头得大自在，向六道四生中游戏三昧。且作么生提撕，尽平生气力，举个'无'字。若不间断，好似法烛一点便着。"

文中"著衣吃饭""这个""什么""作活计""作么生""噇""体当""罪过""作家""掠虚汉"等是当时口语，其中有一些词语沿用至今。

《坛经》是禅宗六祖慧能讲述佛法的语录，原题"南宗顿教最上大乘摩诃般若波罗蜜经，六祖慧能大师于韶州大梵寺施法坛经"，简称《坛经》，语言质朴，显示了初期禅宗不立文字的特色。如：

> 慧能慈父，本贯范阳，左降迁流岭南，作新州百姓。慧能幼少，父又早亡。老母孤遗，移来南海，艰辛贫乏，于市卖柴。忽有一客买柴，遂领慧能至于官店。客将柴去，慧能得钱。却向门前，忽见一客读《金刚经》。慧能一闻，心明便悟。乃问客曰："从何处来，持此经典？"
>
> 客答曰："我于蕲州黄梅县东冯墓山，礼拜五祖弘忍和尚，见今在彼，门人有千余众。我于彼听见大师劝道俗，但持《金刚经》一卷，即得见性，直了成佛。"
>
> 慧能闻说，宿业有缘，便即辞亲，往黄梅冯墓山礼拜五祖弘忍和尚。
>
> 弘忍和尚问慧能曰："汝何方人，来此山礼拜吾？汝今向吾边，复求何物？"
>
> 慧能答曰："弟子是岭南人，新州百姓，今故远来礼拜和尚，不求余物，唯求作佛法。"
>
> 大师遂责慧能曰："汝是岭南人，又是獦獠，若为堪作佛！"
>
> 慧能答曰："人即有南北，佛性即无南北；獦獠身与和尚不同，佛性有何差别？"
>
> 大师欲更共议，见左右在傍边，大师更便不言。遂发遣慧能，令随众作务。时有一行者，遂差慧能于碓坊踏碓八个余月。
>
> 五祖忽于一日唤门人尽来。门人集已，五祖曰："吾向汝说，世人生死事大。汝等门人终日供养，祗求福田，不求出离生死苦海。汝等自性迷，福门何可求？汝等总且归房自看，有智慧者自取本性般若之智，各作一偈呈吾。吾看汝偈，若悟大意者，付汝衣法，禀为六代。火急作！"
>
> 门人得处分，却来各至自房，递相谓言："我等不须澄心用意作偈，将呈和尚。神秀上座是教授师，秀上座得法后自可依止。偈不用作。"诸人息心，尽不敢呈偈。
>
> 大师堂前有三间房廊，于此廊下供养，欲画《楞伽》变相，并

画五祖大师传授衣法，流行后代为记。画人卢珍看壁了，明日下手。

上座神秀思惟诸人不呈心偈，缘我为教授师。我若不呈心偈，五祖如何得见我心中见解深浅？我将心偈上五祖呈意，求法即善；觅祖不善，却同凡心夺其圣位。若不呈心偈，终不得法。良久思惟，甚难甚难。夜至三更，不令人见，遂向南廊下中间壁上题作呈心偈，欲求衣法。若五祖见偈，言此偈语，若访觅我，我见和尚，即云是秀作。五祖见偈，若言不堪，自是我迷，宿业障重，不合得法。圣意难测，我心自息。秀上座三更于南廊中间壁上，秉烛题作偈。人尽不知。偈曰：

身是菩提树，心如明镜台。
时时勤拂拭，莫使有尘埃。

神秀上座题此偈毕，却归房卧，并无人见。

五祖平旦，遂唤卢供奉来南廊下画《楞伽》变相。五祖忽见此偈，请记。乃谓供奉曰："弘忍与供奉钱三十千，深劳远来，不画变相也。《金刚经》云：凡所有相，皆是虚妄。不如留此偈，令迷人诵。依此修行，不堕三恶道。依法修行，有大利益。"大师遂唤门人尽来，焚香偈前。众人见已，皆生敬心。（大师曰）："汝等尽诵此偈者方得见性，依此修行，即不堕落。"门人尽诵，皆生敬心，唤言："善哉！"

五祖遂唤秀上座于堂内问："是汝作偈否？若是汝作，应得我法。"

秀上座言："罪过，实是神秀作。不敢求祖位，但愿和尚慈悲，看弟子有少智慧，识大意否？"

五祖曰："汝作此偈见解，只到门前，尚未得入。凡夫依此偈修行，即不堕落。作此见解，若觅无上菩提，即不可得。要入得门，见自本性。汝且去，一两日思惟，更作一偈来呈吾。若入得门，见自本性，当付汝衣法。"秀上座去数日，作偈不得。

有一童子于碓坊边过，唱诵此偈。慧能及一闻，知未见性，即识大意。能问童子："适来诵者是何偈？"

童子答："你不知大师言生死事大，欲传衣法，令门人等各作一偈，来呈吾看，悟大意即付衣法，禀为六代祖。有一上座名神秀，忽于南廊下书无相偈一首，五祖令诸门人尽诵。悟此偈者即见自性，依此修行，即得出离。"

慧能答曰："我此踏碓八个余月，未至堂前。望上人引慧能至南廊下见此偈礼拜。亦愿诵取，结来生缘，愿生佛地。"

童子引能至南廊下。能即礼拜此偈，为不识字，请一人读。慧能闻已，即识大意。慧能亦作一偈，又请得一解书人于西间壁上题著，呈自本心。不识本心，学法无益，识心见性，即悟大意。慧能偈曰：

菩提本无树，明镜亦无台。
佛性常清净，何处有尘埃。

又偈曰：

心是菩提树，身为明镜台。
明镜本清净，何处染尘埃。

院内徒众见能作此偈，尽怪。慧能却入碓坊。

五祖忽来廊下，见慧能偈，即知识大意。恐众人知，五祖乃谓众人曰："此亦未得了。"

五祖夜至三更，唤慧能堂内说《金刚经》。慧能一闻，言下便悟。其夜受法，人尽不知，便传顿教及衣，以为六代祖。将衣为信禀，代代相传，法即以心传心，当令自悟。五祖言："慧能，自古传法，气如悬丝，若住此间，有人害汝，即须速去！"

能得衣法，三更发去。五祖自送能至九江驿，登时便别。五祖处分："汝去努力！将法向南，三年勿弘此法。难起已后，弘化善诱，迷人若得心开，与悟无别。"辞违已了，便发向南。(48/348a)

《坛经》载有慧能传法说教的一些诗颂中也有较为通俗的。如卷一《无相颂》(又名《灭罪颂》)：

迷人修福不修道，只言修福便是道，布施供养福无边，心中三恶元来造。拟将修福欲灭罪，后世得福罪还在。但向心中除罪缘，名自性中真忏悔。忽悟大乘真忏悔，除邪行正即无罪。学道常于自性观，即与诸佛同一类。吾祖惟传此顿法，普愿见性同一体。若欲当来觅法身，离诸法相心中洗。努力自见莫悠悠，后念忽绝一世休。若悟大乘得见性，虔恭合掌至心求。(48/354c)

诗中所说"莫悠悠"是其时俗语，意谓不要虚度时光。

第二节　五代宋金的白话

　　五代宋金随着农业、手工业尤其是商业的发展和都邑的发达以及社会阶级结构的变动，整个上层建筑包括职官、铨选、科举、教育、军事、法律等制度，乃至哲学、宗教、艺术、文学、学术等意识形态以及风俗习惯都出现了相应的变革。宋代学术兴盛，仅以理学而言，有以周敦颐为代表的濂学，以张载为代表的关学，以程颢、程颐为代表的洛学，以朱熹为代表的闽学，以陆九渊为代表的心学等，"大抵以格物致知为先，明善诚身为要，凡《诗》《书》六艺之文，与夫孔、孟之遗言，颠错于秦火，支离于汉儒，幽沉于魏、晋、六朝者，至是皆焕然而大明，秩然而各得其所"。① 物质生活和精神生活的丰富促使人们交往的工具——语言也变得更加丰富，出现了一批新词新义，增加了大量俗语词、方言词、行话市语，双音节词占了词汇的主导地位，增加了一些新的词头、词尾，构词方法也有扩展，许多词语完成了从上古、中古向近代的转化，渐形成与现代汉语相近的词义结构，基本上形成了近代汉语的词义体系。其时书面语与实际口语已有较大距离，韵部已简化，宋代科举诗文虽然仍袭用《切韵》和《唐韵》，但人们作诗允许相近的韵部同用、通用。宋词的语言是唐诗口语化的延续与发展，词韵合《广韵》二百零六韵为十九韵，全用口语音，反映了汉语口语读音趋简的特点。

　　这一时期已具有了完全建立在当时口语基础上的诗词、话本和语录等白话文献，尤其是苏轼主张"街谈市语，皆可入诗"，② 程颢、程颐和朱熹等理学家讲学则多用白话口语来表达儒家思想，这无疑大大动摇了文言的正统地位。这些白话文献中出现的大量俗语词正是五代宋金语言在词汇上的明显特征，改变了以往书面语中文言词多而白话词少的状况，反映了文白的此消彼长。如唐代小说中所用的文言词"足"和"目"，宋人话本中则相应地使用口语的"脚"和"眼"。文言中用的"母"和"子"在话本里已是"娘"和"儿子"。又如表示旅费义用"裹足"，表示瞎扯义用"浪舌"，称风流蕴藉为"角"，称笨拙恶劣为"村"，称妻子为"浑家"，称为非作歹为"歹生活"，"至呼'父'为

---

　　① 《宋史》卷四二七《道学一》。
　　② 周紫芝《竹坡诗话》，何文焕编《历代诗话》，中华书局，1981年，第354页。

'爹',谓'母'为'妈',以'兄'为'哥',举世皆然"。① 这些词语可以说是汉语由文言向白话逐渐演变在词汇上的标志。

一、五代宋的白话诗词

五代宋的诗风承唐而多以文入诗,由唐诗变到宋诗,"更近于说话",② 其中也有不少具有白话色彩的诗作,使用了口语词汇及口语的表达方式。如苏轼《六月二十七日望湖楼醉书五绝》之一:

> 黑云翻墨未遮山,白雨跳珠乱入船。卷地风来忽吹散,望湖楼下水如天。

《饮湖上初晴后雨》其一:

> 水光潋滟晴方好,山色空濛雨亦奇。欲把西湖比西子,淡妆浓抹总相宜。

《惠崇春江晚景》其二:

> 竹外桃花三两枝,春江水暖鸭先知。蒌蒿满地芦芽短,正是河豚欲上时。

杨鸾《即事》:

> 白日苍蝇满饭盘,夜来蚊子又成团。每到更深人静后,定来头上咬杨鸾。

曾几《三衢道中》:

> 梅子黄时日日晴,小溪泛尽却山行。绿荫不减来时路,添得黄鹂四五声。

杨万里《竹枝歌七首》之一:

> 吴侬一队好儿郎,只要船行不要忙。着力大家齐一拽,前头管取到丹阳。

《插秧歌》:

> 田夫抛秧田妇接,小儿拔秧大儿插。笠是兜鍪蓑是甲,雨从头

---

① 庄绰《鸡肋编》卷上,中华书局,1983年,第28页。
② 胡适《逼上梁山》,载王子坚编《时人自述与人物评传》,经纬书局,1935年,第104页。

上湿到胛。唤渠朝餐歇半霎，低头折腰只不答。秧根未牢莳未匝，照管鹅儿与雏鸭。

范成大《州桥》：

州桥南北是天街，父老年年等驾回。忍泪失声询使者，几时真有六军来？

《四时田园杂兴六十首》其中两诗：

梅子金黄杏子肥，麦花雪白菜花稀。日长篱落无人过，惟有蜻蜓蝴蝶飞。

昼出耘田夜绩麻，村庄儿女各当家。童孙未解供耕织，也傍桑阴学种瓜。

朱熹《观书有感》：

半亩方塘一鉴开，天光云影共徘徊。问渠那得清如许，为有源头活水来。

有些白话诗通畅上口。如《景德传灯录》卷三○载腾腾和尚《了元歌》：

修道道无可修，问法法无可问。迷人不了色空，悟者本无逆顺。八万四千法门，至理不离方寸。识取自家城郭，莫谩寻他乡郡。不用广学多闻，不要辩才聪俊。不知月之大小，不管岁之余闰。烦恼即是菩提，净华生于泥粪。人来问我若为，不能共伊谈论。寅朝用粥充饥，斋时更餐一顿。今日任运腾腾，明日腾腾任运。心中了了总知，且作佯痴缚钝。（51/461b）

卷五载司空山本净禅师《来往如梦》偈：

视生如在梦，梦里实是闹。忽觉万事休，还同睡时悟。智者会悟梦，迷人信梦闹。会梦如两般，一悟无别悟。富贵与贫贱，更亦无别路。

《明觉禅师语录》卷三：

船子云："千尺丝纶直下垂，一波才动万波随。夜静水寒鱼不食，满船空载月明归。"师云："者汉劳而无功，忽若云门道：一句合头语，万劫系驴橛。又作么生免此过。"良久云："莫谓水寒鱼不食，如今钓得满船归。"（47/692a）

例中"合头",意谓愚笨不开窍。如敦煌变文《燕子赋》:"燕子语雀儿:'好得合头痴!向吾宅里坐,却捉主人欺。如今见我索,荒语说官司。养虾蟆得瘵病,报你定无疑!'"

《祖堂集》卷四《丹霞和尚》载其所作《孤寂吟》:

> 时人见余守孤寂,为言一生无所益。余则闲吟《孤寂》章,始知光阴不虚掷。不弃光阴须努力,此言虽说人不识。识者同为一路行,岂可颠坠缘榛棘。榛棘茫茫何是边,只为终朝尽众喧。众喧不觉无涯际,哀哉真实不虚传。传之响之只不闻,犹如灯烛合盂盆。共知总有光明在,看时未免暗昏昏。昏昏不觉一生了,斯类尘沙比不少。直似潭中吞钩鱼,何异空中荡罗鸟。此患由来实是长,四维上下远茫茫。倏忽之间迷病死,尘劳难脱哭怆怆。怆怆哀怨终无益,只为将身居痛室。到此之时悔何及,云泥未可访孤寂。孤寂宇宙穷为良,长吟高卧一闲堂。不虑寒风吹落叶,岂愁桑草遍遭霜。但看松竹岁寒心,四时不变流清音。春夏暂为群木映,秋冬方见郁高林。故知世相有刚柔,何必将心清浊流。二时粗糖随缘过,一身遮莫布毛裘。随风逐浪往东西,岂愁地迮与天低。时人未解将为错,余则了然自不迷。不迷须有不迷心,看时浅浅用时深。此个真珠若采得,岂同樵夫负黄金。黄金亨练转为真,明珠含光未示人。了即毛端滴巨海,始知大地一微尘。尘滴存乎未免怨,莫弃这边留那边。直似长空搜鸟迹,始得玄中又更玄。举一例诸足可知,何用諵諵说引词。只见饿夫来取饱,未闻浆逐渴人死。多人说道道不行,他家未悟诈头明。三寸利刀开旷路,万株榛棘拥身生。尘浑茫茫都不知,空将辩口泻玄微。此物那堪为大用,千生万劫作贫儿。聊书孤寂事还深,钟期能听伯牙琴。道者知音指其掌,方贵名为《孤寂吟》。

这篇《孤寂吟》的语言明白流利。

《景德传灯录》卷三〇载《一钵歌》:

> 遏喇喇,闹聒聒,总是悠悠造妷健。如饥吃盐加得渴,枉却一生头枺枺。究竟不能知始末,抛却死尸何处脱。劝君努力求解脱,闲事到头须结撮。火落身上当须拨,莫待临时叫菩萨。丈夫语话须豁豁,莫学痴人受摩挆。趁时结裹学摆拨,也学柔和也粗粝。也剃头也披褐,也学凡夫生活。直语向君君未达,更作长歌歌一钵。一钵歌,多中一,一中多。莫笑野人歌一钵,曾将一钵度娑婆。青天寥寥月初上,此时影空含万象。几处浮生自是非,一源清净无来

往。更莫将心造水泡，百毛流血是谁教。不如静坐真如地，顶上从他鹊作巢。万代金轮圣王子，只遮真如灵觉是。菩提树下度众生，度尽众生不生死。不生不死真丈夫，无形无相大毘卢。尘劳灭尽真如在，一颗圆明无价珠。眼不见，耳不闻，不见不闻真见闻。从来一句无言说，今日千言强为分。强为分，须谛听，人人尽有真如性。恰似黄金在矿中，炼去炼来金体净。真是妄，妄是真，若除真妄更无人。真心莫谩生烦恼，衣食随时养色身。好也着，弱也着，一切无心无染着。亦无恶，亦无好，二际坦然平等道。粗也餐，细也餐，莫学凡夫相上观。也无粗，也无细，上方香积无根蔕。坐亦行，行亦坐，生死树下菩提果。亦无坐，亦无行，无生何用觅无生。生亦得，死亦得，处处当来见弥勒。亦无生，亦无死，三世如来总如此。离则着，着则离，幻化门中无实义。无可离，无可着，何处更求无病药。语时默，默时语，语默纵横无处所。亦无语，亦无默，莫唤东西作南北。嗔即喜，喜即嗔，我自降魔转法轮。亦无嗔，亦无喜，水不离波波即水。悭时舍，舍时悭，不离内外及中间。亦无悭，亦无舍，寂寂寥寥无可把。苦时乐，乐时苦，只遮修行断门户。亦无苦，亦无乐，本来自在无绳索。垢即净，净即垢，两边毕竟无前后。亦无垢，亦无净，大千同一真如性。药是病，病是药，到头两事须拈却。亦无药，亦无病，正是真如灵觉性。魔作佛，佛作魔，镜里寻形水上波。亦无魔，亦无佛，三世本来无一物。凡即圣，圣即凡，色里胶青水里咸。亦无凡，亦无圣，万行总持无一行。真中假，假中真，自是凡夫起妄尘。亦无真，亦无假，若不唤时何应喏。本来无姓亦无名，只么腾腾信脚行。有时廛市并屠肆，一朵红莲火上生。也曾策杖游京洛，身似浮云无定着。幻化由来似寄居，他家触处更清虚。若觅戒三毒，疮痍几时瘥。若觅禅我自，纵横汩硸眠。大可怜，不是颠，世间出世天中天。时人不会此中意，打着南边动北边。若觅法鸡足，山中问迦叶。大士持衣在此中，本来不用求专甲。若觅经法性，真源无可听。若觅律穷子，不须教走出。若觅修八万，浮图何处求？只知黄叶止啼哭，不觉黑云遮日头。莫怪狂言无次第，筛罗渐入粗中细。只遮粗中细也无，即是圆明真实谛。真实谛，本非真。但是名闻即是尘。若向尘中解真实，便是堂堂出世人。出世人，莫造作，独行独步空索索。无生无死无涅槃，本来生死不相干。无是非，无动静，莫谩将身入空井。无善恶，无去来，亦无明镜挂高台。山僧见解只如此，不信从

他造劫灰。(51/462a)

上例语言俚俗生动谐谑，具有通俗化和民歌化的倾向。

词是五代宋时的歌曲，吸收了较多的口语成分，语言也基本上是白话的。一些传诵至今的佳作用意皆出人意外，"出句如在人口头"，具有口语化的色彩。① 如李煜《乌夜啼》：

> 剪不断，理还乱，是离愁。别是一般滋味，在心头。

又《虞美人》：

> 春花秋月何时了，往事知多少。小楼昨夜又东风，故国不堪回首月明中。
>
> 雕栏玉砌应犹在，只是朱颜改。问君能有几多愁，恰似一江春水向东流。

李清照《声声慢》：

> 乍暖还寒时候，最难将息。守着窗儿，独自怎生得黑。这次第，怎一个愁字了得。

黄庭坚《少年心》：

> 对景惹起愁闷。染相思、病成方寸。是阿谁先有意，阿谁薄幸。斗顿恁、少喜多嗔。
>
> 合下休传音问。你有我、我无你分。似合欢桃核，真堪人恨。心儿里、有两个人人。

又《卜算子》：

> 要见不得见，要近不得近。试问得君多少怜，管不解、多于恨。
>
> 禁止不得泪，忍管不得闷。天上人间有底愁，向个里、都谙尽。

秦观《满园花》：

> 一向沉吟久，泪珠盈襟袖。我当初不合、苦拦就，惯纵得软顽，见底心先有。行待痴心守，甚捻着脉子，倒把人来僝僽。

---

① 孙麟趾《词径》："用意须出人意外，出句如在人口头，便是佳作。"贾文昭编《中国近代文论类编》，黄山书社，1991年，第262页。

近日来、非常罗皂丑,佛也须眉皱,怎掩得众人口?待收了字罗,罢了从来斗。从今后,休道共我,梦见也、不能得勾。

辛弃疾《恋绣衾》:

长夜偏冷添被儿。枕头儿、移了又移。我自是、笑别人底,却元来、当局者迷。

如今只恨因缘浅,也不曾、抵死恨伊。合手下、安排了,那筵席、须有散时。

又《清平乐》:

茅檐低小,溪上青青草,醉里吴音相媚好。白发谁家翁媪。

大儿锄豆溪东,中儿正织鸡笼。最喜小儿无赖,溪头卧剥莲蓬。

又《丑奴儿》:

少年不识愁滋味,爱上层楼。爱上层楼,为赋新词强说愁。

而今识尽愁滋味,欲说还休。欲说还休,却道天凉好个秋。

上所举例,皆以寻常口语来表情达意。用口语入词,"言多近俗"可以说是宋词的特点之一。① 如柳永《昼夜乐》:

早知恁地难拚,悔不当时留住。

又《木兰花令》:

不如闻早还却愿,免使牵人虚魂乱。风流肠肚不坚牢,只恐被伊牵引断。

又如辛弃疾《踏歌》:

攧厥,看精神压一庞儿劣。

又《鹧鸪天》:

些底事,误人哪,不成真个不思家。

词中"恁地""闻早""肠肚""坚牢""庞儿""劣""些底""真个"等都是当时口语。

---

① 胡仔《苕溪渔隐丛话》后集卷三九引严有翼《艺苑雌黄》,称柳永的词具有"直以言多近俗"而使"俗子易悦"的语言特点。(人民文学出版社,1962年,第 319 页)

宋理宗时，福建兴化人陈彦章"往参大学，时方新娶"，其妻作《沁园春》："记得爷爷，说与奴奴，陈郎俊哉"，"那孤灯只砚，郎君珍重，离愁别恨，奴自推排"，"彦章去，早归则个，免待相催"。

南宋太学生《有采俗语作耍》说："湖女艳，莫娇他，平日为人吃譊拿，乌龟犹自可，虔婆似那吒。早辰起来七般事，油盐酱豉姜椒茶，冬要绫罗夏要纱。君不见，湖州张八仔，卖了良田千万顷，而今却去钓虾蟆，两片骨臀不奈遮。"①

宋代文风尚说理论事，故语体散文极盛，诗词亦多口语化，为元曲始祖。吴梅《南北戏曲概言》："金元以来，士大夫好以俚语入词。"如阮阅《洞仙歌》词《赠宜春官妓赵佛奴》：

赵家姊妹，合在昭阳殿。因甚人间有飞燕。见伊底，尽道独步江南，便江北、也何曾惯见。惜伊情性好，不解嗔人，长带桃花笑时脸。向尊前酒底，得见些时，似恁地、能得几回细看。待不眨眼儿、觑著伊，将眨眼底工夫，剩看几遍。

朱敦儒《鼓笛令》：

纸帐绸衾忒暖，尽自由横翻倒转。睡觉西窗灯一焌，恰听打三更三点。

残梦不须深念，这些个光阴煞短。解散缰绳休系绊，把从前一笔句断。

苏轼《如梦令》：

为向东坡传语，人在玉堂深处。别后有谁来，雪压小桥无路。归去，归去，江上一犁春雨。

刘过《天仙子·初赴省别妾》：

别酒醺醺容易醉，回过头来三十里。马儿只管去如飞，牵一会，坐一会，断送杀人山共水。

是则青衫终可喜，不道恩情拚得未。雪迷村店酒旗斜，去也是，住也是，烦恼自家烦恼你。

有一些叙事的讲唱词也较通俗。如无名氏《桃源》：

渔舟容易入春山，别有天地非人间。玉颜亭亭花下立，鬓乱钗

---

① 《夷坚续志》前集卷一《俗谑试题》，后集卷二《送夫入学》。

横特地寒。留君不住君须去，不知此地归何处？春来偏是桃花水，流水落花空相误。

相误桃源路，万里苍苍烟水暮。留君不住君须去，秋月春风闲度。桃花零乱如红雨，人面不知何处。

《明妃》：

明妃初出汉宫时，青春绣服正相宜。无端又被东风误，故著寻常淡薄衣。上马即知无返日，寒山一带伤心碧。人生憔悴生理难，好在毡城莫相忆。

相忆无消息，目断遥天云自白。寒山一带伤心碧，风土萧疏胡国。长安不见浮云隔，纵使君来争得！

笔记中也载有一些带有诙谐意味的白话诗词。如洪迈《夷坚三志》己卷七记载《水饭词》："水饭恶冤家。些小薑瓜。尊前正欲饮流霞。却被伊来刚打住，好闷人那。不免着匙爬，一似吞沙。主人若也要人夸，莫惜更挼三五盏，锦上添花。"

二、五代宋的语录

五代宋的语录在白话发展史上具有重要地位，除了禅宗语录外，还有理学家的语录等。主要有《祖堂集》《景德传灯录》《二程语录》《朱子语类》《燕云奉使录》等。这些语录直接记录师徒间口耳相授说的话或外交谈判的对话，反映了当时的白话。如《大慧普觉禅师语录》卷四：

上堂。僧问："空手把锄头，步行骑水牛时，如何？"师云："鳝鱼走入油瓮里。"进云："将谓胡须赤，更有赤须胡。"师云："人从桥上过，桥流水不流。"进云："只如傅大士向鱼行酒肆里接人，未审和尚向甚么处接人？"师云："向一切处接人。"进云："未审接得几个？"师云："只尔一个漆桶不会。"乃云："空手把锄头，饭里有巴豆。步行骑水牛，蹴着脚指头。人从桥上过，赚杀多少人。桥流水不流，却较些子。若怎么提得去，方信道：弥勒真弥勒，分身千百亿。时时示时人，时人俱不识。"拍禅床，下座。(47/827a)

例中"空手""水牛""鳝鱼""油瓮""胡须""甚么""漆桶""锄头""脚指头""赚杀""多少""较些子"等都是日常用语。又卷六：

> 上堂。举赵州一日，与文远侍者论义，斗劣不斗胜，胜者输餬饼。远云："请和尚立义。"州云："我是一头驴。"远云："某是驴胃。"州云："我是驴粪。"远云："某是粪中虫。"州云："汝在彼中作甚么？"远云："某在彼中过夏。"州云："把将餬饼来。"（47/834b）

世俗中打赌或比胜负总是以优者为赢，劣者为输，赵州禅师与其弟子文远则比谁最劣，体现出一种与世俗争高比低、争强好胜完全相反的超然心态。当文远说自己是"粪中虫"时，似乎他已处于最劣的位置，但是赵州禅师冷不丁问他在那里作什么时，文远自我的主体意识驱使他随口说出"我在那里过夏"，这样，相对于处于没有自我主体意识劣势的"粪中虫"，他就处于优势，赵州禅师抓住这个把柄，所以要文远把饼拿过来。师徒二人互相调侃，所用多为当时口语，诙谐风趣。

《祖堂集》是现存最早的一部禅宗史料总集，南唐泉州招庆寺静、筠二禅师编集，书成于南唐保大十年（952）。此书多收录雪峰义存一系禅师的语录，大略反映了禅宗南宗的历史。编集的旨意与其说是记载史实，不如说搜集诸禅师的要语为其着眼点，也可看作公案的集大成，保存了许多珍贵的禅宗史料和唐五代时期的口语材料，可以看成是9世纪语言的记录，具有很高的研究价值。此书在宋代已传入高丽（今韩国），收入高丽版的《大藏经》藏外补版中，而在国内却失传。上世纪初日本学者关野贞、小野玄妙等在朝鲜庆尚南道海印寺发现了高丽高宗三十二年（1245）刻本，1972年日本京都中文出版社据花园大学图书馆所藏海印寺住持幻镜和尚的手泽本影印，其《出版说明》说："此书用古式白话文写成，语多方言，字多简体，珠玉联环，辞藻丰富，研究古代语法不可或缺。"从汉语白话发展的角度来看，此书是系统了解早期白话的可靠资料。唐五代的诗词、变文等也有口语的影响，但其表现方式是零散的，而早期的其他禅宗语录在流传中往往有较多的修改加工，已难以确定当时的原貌。如卷七载雪峰和尚有颂曰："世中有一事，奉劝学者取。虽无半钱活，流传历劫逼。登天不借梯，遍地无行路。包尽乾坤处，禅子火急悟。寅朝不肯起，贪座昏黄晡。鱼被网裹却，张破獦师肚。"卷一六载古灵神赞和尚自百丈处悟道后，欲令其出家师悟道，"后得一日，新糊窗，其日照窗倍明。师于窗下看经次，蝇子竞头打其窗，求觅出路。弟子侍立，云：'多少世界，如许多广阔，而不肯出头，撞故纸里，驴年解得出摩？'"其出家师闻此语受到触动，于是要求古灵说百丈大师指授的《禅门心要》。例中"火急""出头"是当时口语。下再

举二例以见早期禅宗语录的特色,如卷九《逍遥和尚》:

> 逍遥嗣夹山,在高安。未睹行录,不决始终。问:"烘炉猛焰,烹锻何物?"师曰:"烹佛烹祖。"云:"佛祖作摩生烹?"师曰:"业在其中。"进曰:"唤作什摩业?"师曰:"佛力不如。"问:"一切众生皆有佛性,为什摩有佛有众生?"师曰:"肯即同众异,不肯即异众同。"问:"古人有言:'知有底人直须不知有',不知有底人如何?"师曰:"识性共同,俱无兼戴。"进曰:"不知有底人如何得知有?"师曰:"语取乃不人。"问:"如何是祖中祖?"师曰:"息不肯破,为有明人决。"师垂语曰:"大家去那里向火?"又云:"火即从你向,不得烧着身。"对曰:"法身具四大,谁是向火者?"更垂语曰:"古时传祖法,如今不传祖法。"

文中采用问答式,烹佛烹祖,逗弄机锋,即事生发,其中"什摩""唤作""底""大家""向火"等都是当时的日常用语。又如卷七《岩头和尚》:

> 师共雪峰到山下鹅山院。压雪数日,师每日只管睡,雪峰只管坐禅。得七日后,雪峰便唤:"师兄且起。"师云:"作摩?"峰云:"今生不著便,共文遂个汉行数处,被他带累。今日共师兄到此,又只管打睡。"师便喝云:"你也嗜眠去摩?每日在长连床上,恰似漆村里土地相似!他时后日,魔魅人家男女去在!"峰以手点胸云:"某甲这里未稳在,不敢自谩。"师云:"我将谓汝他时后日向孤峰顶上盘结草庵,播扬大教,犹作这个语话。"峰云:"实未稳在。"师云:"汝若实如此,据汝见处道将来。"峰云:"某甲初到盐官,因说观色空义,得个入处。又因洞山曰:'切忌随他觅,迢迢与我疏。我今独自往,处处得逢渠。渠今正是我,我今不是渠。应须与摩会,方得契如如。'"师便喝云:"若与摩,则自救也未彻在。"峰云:"他时后日作摩生?"师云:"他时后日若欲得播扬大教去,一一个个从自己胸襟间流将出来,与他盖天盖地去摩?"峰于此言下大悟,便礼拜,起来连声云:"便是鹅山成道也!"二人分襟后,师在鄂州,遇沙汰,只在湖边作渡船人。湖两边各有一片板,忽有人过,打板一下,师便提起楫子,云:"是阿谁?"对曰:"要过那边去。"师便划船过。

北宋道原编的《景德传灯录》是继《祖堂集》之后的又一部重要的禅宗史料总集,由于《祖堂集》自宋代以后就已失传,所以此书长期被视作最早的灯录,又因为此书曾由宋真宗御批入藏,具有敕修史书的特殊地位,故后世灯录的编撰,从内容到书名多受其影响。此书分三十卷,大抵取材于《宝林传》《祖堂集》诸书,辑录唐五代以来禅宗语录,记叙自七佛至法眼宗后嗣凡五十二世1701人的生平行状和机语作略。道原编集此书时对有关材料作了一些剪裁,将其与《祖堂集》进行比勘可以看到这一点,但是删改的并不多,仍不失为一部研究唐五代宋初口语的基本文献。南宋时,僧人普济汇录《景德传灯录》《天圣广灯录》《建中靖国续灯录》《联灯会要》和《嘉泰普灯录》五种灯录为一编,撰成《五灯会元》,问世后流传极广,而原五灯除了《景德传灯录》外,其他四种遂少人问津。此书汇辑了佛教产生至唐宋时期各派名僧关于教义的记述和故事,在思维取向、用词造语以及语体风格方面对白话的发展具有重要影响。书中录载的许多偈颂形象生动,大量著名的公案话头蕴含哲理,尤其是语言浅俗,如"一棒打杀与狗子吃""者里有祖师么,唤来与我洗脚"等,运用了大量的白话口语,且长短随意,不拘一格,具有一种面对面交谈的亲近感。又如卷二载嵩岳破窖堕和尚与侍僧的对话:

  师曰:"汝问我恶,恶不从善。汝问我善,善不从恶。"良久,又曰:"会么。"曰:"不会。"师曰:"恶人无善念,善人无恶心,所以道善恶如浮云,俱无起灭处。"僧於言下大悟。(51/233a)

  禅宗语录还多用方言,如《五灯会元》卷一四《净慈慧辉禅师》:"达磨祖师,以一乘法直指单传,面壁九年,不立文字,被人唤作壁观婆罗门。且道作么生行履,免被傍人指注去?衲帔蒙头万事休,此时山僧都不会。"又卷一六《法昌倚遇禅师》:"上堂:夜半乌鸡谁捉去?石女无端遭指注。空王令下急搜求,唯心便作军中主。"卷二〇《觉阿上人》:"竖拳下喝少卖弄,说是说非入泥水。截断千差休指注,一声归笛啰啰哩。"诸例中"指注"是南楚方言,意谓七嘴八舌、纷杂多言。据扬雄《方言》卷一〇载:"嚵哰、謰謱,拏也。东齐周晋之鄙曰嚵哰。嚵哰,亦通语也。南楚曰謰謱,或谓之支注,或谓之詀謕,转语也。""指注"即扬雄所记南楚方言"支注",又作"指住"。如敦煌变文《维摩诘经讲经文》:"忽然听唱我闻名,会下喧喧方指住。"谓佛会中众口喧闹言语纷杂。① 《觉阿上人》中的"啰啰哩"则源于记梵文四流母音的鲁、

---

  ① 董志翘《扬雄〈方言〉与中古、近代汉语词语溯源二例》,《语文研究》,2005年第4期。

流、卢、楼或啰啰哩哩等,隐喻悟道归源的超然洒脱之义。①

一些僧人的撰述也多用口语。如释净觉《楞伽师资记》卷一:

> 又云:见色有色不?色是何色?又云:汝闻打钟声打时有?未打时有?声是何声?又云:打钟声,只在寺内有。十方世界亦有钟声不?又云:身灭影不灭,桥流水不流。我之道法,总会归体用两字。(85/1290c)

五代宋在学术思想和文化特征方面承隋唐而又有不同,在疑古思潮的影响下,不再墨守前人陈说,而敢于标新立异,提出异议,讲学之风大盛。宋儒喜欢给儒家经典以新的解说,遂有其讲学或谈话的记录。宋儒语录的语言是一种混杂的半口语化的语言,在这些语录中同等程度地使用了宋代的口语成分和古代汉语的成分。清人杨复吉在其所著《梦阑琐笔》中谈到宋儒语录,对其阐扬理学而采用俚鄙之语深为不满,然唯世人皆知之浅显通俗的语言方能使神奥的道理一点即明。宋儒明于此理,故讲学时大量使用了当时人们口中常用的一些通俗习语。宋儒语录给人鲜明印象的是大量的富于表现力的民间俗语,如"安泊、鏖糟、打撺、大煞、大小大、大段、家活、弄精神、朴实头、怎地、人家、无端、物事、些小、直上直下"等,这些口语俗语为我们研究汉语白话的发展提供了一份珍贵的语言实录。

《河南程氏遗书》是宋代理学家程颢、程颐的弟子所记的二程语录,后来由朱熹综合编定,共二十五卷。《二程语录》基本上是北宋中期文人口语的实录,大致如实反映了那个时期汉语的发展、演变情况。如现代汉语中的动词形尾"了""着""得",形容词、副词形尾"的""地""底",人称代词形尾"们",指示代词"这、那",疑问代词"甚",被动式等,都可在《二程语录》中找到大量用例。《二程语录》中出现的新词、新义、新用法反映出语言的发展和演变。如卷一:

> 到底须是是者为真,不是者为假,便是道,大小大分明。

例中"真"与"假"相对,反映了汉语语义场中由"真"与"伪"相对到"真"与"假"相对的演变。② 又如卷二:

> 至如人为人问"你身上有几条骨头,血脉如何行动,腹中有多少藏府",皆冥然莫晓。今人于家里有多少家活屋舍,被人问着,

---

① 徐时仪《"喽啰"考》,《语言科学》,2005 年第 1 期。
② 黄锦君《二程语录语法研究》,四川大学出版社,2005 年。

己不能知,却知为不智,于此不知,曾不介意,只道是皮包裹,不到少欠,大小大不察。近取诸身,一身之上,百理具备,甚物是没底?

例中的"家活""不到""大小大"都是当时的口语。再如卷一《拾遗》:

> 侯世奥云:"某年十五六时,明道先生与某讲《孟子》,至'勿正心,勿忘勿助长'处,云:'二哥以必有事焉而勿正为一句,心勿忘勿助长为一句,亦得。'"

又《外书》卷一二:

> 伯淳谓正叔曰:"异日能尊师道,是二哥。若接引后学,随人才成就之,则不敢让。"①

程颢字伯淳,世称明道先生;程颐字正叔,世称伊川先生。程颢是兄长,但在上二例中却自称其弟为"哥",可见其时"哥"有"兄弟"义,兄也可称弟为"哥"。

朱熹是宋代理学的集大成者,《朱子语类》是朱熹门人记录的朱熹讲学语录的汇编,黄榦在书后的序中称此书"师生函丈间往复诘难,其辨愈详,其义愈精。读之悚然如侍燕间,承馨欬也"。朱熹讲学用的是当时文人交际用的口语,所论的问题往往深奥难懂,为使听者易于理会,就得语不求深,多方设喻,如话家常,唯以明白显豁为务。他的门人弟子写入笔记虽然会有所加工,加以书面化,但毕竟是随堂听讲,边听边记,唯恐失真,片言只语不敢遗漏,口吻声态详加记载,不可能完全改成书面语,往往是直录朱熹的原话,保存了大量活的口语。因而,此书既是朱熹与其门人讲学问答的实录,也是文人口语的实录,不仅有书面语成分,又有口语成分,反映了当时语言的使用状况和文白演变的概貌。如卷三:"鬼神事自是第二著。那个无形影,是难理会底,未消去理会,且就日用紧切处做工夫。"卷一〇:"莫说道见得了便休。而今看一千遍,见得又别;看一万遍,看得又别。须是无这册子时,许多节目次第都恁地历历落落,在自家肚里,方好。"卷一六:"不是大著个心去理会,如何照管得!"卷四五:"学是依这本子去作,便要小着心,随顺个事理去做。""须是软着心,贴就它去做。"卷一三九:"这文皆是从道中流出,岂有文反能贯道之理?文是文,道是道,文只如吃饭时下饭

---

① 程颢、程颐《二程集》,中华书局,1981年。

耳。若以文贯道，却是把本为末。以末为本，可乎？"这些语言与文言有较大差别，有一些已接近我们今天使用的语言。

唐宋时，新的虚词大量产生，出现了地、底、得、和、连、把、就、不成、莫是等虚词，在《朱子语类》中也相应地有地字结构、底字结构、得字结构、和字结构、就字结构等，尤其是出现了一些上古汉语没有的句式，如把字句式、和字句式、连字句式、不成字句式、莫是字句式等。这些结构和句式提供了考察近代汉语语法的大量用例，揭示了一些新出现的语法现象的脉络。如"不成"是其时新兴的一个白话语言成分，从《朱子语类》中可以考察其由偏正词组变为表反诘的副词和语气助词的轨迹。

"不成"最初是一个松散的偏正结构，表示各种否定的动作和状态。由于与其相连的"不"的否定作用，使其往往在句中充作次要动词，经常依附在中心动词的前面或后面。"不成"在句中的这种语法位置被固定下来后，其词义就逐渐抽象化，随着表示否定的"不"与表示被否定的"成"这两个单音词之间的搭配关系的逐渐固定，这两个单音词也就由临时组合的词组凝固成一个词，其语法功能也逐渐虚化，变成了谓语动词的修饰补充成分。这种语法位置导致其词义逐渐虚化而凝固为"未曾""未能"的意思。如卷七九："今又不成说他圣人之经不是，所以难说。"卷一二〇："若商量持敬，便不成持敬；若商量穷理，便不成穷理。须令实理在题目之中。"

"不成"处在句中这种句法位置，其词义又由"未能"的意思进一步虚化，强调否定而产生反诘语气，从而导致其原有的词汇意义消失而语法化，于是产生了"岂能""难道"的意思，成为反诘副词。如卷一二："不成说事多挠乱，我且去静坐。"卷二九："且如有颜子资质的，不成交他做子路也？"

在"不成"由偏正词组虚化为表反诘的副词这一虚化链中，"不成"由于句法位置的变化而在连动式句子中处于次要的地位，依附于句中主要谓语动词的这种语境导致其动作性减弱，这是其语法化的诱因和基础。在这个特定的语法位置上，在语境等因素的相互作用下，"不成"产生了其新的用法，词义也不断虚化，最终虚化成表示反诘的副词。当然，没有用在这种句法位置的"不成"则继续保持其原有的语义和功能，与表示反诘的副词"不成"并存于汉语中。如卷七八："《尚书传》是后来人做，解得不成文字。"

词汇语法化可以是一个词组结构演变成一个词，也可以是一个实词演变成一个虚词；可以是一个具有实实在在词汇意义的语言成分演变成一个较虚的语言成分，也可以是一个较虚的语言成分演变成一个更虚的语言成分。"不成"由否定副词演变成语气助词就是由较虚的词类向更虚的词类的转化。汉语中语气副词和语气助词都是表示语气的，其区别只是在句中位置的不同而已。语气副词"不成"作为谓语动词的修饰成分，最初的位置是在动词之前，也就是处在句中的位置。如卷四〇："如做一郡太守，一邑之宰，一尉之任，有盗贼之虞，这不成休了。"卷一三六："因论三国形势，曰：'曹操合下便知据河北可以为取天下之资。既被袁绍先说了，他又不成出其下，故为大言以诳之。'"

"不成"所表示的"岂能""难道"的语义在反诘语境中的进一步虚化，导致其由修饰谓语动词而扩大为修饰全句的一种语气，这导致其在句中的位置不仅可处在句中，也可处在句首，不仅可处在谓语动词前，而且也可以处在主语名词前，逐渐虚化为表反诘的语气副词。如卷七八："不成杀人者亦止令出金而免！"

语气词是在句子基本意义的基础上表示某种语气的虚词，它的有无对句子结构没有很大的影响，因而在句中的位置显得比较灵活。随着"不成"由修饰谓语动词演变为修饰全句，其语法功能也更为虚化，其较虚的词汇意义则进一步抽象化，形成一种缺乏较具体意义而纯粹表示反诘的语气。这种反诘语气的不断强化促使其在句中的位置更加趋于灵活，以致其也可以置于句末来补足强调反诘的语气。清袁仁林《虚字说》称："凡书文发语、语助等字，皆属口吻。口吻者，神情声气也。当其言事言理，事理实处，自有本字写之；其随本字而运以长短、疾徐、死活、轻重之声，此无以实字见也，则有虚字托之，而其声如闻，其意自见。如虚字者，所以传其声，声传而情见焉。"谢鼎卿《虚字阐义》总论虚词时亦称："实字求义理，虚字审精神。"无论从虚词的产生还是从虚词的运用来看，汉语的虚词都同语句的声气有关。所谓声气和精神，也就是贯穿句子始终的语气。汉语虚词的语法意义归根结底就在于表达句子的各种关系和语气。语气副词和语气助词都是表示语气的，其区别只是在句中的位置不同而已。因而，"不成"在反诘语气的驱使下逐渐移置于句末，这就使其由语气副词进一步语法化为一个语气助词。反诘语气的使用和强调应是促成这种位置挪动和词性转移的一个重要因素。

在《朱子语类》中，举凡哲学、宗教、政治、历史、人生、文学、艺术，朱熹皆用当时的白话加以论述剖析。儒家承孔子用白话口语讲学论道，至《朱子语类》可谓集大成。讲学时师生之间的随事问答与辩难使人无暇掉弄书语，修饰词藻，好似考试时笔试能在解答辨析中斟酌文词和行文布局，口试则重在随机应对和反应敏捷。因而宋明理学虽有"程朱""陆王"之分，但都采用浅俗明白的口语来讲学论道，说的都是相当地道的白话，反映了当时文人的口语面貌。

宋金通使时，宋人记录金人译语也间或用白话文。如金将完颜粘罕对马扩说："见皇帝说：射得煞好，南使射中，我心上快活。"金人萧褐禄问宋使魏良臣等人说："秦（桧）中臣安乐么？此人元在自家军中，煞是好人。"① 史书中有不少这方面的语录。如《三朝北盟会编》中保存了不少当时口语的实录，尤其是一些关键性的谈话，往往特别用白话来记载。其中《燕云奉使录》记录了赵良嗣在金国的谈话和活动情况，《茅斋自叙》记录了马扩多次使金与金人谈判交涉的实录。

如卷四《燕云奉使录》载赵良嗣说："良嗣问阿骨打'燕京一带旧汉地，汉州则并西京是也'。阿骨打云：'西京地本不要，止为去拿阿适须索一到，若拿了阿适，也待与南朝。'"又载马政、马扩父子所携国书说："昨来赵良嗣等到上京计议，燕京一带以来州城自是包括西京在内，面奉大金皇帝指挥言：'我本不要西京，只为就彼拿阿适去，且留著将来拿了阿适都与南朝。'"比较上引两例中"止为去拿阿适须索一到"和"只为就彼拿阿适去"，可知宋代"去"字的用法。

又如卷一四马扩《茅斋自叙》载：

仆复至燕京，兀室等云："皇帝甚喜，大事已定，止是商量交往礼数也。"仆窃语良嗣："便可理会山后。"良嗣不欲，曰："此事闲慢。"仆曰："御笔令力争，奈何？"良嗣徐语兀室云："贵朝所须，本朝一一从了，却有山后西京地土人民，并系旧汉地。今燕京已了，若将西京一同割还，乃是契义。"兀室云："西京路前在奉圣州时曾许，龙图言不要。后来所以只言燕京事，今更不须再言也。"仆曰："山后故地自海上理会，使人岂敢言不要？但每言燕地，则西京在其中矣。兼贵朝已许本朝收取，今燕京既已割还，西京却在西南，贵朝去远，却如何占守？或闻欲与别家，何若并还南朝，使得故地，亦见交欢诚意。"良嗣等怒仆不合理会山后，必致坏却山前。仆答："山前后相为表里，阙一则不可守，兼御笔令力争，岂可不尽心理会？"兀室三日不至。良嗣仓皇云："某本不欲理会西京

---

① 徐梦莘《三朝北盟会编》卷一四《茅斋自叙》和卷一六二《绍兴甲寅通和录》。

事，公必欲为言，必连山前事坏了。"仆曰："御笔令力争，安得不言？"良嗣曰："但归日语录中载力争之言数段足矣！"仆曰："臣事君以忠，何可伪也？"良嗣曰："兀室三日不来，此必生变。适欲呼李靖，令勿议，侍郎言，且更请公面议之。"仆曰："赖侍郎令呼某来，若龙图一面与李靖画断，即他日御史台公事有所在矣。"良嗣惊窘云："某意但了燕山事，即吾曹成功，恐因山后坏却，宣赞何苦相戾？"仆曰："不然。吾曹苟能为朝廷得全燕之地，尽复五关，止出契丹岁赐，使国家幅员万里，因机借势，控制强虏，弭久远表去里单之患，则粗可言功。今既不得平、滦、营三州，又失榆、松亭二关，每岁别增一百万缗，耗竭中国，当自此始。又复不要山后，则燕人志向不一，争端在即，祸衅巨量，尚何自谓功耶？"良嗣云："纵使虏人见许，必复邀增岁赐。朝廷之力已竭，如何可出？"仆曰："龙图迩臣也。画此利害，使朝廷罢浮费不急之用，以为守边之资，则有余矣。公见西边争战形势，虽一城一堡必力战取之，缮筑之功，在所不计。盖要塞必争之城，期于必得而后已。仆料虏人之意，西京在其西南数千里，彼必不能守，将必归我，姑少迟之。"良嗣云："纵使虏人见还，公观今日朝廷事势，如何守得？"仆曰："得而弃之，此在上意。"良嗣方忧挠间，兀室杨璞至，云："西京地土据诸郎君与臣下议，言当初得西京时，攻围四十日，军人死伤无数，不易得来，不若与河西家，却煞得进奉。唯是皇帝言：'赵皇大度，我要岁添一百万贯物色，一字不违，千年万岁却是多少？今却觅西京，如何违得？兼我在奉圣州时，心上许了。不若与去，共他大朝交欢也，胜似与河西家。然其间人户却待起遣将去。'"良嗣相与辩之，兀室云："此事亦得皇帝处分。民土尽割还贵朝，只却要些答贺。"仆答："若贵朝应副西京民土，朝廷岂无相谢礼数？"兀室曰："此中亦遣使人，须当道破，只得一年之数，赏此军人，便是礼数了也。"

从《三朝北盟会编》记载的不同场合的一些谈话可看到当时文白的异同。如卷二四二《采石战胜录》：

  虞侯见事急，知二将必退回。遂率四五侍从，又同白宰相说："王权退师，已临江口，必败国事。"诸公云："权非敢退，所以道虏深入，身当其冲，令邵宏渊出其右，李显忠出其左，夹攻之。"虞侯率四五侍从辨其不然："此权必为走计。"时朱、杨犹不以为然。明日得报，权果渡江，朝廷震骇。十九日上命叶枢密督视江淮军马，同命虞侯参谋军事。二十一日陛辞，上慰劳甚渥，云："卿本词臣，不当遣，以卿谙军事故也。"……虞侯至采石，诸将皆无战意。公方会合诸将士，诘之曰："我闻王节使在淮西每日只打锣不打鼓。"众曰："果如此。"虞侯慰劳曰："权不战，教汝辈不成事。今汝辈半死半活，至此不易。"众皆唯唯。"然王权已罢兵权，管你辈不得。我是朝廷官，官家差我担银犒赏你们。今有节度观察至校尉官诰，皆担来。你辈食官家禄，官家养汝辈三十年，不知能戮力一战否？"众曰："我们也要战，但无人主此事。"虞侯与说："我今日只办两眼随你们，成得功大，与你填大底官诰，立得功小，填小底官诰。若死于此，则当同死于此。若你们走，我亦随你去。你们道我走去甚处？我便去见官家，说统制以下某人肯杀，某人不肯杀。"诸军大欢，曰："今日有分付，大家去厮杀。"

文中记虞允文在朝廷与高宗和宰相的对话纯用文言，在采石激励将士时的对话用白话。

三、五代宋的白话文

五代宋的文集中保留了不少使用民间口语的谈话记录。如《司马文正公传家集》卷四〇《议谋杀已伤案问欲举而自首状》载北宋时登州妇人阿云用刀斫伤丈夫韦阿大，"县尉令弓手勾到阿云，问：'是你斫伤本夫，实道来，不打你。'"

五代宋的诗话受禅儒语录的影响也多采用平易通俗的语言，具有浅白显豁的特点，与当时较为雅正的文言著作判然有别。这也体现在同一作家的文章中，如欧阳修《六一诗话》和陈师道《后山诗话》中的用语相较于他们的其他文章就要显得通俗一些。宋人诗话往往多用问答之语，记载当时文人学士说诗论诗的实况。有些诗话著述还以"语录"命名。如胡舜陟《三山老人语录》与不著撰人的《漫斋语录》虽为诗话却以"语录"名之。据郭绍虞《宋诗话考》，"语录"用于诗话之最早者为唐庚口述、强行父记录的《唐子西文录》，又名《唐子西语录》。宋人语录凡涉于论诗者也可以"诗话"目之。如阮阅《诗话总龟》就集有《金陵语录》《王蔡语录》《龟山语录》《雪窦语录》《三山语录》《三山老人语录》《林和集（靖）语录》《元城语录》八种，儒释语录兼备，既有诗话而名"语录"者，又有笔记而名"语录"者。

笔记中也多用白话口语，往往既文且白而文白相间。如苏轼《东坡志林》卷一一："有二措大相与言志。一云：'我平生不足，惟饭与睡耳！他日得志，当吃饱饭了便睡，睡了又吃饭。'一云：'我则异于是，当吃了又吃，何暇复睡耶？'吾来庐山闻马道士嗜睡，于睡中得妙，然吾观之，终不及彼措大得吃饭三昧也。"又如欧阳修《归田录》卷二记梅尧臣："其初受敕修《唐书》，语其妻刁氏曰：'吾之修书，可谓猢狲入布袋矣。'刁氏对曰：'君于仕宦，亦何异鲇鱼上竹竿耶！'闻者皆以为善对。"再如洪迈《夷坚丁志》卷十《建康头陀》记载一个头陀道人见到建康一批学生，便说："异事！异事！八坐贵人都著一屋关了，两府直如许多，便没兴不唧溜底，也是从官。"诸例中既有"也""矣""耶"等文言语气词，又有"吃饭""猢狲入布袋""鲇鱼上竹竿""异事""没兴不唧溜底"等俗语。

　　有些笔记中的对话也多为当时口语。如张齐贤《洛阳搢绅旧闻记》卷一《梁太祖优待文士》："一日，忽出大梁门外数十里，憩于高柳树下。树可数围，……梁祖独语曰：'好大柳树。'徐遍视宾客，注目久之。坐客各各避席，对曰：'好柳树。'梁祖又曰：'此好柳树，好作车头。'末坐五六人起对：'好作车头。'梁祖顾敬翔等，起对曰：'虽好柳树，作车头须是夹榆树。'梁祖勃然厉声言曰：'这一队措大，爱顺口弄人。柳树岂可作车头？车头须是夹榆木，便顺我也道柳树好作车头。'"检《旧五代史》卷二《太祖本纪》张齐贤所记为："朱全忠尝与僚佐及游客坐于大柳之下，全忠独言曰：'此树宜为车毂。'众莫应。有游客数人起应曰：'宜为车毂。'全忠勃然厉声曰：'书生辈好顺口玩人，皆此类也。车须用夹毂，柳木岂可为之！'"二者一白一文，可见其时文白的演变。又如洪迈《夷坚志》中《鄂州南市女》："我赖尔力，幸得活，切勿害我。候黄昏抱归尔家将息，若幸安好，便做你妻。"再如王明清《摭青杂说》中《项四郎》："女常呼项为阿爹，因谓项曰：'儿受阿爹厚恩，死无以报。阿爹许嫁我好人，好人不知来历，亦不肯娶我。今此官人看来亦是一个周旋底人，又是尉职，或能获贼，便能报仇。兼差遣在澧州，亦可以到彼知得家人存亡。'"例中人物对话几乎全用白话表达，具有鲜明的口语色彩。

　　据《湘山野录》载，宋太祖赵匡胤曾与赵普登朱雀门，见门额上题"朱雀之门"，便问赵普为什么不写"朱雀门"？那个"之"字有什么用？赵普回答说"之"是"语助词"。赵匡胤武人出身，平时御批多用口语。如"我曾与你作指挥，问定远都头有家累无家累，且发遣铁骑都头"

"与臀后十七板""点出各人姓名"等。① 他听了赵普的解答便说:"之乎者也,助得甚事?"② 由此似可推测,当时口语中已不用或少用"之乎者也"等文言语气词。

史籍中也有一些实录当时口语的白话。如南宋李心传撰《建炎以来系年要录》,一名《高宗系年录》,全书二百卷,上起建炎元年(1127),下讫绍兴三十二年(1162),记载了南宋高宗一朝三十六年的历史。书中摘录了一些狱辞、诉状等,特别是卷一四三所录王俊诬告岳飞爱将张宪企图谋反状,全用白话。状词云:

> 左武大夫、果州防御使差充京东东路兵马钤辖、御前前军副统制王俊。右俊于八月二十二日夜二更以来,张太尉使奴厮儿庆童来请俊去说话。俊到张太尉衙,令虞候报覆。请俊入宅。在莲花池东面一亭子上,张太尉先与一和尚何泽,点着烛,对面坐地说话。俊到时,何泽更不与俊相揖,便起向灯影黑处潜去。俊于张太尉面前唱喏。坐间,张太尉不作声,良久问道:"你早睡也?那你睡得着?"俊道:"太尉有甚事睡不着?"张太尉道:"你不知自家相公得出也!"俊道:"相公得出那里去?"张太尉道:"得衢、婺州。"俊道:"既得衢州,则无事也。有甚烦恼?"张太尉道:"恐有后命。"俊道:"有后命如何?"张太尉道:"你理会不得?我与相公从微相随,朝廷必疑我也。朝廷交更翻朝见,我去则不必来也。"俊道:"向日范将军被罪,朝廷赐死。俊与范将军从微相随,俊元是雄威副都头,转至正使,皆是范将军。兼系右军统制,同提举一行事务。心怀忠义,到今朝廷何曾赐罪?太尉不须别生疑虑。"张太尉道:"更说与你:我相公处有人来,交我救他。"俊道:"如何救他?"张太尉道:"我遮人马动,则便是救他也。"俊道:"动后甚意似?"张太尉道:"这里将人马老小,尽底移去襄阳府不动,只在那驻扎。朝廷知,必使岳相公来弹压抚喻。"俊道:"太尉不得动人马。若太尉动人马,朝廷必疑,岳相公越被罪也。"张太尉道:"你理会不得。若朝廷使岳相公来时,便是我救他也。若朝廷不肯交相公来时,我将人马分布,自据襄阳府。"俊道:"诸军人马如何起发得?"张太尉道:"我房劫舟船,尽装载步人老小,令军马便陆路前去。"俊道:"且看国家患难之际,且更消停。"张太尉道:"我待

---

① 周密《志雅堂杂钞》,中华书局,1991年,第1—2页。
② 文莹《湘山野录》卷中,中华书局,1984年,第35页。

做，你安排着。待我交你下手做时，你便听我言语。"俊道："恐军中不伏者多。"张太尉道："谁敢不伏？傅选道伏我不伏？"俊道："傅统制慷慨之人，丈夫刚气，必不肯伏。"张太尉道："待有不伏者剿杀！"俊道："这军马做甚名目起发？"张太尉道："你问得我是。我假做一件朝廷文字教发。我须交人不疑。"俊道："太尉去襄阳府，后面张相公遣人马来追袭如何？"张太尉道："必不敢来赶我。设他人马来到这里时，我已到襄阳府了也。"俊道："且如到襄阳府，张相公必不肯休，继续前来收捕如何？"张太尉道："我又何惧？"俊道："若番人探得知，必来夹攻。太尉南面有张相公人马，北面有番人，太尉如何处置？"张太尉冷笑："我别有道理。待我遮里兵才动，先使人将文字去与番人。万一支吾不前，交番人发人马助我。"俊道："诸军人马老小数十万，襄阳府粮如何？"张太尉道："这里粮尽数着船装载前去。郢州也有粮，襄阳府也有粮，可吃得一年。"俊道："如何这里数路应副钱粮尚有不前？那里些小粮，一年以后无粮如何？"张太尉道："我那里一年以外不别做转动？我那里不一年，交番人必退。我迟则迟动，疾则疾动，你安排着！"张太尉又道："我如今动后，背嵬、游奕伏我不伏？"俊道："不伏底多。"张太尉道："姚观察、背嵬王刚、张应、李璋伏不伏？"俊道："不知如何。""明日来我这里聚厅时，你请姚观察、王刚、张应、李璋去你衙里吃饭，说与我这言语。说道：'张太尉一夜不曾得睡，知得相公得出，恐有后命。'今自家懑都出岳相公门下，若诸军人马有语言，交我怎生制御？我东西随人。我又不是都统制，朝廷又不曾有文字交我管他懑。有事都不能管得。"至三更后，俊归来本家。

次日天晓二十三日早，众统制官到张太尉衙前。张太尉未坐衙。俊叫起姚观察，于教场内亭子西边坐地。姚观察道："有甚事？大哥。"俊道："张太尉一夜不曾睡，知得相公得出，大段烦恼。道破言语，交俊来问观察如何。"姚观察道："既相公不来时，张太尉管军事，节都在张太尉也。"俊问观察道："将来诸军乱后如何？"姚观察道："与他弹压，不可交乱，恐坏了这军人马。你做我复知太尉，缓缓地，且看国家患难面。"道罢，各散去，更不曾说张太尉所言事节。

俊去见张太尉，唱喏。张太尉道："夜来所言事如何？"俊道："不曾去请王刚等，只与姚观察说话。交来覆太尉道：'恐兵乱后，不可不弹压。我游奕一军，钤束得整齐，必不到得生事。"张太尉道："既姚观察卖弄道他人马整齐，我做得尤稳也。你安排着！"俊便唱喏出来，自后不曾说话。

九月初一日，张太尉起发，赴枢密院行府。俊去辞，张太尉道："王统制，你后面粗重物事转换了着。我去后，将来必共这懑一处。你收拾，等我来叫你。"

重念俊元系东平府雄威第八，长行日，本府阙粮，诸营军兵呼千等结连俊，欲劫东平府作过。当时俊食禄本营，不敢负于国家，又不忍弃老母，遂经安抚司告首。奉圣旨，补本营副都头。后来继而金人侵犯中原，俊自靖康元年首从军旅于京城下，与金人相敌斩首，及俊口内中箭，射落二齿。奉圣旨，特换授成忠郎。后来并系立战功，转至今来官资。俊尽节仰报朝廷。今来张太尉结连俊起事，俊不敢负于国家，欲伺候将来赴枢密行府日，面诣张相公前告首。又恐都统王太尉别有出入，张太尉后面别起事背叛，临时力所不及，使俊陷于不义。俊已于初七日面覆都统王太尉讫。今月初八日纳状告首如有一事一件分毫不实，乞依军法施行。乃俊自出官已来，立到战功，所至今来官资，即不曾有分毫过犯，所有俊应干告勑宣札在家收存外，有告首呼千等补副尉都头宣缴申外，庶晓俊忠义，不曾作过，不敢负于国家。谨具状披告，伏候指挥。

状词全用白话记述。如"自家懑都出岳相公门下""他懑有事，都不能管得""大段烦恼"等，都是宋代常用的口语。"懑"相当于现在的"们"，"大段"是甚词，即"很"义。王明清《挥麈录》中也有记载，并特地说明："首状虽甚为鄙俚之言，然不可更一字也。"① 在岳飞的冤狱中，韩世忠责问秦桧，岳飞有何罪，秦桧蛮横无理地回答说"莫须有"，竟以"莫须有"的罪名杀害了民族英雄岳飞。秦桧所说"莫须"也是宋时口语，意为"或许"。

五代后晋刘昫等编的《旧唐书》和宋欧阳修、宋祁等编的《新唐书》是记载有唐一代历史的两部正史。张能甫《〈旧唐书〉词汇研究》一书从语言学角度搜集了《旧唐书》中五千个左右的词语，初步认定其中的一半左右是唐五代时期出现的词语，② 可见唐五代文白演变渐趋于分庭抗礼的状态。据曾公亮《进〈唐书〉表》称《旧唐书》"纪次无法，

---

① 王明清《挥麈录》，中华书局，1961年，第318页。
② 张能甫《〈旧唐书〉词汇研究》，巴蜀书社，2002年。

详略失中,文采不明,事实零落"。宋代除对《旧唐书》编排处理史料感到不满外,还认为"文采不明",故重修唐史,除了增加史料,调整编排次序外,还著力进行了语言上的加工,把一些口语改为书面语。《旧唐书》所谓"文采不明",主要是随手采用白话中的通俗口语词,而《新唐书》则刻意加工,改用典雅的文言。从《旧唐书》和《新唐书》所载一些词语的异同也可略窥五代宋书面语中文白使用的概况。如:

帝曰:"个小儿视瞻异常,勿令宿卫。"(《旧唐书·李密传》)
帝曰:"此儿顾盼不常,无入卫。"(《新唐书·李密传》)

《旧唐书》中指示代词用口语词"个",《新唐书》改用文言"此"。

(杜)惜素闻有义而不相面,喜(辛)谠至,握手谢曰:"判官李延枢方话子为人,何遽至耶?吾无忧矣!"(《旧唐书·辛谠传》)
惜素闻其名,握手曰:"吾僚李延枢尝为吾道夫子为人,何意临教?吾无忧矣!"(《新唐书·辛谠传》)

《旧唐书》中的"话"是口语词,如孟浩然《过故人庄》"把酒话桑麻",《新唐书》改用文言"道"。①

宋代理学家对古书的注释解说中也采用了大量的白话口语。如朱熹的《诗集传》与《楚辞集注》等。

四、五代宋的话本小说

话本是说书人的底本,说书人也称作说话人。早期平话与变文有某种有机的联系,可能是一种配图故事的演讲类型。《清明上河图》摹本中有些场景反映了当时通俗文艺表演的情况。如元白云堂本《清明上河图》第十节中有看上去似木偶抑或似配图讲故事的表演。布帛左边画有一个身穿白衣的人手中拿着一根小木棍在指点着身后悬挂的一张图讲说着故事。第十三节中有一人带着一幅很大的画,画面上似是一座庙宇。他身后的同伴背着一个箱子,手中托着一个盘子,有人正在往盘子里投钱。

李侗《扬州画舫录》上载有高晋公和他的《五美图》及曹天衡和他的《善恶图》,这两人说平话时还用图画来配合。据金代晚期的《书考》记载,当时有在无锡茶馆里配有《能说五义图》表演弹词的。明代薛梦

---

① 刘传鸿《两〈唐书〉列传部分词汇比较研究》,南京师范大学博士学位论文,2006年。

李《教家类纂》中用图画配注俚俗口语,如"这一个门内站的是某朝某人,等等"之类。①

"话"本指嘴里说的话,引申可指事件、故事。如小说中常说"有话则长,无话则短""一路无话"等。"话本"的"话"指事件、故事,同时也是用口语讲事件、故事,鲜明地表明所用语言是口语,不是文言,而是活生生口说的语言。说书人在勾栏瓦舍、茶楼酒肆这样的嘈杂场所,面对文化层次不同的看客和听众,讲述故事当然要尽力抓住大家的注意力。为了引起人们的兴趣,说书人除了调控叙事的流程,时而向人们设问、提示,时而故弄玄虚卖关子外,在叙事语言上则采用接近日常生活用语的口头语言。"说话"发展至宋代已十分兴盛,且在市民阶层娱乐性观念支配下由雅趋俗,面向大众,"欲上下通晓尔",②"世俗咸知",③追求世俗化和言文合一,融合道德教化与商业消遣,有讲史、小说、说诨话、说三分、五代史等。"说三分"是讲述魏、蜀、吴三国相争的史事,诸葛亮、曹操、周瑜等历史人物在说话人的口中描绘得栩栩如生。苏轼《东坡志林》记述市井中人"至说三国事,闻刘玄德败,颦蹙有出涕者,闻曹操败,即喜唱快"。"五代史"是讲述梁、唐、晋、汉、周争战的史事。"说诨话"以张山人最为著名。据王灼《碧鸡漫志》说,张山人善作滑稽语,在熙、丰、元祐年间曾"以诙谐独步京师"。洪迈《夷坚乙志》卷一八说"其词虽俚,然多颖脱,含讥讽"。"小说"是说话人讲述的民间传说和当时的新闻事件。据郎瑛《七修类稿》载:"小说起宋仁宗,盖太平盛久,国家闲暇,日欲进一奇怪之事以娱之,故小说得胜头回之后,即云'话说赵宋某年'。"绿天馆主人《古今小说》序说:"试令说话人当场描写,可喜可愕,可悲可涕,可歌可舞;再欲捉刀,再欲下拜,再欲绝膑,再欲捐金;怯者勇,淫者贞,薄者敦,顽钝者汗下。虽日诵《孝经》《论语》,其感人未必如是之捷且深也。嘻,不通俗而能行之乎?"宋代说书人在瓦舍勾栏中的说书全用白话,内容范围既有说史说公案说铁骑儿的,也有说民间爱情故事的,说书的底本就是话本。这些话本叙述部分半文半白,对话部分却都是地道的口语。传存至今的有《大宋宣和遗事》《新编五代史平话》《京本通俗小说》和《大唐三藏取经诗话》。如《大唐三藏取经诗话》:

---

① Victor H. Maair, *Painting and Performance-Chinese Picture Ricitation and its Indian Genesis*, University of Hawaii Press, 1988.
② 孟元老《东京梦华录》自序。
③ 赵鼎《林灵蘁传》附记。

过狮子林及树人国第五

　　早起，七人约行十里，猴行者启："我师，前去即是狮子林。"说由未了，便到狮子林。只见麒麟迅速，狮子峥嵘，摆尾摇头，出林迎接，口衔香花，皆来供养。法师合掌向前，狮子举头送出。五十余里，尽是麒麟。次行又到荒野之所，法师回谢狮王迎送。猴行者曰："我师前去又是树人国。"入到国中，尽是千年枯树，万载石头，松柏如龙，顽石似虎。又见山中有一村寺，并无僧行。只见林鸡似凤，山犬如龙。门外有两道金桥，桥下尽是金线水。又睹红日西斜，都无旅店。猴行者曰："但请前行，自然不用忧虑。"又行五六十里，有一小屋，七人遂止宿于此。

　　次早起来，七人嗟叹："夜来此处甚是蹊跷！"遂令行者前去买菜做饭。主人曰："此中人会妖法，宜早回来。"法师由尚未信。小行者去买菜至午不回。法师曰："烦恼我心，小行者出去买菜，一午不见回来，莫是被此中人妖法定也？"猴行者曰："待我自去寻看如何？"法师曰："甚好，甚好！"

　　猴行者一去数里借问，见有一人家，鱼舟系树，门挂蓑衣。然小行者被他作法变作一个驴儿，吊在厅前。驴儿见猴行者来，非常叫唤。猴行者便问主人："我小行者买菜从何去也？"主人曰："今早有小行者到此，被我变作驴儿，见在此中。"猴行者当下怒发，却将主人家新妇——年方二八，美貌过人，行动轻盈，西施难比，被猴行者作法，化此新妇作一束青草，放在驴子口伴。

　　主人曰："我新妇何处去也？"猴行者曰："驴子口边青草一束，便是你家新妇。"主人曰："然你也会邪法？我将为无人会使此法。今告师兄，放还我家新妇。"猴行者曰："你且放还我小行者。"主人噀水一口，驴子便成行者。猴行者噀水一口，青草化成新妇。

　　猴行者曰："我即今有僧行七人，从此经过，不得妄有妖法。如敢故使妖术，须教你一门划草除根。"

到陕西王长者妻杀儿处第十七

　　回到河中府，有一长者姓王，平生好善，年三十一，先丧一妻，后又娶孟氏。前妻一子，名曰痴那；孟氏又生一子，名曰居那。长者一日思念考妣之恩，又忆前妻之分；广修功果，以荐亡魂。又与孟氏商议："我今欲往外国经商，汝且小心为吾看望痴那。此子幼小失母，未有可知，千万一同看惜。"遂将财帛分作二分：

"一分与你母子在家荣谋生计,我将一分外国经商。回来之日,修崇无遮大会,广布津梁,荐拔先亡,作大因果。"祝付妻了,择日而行。妻送出门,再三又祝看望痴那,无令疏失。

去经半载,逢遇相知人回,附得家书一封,系鼓一面,滑石花座,五色绣衣,怨(般)般戏具。孟氏接得书物,拆开看读,书上只云与痴那收取,再三说看管痴那,更不问着我居那一句。孟氏看书了,便生嗔恨,毁剥封题,打碎戏具,生心便要陷害痴那性命。

一日,与女使春柳言说:"我今欲令痴那死却,汝有何计?"春柳答云:"此是小事。家中有一钴䥝,可令痴那入内坐上,将三十斤铁盖盖定,下面烧起猛火烧煮,岂愁不死?"孟氏答曰:"甚好!"

明日,一依如此,令痴那入内坐,被佗盖定,三日三夜,猛火煮烧。第四日扛开铁盖,见痴那从钴䥝中起身唱诺。孟氏曰:"子何故在此?"痴那曰:"母安我此。一釜变化莲花座,四伴是冷水池。此中坐卧,甚是安稳。"孟氏与春柳惊惶,相谓曰:"急须作计杀却,恐长者回来,痴那报告。"春柳曰:"明日可藏铁甲于手,领痴那往后园讨樱桃吃,待佗开口,铁甲钩断舌根,图得长者归来,不能说话。"

明日,一依此计,领去园中,钩断舌根,血流满地。次日起来,遂唤一声"痴那",又会言语。孟氏遂问曰:"子何故如此?"痴那曰:"夜半见有一人,称是甘露王如来,手执药器,来与我延接舌根。"

春柳又谓孟氏曰:"外有一库,可令他守库,锁闭库中饿杀。"经一月日,孟氏开库,见痴那起身唱喏。孟氏曰:"前日女使锁库,不知子在此中。子一月日间,那有饭食?"痴那曰:"饥渴之时,自有鹿乳从空而来。"

春柳曰:"相次前江水发,可令痴那登楼看水,推放万丈红波之中。长者回来,只云他自扑向溪中浸死。方免我等之危。"孟氏见红水泛涨,一依所言,令痴那上楼望水,被春柳背后一推,痴那落水。孟氏一见,便云:"此回死了。"方始下楼,忽见门外有青衣走报,长者回归。长者在路中早见人说痴那落水了,行行啼哭,才入到门,举身自扑。遂乃至孝,择日解还无遮法会,广设大斋。

三藏法师从王舍城取经回次,僧行七人,皆赴长者斋筵。法师与猴行者全不吃食。长者问曰:"师等今日既到,何不吃斋?"法师曰:"今日中酒,心内只忆鱼羹,其他皆不欲食。"长者闻言,无得功果,岂可不从?便令人寻买。法师曰:"小鱼不吃,须要一百斤大鱼,方可充食。"

仆夫寻到渔父舡家,果得买大鱼一头,约重百斤。当时扛回家内,启白长者:"鱼已买回。"长者遂问法师作何修治。法师曰:"借刀,我自修事。"长者取刀度与法师。法师咨白斋众、长者:"今日设无得大斋,缘此一头大鱼,作甚罪过。"

长者曰:"有甚罪过?"法师曰:"此鱼前日吞却长者子痴那,见在肚中不死。"众人闻语,起身围定。被法师将刀一劈,鱼分二段,痴那起来,依前言语。长者抱儿,惊喜倍常,合掌拜谢法师:"今日不得法师到此,父子无相见面。"大众欢喜,长者谢恩。

白话小说的兴起在南宋后,北宋各种史录和南宋后小说的发展有密切关系。用白话来表达一种个性,这种技巧孕育于北宋的史录。后来小说和戏曲中又发展用文白之别来显示个性、身份的不同。

白话小说在写小市民生活时,在对话中活生生反映了当时小市民阶层的语言。如《京本通俗小说·志诚张主管》:"话说东京汴州开封府界身子里,一个开线铺的员外张士廉,年过六旬,妈妈死后,孑然一身,并无儿女。家有十万资财,用两个主管营运。张员外忽一日拍胸长叹,对二人说:'我许大年纪,无儿无女,要十万家财何用?'二人曰:'员外何不取房娘子,生得一男半女,也不绝了香火。'员外甚喜,差人随即唤张媒李媒前来。员外道:'我因无子,相烦你二人说亲。'张媒口中不道,心下思量道:'大伯子许多年纪,如今说亲,说甚么人是得?教我怎地应他?'则见李媒把张媒推一推,便道:'容易。'……张媒在路上与李媒商议道:'若说得这头亲事成,也有百十贯钱撰。只是员外说的话太不着人,有那三件事的,他不去嫁个年少郎君,却肯随你这老头子?偏你这几根白胡须是沙糖拌的?'"文中的语言已基本上是白话文了。在具体描写中有时还用了一些幽默风趣的语言。如《错斩崔宁》写静山大王杀了老王时说:"血流在地,眼见得老王养不大了。"写小说中的小偷杀了刘官人时说:"眼见得刘官人不活了。呜呼哀哉,伏惟尚飨。"

《大宋宣和遗事》是说话人讲史的资料辑录,其中有一部分是白话。如:

这个佳人,是两京诗酒客,烟花帐子头,京师上亭行首,姓李名做师师。一片心只待求食巴谩,两只手偏会拿云握雾;便有富贵郎君,也使得七零八落;或撞着村沙子弟,也坏得弃生就死;忽遇着俊倬勤儿，也敢教沿门吃化。徽宗一见之后，瞬星眸为两瞪。休道徽宗直恁荒狂，便是释迦尊佛，也恼教他会下莲台。

天子见了佳人，问高俅道："这佳人非为官宦，亦是富豪之家。"高俅道不识。犹豫间，见街东一个茶肆，牌书："周秀茶坊"。徽宗遂入茶坊坐定，将金箧内取七十足百长钱，撒在那桌子上。周秀便理会得，道是个使钱的勤儿。一巡茶罢，徽宗遂问周秀道："这对门谁氏之家？帘儿下佳人姓甚名谁？"周秀闻言，"上覆官人：问这佳人，说着后话长。这个佳人，名冠天下，乃是东京角妓，姓李，小名师师。"徽宗见说，大喜，令高俅教周秀传示佳人道："俺是殿试秀才，欲就贵宅饮几杯，未知娘子雅意若何？"周秀去了，不多时，来见官人言曰："行首方调筝之间，见周秀说殿试所嘱之言，幽情颇喜。不弃泼贱，专以奉迎。"徽宗闻言甚喜，即时同高俅、杨戬望李氏宅来。有双鬟门外侍立，"请殿试稍待，容妾报知姐姐。"少刻双鬟出道："俺姐姐有命，请殿试相见。"师师出见徽宗，施礼毕，道："寒门寂寞，过辱临顾；无名妓者，何幸遭逢！"徽宗道："谨谢娘子，不弃卑末，知感无限！"那佳人让客先行。转曲曲回廊，深深院宇；红袖调筝于屋侧，青衣演舞于中庭。竹院、松亭、药栏、花槛，俄至一厅，铺陈甚雅：红床设花裀绣缛，四壁挂山水翎毛。打起绿油吊窗，看修竹湖山之景。即令侍妾添茶，再去安排酒果。师师开瓶，觑了天子道与杨戬："你与我取几瓶酒去。"不多时，令人取至，杨戬执盏于尊前，于是四人共饮。

师师道："殿试仙辈，不审何郡？敢问尊姓？"天子道："娘子休怕！我是汴梁生，夷门长。休说三省并六部，莫言御史与西台；四京十七路，五霸帝王都，皆属俺所管。咱八辈儿称孤道寡，目今住在东华门西，西华门东，后载门南，午门之北，大门楼里面。姓赵，排房第八。俺乃赵八郎也！"师师闻道，唬得魂不着体，急离坐位，说与他娘道："咱家里有课语讹言的，怎奈何？娘，你可急忙告报官司去，恐带累咱每！"李妈妈听得这话，慌忙走去告报与左右二厢捉杀使孙荣、汴京里外缉察皇城使窦监。二人闻言，急点手下巡兵二百余人，人人勇健，个个威风，腿系着粗布行缠，身穿着鸦青衲袄，轻弓短箭，手持着闷棍，腰胯着环刀，急奔师师宅，即时把师师宅围了。可怜风月地，番作战争场。看这个官家，怎生结束。

却有徽宗闻宅外叫闹，觑高俅。高俅会意，急出门见孙荣、窦监。高俅喝曰："匹夫怎敢惊驾！"二人觑时，认得是平章高俅，急忙跪在地上，唬得两腿不摇而自动。上告："平章相国担惊，不干小人每事；乃是师师之母告报小人来道，他家中有讹言的，恐带累他。以此小人每提兵至此。"高俅闻言喝退。二人既现免了本身之罪，暗暗地提兵巡掉，防护着圣驾。

却说子母知道官家，跪在地上，唬得魂飞天外，魄散九霄，口称："死罪。"徽宗不能隐讳，又慕师师之色，遂言曰："恕卿无罪！"师师得免，遂重添美酝，再备佳肴。天子亦令二臣就坐。师师进酒，别唱新词。天子甚喜，畅怀而饮。正是：

琉璃钟，琥珀浓，小槽酒滴珍珠红。烹龙炮凤玉脂泣，罗帏绣幕围香风。吹龙笛，击鼍鼓，皓齿歌，细腰舞；况是青春日将暮，桃花乱落如红雨。劝君终日酪酊醉，酒不到刘伶坟上土。

饮多时也，天子带酒观师师之貌，越越地风韵。俄不觉的天色渐晚。则见诗曰：

窗外日光弹指过，席前花影座间移。
一杯未尽笙歌送，阶下辰牌又报时。

是时红轮西坠，玉兔东生，江上渔翁罢钓，佳人秉烛归房。

酒阑宴罢，天子共师师就寝。高俅、杨戬宿于小阁。古来贪色荒淫主，那肯平康宿妓家？

徽宗伴师师共寝，杨戬、高俅别一处眠睡。不觉铜壶催漏尽，画角报更残，惊觉高俅、杨戬二人，急起穿了衣服，走至师师卧房前，款沙窗下，高俅低低的奏曰："陛下，天色明也！若班部来朝不见，文武察知，看相我王不好。"天子闻之，急起穿了衣服。师师亦起系了衣服。天子洗嗽了，吃了些汤药，辞师师欲去。师师紧留。天子见师师意坚，官家道："卿休要烦恼！寡人今夜再来与你同欢。"师师道："何以取信？"天子道："恐卿不信。"遂解下了龙凤绞绡直系，与了师师道："朕语下为敕，岂有浪舌天子脱空佛？"师师接了，收拾箱中，送天子出门。天子出的师师门，相别了投西而去。

忽见一人从东而来，厉声高喝师师道："从前可惜与你供炭米，今朝却与别人欢！"睁开杀人眼，咬碎口中牙，直奔那佳人家来。师师不躲。那汉舒猿臂，用手揪住师师之衣，问道："恰来去者那人是谁？你与我实说！"师师不忙不惧道："是个小大儿。"这人是谁！乃师师结发之婿也。姓贾名奕，先文后武，两科都不济事。后来为捉获襄甲县毕地龙刘千,授得右厢都巡官带武功郎。那汉言道:"昨日是个七月七节日,我特地打将上等高酒来,待和你赏七月七则个。把个门儿关闭闭塞也似,便是樊哙也踏不开。唤多时悄无人应,我心内早猜管有别人取乐。果有新欢,断料必适来去者!那人敢是个近上的官员?"师师道:"你今番早自猜不着。官人,你坐么,我说与你,休心困者!"

师师说到伤心处,贾奕心如万刀钻。

师师道:"恰去的那个人,也不是制置并安抚,也不是御史与平章。那人眉势教大!"贾奕道:"止不过王公驸马。"师师道:"也不是。"贾奕道:"更大如王公,只除是当朝帝主也。他有三千粉黛,八百烟娇,肯慕一个匪人?"师师道:"怕你不信!"贾奕道:"更大如王公附马,止不是官中帝王。那官家与天为子,与万姓为王,行止处龙凤,出语后成敕,肯慕娼女我不信!"师师道:"我交你信。"不多时,取过那绞绡直系来,交贾奕看。贾奕觑了,认的是天子衣,一声长叹,忽然倒在地。不知贾奕性命若何?

三寸气在千般用,一日无常万事休。

《新编五代史平话》是讲史性质的话本,大抵取材于正史而增加了许多民间故事传说,多用白话口语。如《周史平话》上:

话说郭威事汉高祖刘知远,凡军府之事,无问大小,悉以咨问于威。高祖升遐,将太子承祐分付着郭威辅佐。奈承祐谥做隐帝的听信外戚李业谗言,一朝无轻杀大臣,郭威举兵反叛,挈享国四年之汉鼎而迁之周庙,是为周太祖也。

且说周太祖姓郭名威,乃山东路邢州唐山县地名尧山人氏。其父郭和以农耕为业,其母常氏乃河东路潞州黎城县常武安的妹妹,自嫁事郭和后,丈夫日勤耕稼,妇女夜事绩织,厮共生活,应当官司繇役。一日郭和出田头耕耨禾苗,常氏将饭食送往田间,在中路忽被大风将常氏吹过隔岸龙归村,为一巨蛇将常氏缠住。不多时雷电顿息,天日开明。常氏吃这一唬,疾忙奔归尧山,便觉有娠。怀孕一十二个月,生下一个男孩,诞时满屋祥光灿烂,香气氲氲。郭和抱那儿孩一觑,见左边颈上生一个肉珠大如钱样,珠上有禾穗纹十分明朗。郭和向常氏道:"这个肉珠作怪!珠内有禾,莫是田禾之宝?"夫妻私相告语,怕生这男孩后每岁田禾倍熟,因命名唤做郭成宝。岂料得这孩儿后,家中生计萧条,田禾耗损。不两年间,郭和身死,那常氏带取这个孩儿年幼无依,未免并叠了家财,将郭和营葬了毕，母子两个奔去河东路潞州寻着黎阳县，投奔着常武安家里，收留同共作活。年至七八岁，他舅舅常武安使令郭成宝去看牧牛畜。有那大虫要来伤残牛只，被成宝将大柴棒赶去，夺取牛回来。成宝归家说与舅舅得知。常武安道："您年纪虽小，却有胆智。我为你改了名，唤做郭威。您小年有这胆气，他日可无负'威'之名也。"

年至十一岁，武安令郭威去看守晒谷，怕有飞禽来吃谷粟时，驱逐使去。无奈那雀儿成群结队价来偷吃谷粟，才赶得东边的去，又向西边来吃。无计奈何，郭威做成竹弹弓一张，拾取小石块子做弹子，待那飞禽来偷谷时分，便弯起这弓，放取弹子，打这禽雀。却不曾弹得雀儿，不当不对，把那邻家顾瑞的孩儿顾驴儿太阳穴上打了一弹。弹到处，只见顾驴儿瞥倒在地气绝。被那地分捉将郭威去，解赴黎阳县里打着官司。离不得委官亲到地头，集邻验视顾驴儿尸首，除太阳穴一痕致命外，余无伤痕。取了郭威招伏，解赴潞州府衙去听候结断。那潞州刺史坐厅，将郭威管押立于厅下。刺史一觑，却是孩儿每打杀了孩儿，把笔就解状上判：送法司拟呈。那法司检拟郭威弹雀误中顾驴儿额上，系是误伤杀人，情理可恕；况兼年未成丁，难以加刑，拟将郭威量情决臀杖二十，配五百里，贷死。呈奉刺史台判：推拟照断，免配外州，将颊上刺个雀儿，教记取所犯事头也。司吏读示案卷，杖直等人将郭威依条断决，决讫唤针笔匠就面颊左边刺个雀儿。刺讫，当厅疏放。

郭威被刺污了敛（脸）儿，思量白净面皮今被刺得青了，只得索性做个粗汉，学取使枪使棒，弯弓走马。每夜诵读《阃外春秋》、《太公兵法》。年至十五六岁，勇力过人。吃酒时，吃得数斗不醉；吃肉时，吃得数斤不饱。

一日出市上闲走，有一汉将着一条宝剑要卖。那剑光闪烁，杀气峥嵘。正是：

手持三尺龙泉剑，定取皇家四百州。

那汉将这宝剑出卖，郭威便问那汉道："剑要卖多少钱？"那汉索要卖五百贯钱。郭威道："好，只直得五百钱，咱讨五百钱还你，问你买得。"那汉道："俗语云：'酒逢知己饮，诗向会人吟。'我这剑要卖与烈士，大则安邦定国，小则御侮扞身。您孩儿每识个甚么？您也不是个买剑人，咱这剑也不卖归您。"郭威道："却不叵耐这厮欺负咱每！"走去他手中夺将剑来，白干地把那厮杀了，将身逃归邢州路去。

　　郭威到得邢州，寻问唐山县地名尧山，到得乡里，那有一个人厮认得他？他跟着那娘娘常氏回潞州时节，郭威且得二三岁。今虽长成，奈缘刺坏了敛（脸）儿，谁人肯认他。行了两日，却有他亲叔父郭科认得他颈上肉珠儿，便唤道："郭成宝，您今恁地长成了，又怎生刺了脸儿？"郭威向郭科把别后的事一一说了一遍。郭科道："您虽是杀了那人，却是州县隔远，那里有讨您处？您且在此闲耍几时，却讨个生活归您做。"

　　一日，行从柴仁翁门首过。那柴家是个世代豪富，好布施，济贫寒，积阴德的人。他门下常有诸色百工技艺的人在彼仰给衣饭。他门下一个相士见了郭威，向柴仁翁道："适来行过的后生是何处人氏？这厮将来贵不可言。颈上一颗肉珠，乃是禾宝；颊上一个雀儿，将来雀儿口啄着禾粟时分，这人做天子也。"柴长者见那相士恁地说了，急忙使人唤郭威进来，问他来历。郭威逐一说与柴长者听了一遍。长者问郭威曰："您而今在这里做个甚的生活？"郭威道："咱待去为人雇佣，挑担东西，胡乱糊口度日。"柴长者道："不消恁地。咱有个亲生女儿，唤做柴一娘，招您做赘居女婿，不知您意下如何？"郭威见说，"谢长者看觑！但是小人身畔没个辽丁，怎生敢说婚姻的话？"柴长者道："大丈夫富贵贫贱各有时命，且忍耐在家里，俟时通运泰，必有发迹的分也。"柴长者便唤邻舍范文二做媒，与郭威的叔父郭科说知，择取良辰吉日，招郭威入舍与柴一娘结百年夫妇之好。

　　奈郭威入赘柴家后，柴长者是个豪富的人，他贪图相士道郭威他日做天子，别作一眼觑他。那柴仁翁有两个孩儿，长的名做柴守礼，次的名做柴守智，每日与郭威厮赶闲耍。郭威是个浪荡的心性，有钱便要使，有酒便要吃，时常出外，好使性气，与人厮打。柴氏向郭威道："咱父亲累代积善，不喜您恃勇使性打人，怕有失手时自投刑宪，怎不生受？"郭威一日向柴一娘道："您且安心在这里，咱娘娘在潞州舅舅常武安家里。自前年买剑杀了那厮，走从这里来，一向不知他音耗是怎生。近来该遇赦恩，从前罪过，官里都赦了。咱便欲过潞州探我娘娘一番，有盘缠可得三五十贯文与我，归来却得厚谢。"柴氏见他有这孝心，便向爷爷柴仁翁说知，津发郭威离了家门，投潞州去。是时后唐天祐二十年正月的事也。

　　文中"田头、并叠、投奔、作活、地分、索性、白干、生活、浪荡、生受"等都是当时的口语白话。又如《梁史平话》上,黄巢命朱温守同州,朱温归营,吩咐老小,择吉日启程时,"只见妻子张归娘泪簌簌的下……只管含羞不说……怎知他浑家曾被黄巢亲到他军营来相寻,因见张归娘生得形容端正,美貌无双,使些泼言语,要来奸污他。奈缘张归娘是个硬心性的人,不肯从允。……那时节张归娘不曾敢向朱温道"。文中"浑家、相寻、泼言语、硬心性"也都是当时的口语白话。

五、宋金的戏曲

宋金承唐代变文有诸宫调,首创诸宫调的是汴京瓦肆中的艺人孔三传,流传至今的有《董解元西厢记》和《刘知远诸宫调》,其中散文部分多为流畅的口语。如《董解元西厢记》卷一:

(当时张生却是见甚的来?见甚的来?与那五百年前疾憎的冤家,正打个照面儿。一天烦恼,当初指引为都知;满腹离愁,到此发迷因行者。一场旖旎风流事,今日相逢在此中。)

〔仙吕调〕〔点绛唇缠〕楼阁参差,瑞云缥缈香风暖。法堂前殿,数处都行遍。○花木阴阴,偶过垂杨院。香风散,半开朱户,瞥见如花面。

〔风吹荷叶〕生得于中堪羡,露着庞儿一半,宫样眉儿山势远。十分可喜,二停似菩萨,多半是神仙。

〔醉奚婆〕尽人顾盼,手把花枝撚。琼酥皓腕,微露黄金钏。

〔尾〕这一双鹘鸰眼,须看了可憎底千万,兀底般媚脸儿不曾见。

(手撚粉香春睡起,倚门立地怨东风。髻绾双鬟,钗簪金凤。眉弯远山不翠,眼横秋水无光。体若凝酥,腰如弱柳。指犹春笋纤长,脚似金莲稳小。正传道:"张生二十三岁,未尝近于女色。其心虽正,见此女子,颇动其情。")

〔中吕调〕〔香风合缠令〕转过荼蘼架,正相逢着宿世那冤家。一时间见了他,十分地慕想他。不道措大连心要退身,却把个门儿亚。唤别人不见呦!不见呦!○朱樱一点衬腮霞,斜分着个庞儿鬓似鸦。那多情媚脸儿,那鹘鸰渌老儿,难道不清雅?见人不住偷睛抹,被你风魔了人也嗏!风魔了人也嗏!

〔墙头花〕也没首饰铅华,自然没包弹,淡净的衣服儿扮得如法。天生更一段儿红白,便周昉的丹青怎画?手托着腮儿,见人羞又怕。觑举止行处,管未出嫁。不知他姓甚名谁,怎得个人来问咱?○不曾旧相识,不曾共说话;何须更买卦,已见十分掉不下。兀的般标格精神,管相思人去也妈妈!

〔尾〕你道是可憎么?被你直羞落庭前无数花。

(门前纵有闲桃李,羞对桃源洞里人。佳人见生,羞婉而入。)

〔大石调〕〔伊州衮〕张生见了,五魂悄无主,道:"不曾见恁好女;普天之下,更选两个应无。"胆狂心醉,使作得不顾危亡,便胡做。一向痴迷,不道其间是谁住处。○忒昏沉,忒粗鲁,没掂三,没思虑,可来慕古。少年做事,大抵多失心粗。手撩衣袂,大踏步走至根前,欲推户。脑背后个人来,你试寻思怎照顾?

〔尾〕凛凛地身材七尺五,一只手把秀才捽住,吃搭搭地拖将柳阴里去。

(真所谓:"贪趁眼前人,不防身后患。"捽住张生的是谁?是谁?乃寺僧法聪也。生惊问其故。僧曰:"此处公不可往,请诣他所。"生曰:"本来随喜,何往不可?"僧曰:"故相崔夫人宅眷,权寓于此。")

上例对话中运用了生动活泼的口语。

又如《永乐大典戏文三种·张协状元》第一出:

看的,世上万般俱下品,思量惟有读书高。若论张叶,家住西川成都府,兀谁不识此人,兀谁不敬重此人。真个此人朝经暮史,昼览夜习,口不绝吟,手不停披。正是:炼药炉中无宿火,读书窗下有残灯。忽一日,堂前启覆爹妈:"今年大比之年,你儿欲待上朝应举。觅些盘费之资,前路支用。"

戏文中"看的""真个""盘费"等是当时的口语。据郭作飞《张协状元词汇研究》统计,《张协状元》说白中的口语词有"换手、啰嗦、呕气、出豁、胡乱、打火"等144个,唱词中有"蒿恼、瞅睬、活路、下梢头、张志、嫌弃"等53个,兼用于说白和唱词中的有"叫唤、每常间、说合、浑家、终不成、撞见、腌臜"等43个,[①]具有南方口语的地域特征。

再如《救风尘》第一折:

(冲末扮周舍上)(诗云)酒肉场中三十载,花星整照二十年。一生不识柴米价,只少花钱共酒钱。自家郑州人氏,周同知的孩儿

---

① 郭作飞《张协状元词汇研究》,巴蜀书社,2008年,第214—215页。

周舍是也。自小上花台做子弟。这汴梁城中有一歌者，乃是宋引章。他一心待嫁我，我一心待娶他，争奈他妈儿不肯。我今做买卖回来。今日特到他家去，一来去望妈儿，二来就提这门亲事，多少是好。（下）（卜儿同外旦上，云）老身汴梁人氏，自身姓李。夫主姓宋，早年亡化已过。止有这个女孩儿，叫做宋引章。俺孩儿拆白道字，顶真续麻，无般不晓，无般不会。有郑州周舍，与孩儿作伴多年。一个要娶，一个要嫁；只是老身慌彻梢虚，怎么便肯？引章，那周舍亲事，不是我百般板障，只怕你久后自家受苦。（外旦云）奶奶，不妨事，我一心则待要嫁他。（卜儿云）随你，随你！（周舍上，云）咱家周舍，来此正是他门首，只索进去。（做见科）（外旦云）周舍，你来了也！（周舍云）我一径的来问亲事，母亲如何？（外旦云）母亲许了亲事也。（周舍云）我见母亲去。（卜儿做见科）（周舍云）母亲，我一径的来问这亲事哩。（卜儿云）今日好日辰，我许了你，则休欺负俺孩儿。（周舍云）我并不敢欺负大姐。母亲，把你那姊妹弟兄都请下者，我便收拾来也。（卜儿云）大姐，你在家执料，我去请那一辈儿老姊妹去来。（周舍诗云）数载间费尽精神，到今朝才许成亲。……

〔混江龙〕我想这姻缘匹配，少一时一刻强难为。如何可意？怎的相知？怕不便脚搭着脑勺成事早，怎知他手拍着胸脯悔后迟！寻前程，觅下梢，恰便是黑海也似难寻觅。料的来人心不问，天理难欺。

〔油葫芦〕姻缘簿全凭我共你？谁不待拣个称意的？他每都拣来拣去百千回。待嫁一个老实的，又怕尽世儿难成对；待嫁一个聪俊的，又怕半路里轻抛弃。遮莫向狗溺处藏，遮莫向牛屎里堆，忽地便吃了一个合扑地，那时节睁着眼怨他谁！

剧中"做子弟""做买卖""慌彻梢虚""板障""俺孩儿""可意""脚搭着脑勺""遮莫""下梢""合扑地"等也都是当时口语。

六、五代宋金的南北通语

"宋代除了汴洛地域的'中原雅音'而外，据文献的记载，北方的燕赵，西北的陕甘，西南的蜀，南方的闽、吴、楚、赣，都有各自的方言，大致已形成了今天方言区域分布的格局。"[①] 陆德明《经典释文·

[①] 李文泽《宋代语言研究》，线装书局，2001年，第42页。

序录》云:"方言差别,固自不同,河北江南,最为钜异。"五代宋时南北在词汇上也有一些差别。如表示穿戴,南方多用"著",北方多用"穿";表示少量,南方多用"些子",北方多用"些儿"。

靖康之乱后,北方士民大举南迁,就当时的都城临安(杭州)而言,"临安移民的76%来自今河南,其中绝大多数又来自开封,并往往是在南宋初年随高宗迁入的。""由于临安(今杭州市)、平江(今苏州市)、建康(今南京市)等地北方移民成为当地人口的主体部分,这一带也成了北方方言区。"① 历史上每一次民族融合和人口迁徙都会对语言产生很大影响,尤其是很多方言词进入通语,反映了南北方言交融与渗透的文白演变。这一时期北方移民留居在江浙一带,"南染吴越""其词多鄙俗"的南方口语融入大量"北杂夷虏""其词多古语"的北方口语而趋于雅,北方口语则进一步"北杂夷虏"趋于俗,形成赵彦卫《云麓漫钞》卷一四所说"北人近于俗,南人近于雅"。白话文献中的《二程语录》和诸宫调反映了北方口语的地域特征,《朱子语类》和《张协状元》反映了南方口语的地域特征,从中可见文白演变中南北方言口语相互交融与渗透。② 张海媚《两种诸宫调和〈朱子语类〉词语的地域差别比较研究》一文曾以《刘知远诸宫调》《董解元西厢记》与《朱子语类》为例,探讨了地域的南北差异,认为代表北方的诸宫调比代表南方的《朱子语类》用词更俚俗。大致而言,北方语言用词相对鄙俗,南方语言用词相对古奥。③

朱子门人来自全国,主要是南宋所辖南方各地区。朱熹讲学时师生间所说读书人都能听懂的通语大致上代表了当时文人的口语,在一定程度上反映了汉语文白演变中南北方言口语的交融。如《朱子语类》中表"晓得"的否定式有"晓不得"和"不晓得":

> 大意只管怕人晓不得,故重叠说在里,大抵多一般。(卷六五)
> 理会得那个来时,将久我著实处皆不晓得。(卷三)
> 故诸《诰》等篇,当时下民晓得,而今士人不晓得。如"尚书"

---

① 葛剑雄主编《中国移民史》第四卷,福建人民出版社,1997年,第280页,第518页。

② 冯青《朱子语类与二程语录词汇的南北差异》一文指出二书的新词新义和常用词大致反映了《二程语录》的语言性质是"通语+北方方言",而《朱子语类》则是"通语+南方方言"。(《琼州学院学报》,2014年第6期)

③ 张海媚《两种诸宫调和〈朱子语类〉词语的地域差别比较研究》,《宁夏大学学报》,2011年第4期。

"尚衣""尚食""尚"乃守主之意,而秦语作平音,与"常"字同。诸命等篇,今士人以为易晓,而当时下民却晓不得。(卷七九)

且如今告谕民间一二事,做得几句如此,他晓得晓不得?(卷七九)

如何议论得怎地差异!公晓得不晓得?(卷九〇)

例中"晓不得"和"不晓得"皆是"晓得"的否定,在表"不知道"义上语义相近又有区别。"不晓得"为客观上陈述对"晓得"的否定,"晓不得"则为主观上认为超出能力限度的否定,意谓不能晓。检《朱子语类》中"晓不得"有 80 例,"不晓得"18 例,今普通话沿用"不晓得",而"晓不得"用于晋语和昆明、武汉、桂林等西南官话,具有方言口语色彩。① 由此可见宋代文白演变中北方口语的逐渐渗透,在南北方言口语交融中"不晓得"后渐成为通语。②

第三节　元代的白话

元代,蒙古族入主中原,各民族间的交融加强了语言的交流,以其时口语为规范基础的书面语与蒙古语同时成为元代的官方语言,而各民族间的交融实质上也是不同地域间语言文化的相互交流传输,从而促使中原原有的语言系统进一步调整。一些蒙古语为汉语吸收,如"站""胡同"等,还出现了一些表假设的"呵"、表因果或目的的"上头"、表场所或对象的"行""根前""根底"等后置词。

元代统治者为了维持其统治,不得不学习汉语。他们学的汉语自然不可能是高深典雅的文言,而必然是当时通行的口语白话。元代的诏书敕令等都是先用蒙古语写成,然后译成汉语白话,形成"白话讲章""白话公牍",这促使汉语书面语由文言向白话定位。白话成为上至皇帝下至庶民彼此交流沟通的应用语体,客观上推动了文白此消彼长由量变向质变的转化,初步形成文白转型的雏形,对汉语书面语由文言向白话的演变有着深远的影响。

自宋以来,社会经济有较大发展,手工业、商业发达,城市兴起,出现了由手工业者和小商贩组成的城市市民阶层。这一时期,一方面城

---

① 许宝华、宫田一郎《汉语方言大词典》,中华书局,1999 年,第 4812 页。
② 徐时仪《〈朱子语类〉词汇研究》,上海古籍出版社,2013 年。

市市民要求有一种精神食粮，语言既容易懂，内容又是他们所熟悉的生活。另一方面诗词骈赋趋于末流，一些知识分子在元代统治者采取的民族歧视政策下，入仕无门，也不得不转向民间，借戏曲的通俗形式抒泄愤懑。这在客观上也促使了汉语文学由庙堂之乐转向俚俗之曲，语体上由文言走向口语化的白话，白话戏曲小说有了长足发展。如出自江湖小说人师徒相传的平话等脚本，开卷则市井能谙，入耳则妇竖咸晓，可以说是后世通俗演义的嚆矢。一些文人也直接使用北京口语编写杂剧和小说，大多"人习其方言，事肖其本色"，① 初步做到了言文一致。

一、元代的汉儿语

中华民族有着极其悠久的历史，在历史发展的长河中，各民族之间交往密切，长期杂居乃至通婚，汉语和其他民族语言的接触非常密切，曾与很多少数民族语言发生过融合，受其他语言的影响而发生一定程度的变化，吸收了一些源自兄弟民族和相邻国家的外来词。如五胡十六国时期，鲜卑族入居中原，建立了政权，实行汉化政策。在汉化政策下，鲜卑语很快就消亡了，却对汉语产生了一定程度的影响。如古白话中始出现的"哥"，来自鲜卑语。胡双宝《说"哥"》一文认为"汉语作亲属称谓用的'哥'是从当时外族语言中吸收来的"。② 哥，先秦两汉是"歌"的异体字。《说文》："哥，声也。""哥"作"兄"解，始见于唐代。《旧唐书·舒王元名传》记高祖十八子元名语："此我二哥家婢也，何用拜？"《敦煌变文集·舜子变》记舜父瞽叟对舜异母弟象说："与阿耶取三条荆杖来，与打杀前家歌子。""歌子"即"哥子"。陈叔方《颍川语小》说："姐亦母称，女之长者也；哥，本声也，无其义，今人以配姐字，为兄姊之称。""姐"可为母称，"哥"亦可为父称。《敦煌变文集·搜神记》田昆仑条说："其田章年始五岁，乃于家啼哭，唤'歌歌娘娘'，乃于野田悲哭不休。"又 S.6923《小小黄（皇）养赞》叙须大挐太子施舍亲生子女故事，其女云："我今随顺歌歌意，只恨娘娘犹未知。"翟灏《通俗编》说："《晋书·西戎传》：'吐谷浑与弟分异，弟追思之，作《阿干之歌》。'阿干，鲜卑语谓兄也。阿哥，当即阿干之转。""《广韵》始云：'今呼兄为哥。'"据周祖谟编《唐五代韵书集存》上册所收故宫旧藏裴务齐正字本《刊谬补缺切韵》三十九载："哥，古作

---

① 臧晋叔《元曲选》序二。
② 胡双宝《说"哥"》，《语言学论丛》，1980 年第 6 辑。又《词汇学论文汇编》，商务印书馆，1989 年。

'歌'，今俗谓兄、父为哥也。"司马光《资治通鉴考异》引《实录》云："元吉见秦王有大功，每怀妒害，言论丑恶，潛害日甚。每谓建成曰：'当为大哥手刃之。'"南北朝时鲜卑人进入北方地区，经过民族间的大融合后，汉语中出现了鲜卑语借词"（阿）干"，后音转为"哥"，成为汉语亲属的称谓。这是很可能的。① 上古"哥"在歌部，"兄"在阳部，主要元音不同，不能通转。中古"兄"转入庚部，"哥"与"兄"的语音相近，因而产生意义上的联系，承接了"兄"的意义。"哥"在当时的鲜卑语中兼有"兄""父辈"等长者的意思，后逐渐用以指"兄"，在口语中取代了"兄"，遂成为古白话中的基本词汇。如白居易《祭浮梁大兄文》："再拜跪奠大哥于座前。伏惟哥孝友慈惠，和易谦恭。"

南北朝时期，经过五胡十六国的战乱，中国的主要部分一度处在北方少数民族的统治下，这些地方的口语把汉语与北方少数民族语交融在一起，还形成了一种当时在各民族间用来交际的"汉儿言语"。据《颜氏家训·音辞篇》云："易服而与之谈，南方士庶数言可辨；隔垣而听其语，北方朝野终日难分。"由此可推知在北方，作为统治者的北方民族使用的是当地的"汉儿言语"，因此士大夫也与平民百姓一样说话用"汉儿言语"，不似南方士庶之间有文白之分。

元代蒙古族入主中原后，少数民族迁入与汉族杂居的人数越来越多，汉语受其影响，出现了一些来自其他兄弟民族的借词。如"站"是蒙语音译词"站赤"的简称，本指邮递驿传中停留的地方或转递的机构，引申可指观测站、气象站等机构，又由名词的"停留"义引申为动词的"站立"义，在元代汉蒙文化的交融中渐成为汉语中的常用词。元明戏曲小说、《元典章》、《元史》和元代白话碑里都保留了不少借自蒙语的词。如元曲里汉族女孩有叫"赛娘"的，朱居易《元剧俗语方言例释》释成"本为酷寒亭剧中郑孔目的儿女，借用为无人照顾的儿童"。其实"撒因、赛因"是蒙语[sain]（好）。古代本来多称少女为"娘"，"赛"则是蒙语[sain]（好）的简化。② 随着北方各族人民的交往频繁，出于交际的需要，迁入中原的少数民族必须学会汉语，这些少数民族与汉族交往时说的也必然是在当时汉语口语基础上形成的"汉儿言语"，

---

① 陈宗振《我国突厥语的"父母兄姊"等称谓及其演变》一文考察了维吾尔语、哈萨克语、柯尔克孜语等民族语的有关情况，认为古代表"兄""叔"等"年长男亲属"称谓的多义性、跨代性是与匈奴、突厥、回鹘等古代民族的家庭、婚姻制度相适应的。(《民族语文》，1996年第4期)

② 张清常《漫谈汉语中的蒙语借词》，《中国语文》，1978年第3期。

因而以其时口语为规范基础的古白话书面语也与蒙古语同时成为元代行政机关的官方语言。

"汉儿言语"是语言相互渗透和相互融合而形成的，作为北方各兄弟民族交际的中间媒介使用，成为当时的共通语。① 如给国子学中蒙古贵族子弟讲课，为了使蒙古贵族子弟易于理解，采用白话表述方式编写讲义。又如元代皇帝要了解汉文典籍，由汉人大臣用当时的口语来诠释讲解，写下来成为白话讲章。这些讲义和讲章就反映了这种共通语。如许衡任国子祭酒，用白话编写的《直说大学要略》：

>《大学》之书是孔夫子的言语，当时孔子为鲁君不用，就鲁国便去周流齐、燕、赵、宋、陈、楚、卫七国。那七国之君也不用，孔子却来鲁国教三千徒弟。于内有个徒弟唤做曾子，那个记述孔子的言语，做成《大学》，的确是根脚起处。如伏羲、神农、黄帝，从有天地以来为头儿立这个教人的法度，选著好人做司徒，复示以教人的缘由。伏羲在位一百六十四年，神农在位一百四十五年，黄帝在位一百年，尧在位一百单一年，舜在位五十年。后头到夏、商、周三代，这教人的法度渐渐的完备了。朝廷的宫里、大城子里、小城子里以至村里，都立著这学房，上至朝廷的孩儿，下至公卿大夫每的孩儿，百姓每的孩儿，聪明的八岁入小学，十五岁入大学。
>
>"大学之道在明明德"，德是人心都有，这德性虚灵不昧，因后来风俗变化，多有昏昧了处。孔子所以说这在明明德，正是教后人改了那昏昧，都教德性明著。明德中便知天地教化，阴与阳相为，运行中间便有五行：金、木、水、火、土。阴阳是春、夏、秋、冬四季。春属木，夏属火，秋属金，冬属水，四季属土；土寄旺。四季各十八日。木是仁，火是礼，土是信，金是义，水是智，夫妇是阴阳。人受五行之气成人，天与人的仁、义、礼、智、信。仁是温和慈爱，得天地生万物的道理；义是决断事物，不教过去不教赶不上，都是合宜的道理；礼是把体面敬重为长的道理；智慧是分辨是非的道理；信是老实不说谎的道理。这五件虽是天与人的德性，一个个人都有，人人各有禀受不同。禀得清气多的生得精细，禀得浊气多的生得不精细。便如蜜蜂儿，有个头儿便自理会得那群臣的道理；大虫豹子不吃他孩儿，便自省得那父子的道理；雁大的小的厮

---

① 太田辰夫《汉语史通考》，重庆出版社，1991年，第203页。

随着成行飞呵,便自省得那兄弟的道理;狗认得主人,便自省得那恩义的道理。虽是人后来多被昏浊的气蔽得那德性不明,天生的好聪明的人出来,教与万民做主,又做师父教道著人,教都省得他元有的仁、义、礼、智、信,不教昧了。其间行得高了,人及不得的,做得大事,可以做圣人;行得较低处,可以做贤人。便如孔子道汤王去沐浴,盆上写著"苟日新,日日新,又日新"。如人身上有尘垢,今日洗了明日又洗,每日洗得身上干净,若一日不洗呵,便尘垢生出来。恰是人心里常常的思量呵,好公事每日行著,不教错了,若一日不思量呵,恐怕便行得错了。这的是那"明明德"解说。那"在新民"呵,民是天下百姓,若不教道,多是合仁处不仁,合义处不义,合礼处不礼,合智处不智,合信处不信。眼中只要见好颜色,耳中只要听好音乐,口中只要吃好茶饭,鼻中只要闻好香气,只要快活,一就把那心都使得这上头去了,不问道理合与不合,只拣他爱的便做。此等人虽有人形,便与禽兽一般了。圣人出世,自己能明明德,见这般人,教与那天与的仁、义、礼、智、信五常之德,将在前错行了的改过自新,这的便是"新民"。"在止于至善",是那事最上等好处。且说朝廷跟前行呵,把心敬谨便是为官的道理最上等好处;爷娘跟前孝顺,便是为子的道理最上等好处;以至孩儿每跟前慈爱,便是爷娘的道理最上等好处;与人做伴当呵,信实不说谎便是伴当其间的道理最上等好处。这几件都依著行呵,便是"止于至善"。

一件事至根前,心里知有处置便心定,心既定更休动便是静,能心静不乱便是能安,能安呵,是能处置,便理会得那不合怕的不怕,不合喜的不喜,不合怒的不怒,不合忧的不忧。故心常在这其间,将事上心细寻思,自有得处,然后理会格物致知。圣人教人今日学一件,把那一件道理穷究到是处;明日再去为一件,又恁的穷究,今日明日只管穷究将去。或看文书评论古人是的不是的,或是眼前见的事思量合做不合做的。这几般一件件分拣得是呵,便是格物。这般穷究了,多咱心里都理会得。久而闻天下事,好的歹的,合做的不合做的,都省得了。心上明白,无些昏蔽,便是致知诚意。是那不昧自己,不谩别人,便是诚意。如臭秽之物,人见便嫌,是真个嫌;好的颜色,人见便爱,是真个爱,此便是诚意。虽独自坐时,也常把心来休教纵了。小人于人不见处甚的勾当不做出来?及至见人,口里则说道俺做好公事,却不知道好人先自知他做的歹了，那肚皮里肝和肺上事都被高人见了。这般说谎呵，谩不过人，怎似那人诚实的心，正正当当的。孔子道修身在正心，心是一身的主宰，心若主得正呵，身里行得不错了；若那心偏了呵，不合怒的便怒，不合喜的便喜，不合爱的便爱，不合怕的便怕。我若行的正做得正呵，我又怕甚么？怒也怒得是，喜也喜得是，忧也忧得是。比如怕呵，有几般怕，便似做宰相的人，见朝廷行得错了，便合谏。若朝廷怒呵，也不合怕死。若怕死随着朝廷行得错了不谏呵，便是不合怕的怕。不合怕的怕，便是个不合进的进、不合退的退一般意儿。若事上不用心，眼前见也不明白，耳中听也不分明，口中吃也不知滋味。心既正，身自修得；身既修得，家便可齐。齐家又在修身，身是一家的主，自己一身既是做得正，咱一家人大的小的、亲的不亲的，家法自然不乱了。若是自己有偏爱的，有偏嫌的，有偏怕的，偏敬重的，有偏可怜见的，有偏小觑的；爱的不合将那歹处也爱，嫌的不合将那好处也嫌。更说比喻，爷娘爱孩儿好，不知孩儿每不是处。身上有一件偏向便是不会齐家，齐得家事便是治国的法度。治国又在齐家，凡人心既正了，身又修得正，在一家之中，为父者慈，为子者孝，一日在朝廷为官，决忠于君。在家兄弟和睦，在外与人做伴当老实。心里慈爱，觑著百姓恰似觑著家里孩儿每一般，只要教百姓快活，便是自己快活一般。孔子一家仁，一国兴仁。如尧帝舜帝行仁，天下皆行仁；桀王、纣王不行仁德，政事暴虐，待教天下行仁，百姓每怎生行得仁？上头人不曾教导，下头人怎生学得？自古好人都会自己身上寻思，自己心正便能修身，齐家、治国、平天下都做得。有如平天下在治国，若能以礼让治国呵，必能以礼让治天下。比这尧帝让位于舜，朝廷众官皆兴让，这的是孔子道一家让，一国兴让。天下皆这般地呵，那里有那相争还报的道理？在上的敬老人，在下便孝顺；在上的重长上，在下的便敬长上；上头人恤孤念寡，下头人便可怜见那孤寡。在上者不以正礼使在下人，在下者也不肯尽心以事其上；若不以正礼使在前人，在后者也不肯尽心；若不以正礼使右边人，左边人也不肯尽心。

齐家、治国、平天下的道理，凡文人武人都要这个道理，圣人千言万语不过只是说这几件的道理。这几件的道理须索用自己心一件件体验过，依著行呵，便有益；若不用心体验，便似一场闲话也似，这般说过去了便无益。

一件，钱谷是国家大事，生财有个道理，作生活者多，食用者少；做造者多，使用处不过当，这般呵，财常不阙少。一件，宋宰相吕正献公曾说，做宰相只理会钱呵，不是好事。百姓是国之本，财是百姓之心，多取敛钱财必损著百姓，损著百姓必损着国家。小人多收敛钱财教君现喜，君王不觉百姓生受，却道国家有利益。君王又道此人肯受天下怨，却不知天下怨气只在君王处。因此上，贤的君王在事前处置得不教生乱。

孔子道修身在正心，这的是《大学》里一个好法度。能正心便能修身，能修身便能齐家，能齐家便能治国，能治国便能平天下，那诚意、格物、致知都从这上头做根脚来。大概看来，这个当于正心上一步一步行著去，一心正呵，一身正，一家正，一国正，这的便是平天下的体例。这般心正的人，见那好勾当便肯向前去做，见那歹勾当便不肯向前去做。如那朱晦庵解了六经四书诸家文字许多，生受了，他是个正心的人，肯去做呵，做的都是那好勾当。如古时有个柳盗跖，专一要做贼，打劫、吃人的心肝，也是一个昧心，不是那正心的人，都做得歹了，教后人道不好。将那颜回来比呵，便见得柳盗跖歹，颜回好。颜回是能正心的人，盗跖是不能正心的人。若是正心呵，恐怕身上有些儿不是处，一日家三遍思量，不教有些儿不到处，都教做得正正当当地好，似这般便能齐家。能齐家，则俺家大的小的都学俺一般样好，不教大的不做大，小的不做小。治得这家齐呵，便治得那国事也好。治国是做朝廷的政事大勾当，平天下是治得那国事好，教天下四海内外都太平的勾当。心若有些儿不正便是昧了心，便是要去谩人。谩了下头人呵，便是昧心；谩了上头人呵，天也不可怜见。有一等人常常的做歹勾当，却来人面前说道俺做的勾当好，便如掩著那耳朵了去偷那铃的也似。他自道别人不见他，不知道别人先自见了他，和他的肺上肝上的事都见了。这般的便是那心不正，昧了心要谩人的人。大概论来，大学只是"明明德""新民""止于至善"，细分开却有八件。且如明德、新民，比著尧帝去征苗民，有苗民并驩兜作歹的人，将那已前歹的心都改正了，重新做个好人，却用做好勾当。又如楚平王在临潼斗宝，用那贤人赢了诸国。孔子道《楚书》说楚国无以为宝，惟善以为宝。这的是那楚国有好人，所以楚国强。这般样思量呵，便是明德、新民、到那至善的意儿。这三项都从心正生做，若心正，也能诚意，也能格物，也能致知。这其间一个心正，仁义礼智信、三纲五常、君臣父子、老的小的都正。如桀王暴虐，纣王宠妲己，只理会快活，多徵百姓每差发钱，积在那鹿台库里，粮积在那钜桥仓里，却不思量这般东西却是百姓每身上脂膏，教百姓每怨不好，天下诸侯都怨。为这上，贤的人比干谏他，又将比干杀了，天下诸侯都投奔西伯昌。西伯昌死，西伯昌的孩儿武王兴兵伐纣，将纣王杀了。这的都是那不能正心，做坏了家国。又如周幽王爱褒姒，褒姒是幽王的妃子。褒姒每常不好笑，幽王要褒姒笑，却去烟火台上擂鼓烧火。诸侯每都来，褒姒见了大笑。诸侯每来到见没事，知道幽王召咱来只是要引得褒姒笑。或别一日，申伯将引西番军马来杀幽王，幽王烧火擂鼓，诸侯每都不来救。幽王被西番杀了，褒姒被西番掳了。这的是不能正心便是没诚意，自将国家坏了。如隋炀帝科天下数万人夫开河修路，栽花插柳，打造龙船，准备开了河道，差天下夫都拽船去游玩扬州。① 这般害杀天下百姓，坏了国家，至今人都笑骂。将这尧帝让位与舜帝比呵，尧帝是个正心的人，认得舜帝也是那正心的人，便肯将那位来让舜做。若当时尧立丹朱为主呵，也由尧帝。尧有这般肯心让与舜帝，天下都无相争还报的心。是以正心用正人，天下后世说做仁贤之君。孔夫子教人理会得这大学，正要教人行得这大学便是正正当当的人。心若正，便有些行不尽的政事，决没一些个歪斜偏向处。大凡为人，件件从那正心上行得来，自然有个主张，不胡乱行事。又如前贤说道学好人的如造塔儿一般，一步高如一步；学歹的人似穿井一般，一步低如一步。天下事不拣甚么公事，都从那正心上做将出来，撒不得那正心两个字。心正的勾当，在上的正呵，在下的也正；一家正呵，在下孩儿每都正；一国正呵，天下的人心都正。备细思量，正心是《大学》的好法度。

贯云石《孝经直解》自序指出其"取世俗之言，直说《大学》，至于耘夫尧子皆可以明之"。又如吴澄给元泰定帝讲解历朝史事的《经筵讲义》：

唐太宗是唐家很好底皇帝，为教太子底上头，自己撰造这一件文书，说着做皇帝底体面。为头儿说做皇帝法度，这是爱惜百姓最紧要勾当。国土是皇帝底根本，皇帝主着天下，要似山岳高大，要似日月光明，遮莫那里都照见有。做着皇帝，天下百姓看着，都随顺着。行的好勾当呵，天下百姓心里很快乐有；行的勾当不停当

---

① 江蓝生校："夫"上疑脱"人"字。刘坚、蒋绍愚《近代汉语语法资料汇编》，商务印书馆，1990年。

呵，天下百姓失望。一般志量要宽大着，宽大呵，便容得人；心要平正着，平正呵，处得事务停当。非威武仁德，这田地国土怎生肯来归附？非慈爱忠厚的心，百姓怎生感戴？皇帝的宗族，好生亲爱和睦者，休教疏远者；朝廷大官人每，好生祗待，休轻慢者；奉祀祖宗的上头，好生尽孝心者；坐著大位次里，好生谦恭近理，休怠慢者；拣好底勾当尽力行者，这是做皇帝的体面么道。……

　　汉高祖姓刘名邦，为秦始皇二世皇帝的时分好生没体例的勾当做来，苦虐百姓来，汉高祖与一般诸侯只为救百姓，起兵收服了秦家。汉高祖的心只为救百姓，非贪富贵来。汉高祖初到关中，唤集老的每、诸头目每来，说："你受秦家苦虐多时也，我先前与一般的诸侯说，先到关中者王之。我先来了也，与父老约法三章：杀人者死，伤人及盗者随他所犯轻重罪过者，其余秦家的刑法都除了者。"当时做官、做百姓的，心里很快活有。大概天地的心只要生物，古来圣人为歹人曾用刑罚来，不是心里欢喜做来。孟子道不爱杀人的心厮似，前贤曾说这道理来，只有汉高祖省得这道理来，汉家子孙四百年做皇帝。我世祖皇帝不爱杀人的心与天地一般广大，比似汉高祖，不曾收服的国土今都混一了。皇帝依著世祖皇帝行呵，万万年太平也者。

这些讲义和讲章以通俗口语阐述圣贤思想的蕴奥，也有利于普通民众的观览。元太宗窝阔台曾下诏，令蒙古子弟学习"汉儿每言语文书"，称这是"一件立身大公事"，规定上课时必须讲汉语，"若不汉时言语里说话，却蒙古言语里说话，一番一简子打者，第二番打两简子者，第三番打第三简子者，第四番打四简子者"。① 皇家贵族子弟要讲汉语，当然是通俗易晓的白话，这也提升了白话的地位，白话著述的价值得到帝王和硕学大儒的认可，这也激励了更多的文人用白话来著述，进而引向下层民众的思想教育和文化普及。如贯云石效法许衡直说《大学》的榜样，用俗白浅近的语言宣传《孝经》，撰有《孝经直解》：

　　开宗明义章第一　　开发本宗显明义理的一章

　　仲尼居（仲尼是孔夫子的表德，居是孔子闲住的时分），曾子侍（孔子徒弟姓曾名参，根前奉侍来）。子曰（孔子说）："先王有至德要道（在先的圣人有至好的德、紧要的道理），以顺天下（以

---

① 熊梦祥《析津志辑佚》，北京古籍出版社，1983年，第197—198页。

这个勾当顺治天下有）。民用和睦（百姓每自然和顺有），上下无怨（上下全都无怨心有）。汝知之乎（你省得么）？"曾子避席曰（曾子起来说道是）："参不敏，何足以知之（我不省得，怎能知道着）？"子曰（孔子说）："夫孝，德之本也（孝道的勾当，是德行的根本有），教之所由生也（教人的勾当先从这孝道里生出来）。复坐，吾语汝（你再坐地，我说与你）。身体发肤，受之父母，不敢毁伤，孝之始也（身体头发皮肤从父母生的，好生爱惜者，休教伤损者么道。阿的是孝道的为头儿、合行的勾当有）。立身行道，扬名于后世，以显父母，孝之终也（卓立身己，行的好勾当，留得好名听，著后人知道呵。这般上头显得咱每父母名听有。这般呵，是一生的孝道了也）。夫孝（这孝道的勾当），始于事亲（在起初时，在意扶侍父母），中于事君（中间里，在意扶侍官里），终于立身（这孝顺父母的、扶侍官里的两件儿勾当了呵，自家身里自然立者也）。《大雅》云（孔子再把《毛诗》里言语说）：'无念尔祖，聿修厥德（休道不寻思你祖上，依着你祖上行好勾当著）。'"

孝治章第八　这一章说着孝道治天下

子曰："昔者，明王之以孝治天下也，不敢遗小国之臣，而况于公侯伯子男乎！故得万国之欢心，以事其先王。（孔子说：先将孝道治天下着，小名分的人不着落后了，休道是大名分人有。因这般上头得那普天下欢喜的心，把祖先祭祀呵，也不枉了）治国者不敢侮于鳏寡，而况于士民乎！故得百姓之欢心，以事其先君。（各处诸侯管着的地面，最穷的人不着落后了，休道官人每和百姓每。因这般上头得百姓欢喜的心，把祖上祭奠呵，不枉了有）治家者不敢失于臣妾，而况于妻子乎！故得人之欢心，以事其亲。（官人每各自家以下的人不着落后了，休道媳妇孩儿。因这般上头得一家人欢喜，奉侍父母呵，不枉了有么道）夫然，故生则亲安之，祭则鬼享之。（因这的上头，父母在生时着受用咱每奉侍者，死了呵，着受用咱每祭奠者）是以天下和平，灾害不生，祸乱不作。（这般呵，天下都太平，百姓每无灾难有）故明王之以孝治天下也如此。（阿的是圣人治的天下这般好有）《诗》云（再说《毛诗》）：'有觉德行，四国顺之。'"（圣人有大德行呵，四方都依顺有）

文中文白对照，可见文言与当时的口语已有很大差别。据贯云石自叙说，采用俗白浅近的语言宣传《孝经》，"使匹夫匹妇皆可晓达，明于孝悌之道"，可见他的解说用语很接近当时人们说的话，否则就不可能"使匹夫匹妇皆可晓达"了。这些讲解不局限于字面，而是融会了全篇旨意，阐发透彻。

又如郑镇孙根据《资治通鉴》的内容写的《直说通略》卷三《秦·子婴——西汉·太祖高皇帝》：

> 赵高既弑二世，欲立子婴。子婴设计不肯去，赵高亲自来请，子婴遂使人刺杀高，灭三族。子婴立，称秦王。先时楚怀王与诸侯相约，先入关的教他为王。此时秦兵强，诸将皆不可先去，惟有项羽怨秦兵杀项梁，欲与沛公先入。众老的每都说项羽为人慓悍猾贼，只有沛公宽大长者，遂令沛公先去。儒生郦食其及张良皆来到，随沛公西行。子婴遣将敌沛公，秦兵大败，沛公遂入关，到霸上。子婴素车白马，颈上系着传国宝，出路傍投降。……太祖高皇帝受秦降时，未曾登位，只称沛公。西入咸阳，召众父老每、众豪杰每，抚谕他约法三章（杀人的死，伤人及盗抵罪），除去秦时不好的法度。百姓每喜欢，都将牛羊酒食管待军马，沛公不受，百姓越喜。

卷九《唐·高祖神尧大圣光孝皇帝》：

> 却值（李）渊与突厥战，不利，心里烦恼。世民乘时对渊说道："主上无道，百姓穷困，晋阳城外都是战场。不如顺民心，起义兵，转祸为福。"渊大惊，说道："恁怎生说这般言语，我拿恁去告县官。"取纸笔要写表，世民说道："孩儿觑着天时人事如此，以此发言。父亲必欲告呵，不敢辞死。"渊说道："我那里便肯告你，你休再胡说。"第二日，世民又对渊说道："如今盗贼满天下，父亲受诏讨贼，贼人怎能勾得灭……只有昨日的话可以救祸。这是万全计策，父亲休要疑惑。"渊说道："我一夜寻思恁的言语，也好生有理。今日破家亡身也由你，变家为国也由恁。"

此书全以白话述史，语言通俗浅易。其自序称要以"俚俗之言"传达圣贤文章之蕴奥，[①] 张元济曾称之为"近日白话文之先导"。[②]

[①] 郑镇孙《直说通略自序》，《国立中央图书馆善本序跋集录·史部》（三），台北"国立中央图书馆"，1993年，第1页。

[②] 张元济《涵芬楼烬余书录·史部》，《张元济全集》第8卷，商务印书馆，2009年，第270页。

明周宪王《桃源景》中也记有蒙古人说的这种汉儿言语。如：

〔孤云〕这达子，你这番语，我不省得，你学汉儿说与我听。
〔净云〕官人，马不见有，下着大雪，那里去寻那马有。
〔孤云〕这达子，差着你，你怎敢不去。
〔净云〕我的达达人，法度行害怕有，便冻煞了，也去山的下坡将马寻有。

例中句末的"有"如语助而又不是语助，在《孝经直解》《元秘史》《老乞大》等中常见，① 形成汉儿言语的特点。

二、元代的曲辞杂剧

元代的散曲来自民间，写闺情，写别怨，写儿女情长的意态，写无可奈何的叹息，写称心快意的满足，语言清新活泼，往往妇孺能解，反映了当时的口语。如关汉卿《不伏老》：

我是个蒸不烂、煮不熟、捶不匾、炒不爆响当当一粒铜豌豆，恁子弟每谁教你钻入他锄不断、斫不下、解不开、顿不脱慢腾腾千层锦套头。我玩的是梁园月，饮的是东京酒，赏的是洛阳花，攀的是章台柳。我也会围棋、会蹴鞠、会打围、会插科、会歌舞、会吹弹、会咽作、会吟诗、会双陆。你便是落了我牙、歪了我嘴、瘸了我腿、折了我手，天赐与我这几般儿歹症候，尚兀自不肯休。则除是阎王亲自唤，神鬼自来勾，三魂归地府，七魂丧冥幽，天那，那其间才不向烟花路儿上走！

《沉醉东风》五首之一：

咫尺的天南地北，霎时间月缺花飞。手执着饯行杯，眼阁着别离泪。刚道得声"保重将息"，痛煞煞教人舍不得。好去者，望前程万里！

《碧玉箫》十首之三：

盼断归期，划损短金篦。一搦腰围，宽褪素罗衣。知他是甚病疾，好教人没理会，拣口儿食，陡恁的无滋味。医，越恁的难调理。

---

① 太田辰夫《汉语史通考》，重庆出版社，1991年，第204页。

《题情》：

　　云鬟雾鬓胜堆鸦，浅露金莲簌绛纱。不比等闲墙外花。骂你个俏冤家，一半儿难当一半儿耍。

　　银台灯灭篆烟残，独入罗帏淹泪眼。乍孤眠好教人情兴懒。薄设设被儿单，一半儿温和一半儿寒。

　　多情多绪小冤家，迤逗的人来憔悴煞；说来的话先瞒过咱，怎知他，一半儿真实一半儿假。

　　碧纱窗外静无人，跪在床前忙要亲。骂了个负心回转身。虽是我话儿嗔，一半儿推辞一半儿肯。

白朴《天净沙》咏春夏秋冬：

　　春山暖日和风，阑干楼阁帘栊，杨柳秋千院中。啼莺舞燕，小桥流水飞红。

　　云收雨过波添，楼高水冷瓜甜，绿树阴垂画檐。纱厨藤簟，玉人罗扇轻缣。

　　孤村落日残霞，轻烟老树寒鸦，一点飞鸿影下。青山绿水，白草红叶黄花。

　　一声画角谯门，半亭新月黄昏，雪里山前水滨。竹篱茅舍，淡烟衰草孤村。

《题情》：

　　轻拈斑管书心事，细折银笺写恨词。可怜不惯害相思，则被你个肯字儿，逗我许多时。

　　笑将红袖遮银烛，不放才郎夜看书。相偎相抱取欢娱，止不过迭应举，及第待何如。

马致远《秋思》：

　　枯藤老树昏鸦，小桥流水人家，古道西风瘦马。夕阳西下，断肠人在天涯。

《借马》：

　　近来时买得匹蒲梢骑，气命儿般看承爱惜。逐宵上草料数十番，喂饲得膘息胖肥。但有些秽污却早忙刷洗，微有些辛勤便下骑。有那等无知辈，出言要借，对面难推。

《寿阳曲》：

> 相思病，怎地医？只除是有情人调理。相偎相抱诊脉息，不服药自然圆备。

曲中"将息""好去""理会""调理""俏冤家""一半儿""逗""许多""气命儿般""圆备"等词都是秦汉后出现的白话词语。

又如杜仁杰《庄家不识构阑》：

> 风调雨顺民安乐，都不似俺庄家快活。桑蚕五谷十分收，官司无甚差科。当村许下还心愿，来到城中买些纸火。正打街头过，见吊个花碌碌纸榜，不似那答儿闹穰穰人多。
>
> 〔六煞〕见一个人手撑着橼做的门，高声的叫"请、请"，道迟来的满了无处停坐。说道：前截儿院本《调风月》，背后么末敷演《刘耍和》。高声叫：赶散易得，难得的妆哈。
>
> 〔五〕要了二百钱放过咱，入得门上个木坡，见层层叠叠团圞坐。抬头觑是个钟楼模样，往下觑却是人旋窝。见几个妇女向台儿上坐，又不是迎神赛社，不住的擂鼓筛锣。
>
> 〔四〕一个女孩儿转了几遭，不多时引出一伙，中间里一个央人货，裹着枚皂头巾顶门上插一管笔，满脸石灰更着些黑道儿抹。知他待是如何过？浑身上下，则穿领花布直裰。
>
> 〔三〕念了会诗共词，说了会赋与歌，无差错。唇天口地无高下，巧语花言记许多。临绝末，道了低头撮脚，爨罢将么拨。
>
> 〔二〕一个妆做张太公，他改做小二哥，行、行、行，说向城中过。见个年少的妇女向帘儿下立，那老子用意铺谋待取做老婆。教小二哥相说合，但要的豆谷米麦，问甚布绢纱罗。
>
> 〔一〕教太公往前那不敢往后那，抬左脚不敢抬右脚，翻来复去由他一个。太公心下实焦燥，把一个皮棒槌则一下打做两半个。我则道脑袋天灵破，则道兴词告状，划地大笑呵呵。
>
> 〔尾〕则被一胞尿，爆的我没奈何。刚捱刚忍更待看些儿个，枉被这驴颓笑杀我。

写构阑里演剧的情形，多为口语。再如《喻情》：

> 我当初不合鬼擘口和你言盟誓，惹得你鬼病厌厌挂体。鬼相扑不曾使甚养家钱，鬼厮赶刁蹬的心灰。若是携得歌妓家中去，便是袖得春风马上归。司狱司蹭弩劳神力，望梅止渴，画饼充饥。
>
> 〔哨遍〕铁球儿漾在江心内，实指望团圆到底。失群孤雁往南

飞，比目鱼永不分离。王屠倒脏牵肠肚，毛宝心毒不放龟。老母狗跳墙做得个抉势，把我做扑灯蛾相戏，掠水燕双飞。

〔五煞〕腊月里桑采甚的，肚脐里爆豆实心儿退。木猫儿守窟瞧他甚，泥狗儿看家守甚黑。天长观里看水庵相识，济元庙里口愿把我抛持。

〔四〕唐三藏立墓铭空费了碑，闲槽枋里躲酒无巴避。悲田院里下象无钱递，左右司蒸糕省做媒。蓼儿洼里太庙干不济，郑元和在曲江边担土，闲话儿把咱支持。

〔三〕泥捏的山不信是石，相扑汉卖药干陪了擂。镜台前照面你是你，警巡院倒了墙贼见贼。大虫窝里蒿草无人刈，看山瞎汉，不辨高低。

〔二〕小蛮婆看染红担是非，张果老切鲙先施鲤。布博士踏鬼随机而变，裹大姐传神反了面皮。沙三烧肉牛心儿炙，没梁的水桶，挂口休提。

〔一〕秦始皇鞋无道履，绵带子拴腿无绳系。开花仙藏撒过瞒得你，街道司衙门唬得过谁。尉迟恭捣米胡支对，蜂窝儿呵欠，口口是虚脾。

〔尾〕楮树下梯要摘梨，葬瓶中灰骨是个不自由的鬼，谷地里瓜儿单单的记着你。

《喻情》几乎全用村语俗话，如"不合""实指望""抉势""无巴避""面皮""呵欠"等。元曲中运用俗语方言出色当行的还有乔吉的《杂情》：

粉云香脸试搽，翠烟腻眉学画，红酥润冰笋手，乌金渍玉粳牙，鬌拢宫鸦。改样儿新鞋袜，挑粉垢修指甲。收拾得所事儿温柔，妆点得诸余里颗恰。

〔梁州〕堪笑这没分晓的妈妈，则抱得不啼哭娃娃。小心儿一见了相牵挂，腿厮搀着说话，手厮把着行踏，额厮㧪着作耍，腮厮搵着温存，肩厮挨着曲和琵琶，寻题目顶真续麻。常子是笑没盈弄盏传杯，好吃阑同床共榻，热兀罗过饭供茶。那些喜呷，天来大，怪胆儿无惯怕。这些时变了话，小则小心肠儿到狡猾，显出些情杂。

〔骂玉郎〕但些儿头疼眼热我早心惊呀，着疼热只除咱，寻方里药占龟卦。直到吃得粥食，离了卧榻，恰撒得心儿下。

〔感皇恩〕看承似美玉无瑕，谁敢帮野草闲花。曹大家卖杏虎，裴小蛮学撒撒，温太真索妆虾。丽春园扎撒，鸣珂巷南衙，现而今如嚼蜡，似咬瓦，若抟沙。

〔采茶歌〕喜时节脸烘霞，笑时节眼生花，一霎时一天风雪冷鼻凹。本待做曲吕木头车儿随性打，原来是滑出律水晶球子怎生拿。

例中"所事儿""颗恰""小心儿""惯怕""热兀罗""嚼蜡"和"一霎时"等都是口语俗词。

又如张可久《无题》：

人皆嫌命窘，谁不见钱亲？水晶环入面糊盆，才沾粘便滚。文章糊了盛钱囤，门庭改做迷魂阵，清廉贬入睡馄饨，胡芦提倒稳。

例中"面糊盆""胡芦提"等也是当时口语俗词。

睢景臣《高祖还乡》：

〔般涉调·哨遍〕社长排门告示，但有的差使无推故。这差使不寻俗，一壁厢纳草也根，一边又要差夫索应付。又言是车驾，都说是銮舆，今日还乡故。王乡老执定瓦台盘，赵忙郎抱着酒胡芦。新刷来的头巾，恰糨来的绸衫，畅好是妆么大户。

〔耍孩儿〕瞎王留引定火乔男女，胡踢蹬吹笛擂鼓。见一彪人马到庄门，匹头里几面旗舒：一面旗白胡阑套住个迎霜兔，一面旗红曲连打着个毕月乌，一面旗鸡学舞，一面旗狗生双翅，一面旗蛇缠胡芦。

〔五煞〕红漆了叉，银铮了斧，甜瓜苦瓜黄金镀。明晃晃马蹬枪尖上挑，白雪雪鹅毛扇上铺。这几个乔人物，拿着些不曾见的器仗，穿着些大作怪衣服。

〔四〕辕条上都是马，套顶上不见驴，黄罗伞柄天生曲。车前八个天曹判，车后若干递送夫。更几个多娇女，一般穿着，一样妆梳。

〔三〕那大汉下的车，众人施礼数，那大汉觑得人如无物。众乡老展脚舒腰拜，那大汉那身着手扶。猛可里抬头觑，觑多时认得，险气破我胸脯。

〔二〕你须身姓刘，您妻须姓吕，把你两家儿根脚从头数。你本身做亭长耽几盏酒，你丈人教村学读几卷书。曾在俺庄东住，也曾与我喂牛切草，拽坝扶锄。

〔一〕春采了桑，冬借了俺粟，零支了米麦无重数。换田契强秤了麻三秤，还酒债偷量了豆几斛。有甚胡突处？明标着册历，见放着文书。

〔尾〕少我的钱，差发内旋拨还；欠我的粟，税粮中私准除。只道刘三，谁肯把你揪捽住？白甚么改了姓更了名唤做汉高祖！

此首元曲嬉笑怒骂，平白如话，把一个流氓皇帝刘邦的无赖相披露无遗。

又如马致远《秋思》：

〔双调夜行船〕百岁光阴一梦蝶，重回首往事堪嗟。今日春来，明朝花谢，急罚盏夜阑灯灭。

〔乔木查〕想秦宫汉阙，都做了衰草牛羊野，不恁么渔樵没话说。纵荒坟横断碑，不辨龙蛇。

〔庆宣和〕投至狐踪与兔穴，多少豪杰。鼎足虽坚半腰里折，魏耶？晋耶？

〔落梅风〕天教你富，莫太奢，没多时好天良夜。富家儿更做道你心似铁，争辜负了锦堂风月。

〔风入松〕眼前红日又西斜，疾似下坡车。不争镜里添白雪，上床与鞋履相别。休笑巢鸠计拙，葫芦提一向装呆。

〔拨不断〕利名竭，是非绝。红尘不向门前惹。绿树偏宜屋角遮。青山正补墙头缺，更那堪竹篱茅舍。

〔离亭宴煞〕蛩吟罢一觉才宁贴，鸡鸣时万事无休歇。何年是彻？看密匝匝蚁排兵，乱纷纷蜂酿蜜，急攘攘蝇争血。裴公绿野堂，陶令白莲社，爱秋来时那些：和露摘黄花，带霜烹紫蟹，煮酒烧红叶。想人生有限杯，浑几个重阳节？人问我顽童记者：便北海探吾来，道东篱醉了也。

通俗戏曲起源于唐，唐玄宗曾建立梨园，训练了一批伶人乐工。又有参军戏。据赵璘《因话录》卷一载："肃宗宴于宫中，女优有弄假官戏。其绿衣秉简者，谓之参军椿。"到宋则有杂剧之名，南宋盛行于温州，又称南戏，开明代传奇的先声。金代的院本则是元杂剧的先驱。戏曲的语言是由多种风格的语言结合在一起的语言，颇具特色。戏曲中分唱段和对白，唱词往往文白夹杂，对白一般是纯口语的白话。

戏曲是表演艺术，用词讲究本色当行，以显露说透淋漓尽致为贵，声文并茂，雅俗共赏。王国维《宋元戏曲考》说："写情则沁人心脾，写象则在人耳目，述事则如出其口"，赞扬其"为中国最自然之文学"，"于新文体中自由使用新言语"。戏曲与传统诗词明显的不同就在于不避方言俚语，以俗语写深情，要求更宜于上口传唱，也就是更加通俗浅近和贴近生活。吴梅《顾曲麈谈》说："词之与诗，其所用典雅之语尚有可以通用之处"，"曲则不然，有雅有俗，雅非若诗余之雅也"，"至于俗，则非一味俚俗已也，俗中尤须带雅"。戏曲多为口语的加工，半文半白，即文而不文，俗而不俗。

元杂剧的代表作是关汉卿的《窦娥冤》、王实甫的《西厢记》、白朴的《墙头马上》和马致远《汉宫秋》。如《西厢记》第三折：

〔滚绣球〕恨相见得迟，怨归去得疾。柳丝长玉骢难系，恨不倩疏林挂住斜晖。马儿迍迍的行，车儿快快的随，却告了相思回避，破题儿又早别离。听得道一声去也，松了金钏；遥望见十里长亭，减了玉肌：此恨谁知？

（红云）姐姐今日怎么不打扮？

（旦云）你那知我的心里呵？

〔叨叨令〕见安排着车儿、马儿，不由人熬熬煎煎的气；有甚么心情花儿、靥儿，打扮得娇娇滴滴的媚；准备着被儿、枕儿，则索昏昏沉沉的睡；从今后衫儿、袖儿，都搵做重重叠叠的泪。兀的不闷杀人也么哥！兀的不闷杀人也么哥！久已后书儿、信儿，索与我凄凄惶惶的寄。

剧中用语浅近，包含有丰富的白话词汇。又如关汉卿《诈妮子调风月》第二折：

〔朱履曲〕莫不是郊外去逢着甚邪祟？又不风又不呆痴，面没罗、呆答孩、死堆灰。这烦恼在谁身上？末不在我根底，打听得些闲是非？

剧中"面没罗""呆答孩""死堆灰"都是口语俗语词，形容表情木然颓丧。

流传于民间的宝卷多用白话写，有讲有唱，在一定程度上也反映了民间所用的语言。如《目连救母出离地狱生天宝卷》：

尊者见母受饥鬼形，心中烦恼，至灵出哀告如来："弟子母堕在饿鬼道中受苦，欲要引母向横河边。水洗肠腹，未否如何？"世尊曰："汝听吾说。三世诸佛饮水者，由如酥酪；众益饮水，由如甘露；善人饮水，能解饥渴；汝母饮水，在腹化为猛火，流入腹中，翻肠搅肺，痛如刀割。"尊者听说，哀告如来："我母怎能脱离地狱？"尊者曰："若汝母离饿鬼趣，礼请诸大菩萨，然灯造福放诸生命，方离此狱。"①

例中对话文白相间。

《吴彦能摆灯宝卷》：

> 却说罗氏问了一遍，原来是自己的儿女。一把拉住大放悲声。一会儿，罗氏住了哭声，说："娘有几句话儿你们要记住，再与你们银子十两；我听了消息，不久包公就要回京，你便去南衙告状。包大人铁面无私。"②

例中罗氏所说全为白话。

《继母狠宝卷》：

> 媒婆子，走千家，说白道黄。说李雄，锦衣卫，千户之职，这年纪，刚三十，健壮英姿。众街坊，听此言，都想巴结。不几日，就送来，许多庚帖。俗语讲，姻缘事，前世所定。哪怕你，挑万遍，终难错过。这李雄，见庚帖，左选右择。选定了，焦家女，年方二八。人才好，无父母，哥嫂作主。她哥哥，叫焦榕，无赖之徒。李千户，没眼力，错看亲事。行了聘，纳了礼，花烛成亲。实指望，娶妻室，抚养儿女。有谁知，做此事，祸移家门。李雄误娶河东吼，儿女遭逢中山狼。却说李雄娶得焦氏，年方二八，生得倒有十分颜色。女工针织，却也百伶百俐，只是心肠狠毒要紧。③

例中说唱用词也都是口语，如"说白道黄""巴结""河东吼""要紧"等。

三、元代的白话文

元代的一些笔记、碑文、法令、文书和会话书多采用白话文。笔记如陶宗仪《南村辍耕录》卷一三《中书鬼案》：

> 中书省准陕西行省咨，察罕脑儿宣慰司呈，八匝街礼敬坊王弼告：至正三年九月内，到义利坊平易店，见有算卦王先生，因问来历致争。当月二十九日夜，睡房窗下，似风吹葫芦声，不时有之。请到李法师遣送。虚空人言："算卦先生使我来。"哭声内称冤枉。

---

① 《目连救母出离地狱生天宝卷》原为郑振铎旧藏，现藏于中国国家图书馆。
② 方步和《河西宝卷真本校注研究》，兰州大学出版社，1982年，第117页。
③ 方步和《河西宝卷真本校注研究》，兰州大学出版社，1982年，第164—166页。

弱祝之曰："尔神尔鬼，明以告我。"鬼云："我是丰州黑河村周大亲女月惜。至正二年九月十七日夜，因出后院，被这王先生将我杀了，做奴婢使唤，如今教在你家作怪。"哭者索要衣服。抄写所说，赴官陈告，差卢捕盗等，与社长吴信甫，于王先生房内搜获木印二颗，黑罗绳二条。上钉铁针四个，魇镇女身小纸人八个，五色采，五色绒，上俱有头发相缠。又小葫芦一个，上拴红头绳一条，内盛琥珀珠二颗，外包五色绒，朱书符命一沓。又告：十二月初三日，有鬼空中言："我是奉元路南坊开张机房耿大第二男顽驴，这先生改名顽童。我年一十八岁，被那老先生引三个伴当杀了我。"二十二日，又有鬼空中云："我是察罕脑儿李帖家儿延奴，又名抢灰，那老贼杀了我，改名买卖。我被杀时，年十四岁。"

勘问得犯人王万里（即王先生）状招：年五十一岁，江西省吉安路民，于襄阳周先生处习会阴阳课命。至顺二年三月内，到兴元府，逢见刘先生，云："我会使术法迷惑人心，收采生魂，使去人家作祸，广得财物。我有收下的，卖与你一个。"随于身畔取出五色采帛，并头发相结一块。言称这个小名唤延奴。我课算，拣性格聪明的童男童女，用符命法水咒语迷惑，活割鼻口唇舌尖耳朵眼睛，咒取活气，剖腹掏割心肝各小块晒干，捣罗为末，收裹，及用五色采帛同生魂头发相结，用纸作人形样，符水咒遣往人家作怪。根随到伊下处。至夜，刘先生焚香念咒烧符，听得口言，不见影。问师父："你教我谁家里？索甚去？"刘先生分付李延奴："你与这先生做伴去。"说罢，将咒语收禁。万里与讫钞七十五两，买得五色采帛头发相结一块，称说可改名买卖。传教采生、遣使、收禁符命咒水。又云："牛狗肉破法，休吃。"续后于房州山地面经过，逢见广州旧识邝先生，云："我亦会遣使鬼魂。我有收下的生魂，卖与你。"万里与讫钞一锭。邝先生取出五色采帛头发相结纸人儿一个，云此名耿顽童，万里将与李买卖一处遣使，以课处为由，前到大同路丰州黑河村地面往来。至正二年八月内，到于周大家课命，将伊女周月惜八字看算，性格聪慧，要将杀害，收采生魂。至九月十七日夜，于周大住宅后院墙下黑影内潜藏间，见一人往后院内来，认得系是月惜。在彼出后，万里密念咒语，向前拖拽，往东奔走。将月惜禁止端立，脱下沿身衣服，用元带鱼刀、将其额皮割开，扯下悬盖眼睛。及将头发割下一缕，用纸人并五色采帛绒线相结作块，一如人形样，然后割下鼻口唇舌、耳尖、眼睛、手十指梢、脚十趾梢。却剖开胸腹，才方倒地气绝。又将心肝肺各割一块，干捣末，装于小葫芦内。至正三年九月内，来到察罕脑儿平易店安下，开张卦肆，与王弼相争挟雠。令生魂周月惜等三名前往本家作祸。为买马肉食，因店内将牛肉作马肉卖与，因此不能收禁。事发到官，及责得李福宝（即李帖）状结。生到孩儿延奴，常有疾病，于五岳观口许出家，落在纸灰内，改名抢灰。天历二年二月内。令其赶牛牧放，不归。此时饥荒，想得被人亏害，不曾根寻。及行移奉元路咸宁县，并大同路丰州。照勘耿顽童、周月惜致死缘由相同。呈乞咨请施行，准此，送据刑部。拟得王万里残忍不道，合令凌迟处死，其妻子迁徙海南安置。

所记虽然怪诞，但存当时日常用语的概貌，可窥元代白话一斑。

元代白话碑是元代蒙古语公牍的白话译文，冯承钧编有《元代白话碑》，蔡美彪也编有《元代白话碑集录》，这些碑文的记载反映了当时译文采用白话和蒙古语记音词的特点。元代统治者的母语不是汉语，文言作为书面语对他们来说自然要比口语的白话更难掌握。这在一定程度上促使了白话取代文言成为书面语。

如1238年《凤翔长春观公据碑》：

据全真道人张志洞等连状告称"前去磻溪谷复建掌教丘真人古迹长春观院宇，田地在手，别无凭验，恐有磨障，乞给公据"事。奉总管钧旨，照得本人所告是实。先来钦奉皇帝圣旨节文该："汉儿国土里，不拣那个州城里达鲁花赤并长官、管匠人底达鲁花赤每"，这圣旨文字里："和尚根底寺，也立乔大师根底胡木剌，先生根底观院，达失蛮根底蜜昔吉，那的每引头儿拜天底人，不得俗人搔扰，不拣甚么差发休交出者。破坏了的房舍、旧的寺观修补者。我每名字里，交祝寿念经者。我每的圣旨里不依的，不拣甚么人，断按答奚死罪者。"总府除已钦依外，今据全真道人张志洞等告给公据，前去磻溪谷重建长春观院宇，合行给付者。

1280年《虚仙飞泉观碑（二）》：

言语每，是实那虚？若是这底言语是实呵，一遍经断了底了，怎生宜？只依在前断定底，不曾回付来底寺院，并属寺家底田地、水土，一处回付与。将说谎捏合来底经文并印板，不曾毁坏了底，交毁坏了者。更将三教依在前体例安置。俺底这圣旨，这般宣谕了呵，别了在前断定底言语，寺院并田地水土不肯回与，相争底人每, 有罪过者。更和尚每, 俺有圣旨么道, 在前断定底别做呵, 不干自己底寺院田地水土争呵, 他每不怕那? 不有罪过那甚么?

其中"根底"是蒙古语语助词的意译,"达鲁花赤"是蒙古语的音译, 意为"掌管者"。"不拣甚么人""我每名字里""俺底""他每不怕那""不有罪过那甚么"则在一定程度上反映了元代口语的实际状况。又如冯承钧在《元代白话碑》绪言中说, 碑文中"长生气力里大福荫护助里皇帝"即文言"上天眷命皇帝","为头先生每"即"寺主等","执把行的圣旨与了也"即"将此圣旨与之","商税地税休与者"即"蠲免商税地税","不拣甚么不以是谁休倚气力者休夺要者"即"所有诸物无论何人不得强行侵夺","无体例的勾当休做者"即"非理勿行","猪儿年月日"即"亥年月日"等, 而从碑文中所用"的""底""女""里""呵"等也可见白话演变的脉络。

《元典章》是元代法令文书的总汇集, 全名《大元圣政国朝典章》, 其中有一些法令文书是当时口语的记载。如《打死强奸未成奸夫》:

> 东平路申, 归问到成武县祗候人李松为招: 至元二年三月十二日, 随逐邵县令夫人上坟, 带酒将把槐棒一条还家, 听得屋内妻阿耿叫道:"这先生好没道理, 道这般言语。"松入屋内, 见陈宝童带酒与妻阿耿, 用手将衣裳厮摔定。问得妻阿耿称道:"这陈宝童拖着我道: '咱两个睡些个去来。'"松发意, 用棒将本人行打, 又用拳脚踢打, 以致本人身死。罪犯部拟合行处死, 并征烧埋银五十两。呈奉中书省剳付, 差断事官曲出、高宣使前去审断。本人称冤, 就问得状称, 委曾亲见陈宝童按著妻阿耿腰上, 将本人殴打身死。成武县张令史取状, 本人道:"若你说这话, 你出丑, 则道扯着待强奸来也好。"以此随张令史言语招讫。及李阿耿、张令史各各招伏是实。正犯人李松, 法司拟旧例: 诸奸者, 虽傍人皆得捕击, 以送官司格法。准上条, 捕罪人已就拘执及不拒捍, 而杀或折伤之, 各从斗杀伤法; 罪人本犯应死而杀者, 徒五年。其李松合徒五年。又招节次指责不实。旧例: 诈三品官司不实, 杖六十, 事发更为合行累科。今李松合得本罪徒五年, 并重犯杖六十, 仍于本人名下追征烧埋银五十两。部拟, 量情决六十七下, 征烧埋银五十两。省拟, 比及闻奏以来, 将李松召保疏放。李松妻阿耿, 当司拟, 旧例: 强奸妇女不坐。避怕监收要罪, 止说陈宝童将衣裳捽着, 若拟不实定罪, 缘已被强奸, 不坐。今虽有招涉, 不合治罪。部拟, 呈省准, 免罪。

《烧烙前妻儿女》：

延祐三年十月，江浙行省准中书省咨刑部呈，永平路备抚宁县申，本县辛寨社长张元呈：延祐二年十二月十六日，有本社乱山里老郝娘娘，并伊次男郝父，引领伊重孙女郝丑哥，前来元处告说，有后母韩端哥，不知主何情意，用铁鞋锥于俺孙女郝丑哥舌头上烙讫三下，脊背上烙讫七十二下，小厮郝骂儿也烙了七锥子等事，呈乞照验。得此，责得犯人韩端哥状招：年二十七岁，无病、孕，是本县附籍军民郝千驴后妻。招伏：既是郝千驴后妻，自合在家作活过日，不合于延祐三年十二月十四日早辰，与房亲郝六嫂，一同前来本县南关，与开店老刘做斋，至当日日没时分还家。至十五日早辰，端哥因自己院内取柴去，见郝六嫂躯妇冯哇头前来，到于端哥西墙边，言道："你昨日城里来的晚了，您两个孩儿偷出小豆，客人处换梨儿吃。"道罢，端哥存心，随即还家发怒，将女子丑哥元穿衣服脱去，于灶窝内用破盆片取出元烧下柴火，又于屋内取到大团头铁鞋锥一个，用火烧红，将女子丑哥扑倒，用左脚踏住脖项，用左手将丑哥舌头扯出，用鞋锥烙讫三下。次后于两小腿上及腰胯连背脊，直到臀片前后，通烙讫七十二下。有女子丑哥疼痛难忍，以此言说："我是换了五个梨儿吃来。"才行放起。自合着言教训，不合用意生发毒心，强行将前妻抛下女子丑哥，本家元行使铁鞋锥一个，用火烧红，将郝丑哥舌头扯出，烙讫三下，次后于两小腿上及腰胯脊背，直烙至臀片前后，通烙七十二下，然后用麻绳一条，将女子丑哥两手缚住，吊于蚕搋下。为是气断，才时解下撒放。又不合将男郝骂儿用右手拖至火炉边，亦行用鞋锥烧红，于臀上烙讫三下，次后于腰脊上烙讫四下，前后通烙讫七下，才时撒放，以致社长张元呈告到官。招伏是实，府司看详。

郝千驴前妻已故，后娶到韩端哥。不行在家，信从傍人冯哇头学说，前妻抛下女子丑哥、儿子郝骂儿，将小豆一碗，兑换棠梨食用。既知学说，本妇慨然听信，辄将擂鞋铁锥火内烧红，将女子郝丑哥施恨，即于舌上烙讫三下，身至臀、腰，通烙讫七十二下，又用麻绳于搋上悬吊，将欲垂命。将郝骂儿臀片至腰脊二处，烙讫七下。其郝骂儿年及是十一岁，女子郝丑哥一十三岁，未知稼穑。本妇窥夫不在，故将前妻儿女舍情苦虐，已绝骨肉原情。嫉妒之妇，大伤风化，拟合杖断七十七下。若与前妻子女同居相守，中间恐致别事，合依本县所拟离异相应。申乞照详。得此，本部议得韩端哥所犯：同夫郝千驴前妻抛下女丑哥、男骂儿，用小豆换梨食。乘夫在外，暗发狠心，将十三岁女丑哥踏住脖项，扯出舌头，并沿身用火烧铁鞋锥烙讫七十二下，又将十一岁男骂儿臀片、腰脊烙伤七下。酷毒如此，甚伤恩义。合准永平路所拟，断罪离异，追回元聘财钱。以为后为之戒，遍行各处相应。具呈照详。得此，都省准拟，咨请照验，遍行合属，依上请行。

元代的一些诏书也多用白话。如《元史》卷二九载泰定帝登极诏曰：

  薛禅皇帝可怜见嫡孙、裕宗皇帝长子、我仁慈甘麻剌爷爷根底，封授晋王，统领成吉思皇帝四个大斡耳朵及军马、达达国土都付来。依着薛禅皇帝圣旨，小心谨慎，但凡军马人民的不拣甚么勾当里，遵守正道行来的上头，数年之间，百姓得安业。在后，完泽笃皇帝教我继承位次，大斡耳朵里委付了来。已委付了的大营盘看守着，扶立了两个哥哥曲律皇帝、普颜笃皇帝，侄硕德八剌皇帝。我累朝皇帝根底，不谋异心，不图位次，依本分与国家出气力行来，诸王哥哥兄弟每，众百姓每，也都理会的也者。

  今我的侄皇帝生天了也么道，迤南诸王大臣、军上的诸王驸马臣僚、达达百姓每，众人商量着：大位次不宜久虚，惟我是薛禅皇帝嫡派，裕宗皇帝长孙，大位次里合坐地的体例有，其余争立的哥哥兄弟也无有，这般，晏驾其间，比及整治以来，人心难测，宜安抚百姓，使天下人心得宁，早就这里即位提说上头，从着众人的心，九月初四日于成吉思皇帝的大斡耳朵里，大位次里坐了也。交众百姓每心安的上头，赦书行有。

会话书是给母语不是汉语的人学习汉语用的教科书，元末为高丽人学习汉语编的《老乞大》《朴通事》等力求用地道的汉语口语来写，十分贴近地反映了当时汉语的口语。"乞大"可能是蒙古语的译音，即"契丹"，指中国。"老乞大"即"中国通"。"朴"为大姓，"通事"指翻译、译者。《老乞大》和《朴通事》是会话书的姊妹篇，相当于教材的初级和高级本，都采用对话体，具有浓厚的生活气息。如《老乞大》：

  甲：客人们，你打火那不打火？
  乙：我不打火喝风那？你疾快做着五个人的饭着。
  甲：你吃甚么饭？
  乙：我五个人，打着三斤面的饼着。我自买下饭去。

又如《朴通事》：

　　甲：我两个部前买文书去来。

　　乙：买甚么文书去？

　　甲：买《赵太祖飞龙记》《唐三藏西游记》去。

　　乙：买时买四书六经也好，既读孔圣之书，必达周公之理，怎么要那一等平话？

　　甲：《西游记》热闹，闷时节好看有。唐三藏引孙行者到车迟国，和伯眼大仙斗圣的你知道么？

　　乙：你说我听。

　　尤其可贵的是，由于这些教科书是为高丽人学习汉语编的，所以一定要根据当时通行的而不是已经过时的口语来写，随着口语的变化，又在原本的基础上不断地加以修改。据朝鲜《李朝实录》成宗十一年（1480）十月乙丑条载："御昼讲。侍读李昌臣启曰：'前者承命质正汉语于头目戴敬。敬见《老乞大》《朴通事》，曰："此乃元朝时语也，与今华语顿异，多有未解处。"即以时语改数节，皆可解读。请令能汉语者尽改之。曩者领中枢李边与高灵府院君申叔舟以华语作为一书，名曰《训世评话》，其元本在承文院。'上曰：'其速刊行，且选能汉语者删改《老乞大》《朴通事》。'"由此可知，这些教科书的原本和修改本的不同鲜明地反映了口语的演变，因而为我们留下了一批十分难得的反映汉语口语发展的语言数据。1973年日本学者入矢义高在为陶山信男编纂的《〈朴通事谚解〉〈老乞大谚解〉语汇索引》所作的序说，当他在1944年读到影印出版的奎章阁本《朴通事谚解》时，好像亲耳听到了元代人说的话，感到十分惊喜。入矢义高认为和《孝经直解》以及元代白话碑相比，修订后的《老乞大谚解》《朴通事谚解》反映的是元代后期的白话，没有了初期"汉儿言语"的那种"泥土味"，已经比较接近共同语了。蒋绍愚为汪维辉编纂点校的《朝鲜时代汉语教科书丛刊》所作的序进一步指出："现在我们看到了《原本老乞大》，就可以听到真正是元代后期的白话，闻到那种'泥土味'，也能通过《原本老乞大》和《老乞大谚解》的逐字逐句的比较，了解到从元代后期到明代初年汉语发生了什么变化。"①

　　今传存的《老乞大》有《原本老乞大》（约1346年前，简称原本）、《老乞大谚解》（约1483年，简称谚解）、《老乞大新释》（1761

---

① 汪维辉编纂点校《朝鲜时代汉语教科书丛刊》，中华书局，2005年。

年，简称新释）和《重刊老乞大》（1795 年，简称重刊）等传本，大致反映了从 14 世纪中叶至 18 世纪末这四百多年间汉语的演变，透露了现代汉语普通话的形成信息。如：

　　《原本》："知他，那话怎敢道？"
　　《谚解》："知他，那话怎敢说？"
　　《原本》："俺则是这般道。"
　　《谚解》："俺则是这般说。"

《原本》中表说话的"道"在《谚解》中已基本上更换为"说"。

　　《原本》："问客，先将一椀温水来，俺洗面皮。"又："清早晨起来，梳头洗面了。"

《新释》和《重刊》中"洗面"更换为"洗脸"。①

　　《原本》和《谚解》："那般者，肚里好生饥也，咱每去来。"
　　《新释》和《重刊》："那么狠好，肚里也饿了，咱们去。"
　　《原本》和《谚解》："这早晚黑夜，俺其实饥也。"
　　《新释》和《重刊》："如今已是黑夜了，我们实在肚里饿了。"

古汉语中"饥"是一般的饿，"饿"则是指因为没有食物吃而快要死了。《原本》和《谚解》中的"饥"到《新释》和《重刊》中改为"饿"，反映了"饿"与"饥"在表示一般的饿时趋于同义的演变状态。

《原本》中表示"用手或用其他方式抓住或搬动"义的 63 例"将"，到《新释》中有一半以上被"拿"替换。据《新释》对《原本》的改动，可看到汉语中表示"用手或用其他方式抓住或搬动"义由"将"到"拿"的渐变状态。② 又如：

　　《原本》："二两半钞，与恁多少呵是？由你，但与的是。"
　　《谚解》："一百个钱，与你多少的是？由你，随你与的是。"
　　《重刊》："这一百钱，与你多少的是？随你多少就是了。"

《原本》中的"呵"是语气助词，《谚解》《重刊》中则用"的"表示。

　　《原本》："不争你这般胡索价钱，怎生还呵是？"

---

①　汪维辉《老乞大诸版本所反映的基本词历时更替》，《中国语文》，2005 年第 6 期。

②　汪维辉《老乞大诸版本所反映的基本词历时更替》，《中国语文》，2005 年第 6 期。

《谚解》:"不要你这般胡讨价钱,怎么还你的是?"
《重刊》:"不要这样胡讨虚价,教我怎么还你是?"

《原本》中的"呵"与《谚解》中的"的"相当,《重刊》则省略不用。《原本》中的"索"在《谚解》和《重刊》中已为"讨"替换。《原本》中的"怎生"在《谚解》和《重刊》中已为"怎么"替换。

《原本》:"背过的,师傅与免帖一个;若背不过时,教当直学生背起,打三下。"
《谚解》:"背过的,师傅与免帖一个;若背不过时,教当直的学生背起,打三下。"
《新释》:"背的熟的,师傅给免帖一张;若背不过来的,教当直的学生背起来,打三下了。"
《重刊》:"背得熟的,师傅给免帖一张;若背不过的,教当直的学生背起来,打三下了。"

《原本》和《谚解》中的语气助词"时"在《新释》和《重刊》中已为"的"替换,《原本》和《谚解》中的量词"个"在《新释》和《重刊》中已为"张"替换。

《原本》:"你道的是呵,两三句话,便成了交易。"
《谚解》:"你说的是时,两三句话,交易便成了。"
《重刊》:"你说的是么,两三句话,交易就成了。"

《原本》中的语气助词"呵"在《谚解》中变为"时",《重刊》中又变为"么"。《原本》和《谚解》中的"便"在《重刊》中已为"就"替换。

《朴通事》原本不传,今存有《翻译朴通事》(1517)、《朴通事谚解》(1677)和《朴通事新释》(1765)等传本。

第四节 小结

汉语白话自隋唐以来有了长足的发展,出现了不少用当时口语做基础、搀杂一些文言成分的半文半白或几乎纯为白话的俗文学作品,如敦煌变文、民间曲子词、白话诗、禅儒语录和话本小说等,尤其是元代蒙古族入主中原,白话一度取代文言成为帝王和庶民的交际共用语,从而促进了白话的广泛运用,奠定了白话作为与文言相辅相成的书面语系统的基础。如《清平山堂话本》中《花灯轿莲女成佛记》《戒指儿记》《简帖和尚》文言词"其、之、也、者、乎"的使用率分别为5‰、4‰和0.4‰,而白话词"这、个、了、便、的"的使用率分别为34‰、34‰和37‰。《简帖和尚》中未见"其""乎",做语气的"也"只出现一次,而用了71次"这",66次"个",69次"了",21次"便",34次"的"(其中7次写作"底")。① 这一时期汉语复音新词大量涌现,其中有一些是反映当时商业和都市生活的口语词,如"作坊、行老、团头、草市、米铺、市人、招牌、开张、本钱"等。就汉语常用词而言,根据《汉语水平词汇等级大纲》确定的3051个常用词,其中1033个最常用词中有175个在隋唐至宋元时已出现,2018个一般常用词中有351个在隋唐至宋元时已出现,② 隋唐至宋元出现的这些现代汉语传承沿用的常用词计达17%,多为不见于文言的白话词。汉语白话发展至宋元,现代汉语沿用的常用词已占现代汉语常用词的62%。

---

① 孟昭连《宋代文白消长与小说语体之变》,《中国社会科学》,2011年第3期。
② 曹炜、龚穗丰《试论现代汉语词汇的形成》,《语文建设通讯》,2003年第76期。

第五章　白话的成熟期

　　语言是人类生存、交往的工具，语言是文化的载体。宋元以来，白话与文言并存已不是简单的工具使用问题，文言是士官文化的载体，与士官文化价值系统相联系，而白话则是市井文化的载体，与市井文化价值系统相联系。明清时市井通俗文学关注现实社会、人生、情感、伦理、道义等，更多地采用白话写心抒怀，采用口语体写的白话小说动辄长篇巨制，已非往昔丛残短语可相提并论。白话小说的兴盛逐渐改变了文言正统的观念，不仅"农工商贩，钞写绘画，家畜而人有之"，而且"有官者不以为禁，士大夫不以为非；或者以为警世之为，而忍为推波助澜者，亦有之矣"。① 秦以来口语中不断产生的新词新义为白话文学的兴盛积累了丰富的词汇，诗文中夹杂的文言成分越来越少，古白话已由文言的附庸而蔚为大国，渐形成了以北京话为基础的通语，白话也相应地进入了成熟期。

第一节　明代的白话

　　明代王阳明的心学风靡天下，王学倡导"致良知"，以"四民"为教育对象。王阳明讲学时说："你们拿一个圣人去与人讲学，人见圣人来，都怕走了，如何讲得行？须做得个愚夫愚妇，方可与人讲学。"②李贽意识到文学是语言的艺术，从文学表达形式演变的角度把《西厢记》和《水浒传》等白话作品列入了"古今至文"。袁宗道、袁宏道、袁中道的公安派主张写文章"宁今宁俗"，倡言以手写口。永乐初年，郑和下西洋，万历以后，西方传教士入华，西学东渐，带来了一批外来语。如王征所译《远西奇器图说录》中的"齿轮""自行车""地

---

　　①　叶盛《水东日记》卷二一《小说戏文》，中华书局，1980年，第214页。
　　②　《王阳明全集》卷三《语录三·传习录下》，上海古籍出版社，1992年，第116页。

球"，李之藻、傅济泛合译《名理探》中的"关系""性能"等，徐光启、利玛窦合译《几何原本》中的"几何"等。受西学科学方法的启迪，陈第认识到"时有古今，地有南北，字有更革，音有转移，亦势所必至"。① 方以智所撰《通雅》卷首也说道："天地岁时推移，而人随之，声音亦随之"，"乡谈随世变而改矣"。

明代中晚期时，随着手工业、商业的兴起与发展，城市经济繁荣，市镇人口增长，孕育着资本主义的萌芽，个性思潮、平民化倾向在封建国家专制政权的束缚下潜滋暗长。以何心隐为代表的泰州学派又倡导"物欲合理"论，市民的审美趣味渐成为引导社会文化发展的重要力量，以商人为代表的市民阶层对通俗文学的嗜好尤为突出，出现了《三言》《二拍》和《金瓶梅词话》等表现物欲人性的文学作品。"小说演义之书，士大夫农工商贾无不习闻之，以至儿童妇女不识字者亦皆闻而如见之。"② 这些文学作品表现的是普通人的日常生活，而文言往往不足以摹情写状，因而多采用白话，大量使用方言俗语，反映了当时的实际口语。如刘廷玑评论《金瓶梅》的语言说："深切人情事物，无如《金瓶梅》。""内中家常日用，应酬事物，奸诈贪狡，诸恶皆作，果报昭然。而文心细如牛毛茧丝，凡写一人，始终口吻酷肖到底，掩卷读之，但道数语，便能默会为何人。"③适应市民阶层的需要，不登大雅之堂的"兔园册子"也受到社会的普遍欢迎。梅膺祚的《字汇》从便于读者查检出发，更新了《说文》以来字典编纂的体例，简化部首为二百一十四部，各部首和各部首中的所收各字都按笔画排列，每字先注音后释义，不仅有经典里的常见义，也有一些后代通行的新义，释义力求通俗简明，也体现了其时世风走向通俗化和重实用的趋势。年希尧《五方元音序》说："字学一书，书不一家，近世之所流传而人人奉为拱璧者，莫如《字汇》。盖以笔画之可分类而求，悉数而得也。于是老师宿儒，蒙童小子，莫不群而习之。"此后，张自烈和廖文英又撰有《正字通》。当时"三家村夫子，挟梅膺祚之《字汇》，张自烈之《正字通》，以为兔园册子，问奇字者归焉"。④

---

① 陈第《毛诗古音考》序。
② 顾炎武《日知录》卷一三《重厚》。
③ 刘廷玑《在园杂志》卷二。
④ 朱彝尊《曝书亭集》卷四三《汗简跋》。

一、明代的白话诗词

明代有些文人作诗不事雕琢,明白如话。如于谦《石灰吟》:"千锤万击出深山,烈火焚烧若等闲。粉骨碎身全不惜,要留清白在人间。"抒发了坚贞不屈的意志和情操。又如唐寅《把酒对月歌》:"我愧虽无李白才,料应月不嫌我丑。我也不登天子船,我也不上长安眠。姑苏城外一茅屋,万树桃花月满天。"这首诗流露出作者蔑视世俗的傲气。明太祖朱元璋的诗也如说话。如《东风》:"我爱东风从东来,花心与我一般开。花成子结应花盛,春满乾坤始凤台。"又如《示僧谦牧》:"寄与山中一老牛,何须苦苦恋东洲。南蛮有片荒草地,棒打绳牵不转头。"

据陈鸿绪《寒夜录》引卓珂月云:"我明诗让唐,词让宋,曲让元,庶几《吴歌》《挂枝儿》《罗江怨》《打枣竿》《银钮丝》之类,为我明一绝耳。"明代时调小曲内容多男女谈情说爱,相思卖俏,有的直以方言口语歌之,具有民间恋歌的明白如话和质朴可爱的风趣,蕴含着似浅近而实恳挚、似直捷而实曲折、似粗野而实细腻、似素质而实绮丽的情调。

冯梦龙编有《挂枝儿》《山歌》和《黄莺儿》等民歌集。"挂枝儿"本是万历后逐渐流行开来的一种民歌。《山歌》序说:"且今虽季世,而但有假诗文,无假山歌。"表明了民间歌曲用当时口语表情达意和不事雕琢的质朴特点。如《挂枝儿》中《喷嚏》:"对妆台忽然间打个喷嚏,想是有情哥思量我寄个信儿。难道他思量我刚刚一次?自从别了你,日日泪珠垂。似我这等把你思量也,想你的喷嚏儿常似雨。"又《荷》:"荷叶上露水儿一似珍珠现,是奴家痴心肠把线来穿。谁知你水性儿多更变:这边分散了,又向那边圆!没真性的冤家也,活活的将人来闪。"又《鸡》:"五更鸡,叫得我心慌撩乱。枕儿边说几句离别言,一声声只怨着钦天监。你做闰年并闰月,何不闰下了一更天!日儿里能长也,夜儿里这么样短!"又《心口相问》:"前日瘦,今日瘦,看看越瘦。朝也睡,暮也睡,懒去梳头。说黄昏,怕黄昏,又是黄昏时候。待想又不该想,待丢时又怎好丢。把口问问心来也,又把心儿来问问口。"又《同心》:"眉儿来,眼儿去,我和你一齐看上,不知几百世修下来,与你恩爱这一场。便道更有个妙人儿,你我也插他不上。人看着你是男,我是女,怎知我二人合一个心肠。若将我二人上一上天平也,你半斤,我八两。"

陈所闻《南宫词纪》卷六录有汴省时曲《锁南枝》二首,其一为:

"傻俊角,我的哥,和块黄泥儿捏咱两个。捏一个儿你,捏一个儿我。捏的来一似活脱,捏的来同床上歇卧。将泥人儿挣碎,着水儿重和过。再捏一个你,再捏一个我。哥哥身上也有妹妹,妹妹身上也有哥哥。"

万历年间闽建书林叶志元刊行的《新刻京板青阳时调词林一枝》载有新增《楚歌罗江怨》《时尚急催玉》《时尚闹五更哭皇天》和《劈破玉歌》四种,一百余曲。如《时尚急催玉》:"青山在,绿水在,冤家不在;风常来,雨常来,情书不来;灾不害,病再不害,相思常害。春去愁不去,花开闷未开!倚定着门儿,手托着腮儿。我想我的人儿。泪珠儿汪汪滴,满了东洋海,满了东洋海。"《劈破玉歌》:"为冤家泪珠儿落了千千万,穿一串寄与我的心肝。穿他恰是纷纷乱,哭也由他哭,穿时穿不成!泪眼儿枯干,泪眼儿枯干;乖!你心下还不忖,你心下还不忖!"《娘骂女》:"小贱人生得自轻自贱,娘叫你怎的不在跟前?原何唬得筛糠战?因甚的红了脸?因甚的弔了簪?为甚的缘由、甚的缘由儿揉乱青丝篡?"

明代的鼓词是在宋元话本的基础上逐渐形成的一种说唱文学,在讲唱时吸取了实际生活中大量生动活泼的语言,具有白话的口语色彩。如贾凫西《木皮鼓词》:"大海奔流去不回,一声长啸晚云开。从古来三百二十八万载,几句街谈要讲上来。权当作蝇头细字批青史,撇过了之乎者也矣焉哉。但凭着一块破鼓两页板,不叫他唱遍生旦不下台。盖自盘古开天,三皇治世,日久年深,原没有文字记篡,尽都是沿袭口传,附会荒唐,难作话柄。说的是此后出头的人物,各各要制伏天下,不知经了多少险阻,除了多少祸害,干了多少杀人放火没要紧的营生,费了多少心机,教导坏了多少后人。"这首歌词愤世嫉俗,嬉笑怒骂,多用当时口语。

二、明代戏剧的白话唱词

明代戏曲称为传奇,有高明的《琵琶记》和汤显祖的《牡丹亭》等,也非常强调曲词、宾白的通俗性,其中宾白部分多用白话口语。王骥德在《曲律·论宾白》中说:"《琵琶》黄门白,只是寻常话头,略加贯串,人人晓得,所以至今不废。"

如高明《琵琶记》第二十一出:

〔前腔〕滴溜溜难穷尽的珠泪,乱纷纷难宽解的愁绪。骨崖崖难扶持的病身,战兢兢难捱过的时和岁。这糠,我待不吃你呵,教奴怎忍饥?我待吃你呵,教奴怎生吃?思量起来,不如奴先死,图得不知他亲死时。(合前)奴家早上安排些饭与公婆吃,岂不欲买些鲑菜,争奈无钱可买。不想婆婆抵死埋怨,只道奴家背地自吃了甚么东西。不知奴家吃的是米膜糠秕,又不敢教他知道。便做他埋怨杀我,我也不分说。苦!这糠秕怎的吃得下。

〔前腔〕(旦)糠和米,本是相依倚,被簸扬作两处飞?一贱与一贵,好似奴家与夫婿,终无见期。丈夫,你便是米呵,米在他方没寻处。奴家恰便似糠呵,怎的把糠来救得人饥馁?好似儿夫出去,怎的教奴,供膳得公婆甘旨?

〔前腔〕(外)媳妇,你担饥事姑舅。媳妇,你担饥怎生度?(旦)公公且自宽心,不要烦恼。(外)媳妇,我错埋冤了你。你也不推辞,到如今始信有糟糠妇。媳妇,料应我不久归阴府。也省得为我死的,累你生的受苦。

"怎生""奴家""早上""抵死""埋怨""背地""甚么""东西""知道""做""杀""分说"等多为当时通俗口语。又如汤显祖《牡丹亭》第十出《惊梦》:

〔绕池游〕(旦上)梦回莺啭,乱煞年光遍。人立小庭深院。(贴)炷尽沉烟,抛残绣线,恁今春关情似去年?(乌夜啼)"(旦)晓来望断梅关,宿妆残。(贴)你侧着宜春髻子恰凭阑。(旦)剪不断,理还乱,闷无端。(贴)已分付催花莺燕借春看。"(旦)春香,可曾叫人扫除花径?(贴)分付了。(旦)取镜台衣服来。(贴取镜台衣服上)"云髻罢梳还对镜,罗衣欲换更添香。"镜台衣服在此。

〔步步娇〕(旦)袅晴丝吹来闲庭院,摇漾春如线。停半晌、整花钿。没揣菱花,偷人半面,迤逗的彩云偏。(行介)步香闺怎便把全身现!(贴)今日穿插的好。

〔醉扶归〕(旦)你道翠生生出落的裙衫儿茜,艳晶晶花簪八宝填,可知我常一生儿爱好是天然。恰三春好处无人见。不提防沉鱼落雁鸟惊喧,则怕的羞花闭月花愁颤。(贴)早茶时了,请行。(行介)你看:"画廊金粉半零星,池馆苍苔一片青。踏草怕泥新绣袜,惜花疼煞小金铃。"(旦)不到园林,怎知春色如许!

〔皂罗袍〕原来姹紫嫣红开遍,似这般都付与断井颓垣。良辰美景奈何天,赏心乐事谁家院!恁般景致,我老爷和奶奶再不提起。(合)朝飞暮卷,云霞翠轩;雨丝风片,烟波画船——锦屏人忒看的这韶光贱!(贴)是花都放了,那牡丹还早。

〔好姐姐〕(旦)遍青山啼红了杜鹃,荼蘼外烟丝醉软。春香啊，牡丹虽好，他春归怎占的先！（贴）成对儿莺燕啊。（合）闲凝眄，生生燕语明如翦，呖呖莺歌溜的圆。（旦）去罢。（贴）这园子委是观之不足也。（旦）提他怎的！（行介）

〔隔尾〕观之不足由他缱，便赏遍了十二亭台是枉然。到不如兴尽回家闲过遣。（作到介）（贴）"开我西阁门，展我东阁床。瓶插映山紫，炉添沉水香。"小姐，你歇息片时，俺瞧老夫人去也。（下）

此剧通过杜丽娘和柳梦梅的爱情故事，歌颂了青年男女追求自由幸福的恋爱观，构思奇特。剧中"可知我常一生儿爱好是天然，恰三春好处无人见"，表达了深闺少女憧憬自然，又正当青春的一腔幽怨。又"生生燕语明如翦，呖呖莺歌溜的圆"，语言通俗、细腻、明快、缠绵。

三、明代的白话文

王守仁主张用通俗易懂的语言弘扬儒学，讲学语录反映了当时的口语。如《传习录》上："某尝说知是行的主意，行是知的功夫。知是行之始，行是知之成。若会得时，只说一个知，已自有行在，只说一个行，已自有知在。古人所以既说一个知，又说一个行者，只为世间有一种人懵懵懂懂的任意去做，全不解思惟省察也。只是个冥行妄作，所以必说个知，方才行得是。又有一种人茫茫荡荡悬空去思索，全不肯着实躬行也，只是个揣摸影响，所以必说一个行，方才知得真。"

沈孟柈所述《济颠语录》中也多为当时口语，如：

迤逦归到灵隐寺，见首座曰："你连日在何处？"济公曰："我升阳楼饮酒，新街宿妓。"首座曰："好，好，你又吃酒，又宿妓。"济公曰："我明地里去，不强如你们暗地里去？"

李贽从语言演变的角度把《西厢记》和《水浒传》等白话作品与秦汉古文并列，并对《三国志演义》和《水浒传》作有评点，评语直抒所见，如同说话。如《批评忠义水浒传》第五十二回批点李逵打死殷天赐说："我家阿逵，只是真性，别无回头转脑心肠，也无口是心非说话，如殷天赐横行，一拳打死便了，何必誓书铁券。柴大官人到底有些贵介气，不济！不济！"又如《批评三国志演义》第九十五回："马谡妄自尊大，一味胡涂，一味自是，及到魏兵围定，莫展一筹，惟待救兵而已。极似今时说大话秀才，平时议论凿凿可听，孙吴不及也，及至临事，惟有缩颈吐舌而已，真可发一大噱也。"

金圣叹对小说、戏曲所作评点也多用浅易白话。如《读第五才子书

〈水浒传〉法》:"凡人读一部书,须要把眼光放得长。如《水浒传》七十回,只用一目俱下,便知其二千余纸,只是一篇文字,中间许多事体,便是文字起承转合之法。若是拖长看去,却都不见。"又如《读第六才子书〈西厢记〉法》:"《西厢记》断断不是淫书,断断是妙文。今后若有人说是妙文,有人说是淫书,圣叹都不与做理会。"

明初洪武年间译有《元朝秘史》,《元朝秘史》原名《蒙古秘史》,用蒙古文撰写,著者不详,记载了帖木真(成吉思汗)的谱系、生平事迹和斡哥歹(窝阔台)统治时期的历史。译文保留了大量蒙古语的语言现象,主要有三部分的内容:一是用汉字对译蒙文的字音,一是用汉语词对译蒙语词,一是总译各段内容。阮元《揅经室》三集称"词语鄙俚,未经修饰",然正因未经修饰,故较多地保存了明初口语的原貌,尤其是总译部分采用的多为当时生动活泼的口语。如:

成吉思对札木合说:"皇帝父亲行将我疾恶着教分离了。在前时每日谁早起呵,将父亲的马乳用青钟饮有来?为我常早起的上头嫉妒了,如今将皇帝父亲的青钟满饮呵,待费得多少?"又对阿勒坛、忽察儿二人说:"您两个不知如何要弃我。忽察儿你是捏坤太子的子,当初咱每里教你做皇帝,你不曾肯。阿勒坛你父亲忽秃剌皇帝曾管达达百姓,因此教你做皇帝,你又不肯。在上辈有巴儿坛的子撒察、台出他两个也不肯做。你众人教我做皇帝,我不得已做了。您如今却离了我。在王罕处您好生做伴着,休要有始无终,教人议论你每全倚仗着帖木真,无帖木真呵,便不中用了。你那三河源头守得好着,休教别人做营盘。"

成吉思再教对脱斡邻弟说:"我说你做弟的缘故。在前屯必乃、察剌孩领忽二人原掳将来的奴婢名斡黑答,他的子名速别该,速别该子名阔阔出乞儿撒安,阔阔出乞儿撒安子名也该晃脱合儿,也该晃脱合儿子是你。你如今将谁的百姓要谄佞着与王罕?我的百姓勒坛、忽察儿必不教别人管。你是我祖宗以来的奴婢,我唤你做弟的缘故如此。"

成吉思再教对桑昆说:"我与你父是有衣服生的儿子,你是赤裸生的儿子。父亲曾将咱每一般抬举,你生心恐怕我搀在你先,将我疾恶赶了。如今休教父亲心里受艰辛,早晚出入消解愁闷着。若你旧嫉妒的心不除,莫不是你与父亲见存时要做皇帝么道,故教心内受苦。若要差人到我行来时,差两个人来。"成吉思将这般话分付了阿儿孩合撒儿、速格该者温,他两个对桑昆说了。桑昆说:

"他几曾说是皇帝父亲来？只说好杀人的老子。我行也几曾说是安答来？只说脱黑阿师翁续着回回羊尾子行有。这言语的计量我省得了，是厮杀为头的言语。你必勒格别乞、脱秃延两个将纛旗立起，骟马每放得肥着，无有疑惑。"那里阿儿孩合撒儿自王罕处回来了。速格该者温因他妻子在脱斡邻处，不曾回来。阿儿孩合撒儿将这话对成吉思说了。

明人文集中也载有一些白话。如刘基《诚意伯文集》中载有《刘仲璟遇恩录》，记录了朱元璋多次召见刘基次子刘仲璟的谈话内容，反映了明初的口语。如：

洪武二十年十二月十五日早，仲璟、胡伯机于奉天门见，钦蒙圣旨："到歇处去，每日来见。"十六日早朝奉天门，钦蒙圣旨："你叔叔的儿子，着他快完了图来见。章三益有甚么人？"回奏："有子。"圣旨："你明年带得来。叶景渊家有甚么人？你去寻问。有人时，与他带将来。"圣旨："你如今年年来见，我各人与你钞一百锭做盘缠回去。"十七日早朝，谢恩奉天门，宣谕："你如今回去寻师问友，但是有见识人，师问于他。你学得高了，人皆师问于你，便不做官也高尚了。你每父亲都是志气的人，说的言语都说得是，人都听他。那时与我安了一方，至有今日。我的子孙享无穷天下，你老子的子孙享无穷爵禄。男子汉家学便学似父亲样做一个人，休要歪歪搭搭的过了一世。你每趁我在这里，年年来叩头。你每还是挨年这歇来。你每小舍人年纪少，莫要花街柳市里去。你父亲都是秀才好人家，休要学那等泼皮的顽。"

洪武二十一年十二月二十四日，同胡伯机、章允载、叶永道于奉天门早朝，钦奉圣旨："教他每日日随班朝见，过节了着他回去。"二十五日早朝奉天门，再面见，钦奉圣旨："你那刘当粮长的在这里多时，他家里粮谁与他办？"回奏讫。钦奏圣旨："每人与他伍锭钞过节。你每这几个也年纪小里，读书学好勾当。你每学尔的老子行。我来这里时，浙东许多去处，只有你这几个老子来，到如今也只有你这几个。每每和那士大夫翰林院说呵，也只把你这几个老子来说。你每家里也不少了穿的，也不少了吃的，你每如今也学老子一般般，做些好勾当，乡里取些和睦。你每老子在乡里不曾用那小道儿捉弄人。他与人只是诚义，所以人都信服他。大丈夫多是甚么做，便死也得个好名；歪歪搭搭死了也干着了个死。叶景渊虽然这般死，他死在官，我也常念他。刘伯温他在这里时，满朝都是党,只是他一个不从。他吃他每蛊了。他大的儿子,这小的也利害,不从他,也吃他每害了。这起反臣都吃我废了,坟墓发掘了。那胡仲渊,他若早依着我说,也不到这上。他只性紧了些。恁父亲到是有见识人,便做先吃些亏,到底也得个好名。胡家这小的痴,早自将得这诰来。我道那里得些诰来,原来是他的。我随即赶得他回来。他那哥泼皮,又不至诚,又要害我的军,我发他在云南金齿呵。"关钞了,再叩头。圣旨:"我年时不筵席了,这钞你每将去买些酒吃过节。再见我了去。"叩头。二十六日早朝奉天殿谢恩。二十九日随班。

洪武二十二年正月朔旦,随班行朝贺礼。初四日早朝奉天殿,再于华盖殿面见,钦奉圣旨:"你这几个小的,雨下里,天晴了回去,等我郊祀天地了去。"十三日晴,上御殿宣制:"洪武二十二年正月十六日大祀天地于南郊,你文武百官自十三日为始,致斋三日,各供尔职,随班行礼。"十五日早朝奉天殿,午后大驾御南郊。十六日晴,郊礼毕,驾回宫,上御殿,随班行礼庆成。十七日晴,上御殿赐宴,行礼谢恩。宴毕,出。十八日晴,早朝奉天殿,再于武央殿面见。圣旨:"礼科给事中那里?那中间小的是胡仲渊的儿子,他父亲阵亡了。这个叶家,他公公在江西做府官,吃陈家废了。这刘伯温是个好秀才,吃胡、陈蛊了。那胡家吃我杀得光光的了。这三个父亲都是好男子。各与他伍拾锭钞。那东边长的是章三益的儿子,与他贰拾锭。这个是胡仲渊的侄儿,与他拾锭。"关钞,再于武英殿叩头,钦蒙宣谕:"你家去,种田的种田,有庄佃的使佃仆,有伴当的使伴当。你每还好学里,一日便学三句,学到四五十岁也好了。你每父亲便吃些亏呵,如今朝廷也留个好名。你每自不知道。胡你早将得这诰来,我才知道是你家,便赶你回来。尔那哥泼皮,在那里且由他去。"十九日谢恩辞奉天殿,再于奉天殿御道东边面见,钦奉圣旨:"你每回去行着好勾当,休污了父亲的好名。你休道父亲吃他每蛊了。他只是有分晓的,他每便忌着他。若是那等无分晓的呵,他每也不忌他里!到如今我朝廷是有分晓在,终不亏他的好名。你每大的教着那小的,学着父亲每行去。"

又如钱谦益《牧斋初学集》卷一〇四载:"洪武十三年正月,左丞相胡惟庸、御史大夫陈宁谋反,词连李善长等。赐惟庸、宁死,善长勿问。二十三年五月,御史劾奏善长大逆罪状,廷讯得实,善长遂自经,赐陆亨等死。"钱谦益抄录了有关文献所载李善长被杀前的审讯记录,

这些供词和证词由于人命关天,所以用的都是当时的口语。如:

> 太师妻朱氏招云:"洪武十二年十月,听得李六十(即李仁)和太师说:'我有得多少人,和汤大夫处借些人。'太师自去,请汤大夫前厅饮酒。太师说:'你的军借三百名与我打柴。'汤大夫说:'上位的军不是我的军,我如何敢借与你?'酒散,太师对李六十说:'上位气数大,便借得军也无军器,且慢慢理会。'"

> 太师妻樊氏招云:"洪武十一年六月,太师为救仪仗户事,上位恼李太师,著人在本家门楼下拏去察院衙门。丞相奉旨发落归家,爷儿三个在前厅哭,发狠:'我做著一大太师,要拏便拏!'当月第三日,丞相来望太师说:'不是我来发落你,上位怎么肯饶你?'"

> 火者不花招云:"洪武七年十月,李太师钦差往北平点树。回到瓜州,胡丞相差省宣使来说:'圣旨教你回凤阳住。'太师抱怨说:'我与上位做事,都平定了,到教我老人家两头来往走。若是这等,事业也不久远。'八年三月,钦取太师回京。不数日,太师往告诉胡丞相:'上位如今罚我这等老人,不把我做人。'"

> 太师管田户潘铭招云:"太师于洪武八年凤阳盖造官殿,差往兴原转运茶,与陈进兴说:'许大年纪,教我运茶,想只是罚我。'九年三月,回家,对封胡丞相说:'许大年纪,教我远过栈道去。想天下定了,不用我。'"

明太祖朱元璋"本淮右庶民",所下诏令多用口语。如印制在明朝政府发放给每家每户的户帖上的圣旨:"说与户部官知道,如今天下太平了也,止是户口不明白俚……我这大军如今不出征了,都教去各州县里下着绕地里去点户比勘合,比着的,便是好百姓,比不着的,便拿来做军……钦此。"《皇明诏令》收录了朱元璋登基到嘉靖十八年明朝各代皇帝的敕书诏令,其中存有一部分用当时口语写的诏令。如《谕武臣恤军敕》(洪武二十一年六月):

> 制谕管军官人每知道,前辈老官人每到处里厮杀,但寻见一两个好汉,留在根前十分用心抚恤着,似那般积渐聚得多少,或一百二百三五百,将这等人便似自家兄弟儿子一般看待,因此上,这等军士但遇着厮杀,便在官人前面。杀得赢了,人都道官人好厮杀,

谁知道是他抚恤人好,自家纵然会厮杀,对得几个?① 还是齐心伴当多呵赢得人,如今封公封侯,做都督府官。前辈老指挥皆因抚恤得伴当好,功劳都做他的,大官人位子他坐。今后进的、承袭得的,及一了不曾有军管的,做了管军、指挥、千百户、卫所、镇抚。有那一等愚蠢,看着他那一个害军的心并无一点人心。如那总旗做百户,百户做千户,也都离了军身有得几年。当初做军时并出军的时节,诸般都是自将,说起来呵,其苦不可当。为什么出征呵军要逃了?官将那苦楚的日期都忘了!没人情的害军,我都说了多少言语都叫不醒。将军比做庄家种田的一般,比说道百户管一百二十一名军,便是种一百二十一亩田,都勤紧的庄家,有饭吃的皆因是看觑粪壅,耕种得到,所以有饭吃。如今百户、千户、指挥把军害得荒,逃了一个,便似那没长进的懒庄家典了田卖了田一般。军虽不逃,不肯抚恤看觑,便似种了田不耨锄一般,这等庄家要饱饭吃有也无?指挥、千户、百户、卫所、镇抚,不知军自是己的威风、气力,却把来逼凌得逃了,要钱卖了,有病呵,作贱不看,这的不似那典田卖田的、种下不耨锄的庄家一般?如今管军官人军家大小吃着俸粮,管多的吃多粮,管少的吃少粮,这俸禄都从军身上来,谁曾肯将这等有仁德的心顾盼这军一顾盼?一个个出来要私役军,克落支请,这般害他。才有一等军受不过许多苦楚,迟慢不应答些儿,那不足道无人心的指挥、千户、百户、卫所、镇抚,不知是军自己的威风、气力,一个个把做仇人看了。这等,良善的吃了苦楚、无理的打骂、妄行差使,他也不告状,只在背地里长叹嘘气,暗暗地祷祝神人。似这等官人每,说来的无一个肯听,只是害军。如我今也年纪大了,省会你每到是处,只是不肯依从,随那等泼皮无仁心的指挥、千户、百户、卫所、镇抚!你的本身儿男家眷看着军请俸禄里,似这等般呵,你长远得也长远不得?若是那有见识有仁心的官人每,闲常在家勤勤看视,问那军的动静,观他的颜色;不安乐处、不便当处,怎么对当安乐、便当;军有苦呵,应当奏的奏,自家合摆布的摆布。你虽无家私赏与他,言里头抚恤,自

---

① 《太祖实录》卷一九一洪武二十一年六月壬申条:尔今居位食禄者,岂尔之能哉!皆由尔祖父能抚恤军士,流庆于尔也。朕观国初诸老成将官初起兵时,手抚士卒,或一二十人,或一百人、二百人、三百人至四五百人,必以恩抚之,亲如兄弟,爱如骨肉。故攻战之际,诸士卒争先效力,奋身不顾,以此所向克捷。人皆称其善哉,而不知其善抚士卒,故能如此。

家兄弟儿女一般爱惜他一些儿，不苦着。若还出征呵，下营处军士每荒地与官人立帐房、煮马料、切草、铺铺、做饭。若夏天呵，惟恐热着官人；冬天呵，怕冻着官人。为这般，一个个军发孝顺心，务要官人安乐。有病呵，那众军那里不采访着医人来？紧关行路处不辞劳苦，抬也抬着是走也。是有见识管军的官人，依著说的说这般行，军士每感恩呵，出征、下营、见阵、病处，官人有许多安乐便当处。那等无人心害军的都不知这道理，出征在外，军士少有来根前，为无恩于他，得躲且躲。帐房不起，便打着人立，马草逼着人办。众军没奈何，只是心里怀恨，对阵处不抵死舍命，劳苦抬着，走紧了不便当呵，去了。似这等官人，下营打着人立帐房，逼着军办马料。害病呵，无人着心里；要水吃呵，明知有水，军不将来；肚里饥，若要吃的，军寻见了自吃了，不将害人的官人。军中有那不测的祸，暗暗地吃亏的多，难说的也好生有。那无人心指挥、千户、百户、卫所、镇抚，他那里知道这幽微小事！不能抚恤军、害军的，这里头干系得重。我这般略节省会将出来，有父母兄弟的，好生教道，言语里识这做官的。兄弟、孤儿及娘子每是晓事的呵，好生劝一劝，休着这般无仁心害人。害人若利害呵，朝廷也那治得你许多，那得不宥！神天看着，若不回心转意呵，这等不足道的，凶祸迟疾好歹有。若好官人每，有仁心，知道理，虽不抚恤军士，也不会生事苦军。这等官人家，父母妻子老幼过活平稳。若是能抚、能方便、不苦害，众军每赞叹着，家中老的小的，自是这等，每日自然欢喜安乐。不知的，将以为自这般欢喜，谁不知却是众军赞叹欢声喜气相感得如此。这敕出后，全在父母、兄弟、妻子、知心朋友、邻里晓事者互相劝诫，守法度，享太平安乐之福。①

又如《谕西番罕东毕里等诏》（洪武十年六月二十四日）：

奉天承运的皇帝教说与西番地面里应有的土官每知道者：俺将一切强歹的人都拿了，俺大位子里坐地有。为这般上头，诸处里人都来我行拜见了，俺与了赏赐名分，教他依旧本地里面快活去了。似这般呵，已自十年了。止有西番罕东、毕里、巴一撒，他每这火人为甚么不将差发来？又不与俺马匹牛羊。今便差人将俺的言语去开与西番每知道，若将合纳的差发认了送将来时，便不征他；若不

---

① 杨一凡、田禾点校《中国珍稀法律典籍集成》乙编第三册《皇明诏令》，北京科学出版社，1994年，第67—68页。

差人将差发来呵,俺着人马往那里行也者,教西番每知道。俺听得说,你每释伽佛根前、和尚每根前好生多与布施么道。那的是十分好勾当,你每做了者,那的便是修那再生的福有。俺如今掌管着眼前的祸福俚,你西番每怕也那不怕?你若怕时节呵,将俺每礼拜著!将差发敬将来者!俺便教你每快活者,不着军马往你地面里来,你众西番每知道者!

王世贞《弇山堂别集》所载朱元璋写给大臣的书信诏令中也多为当时口语。如卷八六载朱元璋写给徐达的信:

说与大将军知道。恁四个好生议的稳当。将着那军马合往何处征进呵,便去。说那甘肃省也无甚么军马。如可守时节,就拨人守了。其余那土番、西蜀的那些地方,可就将军马收了那里了,大将都把大江里下来,省气力。这是我家中坐着说的,未知军中便也不便。恁只拣军中便当处便行。到那有骡马的地面呵,连群教头目每赶将些来临濠。我看就临濠牧养。别无甚么说的缘故,止是就阵得的人及阵败来降的王保保头目,都休留他一个也,杀了,止留小军儿,就将去,打西蜀了后,就留些守西蜀便了。洪武三年四月二十日辰时。

信中用口语句式,"好生""稳当""呵""气力""便当""便了"等都是口语词。又如卷八六载任命傅友德等的勅谕:

勅谕总兵官征南将军颍川侯、西平侯:云南地方,粮食生受。各处安放军卫,务要活落调遣,庶使军官军人不致艰辛。若安顿不如法,大军一回,诸夷作乱,人少,难以制伏。若差去舍人至军中,须要把逃军的缘故说与各处守御军士知道。这蛮人地面里,凡在逃军人,但下路的,不曾有一个出得来,都被蛮人深山里杀了。不杀的,将木墩子墩了,教与他种田。差去舍人到时,可即将蓝玉、费聚、吴复、王张郭三都督几个领军的,会做一处,搜山杀蛮。军势即大,蛮人地方窄狭,可以擒获。无粮处,休教军守。止于赤水立一卫,毕节立一卫,七星关立一卫,黑张迤南、瓦店迤北分中立一卫。如此分布守定,往来云南便益。其水西、霭翠地方,必会十万之上军数踏尽了,然后方是平定。此等料度,皆是我坐家说的,不知可行不可行。军中自从其便。如勅奉行。洪武十五年八月二十九日。

勅谕中"生受""活落""便益""料度"等也都是口语词。

哈铭的《正统临戎录》根据口述的翻译记录了英宗北狩始末事迹。哈铭是蒙古人,幼年跟从父亲为通事,至英宗北狩时随侍,英宗复辟后赐姓杨，多次奉使外藩为通事。此书所记都是当时的通俗语，大体反映了当时口语的原貌。① 如：

> 锦衣卫指挥使杨铭，正统十三年二月内，同父杨只随同金吾左卫指挥使王喜，往瓦剌公干回还。十四年二月内，随父同指挥使吴良赍送赏赐，往瓦剌地回也先太师处。五月内到于地名边克哈扎儿。本月内有，也先行营，叫我每使臣都近前，说道："你每为大道理来，不曾来作反有。我这里差去买卖回回，把我的大明皇帝前去的使臣数内留下了。我每奏讨物件也不肯与，我每去的使臣做买卖的锅、鞍子等物，都不肯着买了。既两家做了一家，好好的往来。把赏赐也减了。因这等上，我告天会同脱脱不花王众头目每，将你每使臣存留，分散各爱马养活着。我领人马到边上着一看，比先大元皇帝一统天下，人民都是大元皇帝的来。我到边上看了，大明皇帝知道我回来，打发你每回去。"众人啼哭。当日待我每分散，又将我每自己待去辎重、驼马等物，各爱马分用了。有把郎苦使平章那哈台分去的使臣吴俊等得脱，拐马去出到边，赴京奏报。七月内有，也先领大众人马犯边，将我每各使臣脚带木枷，每人着四个达子看守，夜晚绑缚有。也先到边，将大同等处人马杀抢回来。又于八月复领人马犯边。至本月二十六日，转到金山哨马处。见我每使臣，叫靠前来，说道："你每都好了。如今天的气候上，大明皇帝来了，亲自见你每的这每苦楚，也不罪你每了。皇帝若不见时，我便放你每回去，皇帝也不信。大明皇帝到来我这里聚会了，差使臣和你每一同送皇帝回去。"众人听说了，与也先磕头有。也先传说将我每木枷开放，往各原养活的主人家去。
>
> 次日，在金山，我父子二人与原看守达子取讨马乳一皮袋，寻看爷爷朝见。爷爷见了，问使臣纪信："那里来的是谁？"纪信回奏："是原做使臣来的老哈父子。"近前叩头进马乳毕有。伯颜贴木儿那营往东行有，纪信、李虎、袁彬随驾。我父子当为达子营。奉圣旨："再来看我。"后铭父子寻取米面，又去朝见。后又将自己穿的衣服换羊一只，又去朝见。进羊毕，奉圣旨："着老哈你回达子营去，着哈铭在这里答应我。"铭自此昼夜随侍间，闻圣旨备说："本

---

① 太田辰夫《汉语史通考》说："该书乃是一不识汉字的蒙古人翻译口述事件的记录，虽时代靠下，但足以窥见'汉儿言语'的面目。"（重庆出版社，1991年，第 204 页）

年八月内,我领人马到于大同覆回。也先太师等追袭我到宣府,不见人住扎有。伯颜贴木儿来时摆下着传报马传说:'今遇见大明皇帝驾了,着也先作急领人马前来对敌有!'也先当时就领人马,各自分路将官军围困杀败,后在土木扎营。也先领人马直至土木,我差大吉、马亮前去与也先答话讲和。也先差使臣同大吉前来,未到我营,我起营了,差来使臣察毡就将大吉杀了。也先来将我营乱了。我下马蟠膝面南坐。有一达子来剥我衣甲,我不服他剥,达子要伤害我有。达子兄到来,问说:'怎么的?'达子回说:'我要他的衣甲,不肯与我。'达子兄说:'这个人不是等闲的人,动静不象个小人儿。'就将我拏去见也先弟赛刊王。我就问:'你是也先么?你是伯颜贴木儿么?你是赛刊王么?你是大同王么?'赛刊王惊惧。不花就上马去见也先说:'我的爱马的拏将一个人来见我,问那颜名字,问我的名字,问大同王的名字,怕不是大明皇帝?我来报得那颜知道。'也先说:'这个人在那里?领来我看。'当时也先就在帐房内叫原来我每处做使臣的哈巴国师、哈者阿里平章来看,是大明皇帝也不是。我见了他,就叫他二人名字。二人惊惧,与我磕头,回也先说:'是大明皇帝。'当时也先聚众大小头目说道:'我每问天上求讨大元皇帝一统天下来。今得了大明皇帝到我每手里,你每头目怎么计较?'数中有一达子名唤乃公,言说:'大明皇帝是我每大元皇帝仇人,今上天可怜见那颜上,恩赐与了到手里。'口发恶言伤害。当有伯颜贴木儿忿怒言说:'那颜要这等反狗似的人在跟前开口说话!'当时把乃公面上搥了两拳,说道:'那颜只万年的好名头;大明皇帝是云端里的皇帝,上天不知因那些怪怒他,推下来。数万的人马,着刀的,着箭的,躧死的,压死的,皇帝身上怎么箭也不曾伤他?刀也不曾砍他?怎么人也不躧着他?他的洪福还高还在里!拏住他时,怎么就问那颜的名字?怎么问我每的大小头目的名头?他不曾作歹,我每也曾受他的好赏赐。好九龙蟒龙,天地怪怒上,今日到我每的手里。上天不曾着他死,我每怎么害他性命?那颜图万年的好名头落在书册上,差人去报他家里知道,着差好人来取。那颜这里差好人送去,复在宝位上坐着,却不是万年的好名?'众头目听说了,齐说道:'那颜特却院说的是。'也先说:'伯颜帖木儿,你就把皇帝领了去养活他有。'伯颜帖木儿回说:'是我养活他。'就领了我去。当有也先寻得我在前差去和番的使臣梁贵来见,我就差梁贵同达子的使臣到家奏报。又有回子撒夫剌对梁贵说：'你替我皇帝前奏：我在营里拏了一个识字的人，我进与皇帝扶侍。'我就着他领来看有。撒夫剌把袁彬领来，我问他：'你是甚么人？'袁彬说：'我是识字的人。'后有也先起营，行至宣府，着袁彬等叫城有。城上总兵、太监等官不认，放枪要打。次日，起营往西行大同，着袁彬叫城有。总兵等官广宁伯等亲自出城来朝见，将大同库内银两表里等物进来赏赐也先等众头目每。往北行，我与也先同差太监喜宁等同达子使臣奏报去"等语。爷爷说的话与伯颜帖木儿等言语相同。

后朝里差都指挥岳谦等同太监喜宁赍送赏赐与也先处，见爷爷奏说："家里如今要立郕王做皇帝，我再三言说：'也先诚心要送皇帝回来，你且不要立。'朝里不肯信，只要立郕王做皇帝。"

这段记录纯用口语，其中还夹有一些蒙古语的基本词汇和语法特征。

崔世珍编的《吏文辑览》辑录了明代皇帝的宣谕和圣旨以及朝鲜与明朝之间往来的文书，从中可见当时口语的使用情况。如洪武五年（1372）四月中书省准来咨：

差密直司同知洪师范等进贺平蜀表文，礼部随即进奏。观其臣意专切，文理条畅，援引典故甚是得宜，上意欢欣。又表一通，为请弟子入学。钦奉圣旨："高丽国王欲令子弟来如国学读书。我曾闻唐太宗时，高丽国亦尝教子弟来入学。这的是件盛事。又想这子弟每，远来习学呵，在这里，或住半年，或住一年，或住年半。要回去，交他回去。虽然听从其便，但为本国远处海东，比至京师，水路经涉海洋，陆路不下一万余里。隔离乡土，为父母必怀其子，为人子者必思其亲，此人之常情。恁中书省回文书去，交高丽国王与他臣下每好生熟议。若是那为父母的愿令子弟入学，为子弟的听受父母之命来学者，交高丽国王好生送将来。省家回的文书，要说的明白。钦此。"

从文中所记圣旨，大致可见明太祖朱元璋原话的口语色彩。

又如永乐八年（1410）七月十八日明成祖朱棣对朝鲜陪臣韩尚敬等人说："吾良哈这厮每，真个无礼呵！我这里调辽东军马去，你那里也调军马来，把这厮每两下里杀得干净了。抢去的东西尽数还恁。知道了。"本日朝罢后，朝鲜陪臣又于奉天门钦奉宣谕圣旨："坌（崔注：坌，犹钝朴也）高丽，坌高丽，吃他手里着道儿了。恁杀得正好料着。你那里十个人敌他一个，也杀得干净了。这已后，还这般的无礼呵，不要饶了。"七月二十二日，明成祖再与朝鲜陪臣说："恁回家去，和国王说，这野人，他的貌样是人一般，熊狼虎豹心肠，着好军马绰他一绰（崔注：绰，扫也），务要杀了。钦此。"

文中所记圣旨也大致是明成祖朱棣原话的实录，"两下里""垄""吃他手里着道儿了""恁杀得正好料着""不要饶了""着好军马绰他一绰"皆纯为当时口语。

李边编的《训世评话》是继《老乞大》和《朴通事》后的又一部供朝鲜人学汉语的教科书，李边有感于"《老乞大》《朴通事》多带蒙古之言语，非纯汉语"，因此撰写此书。① 书中纂集古今名贤节妇事迹六十五则，每一则先用文言叙述，然后译成白话，采用言文对照形式，从中可见文白的不同。如《训世评话》第一则文言为："虞舜，父顽、母嚚、象傲，常欲杀舜。克谐以孝，不格奸。后为天子，不杀象，封之有庳。"白话为："古时，虞舜他的父亲瞽叟，心里无有德行。后孃也口里无些儿好言语。后孃生的象呵越暴虐，一心儿只要杀舜么。舜呵十分孝顺，感动他回心，不到奸恶。后头做了皇帝，不杀象，颠倒封他有庳地面。这个是天下的大孝。"又如《训世评话》中表"穿衣"义文言用"衣、被、服、著"，白话用"穿"；表"等待"义文言用"待"，白话用"等"；表"绑缚"义文言用"缚"，白话用"绑"；表"索取"义文言用"索"，白话用"要"；表"恐惧"义文言用"畏"，白话用"怕"；表"奶汁"义文言用"乳"，白话用"奶"；表"呼喊"义文言用"呼"，白话用"叫"等，反映了常用词的文白兴替。

《训世评话》中有十四则故事出自《太平广记》，可据以略窥文白演变的轨迹。如第四十四则文言为：

> 苏州有一商，将赴京。妻曰："汝到京师，买梳而来。"商曰："我善忘，汝图形示之。"妻指半轮月曰："此是梳形也。"商曰："诺。"暨到京师，爱一妓，尽费其财，空还。从者曰："娘子所求，何不买哉？"客人忽悟，仰视皎月团团，恰似明镜。即买铜镜，置诸箱中，回程到家。其妻馈酒三杯，仍（乃）言："我请首饰，何不买来？"商开箱示之，便是铜镜。妻对镜，见其影，怒掷镜，大骂。姑曰："我子才回家，汝何故与斗？"妻曰："如今带妓而来！"姑云："妓在何处？"妻取镜示之。姑见其影，姑又怒掷镜，骂子

---

① 刘坚《〈训世评话〉中所见明代前期汉语的一些特点》，《中国语文》，1992年第4期。

曰："畜生！畜生！妇之骂汝，岂不宜哉！尔带小艾，犹为不足，又带老妇而来乎！"邻人闻之，笑曰："尔不知明镜照妍丑，真天下第一痴也！"

白话为：

苏州住的一个铺家，待要买卖赴京去时，他的娘子和丈夫说："你到京里，须要买一个梳子来。"这丈夫说："我是善忘，你画与我样子。"娘子说："何须画与你？如今正是月初，新月曲弯，便是梳样一般。你只看那天上新月，记得有甚难？"丈夫说："是记得容易，我便买来馈你。"却到京里，养一个衒衒，弄尽了钱财，情事不成，就忘记了，不想买梳子。收拾行李起程时，跟他的一个伴当告说："官人，你临行时，娘子分咐买头面，官人既应许了，却怎么不买？"那丈夫才记得起来么，只忘了买什么东西，只想天月的言语。遭是天望，皎月团团，明镜一般。就买一个铜镜，着纸包了，装在箱子里，回程到家。娘子见丈夫，便安排酒肉，劝饮三杯，做个洗尘，问说："外人都说，你到京里，恋花迷酒，今日方见，不虚人言。你临行去时，我分咐买头面，你怎么不买来？"丈夫回说："已自买来了。"便开箱子取将来，却是铜镜。这娘子对镜看，却有美貌妇人。他不知自影照现，就恼起来，把这镜子还𢫦在箱子里，村言大骂，乱打丈夫。姑婆近前来骂那媳妇，说道："我的儿子才回到家，却因甚事聒噪厮打？"媳妇回说："妈妈，你不知道！人都说他到京迷花恋色，果然如今带一介衒衒来了！"妈妈说："衒衒在那里？"媳妇说："我才看了，还𢫦在箱子里。"妈妈开那箱子看，没甚么人，又问媳妇："衒衒在那里？"媳妇说："在这铜镜里头。"妈妈取那铜镜来看，有老婆在里头。这妈妈也不知自影照镜，又恼懆，𢫦了那镜子，骂他儿子说："咳，畜生！畜生！媳妇打你好！休道是京里去养衒衒，现将老师傅衒衒也带的来了！"这媳妇和姑婆这等哈打胡杜厮打。邻舍人每听得这话，都来笑说："自古明镜照妍丑，你怎么不知道？是天下第一痴！"

检《太平广记》卷二六二《不识镜》：

有民妻不识镜，夫市之而归。妻取照之，惊告其母曰："某郎又索一妇归也。"其母也照曰："又领亲家母来也。"

《太平广记》所载引自三国邯郸淳编《笑林》，由《训世评话》记述此则故事的文白对照，可以看到文白的不同和白话的发展。如称谓词文言为"妻""郎""母""姑""妇",白话为"娘子""丈夫""姑婆""妈妈""媳妇"。又如"铺家""梳子""样子""一般""容易""伴当""头面""记得起来""什么""东西""恼起来""飑""聒噪""那里""畜生""老师傅""怎么""知道"等词都是当时的白话词语,文言中不用。

值得一提的还有传教士罗儒望 1619 年翻译的白话译本《天主圣教启蒙》,① 共十三章,后附罗儒望所撰《诵念珠规程》。手册采用口语体,浅白如话,反映了当时口语的原貌,又带有欧化的色彩,开西学东渐欧化白话之先声。如《天主圣教启蒙》首章开篇:

  师:你唤做甚么名字?
  学:我唤做某。
  师:你是基利斯当么?
  学:是,天主赐我做基利斯当。
  师:怎么说,天主赐你做基利斯当?
  学:我做基利斯当,不是父母与我做的,也不是别人与我的。这是赖天主的慈悲,又赖耶稣基利斯多的功德。所以说天主赐与我做基利斯当。
  师:人做了基利斯当,是到了甚么地位?受了甚么品级?
  学:这就是有福的儿子,就是天主的义子,有承受天上国的分。
  师:若不做基利斯当,却怎么?
  学:这就是受祸的儿子,就是魔鬼的奴,没有天上国的分。

又如《诵念珠规程》开篇:

  师:你每日做甚么工夫,可以养得你亚尼玛的生命,与保存得你爱天主话,反映了当时的德?
  学:每日颂天主圣母全念珠一串,并默想十五超性之事,包含吾主耶稣一生的事体。
  师:怎么说全念珠一串,每串有几分?
  学:全念珠,总该念一百五十遍亚物。十五遍在天,分做三分,每一分,念五十遍亚物。五遍在天,诵首一分要一时,默想超性事内首五条。诵中一分要一时,默想超性事

---

① 《天主圣教启蒙》是一本对话形式的教理问答手册,藏于罗马耶稣会档案馆。原为葡萄牙天主教神学家马科斯·乔治(Marcos Jorge, 1524—1571)撰写的天主教教义。

内中五条。诵后一分要一时,默想超性事内后五条。

这类对话形式的教理问答虽带有一些欧化色彩,但大多通俗浅白。①

据杨福绵对耶稣会档案馆所藏传教士手稿的研究,1583 年至 1586 年间来华的传教士罗明坚和利玛窦为了学习明代官话口语,合编了《葡汉辞典》。这部辞典共收 6000 多个葡语词,既有单词也有短语,按字母排序,词目后有罗马注音和对应的汉语词条,包括单词、词组和主要选自口语的短句。②"每个葡语词条可以有一个以上的汉语对应词条,其中的一个是口语词汇,接下来是一或几个口语、文言文的同义词。"③ 如"烂赌钱的人、赌博之人""说谎、讲大话""矮东西、贱""不得闲、有事干、不暇""没度、律、纪纲""会做生意、善于贸易、会做买卖""勇得紧、大胆"等,从中可见当时白话口语与文言的兴替。又如"笔直、空虚、顺从、慈悲、新鲜、烦恼、诚恳、惭愧、紧急、整齐、忧愁、聪慧、艰辛、懒惰、骄傲、惊惶、善良、危险、太平、自在、容易、饶舌、顽皮、知心、得意、慌忙、笑话"等复合词沿用至今,可见明代白话与现代汉语的传承。

民间一些识字教材也记载了当时的白话。如《新锲便蒙群珠杂字》专设"商贾类",介绍商业知识。其中"查帐、找帐、煎银、兑银""划算、兴贩、趁钱、撰钱""行市紧,价钱辣"等皆为日常口语。

四、明代的白话小说

明代小说注目现实世界,反映市井社会的生活,注重写实,大抵取材于市民阶层的日常生活,"取古今来杂碎事可新听睹、佐谈谐者,演而畅之","语多俚近,意存劝讽"。④ 短篇小说有冯梦龙的《三言》和

---

① 17 世纪末,法国传教士巴设(Jean Bassett,1662—1707)曾把《圣经》中的《福音全书》《使徒行传》和《保罗书信》等译成白话文。今藏伦敦大英博物馆。

② 姚小平《早期汉外字典——梵蒂冈藏西士语文手稿十四种略述》论及梵蒂冈图书馆藏有十四种 17 世纪至 18 世纪天主教传教士编纂的汉外词典手稿。(《当代语言学》,2007 年第 2 期)

③ 杨福绵《罗明坚和利玛窦的葡汉词典(历史语言学导论)》,吴小新译,英文原文刊登于 1989 年台北"中央研究院"的第二届国际汉学研讨会论文集,修改稿收入魏若望编《葡汉辞典》,旧金山大学利玛窦中西文化历史研究所和葡萄牙国家图书馆等 2001 年联合出版。

④ 《初刻拍案惊奇》序。

凌濛初的《二拍》。《三言》和《二拍》具有时代气息，《醒世恒言》叙说："六经国史而外，凡著述皆小说也。而尚理或病于艰深，修词或伤于藻绘，则不足以触里耳而振恒心。此《醒世恒言》四十种，所以继《明言》《通言》而刻也。明者，取其可以导愚也；通者，取其可以适俗也；恒则习之而不厌，传之而可久。三刻殊名，其义一耳。"《三言》和《二拍》中多为通俗质朴的白话。如《醒世恒言》第三卷："九妈道：'粪桶也有两个耳朵，你岂不晓得我家美儿的身价！倒了你卖油的灶，还不勾半夜歇钱哩！不如将就拣一个适兴罢。'秦重把头一缩，舌头一伸，道：'恁的好卖弄！不敢动问，你家花魁娘子一夜歇钱要几千两？'九妈见他说耍话，却又回嗔作喜，带笑而言道：'那要许多？只要得十两敲丝，其他东道杂费，不在其内。'秦重道：'原来如此，不为大事。'"又如《喻世明言》第十五卷："郭大郎道：'你那婆子，你见我撰得些个银子，你便来要讨钱。我钱却没与你，要便请你吃碗酒。'王婆便道：'老媳妇不来讨酒吃。'郭大郎道：'你不来讨酒吃，要我一文钱也没。你会事时，吃碗了去。'史弘肇道：'你那婆子，忒不近道理！你知我们性也不好，好意请你吃碗酒，你却不吃。一似你先时破我的肉是狗肉，几乎教我不撰一文；早是夫人教买了。你好羞人，兀自有那面颜来讨钱！你信道我和酒也没，索性请你吃一顿拳踢去了。'"

长篇小说有罗贯中《三国演义》、施耐庵《水浒传》、吴承恩《西游记》和笑笑生《金瓶梅》等，这些小说从文学到语言都是各有特色的。语言从半文半白到口语化、方言化。嘉靖本《三国志通俗演义》书名就突出了"通俗"二字，卷首蒋大器序，认为只有写得"读诵者人人得而知之"，才能使"一开卷，千百载之事豁然于心胸"。据绿天馆主人《喻世明言·叙》说："若通俗演义，不知何昉？按南宋供奉局，有说话人，如今说书之流。其文必通俗，其作者莫可考。泥马倦勤，以太上享天下之养。仁寿清暇，喜阅话本，命内珰日进一帙，当意，则以金钱厚酬。于是内珰辈广求先代奇迹及闾里新闻，倩人敷演进御，以怡天颜。然一览辄置，卒多浮沉内庭，其传布民间者，什不一二耳。然如《玩江楼》《双鱼坠记》等类，又皆鄙俚浅薄，齿牙弗馨焉。暨施、罗两公，鼓吹胡元，而《三国志》《水浒》《平妖》诸传，遂成巨观。"南宋高宗当太上皇后，采阅话本，多为口传故事，经书面化的加工。又据苏轼《东坡志林》载："涂巷中小儿薄劣，其家所厌苦，辄与钱，令聚坐听说古话，至说三国事。"因而罗贯中《三国演义》和施耐庵《水浒传》等是在民间讲史说话基础上写定的。

《三国演义》从《全相三国志平话》演变而来，多武士谋臣的策略，语言呈现文白相杂，诗文交辉的局面，既有地道的口语，又有典型的文言，大致以白话为基础，穿插着一些文言成分，具有"文不甚深，言不甚俗"的特点。① 如第五回：

吕布见了，弃了公孙瓒，便战张飞。飞抖擞精神，酣战吕布。连斗五十余合，不分胜负。云长见了，把马一拍，舞八十二斤青龙偃月刀，来夹攻吕布。三匹马丁字儿厮杀。战到三十合，战不倒吕布。刘玄德掣双股剑，骤黄鬃马，刺斜里也来助战。这三个围住吕布。转灯儿般厮杀。八路人马，都看得呆了。

又第十四回：

却说曹豹见张飞只十数人护从，又欺他醉，遂引百十人赶来。飞见豹，大怒，拍马来迎。战了三合，曹豹败走，飞赶到河边，一枪正刺中曹豹后心，连人带马，死于河中。

又第十九回：

却说武士拥张辽至。操指辽曰："这人好生面善。"辽曰："濮阳城中曾相遇，如何忘却？"操笑曰："你原来也记得！"辽曰："只是可惜！"操曰："可惜甚的？"辽曰："可惜当日火不大，不曾烧死你这国贼！"操大怒曰："败将安敢辱吾！"拔剑在手，亲自来杀张辽。辽全无惧色，引颈待杀。曹操背后一人攀住臂膊，一人跪于面前，说道："丞相且莫动手！"

又第四十回：

却说云长在上流用布袋遏住河水，黄昏时分，望见新野火起；至四更，忽听得下流头人喊马嘶，急令军士一齐掣起布袋，水势滔天，望下流冲去，曹军人马俱溺于水中，死者极多。

又第四十七回：

忽见岸上一人，道袍竹冠，一把扯住统曰："你好大胆！黄盖用苦肉计，阚泽下诈降书，你又来献连环计：只恐烧不尽绝！你们把出这等毒手来，只好瞒曹操，也须瞒我不得！"諕得庞统魂飞魄散。

---

① 柳士镇《略论三国演义的语言面貌》，第四届中古汉语国际学术研讨会论文，2004年。

例中"抖擞精神""连斗""不分胜负""丁字儿""厮杀""战不倒""刺斜里""围住""转灯儿般""呆""却说""赶来""拍马""赶到""河边""刺中""后心""连人带马""好生""面善""记得""亲自""动手""布袋""遏住""时分""火起""听得""下流头""人喊马嘶""掣起""冲去""扯住""大胆""把出""毒手""瞒"等词都是文言中少见的白话成分。时态助词"了""着",表约数的"余""百十",动量词"合"、名词后缀"儿""头",指代词"这""那",第三人称代词"他",反身称代词"亲自",表示仅独的副词"只"等也都是文言中少见的语言现象。"怎生""甚的"等则是不见于文言的语言现象。

《水浒传》承宋铁骑儿公案的遗绪,又吸收了宋《宣和遗事》及元人杂剧中的水浒故事,所用语言"是宋代词汇、元代语言、明代词语用法的凑合","从中可以窥见明初以前白话文的一些面貌,也给我们考察明初以后的白话文以一定的尺度"。① 小说中的对话也多为社会下层人民的语言,有许多民间俚俗词语,间有一些粗野的詈语,往往随人物的情感脱口而出,充分表现了生活语言的精妙。如第一回写洪太尉误走妖魔:

> 那大虫望着洪太尉左盘右旋,咆哮了一回,托地望后山坡下跳了去。洪太尉倒在树根底下,諕的三十六个牙齿,捉对儿厮打。那心头一似十五个吊桶,七上八落的响。浑身却如中风麻木,两腿一似斗败公鸡。口里连声叫苦。

又如第二十八回武松来到牢城营后:

> 只见那个人走将入来,问道:"那个是新到囚徒武松?"武松道:"小人便是。"差拨道:"你也是安眉带眼的人,直须要我开口说。你是景阳冈打虎的好汉,阳谷县做都头。只道你晓事,如何这等不达时务?你敢来我这里,猫儿也不吃你打了。"武松道:"你到来发话,指望老爷送人情与你。半文也没!我精拳头有一双相送!金银有些,留了自买酒吃。看你怎地奈何我!没地里倒把我发回阳谷县去不成?"

《西游记》是宋讲经与说诨词的发展,从《大唐取经诗话》演变而来,描述了一个魔鬼迭起、妖精出没、幻景绚烂的神话世界,语言离奇幽默,基本上是白话口语。如第一回:

> 众猴都道:"这股水不知是那里的水。我们今日赶闲无事,顺

---

① 香坂顺一《水浒词汇研究(虚词部分)·前言》,文津出版社,1992年。

涧边往上溜头寻看源流,耍子去耶!"

文中"赶闲、上溜头、耍子"等词是不见于文言的口语方言词。又第三十一回:

> 行者见说起菩萨,却有三分儿转意道:"兄弟,既这等说,我且不打你,你却老实说,不要瞒我。那唐僧在那里有难,你却来此哄我?"八戒道:"哥哥,没甚难处,实是想你。"行者骂道:"这个好打的劣货!你怎么还要者嚣?我老孙身回水帘洞,心逐取经僧。那师父步步有难,处处该灾,你趁早儿告诵我,免打!"八戒闻得此言,叩头上告道:"哥啊,分明要瞒着你,请你去的,不期你这等样灵。饶我打,放我起来说罢。"行者道:"也罢,起来说。"众猴撒开手,那呆子跳得起来,两边乱张。行者道:"你张什么?"八戒道:"看看那条路儿空阔,好跑。"行者道:"你跑到那里?我就让你先走三日,老孙自有本事赶转你来!快早说来,这一恼发我的性子,断不饶你。"

文中"老实、哄、好打、者嚣、趁早儿、饶、张、什么、路儿、空阔、那里、本事、赶转、恼发、性子"等词也都是不见于文言的白话词语。

《金瓶梅》是宋小说银字儿的发展,由《水浒传》中潘金莲、西门庆的故事衍化,成为一部具有自然主义色彩的社会小说,市井语最丰富。比较《金瓶梅》和《水浒传》所用语言,可以看到《金瓶梅》在《水浒传》基础上剔除了文言的成分,更趋于口语化。如第九回写潘金莲拜见吴月娘,"吴月娘从头看到脚,风流往下跑;从脚看到头,风流往上流"。白话口语的"从头看到脚""从脚看到头"取代了"自首至足""自足至首"。又如第七回写杨姑娘气骂张四舅:

> 正乱着,只见姑娘拄拐自后而出。众人便道:"姑娘出来。"都齐声唱喏。姑娘还万福,陪众人坐下。姑娘开口:"列位高邻在上,我是他的亲姑娘,又不隔从,莫不没我说处?死了的也是侄儿,活着的也是侄儿,十个指头咬着都疼。如今休说他男子汉手里没钱,他就是有十万两银子,你只好看他一眼罢了。他身边又无出,少女嫩妇的。你拦着,不教他嫁人,留着他做什么?"众街邻高声道:"姑娘见得有理!"婆子道:"难道他娘家陪的东西,也留下他的不成?他背地又不曾私自与我什么。说我护他,也要公道。不瞒列位说,我这侄儿媳妇,平日有仁义,老身舍不得他好温克性儿。不然,老身也不管着他。"那张四在傍,把婆子瞅了一眼,说道:"你

好失心儿！凤凰无宝处不落。"此这一句话，道着这婆子真病，须臾怒起，紫涨了面皮，扯定张四大骂道："张四，你休胡言乱语！我虽不能不才，是杨家正头香主。你这老油嘴，是杨家那膆子俞的！"张四道："我虽是异姓，两个外甥是我姐姐养的。你这老咬虫，女生外向，怎一头放火又一头放水！"姑娘道："贼没廉耻老狗骨头！他少女嫩妇的，留着他在屋里，有何算计？既不是图色欲，便欲起谋心，将钱肥己！"张四道："我不是图钱，争奈是我姐姐养的！有差迟多是我，过不得日子不是你。不似你这老杀才，搬着大，引着小，黄猫儿黑尾！"姑娘道："张四，你这老花根，老奴才，老粉嘴！你恁骗口张舌的，好淡扯！到明日死了时，不使了绳子扛了！"张四道："你这嚼舌头老淫妇！挣将钱为焦尾靶！怪不的恁无儿无女！"姑娘急了，骂道："张四贼，老苍根，老猪狗！我无儿无女，强似你家妈妈子，穿寺院，养和尚，俞道士！你还在睡里梦里！"当下两个差些儿不曾打起来，多亏众邻舍劝住，说道："老舅，你让姑娘一句儿罢。"薛嫂儿见他二人嚷做一团，领着西门庆家小厮伴当，并发来众军牢，赶入闹里，七手八脚，将妇人床帐、装奁、箱笼，搬的搬，抬的抬，一阵风都搬去了。那张四气的眼大大的，敢怒而不敢言。众邻舍见不是事，安抚了一回，各人多散了。

杨姑娘的话反映了当时的口语，她和张四舅的对骂多为白话俗语。第二十五回写来旺听说妻子与西门庆有勾搭后两人的争吵：

这来旺儿遂听记在心。到晚夕，到后边吃了几钟酒，归到房中。常言酒发顿腹之言，因开箱子中，看见一匹蓝缎子，甚是花样奇异，便问老婆："是那里的缎？谁人与你的？趁早实说。"老婆不知就里，故意笑着回道："怪贼囚，问怎的？此是后边见我没个袄儿，与了这匹缎子，放在箱中没工夫做。端的谁肯与我！"来旺儿骂道："贼淫妇，还捣鬼来哄我！端的是那个与你的？"又问："这些首饰是那里的？"妇人道："呸，怪囚根子！那个没个娘老子？就是石头狢剌儿里迸出来，也有个窝巢儿；枣胡儿生的，也有个仁儿；泥人俞下来的，他也有个灵性儿；靠着石头养的，也有个根绊儿；为人就没个亲戚六眷？此是我姨娘家借来的钗梳！是谁与我的？白眉赤眼，见鬼倒死囚根子！"

第七十六回写孟玉楼调解吴月娘和潘金莲的矛盾：

那潘金莲见他这般说，寻思了半日，忍气吞声，镜台前拿过抿镜，只抿了头，戴上鬏髻，穿上衣裳，同玉楼径到后边上房内。玉楼掀开帘儿，先进去说道："大娘，我怎的走了去就牵了他来，他不敢不来。"便道："我儿，还不过来与你娘磕头！"在傍边便道："亲家，孩儿年幼，不识好歹，冲撞亲家。高抬贵手，将就他罢，饶过这一遭儿。到明日再无礼，犯到亲家手里，随亲家打，我老身却不敢说了。"那潘金莲插烛也似与月娘磕了四个头，跳起来赶着玉楼打，直道："汗邪了你这麻淫妇，你又做我娘来了！"连众人都笑了，那月娘忍不住也笑了。玉楼道："贼奴才，你见你主子与了你好脸儿，就抖毛儿打起老娘来了。"大妗子道："这个你姊妹们笑开，恁欢喜喜却不好？就是俺这姑娘，一时间一言半语聒聒的你每，大家厮抬厮敬，尽让一句儿就罢了。常言：牡丹花儿虽好，还要绿叶儿扶持。"月娘道："他不言语，那个好说他。"金莲道："娘是个天，俺每是个地。娘容了俺每，俺每骨秃揪着心里。"玉楼也打了他肩背一下，说道："我的儿，你这回儿打你一面口袋了。"便道："休要说嘴，俺每做了这一日活，也该你来助助忙儿。"这金莲便洗手剔甲，在炕上与玉楼装定果盒。

第九十三回写陈经济偷食：

忽一日，任道士师徒三个都往人家应福做好事去。任道士留下他看家，径智赚他："王老居士只说他老实，看老实不老实。"临出门分付："你在家好看着。那后边养的一群鸡，说道是凤凰，我不久功成行满，骑他上升，朝参玉帝。那房内做的几缸，都是毒药汁，若是徒弟坏了事，我也不打他，只与他这毒药汁吃了，直教他立化。你须用心看守，我午斋回来，带点心与你吃。"说毕，师徒去了。这经济关上门笑道："岂可我这些事儿不知道？那房内几缸黄米酒，哄我是甚毒药汁；那后边养的几只鸡，说是凤凰，要骑他上升！"于是拣肥的宰了一只，退的净净，煮在锅里。把缸内酒用镟子舀出来，火上筛热了，手撕鸡肉，蘸着蒜醋，吃了个不亦乐乎。还说了四句：黄铜镟舀清酒，烟笼皓月；白污鸡蘸烂蒜，风卷残云。正吃着，只听师父任道士外边叫门。这经济连忙收拾了家伙，走出来开门。任道士见他脸红，问他怎的来。这经济径低头不言语，师父问："你怎的不言语？"经济道："告禀师父得知，师父去后，后边那凤凰不知怎的飞了去一只。教我慌了，上房寻了半日没有，怕师父来家打。待要拿刀子抹，恐怕疼；待要上吊，恐怕断了绳子跌着；待要投井，又怕井眼小挂脖子。算计的没处去了，把师父缸内的毒药汁，舀了两碗来吃了。"师父便问："你吃下去觉怎样的？"经济道："吃下去半日，不死不活的，倒像醉了的一般。"任道士听言，师徒们都笑了，说："还是他老实。"

任道士与陈经济的对话基本上也都是当时的口语。如"你在家好看着""带点心与你吃""你吃下去觉怎样的"，这些对话与文言已有很大不同，全书语言通俗鲜活，富有表现力，描写了当时的社会生活，那些完全口语化的人物语言，生动的俗语俚语，粗俗的詈语和戏谑语，以至关于性行为的语言描写，可以说是完全自然主义的，比较完好地保留了明代中后期当时都市下层群众的口语，真实、完整地呈现了那个时期汉语的自然口语面貌。

第二节　清代的白话

清代，一些士子文人从科场走向市场，市民通俗文学繁荣，"士大夫家几上，无不陈《水浒传》《金瓶梅》以为把玩"。[1] 从宋元话本到《红楼梦》，在文学史上是文学发展的过程，在汉语白话发展上则是白话由始附属于文言到终于取而代之的发展过程。文言形成后，每个时代的作者都是在学习参考前代作者语言运用的基础上，吸收当时鲜活的口语，创造具有自己时代气息的作品。历代无名的和著名的、民间的和文人的作者就是这样形成了语言发展中的接力跑。清代满族入主中原，皇太极鼓励满人学习汉语，由初入关的满汉双语制到嘉庆时逐步通用汉语，其所学所用汉语主要是白话，这也在一定程度上促进了文白的演变，白话得到广泛的应用。[2] 政权的易手造成政治和权力中心的转移，这种政治和权力中心南北的转移对语言也有较大影响。1874 年，日本首任驻中国公使柳原前光来到北京，据外务省 3 月 17 日向太政官递交的报告，柳原前光曾报告说："清代疆域广大，土语乡谈到处各异，楚

---

[1]　礼亲王昭梿《啸亭续录》卷一"小说"条，光绪二年（1876）刻本。
[2]　夏晓虹《晚清白话文运动的官方资源》（《北京社会科学》，2010 年第 2 期）一文指出话语权的作用，认为出自官方的白话，如面向民众的榜文告示和《圣谕广训》类的宣讲，在文白转型中比下层文人或艺人写作的章回小说、变文、杂剧等白话文本影响更大。因而关切民生的白话告示与定期宣讲的《圣谕广训》及其白话读本，既为晚清的白话文运动先行做了强有力的铺垫，又在其展开过程中，成为了官方与民间不断汲引的资源。

人语齐人咻之俗，由来已久。满清建国后，苦于汉人之语吱唔不规则，另定北京官话，使满汉官吏一体遵用，尔来都鄙之差益远，始以官吏能京话方能上堂。堂上之官吏听鄙人俚语，以至同国人用翻译。……从清国致务上之谕示奏疏至照会献牍，称吏文体，不用经史缊奥之词，务平俗易通，行文亦有别一派句法。明经之大儒亦不娴熟于吏务，似易实难，尤当习学。"① 又据威妥玛《语言自迩集》第一版序言所说，其时"在总理各国事务衙门服务的初学者，用不了多久就会发现，他正在学习的语言恰是帝国政府主要官员所说的话。同时，他的老师、仆人，他所接触的十之八九的人，都很自然地讲这种话。最后，不论是不是事实，据说北京话的特征正逐渐渗入官话通行区域的所有各地方言。学生可以放心，如果讲好了北京话，他跟任何讲官话的本地人之间，相互理解就不会有什么困难，只要对方的方言不是明显地偏离标准"。② 由此可知以北京话为基础的北方官话渐具有强势地位，白话也从秦汉发展至清代，已和我们今天说的话大致相似，凝固成为现代汉语书面语。③

一、清代的白话诗词

清代的民歌与明代相似，多为描写男女之情，语言浅显通俗。如《寄生草》："人儿人儿今何在，花儿花儿为谁开，雁儿雁儿因何不把书来带。心儿心儿从今又把相思害，泪儿泪儿滚将下来。天吓天吓，无限的凄凉，教奴怎么耐？"《马头调》："又是想来又是恨，想你恨你一样的心。我想你，想你不来反成恨。我恨你，恨你不该失奴的信。想你的从前，恨你的如今。你若是想我，我不想你，你恨不恨？我想你，你不想我，岂不恨！"又如黄遵宪所记的《山歌》："人人要结后生缘，侬只今生结目前。一十二时不离别，郎行郎坐总随肩。"也有一些反映家庭和社会问题的民歌，如《小白菜》："小白菜，叶叶黄。三岁的小孩没了

---

① ［日］六角恒广《日本中国语教育史研究》，王顺洪译，北京语言学院出版社，1992年，第81页。

② 威妥玛《语言自迩集》，1867年别发洋行出版；张卫东译，北京大学出版社，2002年，第14页。

③ 平田昌司《清代鸿胪寺正音考》说，"明清时期的南人一直保持文化上的优越意识"，认为"'南音'才是标准官话"，"'北音'失去了传统音类的区别"，"满人社会通行的汉语以关外的官话为基础"，"应是辽东、幽燕一带的官话"，"清代北京官话的强势语言化趋势，仅限定在口语的范围"，但是发展至乾隆十七年，百官朝会唱赞明确规范为"直隶"音，北京官话在"宫廷里享有权威性语音的地位"。(《中国语文》，2000年第6期)

娘。跟着爹爹还好过，就怕爹爹娶后娘。娶个后娘三年整，添个弟弟比我强。弟弟吃面我喝汤，有心不喝饿得慌，端起碗来泪汪汪！"《春夏秋冬四季天》："春夏秋冬四季天，有人劳苦有人闲，不论好和歹，都要过一年。春日暖：有钱的，桃红柳绿常游戏；无钱的，他那里天明就起来，忙忙去种地。夏日炎：殷实人，赏玩荷池消长昼；受苦人，双眉皱，挑担沿街串，推车走不休。秋日爽：有力的，登楼饮酒赏明月；无力的，苦巴竭，庄稼收割忙，混过中秋节。冬日冷：富贵人，红炉暖阁销金帐；贫穷人，在陋巷，衣单食又缺，苦的不成样。一年到头十二个月，四时共八节，苦乐不均匀，公道是谁说？世上人，惟白发，高低一样也！"用语直白，不假修饰。

清代的子弟书、弹词、鼓词、莲花落、数来宝、快板和宝卷等通俗文学作品多用俗语白话。弹词有《天雨花》《再生缘》和《笔生花》等，鼓词有《大明兴隆传》等。① 如《大明兴隆传》："话说刘伯温方才一闻太祖爷传旨，昨日在昭阳正院将王孙建文封为太子，不由的暗暗说道：'这位少爷福分有限，只怕不能长久，难保大明从此天下纷纷，刀兵四起！'又听得皇爷要在金殿大放花灯，由不得唬得一跳！"例中"方才、不由的、福分、只怕、难保、由不得、唬得一跳"等为当时口语。又如车王府藏子弟书《议宴陈园》："他笑说道方才说嘴就打了嘴，果然那姑娘的话儿不荒唐。"例中"方才、说嘴就打了嘴、话儿、荒唐"等为当时口语。再如蒲松龄所作俚曲《墙头记》第一回写张老面对又稀又凉填不饱肚子的糊突，唱道："你大号红粘粥，你名突，你姓胡，原来你是高粱作，热了烫人嘴巴子，薄了照出行乐图。老来相处你这桩物。摸了摸，呀，老盟兄，你几时死了，一点儿温气全无！"俚曲语言通俗易晓，惟妙惟肖地表达了张老当时怨恨交加的心情。

蒲松龄的《聊斋白话韵文》也写得平易朴实。如《东郭外传》："这齐妇一路无言，那如酸如迷的光景不必细说。单说他小婆子在家里，做中了饭，把眼把眼的等候消息。又等不将来，就自己心里犯寻思，说道：'天到这般时候还不见回来，没的是无盐娘娘连他也请进宫去了？可是糊迷了呢？'正在那里犯思量，只见他大婆子气哝哝的泪撒撒的一步闯进门来，说道：'您姨，哟，可了不的了！'齐妇把门进，气的面焦黄。未曾张开口，先流泪两行。提起良人事，令人好痛肠。实指望嫁个

---

① 据陆游《小舟游近村》云："斜阳古柳赵家庄，负鼓盲翁正作场。身后是非谁管得，满村听说蔡中郎。"诗中已说到负鼓盲翁作场说唱蔡中郎。

汉子有倚靠，谁想他做的事儿太不良。俺脚跟脚的帮附着走，缩头缩尾看行藏。满城里没人合他说句话，（我还给他原成着哩）只说是弄款人儿好装腔。俺从西门里头跟到东门外，又到了东关东头墓野场。见了些王孙公子把坟上，他那里抬着食盒共猪羊。摆上筵席把头叩，管家小厮列两旁。咱良人照着那里跑了去，我只说先前约那厢。谁知膊胳盖朝前就下了跪，说不尽低三下四丑行藏。那一时全无一点人模样，他就是坑头以上来装王。你不信趁着这雾去看一看，未必不还在那里叫爷娘。这齐妇说罢良人前后事，他二人双眼落下泪四行。"

蒲松龄所作出自《孟子·离娄》，原文为："齐人有一妻一妾而处室者，其良人出，则必餍酒肉而后反。其妻问所与饮食者，则尽富贵也。其妻告其妾曰：'良人出，则必餍酒肉而后反；问其与饮食者，尽富贵也，而未尝有显者来，吾将瞷良人之所之也。'蚤起，施从良人之所之，遍国中无与立谈者。卒之东郭墦间，之祭者，乞其余；不足，又顾而之他，此其为餍足之道也。其妻归，告其妾曰：'良人者，所仰望而终身也。今若此。'与其妾讪其良人，而相泣于中庭。而良人未之知也，施施从外来，骄其妻妾。"由此例可见文白的区别。蒲松龄文中"光景""把眼把眼""犯""这般""糊迷""犯思量""气咪咪""了不的""指望""倚靠""脚跟脚""帮附""缩头缩尾""行藏""合""原成""弄款""人儿""装腔""先前""膊胳盖""低三下四""模样""这雾"等词都是秦汉后出现的不为文言所用的白话词。

道情本道士所歌离尘绝俗之语，后成为民间艺人寓劝戒的说唱，多用通俗口语。郑燮也作有《道情》十首，叙言说："每到青山绿水之处，聊以自遣自歌。若遇争名夺利之场，正好觉人觉世。"如："老渔翁，一钓竿，靠山崖，傍水湾，扁舟来往无牵绊。沙鸥点点轻波远，荻港萧萧白昼寒，高歌一曲斜阳晚。一霎时波摇金影，蓦抬头月上东山。"又："风流家世元和老，旧曲翻新调。扯碎状元袍，脱却乌纱帽，俺唱这道情儿归去了！"又如徐大椿所作《读书乐》："要为人，须读书。诸般乐，总不如。识得圣贤的道理，晓得做人的规矩。"

一些白话小说也被进一步改编成讲唱文学作品。如据阿英《小说闲谈》中的《红楼梦书录》、傅惜华《子弟书总目》、一粟《红楼梦书录》，《红楼梦》的弹词有一百十六种，子弟书有三十九种，大鼓二十一种，莲花落二种，八角鼓十种，马头调十二种，岭儿调一种，银纽丝一种，鼓子曲二种，坠子八种，秦腔七种，推子一种，扬州调二种，滩簧三种，福建调三种，湖广调一种。这些讲唱作品多用通俗易懂的口语白话。

二、清代的白话文

清代皇帝在大臣的奏折后常批语"知道了",批文所用语言比臣下代拟、正式发布的诏书更多口语成分。如《关于江宁织造曹家档案史料》所载,康熙五十一年(1712)七月十八日,苏州织造李煦奏曹寅病重,代请赐药,折后的朱批作:"尔奏得好。今欲赐治疟疾的药,恐迟延,所以赐驿马星夜赶去。但疟疾若未转泄痢,还无妨。若转了病,此药用不得。南方庸医,每每用补济,而伤人者不计其数,须要小心。曹寅元肯吃人参,今得此病,亦是人参中来的。""若不是疟疾,此药用不得,须要认真。万嘱,万嘱,万嘱,万嘱!"又如李璋煜《视已成事斋官书》所载道光二十三年(1843)至二十七年(1847)在惠潮嘉道任内所作《禁拨名示》:"本道看来,凡民间田土水塘,坟山界址,及树植畜产等项,遇有争竞,是常有的事。若实在被邻乡本乡欺压,起了争端,只要请两造正派的公亲,替你们劝和,得了即了,不可便出家伙,就要闹事。……你们细细想想,还是忍耐的好,还是强很的好,还是老实的好,还是诈骗的好。若能大家省悟,唤醒痴迷,救了多少性命,保了多少身家,就是好百姓,万不可辜负本道劝谕的一片苦心。切记切记!"又道光二十七年(1847)至二十八年(1848)广东按察使任内的《访拿讼棍衙蠹示》:"本司在山东时也是百姓,最知百姓的苦楚。百姓万不得已,方打官司;地方官不能替他随告随审,拖累就无穷了。百姓万不幸,方遭劫窃;地方官不能替他拿贼起赃,受害就不浅了。"

康熙九年(1670)曾发布圣谕十六条,每条七个字:"以晓喻八旗及直省兵民人等。"雍正二年(1724)又演绎为广训,每条敷衍为六百字左右的文章,作为道德教本。王又朴将其译为白话,编成《讲解圣谕广训》,后名为《圣谕广训衍》,从中可见当时人们说的话。如圣谕第一条:"敦孝弟以重人伦。"广训演绎为:"你们在怀抱的时候,饿了呢自己不会吃饭,冷了呢自己不会穿衣服,你的老子娘看着你的脸儿,听着你的声音儿……你若是略略的有点病儿,就愁得了不得……古人说的好:'养儿方知父母恩。'"又第十三条:"惩诬告以全善良。"广训演绎为:"国家之立法,所以惩不善而儆无良,岂反为奸民开评告之路,而令善良受倾陷之害哉……"六百十九字,王又朴又改写为:"朝廷立下法度,原为治那不好的人,但凡没良心的,为非作歹的,有官府们处治他,叫他知道儆戒,好改过自新,难道设立下个衙门,倒叫奸诈人去害好人不成……"

清代一些专为英法学生学汉语编的读本反映了当时的口语。如《语学举隅》(1873):"明天是我的东儿。"又如《西汉同文法》(1876):"我是孩儿的的亲亲的亲娘,这孩儿是我的的亲亲的亲儿。"尤其是威妥玛的《语言自迩集》(1867)作为汉语教学史上教学北京话口语的汉语课本,在某种意义上也可以说是第一部以当时北京话口语为对象的描写语言学巨著,记载了19世纪中期北京话的口语。① 如第四章《问答章》之一:

> 您贵处是那儿?
> 敝处是天津,没领教。
> 我也是直隶人。
> 阿!原来是同乡。
> 他那一位是那儿的人?
> 他是外国人。
> 到这儿来做甚么?您知道不知道?
> 我不知道,您问他本人儿就知道了。
> 请问尊驾到我们这儿做甚么?
> 我是个做买卖的。

又如第五章《谈论篇》百章之十六:

> 养儿原为防备老,为人子的,应该想着父母的劳苦养活的恩,就趁着父母在着,拏好穿的,好喫的孝敬他,和颜悦色的,叫老家儿喜欢。
> 若是喫穿不管、饥寒不问的,像外人儿似的看待,叫两个老人家伤心生气,到了百年之后,任凭你怎么恸哭,中甚么用啊!就算你是出于诚心,谁信呢?不过因为怕人家笑话,假的罢咧。就是供甚么样儿的珍馐美味,谁见灵魂儿来受享了么?也还是活人儿饟揉罢咧,死的人,有甚么益处啊?
> 还有一种更不好的人,说父母上了年纪儿了,老背晦了,吵闹着强要分家的。说到这个场处,不由的,叫人生气伤心!这种样儿的人,天地不容,神鬼都是恨的。焉能善终呢?
> 你只静静儿的看着,一眨眼的工夫儿,他们的子孙,也就照着他们的样儿学了。

---

① 威妥玛《语言自迩集》,张卫东译,北京大学出版社,2002年。

再如第八章《词类章》连词《言语例略》第十二段：

> 虽然下很大的雨，他也到过衙门。
> 今年冬天也不大冷，也不大潮。
> 那天那个热闹，不但小童出来看，连小妞儿也看。
> 他写的字不论粗细，他想人都可以看得出来。
> 不管你去不去，我一定去。
> 连他带我，都是受伤。
> 我想等你试过一回，就不怕你不喜欢。
> 凭你去办，两个法子都好。
> 你快说，或东或西，是怎么样？
> 这个事不是竟空喜欢，还有实在好处。

威妥玛在《语言自迩集》第二版中还以《西厢记》的故事为框架改写成第六章《秀才求婚，或践约传》，从中可见元至清文白的演变。如《西厢记》第二本第一折：

> （净扮孙飞虎上，开）自家姓孙，名彪，字飞虎。方今上德宗即位，天下扰攘。因主将丁文雅失政，俺分统五千人马，镇守河桥。近知先相公崔珏之女莺莺，眉黛青颦，莲脸生春，有倾国倾城之容，西子太真之颜，现在河中府普救寺借居。我心中想来：当今用武之际，主将尚然不正，我独廉何为！大小三军，听吾号令：人尽衔枚，马皆勒口，连夜进兵河中府，掳莺为妻，是我平生愿足。（下）（法本慌上）谁想孙飞虎将半万贼兵围住寺门，鸣锣击鼓，呐喊摇旗，欲掳莺莺小姐为妻。我今不敢违误，即索报知夫人走一遭。（下）（夫人慌上，云）如此却怎了！俺同到小姐卧房里商量去。（下）①

威妥玛改写为：

> 这且不题，单说离此不远有一座山，内中有伙强盗，占踞多年。寨主名叫孙飞虎，带领着偻儸有一千多人，到处抢夺。他那一天也在普救寺看见莺莺烧香，回到寨里和他手下人说："刚才庙里那女子长得十分好看，我意欲娶他做个压寨夫人，你们大家伙儿谁能立这个头功？"……孙飞虎大喜，以为此去定能得胜。第二天带着可山的偻儸，嘴里吹着喇叭，蜂拥地来了，把那庙团团围住，围的水泄不通，口口声声要莺莺出来答话。法本知道了，吓得慌慌张

---

① 王实甫《西厢记》，人民文学出版社，1995年，第65页。

张，就跑到老太太院子里喊叫说："老太太听见了吗？外头来了一大股贼，那贼头儿孙飞虎，是个最凶恶的强盗，大不通情理，常是图财害命，带了那么整千整万的人来，擂锣擂鼓，大喊着要莺莺姑娘出去答话。哎呀，这个祸事可从没有经过呀！"老太太听了这一番话，吃这一惊非同小可，赶紧的蹀蹀躞躞跑到莺莺屋里，告诉他。

两相比较，二者一文一白，《西厢记》中"眉黛青颦，莲脸生春，有倾国倾城之容，西子太真之颜"和"鸣锣击鼓，呐喊摇旗"等为文言，《语言自迩集》中"长得十分好看"和"嘴里吹着喇叭，蜂拥地来了，把那庙团团围住，围的水泄不通，口口声声要莺莺出来答话"等为白话，而"大家伙儿""贼头儿""老太太"和"赶紧的"等则为当时口语词。

这一类的会话教材还有承《老乞大》《朴通事》而编的《华音启蒙》《你呢贵姓》《学清》和《京语会话》等。据《华音启蒙》书前尹泰骏序说："旧有《老乞大》《朴通事》《译语类解》等书，而华语之各省或异，古今亦殊，使骤看者转相讹误，恐不无鼠璞之混、烛盘之谬矣。今李知枢应宪，取常行实用之语，略加编辑，名之曰《华音启蒙》。若千字文、百家姓，并用燕京话译之以东谚，开卷瞭然，如置庄岳而求齐语。"书中采用纯粹的口语，反映了当时的白话。如：

请问这位贵姓？
不敢，在下姓李。
从那里来呢？
打朝鲜国来咧。
走咧多少日子么？
走有十来天的工夫咧。

从日本"唐通事"们学汉语的会话记录中也可略窥当时的白话口语。如茱崎东海《朝野杂记》中所载1716年11月23日"长崎通事唐话会"十五位通事用福州话、漳州话和南京话的对话记录：

福州话（河间幸太郎问，彭城八右卫门答）
问：先生红毛船上去了没有？
答：从来未曾上去看。
问：我也未曾下去看。
答：想必是未曾唐船样。头尾乌乌的叫造夹板船，料也各样不得发漏，造的坚固，使船自由自在，真的能干。

漳州话（吴藤次郎问，阳市郎兵卫答）

问：只二日大下寒冷，令堂都纳福否？有年纪个人问候饮食起居尔著孝顺兮。

答：多谢只是金言。母恩大如天，岂可不孝顺。"父母在，不远游，游必有方"，我也记得。此二句因为罕得出门，然数共家母说。

南京话（共11人参加，节录部分）

问：今日尔的佳作里，有"清味远怀王子会"，请教这个什么故事呢？（彭城贞太郎）

答：这个当初有个王休，每冬天时候，取了溪水敲碎精莹的所在，与宾客烹建茗的故事。（神代十四郎）

问：我听昔年李白在京师时，贺知章见之，请看所为之文，李白示之以《蜀道难》。知章看之说："公非人间之人。"即解金貂换酒醉。后又示之以《乌夜啼》，知章看说："此诗可哭鬼神也。"（中村伊右卫门）

问：礼乐圣道之大要，你晓得要趣么，讲讲看。（高尾藤治平）

答：不敢，实非愚见所及，但闻得一二。礼是天理之节文，若论礼乐二字，礼以制外，乐以和内。（彭城政五郎）

问：曾闻当初有个王戎，不知某朝代的人呢，闻说他是官到三公，这话是真么？（二木鼎之助）

答：不敢，小弟听见说，王戎是晋朝的人，从年幼的时节，聪明颖悟，及年长，官到三公的极品。然生性轩昂，久嫌宦情杂还，遂隐身竹林，竟与当时名贤六人为友，此乃竹林七贤中的一人了。（彭城源四郎）

日本驻清朝公使馆的翻译生吴启太等曾在中国教师黄裕寿和金国璞的帮助下，根据切合日用的原则编有汉语读本《官话指南》，[①] 1881年刊行，共分四卷。第一卷是应对须知，包括初次见面、登门拜客、出外游览、与人说亲等。第二卷是官商吐实，内容有小京官租房、补缺官拜年、皮货商串门等。第三卷是使令通话，涉及沏茶、生火、请大夫、晾晒衣物、订座请客、兑换洋钱、购买水果等日常起居用语。第四卷是官

---

① 《官话指南》，上海图书馆藏，1903年，Kelly & Walsh Limitid（上海别发洋行）铅印版。

话问答，内容多为外交应酬。书中所载多为口语。如：

> 您纳贵姓？
> 贱姓吴。
> 请教台甫？
> 草字资静。
> 贵昆仲几位？
> 我们弟兄三个。
> 你这几天竟在家里过年了，老没出来么？
> 我这两天是同着几位朋友，晚上到存古斋古玩铺门口儿，打灯虎儿去了。
> 你猜着了几个没有？
> 我揭了几个。
> 都是甚么？

又如：

> 东西也咬了个稀烂。
> 瞧着好面善，不记得在那儿会过。
> 他抽冷子把我望后一推，几乎没栽了个大筋斗。
> 这么由着他的性儿闹，多偺是个了手啊。
> 我白问一问，像这对瓶得多少块钱？
> 您还不知道他那脾气吗，一味的爱说大话，胡吹混唠。
> 那儿有这样促狭的呢，他再不敢和我这么顽儿，他要招着我，我就攒足了劲儿，给他一个冷不防，叫他吃不了得兜着走。

其中一些对话中还有意夹杂了许多新名词，如"面包、黄油、刷牙散、三宾酒（香槟酒）、领事官"等，反映了当时的语言实况。① 此书1893年九江书局刊行有改写本，两个版本反映了当时北方官话和南方官话的一些不同。②

与《官话指南》类似的还有《北京官话谈论新编》《支那语学校讲义录》《清语读本》《言文对照北京纪闻》《最新清语捷径》《官话急就

---

① 王澧华《日编汉语课本〈官话指南〉的取材与编排》，《上海师范大学学报》，2006年第3期。

② 张美兰《清末汉语介词在南北方官话中的区别特征》，继往开来的语言学发展之路，2007学术论坛。

篇》和《官话应酬新篇》等。① 如《清语读本》："若像你们糊里麻里的捞摸着就说，可以使的么？"又如《最新清语捷径》："比方他要是个诚实富足的，就别只管和他嘴碎唠叨的。"例中"糊里麻里""捞摸"和"嘴碎唠叨"皆是白话口语。再如《官话急就篇》："他办事因循/不简决/颠预/拉丝/不痛快。"例中"因循"有"拖延"义，"不简决/颠预/拉丝/不痛快"则是"因循"的近义词，反映了不同的地域色彩。

琉球汉语教科书《官话问答便语》《学官话》和《白姓官话》中也反映了当时的白话。② 如《白姓官话》：

> 自家来宽解说，我遭际不好，还有那遭际不如我的哩。
> 通事既不吃烟，请杯茶罢。
> 在这树下歇歇，吃杯茶凉凉再去，使得使不得？
> 山东地方，比这里风凉些。
> "我们还有一张道谢的呈子，写得不明处的狠多。求通事看看，改正改正，转禀老爷台下。甚是感谢。""好说。想来你们做的，没有个不明白。就有不明白，我也不会改。满拿来给我看一看，是怎么样写的。"

此书序文中提到"山东莱阳县白瑞临商人于乾隆十五年遭风飘到琉球国，汇纂官话一集"，书中"自家""遭际""吃烟""使得使不得""风凉"等皆为当时的口语。

《白姓官话》所载还往往先用白话，再用文言。如有一篇记载漂到琉球的中国人临走时写给琉球官员的呈子，先记中国人对通事说的口语："说我们漂来一年，蒙王爷各位老爷的恩德，费各位通事并众位执事人等的情义。感念不忘，这是说不尽的。"再载用文言转写的呈文："顺等因为名利所牵，驾扁舟而货殖他乡。不意途遇飓风，随波涛而任其漂流。幸邀天眷指引生路，于去岁十一月二十九日漂至贵国属地大岛之内。蒙该地方老爷查念，顺船尚可修理，命工匠凡财物代为修葺残缺，更赐日用饮食……"从中可见当时文白表达的不同。

值得一提的还有法国传教士戴遂良 1881 年编纂的六卷本汉语教材《汉语入门》(*Rudiments de Parler et de Style Chinois*)，该书 1892 年由河间府天主教会印刷所出版，1895 年、1903 年再版。书中第五、第

---

① 陈明娥《日本明治时期北京官话课本词汇研究》，厦门大学出版社，2014 年。

② 濑户口律子《琉球写本官话课本——〈白姓官话〉について》，大东文化大学《语学教育研究论丛》，1988 年第 5 号。

六卷用当时通行的口语改写《今古奇观》《聊斋志异》《家宝二集》中的故事，具有现代白话小说的文体与语体特征。如《今古奇观》中《灌园叟晚逢仙女》原文为：

> 你道这段话文出在那个朝代？何处地方？就在大宋仁宗年间，江南平江府东门外长乐村中。这村离城只有二里之远。村上有个老者，姓秋名先，原是庄家出身，有数亩田地，一所草房。妈妈水氏已故，别无儿女。那秋先从幼酷好栽花种果，把田业都撇弃了，专于其事。

《汉语入门》改写为：

> 宋朝仁宗时候，江南平江府东门外有个长乐村，离城二里多地。村里有个人，姓秋名先。可是个庄稼人儿，也念过几年书，学而未成，一生最好养花儿。生就来的是个清静脾气儿，觉着世界上这争名夺利没有什么大意思，光想着隐遁了。又是中年丧妻，没丢下儿女，就是这么光棍汉子一个人儿。有人劝他再续上个老伴儿传生后代，他摇着头说："夫妻同林鸟，儿女眼前欢，当不了什么，倒不如一个人过日子，心里干净。自己吃饱了，一家子都吃饱了，那样的逍遥自在。寻个好的还好，要寻个不好的来，一天家还得和他生气。再一说，东西儿又不多，就是这么一块园子，要有了一窝八代的，也不够缠交，到那个时候就有了女人的话说了。"嫁汉，嫁汉，为的是穿衣吃饭。俗话又说："饽饽的儿女，柴米的夫妻。"又说："后婚老婆后婚汉，有就吃，没有就散。等着他把点儿事业暴腾净了再散，就不如早些儿不寻好了，省的后来为难着窄的。"

又如石成金《家宝二集·时习事》① 中的《怀橘》：

> 汉时陆绩，字公纪，吴郡人。年六岁时，往九江见袁术。因绩父康曾为庐江太守，与袁术是交好朋友，此时术为九江太守，所以绩往拜见。术便设果子款待他，看见果子内有橘子，他就暗藏了两

---

① 石成金所撰《传家宝》（上海书局光绪二十一年（1895）石印本）使用浅显易懂的文字，讲的是眼见易晓、耳熟能详的身边事情，当时人称之"言言通俗，事事得情"。其《俚言自叙》说："天下人众，以大概论之，读书明道之通士仅居小半，而不读书与少读书之常人，转居大半。若以深奥文言向常人谈说，犹方底圆盖，不能领略，说与不说同也……在读书通士，自必鄙此书之俚俗，然而有益于天下之不读与少读书者不小矣。"

个在袖子里。及别去的时候,拜辞袁术,不意袖中两个橘子掉落在地,袁术看见,嘲笑道:"陆郎,你到我家来,便是宾客了,岂可以宾客而怀藏主人之橘乎?"他跪下答应道:"我不是敢于藏橘,只因我母亲天性喜吃此橘,所以袖藏两个回家,将以奉母。"术听得大以为奇,是奇他年幼而知孝道也。

《汉语入门》改写为:

> 汉朝年间有六七岁的一个小孩子,姓陆,名字叫绩,上九江拜望他父亲的一个朋友。那个人姓袁,是个大官,留下他住着,摆了席,请了他。陆绩看见那席上有橘子,就拿了两个,偷着藏的袖子里了。赶临走的时候,他不小心,一作揖,把那俩橘子就吊下来了。那官就笑着说:"嗐,陆公子,当着客,在酒席上,还藏下橘子了么?"陆绩就跪下说:"我不是藏了为的我喫,我家里有个老母亲,他有病,常想着喫橘子。我喫的时候,就想起来了,我就藏下了俩。"那官听见了他说的这话,就欢喜着说:"呀,这么六七岁的个小孩子,就有这样的孝心,赶到大了,必不是个平常人。"

《汉语入门》中的《怀橘》经过改编之后,在语法方面出现了明显的现代白话的表达方式,如"把"字句的使用,"把那俩橘子就吊下来了";定语成分有所加长,如"有六七岁的一个小孩子""拜望他父亲的一个朋友"等等。王力曾经提到:"五四以后,汉语的句子结构,在严密化这一点上起了很大的变化。基本要求是:主谓分明,脉络清楚,每一个词、每一个词组、每一个谓语形式、每一个句子形式在句中的职务和作用,都经得起分析。这样,也就要求主语尽可能不要省略,联结词(以及类似联结词的动词和副词)不要省略,等等。"① 这些变化在上文中也有所体现。如原文中"我不是敢于藏橘,只因我母亲天性喜吃此橘,所以袖藏两个回家,将以奉母",被改写成"我不是藏了为的我喫,我家里有个老母亲,他有病,常想着喫橘子。我喫的时候,就想起来了,我就藏下了俩",每一句的句子结构都很完整,带有主语。此外,虚词的使用有所增加,如语气词"嗐""呀"的使用,模仿说话人的语气,声口毕肖,以此表明说话者的态度和感情,描述因而也显得更为生动。

清代在东京外国语学校教汉语的金国璞也据《今古奇观》改编有

---

① 《王力文集》第 11 卷,山东教育出版社,1990 年,第 480 页。

《北京官话今古奇观》。如《今古奇观》第四十卷《沈小霞相会出师表》：

> 世蕃假醉，先辞去了。沈炼也不送，坐在椅上叹道："咳！'汉贼不两立'！'汉贼不两立'！"一连念了七八句。这句书也是《出师表》上的说话，他把严家比着曹操父子。众人只怕世蕃听见，到替他捏两把汗。沈炼全不为意，又取酒连饮几杯，尽醉方散。睡到五更醒来，想道："严世蕃这厮，被我使气，逼他饮酒，他必然记恨，来暗算我。一不做，二不休，有心只是一怪，不如先下手为强。我想严嵩父子之恶，神人怨怒，只因朝廷宠信甚固。我官卑职小，言而无益；欲待觑个机会，方才下手。如今等不及了，只当做张子房在博浪沙中椎击秦始皇，虽然击他不中，也好与众人做个榜样。"就枕头上思想疏稿，想到天明有了。起来焚香盥手，写就表章。

《北京官话今古奇观》改写为：

> 严世蕃假装着醉了，就告辞走了。沈炼也不送他，就坐在椅子上叹息说："汉贼不两立！"一连念了好几句。又拿过酒来喝了几杯，一脑门子的气回家去了。赶睡到五更天醒了，心里一想说："严世蕃这个东西，叫我赌气子拿酒灌了他，他必怀恨我，打算害我。不如我先下手倒好。"这么着他就起来，洗完了脸，写了一个奏折。①

其中"假装着醉了""又拿过酒来喝了几杯""叫我赌气子拿酒灌了他"和"不如我先下手倒好"相较"假醉""又取酒连饮几杯""被我使气，逼他饮酒"和"不如先下手为强"更具当时口语色彩，从中可见明清文白的演变。

俄国驻京的东正教使团随团学生列昂季耶夫曾编有《俄满汉专题词典》，内容类似口语教材，反映了当时的口语。俄罗斯汉学家比丘林所编《汉俄词典》和卡法罗夫所编《汉俄合璧韵编》等不仅反映了俄罗斯人学习汉语的进程，而且也展现了清代语言使用的现状。②

明治三十八年（1905）日本石山福治编有《日汉辞汇》，收录约一万多条词语，每个词列出相对应的汉语用词，如"朝"对应汉语词"早起、早晨"，"昧爽"对应汉语词"朦朦亮、一清早"，"欺"对应汉语词

---

① 金国璞《北京官话今古奇观》，文求堂，1904年。
② 柳若梅《清代入华俄罗斯汉学家的满汉语词典手稿散论》，《辞书研究》，2010年第4期。

"欺哄、欺负",“场屋”对应汉语词"窑子、堂子",“穴”对应汉语词"窟窿、坑",“移转”对应汉语词"挪、搬",“落”对应汉语词"丢、掉、漏、落"等,不仅反映了汉语文白的异同,而且也反映了19世纪末20世纪初南北不同地域口语的区别。①

从清代编的满汉双语教材《清文百条》《清文启蒙》和《清文指要》中也可见当时的口语。

《清文启蒙》为舞格寿平编,共四卷,跋语称"具系口头言语,可谓极浅近者矣"。如卷二:

> 阿哥,你若不提起这背恩的人来,我也不气,你一遭提起来,我的气就涌堵嗓子了。那几年上,他把我们家的门坎子都踢破了来着。若是没了穿的,从我身上脱给他穿;若是没了用的,拿我的银钱去使唤;若是没了吃的,大口袋装上米背了去。倘若出来一件困乏的事情,就往我根前来哀求。阿哥你是知道我的,他那求的上头,我的心就回了,虽然没有,也合朋友们借来应付他。真乃我的什么东西他没吃过,什么东西他没拿过?就只是我腿班里的肉没有割给他吃罢咧。

文中所说纯为口语白话,已与现代汉语相似。

《清文指要》未署著者,序称"任凭汉文怎么精奥,下笔时奈何清语短少,不合卯榫,不成套数"。"因此我在里头走的空儿,将老辈传说并我学记的,一句一句的集凑着,共集百条,教我族中子弟,以书名曰《清文指要》。"② 这部书内容涉及学习满语、射箭、朋友往来、为人之道、衙门公干、闲居游乐、育子、诚信和交友等。如《探友》:

> 这一向,你又往那里奔忙去了?间或到我这里走走是呢。怎么总不见你的面目?
> 我早要看阿哥来着,不想被一件旁事绊住,竟受了累了,终日匆忙还有空儿吗?要不是今日还脱不开来着。只管推脱着说我有紧要的事,将将的才放了我了。
> 来的甚好。正冈在这里,想来你也没有什么要紧的事,嗒们坐着说一日话儿罢。现成的饭吃了去,我也不另收拾菜。

---

① 陈明娥《日本明治时期北京官话课本词汇研究》,厦门大学出版社,2014年,第187—200页。
② 刘曼、张美兰《清代著名的满汉双语教材〈清文指要〉(百章)及其价值》,《海外华文教育》,2012年第1期。

但只来勒，只管骚扰阿哥，我心里不安，因此不敢常来。

你怎么外道？喒们从几时分彼此来着？若要再隔几日不来，我还要预备些东西，特请你去。

又如《求亲》：

吾兄，今儿来有甚么见教？

因为有缘，我门特来求亲来咯。我这个孩子，虽然没有超群的才貌、奇特的本事，但只是不吃酒不赌钱，就是迷惑人的去处儿、胡乱游走的地方儿，也从来没到过。若不弃嫌，老爷们就赏赐句疼爱的话儿。你往前些儿，咱们叩求。

老爷们，别。大家坐下，听我说一句话。咱们都是老亲，一个样儿的是骨肉，谁不知道谁呢？但只是作夫妻这件事，都是前世里造定的缘分，由不得人的。

为父母的，自己眼瞜着孩子们，原不过盼着能毂配个好对儿，才把苦拔苦掖的心肠，也就完了。

话虽是这么说，我还有长辈儿没有瞧见令郎呢，再者来的太太们把我们女孩儿也瞧瞧。

是啊，老爷说的很有理。就请通知里头太太们，把小儿带进去，给太太们瞧瞧。彼此都合了意的时候儿，再磕头也不迟啊。①

文中"这一向""受了累了""将将的""现成的饭""外道""一个样儿""由不得人的""合了意"等多为平民百姓日常所说白话口语。

这一时期来华的西方传教士的撰著多用当时口语，如 1815 年米怜筹办的《察世俗每月统记传》一卷卷末的一则告帖："凡属呷地各方之唐人，愿读《察世俗》之书者，请每月初一、二、三等日，打发人来到弟之寓所受之。……或寄信与弟知道，或请船上的朋友来弟寓所自取，弟即均为奉送可也。愚弟米怜告白。"告帖采用言文一致的通俗白话，尤其是语句惟妙惟肖地传达出米怜与读者交流对话的语调。不但以"弟"自称，且运用"打发人"这样的口语词，显得亲切自然。又如德国传教士郭实腊在 1833 年创办了《东西洋考每月统记传》，多采用古白话。如："在广州府有两个朋友，一个姓王，一个姓陈，两人皆好学，尽理行义，因极相契好，每每于工夫之暇，不是你寻我，就是我寻你。

---

① 富俊《清文指要》《续清文指要》，1789 年双峰阁刻本。参张美兰《清文指要汇校与语言研究》，上海教育出版社，2013 年。

且陈相公与西洋人交接，竭力察西洋人的规矩。因往来惯了，情意浃洽，全无一点客套，虽人笑他，却殊觉笑差了，不打紧。"再如美国传教士丁韪良所撰《天道溯源》，原为文言，英国牧师包尔腾译成白话，并介绍说："《天道溯源》一书，是美国丁韪良先生作的，我看它说理透彻，行文精当，深为佩服。因想这书，讲论天道的根源，人事的始末，实在可作引人归道的法门，不但文人学士应当揣摩，凡农商工贾，男妇老幼，无不应当遵奉，特恐文辞富丽，有非读书人，不能懂得的，现在用官话翻译出来，叫不晓文艺的人，都可明白。"

  传教士们知道只有用人们耳熟能详的语言才能使人们明白教义，采用白话译介《圣经》。如乾隆二十三年（1758）耶稣会士贺清泰合《旧约》与《新约》译有《古新圣经》，计三十四卷。他在《圣经之序》指出："天地，万物，神人，万物终始，人类归向，在世何为，什么是真正善德，真正美功，什么是罪，什么是恶，什么是卑贱，什么是过愆，这些紧要的事，《圣经》全全讲明，又有真切的凭据。天主亲爱我们至极，安排这样齐备……共总紧要的是道理，贵重的是道理。至于说的体面，文法奇妙，与人真正善处，有何裨益？"又在《再序》中重申："看书有两样人：一样是诚心爱求道理，并不管话俗不俗，说法顺不顺，只要明白出道理来足足够了，也对他的意思。这样的人，可不是贤人么？所该贵重的，他们也贵重；本来要紧的是道理。话虽是文彩光辉，若无道理，算甚呢？一口空嘘气而已。还有一样人，看书单为解闷。倘或是读书的人，单留心话的意思深奥不深奥，文法合规矩不合；讲的事情，或者从来没见过的，或是奇怪的，或是多有热闹的；一见没有，或是书上没有修饰，就厌烦了，抛下书，无心看了。论这样人，一定不服我翻的《圣经》……天主贵重的，不过是人的灵魂。聪明愚蒙，天主不分别。为几个懂文法的人，不忍耽搁了万万愚蒙的人。不能懂文深的书，他们的灵魂，也不能得受便益。天主的圣意是这样，翻《圣经》的人，敢背他的旨意么？"①文中"全全讲明""共总紧要的是道理""足足够了""也对他的意思""单留心话的意思""多有热闹的"等皆为当时口语。

  这一时期《圣经》的翻译和宣传基督教义的宣传册子多用通俗白话，如梁发的《劝世良言》。洪秀全的太平天国政权宣传革命的《新遗诏圣书》和根据《新旧约》历史改编的新《三字经》《幼童诗》《君道

---

① 徐家汇藏书楼藏有《古新圣经》的抄本。

诗》《臣道诗》《父道诗》《母道诗》《子道诗》《媳道诗》《身箴》《目箴》《耳箴》《口箴》《手箴》《足箴》等教科书也多用浅显易懂的白话。① 如《幼童诗》：

> 皇上帝，造天地，造山海，万物备。六日间，尽造成，人宰物，得光荣。七日拜，报天恩，普天下，把心虔。……正是人，邪是鬼，小孩子，求不愧。帝爱正，最恶邪，小孩子，甚莫差。皇上帝，眼恢恢，欲享福，炼正来。

全诗共352句，文字俚俗浅近。

这一时期来华的英国传教士马礼逊编纂有《华英字典》，共分三部。第一部中文名《字典》，分为三卷，第一卷1815年出版，第二卷1822年出版，第三卷1823年出版；第二部中文名《五车韵府》，分为二卷，第一卷1819年出版，第二卷1820年出版；第三部为一卷，英文译名《英华字典》，1822年出版。这部《华英字典》参照《康熙字典》的体例和内容框架，又突破了中国传统工具书的编纂模式，有意识地将当时的西学知识与中国知识相对应地进行诠释，开创性地编纂成一部新型的中英双语字典，包含了至今仍在运用并为现代汉语词典收录的许多词语，构建了一座中西方双向通行的知识桥梁。马礼逊以满足求知实用需求为宗旨，从学习者的需要着想，在汲取《康熙字典》代表的中国优秀文化的同时，打破了馆阁体的文风，用民间的白话替换了文言，大量选用宋、元、明的白话例句和当时的口语用法进行诠释，大大方便了读者的使用。如解释的白话词语有"意见、单位、消化、水准、演习、行为、温度、工夫、老实、天然的"等，例句有"大汉手持木棍，也不做声，照着苏友白劈头打来""他忙问王夫人，早饭在那里摆""婆子道：先前睡到安静，这时节又醒来，见神见鬼，不知嘴里说些什么""只怕便跳到黄河里也洗不清了""人遇见忿怒时候必须想一想，我发了怒，后来怎么个开交法子呢""好生着急，慌慌张张，鬼赶着似的""你能活了多大，见过几样东西，就说嘴来了""将百姓们合在一搭儿，讲法律与他们听"等。译文如"要死起来自然是拉他不住的，但这口气儿还没断，也要尽人力。今儿我去娘娘庙点个香儿，通通诚，倘或神灵感应，

---

① 王治心《中国基督教史纲》指出："现在我们所提倡的白话文，以为是文学革命的产物，是空前的，却不知道当太平天国的时候，早有过一番改革。我们且看一看他们所用的经典与文告，有好几种很通俗的东西，这些东西是很浅近的，与现在的白话差不多。"（上海古籍出版社，2007年，第139页）

赏他好了也是拿不定的事"。又如《字典》释"一"的中文用法举例有"一般、一样、画一、一个人、一口水、一心、一总、一切、万一"等，《英华字典》释"一"的中文例句有"每一次拿出一个、一一扶起、个个着忙"等；《字典》释"天"的中文例句有"天大事我办得来、今天、明天、昨天、天天、天天在学堂读书、成天讲、天晚、天亮"等；《五车韵府》释"天"的中文例句有"天气好、天下一家"等；《英华字典》释"法"的中文例句有"犯法、把这个法律写出来悬挂在各城门上"等；《五车韵府》释"理"的中文例句有"普遍的理就如汪洋之水，每人各取一份，有人多些，有人少些，但仍有属于汪洋之水，汪洋之水是至高无上的""理会知晓或充分理解事物的原理或本理"等；《英华字典》释"理"的中文例句有"道理、推论道理、拿理去和他讲、三人抬不动个理字"等。① 从马礼逊《华英字典》所举的例句亦可见当时的口语，而尤其值得一提的是马礼逊对"民主""自由"等一些西学知识概念已作有解释，如释 democracy 为"既不可无人统率亦不可多人乱管"，释 freedom 为"自主之理"。又如"真理"一词一般认为是从日语传来的新词，② 实际上马礼逊编的《五车韵府》中已有"真理 truth"。③ 再如马礼逊编的《英华字典》将"company""law""literature""news""trade""independence"译为"公司""法律""文学""新闻""贸易""自主"，这些译名也多为后来的一些译著采纳。如魏源编的《海国图志》用了"公司"一词，丁韪良译《万国公法》用了"自主"一词。马礼逊是来自欧洲的传教士，不受中土文人传统理念的约束，注重实用、教育和启蒙的原则。他在1819年11月25日给传教会委员会的信中说："一向被中国文人所忽略的俗语，并不意味是低级趣味的措词，只是对那种仅仅适合读书人的高雅、古典、佶屈聱牙的形式而言，是一种大众化的语言。就像欧洲的知识分子在黑暗时代认为每一本正统的书都应该使用拉丁文而不是俗语那样，中国的文人也一样。"他指出："没有比简单的语言更能准确地表达新思想的了。"④ 同时，他还指出："中国文人对于

---

① 钟少华《从马礼逊的华英字典看词语交流建设》和《马礼逊的华英字典与康熙字典文化比较研究》，载《中国近代新词语谈薮》，外语教学与研究出版社，2006年。

② 冯天瑜《新语探源》，中华书局，2004年，第453页。

③ 马礼逊编《五车韵府》，澳门，1819年，第63页。

④ Eliza Morrison. 1939. *Memoirs of the Life and Labors of Robert Morrison*. London. Vol. II p.7.

用俗语，即普通话写成的书是鄙视的。必须用深奥的、高尚的和典雅的古文写出来的书，才受到知识分子的青睐，因此只有极小一部分中国人才看得懂这种书。正如中世纪黑暗时期那样，凡是有价值的书，都必须用拉丁文写出，而不是用通俗的文字。朱熹在他的理学作品中，突破了这个旧传统，他很好地使用了简明的语体传达了他的新思想。"①马礼逊把自宋、元、明以来已经形成的白话文风引进到辞书编纂中，且大量引进了过去不进殿堂的民间小说、戏曲、俗语等，如引用了不少《红楼梦》中的话语当作例证。

清末学部于1909年编有《简易识字课本》，凡例称："至文言俗言相异者更加互释，一则于俗字不能入文者既可藉以附见，且使学生知文言对译之法于作文亦有裨益。"其中有文俗对照部分如下：

文	俗	识字课本（册、页）
头	脑袋	上 52
春风暖	春天的风和暖	上 60
马无角	马没有角	上 60
昨夜下雨	昨天晚上下雨	上 64
鸟能飞	鸟能够飞/鸟会飞	上 68
天已明	天已经明了	上 68
何处有花	那里有花（那上声）	上 72
此处有花	者里有花/这里有花	上 72
彼处有花	那里有花（那去声）	上 72
榆荚圆如钱	榆荚圆底/的像个钱	上 76
柳絮白如棉	柳絮白底/的像棉花	上 76
荷花未放	荷花还没有开	上 80
我是大清人	我是大清国的人	上 84
夏日初晴	夏天下雨初晴	上 92
男子插秧，女子送饭	男人插秧，女子送饭	上 92
发要常梳	头发要常梳	上 96

---

① 〔英〕马礼逊夫人编，顾长声译《马礼逊回忆录》，广西师范大学出版社，2004 年，第 154 页。

续表

有如船棹	如同船上的棹	上 100
牙出唇外	牙齿露在嘴唇外边	上 104
夏日食藕	夏天吃藕	上 108
养牲最便	养牲口最方便	上 112
蚊飞屋中	蚊子飞在屋里	上 116
识字愈多,知识愈广	认识的字越多,知识越广	下 4
爱人者人亦爱之,敬人者人亦敬之	爱人的人别人也爱他,敬人的人别人也敬他	下 8
凡人皆当读书,以笔写字	一切的人都当念书,用笔写字	下 16
父之姊妹,为我之姑	父亲的姊妹是我的姑	下 28
爱亲孝也	爱亲是孝	下 31
此人非小人也	此人不是小人	下 31
东方已明矣,学问将成矣	东方已经明了,学问将要成了	下 31
蜂有王,蚁亦有王	蜜蜂有王,蚂蚁也有王	下 36
桃李皆果树也	桃李都是果树	下 40
露结为霜	露水凝结成霜	下 40
鲸似鱼而非鱼	鲸像鱼却不是鱼	下 44
烟不可吸,酒亦不可饮	烟不可吸,酒也不可吃	下 48
鱼腹内有鳔	鱼肚子里有鳔	下 52
饮食不可过多	喝水吃饭都不可过多了	下 56
十以上之数,皆至十进位	十个以上的数目,全是到十数进位	下 60
砍之以斧捆之以绳	砍他用斧子,捆他用绳子	下 64
以囊盛米负之以归	用口袋盛米背着回家	下 64
法律为国家所定	法律是国家定的	下 68
爱国者必能守法	爱国的人必能守法	下 68
煤油开矿取出者,亦属矿物	煤油是开矿取出来的,也属矿物	下 72
骆背之肉峰,有双峰者,有单峰者	骆驼背上的肉峰,有双峰的,有单峰的	下 76
有算命者有批八字者,其言皆不可信	有算命的有批八字的,他们的话都不可信	下 80

续表

我爱我之国，故重我国之国旗	我爱我的国，所以敬重我国的国旗	下 84
不独头容直，心亦要直也	不但头容要正直，心也是要正直也	下 88
衣得无薄乎	衣裳不可薄么	下 92
蛇蝎恶虫也，故人皆避之	蛇蝎是恶虫，所以人都躲避它	下 96
凡人皆不可吸烟，为学生者尤不可吸烟	凡人都不可以吸烟，作学生的尤其不可以吸烟	下 100
冷水不可饮，冷水汗秽者尤不可饮	冷水不可以喝，冷水汗秽的更不可以喝	下 104
人不识字与瞽者无异	人不认识字与瞎子一样	下 108
己所不欲，勿施于人	自己不愿意的事，不要加在别人身上	下 112
古时十二月猎取禽兽祭先祖，故十二月又名腊月	古时候十二月猎取禽兽祭祀祖先，所以十二月又叫做腊月	下 116
纳税充兵，皆人民之义	纳税当兵，都是人民的义务	下 120

从中可见，当时人们使用的口头语言已有很大的变化，反映了社会转型时的语言演变，也可略见文白在表现功能上的区别，体现了语言形式与其所传递内容的适应过程。

乾隆年间马益用山东当地方言撰有《庄农日用杂字》，记叙春耕、夏耘、秋收、冬藏一年的农事活动和农村的饮食起居、男女婚嫁等风俗人情，融生产知识、生活常识、风土人情为一体，谆谆告诫农家子弟要谨记这些俗言语，以应付日常生活写信记账所需。如："娶亲赁花轿，五彩色色鲜。轿夫穿皂布，个个正当年。宫灯与高照，挑在半空悬。新郎穿绸缎，靴帽好新鲜。宫花头上戴，身披红盖蓝。媳妇着绫锦，浮衣呢子毡。头戴珍珠翠，鬏髻妙常冠。围花金银打，箍子鸾凤悬。响铃云肩上，飘带是八仙。桃牌索子系，钗环凤头簪。不论贫和富，难以凑办全。首饰无多用，假的就省钱。"流传在山西平遥一带的《俗言杂字》也反映了当时人们口头所说的白话。如："走水放帐出外登程，搭连被套马褥鞍笼。择个吉日搭伴起身，脚骡驼子大家送行。众位请回一路福星，住店赶路时刻留心。行李沉重惕防小人，水路乘船旱路步行。日落歇店日出起身，花街柳巷切莫浮行。热闹码头最要谨慎，到了铺内和气温厚。"

清人文籍中有些书信也反映了当时的口语，好像当面说话似的直记所说。如郑燮《范县署中寄舍弟墨第四书》："今则不然，一捧书本，便想中举，中进士，作官，如何攫取金钱，造大房屋，置多田产。起手便错走了路头，后来越做越坏，总没有个好结果。其不能发达者，乡里作恶，小头锐面，更不可当。夫束修自好者岂无其人，经济自期、抗怀千古者亦所在多有，而好人为坏人所累，遂令我辈开不得口。一开口人便笑曰：'汝辈书生总是会说，他日居官便不如此说了。'所以忍气吞声，只得揑人笑骂。"清廷的一些奏章抄件中有许多件末尾往往写有"知道了"，应是记录皇帝说的话。

有些笑话也纯用口语。如石成金《笑得好》："一乞丐从北京回来，自夸曾看见皇帝。或问皇帝如何装束，丐曰：'头戴白玉雕成的帽子，身穿黄金打成的袍服。'人问金子打成的袍服如何作揖，丐啐曰：'你真是个不知世事的，既做了皇帝，还同那个作揖？'"又如游戏主人《笑林广记》："一僧追荐亡人，需银三钱，包送西方。有妇超度其夫者，送以低银，僧遂念'往东方'。妇不悦，（僧）以低银对。即笑补之，改念'西方'。妇哭曰：'我的天，只为几分银子，累你跑到东又跑到西，好不苦呀！'"

三、清代的白话小说

从宋代瓦肆勾栏的说话开始，白话小说在民间经过长期口述形态的演变，在加工写定为书面语和文人自己创作的过程中渐趋于雅俗合流。清代在明亡的社会剧变后则倡导经世致用，文人所作白话小说注重摹写世情百态，关注社会现实，内容多采闾巷市井故事，描绘一时的民生人情，以期匡时救世，而无论是世态人情小说还是才子佳人小说，只要是注重写实的作品都具有浓厚的生活气息和口语色彩。如吴敬梓的《儒林外史》、曹雪芹的《红楼梦》等。

《儒林外史》描写了封建社会后期知识分子的生活和精神状态，塑造了杜少卿、范进等人物形象，语言平实自然。如第三回写范进中举后欢喜疯了，众人商议："他这疯了如何是好？"报录的内中有一个人道："在下倒有一个主意，不知可以行得行不得？"众人问："如何主意？"那人道："范老爷平日可有最怕的人？他只因欢喜狠了，痰涌上来迷了心窍。如今只消他怕的这个人来，打他一个嘴巴，说：'这报录的话都是哄你，你并不曾中。'他吃这一吓，把痰吐了出来，就明白了。"众邻都拍手道："这个主意好得紧！妙得紧！范老爷怕的，莫过于肉案子上胡老爹。好了！快寻胡老爹来！他想是还不知道，在集上卖肉哩。"又一个人道："在集上卖肉，他倒好知道了。他从五更鼓就往东头集上迎猪，还不曾回来。快些迎着去寻他！"又如第四回写严贡生正自诩"为人率真，在乡里之间，从不晓得占人寸丝半粟的便宜"，恰在这时，"一个蓬头赤足的小厮走了进来，望着他道：'老爷，家里请你回去！'严贡生道：'回去做甚么？'小厮道：'早上关的那口猪，那人来讨了，在家里吵哩。'严贡生道：'他要猪，拿钱来！'小厮道：'他说猪是他的。'严贡生道：'我知道了。你先去罢，我就来。'"

《红楼梦》是一部写实小说，写一个大家族的兴衰，而宝、黛的言情从《西厢记》化出，鲁迅《中国小说史略》称"叙述皆存本真，闻见悉所经历，正因写实，转成新鲜"。小说采用北方官话，语言自然洗炼，生动传神。书中人物的对话几乎占了大半，各类人物的语言又各有千秋，既有伶俐活泼，曲直深浅，精微快捷的口语，又有典雅古奥的文言，多种多样的行业语、术语，还有诗词歌赋、琴棋书画、谜语笑话、酒令测字等，洋洋大观，而作者的如椽巨笔挥洒自如，写缠绵的言情，辛辣的讽刺，发笑的诙谐，老妪的村语，文人的雅谈，市井的俚辞，官场的肉麻话，学究的迂腐话，写到哪里，哪里就声形并现，无不得心应手，巧夺天工。如第十四回：

  宝玉听说，便猴向凤姐身上立刻要牌。

"猴"是当时口语"猴儿急的"的省略形式。又第十六回：

  贾琏遂问别后家中的诸事，又谢凤姐的操持劳碌。凤姐道："我那里照管得这些事！见识又浅，口角又笨，心肠又直率，人家给个棒槌，我就认作'针'。脸又软，搁不住人给两句好话，心里就慈悲了。况且又没经历过大事，胆子又小，太太略有些不自在，就吓的我连觉也睡不着了。我苦辞了几回，太太又不容辞，倒反说我图受用，不肯习学了。殊不知我是捻着一把汗儿呢。一句也不敢多说，一步也不敢多走。你是知道的，咱们家所有的这些管家奶奶们，那一位是好缠的？错一点儿他们就笑话打趣，偏一点儿他们就指桑说槐的报怨。'坐山观虎斗'，'借剑杀人'，'引风吹火'，'站干岸儿'，'推倒油瓶不扶'，都是全挂子的武艺。况且我年纪轻，头等不压众，怨不得不放我在眼里。更可笑那府里忽然蓉儿媳妇死了，珍大哥又再三再四的在太太跟前跪着讨情，只要请我帮他几日，我是再四推辞，太太断不依，只得从命。依旧被我闹了个马仰人翻，更不成个体统，至今珍大哥哥还抱怨后悔呢。你这一来了，明儿你见了他，好歹描补描补，就说我年纪小，原没见过世面，谁叫大爷错委他的。"

"照管、搁不住、好话、受用、好缠、笑话、打趣、坐山观虎斗、借剑杀人、引风吹火、站干岸儿、推倒油瓶不扶、全挂子、再三再四、讨情、体统、好歹、描补描补"等也都是当时的口语和习语。又第六十八回：

> 凤姐儿滚到尤氏怀里，嚎天动地，大放悲声，只说："给你兄弟娶亲我不恼。为什么使他违旨背亲，将混帐名儿给我背着？咱们只去见官，省得捕快皂隶来。再者咱们只过去见了老太太，太太和众族人，大家公议了，我既不贤良，又不容丈夫娶亲买妾，只给我一纸休书，我即刻就走。你妹妹我也亲身接来家，生怕老太太，太太生气，也不敢回，现在三茶六饭金奴银婢的住在园里。我这里赶着收拾房子，和我一样的，只等老太太知道了。原说接过来大家安分守己的，我也不提旧事了。谁知又是有了人家的。不知你们干的什么事，我一概又不知道。如今告我，我昨日急了，纵然我出去见官，也丢的是你贾家的脸，少不得偷把太太的五百两银子去打点。如今把我的人还锁在那里。"说了又哭，哭了又骂，后来放声大哭起祖宗爹妈来，又要寻死撞头。把个尤氏揉搓成一个面团，衣服上全是眼泪鼻涕，并无别语，只骂贾蓉："孽障种子！和你老子作的好事！我就说不好的。"凤姐儿听说，哭着两手搬着尤氏的脸紧对相问道："你发昏了？你的嘴里难道有茄子塞着？不然他们给你嚼子衔上了？为什么你不告诉我去？你若告诉了我，这会子平安不了？怎得经官动府，闹到这步田地，你这会子还怨他们。自古说：'妻贤夫祸少，表壮不如里壮。'你但凡是个好的，他们怎得闹出这些事来！你又没才干，又没口齿，锯了嘴子的葫芦，就只会一味瞎小心图贤良的名儿。总是他们也不怕你，也不听你。"说着啐了几口。尤氏也哭道："何曾不是这样。你不信问问跟的人，我何曾不劝的，也得他们听。叫我怎么样呢，怨不得妹妹生气，我只好听着罢了。"

文中全用口语，如"混帐名儿""生怕""打点""老子""发昏"等，把王熙凤泼辣放肆、辱骂嫂子的姿态写得栩栩如生，笔透纸背。①

---

① 郑庆山《〈脂本汇校石头记〉前言》指出《红楼梦》现存最早的脂评抄本如甲戌本、己卯本、庚辰本等"底本有文言成分，然逐渐减少，多用口语。人物对话是如此，叙述语言也每每如此"。《脂本汇校石头记》，作家出版社，2003年，第11页。

文康的《儿女英雄传》成功地塑造了十三妹、邓九公等武侠形象，具有北京方言的口语色彩。如第五回：

那公子正想着方才那女子的话，在那里纳闷，见店主人走进来，只得起身让坐。那店主人说了两句闲话，便问公子道："客官，方才走的那个娘儿们，是一路来的么？"公子答说："不是。"店主人又问："这样，一定是向来认识，在这里遇着了？"公子道："我连他的姓字名谁、家乡住处都不知道，从那里认得起？"店主人说："既如此，我可有句老实话说给你。客官，你要知我们开了这座店，将本图利，也不是容易。一天开了店门，凡是落我这店的，无论腰里有个一千八百，以至一吊两吊，都是店家的干系。保得无事，彼此都愿意；万一有个失闪，我店家推不上干净儿来。事情小，还不过费些精神唇舌；到了事情大了，跟着经官动府，听审随衙，也说不了。这咱们可讲得是各由天命。要是你自己个儿招些邪魔外祟来，弄得受了累，那我可全不知道。据我看，方才这个娘儿们太不对眼，还沾着有点子邪道。慢说客官你，就连我们开店的，只管甚么人都经见过，直断不透这个人来。我们也得小心。客官，你自己也得小心！"公子着急说："难道我不怕吗？他找了我来的，又不是我找了他来的。你叫我怎么个小心法儿呢？"那店主人道："我到有个主意，客官，你可别想左了。讲我们这些开店的，仗的是天下仕宦行台，那怕你进店来喝壶茶、吃张饼，都是我的财神爷，再没说拿着财神爷往外推的。依我说，难道客官你真个的还等他三更半夜的回来不成？知道弄出个甚么事来？莫如趁天气还早，躲了他。等他晚上果然来的时候，我们店里就好合他打饥荒了。你老白想想，我这话是为我、是为你？"

又第三十四回：

公子候着前面搜检的这个当儿，见那班侍卫公彼此正谈得热闹。只听这个叫那个道："喂！老塔呀，明儿没咱们的事，是个便宜。我们东口儿外头新开了个羊肉馆儿，好齐整馅儿饼，明儿早起，咱们在那儿闹一壶罢。"那个嘴里正用牙斜叼着根短烟袋儿，两只手却不住的搓那个酱瓜儿烟荷包里的烟，腾不出嘴来答应话，只"嗯"了声，摇了摇头。这个又说："放心哪，不吃你哟！"才见他拿下烟袋来，从牙缝儿里激出一口唾沫来，然后说道："不在那个，我明儿有差。"这个又问说："不是三四该着呢吗？"他又道：

"我们帮其实不去这荡差使倒误不了,我们那个新章京来的噶,你有本事给他搁下,他在上头就把你干下来了。"

例中"闲话""失闪""干净儿""对眼""打饥荒""齐整""闹一壶"等是当时的口语和俗语。其中"找"是元代出现的白话词,开始写作"爪"。如李文蔚《燕青博鱼》第一折:"调动我这莽拳头,拓动我这长捎靶,我向那前街后巷便去爪寻他。"又写作"抓",见于元杂剧和明清小说。如《喻世明言》卷四〇:"李万道:'且不要埋怨,和你去问他老婆,或者晓得他的路数,再来爪寻便了。'""爪"与"戈"的俗写相近,① 而"找"原是"划"的异体字,后来"寻找"义才定型为"找","找"亦不再表"划"的划船义,读为"zhǎo","抓"则主要表示"抓搔""握取"义。考明沈榜《宛署杂记·民风二·方言》载:"寻取曰找。""找"在文言中用"求""索",汉代用"寻""觅",现代汉语中"找"为通语,"寻""觅"在方言中仍有使用。

西周生《醒世姻缘传》写狄希陈两世姻缘的果报,描绘了城镇都市的世情风俗,语言也多平白如话。如第五十三回:

> 这郭氏年纪三十以上,是一个京军奚笃的老婆。汉子上班赴京,死在京里。这郭氏领了九岁的一个儿子小葛条,一个七岁女儿小娇姐,还夹了一个屁股,搭拉着两个腌奶头,嫁了晁无晏。这晁无晏只见他东瓜似的搽了一脸土粉,抹了一嘴红土胭脂,漓漓拉拉的使了一头棉种油,散披倒挂的梳了个雁尾,使青棉花线撩着。缠了一双长长大大小脚儿,扭着一个摇摇颤颤的狗骨颅。晁无晏饿眼见了瓜皮,扑着就啃。眼看着晁无晏上眼皮不离了下眼皮打盹磕睡,渐渐的加上打呵欠;又渐加上颜色青黄;再渐加上形容黑瘦,加上吐痰,加上咳嗽,渐渐的痰变为血,嗽变成喘,起先好坐怕走,渐渐的好睡怕坐,后来睡了不肯起来。起初怕见吃饭,只好吃药,后来连药也怕见吃了。秧秧跄跄的也还待了几个月,一交放倒,睡在床上,从此便再扶不起,吃药不效,祷告无灵。阎王差人下了速帖,又差人邀了一遭,他料得这席酒辞他不脱,打点了要去赴席。这时小琏哥才待八岁,晓得甚么事体?

例中"漓漓拉拉""散披倒挂""饿眼见了瓜皮""扑""啃""上眼

---

① 如 S.81《大般涅槃经》卷十一"不以抓镜"和 S.4562《大般涅槃经》卷十六"爪坏须弥"中"抓"的俗写。

皮不离了下眼皮""怕""打点""事体"等都是口语白话。

四、清代的南北通语

吕叔湘曾指出南北通语不是单一体系发展而成的,"北宋的时候,中原的方言还是属于南方系;现在的北方系官话的初身只是燕京一带的一个小区域的方言。到了金、元两代女真、蒙古族入据中原,人民大量迁徙,北方系官话才通行到大河南北,而南方系官话更向南引退"。① 明初朱元璋建都南京,以南京话为基础的南方官话居优势地位,朱棣迁都北京,以北京话为基础的北方官话渐融合南方官话而成为全民共同语。如《西游记》第二十回:"那少年又拿了一张有窟窿无漆水的旧桌,端两条破头折脚的凳子,放在天井中,请三众凉处坐下。"例中"端"为南方官话,北方官话多用"搬"。如《水浒传》第十回:"搬开破壁子,探半身入去摸时,火盆内火种都被雪水浸灭了。""搬"后成为现代汉语中表示"移动较大的物体或坐具"义的通语词。又如清鼓词《西游记》曲本把明小说《西游记》中的"驮"改为"背","索"和"讨"改为"要","耍(耍子)"改为"顽(玩耍)","觅"和"寻"改为"找","食"改为"吃","吃"改为"喝","缚"和"捆"改为"绑","落"改为"掉","丢"和"撂"改为"扔","口"改为"嘴","颈"改为"脖"等,从中可见汉语常用词的历时替换和南北用词的不同,鼓词《西游记》曲本所用北方官话"背""要""顽(玩耍)""找""吃""喝""绑""掉""扔""嘴"和"脖"后成为全民共同语。② 再如 1761 年刊行的《老乞大新释》中"刚要寻你去""我没有好生细看""客人们不要见怪""别说黄金贵""好的不好的",1795 年刊行的《重刊老乞大》改为"待要寻你去""我不曾好生细看""客人们休见怪""休道黄金贵""好的歹的"。据洪启禧《老乞大新释序》称修订"务令适乎时,便于俗",又据《李朝实录》正祖四年四月十九日载洪检称洪启禧"采归关东商胡行货之俗语,作为正本,旧本则阁而不用","若其册子刊行,宜取正音,况彼中搢绅朝贵及南方汉人专尚正音者乎?"《老乞大新释》所用"刚要""没有""不要""别说""不好的"等似是北方通语新吸纳的关东一带俗语,《重刊老乞大》所用"待要""不曾""休""休道""歹的"等则是南方通语存中原所传而为搢绅朝贵及南方汉人专尚的正音,

---

① 吕叔湘《近代汉语指代词》,学林出版社,1985 年,第 58 页。
② 张美兰、周滢照《明清常用词的历时替换——以鼓词曲本《西游记》为例》,《苏州大学学报》,2014 年第 5 期。

反映了南北用词的不同。张美兰曾就言语动词"商量""商议"的历时演变及其地域分布特点进行考察，指出"商量""商议"在唐代出现用例，均可表示"交换意见"义，明代皆为该义的主导词，"商议"略占优。在使用地域方面，南方语料倾向于用"商议"，北方语料倾向于用"商量"。① "明末以后，虽然通语倾向用'商量'，但南方仍沿袭了明代的习惯，用'商议'。这表明用词方面南方地区存古、北方地区趋新的倾向。"清代"商量"占主导地位，② 后成为现代汉语中表示"交换意见"义的通语词。由此亦可见，宋元以来随着人口的迁徙，"其词多古语"的北方口语不断融入南方口语，形成南方口语近雅存古而北方口语近俗存今的发展趋势，北方口语在二者的交融中渐占优势，后成为现代普通话的基础方言。

  清代的一些汉语教材在不同程度上也显示了南北通语的差异，反映了文白和方俗口语交叉相融的演变脉络。如在表"顺便将物件带给别人"义时，北方官话用"捎"，南方官话用"带"；表"丢失"义时，北方官话用"丢"，南方官话用"掉"；表"抛弃、投掷"义时北方官话用"扔"，南方官话用"丢"；表"用开水冲泡"义时，北方官话用"沏"，南方官话用"泡"；表"对事物有所了解、认识、知晓"义时，北方官话多偏用"知道"，南方官话偏用"晓得"；表"闲游、外出散步、游览"义时，北方官话多用"逛"，南方官话用"游、玩、荡"；表"看"义时，北方官话多用"瞧"，南方官话用"看"。③

  1892 年美国长老会传教士狄考文编的《官话类编》共 200 篇课文，邹立文序称"此书之成，非一人之力，曾经分发北京、济南、南京、九江、汉口等处，批过数次。要必以通行者为是，兼有不通行者，则并列之。其列法：北京在右，南京在左。如有三行并列，即山东居其中"。如"今儿/今天是初三""他父亲的铺子/店在大街上""这个新媳妇/新娘子打扮得实在俊/俏""我们以前作过邻舍/街坊""还有别的营生/事情没有""这里紧靠大街，热闹/闹热得很"等。书中收集了南方官话和北方官话中同义词的不同的表达方式，大多是日常生活中的词语和句

---

  ① 张美兰、周滢照《明清常用词的历时替换——以鼓词曲本《西游记》为例》，《苏州大学学报》，2014 年第 5 期。

  ② 张美兰、刘宝霞《言语动词"商量"、"商议"的历时演变及其分布特点》，《清华大学学报》，2013 年第 6 期。

  ③ 张美兰《同义词在南北官话中地域分布——以清末域外汉语官话资料为例》，《汉语史学报》第十辑，2010 年。

子,较为详细地记载了汉语南北通语的地域差异和分布,反映了清末南北官话系统的不同状况及以南京话为基础的南方官话的主导地位逐渐被以北京话为基础的北方官话所取代的趋势。① 如:"客嫌酒凉/冷,再要热的""孩子的两只手都冻的冰凉/冰冷"。狄考文指出:"在南方,'凉'很少使用,'冷'完全取代了它的位置。如果'冷'在北方使用,则暗含着酒不仅不热,而且冷,非常冷。"又如:"太阳叫/被云彩遮了""刘先生叫/被我得罪了"。狄考文指出,"被"是用来表示被动的。在北方多被文人使用,用于比较正式的书面语。在南方则普遍应用于各种场合,应用范围更加广泛。"教"或"叫"也是用来表示被动的,北方通常用于口语的形式,南方则偶尔使用。"教"是比较早的书写形式,"叫"是较晚的书写形式。再如"这些小钱不好使/用""把你的小刀借给我使一使/用一用,修修我的指甲""洗脸有爱使/用热水的,有爱使凉水/用冷水的"。例中"使"通常在北方官话中出现,"用"则出现在南方官话中。②

1893年九江书局刊行有吴启太等编《官话指南》的改写本,凡遇到南北官话词汇或句式有大异之处则加以对照标注。如初刊本"怎么我起您手里租房,还得给茶钱呢",改写本为"怎么我在您手里租房子,还要把茶钱呢",将初刊本中的"起"改为古今南北通用的"在","得给"改为南方通语"要把"。又如初刊本中的"瞧、知道、拾掇、逛、对劲、沏茶、早起、晚、见天、街坊、胡同、掌柜的、大夫"等,改写本用"看、晓得、收拾、玩、合式、泡茶、早晨、晏、天天、邻舍、巷、老板、郎中"等,反映了当时北方官话和南方官话的用词不同。③

日本前田清哉编《支那语学校讲义录》以日常会话为基础,涉及商业会话、军事用语、经济用语、公文用语和北京风俗等多个话题,记载了"愣、瞅、碍事、灵便、拾掇、扎挣、左不过、保不定、今儿个、时不常儿"等白话口语词,其中"于是——这么着、宜乎——怪不得、不足观也——没个看头儿、而已矣——就是了、此之谓也——就是这么个话、终日不食——整天的不吃东西、不得已——没法子、毋安言——别

---

① 狄考文《官话类编》,1892年初版,上海徐家汇藏书楼藏有美华书馆1902年修订版。参张美兰《明清域外官话文献语言研究》,东北师范大学出版社,2011年。

② 孙华先《南京字汇中的官话类编词汇》,世界图书出版公司,2013年,第12—13页。

③ 张美兰《清末汉语介词在南北方官话中的区别特征》,"继往开来的语言学发展之路"——2007学术论坛。

胡说"等反映了文白用词的差异,"今儿几儿了——今朝是几时了、刚打了八点钟——才敲过八记、等一会儿就来——等一歇就赶来、快着点儿罢——快些赶去、得别耽误工夫——留心不要耽搁"等反映了南北用词的差异。①

冈本正文编《言文对照北京纪闻》共有纪闻二百篇,每篇先列出报纸刊载的文章,再用通俗白话翻译,从中可见当时报刊所用语体与口语的差异。② 如:"户部银库前数日于壁上被人穿凿小洞,幸未深入。"译文为:"户部银库,前几天被贼在墙上挖了一个小窟窿,好在没挖透。"例中"前数日——前几天、洞——窟窿、穿凿——挖、幸——好在"等体现了文白用词的不同。又如:"所有施放棉衣裤现已制成,约于十月初旬先发给极贫者领棉衣之票,然后定期令人持票至顺天府署内领取云。"译文为:"所有舍棉袄棉裤现在都做得了,大概十月初间先给那顶穷的人领棉衣裳的票,然后再定规日子,叫他们拿票到顺天府衙门里领衣服去。"例中"制成——做得了、极——顶、定期——定规日子、约——大概、持——拿"等体现了南北和文白用词的不同。再如:"日前有某甲由河北向南而行,甫至中间,误落孔内,幸经多人捞救,不然葬于鱼腹矣",译文为:"前几天有一个人,打河的北边儿往南走,刚走到中间儿,一失脚掉在冰窟窿里了,幸亏有好些个人把他救上来了,不然就喂了鱼了。"例中"由——打、孔——窟窿、幸——幸亏、甫至——刚走到、中间——中间儿、多——好些"等不仅反映了当时的文白之别,也体现了南北用词的差异。

西岛良尔编《最新清语捷径》分单句、对话用语、抄话三编。单句部分收录汉语常用词或短语1294个,对话用语部分收录汉语常用对话860句,抄话收录了寓言故事、生活琐事、道德伦理和奇闻趣事等16篇。书中载有大量白话口语词,如"腌臜、管保、光景、害臊、定规、对劲儿、冷不防"等,且把同义近义的词编排在一起,如"早起、清早,几个、多少,读书、念书,如何、怎么样,姑娘、妞儿,逛逛、溜达,大夫、医生"等,既有古今文白的异同,又有南北地域的差异,反

---

① 前田清哉编《支那语学校讲义录》,善邻书院,1901—1902年刊行。参陈明娥《日本明治时期北京官话课本词汇研究》,厦门大学出版社,2014年,第159—202页。张美兰《十九世纪末汉语官话词汇的南北特征——以九江书局版〈官话指南〉为例》(载远藤光晓、严翼相主编《韩汉语言研究》,学古房,2008年)一文对清末南北通语的词汇差异也作有比较。

② 冈本正文编《言文对照北京纪闻》,东京文求堂书店,1904年。

映了清末的口语实况。①

满汉双语教材《清文指要》不同版本的异文也反映了清代南北用词的不同。如"沉"和"重"是形容物体重量大的一对同义词,"沉"用于北方话,"重"用于南方话。《清文指要》用"沉",福岛九成编的《参订汉语问答篇国字解》用"重",通语多用"重"。又如"知道"和"晓得"在表"对事物有所了解和认识"义上是一对同义词,"知道"是通语,南北都用,南方方言偏重用"晓得",《清文指要》用"知道",《参订汉语问答篇国字解》用"晓得"。再如《清文指要》用"弟兄、早起、动不动的、拿",《参订汉语问答篇国字解》用"兄弟、早上、时常、把",其中"早上"后成为通语,至今还是普通话的主导词。② 据张美兰和刘曼考察比较《清文指要》七种版本的词汇差异,发现《清文指要》具有北方话色彩,《参订汉语问答篇国字解》具有南方话色彩,而《清文指要》"早期版本所含通语里南方官话词逐渐被北方官话词所代替",尤其是在威妥玛编撰的《语言自迩集》里《谈论篇百篇》中变化显著,"这种变化正如实地反映了清末汉语官话从南京官话向北京官话转变的历程",③ 也或多或少反映了汉语文白转型中南北通语合流的交融互补,北方方言渐成为通语的基础方言。

第三节 小结

汉语白话发展至明清已在民间市井广泛运用,渐由文言的附庸而蔚为大国。胡适曾说他的家乡土话是离官话很远的,他在学校里学得的上海话也不在官话系统之内。他写的白话"差不多全是从看小说得来的"。他指出:"我的经验告诉我:《水浒》《红楼》《西游》《儒林外史》一类的小说,早已给了我们许多白话教本,我们可以从这些小说里学到写白话文的技能","那些小说是我们的白话老师,是我们的国语模范文"。正如胡适所说,明清白话小说多用当时人们口里说的话,形成承文言而口语化的白话书面语,类似一种大同小异的普通话,成为古代汉语演变

---

① 西岛良尔编《最新清语捷径》,东京青木嵩山堂,1906年。
② 张美兰、刘曼《〈清文指要〉汇校与语言研究》,上海教育出版社,2013年。
③ 张美兰、刘曼《〈清文指要〉汇校与语言研究》,上海教育出版社,2013年,第392页。

为现代汉语的中介,五四时期"那个时代写白话诗文的许多新作家,没有一个不是从旧小说学来的白话做起点的"。① 日本江户时代的汉学家雨森芳洲曾说:"或曰学唐话,须读小说可乎?曰可也。"又说:"我东人欲学唐话,除小说无下手处。"②宫岛大八在1823年所编《续急就篇》中也说到:"单是会话的书不下有百八十种,似乎得挑好的念,这才不枉费工夫。比方《水浒》《三国志》《红楼梦》《儿女英雄传》什么的,这些书文笔很好,话也适用。"③ 明清俗语小说反映了当时的口语,成为培养"唐通事"会话能力的重要手段。这一时期随着西学的东渐,出现的新词中有反映工业发展的"铁厂、钢铁、棉布、织工、资本"等,反映对外交通和贸易的"东洋、西洋、蕃茄、蕃薯、万国图、自鸣钟"等。许多东汉以来出现的复音词也进一步多义化。如《朱子语类》卷一二〇:"某不是要教人步步相循,都来入这圈套,只是要教人分别是非,教明白是底还他是,不是底还他不是。"例中"圈套"指某种固定的做法,明代又引申有"指引诱人上当或受害的计谋"。如《水浒传》第三十四回:"叵耐张都监那厮,安排这般圈套坑陷我。"又如宋沈端节《菩萨蛮》:"酒醒初破梦,梦破愁无那,干净不如休,休时只恁愁。"例中"干净"有"干脆"义,元明后又引申有"清洁""相貌整齐清秀""清静""纯粹""一点儿不剩""完全"和"敢情"义。如《西游记》第二十回:"老官儿,你若以貌取人,干净差了。"例中"干净"有"完全"义。又如《金瓶梅》第四十三回:"迟了一回,反乱起来,说不见了一锭金子。干净他就是学三寸货,说不见了,由他慢慢儿寻罢。"例中"干净"有"敢情"义。④ 就汉语常用词而言,根据《汉语水平词汇等级大纲》确定的3051个常用词,其中1033个最常用词中有131个在明清时已出现,2018个一般常用词中有189个在明清时已出现,明清出现的这些现代汉语传承沿用的常用词计达10%至11%,⑤ 多为明清时新产生的白话词。汉语白话发展至明清,秦汉以来沿用至现代汉语的常用词已达72%,约为现代汉语常用词的一

---

① 胡适《中国新文学运动小史》,载《胡适文集》第1卷,北京大学出版社,1998年,第130页。
② 雨森芳洲《橘窗茶话》,载《日本随笔大成》第二期第七卷,吉川宏文馆,昭和49年发行。
③ 宫岛大八编《续急就篇》,善邻书院,1942年,第11—12页。
④ 向熹《简明汉语史》,高等教育出版社,1993年。
⑤ 曹炜、龚穗丰《试论现代汉语词汇的形成》,《语文建设通讯》,2003年总第76期。

大半，将近四分之三。一种语言的常用词大致反映了该语言的词汇概貌，从秦汉以来新出现的常用词在现代汉语中传承沿用的量的统计这一侧面也可略见汉语文白演变的此消彼长，现代汉语的雏形可以说在明清已初具规模，但这一时期文言文还占据统治地位，尤其是在上层社会和知识分子圈内。据 16 世纪末到我国传教的意大利传教士利玛窦（1552—1610）晚年写的札记所描绘，当时"几个人在一起谈话，即使说得很清楚、很简洁，彼此也不能全部准确地理解对方的意思。有时候不得不把所说的话重复一次或几次，或甚至得把它写出来才行。如果手边没有纸笔，他们就沾水把符号写在什么东西上，或者用手指在空中划，或甚至写在对方的手上。这样的情况更经常地发生在有文化的上流阶级谈话的时候，因为他们说的话更纯正、更文绉绉，并且更接近于文言"。①从利玛窦的描述可见，在当时的上层社会和知识分子圈内，文言还是社交用语，上层社会和知识分子的口语中仍有较多的文言成分。

---

① 江蓝生《古代白话说略》，语文出版社，2000 年，第 4 页。

第六章　文白转型的完成

　　语言总在不断地发展，新词的产生、旧词的衰亡、词语的兴替、语音和语法的演变，使得语言系统的新旧质素总是处于动态之中，但在不同的历史时期，变动的速度却有着明显的差别，甚至在同一时期，口语和书面语的演变也会有速度上的或快或慢，这尤其体现在词汇的演变上，而逐渐进行的量变，最终则导致了一个个飞跃性的质变。任何语言的发展都会打上不同时期历史、政治、社会、文化的烙印，特别是在历史大变革时期。清末民初是中国社会急剧发展变化的时期，中国由一个两千多年超稳定的封建社会一下子在短短的几十年经历了封建社会的没落、资产阶级的改良、外来势力的入侵、西学的东渐、马列思想的传播等一系列重大的撞击，发生了巨大的变化。一方面外国的侵略使中国沦为半殖民地，另一方面人们对西方思想、文化和科学知识有了进一步的接触和了解。在中西文化的激烈对撞和交融中，秦汉以来的白话由文言的附庸借助时代的大变革取代文言而赢得了现代汉语书面语的正统地位，成为新的语言系统。

第一节　现代汉语词汇的形成

　　现代汉语的形成不是一朝一夕的突变，而是经历了一个文言与白话此消彼长的漫长过程。语言，尤其是词汇，总是处于不断吐故纳新的动态变化之中，反映旧概念的词语不断被反映新概念的词语所替代，体现新时代出现的新事物的新词语又不断地涌现出来。词汇数量的增加、词义的更新演化、词语用法的变迁等无时无刻不在进行之中。新词给一个时代的词汇增添了生机和活力，新义则丰富了一个时代原有词汇的内涵与表现力。布龙菲尔德《语言论》曾说道："要研究语义变化，我们所关心的恰好就是一个形式向一种新意义的伸展。"[①]　词汇的发展包括词和词

---

① 布龙菲尔德《语言论》，赵世开等译，商务印书馆，1980年，第538页。

义两个方面。一方面词汇作为信息的载体，随着社会政治、经济、文化的发展，势必产生许多新词。另一方面词汇作为语言的核心，词义的发展也就是"一个形式向一种新意义的伸展"。每个时代都会产生大量的新词和新义，这是词汇发展的总趋势。任何一个新词义成分的产生，都会经历由量变到质变的发展过程。只有经过量变的积累，词义才会具有发生质变的可能。王士元词汇扩散理论提出，音变对于词汇的影响是逐渐的。当一个音变在发生时，所有符合音变条件的词是在时间推移中逐个地变化的。整个音变是一个在时间上以变化词汇的多寡为标志的一个连续过程，即所有应该变化的词中，有变的，也有未变的。词汇扩散虽然最初是用在语音变化的研究之中，但从本质来看，词汇扩散则是一种以变异和选择为基础的语言进化理论。因而，词汇扩散作为一种变化形式不仅仅在语音上出现，而且在词义和语法范畴的演变中也有词汇扩散的现象。语言中的任何变化都是首先在口语和个人言语活动中发生的，词义也不例外。词义的演变都是一种逐渐的变化。一个新词或新的义位往往首先出现在口语中，经过词汇扩散而进入通语，[1] 然后再进入书面语。因此根据词汇扩散理论，我们认为文白的转型在某种程度上也可以看作是词汇扩散的连续过程。秦汉以来白话中的口语成分发展至清末民初，时代的变革促使文白的替代突破量变而完成了质变，形成了现代白话，即现代汉语。

　　清末民初的一些具有口语色彩的诗文几乎已与现代的白话没有不同，如蜀籍诗人赵熙作有《香宋词》三卷，其中《婆罗门令》有"雨滴声声，都装在心儿里""流一汪儿水，是一汪儿泪"等，就同口语一样，流畅明快。又如康白情《送许德珩赴欧洲》中有"我们喊了出来，我们做出去"等。梁启超提出"文界革命"的口号，运用新词语和新句式，创造了风靡一时的"新民体"（又称"启超式文体"），以比较通俗而富有煽动力的词语运载新思想，成为"新思想界之陈涉"。他撰有《少年中国说》《自由书》《新民说》等著作，这些著作行文条理明晰，平易畅达，"时杂以俚语、韵语及外国语法"，[2] 开文章之新体，成为古白话走向现代白话的过渡形态。如《说希望》："希望者，制造英雄之原料，而世界进化之导师也。……呜呼，吾国其果绝望乎？则待死以外诚无他策。吾国其非绝望乎？则吾人之日月方长，吾人之心愿正大。旭日方东，曙光熊熊，吾其叱咤羲轮，放大光明以赫耀寰中乎！"又如《少年

---

　　[1]　王士元《词汇扩散的动态描写》，《语言研究》，1991年第20期；又《王士元语言学论文集》，商务印书馆，2002年。

　　[2]　梁启超《清代学术概论》，中国人民大学出版社，2004年。

中国说》中仅外来事物词汇就有"泼兰地酒（白兰地酒）""行星""陨石""埃及""金字塔""西伯利亚""铁路"等，极大地打破了文言的旧格局。胡适则提出有什么话说什么话，话怎么说就怎么说，主张以现时代的日常口语充当文学语言，写有《尝试集》等。

各种白话报刊也刊载有大量新鲜活泼的白话文。如《杭州白话报》1903 年第 20 期载《北京纪闻》："皇城南海里面，造洋楼一座，现在就好完工，太后近日催办电灯机器。听说这座大洋楼，专为宴会各国公使之地。太后的待外人总算巴结呢！"又第 29 期载《我们做百姓的苦》："据做报人的眼睛看来，觉得我们中国的百姓，没有一刻它不在苦中作乐，没有一刻它能够自由自在。政府作威，百姓遭难，已是不平得很，还要借着赔款的名目，到处搜刮，无微不至。我们做百姓的，为什么要苦到这种地步呢？为什么单是我们做百姓的受苦呢？列位且想一想。"又如林白水《中国白话报发刊词》："大家都道没有别的法子，只好做白话报罢，内中用那刮刮叫的官话，一句一句说出来，明明白白，要好玩些，又要叫人容易懂些。倘使这报馆一直开下去，不上三年包管各位种田的、做手艺的、做买卖的、当兵的以及孩子们、妇女们，个个明白，个个增进学问，增进见识，那中国自强就着实有望了。"① 又《做百姓的身分》："你看那做官的，他别的都不怕，顶怕是我们百姓罢市，为什么呢？因为我们太协心了。我们大家协心，动起公愤，不要说他们做官的害怕，就是外国人也顶害怕的哩。……所以我们既做了百姓，无论什么事大家都有关系的，有一件好，是大家的好；有一件歹，就是大家的歹。你不要光看着眼前，也该把将来的祸害，预先防备防备才好呢。要防备祸害，只有闲着没事时候大家相照顾，相来往。今天我来帮他，明天他自然也来帮我，所以虽是我替别人做事，其实就是做自己的事。这个道理，外国人叫做'合群'。这'合群'的利益，我这本白话报内说得顶清楚顶详细，请你列位常常的往下看就明白了。"②

值得特别一提的是，随着西学的东渐，出现了大量的新词语。如明代来华的意大利传教士利玛窦撰写和翻译有十几种著作，介绍西方科学文化，创造了许多新词语，其中如《几何原本》中的"点、线、直线、曲线、界线、角、平面、平方、立方、比例"等，《理法器撮要》中的

---

① 林白水《中国白话报发刊词》，《辛亥革命前十年间时论选集》第一卷，三联书店，1978 年，第 604 页。

② 林白水《做百姓的身分》，《辛亥革命前十年间时论选集》第一卷，三联书店，1978 年，第 608 页。

"面积、体积、弧线、切线"等,《西字奇迹》中的"圣徒、天主、降生、救世、天国"等,《坤舆万国全图》中的"北极、南极、直射、冷带、热带、经线、地平线、天球、月球、地球"等。合信(Benjamin Hobson)医生编译有《博物新编》,汇集了五门学科的新词语。又如康有为《戊戌奏稿》中的"议院、农学堂、地质局、制度局、国民、光、电"等,谭嗣同《仁学》中的"灵魂、大脑、小脑、养(氧)气、红血(动脉血)、紫血(静脉血)、德律风(电话)"等。这些新词大致可分为如下四类:(1)有关物质文明成果的,如"蒸汽机、轮船、火车、电报、手表"等;(2)有关制度设施的,如"议院、邮政局、交易所、证券、银行、公司、博物馆、图书馆、公园、报纸"等;(3)有关价值观念的,如"科学、自由、民主、人权、进步、进化、民族、社会、文明"等;(4)有关学科知识和术语的,如"革命、伦理、政治、经济、代数、化学、概念、判断、推理"等。清末民初,由于废科举制度,改用新学,人们需要了解新词语,适应社会的需要,这一时期出版了朱大文、凌庚飏编《万国政治艺学全书》(上海鸿文书局,1894年),杞庐主人编《时务通考》(上海点石斋,1897年),马建忠编《艺学统纂》(上海文林,1902年),汪荣宝、叶澜编《新尔雅》(上海明权社,1903年),曾朴、徐念慈编《博物大辞典》(上海宏文馆,1907年)等近五十部新百科全书,有综合型、科技专业型、人名型、地名型、博物型等,其中黄摩西编辑出版的《普通百科新大词典》(上海国学扶轮社,1911年)涉及64门学科,11865个条目,共约50万字。① 以致柴萼在《新名词》一文说:"即张文襄公深恶新词,至因此谴责幕僚,然其官牍亦不能尽废。若端方批某生课卷,谓其文有思想而乏组织,惜用新名词太多,人传为笑。"无奈而叹"学者非用新词,几不能开口、动笔。不待妄人主张白话,而中国语文已大变矣"。② 这些新词在词汇的层面为现代汉语白话文体的确立奠定了必不可少的基础。据张之洞主持制定的《奏定学堂章程·学务纲要》载:"近日少年习气,每喜于文字间袭用外国名词谚语,如团体、国魂、膨胀、舞台、代表等字,固欠雅训。即牺牲、社会、影响、机关、组织、冲突、运动等字,虽皆中国所习,而取义与中国旧解迥然不同,迂曲难晓。又如报告、困难、配当、观念等

---

① 钟少华《中国近代新词语谈薮》,外语教学与研究出版社,2006年。
② 柴萼《梵天庐丛录》卷二七,中华书局,1926年,第33—35页。

字，意虽可解，然并非必需此字。……此等字样，不胜枚举，可以类推。"① 又据李宝嘉《南亭四话》所载《新名词诗》描绘当时的语言说：

处处皆团体，人人有脑筋。保全真目的，思想好精神。势力圈诚大，中心点最深。出门呼以太，何处定方针。

短衣随彼得，扁帽学卢梭。想设欢迎会，先开预备科。舞台新政府，学界老虔婆。乱拍维新掌，齐听进步歌。

欧风兼美语，过渡到东方。脑蒂渐开化，眼帘初改良。个人宁腐败，团体要横强。料理支那事，酣眠大剧场。

阳历初三日，同胞上酒楼。一张民主脸，几颗野蛮头。细恳皆膨胀，姑娘尽自由。未须言直接，间接也风流。②

其中"团体、脑筋、思想、精神、势力圈、方针、政府、学界、进步、过渡、开化、个人、腐败、剧场、民主、自由、直接、间接"等都是文言中不用的新词语。这些新词语已进入妇人儿童的口中，如上海越社同人 1904 年编辑出版的《最新妇孺唱歌书》载有：

新少年，别怀抱。新世界，赖尔造。伤哉帝国老老老，妙哉学生小小小，勖哉前途好好好。自助乃文明之母，独立为国民之宝。思救国，莫草草。大家著意铸新脑，西学皮毛一起扫。新少年，姑且去探讨。

我国文明动也无，政翻新旧策全输。仅凭形式争存急，若问精神缺点都。奴隶病根羞历史，病夫结果惨前途。何时奋起新知识，天职人人保故吾。③

现代汉语是在秦汉以来，白话的基础上形成的，秦汉以来，白话的不断发展奠定了现代汉语形成的基石，这由现代汉语词汇的形成也可见一斑。现代汉语常用词的雏形大致在明清时期已形成，据对《汉语水平

---

① 《东方杂志》，1904 年第 3 期。戊戌前后，梁启超、谭嗣同、黄遵宪等的诗文中采用新名词曾遭到非议，叶德辉《长兴学记驳议》说："自梁启超、徐勤、欧榘甲主持《时务报》《知新报》，而异学之诐词，西文之俚语，与夫支那、震旦、热力、压力、阻力、爱力、抵力、涨力等字，触目鳞比。"（载《翼教丛编》卷四《苏舆编》，武昌重刻本，1898 年）王先谦《与陈宝箴书》也说："自《时务》馆开，遂至文不成体，如脑筋、起点、压、爱、热、涨、抵、阻诸力及支那、黄种、四万万人等字，纷纶满纸，尘起污人。"（载王先谦《虚受堂书札》）

② 徐珂《清稗类钞》第 4 册，中华书局，1983 年，第 1724 页。

③ 上海越社编《最新妇孺唱歌书》，1904 年第一版，1905 年再版，第 4 页和第 32 页。

词汇等级大纲》确定的3051个常用词首见年代的考察，大多见于"五四"以前，仅有693个见于"五四"以后。其中1033个最常用词中在秦汉时出现的有"矮、草、城市、丰富、师傅"等437个；魏晋南北朝时出现的有"错误、冬天、困难、散步"等81个；隋唐五代时出现的有"茶、东边、过来、什么"等87个；宋代出现的有"帮助、擦、大概、活动"等47个；元代出现的有"迟到、打算、丢"等41个；明代出现的有"懂、饭店、认真"等48个；清代出现的有"杯子、房间、姑娘、上午"等83个。从秦汉至明清，有将近92%的现代汉语最常用词已出现在书面语中。在2018个一般常用词中秦汉时出现的有"安全、避、宾馆、病人"等692个；魏晋南北朝时出现的有"阿姨、背后、不必、部队、抄写"等167个；隋唐五代时出现的有"保存、保证、表明、不管、拆"等165个；宋代出现的有"白菜、本事、材料、春节、闯"等128个；元代出现的有"创造、打扰、队伍"等58个；① 明代出现的有"挂号、册、差不多、衬衣"等106个；清代出现的有"办公、傍晚、报名、抱歉、叉子"等83个。从秦汉至明清，也有将近70%的现代汉语一般常用词已出现在书面语中。总计3051个常用词中，在宋代以前就已出现的有1804个，约为55%；在清代以前就已出现的有2286个，约为70%。② 由此可见，现代汉语中的常用词大多在明清时已出现。

现代汉语中的一般词语也有许多在明清时已出现。如《现代汉语词典》收录的以"上"为语素组成的词有一百多个，其中"上中、上古、上天、上世、上旬、上马、上上、上下、上下其手、上车、上座、上命、上客、上浮、上流、上书、上堂、上等、上策、上游、上苍、上寿、上宾、上齿、上升、上行下效、上风、上刑"在秦汉时已出现；"上代、上司、上岸、上人、上席、上道、上朝、上路、上山、上头、上缴、上层"在魏晋南北朝时已出现；"上文、上供、上任、上界、上品、上首、上手、上陈、上钩、上学、上焦"在隋唐五代时已出现；"上方宝剑、上市、上声、上告、上来、上场、上墓、上溯、上面"在宋代已出现；"上好、上阵、上门、上台盘、上紧、上坟"在元代已出现；"上房、上面、上乘、上年、上眼、上边、上班、上梁不正下梁歪"在明代已出现；"上身、上款、上炕、上台、上脸、上锁、上家、上夜、上年纪、上气不接下

---

① 曹炜、龚穗丰《试论现代汉语词汇的形成》所举元代出现的"笨"一词的"愚笨"义见于《宋书·王微传》"小儿时尤粗笨无好"。

② 曹炜、龚穗丰《试论现代汉语词汇的形成》，《语文建设通讯》（香港），2003年总第76期。

气、上进、上午"在清代已出现。《现代汉语词典》收录的以"下""不"为语素组成的词也大致与此类似。如"下班"见于元代武汉臣《生金阁》第三折:"兄弟,我如今下班去也。"夫妻间的俗称"老公""老婆"见于宋代。① 又如指"行为举动"的"动作"是现代汉语中的常用词,其源头可追溯至先秦。如《左传·襄公三十一年》:"德行可象,声气可乐,动作有文,言语有章。"现代汉语中指"交往,结交"的"往来"亦可溯源至先秦。如《老子》:"邻国相望,鸡犬之声相闻,民至老死不相往来。"因此,可以说汉语的基本常用词有许多是代代相承而沿用至今,现代汉语词汇的核心部分大致在清代以前已见雏形。

现代汉语中也有一些词的构成是传承文言而来。如文言中名词、动词可用作状语,现代汉语中有"口服、笔谈、雷鸣、袋装、油滑、雪亮、漆黑、绕行、跃进、渴望、飞奔、飞快、滚圆、流利、流畅"等。又如名词、形容词可活用作使动词,现代汉语中有"热饭、松绑、轻装、干杯、爽身、爽口"等。

现代汉语中的许多双音词是秦汉以后陆续产生而沿用至今的。如"墙"和"壁"在先秦文献中常见,有土筑而成的,也有砖石砌成的,也有用木板做的。先秦时期"墙"一般指院落、城邑的四周,相当于现在所说的围墙,"壁"则指宫室的墙壁。由于"墙"和"壁"同样都具有屏蔽作用,所以自汉代渐混同不别,东汉时凝固成词,词义和用法与现代"墙壁"相同,指"院子或房屋的四围"。如《论衡·正说》:"鲁共王坏孔子教授堂以为殿,得百篇《尚书》于墙壁中。"又《论乱龙》:"楚叶公好龙,墙壁盘盂皆画龙。"又如"波浪"一词中"波"指水流或波浪。"浪"本为水名,又有"放散"义,后引申也有"波浪"义。如《西京杂记》卷五:"船随风浪,莫知所之。一日一夜得至一孤洲,其侣欢然。"左思《吴都赋》:"长鲸吞航,修鲵吐浪。"六朝后"波"与"浪"在表示水面起伏不平这个意义上形成同义并列双音词"波浪",如《幽明录》:"水神数兴波浪,贼害行旅,暂过约敕。"《六祖坛经·般若品》:"解义离生灭,著境生灭起,如水有波浪,即是于此岸。"再如"利"和"害"是两个意义相反的单音词,文言中常并用表示"利益"和"损害",如《周易·系辞下》:"情伪相感而利害生。"南北朝时由各自所表示的对立相反的两点"利益"和"危害"为基础,概指由此到彼的整个事象而表示"形势""情

---

① 曹炜、龚穗丰《试论现代汉语词汇的形成》,《语文建设通讯》(香港),2003年总第76期。

形"义，成为一个反义并列双音词，用作名词。如《世说新语·雅量》："客问淮上利害。答曰：'小儿辈大破贼。'"宋元时又用作形容词，有"剧烈、凶猛"义。如《朱子语类》卷一二七《本朝一》："惟是转来临安，南北声迹寝远，上下宴安，都不觉得外面事，事变之来，皆不及知，此最利害。"又如王实甫《西厢记》第五本第一折："往常也曾不快，将息便可，不似这一场清减得十分利害。"明清时又写作"厉害"，如《东周列国志》第二十一回："臣久闻北方有旱海，是极厉害之处，恐此是也，不可前行。"《九命奇冤》第二十回："殷成见问，越发哭得厉害。"①

现代汉语中的一些习见用法也在明清前已出现，如《抱朴子·祛惑》："昔有古强者，服草木之方，又颇行容成玄素之法，年八十许，尚聪明不大羸老，时人便谓之为仙人，或谓之千载翁者。"《世说新语·文学》："王长史宿构精理，并撰其才藻，往与支语，不大当对。"例中"不大"意谓"不太""不怎么"，现代汉语口语中仍用。

继承和创新是词汇赖以生存和发展的前提。没有继承，存在就失去了基础；没有创新，发展就失去了动力。二者是相辅相成的。现代汉语词汇在五四时期新旧时代的变革中，又吸收了西学东渐中大量的新概念，产生了一批表达新思想新事物的新词。如君主立宪思想采用"议院、上议院、下议院、国会、虚君共和、君民共治"等词语，革命思想采用"革命、共和、民权、民治"等词语，进化思潮广用"物竞、天择、进化"等词语，自由主义服膺"自由、独立、平等、博爱"等词语，社会主义频用"阶级、资本、资本家、专政、群众、社会主义"等词语。新词随着新思想新事物的传播而涌现，不断丰富着现代汉语的词库。② 在一定意义上可以说，没有新词的创造，新思想新事物就无从传播，而新思想新事物又成为新词不断涌现的源泉。这些新词中有不少是外来词，外来词大多是意译词，如"本质、抽象、科学、阶级、发明、文明、化学、概念、文学、文化、法律、现象"等。③ "从蒸汽机、电

---

① 丁喜霞《中古常用并列双音词的成词和演变研究》，语文出版社，2006年。

② 王力指出："从戊戌政变到五四运动，新词产生得比较快。五四运动以后，一方面把已经通行的新词巩固下来，另一方面还不断地创造新词，以应不断增长的文化需要。现在在一篇政治论文或学术论文里，新词往往达到百分之七十以上。从词汇的角度看，最近六十多年来汉语发展的速度超过以前的几千年。"（《王力文集》第11卷，山东教育出版社，1990年，第690页）

③ 据刘正埮《汉语外来词词典》。曹炜、龚穗丰《试论现代汉语词汇的形成》一文统计现代汉语常用词中外来词有81个。

灯、无线电、火车、轮船到原子能、同位素等等，数以千计的新词语进入了汉语的词汇。还有哲学、社会科学、自然科学各方面的名词术语，也是数以千计地丰富了汉语的词汇。"① 马西尼《现代汉语词汇的形成——十九世纪汉语外来词研究》一书考察了西学东渐中大量借词、译词、新词的引进和创造对现代汉语词汇形成的影响，指出日本科技著作、19世纪的各种文章以及西学译著也是现代汉语词汇形成过程的组成部分。② 在从文言到白话的转变和发展中，一些西学译著和翻译文学作品不仅创生、借鉴了外来的词汇和概念，而且还产生了新的语法和表达方式。③ 由于一种语言不可能完全是自给自足的，因而语言之间的借贷现象也就普遍存在。异域形式进入本土语言以后，

---

① 王力《汉语浅谈》指出："总之，近百年来，特别是近五十年来，汉语词汇的发展速度，超过了以前几千年的发展速度。"（《王力文集》第3卷，山东教育出版社，1985年，第680页）

② 马西尼《现代汉语词汇的形成——十九世纪汉语外来词研究》，汉语大词典出版社，1997年，第143页。

③ 源自印欧语系各种语言的词汇、语法成分随着西学的大规模引进形成了"五四"后有明显欧化倾向的汉语新的词汇系统、词法系统和句法系统。从词汇系统看，这一时期增加了大量源于日语、英语、俄语、法语、德语的有关哲学、政治、经济、科学、文学上的名词术语。从词法系统看，主要是复音词数量剧增，有把外来词翻译成并列双音节词的，如"consider 考虑""action 行为"等；有词组词汇化的，如"animal 动物""truth 真理"等。就词的构成而言，出现了用法跟英语"counter-, anti-"相当的前缀"反"（如"反革命、反宣传"），跟"-ism"相当的后缀"主义"（如"资本主义、浪漫主义"），跟"-ty, -cy, -ship, -hood, -ness"相当的"性"（如"纪律性、重要性"），跟"-ize, -ise"相当的"化"（如"现代化、欧化"）。就词的形态变化方面而言，结构助词"的、地、得"要明确分工，依次做定语、状语和补语的语法形式标志；动态助词"了、着、过"黏附在动词后面类似英语表示时态般的表示动态；人称复数助词"们"如"-s, -es, -ies"等黏附在指人或非人的名词或代词（"我、你、他、它"）后面表示复数；跟英语"and"相当的连词"和"使用渐多，"在……"（相当于"in, on, at"等）、"当……的时候"（相当于"when, while"等）、"关于、对于"（相当于"about, with regard to, in connection with, with related to"等）也大量使用。就词的组合方面而言，结构趋于复杂。出现两个或两个以上的动词性结构共同支配一个对象、动词前面连用两个或两个以上助动词等。如"过去是、现在是、未来仍将是""爱过和正在爱着""已经证明并必将继续证明"等。从句法系统看，主语、判断词的增加，并列成分、并行结构、插语补足语的频繁运用，既出现了句子结构延长和关系复杂化，也造成了句子结构的简练化；复句出现了偏句后置，表示被动的"被"字句也普遍使用。

常要受到本土语言的同化。同时，异域形式也可异化本土语言。这些西学译著受外语构词法的影响，出现了"洋～""西～""电～""～的""～式""～感""～作用""～主义""～学""～机""～化""～家""～业"等词缀。这些词缀往往具有概念归类的典型特点，如"～感"具有心理学的共同特征，"～作用"具有物理学的相同涵义，"～主义"具有系统的理论特征。汉语吸收了这些词缀后，构成了一批新词语。这些新词语活跃于新时代人们的口语中，在很大程度上形成了现代汉语既不同于文言又不同于古白话的鲜明特色，而汉语在中西文化的碰撞中正是以意译法和词缀构词法吸收了一大批外来词，融合了大量的新思想新事物，充分发挥了造词的潜力，完成了文白的转型，形成了现代汉语。

因而，我们可以说现代汉语词汇是以古白话为基础发展起来的，西学东渐中大量反映新思想和新事物的外来词的引进和创造则促进了现代汉语的形成。

第二节 白话文书面语正统地位的确定

西学东渐，汉语的文体由白话文取代了文言文，整个汉语系统产生了质变。这一适应时代发展的巨变涉及人们的语言观、文化观、社会观和政治观的巨大变化，从而引发了白话文运动、大众语运动、国语运动的论战，展开了汉语拼音化和汉字改革的讨论。

一、清末民初统一语言的讨论

先秦时中华民族共同语已具雏形，即中原诸夏的"雅言"，西汉称为"通语"，东汉魏晋为"洛生咏""洛语"或"晋语"，南北朝为"北语"或"吴音"，隋唐为"汉音"或"秦音"，宋元为"正音"或"雅音"，明清为"官话"或"官音"。其中，"雅言""通语"和"汉音"的基础音系是历史上的长安（西安）话，"洛语""中原正音"的基础音系是历史上的洛（洛阳）汴（开封）话，"吴音""官话"的基础音系是历史上的金陵（南京）话。

秦汉以降，随着中原汉人的迁徙，两千多年来汉语的基础音系经历了一次又一次的变迁，即西安音——洛汴音——南京音的迁徙轨迹。东汉魏晋洛汴话是周代镐京（西安）话在中原的后裔，南朝建康（南京）

话又是魏晋洛（洛阳）下话在江淮的发展。至于 20 世纪逐渐上升为主导音系的北京话则是明初迁往北平的江淮话的演变。①

北京话在唐宋前属幽燕方言，辽、金时形成近古北京话的雏形——辽金汉儿言语，元代又在蒙古语的渗透下形成大都话，明代永乐北迁而移都燕京，大量江淮人迁至京津，② 大都话和江淮话交融渐形成明清的北京话。因而现代北京话是以中原正音为基础、以明代北迁江淮官话为主体、又受到不同时期的阿尔泰语影响的一种方言。③

汉语通语的名称有官话、国语、普通话等。"官话"本指官场中官吏们的用语，也可指京腔，后又指公共的语言，即口头语言。清末王照写的《官话合声字母·新增例言》认为："官者公也，官话者公用之话，自宜择其占幅员人数多者。""官话"也就是以占幅员人数较多的北方方言为基础的一种在各个方言地区具有共通性的用语。天下通语是以这种共同的口语为基础的，古白话的文学作品大多是在北方话的基础上创作的。元代以来，以北京为中心的北方话通行地区成为中国政治、经济、文化的中心，官场上办事交际都使用北方话，④ 因而有"官话"的名称，并成为汉语各方言区的人共同使用的交际语言。胡适曾指出："我们的老祖宗在两千年之中，渐渐地把一种大同小异的官话推行到了全国的绝大部分：从满洲里到云南，从河套到桂林，从丹阳直到川边，全是官话区域。"⑤ 现在我国推行的普通话就是在"官话"的基础上发展起来的现代汉语通语。⑥ 官话的名称至迟在

---

① 李葆嘉《中国语言文化史》，江苏教育出版社，2003 年，第 179 页。

② 俞敏《北京音系的成长和它受的周围的影响》："要说现代的北京人是元朝大都人的后代，还不如说他们是明朝跟着燕王'扫北'来的人的后代合适。"（《方言》，1984 年第 4 期）

③ 李葆嘉《中国语言文化史》，江苏教育出版社，2003 年，第 343 页。

④ 据清人俞正燮《癸巳存稿》记载，清政府曾经规定举人、生员、贡监、童生不会官话的，不准送试。

⑤ 胡适《中国新文学运动小史》，台湾伟文图书公司，1978 年，第 23 页。

⑥ 美国传教士狄考文曾说："毫无疑问，和口语一样丰富的、正确的、高雅的官话也将成为中国的书面语。"Rev. C. Mateer, D. D., LL. D, *A Course of Mandarin Lesson*, *Based on Idiom*, Revised 1906, Shanghai: American Presbyterian mission press, 1909, p. xxix. 原文为：These is little doubt that ultimately Mandarin, enriched, corrected and dignified, will come to be the written, as well as the spoken, language of China.

明代已出现。① 谢榛《四溟诗话》卷三说："及登甲科，学说官话，便作腔子，昂然非复在家之时。""官话使力，家常话省力；官话勉然，家常话自然。"张位《问奇集》说："江南多患齿音不清，然此亦官话中乡音耳，若其各处土语，更未易通也。"1579年耶稣会士初到澳门，"第一件事就是学中国话——宫廷里的官话，全中国所用的话"。② 耶稣会士罗明坚致总会长阿桂委瓦神父书中说道："在中国的许多方言中，有一种称为官话，是为行政及法院用的，很容易学；无论哪一省的人，只要常听就会；所以连妓女及一般妇女，都能与外省人交谈。"③ 据裴化行《天主教十六世纪在华传教志》称："中国十五行省都用同一的文字，但每省发音不全一样，各地都有方言；这里较多用的语言称作'官话'，即官场所用的话之意。"④ 利玛窦曾指出："官话现在在受过教育的阶级当中很流行"，"懂得这种通用的语言，我们耶稣会的会友就的确没有必要再去学他们工作所在的那个省份的方言了"。⑤"官话"的概念虽很明确，只是还缺乏明确而具体的标准，且带有明显的官

---

① 据元代柯丹丘《荆钗记》第四十八出载，一温州人到了福建，"一日在船上，只见岸上一簇人在那里啼哭。我问那门子：'那些人为何啼哭？'那门子说：'没有了个脸。'我说：'打官话说来。'他说道：'没有了个儿子，在那里啼哭。'我方才晓得'脸'是'儿子'。"《荆钗记》今传本为明本，"官话"一词可能是明人改定。明代"官话"一词已传到朝鲜。如《朝鲜王朝实录·成宗实录》卷一五八载十四年（1483）九月二十九日己巳，"头目葛贵见《直解小学》曰：'反译甚好，而间有古语，不合时用。且不是官话，无人认听。'"又如崔世珍《老朴集览》："'恁'字也是官话，不是常谈。"
② 《利玛窦全集·中国传教史》卷二，刘俊馀、王玉川合译，台北光启出版社，1986年，第114页。
③ 《利玛窦全集·书信集》，萧睿华译，商务印书馆，1936年，第328页。
④ 裴化行《天主教十六世纪在华传教志》，刘俊馀、王玉川合译，台北光启出版社，1986年，第446页。
⑤ 《利玛窦中国札记》第一卷，何高济等译，中华书局，1983年，第30页。

场用语的色彩，① 但"明代的官话与先秦的雅言、汉代的通语、两晋的洛生咏、北宋的正音的性质不完全相同，它不再局限于朝廷用语、公文辞章与文人诗赋，而是有着广泛的市民社会基础，为社会各界（官吏界、商业界、文艺界等）所使用的通行口语"，具有通俗性和通行性。② 英国伦敦会传教士艾约瑟（Joseph Edkins，1823——1905）1857年曾撰《汉语口语（官话）语法》（*A Grammar of the Chinese Colloquial Language*，Commonly Called the Mandarin Dialect），1864年出版的该书修订本指出第二章中分八个条目详细介绍了官话的发音系统，指出"官话"通行于三分之二的中国，范围包括长江以北的各省、四川、云南、贵州以及湖南、广西的一部分。由于地域广阔，各地的官话往往混杂着一些"乡谈"，带一些本土腔，所以"官话"又有不同的地域名称，如"山东官话"，就是山东通行的官话。"官话"大致上可以分为三类：南京、北京和北方各省以及西部省份，其中南京官话有五个声调；北京官话也就是"京话"，只有四个声调，第四个声调分流至其他四个声调之中；西部官话的范围至少有南京和北京官话那么广，它以四川的首府成都府为标准，也是四个声调，如果尾音"ng"跟在"i"后面，就变音为"n"，如"sing"（姓）就与"sin"（信）发同一个音；区分这些官话的主要依据就是有"四个声调"还是"五个声调"，是否只有"n"和"ng"的尾辅音，以及在其声母中是否有 g、d、b、z、v 等这些字母的语音特征；外国人记汉语的音通常依据中国各种辞典的正字法，混合了南京和北京的发音。在谈及北京官话时，艾约瑟专门作了一个注释说，北京本地的学者认为首都方言有别于官话，例如，"I""you"的发音 ngo、ni 是官话，发音 wo 和 nin、na 则是京话。艾约瑟认为从政治性考量，因首都是北京，所以暂且将北京话作为官话的标准，但作为真实的

---

① 明代官话又分为南北两大派，南方官话处于主导地位。据濑户口律子《琉球官话课本研究》，明代从琉球到中国的留学生，不论是在南京、北京，还是在福州、冲绳，他们所学的官话都是南京话。（濑户口律子《琉球官话课本研究》，香港中文大学中国文化研究中心吴多泰中国语文研究中心，1994年，第56页）又据六角恒广《日本中国语教育史研究》，在日本，不论官立学校还是民间私塾，从江户时代到明治初年的二百七十多年间，教的中国语都是"唐通事时代的南京话"；直到明治九年，因外交需要而转变为北京官话教育。（参张卫东《试论近代南方官话的形成及其地位》，《深圳大学学报》，1998年第3期）英国伦敦会传教士艾约瑟（Joseph Edkins）《汉语口语（官话）语法》曾指出南京官话通行范围更广，而"那些想说帝国宫廷语言的人必须学习北京话，这种北京话已经净化了土音，被公认为'帝国官话'）"。

② 李葆嘉《中国语言文化史》，江苏教育出版社，2003年，第252页。

语言学,必须对包含整个领土范围内的语言进行研究,包括它们的特征、流行的口语等;而那些想说帝国宫廷语言的人必须学习北京话,这种北京话已经净化了土音,被公认为"帝国官话",不过,目前还没被选作拼写的唯一标准,因为它与这个国家南半部的同类语言差别较大;北京话虽然时髦,但南京话使用范围更广。英国外交官威妥玛(Thomas Francis Wade, 1818——1895)在 1867 年出版的《语言自迩集》可以说是第一部以北京官话为描写对象的口语教材,序言指出,"官话"不只是官吏和知识阶层的,而且还是近五分之四的帝国百姓的口语媒介,认为北京话是官方译员应该学习的语言。其时"在总理各国事务衙门服务的初学者,用不了多久就会发现,他正在学习的语言恰是帝国政府主要官员所说的话。同时,他的老师、仆人,他所接触的十之八九的人,都很自然地讲这种话。最后,不论是不是事实,据说北京话的特征正逐渐渗入官话通行区域的所有各地方言。学生可以放心,如果讲好了北京话,他跟任何讲官话的本地人之间,相互理解就不会有什么困难,只要对方的方言不是明显地偏离标准。"① 从 19 世纪中外士人有关汉语官话的文献记载看,这个时期的官话还没有一个统一的规范标准,各地通行的大抵只是"蓝青官话",其中最主要的有北京官话、南京官话和西南官话三种。从使用范围看,南京官话最广,但由于北京的京城地位,北京官话越来越受士大夫们的青睐,尤其是 19 世纪中后期,随着国门的洞开,外交事务的需要,促使西方及日本外交官员们由原本学习南京官话改为学习北京官话,而传统华夷观的改变以及近代国家意识的确立也使经历洋务维新运动后的清朝政府实施近代化办学方针,在官学中开始推行以京音官话为标准的国语,北京官话终于在 19 世纪与 20 世纪之交超越南京官话的优势地位成为汉语口语的规范标准。

"国语"通常也就是民族共同语,在绝大多数情况下指在某一国家内通行的共同语。"国语"作为通用语的名称可溯至北魏。据《隋书·经籍志》载:"又后魏初定中原,军容号令,皆以夷语。后染华俗,多不能通,故录其本言,相传教习,谓之国语。"② "国语"指汉语共同语的概念一般认为最早是王照在《挽吴汝纶》的挽文中提出的,大致与在此之前的"官话"及今天的"普通话"所指相同。清末资政院议员江谦

---

① [英]威妥玛《语言自迩集》,1867 年别发洋行出版;张卫东译,北京大学出版社,2002 年,第 14 页。

② 元代周德清《正语作词起例》中说到"国语翻译","国语"一词指当时元代的官方语言蒙古语。

在宣统元年（1909）提出把"官话"定为"国语",认为"官话之称,名义无当,话属之官,则农工商兵非所以习,非所以示普及之意"。二年（1910）又在《质问学部分年筹备国语教育说帖》中用了"国语"一词。严复《与〈外交报〉主人书》一文也已说道："意谓此后推广学堂,宜用汉文以课西学,不宜更用西文,以自蔑其国语。"① 瞿秋白说："所谓'国语',我只承认是'中国的普通话'的意思。这个'国语'的名称本来是不通的。西欧的所谓 National Language,本来的意思只是全国的或者本民族的言语,这是一方面和'方言'对待着说,别方面和外国言语对待着说明的。""这样,'国语'一个字眼竟包含着三种不同的意义：'全国的普通话''本国的（本民族的）言语'和'固定的言语',所以这名词是很不通的。我们此地借用胡适之的旧口号,只认定第一种解释的意思——就是'全国的普通话'的意思。"② 胡适认为："我们现在提倡的国语,也有一个中坚分子。这个中坚分子就是从东三省到四川、云南、贵州,从长城到长江流域,最通行的一种大同小异的普通话。"③

普通话,即平常一般使用的及普遍使用的语言,相对于方言而言,古代所说"通语"可以说是其雏形。④ 荀子在《正名篇》中说："刑名从商,爵名从周,文名从礼；散名之加于万物者,则从诸夏之成俗曲期,远方异俗之乡,则因之而为通。"他指出表达一般事物的词语（散名）是由中原地区方言约定俗成后流通于远方异俗之乡。扬雄《方言》中正式使用了这一术语。如卷三："庸,恣,比,侹,更,佚,代也。齐曰佚,江淮陈楚之间曰侹,余四方之通语也。"元代周德清《作词十法》中更明确提出："造语,可作乐府语、经史语、天下通语。"又在《正语作词起例》中说："世之泥古非今、不达时变者众；呼吸之间,动引《广韵》为证,宁甘受鴃舌之诮而不悔,亦不思混一日久,四海同音,上自缙绅论治道及国语翻译国学教授言语,下至讼庭理民,莫非中

---

① 严复《与〈外交报〉主人书》,王栻编《严复集》,中华书局,1986年,第558页。

② 倪海曙《中国语文的新生》,时代书报出版社,1949年。

③ 胡适《国语讲习所同学录序》曾说："我的国语大半是在上海学校里学的,一小半是白话小说教我的,还有一小部分是上海戏园里听得来的。"（《新教育》,1921年,第3卷第1期）

④ 西汉末扬雄作《方言》,有"通语"和"凡语"之称,"通语"和"凡语"即当时的共同语。

原之音。"表明当时的通语也莫非中原之音,即以大都(今北京)话为标准。① 宋元话本已是这种天下通语的书面语言(其中或杂方言或杂文言),明代出现的《三国演义》《西游记》(有文言成分)等小说"基本上是以北方话为基础的天下通语"。② 1906 年,朱文熊《江苏新字母》一书在日本出版,书中最早提出了"普通话"(即"各省通行之话")这一名称,并且对这一概念作了界定。1934 年,黎锦熙《国语运动史纲》认为大众语为"一国全民族大多数的人同时彼此都能听得懂、说得出的普通话"。1955 年召开的全国文字改革会议提出了文字改革的三大任务,即简化汉字,推广普通话,推行汉语拼音方案。同年召开的"现代汉语规范问题学术会议"在汉语语言学史上第一次全面而系统地论述了与汉语规范化有关的一系列基本理论问题,明确了汉语规范化的标准是"以北京语音为标准音、以北方话为基础方言、以典范的现代白话文著作为语法规范的普通话"。"普通话"作为一个概念,被赋予了新的涵义,获得了汉民族共同语的标准语的地位。1958 年,《汉语拼音方案》正式发表。1982 年,"推广全国通用的普通话"列入了《中华人民共和国宪法》,国际标准化组织文献工作技术委员会也通过决议,规定把《汉语拼音方案》作为文献工作中拼写有关中国的专门名称和语词的国际标准。

自 1840 年鸦片战争以来,中华民族饱受帝国主义列强的凌辱,"东亚的睡狮"在失败的惨痛中惊醒过来。人们意识到夜郎自大和闭关自守在帝国主义列强的长枪大炮前皆无济于事,中华民族到了生死存亡的危急关头,要救国,只有维新;要维新,则只有树起民主和科学这两面大旗。这种强烈的救亡图存和振兴中华的政治愿望表现在语言文字上就是实行汉语的言文一致,进行文体和文字改革,从而普及国民教育,提高全民族的文化水平。清廷派出到欧洲考察的士大夫看到西方"井市道路所通行文字,即是语言,故孩提、奚竖、乞丐皆能识字",③ 认为"语言与文字为一,令人易晓",④ 言文一致易于学习,而汉语语言和文字离为二物。1891 年,俞樾的学生宋恕提出"造切音文字"。1892 年卢戆

---

① 罗常培、吕叔湘《现代汉语规范问题》说:"共同口语的开始形成,难以指明确定的时代,但是不会晚于十四世纪。"(《现代汉语规范问题学术会议文件汇编》,第 10 页)
② 张寿康《五四运动与现代汉语的最后形成》,《中国语文》,1979 年第 4 期。
③ 郭嵩焘《使西日记六种》,三联书店,1998 年,第 384 页。
④ 郭嵩焘《使西日记六种》,三联书店,1998 年,第 371 页。

章著《一目了然初阶》，提出了第一个拼音方案，主张统一语言。王照制定了只拼写北人俗话的《官话合声字母》，强调"语言必归画一"。劳乃宣编《合声简字谱》，认为"语言画一与文字简易，皆为中国今日当务之急"。关于用什么话来统一全国的语言和怎样来统一全国的语言，则各有己见。卢戆章在《一目了然初阶》中主张把南京话的切音字作为全国"通行之正字"，后来又同意改用"京音官话"作为"通行国语"。王照坚决主张用"京话"，认为只要直接推行北京官话的切音字就行。卢戆章、劳乃宣等从便于实现统一考虑，提出在方言区可先推行方言的切音字，再推行官话的切音字。也有一些人强调汉字读音的统一，认为先有汉字读音的统一，才谈得上语言的统一。如刘孟扬著《中国音标字书》，创制"中国音标字"，指出"如用此音标字注成京音，一则易于识字，一则各地读法亦可画一，并可为统一全国语言之导线"。章炳麟在《驳中国用万国新语说》一文中也主张用"切音"给汉字"定音"，但声明"切音之用，只在笺识字端，令本音画然可晓，非废本字而以切音代之"。1896年，戊戌六君子之一的谭嗣同主张"尽改象形字为谐声"。桐城派古文家吴汝纶也赞成统一语言，曾打算用王照制定的《官话合声字母》作为统一国语的工具。

值得一提的是，卢戆章提出的两个拼音方案中都选了元代郭居敬所编《二十四孝》中《恣蚊饱血》的故事，原文为：

晋吴猛年八岁，事亲至孝。家贫，榻无帷帐。每夏夜，蚊多攒肤。恣渠血之饱，虽多，不驱之，恐去己而噬其亲也。爱亲之心至矣。夏夜无帷帐，蚊多不敢挥，恣渠膏血饱，免使入亲帏。

卢戆章《一目了然初阶》为：

吴猛八九岁，就能晓得有孝。因为家内丧穷，所以眠床无蚊罩。至夏天之时，蚊嘎嘎吼，伊就醒醒卧的，由在蚊咬。是惊了蚊饥，去咬伊之娘母。①

《北京切音教科书》为：

吴猛八九岁，就晓得孝顺爹妈。因为家里很穷苦，所以床上没有帐子。至热天的时候，蚊子声儿哄哄响，他躺在床上，任从蚊子螫。是恐怕那些个肚子饿的慌，去螫了他的爹妈。②

从卢戆章改写的《恣蚊饱血》，不仅可见元至清的文白演变，如

---

① 卢戆章《一目了然初阶》，文字改革出版社，1957年，第25页。
② 卢戆章《北京切音教科书》，文字改革出版社，1957年，第45—46页。

"贫——穷""榻——床""噬——咬"等,而且还可见清末南北口语的异同,如"丧穷——很穷苦""眠床——床上""蚊罩——帐子""夏天——热天""卧的——躺""由在——任从""咬——螫""伊——他"等。

由于北京官话流行日广,"言文一致"中的"言"也不再指各种使用范围不一的地方性口语,而渐指通行各地的北京官话。

二、"言文一致"宗旨的实现

早在清末,一些有识之士已为宣传变法维新、开发民智而提倡白话文。如近代文学史上著名诗人黄遵宪所写《杂感》诗已宣称"我手写我口,古岂能拘牵"。1898年,第一份白话文报纸《无锡白话报》创刊,主编裘廷梁发表《论白话为维新之本》一文,提出"白话文为维新之本""开民智莫如改革文言",喊出了"崇白话而废文言"的口号。1904年,《京话日报》创刊,"担夫走卒居然有坐阶石读报者","但能识几个字的人,都看得下去,就是不识字,叫人念一念也听得明白"。① 1917年,胡适、陈独秀、钱玄同、鲁迅等人在"文学革命"的口号下,发动了轰轰烈烈的白话文运动,胡适撰《文学改良刍议》,陈独秀撰《文学革命论》,逐步形成了以白话文取代文言文的学说,即白话是文学之正宗;白话文是通用书面语的唯一工具;白话文以现代中国人的口语为源泉。同年,蔡元培等人成立了"国语研究会",发起了国语运动,提出以北京语音的音系为汉民族共同语的标准音,旨在规范和推行民族共同语。国语运动和白话文运动相辅相成,白话文运动的目标是变革现代书面用语,弃文言而用白话,实行言文一致;国语运动的目标是确立民族共同语标准语,着重推行标准语,弥补方言歧异,便于人们的交际。

1920年春,教育部下令,从这一年的秋季起,国民学校一二年级的国文教科书改用白话。第一部小学国语教科书《新体国语教科书》八册和第一部中学国语教科书《白话文范》四册也由商务印书馆出版,这就从教育制度上确立了白话文取代文言文的地位。教科书采用白话编写不仅促进了文白的演变,而且也是适应社会现代化发展的必然举措。蔡元培《国文之将来》一文曾指出:"从前的人,除了国文,可算是没有别的功课。从六岁起到二十岁,读的写的,都是古人的话,所以学得很像。现在应学的科学很多了,要不是把学国文的时间腾出来,怎么来得

---

① 彭翼仲《作京话日报的意思》,《京话日报》,1904年8月16日。

及呢?"① 这一时期的新式教材循序渐进,生动有趣,以新鲜浅白的语言阐释了新颖深刻的学理。如王邦枢《初等中国地理教科书》第十七课《政体之别》:"民智既有高下,而条教号令亦因而大异。有君主政体,君位世袭,传诸子孙者也。而君主政体中,复有专制、立宪之别。一人独断,万民承命,此专制政体也。国有宪法,君权有限,此立宪政体也。又有共和政体,君不世及,由民选举,所谓民主国也。"又如庄俞《蒙学初级修身教科书》:"牛马挽车而行,朝夕不休,少迟,痛鞭之。服劳役而又受苦楚,无自主之权,大都类是。问:'无自主之权,与何物相类?'雀在田中觅食,网获其一,置于笼中,不食而死。夫雀飞天空,上下可以自由,为人所获,不自由,毋宁死矣。问:'雀在笼中,何以不食而死?'问:'人不自由,则当如何?'"再如陈虬《利济教经·地球章》第十四:"地球上,判东西,分五洲。东半球:亚细亚,欧罗巴,三阿洲,非利加;西半球:亚美利,分南北,合五洲。五洲中,分五洋:东太平,西大西。印度洋,地居中。外冰洋,有南北。"五四前后出现的一批批优秀的白话文学作品也为当时中小学的语文科提供了许多宝贵的国语教材和课外读物,如由沈星一编辑、中华书局印行的《初级国语读本》第一册中就收有梁启超的《为学与做人》、郭沫若的《天上的街市》、冰心的《笑》、叶绍钧的《地动》、刘复的《稻棚》、王统照的《农家生活的一节》、沈尹默的《生机》、周作人的《小河》、鲁迅的《故乡》等。这些新式教材逐渐取代了《三字经》《百家姓》《千字文》和"四书""五经"为主体的传统教材,在一定程度上传播推广了白话。

20年代的白话文运动,使口语走上了文体,根据相关数据库的统计资料显示,"白话"一词在文献中出现频率最高的年份是1919年,达到829次;"白话文"一词出现次数最高的年份也在1919年,达到260次。② 白话已渐成为全国民众喜闻乐见的语言形式,从根本上造成了传统文化言路的断裂,③ 奠定了五四后的新文化。从某种意义上说,文化

---

① 蔡元培《国文之将来》,《蔡元培全集》第三卷,中华书局,1984年,第356页。

② 关于"白话"和"白话文"两词的数据统计出自香港中文大学中国文化研究所当代中国文化研究中心开发的"中国近代思想史专业数据库(1830——1930)"。(参靳志朋《白话书写与中国现代性的成长》,《天津大学学报》,2014年第2期)

③ 肖同庆《语言变革与中国近百年文化启蒙运动》,中国人民大学报刊复印资料,《语言文字学》,1995年第8期。

的定型正是语言的定型,文化的转型正是语言的转型。① 文言是在融合先秦不同区域的汉语口语基础上形成的,白话取代文言则是在西学东渐和中西语言的融合中创建了一种新的话语方式——白话话语,形成了新的白话文学语言,演变发展成为现代汉语。②

白话文的书面语正统地位确定后,在一些作品中出现了半文半白和欧化的倾向。1934年,为了促使白话文的进一步完善和回击文言复兴的逆流,陈望道、胡愈之、叶圣陶、陈子展等在上海又发起了大众语运动,主张"话文合一"。陈子展发表《文言——白话——大众语》一文,首先提出了"大众语"这一名词。陈望道发表《关于大众语文学的建设》一文,认为"大众语是大众说得出,听得懂,写得来,看得下的语言",能为大众所有,为大众所需,为大众所用。大众语运动在某种意义上可以说是白话文运动进一步的深化,提出了怎样防止白话文变质,如何使白话文成为大众的工具等问题,讨论了大众语与现代口语的关系、大众语与汉字及拉丁化新文字的关系,推动了白话文的大众化,促成了拉丁化新文字在国内的研究推行,把中国语文改革运动提高到了一个新的阶段。

三、拼音文字和汉字改革的探索

随着文体的由文言变为白话,汉字的改革也提到议事日程上来。汉字与拼音文字相比,显得难学难记。如何改革汉字?如何评价汉字的文化功能、社会功能?要不要为汉语制定新的拼音文字,或者同时使用汉字和拼音文字两种文字?汉语如果拼音化,那么又该制定什么样的拼音文字?这些问题既与汉语的现代化密切相关,又涉及民族传统文化的继承和弘扬,还与民族共同语的标准语音的确定有关。一些仁人志士见仁见智围绕着这些问题进行了一次又一次的探索,或进行激烈的论争,或大刀阔斧地实践,有成功,也有失败,筚路蓝缕地在求索和探讨中披荆斩棘。

作为实现汉语拼音化的探索,1913年召开的读音统一会制定的《读音统一会章程》审定了拼写国音的字母——注音字母(1918年公

---

① 高玉《现代汉语与中国现代文学》,中国社会科学出版社,2003年,第34页。
② 文贵良《解构与重建——五四文学话语模式的生成及其嬗变》:"从生存论上进行观照,就会发现新文学运动的显著意义在于它创建了一种新的话语方式——白话话语。这才是新文学运动留给中国人的生存论启迪。"(《中国社会科学》,1999年第3期)

布）。1922年，钱玄同、赵元任等在《国语月刊》"汉字改革"号上提出了汉字拼音化的动议，拟订了罗马字方案草案。1925年，刘复取陆法言《切韵序》"我辈数人，定则定矣"之意，发起"数人会"，与钱玄同、黎锦熙、赵元任等人一起九易其稿，拟定了《国语罗马字拼音法式》，1928年作为国音字母第二式正式公布。1929年瞿秋白出版《中国拉丁化字母》，吴玉章和林伯渠等以此为基础制定了《中国拉丁化新文字方案》。这些拼音文字的可取之处已为后来的汉语拼音方案所继承。

人们意识到汉字要改革，也意识到汉字改革的任重道远。汉字的改革可以说牵一发而动全局，不像文体的变革那样多少还有人们口中的活语言作依据，往往稍有不慎，哪怕仅仅是一个小小的改动，也会好心而办了错事。1922年，钱玄同在国语统一筹备会上提出了"简省现行汉字的笔画案"，认为"汉字改用拼音是治本的办法，简省现行汉字笔画是治标的办法。那治本的事业，关系重大，不是一朝一夕就能达到目的的。但现行汉字在学术上、教育上的作梗，已经到了火烧眉毛的地步，不可不亟图补救的办法！我们决不能等拼音的新汉字成功了才来改革，所以治标的办法，实是目前最切要的办法"。

在白话文运动、国语运动和大众语运动中参与者就汉语拼音化和汉字改革展开了激烈的论战，彼此攻讦论难，唇枪舌剑，如同身处硝烟弥漫的战场，这从黎锦熙所著《国语运动史纲》目录中"布防""缓兵""出奇""火攻""肉搏"等标题也完全可以感受到争论的浓厚火药味。然而尽管参与论战各方的主张不一样，各人提的具体方案也不一致，有的甚至互相排斥，大相径庭，但无疑都怀有一颗拳拳爱国之心，意识到为了适应现代社会发展的需要，中国的语言文字必须进行调整和变革，必须适应时代而实现现代化，因而带着满腔的报国热忱，从忧国忧民出发，投身于论战战场，探索中国语言文字现代化的可行方案。当然，我们也毋庸讳言，在今天看来，有些学者的改革方案较为合理，有些学者对汉语和汉字的看法则失于偏颇，但无论是合理的方案还是片面的看法，都是这些学者实践所得的经验和教训，他们这种勇于探索的革新精神值得充分肯定。就语言学研究而言，在漫长的封建时代，书面语一直以文言为正宗，书面语与口语严重脱节。三大语文运动的功绩则在于以实现"言文一致"为宗旨，突破了传统语言学的体系，不仅更新了原有文字学、音韵学、训诂学的内容，而且开拓了新兴的方言学、语法学、修辞学等新学科，促使汉语的研究从研究文字和书面语转移到活的语言上来,即使是对文字和书面语所作研究也是旨在将其作为活的语言的记录来进行研究,从而使我国语言学研究完成了由语文学的"小学"到现代语言学的转向,① 进一步巩固了白话作为现代汉语书面语的正统地位。

---

① 我国语言研究的现代化在传承和开拓的关系方面还需要正确对待。赵振铎《中国语言学史》指出:"国外有些语言学家把语言研究的历史分为语文学时期和语言学时期,十九世纪历史比较法的产生是二者的分界线。"他认为"用这个标准来衡量中国语言学是行不通的","要实事求是地对待中国语言学的遗产"。我国传统语言学有自己的特点和独到之处,只有在传承的基础上才能达到汉语研究的真正开拓,实现我国语言学研究的现代化。(河北教育出版社,2000 年,第 8—9 页)

下 编

第七章　书面语系统的演变

　　语言是人类最重要的交际工具，也是人类社会最重要的信息载体。人是怎样运用语言符号对事物进行概念化的？人又是怎样运用语言结构实现其交际功能的？这涉及人认识周围世界的方法和人的认知心理，即人是怎样认知事物的？又是怎样传递和储存信息的？王士元和柯津云《语言的起源及建模仿真初探》一文认为，根据基因学和考古学的一些发现，原始语言很可能是在五万多年前起源的。"语言产生的最初始情形是：在原始人群里，一开始时人们发出声音，只是对环境的一种潜意识的不自觉的反应；后来人们偶然地意识到可以用一些简单的声音，来指示身边的一些事物。这样人们就可以进行最简单的交流。"① 混沌之初，词义在人们大脑中的形成过程可以说也就是人们对客观外界事物认识的约定俗成过程。有了最初的一些约定俗成的认识，然后就由此及彼，由已知到未知，顺循人们认识周围世界的认知规律，逐渐形成了随着时代和社会的发展而演变发展的词义系统。

　　词汇的发展表现为新词的大量产生、旧词的逐渐消亡、词语的替换和词义的不断演变。词义是通过词的声音形式表达的词的内容。从性质上说，它是外界事物在人的意识中的一种概括性的反映。词义一方面跟外界现象有密切的关系，具有客观性质；另一方面，它又跟人类的意识有密切的关系。词义的演变是一种语言语义变化的核心。一方面，随着社会的发展，人们接触到的社会生活和自然界的事物多了，认识范围扩大了，思维深化了，新出现的或新认识的事物、现象都必须用新的词来表示它们；另一方面，词汇发展的内在规律在限制新词无止境产生的同时，又有规律地产生多义词，或者使词义转移。即一方面创造一些必不可少的新词来反映新事物、新概念；另一方面，又在淘汰一些旧词的同时，尽量赋予另一些旧词以新的意义，使不少的词成为多义词，或者由于约定俗成的原因，使原有的词的意义从表示一个事物转移到表示另一

---

① 王士元等《语言的起源及建模仿真初探》，《中国语文》，2001年第3期。

个事物。

词义的系统性是词汇系统性的一种表现。词义系统是主观精神世界与客观物质世界的媒介,在一定程度上可以称之为"中间世界"。然而,这个"世界"是人的意志创造的,是人在认识世界、改造世界的过程中不断丰富、不断完善的"世界"。词汇体系中各个单位在共时条件下语义上处于彼此制约的平衡状态,新成分的出现或旧成分的消失都会打破原有平衡机制,导致词义再分配并引起词义的发展演变。词义系统由词义及词与词间的各种关系相互联接而构成,其存在又反过来使具体的词义得以确立。这两者是相互依赖而互为前提的。词汇系统中一个词的词义发生了变化,就有可能影响到另一些词或一大群词的词义的发展变化,从而引起词义和词义之间关系的调整,促进了词义系统的发展,形成了词义系统的历时演变。汉语文白的转变从白话发展史的角度反映了汉语书面语词义系统的演变。

第一节　词义的发展

任何语言的基本音义体系都具有历史的稳固性,同时又在历史的稳固性基础上而不断有所发展和完善。语言的本质和语言发展的趋势即用有限的形式表示无限多的客观事物,在不增加语言形式的数量的情况下,扩大语言形式的表达功能。语言发展的方式之一便是许多语言形式从单义演变为多义。汉语也是如此。汉语中"人、牛、羊、手、口、大、小、一、二"等基本词汇自古至今所表示的词汇意义和语法意义都很稳固。同时从发展的角度观察,可以看到它们往往或由一个本义引申出两三个意义,甚至几十个意义;或派生出另一些词。如"人"做名词,可泛指一般的人,如"为人师表",也可特指某些人、每个人、别的人,如"助人为乐";可指人的身体,如"人在心不在";也可指抽象的人的品德,如"丢尽了人";还可指人才,如"蜀中无人"等。做动词,可指做人、为人,如"人而无礼"。"人"又派生为"仁",用作名词指"果仁、虾仁",用作形容词表示"亲善、仁慈"。[①] 又如,"过"的基本义是"经过",引申有"超越"义,又由"超过正常"义引申而有"过错"义。词义的这种引申,往往都是以人的思想意识为背景,在

[①] 详参《汉语大词典》第一册"人"的释义。

词的基本义基础上的进一步发展，在某种程度上说，词义的演变史也蕴涵着思想的认识史。下以"梁""桥"和"帐""账"为例来略窥词义的发展演变：

1."梁"和"桥"

远古时代先民还不会架桥，水浅的地方就趟水而过，即"涉"。水深的地方就垫上石块，踩着石块而过，即"砅"。《说文》："砅，履石渡水也。《诗》曰：'深则砅。'"《说文》记载了原始先民最初借助外物渡河的方式。如果河水较深，水流较急，就不能简单地用这种在河中放上石块的方式来过河，于是人们又进一步创造了在水中堆垒石块筑成堤堰来截断水流，称作"梁"。如《诗经·卫风·有狐》："有狐绥绥，在彼淇梁。"汉毛亨传："石绝水曰梁。"这样的"梁"可以用以断水捕鱼，称为"鱼梁"，如《邶风·谷风》："毋逝我梁，毋发我笱。"毛传："梁，鱼梁；笱，所以捕鱼也。"孔颖达疏引郑司农曰："梁，水堰。"梁，又称为"河梁"，可以在上面行走。如《列子·说符》："孔子自卫反鲁，息驾乎河梁而观焉。"《吴越春秋·勾践伐吴外传》："渡河梁兮渡河梁，举兵所伐攻秦王。"

"梁"的形制还可以是在水中砌石成磴，再在石磴之间搁上木板来过河。如果河面不宽就在河两岸直接搁上一块木板来过河，即"独木桥"，称为"榷"。《广雅·释宫》："榷，独梁也。"如果河水很深、河面很宽，难以砌石架木，就把树木或舟船捆连在一起造成浮桥。如《诗经·大雅·大明》："造舟为梁。""梁"从木从水，既显示了造字的用意，也充分体现了古时在水上架木渡河的方式。

"梁"是在两个支点上放上木板，如果河面很宽，那么就要放很长的木板，而木板过长则容易折断，且"梁"与水面的距离一般较小，"梁"下不便行船，也不利漕运，至于把木板或舟船捆连在一起造成浮桥，则堵住了航道，也不能行船和漕运，于是人们后来又把"梁"建成弯曲而高拱的形状，称这种形状的"梁"为"桥"。这样的"桥"既可以分散人在上面行走时对桥身的压力，增强桥梁的承重，拱顶与水面又有较大的距离，不妨碍行船。据《说文》解释说："桥，水梁也。""梁，水桥也。"段玉裁注："梁之字，用木跨水，则今之桥也。"桥、梁同义互训而组成并列双音词，如《鹖冠子·备知》："山无径迹，泽无桥梁，不相往来，舟车不通。"《淮南子·主术》："阴降百泉则脩桥梁。"在汉语书面语系统中，文言用"梁"，白话用"桥"或"桥梁"，由"梁"到"桥"

可以说印证了中国古代建筑史上科技水平的一个极大的飞跃。①

2. "帐"和"账"

"帐"是现代汉语中的常用词,又作"账"。据《汉书·武帝纪》载,元封五年"因朝诸侯王列侯,受郡国计"。唐颜师古注:"计,若今之诸州记帐也。"又据《周礼·地官·遗人》载:"乡里之委积以恤民之艰阨;门关之委积以养老孤;郊里之委积以待宾客;野鄙之委积以待羁旅;县都之委积以待凶荒。"唐贾公彦疏云:"乡里之委积以恤民之艰阨者,此下数者皆谓当年所税多少总送帐於上。在上商量计一年足国用外,则随便留之以为恤民之艰阨之等也。"由此可推知,汉语中表示"登记人户、赋税等的记录和记账的书册"词义的"账",唐代以前用"计"来表示,唐代则用"帐"来表示。即至迟在唐代,白话的"帐"代替了文言的"计"。然而,为什么是"帐"而不是其他的词代替了"计"呢?这就与"帐"本身词义的演变有关。

据《说文》载:"帐,张也。"又:"张,施弓弦也。""张"引申有"打开、展开"义,在先秦多作动词用。如《左传·成公十六年》:"王曰:'骋而左右,何也?'曰:'召军吏也。''皆聚于中军矣。'曰:'合谋也。''张幕矣。'曰:'虔卜於先君也。'"张挂起来的帷幕也作"张",用作名词。如《史记·高祖本纪》:"高祖复留止,张饮三日。"南朝宋裴骃集解引张晏曰:"张,帷帐。""张"也可做数量词。如《左传·昭公十三年》:"子产、子大叔相郑伯以会,子产以幄幕九张行,子大叔以四十。"凡可张之事物皆以"张"计。汉语中,名词、动词、形容词、数量词等之间,凭藉着事物的功能、属性之间的密切联系而发生相互间的词的派生,这是汉语常用词词义演变中一条常起作用的词义方面的构词法则,在汉语词汇发展中屡见不鲜。

"帐"的产生由"张"的"张施帷幕"义而来。"帐"和"张"叠韵为训。考《释名》曰:"帐,张也,张施于床上也。小帐曰斗帐,形如覆斗也。""帐"产生于秦汉时期,有狭义和广义两种含义。狭义的帐指床帐,如《释名》所释。广义的帐则"不仅限于床上,凡有顶的帷幕都可称为帐",可指帷幕、军营、帐篷等。如《史记·秦始皇本纪》:"乃令咸阳之旁二百里内宫观二百七十复道甬道相连,帷帐钟鼓美人充之,各案署不移徙。"

---

① 丁喜霞《"桥""梁"的兴替及原因》,《语言教学与研究》,2005年第1期。

至于"帐"何以会有"计"义，清翟灏在其所撰《通俗编·货财》中说："帷幄曰帐，而计簿亦曰帐者，运筹必在帷幄中也。"此说颇有点想当然，未能揭示出指"帷幄"的"帐"与表示"登记人户、赋税等的记录和记账的书册"的"帐"之间词义上的联系。朱起凤《辞通》卷一六释"治中"云："官名。犹主簿，州刺史之佐吏也。"他认为："中字古读如张。《匡谬正俗》卷七：'古艳歌曰"兰草自生香，生于大道傍。十月钩帘起，并在束薪中"。中，之当反，音张，谓中央也。今山东俗犹有此言。据此是汉魏间读中如张。张、帐古通，计、治同义。后人呼簿书为账，商家因此有计帐名目，而不知实滥觞於治中两字也。"① 此说因治中犹主簿，而谓计帐滥觞於治中，亦未中肯綮。天锁《从"弓""矢"谈起——关于汉语基本词汇发展的历史继承性》一文则说："至于'账'，是由'帐'来的。"并说："看来最初'计帐'是一个名词，是掌管民事文案的一个方法，又用来记载居民赋役。至于和帐幕有什么关系，是否是把这些文案等按类挂在帐幕上呢，未有详载。不过，看来当时不是记在一种簿子里的。"天锁认为"帐"用来记载"居民赋役"义的产生和官府掌管民事文案采用的记帐方法有关，颇有独到见解，惜难以证实，亦未能揭示出指"帷幄"的"帐"与表示"居民赋役"的"帐"之间词义上的联系。

实际上我国古代北方游牧民族逐水草射猎，帐篷是这些民族的主要居室，每户住一顶帐篷，帐也就成为古代北方游牧民族计算人户的单位。如《后汉书》卷七八《西域传·车师》："于是收夺所赐卑君印绶，更立阿罗多为王，仍将卑君还敦煌，以后部人三百帐别属役之，食其税。帐者，犹中国之户数也。"《后汉书》为南朝宋范晔所撰，例中"帐者，犹中国之户数也"是解释"三百帐"中的"帐"，似为作者自注。盖五胡十六国时的北方政权也要统计其所管辖的帐数来征派赋役，"帐"的词义与中原及南方一带所用的"户"相当。其时"帐"在北方游牧民族中已由"帐篷"义引申有"户数"义，然而"帐"的"户数"义在中原及南方一带尚很少使用，以至范晔撰写《西域传》说到"帐"的"户数"义时需要加以注释。"帐"的"户数"义在南朝宋以后的文献中亦有用例。如《张义潮变文》："有背叛迴鹘五百余帐，首领翟都督等将迴鹘百姓已到伊州侧。"又《新唐书·崔之温传》："境有浑、斛萨万帐，数扰齐民。"《新五代史·安重荣传》："臣昨据熟吐浑白承福、赫连功德

---

① 朱起凤《辞通》，上海古籍出版社，1982年，第1630页。

等领本族三万余帐自应州来奔。""帐"在契丹、蒙古等北方民族语言记载的史料中有"户数"义,据冯继钦等所撰《契丹族文化史》第八章《契丹族的家庭》说,史籍中的"家""户","还有时而使用的'帐',一定意义上都是'家庭'的同义语。由此可见,最迟在南北朝和隋唐时代,契丹人就以家庭为基本单位进行社会活动,并用家庭的数量表示部落大小和人口多少。① 黄时鉴在《元代札你别献物考》一文中亦说:"蒙古人普遍使用毡帐。蒙古语原有 ger 一词,义为'帐,家'。"② 考《北史》卷九四《契丹传》载有"其后复为突厥所逼,又以万家寄于高丽",《隋书》卷八四《北狄·契丹》亦载有"开皇末,其别部四千余家背突厥来降"。③ 例中的"家"即上文《后汉书》和《张义潮变文》中说的"帐"这同一词语的不同记载,透露出"帐"的"户数"义来源之端倪,而"帐"的"计簿、记账"和"计算账目"等义则由其所表"户数"义引申而来。④ 王艾录等《汉语的语词理据》一书论述汉语的理据学特点时曾说到汉语中有少数"双重错误"的现象,"这是指一对通假字换个儿使用,即二字在两个复合词中互为借字",⑤ 并以"记帐"和"混账"为例,认为应作"记账"和"混帐"。实际上"记账"写作"记帐"并不误,就其理据而言,"记账"和"混账"原本就写作"记帐"和"混帐",王艾录等因未明"帐"的"记帐"义的理据,反而认为"记账"写作"记帐"是错误的。

"帐"的"计算账目"义在汉语中的使用与当时我国北方汉族与西域少数民族的交往群处有关。人类的语言具有流动性,除了"老死不相往来"的人,人们在相互交往中都不免会产生语言的相互影响。唐代与吐蕃、回纥等交往颇多,语言上也互有影响。"帐"在北方游牧部族中有"户数"义,这就使"帐"在词义上与先秦两汉时表示统计户口多少等情况的"计"有了联系。计,本为"计量、计算或统计"之义。《说文》:"计,会也,筭也。"段玉裁注:"会,合也。筭,当作算,数也。旧书多假筭为算。"计量、计算或统计需要记录,于是又产生了"记账、

---

① 冯继钦等《契丹族文化史》,黑龙江人民出版社,1994 年。
② 黄时鉴《元代札你别献物考》,《文史》第 35 辑,1992 年。
③ 《北史》,中华书局,1974 年,第 3128 页;《隋书》,中华书局,1973 年,第 1881 页。
④ 承胡双宝先生告知,古代的账本有一种是长卷折叠式,上世纪初还有使用。折叠式账本与帷帐在打开的方式上有相似之处,二者或许有引申关系。
⑤ 王艾录等《汉语的语词理据》,商务印书馆,2001 年,第 183—184 页。

结账及计算账目"等涵义。如《云梦秦简·食律》:"稻后禾熟,计稻后年。"例中"计"指将有关稻的数据计算在下一年的账目上。记帐是记录在簿籍上的,因而又引申有计簿、计账等涵义。如《云梦秦简·效律》:"计校相谬也,自二百廿钱以下,谇官啬夫。"意谓账目与检校结果不相符合,两者相差二百二十钱以下者,斥责其官啬夫。

先秦至两汉,各诸侯国和郡县对其经济的收入、户口的多少、土地面积的数量、耕地的增减以及社会治安情况等,都有记录,定时"上计"。"上计"是将各地方上的这些统计数据上报中央政府,以便中央政府掌握全国的情况,作为征收赋税、征发徭役、制定开支计划等的依据。如《韩非子·外储说》:"西门豹为邺令,清尅洁悫,秋毫之端无私利也,而甚简左右。左右因相与比周而恶之。居期年,上计,君收其玺,豹自曰:'臣昔者不知所以治邺,今臣得矣,愿请玺复以治邺,不当,请伏斧锧之罪。'文侯不忍而复与之。豹因重敛百姓,急事左右。期年上计,文侯迎而拜之。豹对曰:'往年臣为君治邺而君夺臣玺。今臣为左右治邺,而君拜臣,臣不能治矣。'遂纳玺而去。"据《史记·萧相国世家》载刘邦入咸阳时,萧何"收秦丞相御史律令图书藏之"。秦朝丞相御史掌管的这些律令图书就是当时各地历年上计的有关户口、土地、田赋等的资料,根据这些资料可"具知天下阨塞、户口多少、强弱之处、民所疾苦者"。扬雄撰《方言》,所调查的对象中就有各地到京城来上计的官吏。其《答刘歆书》说:"故天下上计、孝廉及内郡卫卒会者,雄常把三寸弱翰,赍油素四册,以问其异语。"

西晋以后,十六国争雄,南北对峙,户口混乱,其时难以沿用上计来统计有关户口等数据。沿至隋唐则设立户部,由户部掌管与先秦两汉上计类似的事项。如《通典》卷四〇《职官》载唐大历末年户籍称:"数年前,天下籍帐到省百三十余万户。"又如《旧唐书》卷一六《穆宗纪》十五年载:"是岁计户帐,户总二百三十七万五千四百,口总一千五百七十六万。"其时上计渐成为一种礼仪上的形式,"计"的"记帐、计簿"等义亦渐为"帐"所替代。上文所引贾公彦注《周礼·地官·遗人》中所说的"送帐"亦即"上计"。

考先秦两汉上计的文件称为计簿,计簿即国家有关户口、赋税、土地等记载的重要图籍。《后汉书·光武纪》:"遣使奉计。"唐章怀太子李贤等注:"计,谓庶人名籍,若今计帐。"亦简称"计"。如《汉书·魏相传》:"案今年计,子弟杀父兄、妻杀夫者,凡二百二十二人。"又称"集簿"。如《续汉书·百官志》"县、邑、道、侯国"条下本注称:"秋冬集课，上计于所属郡国。"刘昭注引胡广曰："秋冬岁尽，各计县户口、垦田，钱谷入出，盗贼多少，上其集簿。"1993年，在江苏连云港市东海县温泉镇尹湾村发掘了六座汉墓，六号墓主为西汉东海郡功曹史师饶。墓中出土的郡府文书档案中的简牍1号，上有隶书"集簿"二字，所记内容与胡广所说相似。集簿中记载了东海郡县邑侯国、都官、乡、亭、邮等行政机构的设置和吏员配备状况；东海郡地区的东西南北界限及里数；东海郡的土地总数，种植宿麦亩数，春种树亩数；东海郡一年来钱谷出入方面的情况；一年来户口增加的具体数目和男女的数目；七十至九十岁以上老年人的人数及受王杖的人数等。这份尹湾简牍很可能就是当时东海郡向中央王朝呈送的计簿底稿或副本，为我们提供了上计文书的实例。由此亦可证明这些文案与帐幕的关系并非如天锁所想象的那样"把这些文案等按类挂在帐幕上"。

古代按人户征收赋税，"帐"由计量人户的单位名词引申可指"按人户缴纳的赋税或人户赋税的记录"，即《汉书·武帝纪》所载"受郡国计"的"计"。隋唐统一了南北后，随着上计的流于形式，"帐"取代了"计"而有了记帐、计簿等涵义。如《隋书·高祖纪下》："凡是军人，可悉属州县，垦田籍帐，一与民同。"例中"籍帐"即"按人户缴纳的赋税"。

词义是渐变的，是经过量变的积累才实现质变的。唐宋文献中尚有一些"帐"用作"人户赋税的记录"的用例，可供探析其词义演变从量变到质变的轨迹。如《唐会要》卷八四《户口数》载："开元十四年，户部进计帐，言今年管户七百六万九千五百六十五。"例中"计帐"同义并用，即"人户赋税的记录"。又卷八五《籍帐》载："武德六年三月，令每岁一造帐，三年一造籍。""开元十八年十一月敕，诸户籍三年一造。起正月上旬。县司责手实计帐，赴州依式勘造。"例中"帐""籍"义同，亦为"人户赋税的记录"。又《续资治通鉴·宋徽宗崇宁三年》："盖以土色肥硗别田之美恶，定赋之多寡，方为之帐，而步亩高下丈尺不可隐；户给之帖，而赋调升合尺寸无所遗。"例中"帐"为"土地赋税的记录"。

按照常理，口语中一个新词新义的出现到文人写入书面语中大多要经过相当长的一段时间。据考，在新疆维吾尔自治区吐鲁番县阿斯塔那与哈拉和卓墓区出土的汉文文书中已有北凉真兴六年（424）出受麦帐、伊乌等毯帐、奴婢月廪麦帐、田亩出麦帐、器物帐、某家失火烧损财物帐、高昌主簿张绾等传供帐、高昌章和五年（535）取牛羊供祀帐、高昌张众养等按亩入供斛斗帐、高昌奇乃等粗细粮帐、高昌某寺支用粟麦残帐、高昌延昌四十年（600）供诸门及碑堂等处粮食帐，等等。又考北齐魏收《魏书·释老志》载："元象元年秋，诏曰：'前朝城内，先有禁断，自聿来迁邺，率由旧章。而百辟士民，届都之始，城外新城，并皆给宅。旧城中暂时普借，更拟后须，非为永久。如闻诸人，多以二处得地，或舍旧城所借之宅，擅立为寺。知非己有，假此一名。终恐因习滋甚，有亏恒式。宜付有司，精加隐括。且城中旧寺及宅，并有定帐，其新立之徒，悉从毁废。'"例中的"帐"指寺宅的记录。其时"帐"由"登记人户、赋税等的记录"引申，已可泛指钱物等的记录。因此，"帐"的"人户、赋税的记录"义的诞生实际上要早于《隋书》问世的唐初。

唐宋时往往"计""帐"连用组成同义联合词组。如唐李延寿《北史》卷六三《苏绰传》载："绰始制文案程式，朱出墨入，及计帐户籍之法。"计帐户籍，即帐籍，亦即"人户赋税的记录"。又载周文帝对苏绰有关赋税之法的建议"甚重之，常置诸座右，又令百司习诵之。其牧守令长，非通六条及计帐者，不得居官"。例中"计帐"是并列词组，而不是动宾词组。又《新唐书·食货上》："武德七年，始定律令。……男女始生者为黄，四岁为小，十六为中，二十一为丁，六十为老。每岁一造计帐，三年一造户籍。"例中"计帐"亦是并列词组，"计帐"与"户籍"同义，即"人户赋税的记录"。

考《新唐书·百官志三》谈及太府寺时说："以一人主左、右藏署帐，凡在署为簿，在寺为帐，三月一报金部。"例中簿、帐同义，故记录钱物等的簿册也可称为"帐"。如《旧唐书》卷四八《食货志上》载开元元年十一月五日："在外不细委知，如闻称有侵刻，宜令本州刺史上佐一人检校，依令式收税。如有落帐欺没，仍委安察使纠觉奏闻。"

据《资治通鉴》卷八九《晋愍帝建兴四年》载："（张）寔遣将军王该帅步骑五千入援长安，且送诸郡贡计。"胡三省注："计，计帐也。"由此可知，苏绰所说"计帐户籍之法"和《新唐书·食货上》载唐代郡县"每岁一造计帐"中的"计帐"，即为先秦两汉的"计"，故《唐会要》《旧唐书》等书所录唐代历年户口数往往标记其为"户部计帐"之数。

考《资治通鉴》卷二八二《后晋高祖天福五年》载："辛未，李崧奏：'诸州仓粮，於计帐之外所余颇多。'"胡三省注："计帐，谓岁计其数造帐以申三司者。"胡注表明元代"计帐"已用作动宾词组，"计帐"即

"岁计其数造帐","造帐"谓计算钱物等,将有关数据记录在簿册上,亦即现代汉语的"做账"。

"计帐"一词后又泛指"计算账目",如明代唐顺之《万古斋公传》:"居家手不识握算计帐之具,口不问钱米盈缩。""帐"又可和"目"连用,组成复音词"账目",表示"钱物等的记录"。如唐李延寿撰《北史》卷五〇《高道穆传》载:"秘书图籍及典书缃素,多致零落,可令道穆总集账目,并牒儒学之士,编比次第。"例中"账目"指书籍目录的记录。《新唐书·百官志四下》:"户曹司户参军事,掌户籍、计帐、道路、过所、蠲符、杂徭、逋负、良贱、刍藁、逆旅、婚姻、田讼、旌别孝悌。有府八人,史十六人,帐史二人,知籍,按账目捉钱。"例中"账目"指"帐簿上记载的人口户税项目"。又如《京本通俗小说·志诚张主管》:"当日晚算了账目,把文簿呈张员外:'今日卖几文,买几文,人上欠几文,都签押了。'"例中"账目"指商业货币往来的记录。

由"登记人户、赋税等的记录"又可指"登记人户、赋税等的簿册"。如颜元孙《干禄字书》序:"所谓俗者,例皆浅近,唯籍帐、文案、卷契、药方,非涉雅言,用亦无爽;倘能改革,善不可加。"考《隋书·百官志》载:"仓部,掌诸仓帐出入等事;左户,掌天下计帐、户籍等事;右户,掌天下公私田宅租调等事;金部,掌权衡量度、外内诸库藏文帐等事。"又《食货志》载:"高颎又以人(民)间课输,虽有定分,年常征纳,除注恒多,长吏肆情,文帐出没,复无定簿,难以推校,乃为输籍定样,请徧下诸州。"由其时长吏所管的"帐",可推知当时账册、账簿的使用情况。

元代,买卖文书或契约亦可称为"帐"。如秦简夫《东堂老》第一折:"(扬州奴云)是阿,他不肯,胁肢里扎上一指头便了。如今便卖这房子,也要个起功局立帐子的人。(柳隆卿云)我便起功局。(胡子传云)我便立帐子。(扬州奴云)哦,你起功局,你立帐子,卖了房子,我可在那里住?"明清时商品经济渐趋发达,"帐"的"钱物等的记录"义使用也更加普遍,已可引申泛指事情。如《金瓶梅》:"俺这后边只是预备爹娘房里用的茶,不管你外边的帐。"《西游记》第三十二回:"行者暗笑道:'这呆子!石头又不是人,又不会说话,又不会还礼,唱他喏怎的,可不是个瞎帐?'"例中"瞎帐"比喻"蠢事"。《牡丹亭》第二十九出:"(净)哎也,难道俺与书生有账!"例中"有账"指有私情。又由具体义引申为抽象义,如《西游记》第二十六回:"你却要好生伏侍我师父,逐日家三茶六饭,不可欠缺。若少了些儿,老孙回来和你算帐，先捣塌你的锅底。"例中的"帐"已引申为抽象的恩怨了。

从"计"和"帐"的词义演变，也可略窥汉语书面语文白演变之一斑。

第二节　词义的系统

语言是有系统的，① 语言系统是一个包含了许多子系统的大系统，它的组成部分之间相互联系、相互制约，彼此处于一定的关系之中。这种系统性也表现在词汇方面。客观世界具有体系性，因而反映客观世界的事物、现象的概念也具有体系性，反映客观事物、现象和表现概念体系的词汇同样也具有体系性。根据前贤时秀已有的研究成果，② 我们认为，词汇不是一盘散沙或纯属不相联系的语言材料，而是如同语音、语法一样有其体系性联系。词汇是一个开放性系统，不同的词在词汇系统中各有自己的位置，互相联系而形成词义系统。词义系统中的各个词义按意义聚合成为若干有序的语义场，按照一定的关系联结成一个整体，每个词的意义取决于同一场内其他词的意义。王力《我的治学经验》说："普通语言学还有这样一个原理：语言的历史发展也是系统的。从一个时代变到另一个时代，是一个新的系统代替一个旧的系统。它不是零零碎碎地变的。所以我们研究语言史绝不能零敲碎打，而必须对整个语言系统进行全面的审查。"③ 张斌在论述语法系统时也说道："语言是一个复杂的系统，它包括一些子系统，如语音系统、语汇系统、语法系统。整个语言系统的发展与外部因素有关，即随着社会的发展而发展。子系统在发展中也相互影响。""所谓系统，包括两层意思：第一，它不是单一的东西，而是由许多单位组合而成的。第二，这许多单位之间的关系并非杂乱无章，而是有规律可循的。"④ 因而，文白的转变也是一个新的系统代替一个旧的系统，遵循了语言发展自身的规律。

如表示"用眼睛看"这一行为，先秦两汉一般说"视"。"视"是文言中表示"观看"的语义场中使用频率最高、构词能力最强的一个词。

---

① 索绪尔《普通语言学纲要》，商务印书馆，1980年。
② 在词汇是否成体系的问题上，语言学界的认识还不很一致，有关词义系统的研究也诸说并存，尚有待进一步的深入考探。
③ 王力《语言学论文集》，商务印书馆，1985年。
④ 张斌《汉语语法学》，上海教育出版社，1998年。

"看"最初主要用于"探望"的意义，如《韩非子·外储说左上》："梁车新为邺令，其姊往看之。"魏晋时始有"视"义，如古诗《十五从军征》："遥看是君家，松柏冢累累。"魏晋后发展迅速，在汉译佛经中极为常见，用法繁多。朱庆之《佛典与中古汉语词汇研究》一书细分为十五个义项。《世说新语》中凡三十六见，① 在当时的口语中大致已取代"视"，并且已进入了"观、省、察、睹"等词的义域。延至现代，"看"取代了"视"，成为表示"观看"的语义场中使用频率最高、构词能力也十分强的一个词。

汉语中"视"和"看"是无心的动词，指把眼睛对准光线的反射源；"见"是有心的动词，指在大脑视觉中心已经产生了视觉形象。如《大学》："十目所视，十手所指。"陶潜《饮酒》："采菊东篱下，悠然见南山。"《渔隐丛话》卷三说："采菊东篱下，悠然见南山，则本自采菊，无意望山，适举首而见之，故悠然忘情，趣闲而景远。"王国维《人间词话》称此诗为"无我之境也"。古白话中又产生有"看见"一词，指光线照射在物体上，反射到人的眼睛里，通过视网膜作用于大脑视觉中心产生一定的视觉形象。俞敏《从"看不见"说到"说不上来"》一文说："汉语从什么时候起用'看见'这个动词？我个人粗略的调查，是从后汉支谦译的《佛说长者音悦经》开始。那里说过猫头鹰'看见鹦鹉独得优宠。'"② 《朱子语类》里也有"看见"一词，如卷七二："我却不见雀，不知雀却看见我。"白斗镛《注解语录总览》注："看见，非有心而见也，偶然看过。"③ "看见"和"见"意义相同，由"看见"类推，产生了"听见"。如《后庭花》第二折白："不中，王庆，你可不听见。"又类推产生了"闻见"，如《红楼梦》第十九回："只闻见一股幽香，却是从黛玉袖中发出。"看见、听见、闻见这三个"无心"动词都带上"见"字，体现了单音词向双音词发展的趋势。

在表示"观看"的语义场中，文言用"晞、望、目、窥、觇、观、看、觌、睥、睨、盱、睐、瞰、睇、矍、瞻、觑、省、眙、盼、览、顾、瞥、相、见"，古白话用"看、盼、瞭、眺、瞬、瞻、瞩、瞧、瞅、喽、张、望、睃、瞪、瞥、瞟、观、视、见、看见"，现代汉语用"看、瞧、瞅、喽、张、望、睃、盯、瞄、瞪、瞥、瞟、观、视、见、张望、

---

① 吕东兰《从〈史记〉、〈金瓶梅〉等看汉语"观看"语义场的历史演变》，《语言学论丛》第二十一辑，商务印书馆，1998年。

② 《俞敏语言学论文集》，黑龙江人民出版社，1989年。

③ 白斗镛《注解语录总览》，翰南书林，1888年。

看见"。文言中使用的有些词在古白话中渐渐消亡,有些词则改用词组来表达,并出现了"瞅、瞧、张、看见"等新词,大致反映了汉语中"观看"语义场新旧系统的文白转变。

又如在表示人的脸部时,古代用"面",现代汉语用"脸"。"面"作为"人的头的前部"这一义位在先秦就存在。"脸"指"人的颊部"这一词义从其产生之时(大约南北朝)直至唐代,在诗词、话本小说中多用来描写人的(特别是女人的)容貌。由于这些文学作品的感染与普及,当人们一说到"脸"就很自然地联想到据以描写的人的容貌。久而久之,这种联想意义固定下来,与原有义位相脱离,形成"脸"的一个新义位,人们反而忘记了它原来的义位,这时"脸"就由"颊"义场转到其母义场"面"。如杜善甫散套《庄家不识勾栏》中,叙副末之扮相:"裹着枚皂头巾,顶门上插一管笔,满脸石灰更着些黑道儿抹,知他待是如何过!"王实甫《西厢记》第五本第三折:"乔嘴脸,腌躯老,死身分。"关汉卿《杜蕊娘智赏金线池》第二折:"今日打听得虔婆和他一班儿老姊妹在茶房中吃茶,只得将我羞脸儿揣在怀里,再到蕊娘家去走一遭。"这些用例证明,至迟到12世纪时,"脸"的词义已跟"面"相同。《红楼梦》中"脸"有333例,极为常用,已基本取代了"面"。

"脸"的词义变化,在面部语义场的历时演变中最引人瞩目。其一,"脸"的指称范围发展变化,由"颊部"子场向其母场转化;其二,"脸"的词义在"面部"义场中后来居上,由非主导词义上升为主导词义;同时,"面"的适用范围缩小,仅用在固定短语或者已经成词的词语中,如"面生""面熟""面皮""情面"等。"面皮"大约产生于魏晋,最初指"脸上的皮肤",元代可指"脸"。"面孔"大约产生于唐代,指"面部"。"脸面"一词大约产生在清初,最初指"面子、情面",后遂有"面孔"义。"脸"的词义变化与唐宋时期整个文化背景有着密切联系。①

再如,"走"在先秦相当于现代汉语的"跑",先秦的"行"又相当于现代汉语的"走"。"走"的"行走"义在唐代的敦煌变文中已出现。如《舜子变》:"舜子走入宅门,跪拜阿嬢四拜。"《唐太宗入冥记》:"唱喏走入,拜了起居,再拜走出。"《汉将王陵变》:"陵有老母,八十有五,走待人扶,食须人喂。"宋代的《朱子语类》中"走"已多为"行

---

① 解海江、张志毅《汉语面部语义场历史演变——兼论汉语词汇史研究方法论的转折》,《古汉语研究》,1993年第4期。

走"义，如卷二："只似在圆地上走，一人过急一步，一人差不及一步，又一人甚缓，差数步也。"又卷二一："且如今向人说，我在东，却走西去那一边，便成妄诞了。"也有少量表"跑"义，如卷一〇一："一日，张教京家子弟习走。其子弟云：'从来先生教某们慢行。今令习走，何也？'张云：'乃公作相久，败坏天下。相次盗起，先杀汝家人，惟善走者可脱，何得不习！'"又卷一二七："逆亮临江，百官中不挈家走者，惟陈鲁公与黄瑞明耳。"元明时"走"也既表"跑"义，又表"行走"义。表"跑"义的如汪廷讷《广陵月》第五出："见如今干戈临牧野，眼见的麋鹿走苏台。"表"行走"义的如《小张屠》第二折："怎生走了几日，到不得泰安神州？"又如《朴通事谚解》："那驴养下来的，只躲着我走，讨了半年不肯还我，把我的两对新靴子都走破了。"此例中"走"的"行走"义和"跑"义并存，前一"走"为"跑"义，后一"走"为"行走"义。唐代表"奔跑"的"跑"出现，如马戴《边将》诗："红缰跑骏马，金镞掣秋鹰。"沿至明代，"跑"和"走"在表"奔跑"义上可互用。如《西游记》第三十一回："八戒道：'看看那条路儿空阔，好跑。'行者道：'你跑到那里？我就让你先走三日，老孙自有本事赶转你来！快早说来，这一恼发我的性子，断不饶你！'"又第三十四回："小妖见说着海底眼，更不疑惑，把行者果认做一家人，急急忙忙，往前飞跑，一气又跑有八九里。行者道：'忒走快了些，我们离家有多少路了？'"例中"走"和"跑"都表"奔跑"义，随着"走"由"奔跑"义逐渐演变为"行走"义，"走"的"奔跑"义最终为"跑"所替代，《红楼梦》中已用"走"表"行走"义，"跑"表"奔跑"义。"走"由表"奔跑"义演变为"行走"义，"奔跑"和"行走"二义的不同在于"行走"的速度比"奔跑"慢，为了避免一词表二义在理解上的歧义，"跑"渐被用来表"奔跑"义，最终促成了"走"只表"行走"义，白话中"走"表"行走"义的新系统取代了文言表"跑"义的旧系统。

从汉语中表示度量衡的量词也可看到古今词义的发展和文白词义系统的演变。先秦表示度量衡的量词已有丈、尺、寸等，还有少量的名量词，如匹、乘、两等，但没有动量词。汉以后，尤其是魏晋南北朝以来，量词大量出现。因此许多量词在先秦汉语口语基础上形成的文言文中还没出现。如"过"在先秦汉语中表"度过、经过"义，晋代虚化产生有表示"度过、经过"次数的动量词义。如《三国志·吴书·赵达传》记孙滕师事赵达，求学治九宫一算之术，赵达说："吾久废，不复省之，今欲思论一过，数日当以相与。"又如《神仙传》："一日之中，与天上相反覆者十数过。"例中"过"相当于现代汉语中的"次"。"过"在南北朝时已成为最常用的通用动量词,几乎可以和各类动词结合而不受限制。如《高僧传·译经篇》:"香汤洗数十过,烧香忏悔。"又如《抱朴子·金丹篇》:"约二百过出入即沸矣。"南北朝至唐代又出现"场""遭""回"和"次"等动量词,宋代"次"渐常用,如《二程遗书》卷二:"伯淳在泽州尝三次食韭黄。"《朱子语类》卷一〇:"书之句法义理,虽只是如此解说,但一次看,有一次见识。"元代后"次"取代"过"等成为最常用的通用动量词而沿用至今。① 又如"种"在先秦汉语中指禾科植物的种子,后也可指瓜果菜蔬等植物的种子,又由植物扩展到动物,再由禾科种子义引申有按来源分类的种类义,成为抽象的分类名词,进而又演变为量词。如《黄帝内经·灵枢·寿夭刚柔第六》:"用淳酒二十升,蜀椒一升,干姜一斤,桂心一斤,凡四种。"此内容又见于《甲乙经》卷一〇《阴受病发病第一》和《太素》卷二二《九针》,其中"凡四种",《甲乙经》作"凡四物"。早于《黄帝内经》的马王堆帛书《五十二病方》中亦用"物"作为中药的量词。如《杂疗方》:"取蕃石、蕉荚、禹熏三物等。""物""种"在"种类"义上同义,故都可用作中药的量词。沿至唐代,"物"渐为"味"替代,如孙思邈《千金要方·瓜子散方》:"右十六味,治下筛。"②

  蒋礼鸿《敦煌变文字义通释·序目》认为,研究古代语言要从纵横两方面做起。"所谓横的方面是研究一代的语言,如元代;其中可以包括一种文学作品的,如元剧;也可以综合这一时代的各种材料,如元剧之外,可以加上那时的小说、笔记、诏令等。当然后者的做法更能看出一个时代语言的全貌。所谓纵的方面,就是联系起各个时代的语言来看它们的继承、发展和异同。"这段话对于汉语白话发展史的研究也很适用。在秦汉以后口语基础上形成的古白话,自秦汉到明清由微到显最终取代了文言,在这一相当长的历史时期内究竟产生了哪些新词新义和新的语法现象?哪些沿用至今而成为现代汉语的一部分?哪些又中途退出历史舞台?其间有什么规律可循?诸如此类的问题,都还远远地没有获得圆满的答案。入矢义高《中国口语史的构想》一文认为:"词义的研究必须追溯词义的来历并把它交代清楚","应就每一个词语进行研究,

---

① 金颖《试论动量词"过"的产生、发展及其相关问题》,《古汉语研究》,2006年第1期。

② "物""味"上古皆为明母物部,中古"物"属入声物韵,"味"属去声微韵。"物"为"味"替代或与入声消失有关。

要一开始就进行扎扎实实的断代研究。在此基础上，再进行动态的通时研究"。只有这样做，才有可能完成口语史的勾勒。① 因而，汉语白话发展史的研究，应植根于各历史平面研究之上，就每一个词语进行横的和纵的研究，搞清楚汉语各个发展阶段白话系统的发展。纵向研究不仅向上溯源，而且向下探流；横向研究则注重同时期不同体裁的文献语料。

就同时期不同体裁的文献语料而言，下以《论衡》和汉译佛经为例略作论述。

东汉王充的《论衡》是中土文献，佛典是外来译经。据胡敕瑞《〈论衡〉与东汉佛典词语比较研究》一书考察，《论衡》中出现的新兴单音词有34个，新兴复音词有619个；佛典中新兴单音词有61个，新兴复音词有1039个。《论衡》与佛典相同的新兴单音词有"卿、是、挝"等11个，新兴复音词有"哽咽、何等、何许、鸡子"等83个。《论衡》中用秦汉文献典籍中已有旧词而佛典换用相对应的新词或新旧词并用有31项，如《论衡》用"暴、备、抚、击、啸"，佛典用"晒、充、摸、打、吼"。《论衡》中用单音旧词而佛典换用相对应的复音新词有93项，如《论衡》用"备、当、功、后、矜、轻"，佛典用"备办、严办；要当、会当、宜当、应当；功夫；末后、却后、以后；自大、贡高；轻易"。《论衡》中用复音旧词而佛典换用相对应的单音新词有5项，如《论衡》用"何所、是中"，佛典用"所、中"。《论衡》中用复音旧词而佛典换用相对应的复音新词有50项，如《论衡》用"得无、化为、贫人、孰与"，佛典用"将无、将非、当无；化作；苦人；何如"。《论衡》中用单音新词而佛典用单音旧词有3项，如《论衡》用"怕、挂"，佛典用"畏、惧；悬、垂"。《论衡》中用复音新词而佛典用单音旧词有4项，如《论衡》用"歌曲、比方"，佛典用"歌、比"。《论衡》中用复音新词而佛典用复音旧词有5项，如《论衡》用"白日、惭负"，佛典用"昼日、惭愧"。通过《论衡》与佛典词语的比较，可见东汉这一共时平面上汉语词汇文白的状貌，二者共同用到的新词有94个，其中单音词11个，复音词83个，大致反映了汉语词汇复音化的趋势，佛典的新词比《论衡》多，更具白话的口语色彩。②

就每一个词语横的和纵的研究而言，下以"开心"一词为例略作

---

① 入矢义高《中国口语史的构想》，《汉语史学报》第四辑，上海教育出版社，2004年。

② 胡敕瑞《〈论衡〉与东汉佛典词语比较研究》，巴蜀书社，2002年。

论述。

"开心"是现代汉语中的常用词,有"心情快乐舒畅"义,① 文言中与此义相应的词为"忻""喜""悦"等。开(開),小篆作"開"。《说文》:"开,张也。从门,从幵。开,古文。"段玉裁注:"一者,象门闭。从収者,象手开门。"林义光《文源》卷六:"按开象两手启关形,开形近开,当即开之变。"杨树达《释开辟闭》:"按古文从一从収。一者,象门关之形,'关'下云'以木横持门户'是也。从収者,以两手取去门关,故为开也。小篆变古文之形,许君遂误以为从开尔。"② 考"开"的小篆"開"字体中无象门关之形的"一",而《汗简》所载"开"的字形与《说文》所载"开"相近,"开"似为后出字体。盖"开"中的"一"象门关之形,类似于现在的门闩,而远古先民穴居野处,最初的屋子有门,但可能还没有使用门闩。远古先民可能是在发明了门后先用棍棒来撑门,开启门的门闩是在有了门后的更为先进的发明,故"开"的早期象形字形中应无象门关之形的"一",小篆是承古文之形,而《说文》所载所谓古文"开"却已或是变古文之形的六国文字。

"开"本义为"开门",如《诗·周颂·良耜》:"以开百室。""开"的"开门"义最初用"启",甲骨文中未见"开"而有"启"。③ 《说文》:"启,开也。从户口。"段玉裁注:"此字不入户部者,以口户为开户也。"据《广韵》,启为康礼切,溪母荠韵;开为苦哀切,溪母咍韵。启、开同源。《左传·隐公元年》:"公将启之。"杜预注:"启,开也。"《荀子·议兵》:"微子开封于宋。"微子开即微子启。④ 考马王堆帛书《周易·师》:"大君有命,启国承家。"文中"启",⑤ 阜阳汉简和战国楚简所载同,⑥ 今本《周易》为"开"。又考《左传·闵公元年》:"天启之矣。"文中"启",《史记·晋世家》为"开"。《周易》的各本异文和《左传》及《史记》记载同一事件的异文反映了先秦时的"启"发展

---

① 《现代汉语词典》第5版,商务印书馆,2005年,第759页。

② 杨树达《释开辟闭》,载《积微居小学述林》,中华书局,1983年,第83页。

③ "启"的甲骨文见于前五·二一·三和乙八二五。前指《殷墟书契前编》,乙指《殷墟文字乙编》,字形参《汉语大字典》第一册第594页。

④ 王力《同源字典》,商务印书馆,1987年,第413页。又,汉代避景帝讳改"启"为"开"。

⑤ 据《马王堆汉墓文物》,湖南出版社,1992年。

⑥ 韩自强《阜阳汉简周易研究》,上海古籍出版社,2004年;马承源主编《上海博物馆藏战国楚竹书(三)》,上海古籍出版社,2003年。

至汉代渐为"开"替代。就字形而言,"启"为启户,即开启单扇的门;"开（開）"为开门,即开启双扇的门。古人造屋,先置单扇的门,称作"户",后发展有双扇的门,称作"门（門）",故"开"的出现晚于"启"。

"开"由"开门"义引申有"打开,张开"义,如《庄子·秋水》:"吾无所开吾喙,敢问其方。"又引申有"启发,开导"义,如《礼记·学记》:"故君子之教喻也,道而弗牵,强而弗抑,开而弗达。"启发、开导则解脱开释。考《说文》云:"挩,解挩也。"段玉裁注:"今人多用脱,古者用挩,是则古今字之异也。"朱骏声《说文通训定声》云:"经传皆以说、以税、以脱为之。"脱、悦同源,"悦"本作"说"。《说文》:"说,说释也。"段玉裁注:"说释即悦怿。说、悦,释、怿,皆古今字。许书无悦怿二字也。说释者,开解之意,故为喜悦。"马清华论述汉语喜悦概念的理据曾指出,"'悦'的喜类意念是从身、心的开释、解脱义衍生而来","开解、开脱能生产出喜悦义",① 故"开"由"启发、开导"义引申有"舒畅、喜悦"义。如《汉书·酷吏传》云王温舒:"为人少文,居它惛惛不辩,至於中尉则心开。"又如《后汉书·王常传》:"闻陛下即位河北,心开目明,今得见阙庭,死无遗恨。"《汉语大词典》释此义首见例为唐杜甫《秋尽》诗:"不辞万里长为客,怀抱何时好一开。"引例偏晚。"开"的此义可与其他表"舒畅、喜悦"义的词组成"开爽""开畅"等近义并列复合词。如明李贽《与杨定见书》:"精神复完,胸次复旧开爽。"

考《说文·门部》释"闓"云:"闓,开也。从门,豈声。"又《心部》释"忻"云:"忻,闓也。从心,斤声。《司马法》曰:'善者,忻民之善,闭民之恶。'"段玉裁注:"闓者,开也。言闓不言开者,闓与忻音近。""忻谓心之开发,与《欠部》'欣'谓'笑喜也'异义。《广韵》合为一字,今义非古义也。"② 段玉裁指出"忻谓心之开发",心之开发即心开。杨树达《释忻》一文说:"闓与开音义并同,闓乃开之形声字。许君分开、闓为二文,非也。寻《司马法》忻与闭对音,实开与闭对言也。忻字从心,切言之当云心开。秦汉间人恒言心开。《汉书·酷吏传》云王温舒:'居它惛惛不辩,至于中尉则心开。'《后汉书·王

---

① 马清华《文化语义学》,江西人民出版社,2006年,第104页;《语义的多维研究》,语文出版社,2006年,第30页。

② 《玄应音义》卷一三释《沙曷比丘功德经》闓化之闓云:"《声类》此亦开字。"

常传》：'闻陛下即位河北，心开目明。'上谓喜乐。心开则喜，故《言部》'䜣'训'喜'，《欠部》'欣'训'笑喜'，今通语谓取乐为开心，盖古之遗语矣。"① 考《玉篇·心部》："忻，喜也。""忻"有"喜悦，欣喜"义。如《墨子·经说上》："誉之，必其行也，其言之忻，使人督之。"孙诒让《间诂》："其言可忻悦也。"秦汉间人恒言心开，"心"是人体器官的主宰，五脏之首。受科技和医疗条件的限制，古人认为心是思维的器官，《孟子·告子上》云"心之官则思"。因而"心开"即"忻"，主谓结构，亦即"心喜"，谓情绪欣悦。②

"开心"一词最初为动宾词组，意谓开启心智。如汉王充《论衡·艺增》："经增非一，略举较著，令恍惑之人，观览采择，得以开心通意，晓解觉悟。"北齐颜之推《颜氏家训》卷三："夫所以读书学问，本欲开心明目，利于行耳。"元高明《琵琶记》第三十六出："翰墨开心，丹青入眼，强如把语言相告。"明清溪道人《禅真逸史》第十七回："林澹然细查历日，二月十五是个开心入学吉辰。"又有"开露心意，坦诚相待"义。如《太平经》卷一一一："今生见是前行之事，益复改正易节，开心相留耳。"唐李白《扶风豪士歌》："原尝春陵六国时，开心写意君所知。"《新唐书·南霁云传》："张公开心待人，真吾所事也。"《明史·周忱传》："每行村落，屏去驺从，与农夫饷妇相对，从容问所疾苦，为之商略处置。其驭下也，虽卑官冗吏，悉开心访纳。"

"开心"一词在佛经中也有用例，指解开心结。如《长阿含经》第十八卷："复次，悭吝贪取，不能施惠，死堕恶道；开心不吝，能为施惠者，则生善处。"（1/119b）又如《增壹阿含经》第十二卷："若有一人，开心布施沙门、婆罗门、极贫穷者、孤独者、无所趣向者，须食与食，须浆给浆。衣被、饭食、床卧之具、病瘦医药、香花、宿止，随身所便，无所爱惜。此名曰施福之业。"（2/602b）例中"开心"意谓解开心结而不再有悭、贪、吝、嫉、狐疑和犹豫等烦恼。

心智开启与心意开露后则心情快乐舒畅，故"开心"由表"开启心智"和"开露心意"的词组义引申亦有"使心情快乐舒畅"义。如唐李白《梦游天姥吟留别》："安能摧眉折腰事权贵，使我不得开心颜。"诗中"开心颜"即心情舒畅，脸色愉悦。"开颜"也是动宾词组，如南朝

---

① 杨树达《释听》，《积微居小学金石论丛》，中华书局，1983年，第21页。
② 主谓结构的"心开"未由词组凝固成词可能由于"开"的打开意义更加常用。如果就"开"有"喜悦"义而言，"开心"一词或许可以由表"欣悦情绪"义的偏正词组凝固成词。

宋谢灵运《酬从弟惠连》："末路值令弟，开颜披心胸。"后渐凝固成词。如元无名氏《鸳鸯被》第四折："想人生百年能有几，要博个开颜日。"① 据董秀芳《词汇化：汉语双音词的衍生和发展》一书对动宾短语词汇化的语义条件所作历史考察："只有符合动词动作性弱、宾语具体性低、动宾影响度小这些语义条件的动宾短语才能从句法单位转变为词汇单位。"② 在"开心"这一动宾词组中，"开"的动作性较弱，"心"作为宾语语义较为抽象，这就使其有可能由句法单位转变为词汇单位，即由动宾词组凝固成词。"开心"大约在明清时渐趋于成词。如明育吾山人《三命通会》卷九："妻迟子晚喜开心，先苦后荣之命。"《红楼梦》中的用例反映了"开心"由动宾词组凝固成词的过程。如：

> 麝月道："这是怎么说，拿我的东西开心儿？"（第三十一回）
>
> 湘云便用箸子举着说道："这鸭头不是那丫头，头上那讨桂花油。"众人越发笑起来，引的晴雯、小螺、莺儿等一干人都走过来说："云姑娘会开心儿，拿着我们取笑儿，快罚一杯才罢。怎见得我们就该擦桂花油的？倒得每人给一瓶子桂花油擦擦。"（第六十二回）
>
> 尤氏因见两边狮子下放着四五辆大车，便知系来赴赌之人所乘，遂向银蝶众人道："你看，坐车的是这样，骑马的还不知有几个呢。马自然在圈里拴着，咱们看不见。也不知道他娘老子挣下多少钱与他们，这么开心儿。"（第七十五回）

诸例中"开心儿"尚是动宾词组。又如：

> 茗烟见他这样，因想与他开心，左思右想，皆是宝玉顽烦了的，不能开心，惟有这件，宝玉不曾看见过。想毕，便走去到书坊内，把那古今小说并那飞燕，合德，武则天，杨贵妃的外传与那传奇角本买了许多来，引宝玉看。（第二十三回）
>
> 黛玉听了这些话，也知宝玉是为自己开心，也不好推，也不好任，因说道："我任凭怎么没见世面，也到不了这步田地，因送的东西少，就生气伤心。我又不是两三岁的小孩子，你也忒把人看得小气了。我有我的缘故，你那里知道。"（第六十七回）
>
> 紫鹃这话原给黛玉开心，不料这几句话更提起黛玉初来时和宝玉的旧事来，一发珠泪连绵起来。（第八十七回）

---

① 类似结构的词组或词还有"开怀""开眉""开颐""开罋""开窍"等。
② 董秀芳《词汇化：汉语双音词的衍生和发展》，四川民族出版社，2002年，第181页。

例中"开心"既可看作词组,也可看作词,处于由动宾词组渐凝固成词的过程中。再如:

> 凤姐笑道:"回来吃螃蟹,恐积了冷在心里,讨老祖宗笑一笑开开心,一高兴多吃两个就无妨了。"贾母笑道:"明儿叫你日夜跟着我,我倒常笑笑觉的开心,不许回家去。"(第三十八回)

此例中"开开心"是动宾词组,"开心"则已凝固成词。"开心"一词可用作动词。如《红楼梦》第十七至十八回:"前面贾母一片声找宝玉。众奶娘丫鬟们忙回说:'在林姑娘房里呢。'贾母听说道:'好,好,好!让他姊妹们一处顽顽罢。才他老子拘了他这半天,让他开心一会子罢。只别叫他们拌嘴,不许扭了他。'"又第八十六回:"黛玉笑道:'说这些倒也开心,也没有什么劳神的。只是怕我只管说,你只管不懂呢。'"也可做形容词。如《红楼梦》第三十六回:"龄官起身问是什么,贾蔷道:'买了雀儿你顽,省得天天闷闷的无个开心。我先顽个你看。'说着,便拿些谷子哄的那个雀儿在戏台上乱串,衔鬼脸旗帜。"文康《儿女英雄传》第三十二回:"人家二叔今日给送行,你老人家不说找个开心的兴头话儿说说,且提八百年后这些没要紧的事作甚么?"李宝嘉《官场现形记》第十回:"再说陶子尧自从接到电报,打发管家去找魏翩仞去后,独自一个坐在栈房,甚是开心。""开心"除用作谓语和宾语外,又可做状语。如《红楼梦》第六十三回:"芳官笑道:'既这样着,你该去操习弓马,学些武艺,挺身出去拿几个反叛来,岂不尽忠效力了。何必借我们,你鼓唇摇舌的,自己开心作戏,却说是称功颂德呢。'"

"开心"一词由"心情快乐舒畅"义引申又有"戏弄别人取乐"义,早期用例见于清代。如《红楼梦》第三十四回:"林黛玉急的跺脚,悄悄的说道:'你瞧瞧我的眼睛,又该他取笑开心呢。'宝玉听说赶忙的放手。"嫏环山樵《补红楼梦》第十三回:"史大妹妹,他惯会拿咱们老实人取笑儿开心,也只好由他说去罢了。"吴趼人《二十年目睹之怪现状》第二十四回:"那里还有甚么东西!这明明是部里拿他开心罢了。"李宝嘉《官场现形记》第三回:"老哥,你别拿人开心,谁不知道戴二太爷一向是一清如水,谁见你受过人家的谢礼!"

从历时的角度看,现代汉语中的复合词大多是由词组词汇化凝固而成,词组词汇化反映了汉语词汇由单音节向双音节发展的趋势,很多双音词在发展过程中都经历了一个从非词的分立的句法层面的单位到凝固的单一的词汇单位的语法化过程,即由短语词或词组演变为词。从短语词或词组义到词义的语义演变包括了一个隐喻抽象化的过程，即语义由长度认知域延伸到品格、特性等其他更为抽象的认知域。这种变化符合人们从个别到一般、从具体到抽象的认知模式。在词组或短语词凝固成词的过程中，其原有词义的理据随着其结构功能的语法化而模糊化，彼此间在意义上具有更多的相似和相关性，结果导致其原有形式的句法范畴发生改变，由一个非词形式变为词。由单音词"开"与"心"合成的双音词"开心"也体现了一个由词组或短语词义逐渐凝固成词的变化过程。认知心理学的研究表明，当构成一个句法单位或者虽不构成一个句法单位但在线性顺序上邻接的两个词由于某种原因经常在一起出现时，语言使用者就有可能将其视作一个整体而不再对其作内部结构的分析，这样就使得二者之间原有的语法距离缩短或消失，最终导致原来的语法结构功能的虚化，进而由相邻接的两个词凝固为一个双音词。

　　就人的认知而言，"开心"的凝固成词还涉及"心之官则思"的"心"。由于抽象层面上"心"的认知无法通过直接观察或接触来进行，人类主要借助隐喻的方式来认知和理解外界事物。根据认知语言学的观点，隐喻是从一个概念域向另一个概念域的结构映射，其认知立足点是"意象图式"，这些图式均产生于人类的基本经验，来源于人类的日常生活并由此获得意义。隐喻的本质是一种跨越不同概念领域间的映像关系，这种介于两个概念领域里实体间的对应使得人们能够运用来源域（source domain）里的知识结构来彰显目标域（target domain）里的知识结构，从而借某一类事物来了解另一类事物。"开"与"心"组成动宾词组，进而凝固成词表"心情快乐舒畅"义也借助了隐喻的方式。王文斌曾对汉语"心"的空间隐喻结构作过探讨，指出汉语常常将"心"隐喻为一个容器，"心"在隐喻为"心房""心室"作为房屋时就附有房屋的特征，有"心门""心坎""心扉"等词语，而"门"可开合，所以有"开心""关心"的说法。①

　　"开"与"心"由表"开启心智"和"开露心意"的动宾词组借助"门"可开合的隐喻方式凝固成词，"关心"一词的成词理据则与"开心"不同，"关心"的"关"不是"合闭、关闭"。考《说文·门部》："关（關），以木横持门户也。"段玉裁注："凡立乎此而交彼曰关。""关"有"交"的关联义。如《韩非子·六反》："亲以厚爱关子于安利

---

① 王文斌《论汉语"心"的空间隐喻的结构化》，《解放军外国语学院学报》，2001年第1期。

而不听，君以无爱利求民之死力而令行。"例中"关"有"处置，安排"义。又如《后汉书·张升传》："升少好学，多关览而任情不羁。"李贤注："关，涉也。"裴骃《史记集解序》："岂足以关诸畜德，庶贤无所用心而已。"司马贞索隐："关，预也。"李白《猛虎行》："肠断非关陇头水，泪下不为雍门琴。"诸例中"关"皆有"关涉""关联"义。"关心"最初也是动宾词组，意谓"关涉于心"。如《坛经·般若品》："憎爱不关心，长伸两脚卧。"又如《北齐书·李元忠传》："元忠虽居要任，初不以物务干怀，唯以声酒自娱，大率常醉，家事大小，了不关心。"组成"关心"这一动宾词组中的动词"关"和名词"心"也都是抽象的，① 故后由表"关涉、关联的心情"义引申而有表示"（把人或事物）常放在心上的重视爱护"义，渐由句法单位转变为词汇单位，大约亦在清代由词组义凝固成为现代汉语中的常用词。如清陈其元《庸闲斋笔记》卷一："公关心桑梓，於海塘一事，讲究不遗余力。"又如《清史稿·周祖培传》："祖培疏言怡亲王载垣等拟定'祺祥'年号，意义重复，请更正。诏嘉其关心典礼。"②

"开"有"悦"义，"心之开发"为"忻"，"开启心智"即"开心"。心智开启则舒畅，"开心"又借助隐喻的方式，由表"开启心智"和"开露心意"的词组义引申而有"使心情快乐舒畅"义，由动宾词组凝固成词。

在文白系统的转变中，词汇作为语言的建筑材料，既具有历史的继承性，同时又处在经常的变化与发展之中。语言的词汇是不断发展的，词汇发展的主要方式是创造新词，而白话系统中新词的创造是在文言已有的语言材料和构词方法的基础上进行的。人类的词汇不只是大量随意记下的表述单位及相关的意义，在人类概念系统和语言系统之中，大部分意义单位既不是彻底任意性的，也不是彻底组合的，而是在某种程度上具有其理据性。理据联系使形式单位与意义单位之间、各个词义之间的联系合理化，构成语言词汇的主干。因此，新词的语音形式和意义内容的关系就往往不是偶然的，而是历史地形成的。这在白话中新出现的双音复合词中表现得尤为明显。双音复合词既然是由两个语素融合而成，其词义就必然与这两个语素义有直接或间接的联系。同一语素，其独立成词与构成双音复合词时的表意功能总会有或多或少、或大或小、

---

① 董秀芳《词汇化：汉语双音词的衍生和发展》，四川民族出版社，2002年，第183—184页。

② 《汉语大词典》未收此词，可据补。

或明或暗的变化。不同的复合词不仅其内部语素融合的程度高低不等，而且融合的方式也是因词而异的。语素在融合过程中，由于结合体的整体化要求以及语素间的相互影响和作用，会产生功能同化、功能异化、语义同化、弱化、虚化和脱落等各种各样的变化。下以"睡觉"为例略作探讨。

现代汉语中表示"进入睡眠状态"的复音词"睡觉"，本是"睡"和"觉"两个单音词组成的词组。"觉"的本义是"睡醒"，《说文·见部》说："觉，寤也。从见，学省声。一曰发也。"《玄应音义》卷三说："觉，寤也。谓眠后觉也。"如《诗·王风·兔爰》："尚寐无觉。""睡"的本义是"坐着打瞌睡"，《说文·目部》说："睡，坐寐也。从目、垂。"徐锴系传："从目，垂声。"段玉裁注："知为坐寐者，以其字从垂也……此以会意包形声也。"由"坐着打瞌睡"义引申而有"睡眠"义。如《庄子·列御寇》："夫千金之珠，必在九重之渊，而骊龙颔下，子能得珠者，必遭其睡也。"① 在古代汉语中，"睡"和"觉"常对举连用。如《水经注》卷一九"渭水下"引《春秋后传》说："郑容如睡觉，而见宫阙，若王者之居焉。"例中"睡"与"觉"相对。又如《祖堂集》卷一〇说鼓山和尚"至年十五，偶因抱疾，梦神人与药，睡觉顿愈"。由于"觉"在语境上总是后发生，形成"睡"和"觉"语法位置上的先后，在语言的具体使用过程中"觉"渐演变为补充"睡"的语义，成为动补结构，其词义也渐由实变虚。在这个动补结构中，"睡"处于主要语义的地位，"觉"处于次要语义的地位。"觉"受"睡"的影响而有"睡眠"义，由表"醒悟"义的动词虚化为表"从睡着到睡醒的睡眠"义，考《慧琳音义》卷七八引顾野王云："觉，言眠寐也。"随着"觉"词义的虚化，"觉"由表"醒悟"义的动词虚化为表示"睡眠"的名词。如五代钟辐《卜算子慢》："倚屏山，和衣睡觉，醺醺暗消残酒。"② 例

---

① 汪维辉《东汉——隋常用词演变研究》说，先秦汉语表示"睡觉"最常用的词是"寝"。战国开始出现"卧、睡、眠（瞑）"三个新词。从战国后期起，"卧"逐渐战胜"寝"，并在两汉时期成为表"睡觉"义的主导词。东汉三国时期，"卧""眠""睡"三者混用，但"睡"始终处于次要的地位。晋代以后，"眠"渐占上风，到南北朝后期基本取代"卧"，口语和书面语都以用"眠"为主了。在唐以后的近代汉语阶段，"睡"又替代了"眠"而成为现代汉语表"睡觉"义的唯一口语词。粗略地说，这组词在汉语发展史上经历了三次更替：寝（战国以前）——卧（战国两汉）——眠（魏晋南北朝）——睡（近现代汉语）。

② 《全唐诗》卷八九一，中华书局，1960年，第10071页；张璋、黄畲编《全唐五代词》，上海古籍出版社，1986年，第497页。

中"睡觉"可看作词组表"睡醒"义，又可看作表示"睡眠"义的偏义复合词，"觉"似已虚化为一种语法功能上的补足构词成分，趋于与"睡"凝固为一个词。①。由于"睡"和"觉"常并举连用表"睡醒"的意思，从睡到醒的睡眠过程而言，"觉"在语境上总是后发生，形成"睡"和"觉"语法位置上的先后，在语言的具体使用过程中，"觉"的动词性减弱，渐演变为补充"睡"的语义，由并列结构成为动补结构，其词义也渐由实变虚。在这个动补结构中，"睡"处于主要语义的地位，"觉"处于次要语义的地位，且一次睡眠过程由睡到觉组成，"觉"受"睡"的影响而有"睡眠"义，由表"醒悟"义的动词虚化为表"从睡着到睡醒的睡眠"义。②

"觉"从动词到名词的演变充分表现了汉语没有印欧语那样的形态限制，汉语分析性的语言类型特点决定了汉语的词汇和语法密切相关，各个语法成分之间没有截然的界限，功能和词性的变化比较自由。由于一次睡眠就是醒一次，"觉"由表"从睡着到睡醒"的睡眠义又进而虚化为表"从睡着到睡醒的睡一觉"的动量词义。③ "觉"由表"睡醒"义到"从睡着到睡醒"义进而表示睡眠的次数，词义由实到虚，这符合由动词演变为动量词的规律。如唐白居易《何处堪避暑》诗："日高饥始食，食尽饱还游。游罢睡一觉，觉来茶一瓯。"诗中前一个"觉"已虚化为动量词，后一个"觉"仍为表"睡醒"义的动词。又如《游宦纪闻》卷二载，唐庄宗时，有进六目龟者，敬新磨献口号云："不要闹！不要闹！听取龟儿口号：'六只眼儿，睡一觉抵别人三觉'。"《汉语大字典》释"觉"的量词义为"睡眠一次为一觉"，引《列子·周穆王》为最早用例。《列子》一书一般认为是晋人所作，《汉语大字典》引文为："西极之南有国焉，其民不食不衣而多眠，五旬一觉。"检原文为："西极之南隅有国焉，不知境界之所接，名古莽之国。阴阳之气所不交，故

---

① "睡觉"一词就从睡到醒的睡眠过程而言，也可看成是并列复合词。

② "觉"虽受"睡"的影响而有"睡眠"义，但并不等于"睡"。如"午睡"并不完全等于"午觉"，"午睡"偏重于睡眠的动作，"午觉"偏重于睡眠的过程。

③ 关于"睡觉"一词的成词年代，王锳《关于"睡觉"成词的年代》认为，"睡觉"凝为一词表睡眠义的用法始自北宋。(《中国语文》，1997 年第 4 期) 郑奠《汉语词汇史随笔(二)》认为："光说'睡觉'，中间不夹'一'字，倒是出现在后。""'睡'或'眠'和'觉'联用而义同'睡眠'，最初并未以一个复合词的形式出现，而是采取'睡(眠)一觉'或'一觉睡(眠)'的形式。其中'觉'字用来表示睡的段落，起量词的作用，同时也仍然或多或少地保存些睡醒的意思。"(《中国语文》，1957 年第 7 期)

寒暑亡辨；日月之光所不照，故昼夜亡辨。其民不食不衣而多眠。五旬一觉，以梦中所为者实，觉之所见者妄。"① 王绍新《从几个例词看唐代动量词的发展》一文将"以梦中所为者实，觉之所见者妄"标点为"以梦中所为者实觉之所见者，妄"。根据文义，似有不确之处。"所为者实"与"所见者妄"结构上似是对称的，且下文说到"四海之齐谓中央之国"，其民"一觉一寐，以为觉之所为者实，梦之所见者妄"。王先生认为例中"五旬一觉"的"觉"义为"睡醒"，"一觉"乃状动结构，非数量结构。② 王先生的说法也有一定的根据，但似尚不能完全否定《汉语大字典》的释义。语言中词义的演变往往不是一蹴而成的，而有一个渐变的过渡过程，即由量变的积累到质变的实现。词义在由旧义引申为新义时大都有一个义域重合的过程，因而在词义演变发展的某个阶段常常会出现新词义和旧词义两可并存的现象。《列子》一书中"五旬一觉"的"觉"可以说，即介于由表"醒悟"义的动词向表"睡眠"（指从睡着到睡醒）义的名词演变的临界状态，既可视为状动结构，释为"五旬一醒"，又可视为数量结构，释为"五旬为一觉"。至于杜牧《遣怀》诗"十年一觉扬州梦，赢得青楼薄幸名"中的"觉"，亦同样可以看作处于由表"醒悟"义的动词虚化为名词"睡眠"和动量词"睡一觉"的义域重合的演变状态中。"十年一觉扬州梦"可以释为"十年扬州生活恍如一场梦醒"，也可以释为"十年扬州生活恍如一场睡梦"。"十年"言其长，"一觉"言其短，恰切地表达了诗人所要排遣的"往事不堪回首"之情怀。

"睡觉"的词义何以能发生这种变化？杨守静《"睡觉"古今音义漫议》一文认为，这与新词"睡醒"的产生有关。"醒"本义是"酒醒"，引申而有"睡醒"义。"醒"的"睡醒"义产生后，逐渐取代了原来表"睡醒"义的"觉"，从而引起词义系统的调整。③ 至于"醒"何以能取代"觉"在词义系统中原有的位置，这与"觉"的词义发展有关。"觉"在《诗经》等先秦古籍中已出现，其所表的本义"睡醒"是个自动词，引申而有"领悟"和"启悟"义，因而又含有"使醒悟"义，成为一个他动词。战国时又与"悟"组成同义并列复合词。如《荀子·成相》："不觉悟，不知苦，迷惑失指易上下。"例中"觉悟"为"自己领悟"义。又如《国语·吴语》："王若不得志于齐，而以觉寤王心，而吴国犹

---

① 《列子集释》，中华书局，1979 年，第 104 页。

② 王绍新《从几个例词看唐代动量词的发展》，《古汉语语法论集》，语文出版社，1998 年，第 662 页。

③ 杨守静《"睡觉"古今音义漫议》，《中国语文》，1996 年，第 5 期。

世。"例中"觉寤"即"觉悟",有"使领悟"义。两汉时使用渐广,佛教传入中国后,又蕴有宗教的意味。如南朝宋慧严等译《大般涅槃经》:"佛者名觉,既自觉悟,复能觉他。"① 其时,"觉"在语言运用中表示"领悟"和"启悟"义的频率渐渐超过其所表的"睡醒"义。鉴于语言表意的明确性,"觉"所表的"睡醒"义渐为"醒"取代,"觉"亦渐由表"睡醒"的动词义演变为表示从睡着到睡醒的"睡眠"义和"睡一觉"的动量词词义。

随着"觉"表示"睡眠"的名词和"睡一觉"的动量词词义的产生,至宋明时,"睡觉"这一词组中,"觉"表"睡醒"的词义已大致消失,表"睡眠"义的用例渐多。如《太平广记》卷三八《续生》:"续生向夕来卧,冬日飞霜著体,睡觉则汗气冲发。"②《齐东野语·崔福》:"会夜大雪,方与婴儿同榻,儿寒夜啼,不得睡觉。"《老乞大新释》:"主人家点灯来,我好收拾睡觉。"又:"你看这个时候却又将晚了。这里到夏店,还有十里来地。若到不去,就路北那人家,寻个睡觉处罢。"《西游记》第五回:"我等且紧紧防守,饱食一顿,安心睡觉,养养精神。"考宋张君房《云笈七签》卷一○六《马明生真人传》载齐国临淄人马明生得道后白日升天,临去著诗云:"太和何久长,人命将不永。譬如朝露晞,奄忽睡觉顷。"③ 例中"睡觉顷"意谓"一觉睡醒的顷刻之间"。元赵道一编《历世真仙体道通鉴》卷一三《马明生》载此诗把"睡觉顷"改为"睡觉醒",④ 说明其时"睡觉"已凝固成词,"觉"已完全虚化,"睡觉"用作名词,指从睡着到睡醒的过程,故改为"睡觉醒","睡觉"和"醒"组成主谓结构,表示从睡眠中醒来,就像"月亮"的"亮"在"月亮亮"中一样。

从语音的角度看,"觉"由表"醒悟"义的动词虚化为表示"睡眠"的名词和"睡一觉"的动量词,其读音也有所分化。据唐作藩说,"觉"在上古属觉部见母入声。⑤ 高本汉说,"觉"的"睡醒"义有两读,一种读法由中古的 kɔk 演变为现代汉语的 jué;另一种读法由中古的 kau

---

① 郑奠《汉语词汇史随笔》,《中国语文》,1957年第7期。
② 王锳《关于"睡觉"成词的年代》,《中国语文》,1997年第4期。
③ 《云笈七签》,《四部丛刊》初编子部。又载明冯惟讷《古诗纪》卷一四一《外集》一。
④ 《历世真仙体道通鉴》,载《道藏·洞真部记传类》,文物出版社、上海书店、天津古籍出版社,1988年,第5册第177页下栏。
⑤ 《上古音手册》,江苏人民出版社,1982年,第60页、68页。

演变为现代汉语的 jiào。① 据《广韵》载，"觉"在中古读古岳切，属觉韵见母，入声；又可读古孝切，属效韵见母，去声。"觉"的语音演变也是语言学上一个值得深入探讨的课题。潘悟云认为语音的演变有其内在的客观规律性，指出上古汉语的音节不等长，有长元音和短元音之别。上古存在复辅音，后来复辅音消失，一大批长音节随之消失，汉语的音节亦趋于等长。这种音节等长的运动也带动短元音音节的长度向长元音音节靠拢，于是有些音节前元音就多了个过渡音（glide）ɯ。ɯ是一个不正则元音，它会向着正则元音 i 的方向变化，在汉语史上多次发生过音变：ɯ＞ɨ＞i。"觉"在中古是二等韵。中古二等韵字的介音是 -r-。二等字的主元音后来几乎都向着前元音的方向变化，促使这种变化产生的实际上是介音 ɯ。ɯ 经过 ɨ，后来变成了 i。ɯ 在向 i 变化的过程中带动后头的元音一道前化。如江韵的变化就是：kroŋ＞kɯɔŋ＞kiaŋ。"觉"的主元音是 u，在中古是二等韵，上古有两种形态，一为 kruk，一为 kruks。汉语的去声字在上古都带 s 尾。② 因而，现代汉语中"觉"的 jué 和 jiào 的两种读音皆源自上古，其演变过程一为 kruk＞kɯɔk＞tɕy，一为 kruks＞kruh＞kɯau＞tɕiau。考《广韵》在"觉"读入声的觉韵下云："晓也，大也，明也，寤也，知也。古岳切，又古孝切。"在读去声的效韵下则云："睡觉。又音角。"③ 这说明其时"觉"有两种读法，表"睡觉"义以去声效韵为主。随着"觉"表示"睡眠"的名词和"睡一觉"的动量词词义的产生，"觉"的读音也随其义的演变而相应地分化为现代汉语中的 jué 和 jiào。据《中原音韵》载，觉悟义的"觉"是萧豪韵的上声字，由《广韵》的古岳切发展而来，今读 jué；睡醒义的"觉"是萧豪韵的去声字，由《广韵》的古孝切发展而来，今读 jiào。④

"睡觉"这一词组凝固成词后，一直沿用至今。然从语法的角度看，现代汉语中组成"睡觉"的两个语素成分可以拆开，可以变换位置，组成短语，如"睡午觉""睡了一大觉""睡懒觉""觉睡够了"，但是组成"睡觉"的两个语素成分又已凝固成单一的词义，难以将其词义再分割开来分别给与组成此词的两个语素成分。吕叔湘《汉语语法分析问题》一文论及"睡觉"这一类的词时说，从词汇的角度看，"可以算做一个

---

① 《汉文典》，上海辞书出版社，1997年，第460页。
② 潘悟云《汉语历史音韵学》，上海教育出版社，2000年。
③ 《钜宋广韵》，上海古籍出版社，1983年，第337页、324页。
④ 杨守静《"睡觉"古今音义漫议》，《中国语文》，1996年第5期；曹剑芬《读〈"睡觉"古今音义漫议〉有感》，《中国语文》，1997年第3期。

词,可是从语法的角度看,不得不认为这些组合是短语"。他认为"睡觉"一词"词汇上可以认为是一个词,而语法上宁可认为是一个短语"。①"睡觉"一词何以会有此语法和词汇上的矛盾呢?这与其词义结构有关。复合词有两个构词要素,一是至少两个语素,二是一定的构词原则,二者不可或缺。语素承担意义,依一定的构词规则结合成词。语素同意义关系密切,但不等于说它只是意义单位。正如词不但是意义单位而且是语法单位一样,语素作为复合词的组成部分同样也是一个语法单位。作为语法单位,复合词中的每一个语素都有使这个复合词完整定型的作用。"睡觉"虚化为偏义复词后,"觉"原承载的语素义所具有的语义和语法信息功能并未完全丧失,在词中仍有提示意义和标志区别的作用,只不过是其在词汇表意系统内部调整中的分工有了改变。正是其原来所含语义的虚化以及其与"睡"并举连用而有的"睡眠"义,导致了"睡觉"一词内部结构的变化。一方面"睡觉"凝固成一个偏义复音词,词义相当于"睡"的"睡眠"义,"觉"的"睡醒"义虚化失落;另一方面,"觉"由"睡"衍生所获的"睡眠"义使"觉"由表"睡醒"的动词变成了表"睡眠"的名词,"睡觉"由并列结构经由"睡一觉"和"一觉睡"的形式而演变为动宾结构。②

"睡觉"由并列结构的词组演变为动宾结构的复音词,这是汉语文白演变中一个有趣的语言现象。一般认为词的本义是其词义系统的核心和其词义演变发展的起点,然而"睡觉"一词词义的衍变递嬗启示我们,词义生成的机制既可能在于其本身意义系统的内部,也可能来自其与其他词的外部联系。词义的演变不仅与其本义有关,也与其和其他词的组合关系有关,甚至也可能与其语言语义结构格局的调整有关。③

由于口语对书面语的渗透是一个漫长的历史过程,词义系统中口语成分与书面语成分往往会长期共存。在书面语的共时平面里往往还杂糅着口语的多层历史累积,各个层次的成分又互相影响、互相作用。因而在书面语文白系统中既有不同层次的同义异构的竞争,又有同一层次里同义异构的演变关系。也就是说,文白系统中有些差异也可能是不同的语言相互渗透和融合而形成。

---

① 吕叔湘《汉语语法论文集》,商务印书馆,1984年,第499、503页。
② 郑奠《汉语词汇史随笔(二)》说:"光说'睡觉',中间不夹'一'字,倒是出现在后。"(《中国语文》,1957年第7期)
③ 如果从由睡到醒的睡眠过程分析,也可看成是并列复合词。《汉语大词典》释"睡觉"一词的首见书证为茅盾的《子夜》,偏晚。

如"狗"在先秦典籍已出现。《国语·齐语》："美金以铸剑戟，试诸狗马。"《左传·闵公三年》："牛羊豕鸡狗皆三百。"甲骨文、金文和《诗经》《尚书》中作"犬"。如《殷墟甲骨文字乙编》二六三九片："贞，方帝一羌二犬，卯一牛？"《员鼎》："王令员执犬。""犬"的中古音是 khiwen，"狗"的中古音是 kəu。Haudricourt，Andre《东北部南亚语的界限和联系》一文指出，"狗"的苗瑶语读音与孟语口语 kla 及书面孟语 kluiw 有关，① Downer，G. B《瑶语勉方言中汉语借词的层次》一文也指出，瑶语的"狗"读音与汉语相似，② 罗杰瑞《汉语概说》认为，同一层次里同义异构的演变"狗"是从现在的苗瑶语祖先那儿来的早期借词，先秦时"犬"是汉语的基本词汇，③ 战国时渐出现"狗"取代"犬"的趋势。《韩非子》中有 4 个"犬"字，25 个"狗"字。作通称用"犬"，如"牛马犬彘"；"狗"则往往用于带有一定感情色彩的场合，如"重赋敛以饰子女狗马"，且引申有抽象的比喻义，用来指人，如"夫国亦有狗，且左右皆社鼠也"。大约在汉代，"狗"已大抵完成取代"犬"的过程。如汉代民歌《十五从军征》"兔从狗窦入"，《有所思》："鸡鸣狗吠，兄嫂当知之"等。又如《韩非子·内储下》中的"狡兔尽则良犬烹"，《史记·越王勾践世家》改为"狡兔死，走狗烹"，《淮阴侯列传》中改为"良狗烹"。《老子》中的"鸡犬之声相闻"，《史记·货殖列传》中改为"鸡狗之声相闻"。《左传·宣公二年》中赵盾所说"弃人用犬，虽猛何为"，《史记·晋世家》中改为"弃人用狗，虽猛何为"。由于"狗"在口语中使用更为普遍，在书面的记载中使用的频率超过了"犬"，尤其在口语色彩较浓的民歌等白话文献中，通常用"狗"不用"犬"，因而在"狗"与"犬"这两个不同层次的词并存的同义异构竞争中，由于语言的相互渗透、相互融合，"狗"取得了作为共同语的地位。

西汉张骞出使西域，汉语中吸纳了一些西域的名物词，如"蒲桃（葡萄）、石榴、苜蓿、豆蔻、酥、狮子、琥珀、玻璨"等。东汉佛教东传，"法、空、业、因、缘、禅、偈"等一批佛教词语进入汉语，丁福保《佛学大辞典》就收有近 3 万条，这些词中的"信仰、现在、觉悟、

---

① Haudricourt，Andre《东北部南亚语的界限和联系》(The Limits and Connections of Austroasiatic in the Northeast)，The Hague：Mouton (1966)。

② Downer，G. B《瑶语勉方言中汉语借词的层次》(Strata of Chinese Loan Words in the Mien Dialect of Yao)，Asia Major 18 (1973)。

③ 罗杰瑞《汉语概说》，语文出版社，1995 年，第 17 页。

法宝、平等"等已成为汉语中的通用语。明清西学东渐,汉语中更出现了大量的新词新义,如"科学、自由、民主、人权、进步、进化、民族、社会、文明、革命、伦理、政治、经济、概念、推理"等。这些词都不见于文言系统,也构成了文白系统的不同。这些新词中有不少"是由汉语古典词衍生而成的,历经了从古典义向现代义的转换,而外来概念对固有语的意义渗透和改铸,是导致这种转换的重要助力"。① 如"自由"由表达"不受拘束,自己就可以做决定"义扩展到法律、政治等领域,渗透有"在法律和制度的规定范围内自己的意志活动不受限制"和"政治活动不受国家权力的干涉"义,哲学上又指"对自然的认识和对客观世界的改造"。下文再以"民主"为例略作探讨。

"民主"一词是现代汉语中的常用词,最初是一个偏正词组,即民之主,指民之主宰者。汉语双音词往往是由两个单音词的临时组合而逐渐固定下来的,其最初尚是一个词组,搭配灵活,单音词与单音词之间可以自由搭配,其各自所表示的词义在由其组合成的词组中有所虚化。随着两个单音词之间的搭配关系逐渐固定,这两个单音词也就由临时组合的词组凝固成一个词,由其组合成的词组义在其各自原来表示的具体义基础上进一步抽象虚化或简化,从而形成了由其所组成的复合词的词义。② 表示民之主宰者的"民"和"主"作为在线性顺序上相邻接的两个词,由于经常出现在一起,导致其各自所表示的词义渐趋虚化,而由其组合所表的"民之主宰者",作为其共有义渐趋凝固成为复合词,用以指称帝王、君主。如《书·多方》:"天惟时求民主,乃大降显休命于成汤。"《左传·文公十七年》:"齐君之语偷。臧文仲有言曰:'民主偷必死。'"清末民初,西学东渐,"民主"一词也被用来对译英语中的 democracy。Democracy 源于希腊文 demokratia,由 demos(意指人,people)和 kratos(意指统治,rule)两个词合成。据雷蒙·威廉斯《关键词——文化与社会的词汇》一书说,1531 年埃利奥特(Elyot)以希腊为例,把此词定义为:"一种存在于雅典人中的公众福祉,在这之中人人平等……这种统治方式在希腊文被称为 Democratia,在拉丁文被称为 Popularis potentia,在英文被称为 rule of the comminaltie。"③ 显然,英语 democracy 的词义与汉语"民主"一词的"民之主"义正好相反,

---

① 冯天瑜《新语探源》,中华书局,2004 年,第 525—526 页。
② 徐时仪《论词组结构功能的虚化》,《复旦学报》,1998 年第 5 期。
③ 雷蒙·威廉斯《关键词——文化与社会的词汇》,生活·读书·新知三联书店,2005 年,第 110 页。

这是由于英语 democracy 译为汉语时是取其源于希腊文的词根 demos 对译"民"（people），kratos 对译"主"（rule），进而合成"人民统治"之义。"民主"对译 demos 和 people 在句法位置即外部形式上虽没有改变，但语境义已是"人民统治"义，在语境的作用下其表达语义的结构功能有所调整，由偏正结构的"民之主"义经重新分析而变为主谓结构的"民做主"义，用以指西方的现代政治制度，有"多数人的统治、人民行使权力共同治理国家"义，蕴含着一种新的政治观念，体现着一种现代文化的人文精神。《现代汉语词典》诠释此词有两个义项，一为指人民有参与国事或对国事有自由发表意见的权利，二为合于民主原则。①

第一次用"民主"指西方现代政治制度的中文文献是惠顿（Henry Wheaton）所著《万国公法》中译本。② 据金观涛、刘青峰系统检查《万国公法》中出现的 17 次"民主"，发现"它有时同时包含 republic 和 democracy 两种意义"。又据金观涛、刘青峰对 1915 年以前"民主"一词意义变化进行的分类统计，从 1864 年到 1915 年间，"民主"一词有四种含义：一为中国传统政治文化中"民主"一词的本义"民之主"，即皇帝，1860 年后就很少使用了。二是指西方民选的最高统治者，1895 年至 1898 年间常使用此意义。第三表达与君主世袭制对立的西方政治制度，即接受了《万国公法》用"民主"同时指涉 democracy 和 republic 的传统。第四种是"民做主"，在 1896 年以后常用。特别值得指出的是，1870 年至 1890 年常用"民主"一词称西方民选的最高国家元首，③ 这可以说是"民主"一词由其原所指称的"帝王、君主"义引申为"民做主"义的关键一环。由于中国历来没有民选最高统治者的政治传统，所谓的"帝王、君主"都是自封的"民之主"，因而"民主"在指称"帝王、君主"义时实际上在语义上还可切分为"民之主"，尚

---

① 中国社会科学院语言研究所词典编辑室编《现代汉语词典》第 5 版，商务印书馆，2005 年。下同。

② Henry Wheaton, LL. D. *Elements of International Law with a Sketch of the History of the Science*. Philadelphia: Carey, Lea and Blanchchard, 1836。1864 年，美国学者、翻译家、任中国同文馆总教习达 25 年之久的丁韪良翻译惠顿的《万国公法》时，多次用"民主"一词对译英语的 democracy，如"若民主之国，则公举首领官长，均由自主，一循国法"等。王芝《海客日谭》也用"民主"译 democracy，光绪二年（1876）刻本。

③ 金观涛、刘青峰《中国近现代观念起源研究和数据库方法》，《史学月刊》，2005 年第 5 期。

未完全凝固成词,"民主"由词组凝固成词是西学东渐的词义演变促成的,即当其用来称西方民选的最高国家元首,进而用来指西方现代政治制度时,才最终由词组凝固成词。

凡是反映政治观念的词语,其词义都会对人类社会的发展产生或多或少直接和间接的影响,有的甚至于会产生相当巨大的影响。如"革命"作为动宾词组在中国古典话语系统中是改朝换代的非常手段,即变更天命。西学东渐时用来翻译英语中的 revolution,于是产生了《现代汉语词典》所释"被压迫阶级用暴力夺取政权,摧毁旧的腐朽的社会制度,建立新的进步的社会制度"义。据陈建华《"革命"的现代性》一书考探,"英语 revolution 一词源自拉丁文 revolvere,指天体周而复始的时空运动",① 这一英语词语的内涵自 14 世纪到 18 世纪经历了从"叛乱"到政治"变革"的转变,含有和平渐进与剧烈颠覆的不同词义。② "民主"作为一个政治观念术语,对其词义的不同理解同样也对中国社会的发展产生不同的影响。

民,甲骨文作 ᕝ,金文作民,像有刃物刺目,本字为"盲"。《说文》:"民,众萌也。"③ 民、萌、盲古时通训。民,本义可释为不甘屈服的愚戆奴隶,故奴隶主为便于统治,刺其一目致其残而用其劳动力。④ "民主"一词语义上由偏正结构的"民之主"义重新分析为主谓结构的"民做主"义,表明"民"已由被宰割的奴隶地位成为主宰人类命运的主人,这在人们的思想观念上可以说是一大巨变。然而"民主用于国家形式,即成为一种国家制度,与'专制'相对立。作为一种国家制度,民主总是体现统治阶级的意志,具有鲜明的阶级性"。⑤ 据雷蒙·威廉斯《关键词——文化与社会的词汇》一书说,democracy 的"意义一直都很复杂","除了少数的例外,一直到 19 世纪 democracy 仍然是一个带有贬义的词眼。自从 19 世纪末到 20 世纪初这段期间,多数的政党和政治流派才开始宣称他们相信 democracy(民主)的价值",

---

① 陈建华《"革命"的现代性》,上海古籍出版社,2000 年,第 7 页。
② 冯天瑜《"革命"、"共和":清民之际政治中坚概念的形成》,《武汉大学学报》(人文科学版),2002 年第 2 期。
③ 王筠《说文句读》:"《众经音义》曰:萌,冥昧皃也,言众庶无知也","民亦人之通称"。
④ 郭沫若《甲骨文研究·释宰臣》,何九盈等主编《汉字文化大观》,北京大学出版社,1995 年,第 183 页。
⑤ 《汉语大词典》第 6 册,汉语大词典出版社,1990 年,第 1422 页。

"democracy 的通行意义在 18 世纪末与 19 世纪初之前，都带有强烈的'阶级意识'意涵"，"democracy 的意涵事实上是经不同阶段不断延伸，才渐渐很明显是意指'有投票选出代表的权力'"，"要厘清'民主'的中心概念是一件很困难的事情，分析其词源演变虽然可以稍稍厘清，但却不能解决这个问题。在不同的世纪里，我们可以发现几乎所有的政治运动都宣称它们代表的是'民主的真谛'，而其中有无数其实是刻意扭曲'民主'的意义。他们表面上虽有'选举''代表制'与'授权'等'民主'形式，但实际上却只是在操弄这些形式；或者在名义上打着'群众力量''为民谋利的政府'的旗号，实际上却只是借此来掩盖他们的'官僚统治'或'寡头政治'的真面目"。① 又据金观涛、刘青峰考察，五四新文化运动中曾被认为与"科学"同等重要的"民主"一词使用频度相对较低，表明了民主观念远远没有如科学那样受到重视，且不同的时期所指的含义也不完全相同。这与人们对"民主"一词词义的理解有关，而这正可用来解释为什么民主观念及相应的制度建设一直步履维艰。

由于"民主"一词在英语中可对应 president 与 democracy 这两个迥然不同的词，而英语 democracy 在近代中国又有"民主"与"民权"两个词与之相对应。在相当长的时间里，中国思想家们极力区分"民主"与"民权"的意义，"民权"一词被理解为"民众的权力"，"民主"一词被理解为"民众做主人"。如在王韬、郑观应等人看来，"君为主，则必尧舜之君在上，而后可久安长治；民为主，则法制多纷更，心志专难壹；究其极，不无流弊。唯君民共治，上下相通，民隐得以上达，君惠亦得以下逮"，② 最为妥当。戊戌变法后，坚持走改良主义道路的梁启超仍致力于辨析"民主"与"民权"的词义差异，强调"民权与民主二者，其训诂绝异"。"民主"一词还可同时对应 democracy 和 republic，因而"republic（共和）"一度可指 democracy（民主）。"共和"原是西

---

① 雷蒙·威廉斯《关键词——文化与社会的词汇》，生活·读书·新知三联书店，2005 年，第 110—117 页。
② 王韬《弢园文录外编》，中华书局，1959 年，第 23 页。

周的一个年号，又是"共和行政"的简称。① 西学东渐时，以此词指共和制。"republic（共和）"源自拉丁文 res publica，原意为把政治视为公共事物，在 19 世纪前具有精英主义的色彩，其内涵词义比"民主"更符合推动和参与中国政治改制的士大夫阶层的强烈精英政治倾向和道德精英主义，1911 年辛亥革命爆发后，将西方议会制引进中国，为大多数社会精英所推崇，而袁世凯称帝和张勋复辟又使"共和"一词失宠。据金观涛、刘青峰的考察，1915 年以前民主观念是包含共和的。1898 年以后，即自戊戌以来，"民主"的"民做主"义所占比重虽然明显增加，但人们对其的评价基本是负面的。1915 年之后，"民主"和"共和"互相排斥。新文化运动之后，"在和共和对立的民主观念中，突出的只是大众参与和民选国家元首制度，至今它仍然支配着大多数中国人对民主的理解"。② 这种种复杂而微妙的社会变革、文化冲突、思想斗争就是造成这一语言现象的根本原因。辛亥革命时期，不少革命派也沿用了"民权"一词，如孙中山提出了著名的"民权主义"，但这时期"民权"的词义内容已不再是改良派通常意义上的可以与"君权"共处共存的"民权"，而是以推翻君权、建立民国为内涵的"民权"。"民主""民权"这两个新词语创造、流行和演变的过程，不仅反映了这一时期中国人在中西文化碰撞、交流背景下对西方资本主义民主制度日益加深的认识，而且显示了早期改良派与后期革命派截然不同的政治主张，从而也记录了这一时期中国社会文化生活的深刻变化。③ 从"民主"一词所反映的人们民主观念的变迁，可以看到中国传统价值观念在西方现代思想冲击下变迁的复杂性。

"民主"一词在现代汉语中，除了《现代汉语词典》所释"指人民有参与国事或对国事有自由发表意见的权利"和"合于民主原则"这两个词义外，还有一个特指义，即"在民主主义革命时期为了共同目标在

---

① 共和的由来有两说：（1）因厉王出奔后召公、周公二相共同执政。《史记·周本纪》："召公、周公二相行政，号曰'共和'。"（2）因由共伯和代理政事。宋王应麟《诗地理考·共和》："古史，共伯和者，厉王时之贤诸侯也，诸侯皆往宗焉，因以名其年，谓之共和，凡十四年。按《汲冢纪年》，共伯和干王位，故曰共和。"

② 金观涛、刘青峰《中国近现代观念起源研究和数据库方法》，《史学月刊》，2005 年第 5 期。

③ 周光庆《汉语与中国早期现代化思潮》，黑龙江教育出版社，2001 年，第 120 页。

不同战线上奋斗的中国共产党以外的政治组织和人士,到了社会主义时期接受中国共产党的领导、参加爱国统一战线"义,由此义组成的词有"民主党派""民主人士"。如《现代汉语词典》释"民主党派"为"接受中国共产党的领导、参加爱国统一战线的其他政党的统称"。又如《汉语大词典》释"民主人士"为"接受中国共产党的领导,参加人民民主统一战线的党外进步人士"。

  语言是有系统的,语言系统是一个包含了许多子系统的大系统,它的组成部分之间是相互联系、相互制约的。语言的组成部分彼此处于一定的关系之中。这种系统性也表现在词汇方面。王力曾指出:"一种语言的语音的系统性和语法的系统性都是容易体会的,唯有词汇的系统性往往被人们忽略了,以为词汇里面一个个的词好像是一盘散沙。其实词与词之间是密切联系着的。"① 在同一语言内部,所有表达相邻近的观念的词都是互相限制着的。词汇是一个系统,不同的词在词汇系统中各有自己的位置,并且互相联系。词汇系统实际上是词汇要素及其相互关系的统一体。词汇成分之间存在着语音、语义、词汇、语法、文字等聚合关系。从词汇系统中选取任意一个词汇成分作为辐射点,沿着其聚合关系辐射开来,就会形成无数个以该词汇为核心而聚合其他词汇成分所形成聚合网络。每个辐射点可以是一个词汇成分,也可以由多个词汇成分构成。构成辐射点上的每一个词汇成分又都可以作为一个新的辐射点形成一个新的辐射聚合。所有的辐射聚合联系在一起就构成了词汇系统的聚合网络,每一个词汇成分在这个聚合网络中都有一个确切的位置。词汇和词义系统中一个词的词义的变化,尤其是一些关键性的新词或新义的出现往往会牵一发而动全身,产生一种连锁反应,导致整个词义系统甚至人们思想观念的调整和变革。如上举"民主"形成后,就与"民权""民生""民族""民法""民意""民情""民心""民智"等词构成密切相关的语义场和有关"民主"这一观念的词义系统。又如"律师"一词本指精通音律的人。随着宗教的兴起,佛教的传入,佛教又称熟知戒律能向人解说者为"律师"。唐代"律师"也是道士按修行程度而得的称号之一。随着西学东渐,"律师"一词可用来指传授法律知识的人。如清刘献廷《广阳杂记》卷二:"余谓此象可以为刑官,可以为律师。"后则专指受当事人委托或法院指定,依法协助当事人进行诉讼,出庭辩护,以及处理有关法律事务的专业人员。如《二十年目睹之怪现

---

  ① 王力《汉语史稿》,中华书局,1980年,第536页。

状》第三十回:"就是从前派到美国去的学生,回来了也不用,此刻有多少在外头当洋行买办,当律师翻译的。"西学意义的"律师"一词进入汉语后,又产生了与其词义相关的审判、陪审、当事人、辩护等词语,形成了一个诉讼和辩护等有关律师制度的词汇和词义系统。

第三节 常用词的文白演变

任何一种语言构成一个历史时期的词汇系统的主要成分是那个时期中使用较多的常用词。词汇体系中各个单位在共时条件下,语义上处于彼此制约、联系的平衡状态,新成分的出现或旧成分的消失都会打破原有平衡机制,导致词义再分配,并引起词汇体系的发展演变。王力在《古语的死亡残留和转生》一文中指出常用词在汉语词汇系统中的演变情况,一种是今词代替了古词,如"怕"替代了"惧","裤"替代了"裈";一种是同义的两个词竞争,结果甲词战胜了乙词,如"狗"战胜了"犬","猪"战胜了"豕";一种是由综合变为分析,即由单音节词变为复音节词,如"渔"变为"打鱼","汲"变为"打水","驹"变为"小马","犊"变为"小牛"。①

语言中的常用词语及基本的语法规则都是在漫长的社会发展中逐步积累起来的。社会生活本身,物质生产和精神文明的发展,思维的发展,促使了语言的产生和发展,而常用词则反映了语言发展的基本面貌。常用词在词汇系统中是一个核心部分,它起着保证语言的连续性和为创造新词提供基础的重要作用。就数量而言,它在整个词汇库中所占的比重虽不太大,但是它具有常用性和稳定性两个显著的特点。常用词的常用性决定了它的出现频率高,使用范围广。就古代文献语言而言,常用词不管在哪类文体中都必然经常性地出现,这跟有些口语词和俗语词只出现于相应的通俗文体的情形很不相同。从这个意义上说,常用词的变化对整个词汇系统而言,就是一种带根本性的深层次变化;就整个语言系统而言,常用词的变化也就意味着语言的某种本质上的改变,具有同音韵系统、语法结构的改变同等重要的意义。

常用词不是以词频统计为依据而确定,而是指语言中一些与人类自

---

① 王力《古语的死亡残留和转生》,《国文月刊》,1941年第9期;又《龙虫并雕斋文集》第1册,中华书局,1980年。

身以及生产生活关系密切的词,即日常生活起居的内容、方式及所用器具,每年的农事、农具、作物及各种年时、婚丧等习俗活动;人体各部位的名称及其动作、姿态、性状等。这些词的内涵意义不因时代的不同而改变,而语音和文字形式上则随着时代的不同而有所变化。从范围而言,这些词为:(1)虚词,包括介词、连词、助词、语气词和副词;(2)代词;(3)量词;(4)名词(尤其是方位词、时间词、处所词,人体器官词、亲属称谓词、动植物名称、房屋建筑、日常生活器具、生产工具、交通工具等);(5)动词(尤其是能愿、趋向、使令、心理活动、人体器官的动作、文化活动、战争活动、农业生产、经济活动、言语活动等);(6)形容词(尤其是性质形容词);(7)叹词;(8)数词(如"有、又、单、零"等占位数词,"许、所、余、上下、左右、来、强、把、多"等附在数词后面表示约数的词);(9)词缀。① 从这些词的发展变化可以看到秦汉以来白话词汇替代文言词汇的演变概貌。如,"到"取代了"至","走"取代了"行","睡"取代了"寐","想"取代了"思","住"取代了"居","看"取代了"视","河"取代了"水","教"取代了"诲","写"取代了"书","站"取代了"立","跑"取代了"走","回"取代了"还","愁"取代了"忧","给"取代了"予","送"取代了"赠","完"取代了"毕","活"取代了"生","派"取代了"遣","罚"取代了"惩","偷"取代了"窃","遮"取代了"蔽","要"取代了"欲","生"取代了"育","烧"取代了"燃","坏"取代了"败","冷"取代了"寒","丑"取代了"恶","穷"取代了"贫","干"取代了"涸","硬"取代了"坚","里"取代了"内","快"取代了"速","慢"取代了"缓","低"取代了"下","鞋"取代了"履","袖"取代了"袂","脚"取代了"足","头"取代了"首","肉"取代了"肌","树"取代了"木","嘴"取代了"口","曾"取代了"尝","这"取代了"此"等。

  常用词尤其是高频常用词,因其具有常用性,一般会经常性地出现在各种不同的文体中,因而常用词的兴替在某种程度上更能从词语新旧形态的状貌上体现汉语文白的此消彼长。所谓词语新旧形态以及新旧词义,前者指出现在秦汉以来尤其是唐宋以后文献典籍中的新词语和旧词语的新词义两个方面;后者指出现在秦汉前文献典籍中的词语和词义,包括那些在秦汉后文献典籍中罕用或者仍在使用的词语和词义。因而,

---

① 李宗江《汉语常用词演变研究》,汉语大词典出版社,1999年。

探明常用词的演变轨迹，可以大致勾勒出从上古汉语到现代汉语词汇基本格局的过渡，揭示文白演变中白话取代文言的渐变过程和汉语词义系统的演变规律。

白话中的一些常用词往往源自秦汉以前的口语成分。如"舟"与"船"都见于先秦典籍，"船"始见于战国。① 据《方言》卷九说："自关而西谓之船，自关而东谓之舟。""舟""船"之别最初可能是口语中的方言之别，"但很快都进入了通语，从典籍看，二词并不存在方言差异。至战国时期，二词同义，同时见于书面语中。"② 到了汉代，"船"的使用已非常普遍，《史记》转录先秦史料，就常常用"船"来替换"舟"。如《左传·宣公十二年》："中军、下军争舟，舟中之指可掬也。"《史记·晋世家》改为："晋军败走河，争度，船中人指甚众。"汉代口语盛行"船"字，由诂训传注也可见一斑，如《诗经·谷风》："方之舟之。"毛传："舟，船也。"又如六畜之一的"猪"在甲骨文、金文以及《诗》《书》《易》中都用"豕"来表示，但先秦其他典籍中也已出现与"豕"同义的"猪"。如帛书《五十二病方》："婴儿病痫方：取雷矢三颗冶，以猪煎膏和之。"《荀子·荣辱》："今人之生也，方知畜鸡狗猪彘，又畜牛羊。"《左传·定公十四年》："野人歌之曰：'既定尔娄猪，盍归吾艾豭。'"③

常用词的古今演变大多是文白的兴替，随着古白话中新的口语常用词不断地产生，文言中的一些常用词逐渐被替代。如上古表示"睡觉"最常用的词是"寝"，战国产生了"卧、眠、睡"这三个新词。其中"卧"逐渐取代"寝"，成为表示"睡觉"义的主导词。东汉三国时，"卧、眠、睡"三者混用。南北朝时，"眠"基本取代了"卧"。唐以后，"睡"又替代了"眠"。又如文言中的"囊"，白话中用"袋"表示。"袋"在南北朝的一些白话文献中已出现，如晋葛洪《肘后备急方》有"绢袋"，北周庾信有《题结线袋子》诗，《齐民要术》有"绢袋""布袋""纸袋""毛袋"和"袋子"等，大约在北魏，"袋"已替代"囊"

---

① 汪维辉《东汉魏晋南北朝常用词演变研究》指出"舟"与"船"从先秦起就是等义词，但产生有先后。在先秦两汉，它们之间是方言之别；至迟从西汉后期起，它们之间的关系变成文白之别。据张双棣《〈吕氏春秋〉词汇研究》一书考察，"'船'字《吕氏春秋》中出现十三次，已与舟无甚差别"。

② 魏德胜《韩非子语言研究》，北京语言学院出版社，1995年，第61页。

③ 唐钰明《上古口语词溯源》，《广东民族学院学报》，1990年第2期。

表示"袋子"义,并沿用至今。① 再如文言中的"燥",白话中用"干"表示。东汉前"燥"与"湿"构成反义聚合,唐宋时"干"渐在北方口语中替代了"燥",而与"湿"构成反义聚合,元以后"干"在表示"没有水分或水分很少"义上占主导地位。②

下文再略举数例以见常用词兴替反映的文白演变。

1. 衣——著——穿

"衣"本义为上衣。《诗·邶风·绿衣》:"绿衣黄裳。"引申又可为动词,表"穿衣服"。"著"有"依附"义,引申亦有"穿衣"义。③ 如《晏子春秋·内篇杂上》:"著衣冠,令其友操剑,奉笥而从,造于君庭。""著"的此义在今方言中仍可见到,如广州话说"穿衣"为"著衫",上海话谓"穿衣服"为"著衣裳","穿鞋"为"著鞋子"。衣、著组成并列复词,又可指衣服或穿著。如陶渊明《桃花源记》:"其中往来种作,男女衣著,悉如外人。"王梵志诗:"富儿少男女,穷汉生一群。身上无衣著,长头草里存(蹲)。""著"的"穿衣"义现代汉语中用"穿"来表示,"穿"在先秦文献中为"打通、贯通"义。如《诗·召南·行露》:"谁谓雀无角,何以穿我屋?"《庄子·秋水》:"落马首,穿牛鼻,是谓人。"《说文》云:"穿,通也。从牙在穴中。"由"打通、贯通"义引申而有"穿衣"义。考《慧琳音义》卷三六释"擐服"引杜注《左传》云:"擐,贯穿衣也。"卷一释"擐铠"引《桂苑珠丛》云:"以身贯穿衣甲曰擐。"卷五释"擐带"引《考声》云:"擐,衣(去声)甲也。"卷三九释"为擐"引《考声》云:"擐,穿。穿衣也。"又卷九〇释梁慧皎《高僧传》第九卷"铁锁穿"云:"传文从身作穿。"④ 据慧琳所释,"穿"由《说文》的"通"义经杜预注《左传》和隋诸葛颖所撰《桂苑珠丛》中的"贯穿"义而演变有张戬《考声》所释的"穿衣"义,慧琳所见"传文从身作穿"的"穿"作为"穿"的俗字也透露出此词的词义与《桂苑珠丛》所说"以身贯穿衣甲"有关。因而可以推知,至迟在唐时"穿"渐替代"衣"表"穿衣"义。如韩愈《酬司门卢四兄云夫院长望秋作》:"自知短浅无所补,从事久此穿朝衫。"又如《汉将王陵

---

① 汪维辉《试论齐民要术的语料价值》,《古汉语研究》,2004年第4期。
② 王盛婷《"干湿"义反义词聚合演变研究》,《语言研究》,2007年第2期。
③ 汪维辉《东汉——隋常用词演变研究》一书指出,"著"始见于战国,东汉时"著"取代"服"成了表"身上穿戴"的通用动词。(南京大学出版社,2000年,第106—108页)。
④ 《正续一切经音义》,上海古籍出版社,1986年影印,狮谷白莲社藏版。

变》:"其夜,西楚霸王四更已来,身穿金钾,揭上头牟,返去衙床如坐,诏钟离末附近帐前。"① 考《慧琳音义》卷二七《妙法莲花经序品》释"而被"之"被"云:"今串著也。""串著"即"穿著","穿"又作"串"。如 P.2721《舜子变》:"老母便与衣裳串著身上,与食一盘喫了。"② 又如 S.2575《天成四年三月六日都僧统海晏置道场条令牓》:"俱不许串绮彩之裳,锦绣覆其身体。"再如张鷟《朝野佥载》卷五:"女子好发者,截取为剃头,串仙衣,临崖下视,眼花恍惚,一时烧杀,没取资财。"

2. 盥、沐、沫、浴——洗

"洗"在先秦是一个意义相对单纯的动词,它常常要求带宾语,适用范围要比"盥、沐、沫、浴"宽泛得多,但不能与"手、发、面、身"这几个名词结合。在文言里"洗"和"盥、沐、沫、浴"的分工是很明确的。到了晋代,"洗"与"手、面"等自由结合的现象已经相当普遍,在口语成分占比重较大的著作中,更是如此。随着文白的演变,汉语词汇由单音节词变为复音节词,由综合变为分析,动词"洗"的结合能力逐渐增强,适用范围不断扩大,"盥、沐、沫、浴"的演变发展受到了抑制,最终被"洗手、洗发、洗脸、洗澡"等白话的组合形式所取代。③

3. 足——脚

汉语中腿是胫和股的总称,析言之可分为大腿和小腿。上古"小腿"义用"脚"表示,魏晋南北朝时"脚"由"小腿"义扩大指"整个膝盖以下部分"。如《齐民要术》中"脚"的使用范围很广,可以指动物的腿,如牛脚、马脚、羊脚、兔脚、鸡脚、鸭脚等;又可以指器物的腿,如两脚耧;还可指山脚、雨脚等;并且已可以指"脚掌"。如卷二《种瓜》:"凡瓜所以早烂者,皆由脚蹑及摘时不慎,翻动其蔓故也。"卷三《种胡荽》:"先燥晒,欲种时,布子于坚地,一升子与一掬湿土和之,以脚蹉令破作两段。"卷五《种红蓝花、栀子》:"作米粉法……于木槽中下水,脚踏十遍,净淘,水清乃止。"卷六《养羊》:"牛产三日,以绳绞牛项、胫,令遍身脉胀,倒地即缚,以手痛授乳核令破,以脚二

---

① 《汉语大词典》释"穿"的此义为"把衣、帽、鞋、袜等套在身体相应部位上",引宋梅尧臣《观邵不疑学士所藏名书古画》诗为首见书证,偏晚。
② 黄征、张涌泉《敦煌变文校注》卷二,中华书局,1997年,第202页。
③ 张生汉《对"盥、沐、沫、浴"一组词的考察》,《汉语史研究集刊》第二辑。

七遍蹴乳房,然后解放。羊产三日,直以手授核令破,不以脚蹴。"卷八《作豉法》:"内豆于窖中,使一人在窖中以脚蹑豆,令坚实。"卷九《飧饭》:"折粟米法:取香美好谷脱粟米一石,于木槽内,以汤淘,脚踏。"沿至唐代,"脚"渐取代"足"来表示人与动物腿的下部,但仍有以"脚"指"腿"的。如《汉书·高五王传》:"因退立,股战而栗。"颜师古注:"股,脚也。战者,惧之甚也。"大约在宋元之际,"腿"问世后,"脚"才不再指"腿",而替代了文言书面语言系统中的"足"。①"腿"自宋代开始有"整条腿"的意义,② 在"脚"完成了对"足"的替换的同时,"腿"完成了在"整条腿"义位上的专门化及对"脚"在"整条腿"义位上的更替。口语中还出现了"大腿""小腿"。如《红楼梦》第六回:"袭人过来给他系裤带时,刚伸手至大腿处,只觉冰冷粘湿的一片。"

4. 口——嘴

"口"在先秦指人进食和发声的器官。如《诗·小雅·巧言》:"蛇蛇硕言,出自口矣。"《说文》:"口,人所以言食也。"也指动物进食和发声的器官。如《左传·宣公三年》:"三年春王正月,郊牛之口伤,改卜牛。""嘴"最初写作"觜",原指"猫头鹰头上的毛角",由"毛角"的坚硬引申指尖突的鸟嘴。如张衡《东京赋》:"秦政利觜长距,终得擅场。"《玉篇》:"觜,鸟喙也。"后也指虫进食和发声的器官。如东晋僧伽提婆译《中阿含经》卷一二:"彼粪屎大地狱中生众多虫,虫名凌瞿来,身白头黑,其觜如针。"唐代又可指人或动物进食和发声的器官,成为"口"的同义词。如《寒山诗》:"买肉自家噇,抹觜道我畅。"《全唐诗》中共有 87 个"嘴"的用例,其中指人的有 3 个。"嘴"不同于"口"的重要特征是"突出",在指具体进食器官时侧重外部的唇及口的

---

① 张永言、汪维辉《对汉语词汇史研究的一点思考》,《中国语文》,1995 年第 6 期。

② 清代"脚"基本取代了"足",如"足""脚"的比例《红楼梦》中是 12:66,《儿女英雄传》中是 9:129。指称人体小腿的"腿"至迟在隋代以前已出现。如《肘后备急方》卷三《治风毒脚弱痹满上气方》:"《简要济众》治脚气连腿肿满久不差方。"又卷四《治卒患腰肋痛诸方》:"或当风卧湿,为冷所中,不速治,流入腿膝,为偏枯冷痹缓弱。"又如隋巢元方《诸病源候论·虚劳膝冷候》附《养生方导引法》:"卧展两胫,足十指相柱,伸两手身旁,鼻内气七息。除两胫冷、腿骨中痛。"《肘后备急方》后经陶弘景增补,今传本又颇经增损,其用例也可能是后人所补。《诸病源候论》所附《养生方导引法》可能早于隋代。详可参真大成《关于常用词"腿"的若干问题》,《语言研究》,2012 年第 3 期。

周围，而"口"更偏重内部的腔。元明后"嘴"渐替代"口"，且出现在一些以前由"口"组成的复合词或词组中。如"多嘴、插嘴、说嘴、快嘴、嘴唇、嘴强、嘴馋、嘴乖、嘴软、嘴巧、利嘴、斗嘴、动嘴、掌嘴、合嘴、顶嘴"等。明代"嘴"还引申有"食物"义，多指零食。如《金瓶梅》第七十一回："何太监道：'胡乱与他买嘴吃。'"又如《醒世恒言》第十三卷："妇人道：'你是收买杂货的，却有一件东西在此，胡乱卖几文与小厮买嘴吃，你用得也用不得？'"现代汉语中有"零嘴"一词。大致在清以后，总的发展趋势是"嘴"已基本上替代了"口"。

5. 无——没

先秦时否定副词"无、蔑"否定动词，表示"没有"。① 魏晋后"没"也渐用来表示"没有"义。如《小尔雅·广诂》载："勿、蔑、微、曼、末、没，无也。"又如王梵志《杌杌贪生业》："漫作千年调，活的没多时。"据《说文·水部》云："没，沉也。""没"由"沉入水中"引申而有"消失""失去"义，遂在语义上与"无"有相通之处。"没"的上古音为明母入声物部，《广韵》中的音韵地位为明母入声没韵。"无"的上古音为明母平声鱼部，《广韵》中的音韵地位为微母平声虞韵。② 俞光中、植田均《近代汉语语法研究》一书说："'无'是微母字，隋代以后，轻唇微母字由重唇明母字分化出来（唐守温字母已有轻唇音），可是口语中许多常用字仍说重唇音。这种文白异读情况犹如今吴语重唇和轻唇的白音、文音对应，如'问闻味微（～小）无（～啥事体）尾'白音说 [m-]，文音读 [v-]。"考《后汉书·冯衍传》载："饥者毛食。"唐李贤注所加案语云："衍集'毛'字作'无'，今俗语犹然者，或古亦通乎？"③《冯衍传》中的"毛"即"无"的白读音 [mu]。据宋人朱弁《曲洧旧闻》卷六载苏轼和刘贡父互相开玩笑，刘贡父戏请苏轼吃皛饭，比至赴食，见案上所设一撮白盐，一碟白萝卜，一碗饭而已。苏轼遂也回请刘贡父吃毳饭。"贡父虽恐其为戏，但不知毳饭所设何物，如期而往"，到了苏轼府上，"苏轼徐曰：'盐也毛，萝卜也毛，饭也毛，非毳而何？'贡父捧腹曰：'固知君必报东门之役，然虑不及此也。'坡乃命进食，抵暮而去。世俗呼无为模，又语讹模为毛，尝同音，

---

① 向熹《简明汉语史》，高等教育出版社，1993年，第82—83页。
② 据唐作藩《上古音手册》，江苏人民出版社，1982年；丁声树、李荣《古今字音对照手册》，中华书局，1981年。
③ 《后汉书》，中华书局，1965年，第966—967页。

故坡以此报之"。① 由此可知,"无"的白读音[mu]和"没"音相似。"没"韵在舒声化的过程中与明母模韵的"谟"[ma](《大乘中宗见解》)或明母果戈韵的"磨、摩"[ba](千字文)等具有相近的音值。②"随着北方入声开始消亡,'无'和'没'的语音差异趋向于模糊。《中原音韵》里'无模没'三字同属'鱼模'韵,据杨耐思《中原音韵音系》,三个字的韵母都是[u]。"③ 明人方以智《通雅》说:"江楚广东呼'无'为'毛'。"今广州话表示"没有"义仍说"无"[mou],字作"冇"。据此我们可以说,"无"与"没"的替换在唐时已露端倪,"没"由"沉入水中"引申的"消失""失去"义融入了"无"的"亡"义,而产生"没有"义,"没"韵的舒声化与"无"的文白异读使得"没"的读音与"无"的白读音[mu]趋于相似,进而逐渐形成了"没"取代"无"的语义和语音条件。④ 宋时"无"与"没"往往并用,如《朱子语类》卷一一六:"如此讲书,如此听人说话,全不是自做工夫,全无巴鼻。"卷一三:"人生都是他理,人欲却是后来没巴鼻生病。"例中"无巴鼻"即"没巴鼻"。又据今存较早的天都外臣本《水浒传》第四十回载:"房里好床好铺睡着,无得寻思。"例中"无"字在后出的全传本及芥子园本中皆已改为"没",可证"没"约在明代完成了取代"无"的替换过程。

6. 饭——食——吃

"饭"在先秦有名词和动词两种用法,《礼记·曲礼上》:"毋固获,毋扬饭,饭黍毋以箸。"例中前一个"饭"指吃的食物,后一个"饭"指吃的动作。"食"也可做名词,指吃的食物,《论语·述而》:"饭疏食,饮水,曲肱而枕之,乐亦在其中矣。"又可做动词,表示吃的动作。《诗经·魏风·硕鼠》:"无食我黍。"汉时出现了"吃",又作"喫"。贾谊《新书》:"越王之穷,至乎吃山草。"唐代,"吃"演变为口语里的常用词,"喫饭"一词唐代也已出现。如《巡行记》:"七日,至天井关张

---

① 《曲洧旧闻》,《笔记小说大观》第八册,江苏广陵古籍刻印社,第136页。
② 志村良治《中国中世语法史研究》,中华书局,1995年,第185页。
③ 俞光中、植田均《近代汉语语法研究》,学林出版社,1999年,第325页。
④ 至于"没"[méi]的读音,左思民《论"没"和"没有"的来源》一文认为可能是"没"[mò]和"有"合音的结果,"有"读成轻音。(上海师范大学硕士学位论文,1985年)

家喫饭后至泽州开元寺主院内宿。"①

7. 饮——吃——呷——喝

文言用"饮"表示"喝"的概念，到了唐代，又用"吃"来兼表"喝"。杜甫《送李校书》："临歧意颇切，对酒不能喫。"南北朝时出现了"呷"。《洛阳伽蓝记·城东景宁寺》："呷啜鳟羹，唼嘞蟹黄。"呷，呼甲切，入声。宋元以后，北方话入声消失，音变为"喝"。如关汉卿《关大刀单刀会》第二折："林泉下酒生爽口，御宴上堂食惹手，留的残生喝下酒。"又如原本《老乞大》："俺不打火，喝风那甚么？"②据吕传峰《常用词"喝、饮"历时替换考》一文考察，元至清中叶在"把液体或流食咽下去"这一义位上"喝"用例甚少，清中叶至清末民初"喝""饮"二者在使用数量上经历了"喝"弱"饮"强、"喝""饮"持平及"喝"强"饮"弱的过程。随着"喝"使用数量的迅速增加，搭配对象不断丰富，"喝"的语法功能在这一时期迅速发展，日趋完善，且产生了大量固定或特有组合。"饮"则在这一时期除使用频率逐渐下降外，用法功能也日渐萎缩，主要用于与"酒"搭配，与"水、茶、汤"等其他对象搭配的用例逐渐减少乃至最后消失，且多以语素或惯用组合的形式出现。③

8. 矢——箭

文言称"箭"为"矢"，《易·系词下》："剡木为矢。""箭"本为一种竹名，可作箭杆，因而也可用来称"箭"。据扬雄《方言》卷九载："箭，自关而东谓之矢，江淮之间谓之镞，关西曰箭。"汉以后，"箭"渐由一种植物的名称演变为一种武器的通称。至唐代，"箭"遂代替了

---

① 唐耕耦、陆宏基《敦煌社会经济文献真迹释录》第一辑，书目文献出版社，1986年，第83页。《汉语大词典》首例引清袁枚例，偏晚。

② "喝"可能源于"欱"。《说文·欠部》："欱，歠也。""喝"也有可能是蒙古语表"饮"的口语记音。参梁冬青《"喝"表示"饮用"义的始见年代及其书证》(《汕头大学学报》，2007年第3期) 和徐时仪《略论语言接触与文白转型》(《上海市社会科学界第六届学术年会文集》，上海人民出版社，2008年)。"喝"替代了"饮"的吃液体食物义，而"饮马"的"使……吸食"义和"饮恨""饮誉"中表"忍受"和"享受"的"接受"义仍由"饮"表示。据张诒三《词语搭配变化研究》一书研究，自先秦至魏晋南北朝时期饮食类动词中，"饮"的主要意义是"吸食……"，主要对象所指是液体的名词，后向"接受……"方向引申；"食"的主要意义是"进食……"，后向"享受、得到……"方向引申。

③ 吕传峰《常用词"喝、饮"历时替换考》，《语文学刊》(高教版)，2005年第9期。

"矢"成为汉语中的基本词。据史光辉《常用词"矢、箭"的历时替换考》一文考察,在东汉译经中,"箭"有14例,"矢"仅1例,且出现在偈言中。汉魏时期的中土文献中则"矢"的用例较多,如《全后汉文》中"箭"仅4例,"矢"有57例。唐代在口语性强的中土文献中也以用"箭"为常,如敦煌变文中用"矢"6例,用"箭"59例;杜甫诗中用"矢"5例,用"箭"20例;白居易诗中用"矢"3例,用"箭"19例;孟郊诗中用"矢"1例,用"箭"6例;寒山诗中用"箭"4例,未用"矢"。"箭"作为一种武器的名称,在东汉中期后的口语中已由"箭"取代"矢",而在正统的文学语言中,则持续至唐代才大致完成。①

9. 毕——完

文言中"毕"表示"完了""完结"义,白话用"完"。明初《剪灯新话》中已有用"完"表示"完了""完结"义的用例。如《两川都辖院志》:"徐丞闻之,喜,告以见复卿事,即劝戒之,兼助其费,专委县吏邹忠董其役。未几而完,仍揭旧额。"此后,"毕"表示的"完了""完结"义为"完"所替代。

10. 甘——甜

文言用"甘"表示"甜",《诗·邶风·谷风》:"谁谓荼苦?其甘如荠。"西汉出现"甜"的用例,扬雄《蜀都赋》:"乃使有伊之徒,调夫五味,甘甜之和,勺药之羹。"例中"甘""甜"同义并称。北魏《齐民要术》中表示"甜"已多用"甜",至迟到唐代,"甘"已为"甜"所替代。②

11. 弃——丢、扔、掉、吊、撩、撂

文言用"弃"表示"抛弃",白话说"丢""扔""掉"和"吊"。《说文》:"棄,捐也。从廾推華棄之;从㐬,㐬,逆子也。弃,古文棄。"弃的抛弃义先秦已见。如《书·大诰》:"厥考翼,其肯曰:'予有后,弗弃基。'"孔传:"其肯言我有后不弃我基业乎?"《左传·襄公四年》:"劳师于戎,而楚伐陈,必弗能救,是弃陈也。"《韩非子·难势》:"夫弃隐栝之法,去度量之数,使奚仲为车,不能成一轮。"以"弃"为词根组成的复合词有"弃置、弃掷、弃逐、弃坠、弃子、弃妇、弃约、

---

① 史光辉《常用词"矢、箭"的历时替换考》,《汉语史学报》,2000年第四辑。

② 汪维辉《东汉——隋常用词演变研究》,南京大学出版社,2000年,第387页。

弃物、弃嫌、弃世、弃地、弃儿、弃权、弃信、弃舍、弃捐、遗弃、放弃、嫌弃、舍弃、背弃、捐弃、毁弃、废弃、厌弃、休弃、唾弃、委弃、杜弃、抛弃、离弃"等。

丢，《说文》未载，是后出字。① 据文献记载，"丢"表"抛弃"义不会晚于元代如康进之《李逵负荆》第一折："把烦恼都也波丢，都丢在脑背后。"明代，丢、弃同义并列组成复合词。如黄佐《泰泉乡礼》卷三："父母妻子奔亡，祖宗产业丢弃，到此时节计拙心回，要做好人亦做不得，岂不恨哉！"又如于谦《忠肃集》卷三《南征类》："贼丢弃镖弩挨牌盔甲，尽行溃散。"《汉语大词典》释"丢弃"义引郁达夫《沉沦》、艾芜《人生哲学的一课》和峻青《秋色赋·女英雄孙玉敏》为例证，偏晚。以"丢"为词根组成的复合词表"抛弃"义的除"丢弃"外，尚有"丢却、丢人、丢脸"等，多用于口语中。元明又俗写作"颩"。如王实甫《西厢记》第二本楔子："颩了僧伽帽，袒下我这偏衫。"又如《训世评话》第十五则："乐羊子听得这话害羞，便把金子拿将出去，还颩在野甸里，却寻好师傅远出去学，到七年不肯回家。"又第四十四则："他不知自影照现，就恼起来，把这镜子还颩在箱子里。"

扔，本义为"牵引"和"拉"。如《老子》："上礼为之而莫之应，则攘臂而扔之。"陆德明释文："扔，引也，因也。"考《说文》："扔，因也。从手，乃声。"朱骏声《说文通训定声》："扔，以手㩟之也。"沿至明代又引申有投掷义。如瞿佑《剪灯新话》卷一《水宫庆会录》："那女子低着头，收住气，低声细语地对贾生说：'郎君不认得我么？我就是兴娘的妹妹庆娘。刚才我把金凤钗扔到轿子下，郎君拾到了没有？'"《汉语大词典》释"扔"的"投掷"义引《红楼梦》为例证，偏晚。清代，又由"投掷"义引申而有"抛弃"义，最初也多见于口语。如《红楼梦》第十四回："话说宁国府中都总管来升闻得里面委请了凤姐，因传齐同事人等说道：'如今请了西府里琏二奶奶管理内事，倘或他来支取东西，或是说话，我们须要比往日小心些。每日大家早来晚散，宁可辛苦这一个月，过后再歇息，别把老脸面扔了。'"又如《儿女英雄传》第九回："这张金凤原是个聪明绝顶的人，他心里想着：'……若说照安公子这等的人物他还看不入眼，这眼界也就太高了，不是情理；若说他

---

① 考"撒"有"抛掷"义。如《红楼梦》第一百十一回："我们赶贼，他在房上撒瓦，我们不能到他跟前。""撒"与"丿"义通，段玉裁注《说文》指出"丿音义略通擎。丁惟汾《俚语证古》认为："撒，正字作丿。""丢"的造字理据可能取自"撒去"，即"丿"和"去"的会意组合。翟灏《通俗编》卷一："舍去曰丢。"

既看得入眼,这心就同枯木死灰,丝毫不动,这心地也就太冷了,更不是情理;若说一样的动心,把这等终身要紧的大事、百年难遇的良缘,倒扔开自己,双手送给我这样一个初次见面旁不相干的张金凤,尤其不是情理。……'""扔、弃",同义,在现代汉语中也可组成并列复合词。如老舍《骆驼祥子》二十二:"(祥子)手扶着那扇破门,他又不敢把希望全部扔弃了。"以"扔"为词根组成的复合词表"抛弃"义的除"扔弃"外,尚有"扔货、抛扔"等。现代汉语中"弃"不再单用,已为"丢"和"扔"替代。"扔"一般为自主的弃,"丢"则多为不由自主的弃。

"掉"的本义似源于划船时身子前后摆动产生的位移,引申而有"摆动;摇动"等义。① 由"摆动、摇动"的移动幅度大小程度不同而有"颤动、翻转"等保持原位的位移,也有"落、遗失"等改变原位的位移,引申有"抛开,丢下"义。如唐吕岩《七言》诗:"割断繁华掉却荣,便从初得是长生。"也可指不由自主的丢失。如元郑廷玉《后庭花》第二折:"(搽旦云)你卖的那金钗呢?……(正末回云)我掉了也!"

"吊"的"丢弃"义不会晚于元代,多为不由自主的丢失,用于口语。如元高文秀《黑旋风双献功》第三折:"俺娘与了我一贯钞,着我路上做盘缠,我就揣在怀里,怎么的吊了?俺大家寻一寻还我。"

撩,多为自主的弃。如《初刻拍案惊奇》卷二一:"(兴儿)把包裹一撩,竟还了他。"《醒世姻缘传》第五十三回:"把那娶妾生子的事都撩在一边去了。"

撂有"放置"和"随意抛放"义,引申可为自主的弃。如《二十年目睹之怪现状》第四十三回:"继之道:'这是定做的粗东西,考完了就撂下了,谁还要他。'""撂"也可为不由自主的弃。如《红楼梦》第三十三回:"这会子你倘或有个好歹,撂下我,叫我靠那一个?"

12. 乳——湩、奶

奶是由乳腺分泌出来的白色液体,文言说"乳",白话说"湩"和"奶"。

乳,甲骨文象乳子之形,本义为"哺乳"。《说文》:"乳,人及鸟生子曰乳,兽曰产。从孚从乙。"又指乳房。《山海经·海外西经》:"形天与帝至此争神,帝断其首,葬之常羊之山,乃以乳为目,以脐为口,操

---

① 徐时仪《"掉"的词义衍变递嬗探微》,《语言研究》,2007年第4期。

干戚以舞。"引申指由乳腺分泌出来的白色液体,即奶汁。《史记·张丞相列传》:"苍之免相后,老,口中无齿,食乳,女子为乳母。"《魏书·王琚传》:"常饮牛乳,色如处子。"《南齐书·皇后传·宣孝陈皇后》:"太祖年二岁,乳人乏乳。"以"乳"为词根组成的复合词有"乳汁、乳气、乳酪、乳饼、乳糖、乳糜"等。

据文献记载,乳汁又称为湩。① 如《穆天子传》卷四:"巨搜之人具牛羊之湩,以洗天子之足。"又如《后汉书·李善传》:"李善字次孙,南阳淯阳人,本同县李元苍头也。建武中疫疾,元家相继死没,唯孤儿续始生数旬,而资财千万,诸奴婢私共计议,欲谋杀续,分其财产。善深伤李氏而力不能制,乃潜负续逃去,隐山阳瑕丘界中,亲自哺养,乳为生湩,推燥居湿,备尝艰勤。"李贤注:"湩,乳汁也。音竹用反。"考《说文》:"湩,乳汁也。从水重声。"《通俗文》:"乳汁曰湩。"湩似是东汉时的俗语词。又考唐释玄应《众经音义》卷四释《密迹金刚力士经》淳湩之湩:"乳汁曰湩。今江南亦呼乳为湩也。"据玄应所释,其时江南呼乳为湩。考宋本《玉篇》释"湩"亦云"江南人呼乳为湩",又据郭璞注《穆天子传》"巨搜之人具牛羊之湩"云:"湩,乳也。今江南人亦呼乳为湩,音寒东反。"② 可能随着北方移民向南的迁徙,江南人亦呼乳为湩。乳、湩同义并列组成"乳湩"一词。如《列子》:"女始则胎气不足,乳湩有余。"又如吴康僧会译《六度集经》第一卷:"吾自无数劫来,饮母乳湩。""乳湩"又作"湩乳"。如清黄遵宪《感事》诗之一:"膳夫中庭献湩乳,乐人阶下鸣鼓箎。"以"湩"为词根组成的复合词有"湩酪、湩醴、湩酒"等。

"湩"最初也可能是一个外来词。据《汉书·百官公卿表》载其时将管理家马的官员家马令更名为"挏马",应邵注:"主乳马,取其汁,挏治之。味酢,可饮,因以名官也。"如淳注:"主乳马,以韦革为夹兜,受数斗,盛马乳。挏取其上肥,因名曰挏马。"蒲立本《上古汉语的辅音系统》说可把"挏"看作是"湩"的另一种写法。"酮"与"挏"谐声,《广韵》释为"马酪",即马乳酒。"挏"中古有两种读音:duŋ 和 dúŋ,"湩"中古也有几种读音:tùŋ(《广韵》),ṭiòŋ(《字林》),tóŋ,tòŋ(《集韵》所加),认为在确定它的汉代读音的时候就会有多种选择

---

① 章炳麟《文始》七《幽冬侵缉类》:"乳,又引申为乳汁,自侯对转东,挛乳为湩,乳汁也,皆舌音。"浙江图书馆校刊本《章氏丛书》第五册,1917年,第216页。

② 寒,传本似有误。湩,《广韵》多贡切,端母送韵;又竹用切,知母钟韵。

的可能性,"这是证明它不是汉语来源的内部证据"。"这个词所以会有多种读音,最好是这样去解释[toŋ][tōŋ]或[doŋ]之类读音的形成过程:由于它是一个外语词,开始的时候建立不起一个稳固的汉语读音。后来在原有读音的基础上这个字的读音得到纠正。因为上古汉语-oŋ发展为中古的-uŋ,所以我们可以把读音-oŋ解释为中古汉语,它来自更早的-uŋ。在长元音喻化以后,翻译的人似乎觉得-ioŋ比任何一种短元音的读音能够更好地对译这个外来词语,因此就出现了新的对音 M.ti̯oŋ 或 M.ti̯oŋ。"①

奶,《说文》未收,最初写作"嬭",又作"妳"。《广雅·释亲》:"嬭,母也。"《玉篇》:"嬭,乳也。"此字最早似见于南北朝。如梁沈约《宋书·何承天传》:"承天年已老,而诸佐并名家年少。颍川荀伯子潮之,常呼为妳母。"隋唐时用例渐多。如隋李百药《北齐书·崔季舒传》:"静帝报答霸朝恒与季舒论之,云崔中书是我妳母。"又如唐释道世《法苑珠林》卷三八:"又金刚座上尊像元造之时,有一外客来告大众云:我闻募好工匠造像,我巧能作此像。大众语云:所须何物?其人云:惟须香及水及料灯油艾料既足。语寺僧云:吾须闭门营造,限至六月,慎莫开门,亦不劳饮食。其人一入,即不重出。惟少四日不满六月,大众评章不和,各云此塔中狭迮复是漏身,因何累月不开见出,疑其所为。遂开塔门,乃不见匠人。其像已成,惟右妳上有少许未竟。"

"奶"表"奶汁"义至迟在唐代已出现,如唐王焘《外台秘要方》卷三五有《疗小儿初生不吃妳方》和《刘氏疗小儿眠睡不安惊啼不吃妳虎睛丸方》等。《汉语大词典》释"奶"的"乳汁"义引艾青《大堰河——我的保姆》为例证,偏晚。"奶"最初多见于口语,如唐高彦休《唐阙史·渤海僧通鸟兽言》:"巨觥顾诸雏云:'行行行,向前树阴下吃妳。'"例中"吃妳"即为口语。又如宋彭大雅《黑鞑事略》:"其军粮,羊与泲马。马之初乳,日则听其驹之食,夜则聚之以泲,贮以革器,顽洞数宿,微酸,始可饮,谓之'马奶子'。"例中"马奶子"亦为口语。考辽释希麟《续一切经音义》卷四释《大乘本生心地观经》第二卷吮乳之乳引《考声》:"嬭汁曰乳。"《考声》为唐张戬所撰,由张戬所释,可知其时已称"乳"为"嬭汁"。如唐王焘《外台秘要方》卷三六《刘氏

---

① 蒲立本《上古汉语的辅音系统》,中华书局,1999年,第182—186页。"湩"最初可能是一个外来词,东汉时成为其时俗语词,后随着北方移民的向南迁徙,江南亦呼乳为湩。

疗小儿赤眼方》："黄连二分、朴硝一分令干，右二味以妇人妳汁浸之，点眼良。"其时乳汁和孋汁并用。如唐王焘《外台秘要方》卷三五《刘氏疗小儿眠睡不安惊啼不吃妳虎睛丸方》："小儿热风痫，以乳汁或竹沥研三丸服之，渐增以差为度。小儿百日以下蓐内壮热，以妳汁研四丸与服即差。"宋元后"乳"渐为"奶"替代。如宋王贶《全生指迷方》卷四："皂角散，治乳妇吹奶。"《初刻拍案惊奇》卷三四："闻人生想道：'这小长老，又不肥胖，如何有恁般一对好奶？'"以"奶"为词根组成的复合词除"奶汁"外，尚有"奶房、牛奶、奶腥、奶子、奶酪、奶儿、奶饼、奶油、奶酒、奶茶、奶糖"等。现代汉语中"孋"已不用，"乳"也不单用，而"奶"已成为"乳汁"的通称。

文言中的一些常用词被替代后往往成为复合词中的常用构词成分，凭借其历史的积蕴而具有比替代其的白话词更大的构词能量。如"嘴"替代"口"后，由"口"作为语素组成复合词在现代汉语中仍大量使用，有"夸口、口舌"等。"丢"与"失"在"丢失"的意义上同义，白话中"丢"替代了"失"，"失"一般不再单说，但构成了"失学、失明、失盗、失宠、失恋、失效、失势、失音、失重、失传、失主、报失、挂失、损失、流失、遗失、丧失"等双音词。"拿"与"取"在"用手取物"上同义，白话中"取"为"拿"替代后，构成了"取代、取舍、取笑、夺取、提取、攻取、获取、换取、汲取、捞取、猎取、摄取、索取、攫取、牟取、榨取"等双音词。文言中的这些常用词被白话词替代后，只是不再自由运用，而成为不自由语素保留在新构成的双音词中。

常用词的兴替既从共时的角度也从历时的角度反映了文白演变的基本状貌。

就共时的角度而言，从某一时期或某一时期的某一部文献典籍可看到文言和白话使用的状貌。如魏晋南北朝时期的汉译佛经与同时期其他文献相比，汉译佛经多使用白话词汇，其他文献多使用文言词汇。如表示"燃烧"义，汉译佛经多用"烧"，其他文献多用"焚"；① 介词"自

---

① 先秦文献中一般用"焚""燔"，以"焚"最为常见，约从汉代始，"烧"行用渐广。东汉译经中只用"烧"，共54次。三国时期译经中用"烧"共111次，用"焚烧"7次，单用"焚"4次。中土文献如《三国志》《后汉书》《宋书》《魏书》《抱朴子》《世说新语》等魏晋六朝文献中，则还是"焚""烧""燔"三词共用并存的局面。参史光辉《常用词"焚、燔、烧"历时替换考》，《古汉语研究》，2004年第1期。

从","汉译佛经多用"从",其他文献多用"自";表示"满"义,汉译佛经多用"满",其他文献多用"盈";表示"眼睛"义,汉译佛经多用"眼",其他文献多用"目";表示"眼泪"义,汉译佛经多用"泪",其他文献多用"涕";表示程度很深的副词,汉译佛经多用"最""甚""大""极",其他文献多用"甚""至""深"。① 下文以《洛阳伽蓝记》《南齐书》《颜氏家训》《入唐求法巡礼行记》等专书文献为例略作描述。

北魏杨衒之所撰《洛阳伽蓝记》作为一部较为典雅的文言作品,在常用词的新旧形态和词的新旧意义的选用上反映了文白新旧质素更迭的某些规律。据化振红《〈洛阳伽蓝记〉词汇研究》一书考察,常用词文言的"涕"在书中共出现3次,构成词语"流涕""涕泪""掩涕";白话的"泪"共出现5次,单用2次,构成词语"垂泪""涕泪"。文言的"冠"在书中共出现17次,用于专名3次,引申表示抽象的"出众"义计有8次,表示"帽子"义的单音节词2次,用作语素组成复音词"衣冠""冠冕""冠帽"等有4次;白话的"帽"共出现2次,表示"帽子"义的单音节词1次,用作语素组成复音词"冠帽"1次。白话的"帽"与文言的"冠"相比较,"冠"出现的次数是"帽"的八倍左右。"帽"的用法比较单一,"冠"的用法相对丰富一些。由于帽子是戴在头上的,从所处位置上讲高过了人体的其他一切部位,所以引申有"出众"义。此引申义在南北朝时期得到了广泛的应用,基本上与"冠"的本义形成了分庭抗礼的局面。从使用的情况看,白话"帽"在使用的频率和构词能力上都还远不如文言的"冠"。文言的"首"共出现14次,用于专名1次,量词1次,引申出抽象意义表示"出色""出众",组成复合词"称首""豪首"各1次,表示"脑袋"义的单音节词7次,用作语素组成复音词"铺首""杼首""鹢首"各1次;白话的"头"共出现31次,用于专名4次,量词5次,引申出抽象意义表示"顶部""顶端"计有3次,用作后缀表示方位计有5次,表示"脑袋"义的单音节词9次,用作语素组成复音词"苍头""鸡头""头巾"等有5次。白话的"头"与文言的"首"相比较,"头"出现的次数已是"首"的两倍左右。具体用法上,二者都产生了引申义,但引申的方向不同,"首"朝着"超过他人"这一方向引申,它的量词用法与本义、引申义并无多大关系,"头"的引申义则着重在于扩大其使用范围,它的量词用法也

---

① 陈秀兰《魏晋南北朝文与汉文佛典语言比较研究》,新星出版社,2004年。

是其词义范围扩展的产物。"首"和"头"用作"脑袋"义时二者构成同义关系，使用频率接近，构词能力也相似，但"首"较多地传承了先秦文献典籍的用法，而"头"相对来说更多地用来构成未见于先秦文献典籍的新词。①

南齐萧子显《南齐书》是同时代人写同时代的史实，属于"同时资料"，同时又具有南北朝时期南方通语的特点，可以说是研究这一时期南北通语异同的活化石。书中的常用词反映了南北朝时期文白新旧质素的更迭。据王启涛《魏晋南北朝语言学史论考》一书考察，表示"在某物旁边"义，文言的"侧"与白话的"边"同义。"侧"在《南齐书》中共出现28次，主要用例为：床侧、篱侧、庙侧、左侧、君侧、水侧、山侧、尸侧、道侧、馆侧、殿侧、侧视、侧度等；"边"共出现50次，主要用例为：南边、北边、无边、海边、山边、最东边、篱边、两边、腰边、日边、缘边、四边、市边、城边、溪边、辇边、边镇、边城、边衣、边利、边坛、边疆、边带、边略、边备、边候、边事、边师、边民、边服、边鄙、边淮、边马、边尘、边境、边冠、边州、边房、边虞等。白话的"边"与文言的"侧"相比较，"边"出现的次数已将近是"侧"的两倍，且用法灵活，凡用"侧"的地方往往可以用"边"替代，还能与"旁"组成"旁边"一词，成为现代汉语中的基本词。又如"脚"有"足"义始见于三国时代，最初指"胫"，从小腿扩大到包括脚掌在内，然后缩小到指脚掌。②《南齐书》中"脚"共出现16次，主要用例为：箭脚、乖脚、车脚、患脚、股脚、脚疾、脚跋、脚中、脚龙、楼脚、局脚等，词义较宽泛；"足"共出现15次，主要用例为：马足、动足、足疾、足指、手足、斩足断头、足胫等。白话的"脚"与文言的"足"相比较，二者的用例虽基本持平，但"脚"替代"足"的趋势已经形成。③

北齐颜之推所撰《颜氏家训》中承古的词语占大多数，语法体系基本不离先秦窠臼，但又有大批未见于秦汉的新词新语，既不同于先秦的散文，又不同于唐宋的传奇、小说，而是介于先秦和唐宋、文言与白话之间，呈现出一种语言新旧质素交替共融的过渡性质。据周日健、王小莘《〈颜氏家训〉词汇语法研究》考察，全书单音词约1800个，而双音词达1884个，反映了汉语词汇复音化在南北朝时期的迅速发展。书中

---

① 化振红《〈洛阳伽蓝记〉词汇研究》，中国文史出版社，2002年。

② 张永言、汪维辉《对汉语词汇史研究的一点思考》，《中国语文》，1995年第6期。

③ 王启涛《魏晋南北朝语言学史论考》，巴蜀书社，2001年。

传承先秦两汉的古词古义占大多数，单音词中绝大部分是古语词，双音词中来自秦汉的也占60％左右。秦汉后的新词约有600多个，现代汉语词汇的一些质态已现端倪。书中一些常用词的选用反映了南北朝时期正处于文白新旧质素衔接的过渡阶段。如表"渐"义的时间副词仍用"稍"，而"给"已用作"给予"义。有些词在书中新旧义共现，如"勤"既有秦汉前文献所用的"劳苦"义，又有秦汉后产生的"努力"义。值得注意的是，由于魏晋士大夫恃才傲物，标榜清高，"清"成为美辞，一度也成为这一时期的常用词，《颜氏家训》中以"清"为词素组成的复合词有"清巧""清华""清干""清尘"。①

唐代来华的日僧圆仁所撰《入唐求法巡礼行记》因囿于汉语的水平，大抵只能耳听手记，故较多地使用当时通行的实际语言。据董志翘《入唐求法巡礼行记词汇研究》一书考察，《入唐求法巡礼行记》中表示"足"义的凡七处，一律用"脚"，也就是说，在晚唐时代的口语中，"脚"在与"足"的竞争中已取得绝对优势，"脚"由指"膝盖以下部分"发展至唐代，词义已趋于固定在指"脚掌"上，而且又通过比喻引申进一步抽象化，可表示"物体的下部"，并出现了指"担任传递、运输的人及牲口"和"搬运费"义。在《入唐求法巡礼行记》中表示敲击性的动作（对象为具体的人或物）凡三十一处，已全部用"打"，不用"击"，可见白话的"打"替代文言的"击"在唐代已基本完成。表示"穿、戴"之义，秦汉以前的文献典籍用"衣""服"或"冠"，汉代出现了口语形式的"著"，《入唐求法巡礼行记》中表示"穿、戴"凡二十七处，已无一例外全部用"著"。表示"饮食"义的动词，秦汉以前的文献典籍用"食""饭""饮""餐"等，《入唐求法巡礼行记》中表示"饮食"义的动词用"吃"达64例，用"食"3例，用"饭"1例，用"啜（茶）"5例，可见白话的"吃"已渐替代文言的"食""饭""饮"。表示"观看""观察"义，秦汉的文献典籍用"观""察""视"，《入唐求法巡礼行记》中表示"观看""观察"义的"看"有23例，"观"3例，"观""看"同义连文组成复合词"观看"有2例，可见白话的"看"已渐替代文言的"观""察""视"。从圆仁的记载可见当时的一些

---

① 周日健、王小莘《颜氏家训词汇语法研究》，广东人民出版社，1998年。

常用词中，白话形式渐占绝对优势或达到了完全替代文言形式的地步。①

就历时的角度而言，古白话中的常用词有不少沿用至现代汉语中，这些常用词的产生、发展和更替反映了白话发展史中新旧质素的交替变化和白话取代文言的过程。如文言中介词"以"自唐经宋元逐渐被"把"替代，副词"尝"在六朝时渐被"曾"替代。又如表示"覆盖"义，先秦主要用"覆"，但"盖"在战国已出现；《世说新语》中一律用"覆"，《洛阳伽蓝记》中"覆"有3例，"盖"有1例；《齐民要术》中"覆"有103例，"盖"有62例；魏晋南北朝后，"覆"渐被"盖"替代。再如表示"坚硬"义先秦用"坚"，东汉时出现了"硬"，《齐民要术》中"坚"有77例，出自引书的达20例，"硬"有31例，出自引书的仅5例，"硬"与"坚"的实际出现次数接近于1∶2，到了唐代，"硬"渐替代了"坚"。② 据周日健、王小莘《〈颜氏家训〉词汇语法研究》一书考察，《颜氏家训》中沿传至现代而形、义不变或基本不变的新词新义超过160个。如卷四《名实》："以巴豆涂脸，遂使成疮。"例中"脸"本指两颊，书中已引申泛指面部。又如卷六《书证》说："《汉书》云：'中外禔福。'字当从示。……而江南书本，多误从手。"例中"书本"一词指成册的著作，沿用至今。下文以现代汉语常用词"怕"和"这"为例略作考探。

1. 怕

文言中表示"畏惧、害怕"义的有"怖""惧"等，秦汉后出现的"怕"则经由历时的演变而成为现代汉语中的一个常用词。"怕"的"畏惧、害怕"义出现较晚，晋以后才见于文献记载。③ 如《长干曲》："逆

---

① 董志翘《入唐求法巡礼行记词汇研究》，中国社会科学出版社，2000年，第225页。董志翘指出："汉语中一些同义常用词的口语形式，有的早在汉魏时期已经出现，但从文言形式和口语形式出现的频率（也就是'量'）而言，口语形式到了唐代才有了长足的进展。从《行记》看，一些同义常用词中，口语形式占了绝对优势或达到了完全替代文言形式的地步。"

② 汪维辉《东汉——隋常用词演变研究》，南京大学出版社，2000年，第233页、383页。

③ 《王力文集》第十一卷《汉语词汇史》说："《论衡》和《搜神记》都有害怕的'怕'，但是不常见。"考《论衡》卷二三《四讳篇》载："孝者怕入刑辟，刻画身体，毁伤发肤，少德泊行，不戒慎之所致也。"（刘盼遂《论衡集解》，古籍出版社，1957年，第467页）例中"怕"为"迫"的借字。

浪故相邀，菱舟不怕摇。"① 又如《玉篇》："怕，恐怕也。"唐以后渐成为白话书面语言系统中的常用词。如《敦煌变文集》卷五《无常经讲经文》："怕见人，拟求属，皱却两眉难敦触。"杜甫《官定后戏赠》："老夫怕趋走，率府且逍遥。"孟棨《本事诗》载中宗受制于韦后，御史大夫裴谈也有怕老婆之名，宫中宴乐时有优人唱《回波乐》说："回波乐持栲栳，怕妇也是大好。外边只有裴谈，内里无过李老。"至宋代又引申有"恐怕"义，表示猜测。如《朱子语类》卷二三："如太史公说古诗三千篇，孔子删定三百，怕不曾删得如此多。"

从语音上考察，"怕"可能是文言词"怖"的借音字。考《说文》载："怕，无为也。从心白声。"段玉裁注云："李善蒲各切，五部。徐铉曰匹白切。又葩亚切。按：匹白者，今音之转。葩亚者，用雅字为俗字之俗音也。今人所云怕惧者，乃迫之语转。"检《玄应音义》卷一九释《佛本行集经》第十六卷"茫怖"之"怖"云："又作悑，同。普故反。惶，怖也。经文作怕，匹白反。憺怕也。此俗音普嫁反。"葩亚切亦即玄应所说普嫁反，段玉裁指出这是"用雅字为俗字之俗音也"。又据《广雅》载："惶、怖……畏、恐、遽、惧也。"王念孙疏证云："怖者，《说文》：'悑，惶也。'《吴子·料敌篇》云：'敌人心怖可击。'怖与悑同，今人或言怕者，怖声之转耳。"王念孙指出"怕"是"怖声之转"。章炳麟《新方言·释言二》说："《说文》：'悑，惶也。'或作怖。普故切。今人谓惶惧曰怖，转入祃韵，以憺怕字为之。唐义静译佛律已作怕惧，此当正者。"王力在《双声叠韵的应用及流弊》一文中也认为"怖"与"怕"都有"惶惧"的意义，既双声，又叠韵（"怖"和"怕"声同属滂母，又同属古韵鱼部），而且鱼部在上古很有念-a的可能，则"怕"（pà）也许就是古音的残留。②

考《说文》："悑，惶也。从心，甫声。怖，悑或从布声。"悑、怖异字同词，《广韵》为滂母模韵，上古为鱼部，拟音为 phaa＞pho。悑、怖何以为"怕"所取代？"怕"又何以会有俗音普嫁反？这与语音的演变有关。鱼部的主元音为 a，其向中古的变化方向为后高化：a→ɑ→ɔ→o，但语言中有一些常用的高频词往往会在白读的影响下出现音变滞后现象，如鱼部明母模韵一等"姥"为 ma＞mɑ＞mɑ＞mɔ＞mo＞mʊ＞mu，"姥"的白读音没有像其文读音一样由 ma 变为 mu，而是与相邻的麻韵

---

① 《晋诗》卷一九《杂曲歌辞》。
② 王力《双声叠韵的应用及流弊》，燕京大学《文学年报》第三期，1937年；又《龙虫并雕斋文集》第三册，中华书局，1982年，第4页。

二等 a 合流，如鱼部明母麻韵二等"马"的语音演变为 mra＞mɣa＞muua＞ma，"姥"的白读音因滞后而合入"马"的语音演变第二阶段的 mɣa 中，"嬷"就是为记此白读音所造的方言字。同样，"爸"为"父"的后出同义词，也是为了"父"的白读音与相邻的麻韵二等 a 合流后所新造的字。又如"匍"，《说文》："匍，手行也。"匍即用手爬行。《战国策·秦策》说苏秦佩六国相印荣归故里，其"嫂蛇行匍伏"。匍，《广韵》並母模韵，其白读音为后出的"爬"所保存。傅，上古有"贴近、附着"义，《广韵》非母虞韵，《左传·僖公十四年》载有："皮之不存，毛将安傅？"其白读音后借"巴"字表示，元王晔《桃花女》第一折载有："天色已晚，又遇着风雨，前不巴村，后不着店，怎生是好？"悑、怖为"怕"所取代也是如此。滂母模韵的语音演变可分为 pha＞phɔ＞pho＞phu 四个阶段，滂母麻韵的语音演变可分为 phra＞phɣa＞phuua＞pha 四个阶段，悑、怖的文读音的语音演变为 pha＞phɔ＞pho＞phu，白读音则因滞后与相邻的麻韵二等 phɣa 合流，又与相邻的陌韵二等 phrak＞phɣak＞phuua 相近，鱼铎对转，于是借原义为"静也，无为也"的铎部字"怕"来表示。"怕"是"怖"白读音的记音字，唐代渐替代"怖"表示"害怕"义。"怕"与"怖"往往并用组成同义复词。如《敦煌变文集·妙法莲花经讲经文》："面带惊惶，心在怕怖。"《燕子赋》："雀儿怕怖，悚惧恐惶。"

考《玄应音义》卷六释《妙法莲华经》第三卷"憺怕"之"怕"云："怕，又作泊。"据玄应所说，"憺怕"之"怕"又写作"泊"。又考《慧琳音义》数释"憺怕"一词，多指出经文往往误将"怕"写作"泊"，如卷二释《大般若波罗蜜多经》第五十三卷憺怕云："上谈滥反，下普百反。《淮南子》云：憺，满也。怕，静也。经文从水作淡泊，并非也，训义别。《古今正字》云憺怕二字并从心，形声字也。"又在卷一五释《大宝积经》第一百十七卷"短命"一词说："今经文从木作桓，非也。桓音豆。《说文》：桓，祭器也。前后数处经义合是短字，乃书桓字，殊不相当。察此前文乖错甚众，何者？只如'依'书'倚'字、'族'字从手从矣，'憺''怕'并从水作，'谀'遂书'谕'谄，上音喻，下音谄，辟、僻甚多，不能繁述。此等并是笔授之士寡学，所以经文质朴，用字乖错，不可缄言。"慧琳认为经文中"憺、怕并从水""是笔授之士寡学"，这种"用字乖错"现象"不可缄言"，故在解释佛经音义时一再予以指正。由慧琳所释可知，"憺怕"之"怕"其时已多写作"泊"。段玉裁注《说文》"怕"字也指出："憺怕，俗用淡泊为之，假借也。"

据《广韵》,"怕"字的本音普白反为滂母陌韵,俗音普嫁反为滂母麻韵。"怕"字上古虽无"畏惧、害怕"义,但"怕"字此义的俗音普嫁反似源于滂母模韵 pha。因而"怕"很可能替代的是"怖"。"怖"在上古即有"害怕"义,如《韩非子·喻老》:"昔者纣为象箸而箕子怖。"又有"使害怕"义,如《吴子·论将》:"必足以率下,安众怖敌,决疑施令而下不犯。"俗音普嫁反的"怕"与"怖"的词义相同,语法功能也相同,因而"怕"的"畏惧、害怕"义虽不见于先秦文献,但是并不一定表明它在上古的口语中就不存在,很可能为"怖"。＊phas＞phah 在口语中或另有二等 phras 一读,后滞留为麻韵音,-s 后变为去声,中古则借原义为"静也,无为也"的同音字"怕"来表示,"怕"字于是有了玄应所说的俗音普嫁反。据我们就《全唐诗》所作统计,《全唐诗》中"怖"出现 11 次,"怕"则有 270 多次,且多为"畏惧、害怕"义,可见其时"怕"已基本上替代了"怖"。随着其俗音普嫁反所表的"畏惧、害怕"义为人们所习用,人们对其原所表示的"静也,无为也"义的本音普白反已不熟悉,往往以"泊"为其"静也,无为也"义的记音字。于是,后遂约定俗成以"泊"取代了"怕"所表的"静也,无为也"义,"憺怕"也写作了"澹泊",又作"淡泊"。至于"怕"则成为表示"畏惧、害怕"义的常用词,其读音也由滂母陌韵变为滂母麻韵。

2. 这

文言中表近指的代词是"此",秦汉后出现的"这(這)"也是经由历时的纵的演变而成为现代汉语中的一个常用词。"这"在汉语中可以是动词,也可以是副词,又可以是近指代词。《说文》未收录此字。《玉篇·辵部》释为"宜箭切,迎也"。修订版《辞源》《辞海》未收录"这"的此义,《汉语大字典》释为"迎接",引《玉篇》为例证,《汉语大词典》释为"迎接、迎迓",引清人秦笃辉《平书》为例证。秦氏按语称"《史记·孟尝君传》'齐愍王不自得,以其这孟尝君,孟尝君至',正迎字之义。"考今本《史记·孟尝君传》为:"齐愍王不自得,以其遣孟尝君。孟尝君至,则以为齐相,任政。"玩其文意,"遣"似较为妥切。考慧琳《一切经音义》在"是这"(卷一六)、"中这"(卷五七)、"意这生"(卷七五)、"王这"(卷七七)条下引《苍颉篇》曰:"这,迎也。"在"这入"(卷七四)条处引《字书》曰"这,迎也",并在"意这生"下引《春秋》"这公于野井"为例证。

考慧琳《一切经音义》所引《春秋》的今本为鲁昭公二十五年:

"九月，己亥，公孙于齐，次于阳州。齐侯唁公于野井。"据《春秋左传正义》载："己亥，公孙于齐，次于阳州。齐侯将唁公于平阴。公先至于野井，齐侯曰：'寡人之罪也，使有司待于平阴，为近故也。'书曰：'公孙于齐，次于阳州，齐侯唁公于野井，礼也。'将求于人，则先下之，礼之善物也。"又据《春秋公羊传注疏》："昭公不从其言，终弑而败焉。走之齐，齐侯唁公于野井。""这"的繁体为"這"，据上下文文意，慧琳所收《春秋》中的"这"当是"唁"的俗字体。

据《龙龛手镜》卷二口部释"唁"字载，唁为正字，这为俗字，"宜箭反，吊失国也。又语斤反，唁也。"吊唁离不开语言，故从口；吊唁往往要前往对方的住处，故亦可从辵。"唁"的"用言语行动来安慰存问对方"与"这"的"迎"义有意义上的关联。吊唁的言语行动要合适得体，而迎亦有迎合相逢之义，故"这"在此语境的影响下，渐渐由动词的"迎"义演变虚化有"适逢"义，而与副词"适"通用。

《慧琳音义》收录的"这"的词条为我们提供了"这"在佛经中用作副词"适"的一些例证，如"这入"条录自苻秦僧伽跋澄等译《僧伽罗刹所集佛行经》卷一，检原文为："是时伽蓝浮王往入深山，欲猎麋鹿。这入山中，见此忍辱仙人，便前跪问：'在此深山为求何道？'忍答曰：'求忍。'"文中"这入"意为"刚入"。"这"在文中用作副词，《汉语大字典》和《汉语大词典》都未收释"这"的此义。又慧琳所释"意这生"条录自吴支谦译《惟日杂难经》，检原文为："菩萨坐禅六年，临当得道，三毒俱起，淫怒痴使，意念调达，得我妇耶？为胜我耶？当复得我财产，意这生实时息念。"文中"意这生"意为"意念刚产生"。"这"的副词义在现代汉语中仍有使用，如"我这就要走，他便来了"。又"这起"条录自唐菩提流志译《大宝积经》卷一一七，检原文为："观痛痒知痛无本，这起寻灭。"文中"这起"意为"刚出现"。《慧琳音义》卷一五释《大宝积经》卷一一七"这起"云："上言件反。《字书》：这，迎也。案此'这'字亦是僻用也。但直云迎起、或云迎、或云窜起，于义何伤，而乃曲求用此僻文，强书'这'字，徒自矜衒博识多闻，诖误后学，转读寻览之流无不惊恂迷惑也。① 小人自矜，拙为笔授，非君子之见也。"检《大宝积经》为唐菩提流志译，原文为："观痛痒知痛无本，这起寻灭。"文中"这起"意为"适起"，即"刚出现"。据慧琳所释，可知"这"的"迎"义其时已罕用。检齐侯镈铭文："这

---

① 迷惑，狮谷白莲社本作"也或"，据大正藏本改。

而（尔）傰（朋）剢（俦）。"铭文中"这"正有"迎"义，《汉语大字典》和《汉语大词典》修订时可补上此例证。

　　汉末的道经和佛经及碑刻中"这"字用例颇多，如《太平经》卷七二："此有七人，各除一病，这除去七病。"又如东汉支娄迦谶译《真陀罗所问如来三昧经》卷上："其根，根已等断，前与后法这等，其知等于三世。"这些"这"字在不同的版本中都有异文写作"适"的，如上文所举《慧琳音义》中"这"的词例在《碛砂藏》和《高丽藏》等所载佛经经文中都写作"适"。"适"与"这（這）"形体上有相似之处，①语音上又都有"之石反"一音，而"适"的"前往"义与"这"的"迎接"义在语义上也有相似之处，故文献中"适"常常写作"这"，不仅在用作副词时通用，甚至表示"舒适"义的"适"也可写作"这"。如慧琳所释"中这"条，录自东汉安世高译《佛说分别善恶经》，检原文为："终而不妄语，后生身中这。莫得说其短，友争辄和解。"同时，表指示的代词"这"也含有"趋向"义，表"迎接"义的动词"这"与表指示的代词"这"在表"趋向"义上亦有关联，因而又进一步演变虚化为指示代词"这"。

　　关于指示代词"这"的来源，各家说法不一。② 我们认为虚词大多是由实词虚化演变而成，"这"成为近指指示词与其原有实词词义的虚化演变是分不开的。表示"迎"义的动词"这（yàn）"因形讹而用作副词"适"和指示代词"这（zhè）"，且皆具有一种趋向性的指示义，其所蕴含的这种趋向性指示义的不断强化也许可看作是其由动词逐渐虚化演变为近指指示词的一个重要因素。《慧琳音义》从佛经中收录的"这"的词条也为我们提供了"这"用作指示代词的早期例证，如"是这"条录自《佛说阿閦佛国经》下卷，检原文为："天中天是间阿那含住不复还地，菩萨摩诃萨生阿閦佛刹者是这等耳。天中天间阿罗汉住无所着地，菩萨摩诃萨生阿閦佛刹者是这等耳。佛告贤者舍利弗莫得说是语，所以者何？是间菩萨摩诃萨受无上正真道法，菩萨生阿閦佛刹者是这等

---

① 玄应《一切经音义》卷三解释《摩诃般若波罗蜜经》第十三卷"适生"之"适"说："《三苍》古文商、这二形，同，之尺反。"又卷六释《妙法莲华经》第一卷中"适从"之"适"说："《三苍》古文作这，同，尸亦反。"陈治文《近指指示词"这"的来源》（《中国语文》，1964年第6期）一文认为汉末"这"是副词"适"的俗体。

② 参徐时仪《指代词"这"来源考》（《大同高等专科学校学报》，1999年第2期）及《指代词"这"来源考补》（《民俗典籍文字研究》第七辑，2010年），此从略。

耳。"文中的"这"在某种程度上已具有近指指示词"这"的意味。《佛说阿閦佛国经》是东汉时支娄伽谶所译,因此我们可以说近指指代词"这"早于唐代已出现。到了唐代,"这"已最终演变为近指指代词,"适"则仍然保存原有用法,两字各司其职,不再通用,因而后代僧人抄经,往往将"这"改成"适"。

在早期文献里,人们通常用读音相近的"者""适""遮"来表示近指指代词,而"者""适""遮""这"在语言的发展中互相制约,由于"这"表"迎"的动词义已完全虚化和弃置不用,同时"这"与"适"也各司其职,南北朝时,"这"写成"适"已不再那么流行了,于是"这"也就最终取代了"者","遮"而专司近指指代词之职。①

由"怕"和"这"的词义演变,可见一个时代词汇的存在和发展,离不开对前代词汇的继承和创新,同时又为后世词汇的形成及演变打下了基础。汪维辉《东汉——隋常用词演变研究》一书曾探讨了38组常用同义词,举例详析了这些常用词从东汉到隋代的演变,其中名词为:目/眼、涕泣/泪(淚)、足/脚、他人/旁(傍)人、翼/翅、舟/船、木/树、侧、畔、旁(傍)/边、内、中/里。动词为:衣、冠、服/著(着、箸)、戴,视/看,求、索/寻、觅,寝、寐/卧、眠(瞑)、睡,言、云、曰/说、道,呼(譹)/唤、叫、噭、嘂),使、令/教(交),击/打,悬(县)/挂(掛、絓),闭、关,覆/盖,释/放,书/写、抄(钞)、腾(誊),曝(暴)/晒(曬),易、更/换,建、筑、作、立/起,盖(戴)、架、还、返(反)、归/回(迴、廻),入/进,居、止/住,生/活,宜、当/应、合。形容词为愚/痴,瘠(脢)、癯(臞)/瘦(膄),痛/疼,误、谬、讹、舛/错,寒/冷,疾、速、迅/快(駃),驶、广/阔、宽等。书中大体考定了每一组常用词的更替从何时发生,到何时完成;描写了演变更替的过程,对常用词演变的一般规律有所揭示。②

就汪维辉论及的这38组常用词而言,旧词几乎都是秦汉以前已有的古词,新词则大都始见于战国两汉。新词的来源有来自方言的,如"船、著(着)、看、觅、眠、唤、打、疼、冷"等;有来自某词引申而产生的新义的,如"挂"由"挂住"引申为"悬挂","关"由名词"门闩"用为动词"上门闩",再引申为"关门"等;也有来自其他语言的,如"姐"始见于《汉书》《说文》,本为蜀羌人呼母,又指姊。李白《寄

---

① 毛晃、毛居正《增修互注礼部韵略》说:"这,凡称此个为'者个',俗多改用'这'。"郭忠恕《佩觿》卷上亦称:"迎这之这为者回","其顺非有如此者"。

② 汪维辉《东汉——隋常用词演变研究》,南京大学出版社,2000年。

东鲁二子诗》说:"小儿名伯禽,与姐亦齐肩。"诗中的"姐"开汉语中称比自己大的同辈女性的先河。

就共时和历时结合的角度而言,常用词的兴替既从共时平面上展示了文白使用的概貌,又从历时层面上反映了文白此消彼长的状貌。

如《洛阳伽蓝记》中常用词文言的"木"共出现29次,指称木本植物有17次,组成的词语有"草木、果木、嘉木、林木、柏木、桑木、木工、土木"等;白话的"树"共出现36次,指称木本植物有34次,组成的词语有"槐树、嘉树、枯树、桑树、杏树、枳树、树皮、树立"等。"树"的使用频率略高于"木",可用作动词,并演化出比较抽象的意义,运用的范围较广;"木"保持着词义运用范围的单一性,即使是比较抽象的意义,与本义的关系也非常接近。"木"所构成的词语占总次数的70%以上;"树"构成的词语占总次数的30%以下。这表明在北魏,文言的"木"的独立性受到了较大的限制,却表现出了相当强的构词能力,白话的"树"的独立性远远超过"木",构词能力则弱得多。① 据管锡华对先秦文献典籍的统计,《左传》《孟子》《庄子》《韩非子》中,"木"和"树"以单音节形式出现的次数为5∶1,加上《诗经》《论语》,"树"构成的词语只有"树木"1个,"木"构成的词语有38个。到了西汉的《史记》中,表示木本植物的意义时,以单音节出现的"木"和"树"为15∶13,构词能力方面,"木"构成词语18个,"树"构成词语3个。② 由此可见,"树"在汉代的使用情况较先秦时期已有了很大的发展,这种发展趋势到了南北朝时期又进一步得到了强化。"木"和"树"都指木本植物,构成同义关系,如"嘉木"即"嘉树",但引申义的情况却迥然不同,所遵循的途径各有不同,引申的结果则互为补充。"木"传承了先秦文献典籍原有的"木材""木料"义,"树"则产生了动词和量词的用法,有了比喻义。二者各有自己的使用范围,即使在现代汉语中也不相混淆。又据陈明娥对敦煌变文的统计,作"树木"讲的"树"共出现了224次,而"木"仅出现了49次;从组合关系上看,"树"的搭配能力明显增强,由它构成的词语非常丰富,如"树枝""树叶""树林""树神""树头""柳树""桃树""桂树""梧桐树""琵琶树""菩提树""娑罗树""无忧花树""宝树""果树""剑树"

---

① 化振红《〈洛阳伽蓝记〉词汇研究》,中国文史出版社,2002年。
② 管锡华《从〈史记〉看上古几组同义词的发展演变》,《汉语史研究集刊》第一辑(上)。

"烟树""奇树"等,而"木"基本上已丧失了构造新词的能力。①

又如《洛阳伽蓝记》中"视"共出现了4次,都表示具体的动作;"看"共出现了6次,其中4次表示具体的行为,两例是比较抽象的"观察"和"观望"义;"目"共出现了19次,其中两例间接表示具体的动作,其余则是与"眼睛"义有关的名词用法。"视""目""看"在表示"用眼睛看"这一具体行为时构成同义词。先秦文献典籍中用"视",也用"目",很少用"看"。汉代文献典籍中"视"仍然用得最多,"目"有所增加,"看"依然用得极少。南北朝文献典籍中"看"的使用开始增多。《世说新语》和《高僧传》中"看"的运用已相当频繁,而据化振红《〈洛阳伽蓝记〉词汇研究》分析,"看"在表示具体的"用眼睛看"这一行为时与"视"已基本持平,"目"虽然有两例,但都用在复音词"目见"中,所强调的更多的实际上是动作的结果,而不是动作的本身。②

再如表示"居住"这个概念,文言主要用"居",有时也用"止""处"等。如《周易·系辞下》:"上古穴居而野处,后世圣人易之以书契。"白话用"住"。"住"有"停留""停止"义,如《黄帝内经·灵枢·邪客》:"凡此八虚者,皆机关之室,真气之所过,血络之所游,邪气恶血,固不得住留。住留则伤经络,骨节机关不得屈伸,故病挛也。"又如支娄迦谶译《道行般若经》卷七:"譬若工射人射空中,其箭住于空中,后箭中前箭。"东汉时"住"由"停留""停止"义引申而有"居住"义,如《东观汉记·李恂传》:"李恂遭父母丧六年,躬自负土树柏,常住冢下。"③ 又如《大方便佛报恩经》卷四:"有一坐禅比丘,独住林中。"东晋以后,用"住"表示"居住"义已成主流,南北朝史书中也多用"住"表示,词义和用法已与现代汉语中的"住"相同。如《梁书·徐勉传》:"学士亦分住郡中,制作历年,犹未克就。"《颜氏家训·归心》:"梁孝元在江州时,有人为望蔡县令,经刘敬躬乱,县廨被焚,寄寺而住。"南北朝时,"居"和"住"在表示"居住"义上相同,于是组成同义并列复音词"居住"。如晋干宝《搜神记》卷一〇《吕石梦》:"吴时,嘉兴徐伯始病,使道士吕石安神座。石有弟子戴本、王思二人,居住海盐,伯始迎之,以助。"又如北齐魏收《魏书·扬播传附

---

① 陈明娥《敦煌变文词汇计量研究》,百花洲文艺出版社,2006年,第21—22页。
② 化振红《〈洛阳伽蓝记〉词汇研究》,中国文史出版社,2002年。
③ 欧阳询《艺文类聚》卷八八引,上海古籍出版社,1999年,第1515页。

杨椿》:"吾今日不为贫贱,然居住舍宅不作壮丽华饰者,正虑汝等后世不贤,不能保守之,方为势家作夺。"①

汉语词汇从以单音词为主过渡到以双音词为主,这是汉语词汇发展的一大规律,古白话中的双音常用词有许多沿用至现代汉语中,这些双音常用词的产生、发展和更替也反映了白话发展史中新旧质素的交替变化和白话取代文言的过程。

如表示"衣服"义的通称,文言用"衣""服""裳""衫",白话多用"衣服""衣裳""衣衫"等。据张庆庆《近代汉语几组常用词演变研究》一文统计,唐五代文献中用例如下表所示:

	衣	服	衣服	衣裳
寒山、拾得诗	10	0	1	0
《入唐求法巡礼行记》	10	3	8	2
《敦煌变文集新书》	95	16	12	21
《祖堂集》	53	3	8	0
总计	168	22	29	23

宋代文献中用例如下表所示:

	衣	服	衣服	衣裳
《朱子语类》	28	63	39	12
《五灯会元》	82	8	3	1
总计	110	71	42	13

元代文献中用例如下表所示:

	衣	服	衣服	衣裳
《元刊杂剧三十种新校》	26	0	23	12
《大宋宣和遗事》	24	5	13	0
《西厢记》	9	0	2	4
总计	59	5	38	16

---

① 丁喜霞《中古常用并列双音词的成词和演变研究》,语文出版社,2006年。

明代文献中用例如下表所示：

	衣	服	衣服	衣裳
《三遂平妖传》	5	0	9	6
《西游记》	82	10	132	15
《水浒全传》	46	0	133	85
《金瓶梅》	47	4	182	99
《型世言》	42	3	78	7
《老乞大》《朴通事》	4	0	8	14
总计	226	17	542	226

清代文献中用例如下表所示：

	衣	服	衣服	衣裳
《醒世姻缘传》	63	5	111	318
《红楼梦》	65	4	129	98
《儿女英雄传》	21	1	34	84
《海上花列传》	35	0	11	101
《品花宝鉴》	73	1	92	74
总计	257	11	377	675

从唐至清，文言用的"衣""服""裳""衫"渐为"衣服""衣裳"替代，现代汉语中常用"衣服"。①

又如表示抽象的"凭借"义，文言有单音词"依""倚""恃""怙""仰""赖"等，白话用单音词"靠"。随着汉语词汇双音化的发展，先秦两汉时产生有同义并列的双音词"怙恃""恃怙""依倚""仰恃""依怙""依恃""依仰"等，魏晋南北朝时期又产生有"依凭""倚赖""依傍""倚恃""倚仗""倚杖""依杖""仰凭""仰赖""仰仗""仰籍"等双音词。《说文》已收有"靠"，许慎释云："靠，相违也。"段玉裁注云："'韦'，各本作'违'，今正。相韦者，相背也，故从非。今俗谓相依曰靠，古人谓相背曰靠，其义一也。""靠"有"背靠"义，如唐曹松《宿溪僧院》诗："煎茶留静者，靠月坐苍山。"由"背靠"义引申也可

---

① 张庆庆《近代汉语几组常用词演变研究》，苏州大学博士学位论文，2007年。

以表示抽象的"凭借"义,如唐易静《兵要望江南·占委任第一》:"攻敌策,谋乃胜之源。勿只迎军交血刃,休凭勇力靠兵官,勇是祸之端。"又如唐不空译《瑜伽集要焰口施食仪》附《十类孤魂文》:"鳏寡孤独无靠孤魂众。""靠"与"倚"同义,唐宋时组成并列复音词"倚靠",表示抽象的"凭借"义。如《朱子语类》卷一一三《朱子十》:"若有疑处,且须自去思量,不要倚靠人,道待去问他。"又如《清平山堂话本·快嘴李翠莲记》:"年老爹娘无倚靠,早起晚些望顾照。""靠"又与"依"同义,宋时也已组成并列复音词"依靠",表示抽象的"凭借"义。如《朱子语类》卷三四《论语十六》:"先生问学者:'据德,依仁,如何分别?'学者累日说皆不合。乃曰:'德是逐件上理会底,仁是全体大用,当依靠处。'"宋以后可用作动词,表示"靠别的人或事物来达到一定目的"。如《石点头》卷九:"此时陇右未靖,德宗皇帝方将西川半壁,依靠韦皋作万里长城,这些小事,安有不听之理。""依靠"也可用作名词,表示"可以作为依托或指望得到帮助的人或物"。如李行甫《包待制智赚灰栏记》第二折:"则为俺穷滴滴子母每无依靠,挨今宵,到明朝。"沿至明清,由白话单音词"靠"组成的"倚靠""依靠"渐取代了具有较多文言色彩的"怙恃""恃怙""依倚""仰恃""依怙""依恃""依仰""依凭""倚赖""依傍""倚恃""倚仗""依杖""仰凭""仰赖""仰仗""仰籍"等双音词,如《型世言》第十六回:"你到老来没个亲儿倚靠,不如趁青年出嫁,还得个好人家。"又第四回(林氏)道:"我儿,我死也该了,只是不曾为你寻得亲事,叫你无人依靠,如何是好?"又如《红楼梦》一百回:"要是他急出个原故来,不但你添一层烦恼,我越发没了依靠了。"又一百十八回:"我想你我既为夫妇,你便是我终身的倚靠,却不在情欲之私。"①

再如"头领"和"首领"都是类义并列双音词,理性意义和用法相同,而语体色彩不同。"首领"具有较浓的文言色彩,而"头领"具有浓厚的口语色彩。"首"即"头",甲骨文、金文中的"首"像人头有发之形。如《诗经·邶风·静女》:"爱而不见,搔首踟蹰。""领"的本义是"脖子"。"首领"连用始见于战国初期文献,如《左传·昭公二十五年》:"若以群子之灵,获保首领以殁,唯是楄柎所以藉幹者,请无及先君。"例中"首领"是名词性并列短语,指头和脖子。"首(头)"位于

---

① 丁喜霞《中古常用并列双音词的成词和演变研究》,语文出版社,2006年。

人体最上部，也是人体最重要的部位之一，以这一点并列作为相似关联，从人体认知域投射到一般事物认知域，产生隐喻引申义，指为首的人。如《庄子·盗跖》："成者为首，不成者为尾。""领"（脖子）作为头的连带部分，又是人体转动的枢纽，和"首"一样是人体的重要部位，如《国语·楚语上》："且夫制城邑若体性焉，有首领股肱，至于手拇毛脉，大能掉小，故变而不勤。"南北朝时"首""领"已组成类义并列复音词，指为首的人或一个集体的领导人。如《魏书·杨播传附杨津》："朝廷初以铁券二十枚委津分给，津随贼中首领，间行送之，修礼、普贤颇亦由此而死。"南北朝后用例渐多，如《北史·列女传·谯国夫人洗氏》："谯国夫人洗氏者，高凉人也。世为南越首领，部落十余万家。""头"比"首"在文献中出现的时间晚，甲骨文中有"首"无"头"，到战国初期始出现"头"字，指人体的最上部分。如《左传·襄公十九年》："荀偃瘅疽，生疮于头。"据魏德胜《〈韩非子〉语言研究》一书的考察，"战国时期口语中'头'已取代了'首'，但在一些固定形式中仍用'首'，如稽首、顿首、斩首等"。① 又据池昌海《〈史记〉同义词研究》一书对《史记》中"头"和"首"的使用情况的分析，"在《史记》的语言中，'首'无一例用于直接陈述，皆为作者的记述、转述，而'头'则有多例见于书中人物的对话……哪怕是记述秦汉前事，口语中也都用'头'……在口语中，'头'已基本成为常用词，而'首'则一般不见于口语表达了。"② 因此至迟在秦汉之交，"头"在口语中已经成为常用词。"头"与"首"一样，由人体的最上部和重要部位隐喻引申可指"为首的人"，南北朝时也与"领"组成类义并列复音词"头领"，表示"为首的人"。南北朝后，"首领"和"头领"两词并用。如《旧唐书·高宗本纪下》："三月，裴行俭大破突厥于黑山，擒其首领奉职。"又《僖宗本纪》："如王仙芝及诸贼头领能洗心悔过，散卒休兵，所在州府投降，便令具名闻奏，朝廷当议奖升。"据丁喜霞《中古常用并列双音词的成词和演变研究》一书的考察，明以前"首领"的使用频率从总体上说远大于"头领"，明以后"头领"的使用频率逐渐增加，多用于元杂剧、明清白话小说等口语性比较强的文体中，如《全元杂剧》中用"头领"56次，用"首领"8次；《水浒传》用"头领"713次，未用"首领"。③

---

① 魏德胜《〈韩非子〉语言研究》，北京语言学院出版社，1995年，第56页。
② 池昌海《〈史记〉同义词研究》，上海古籍出版社，2002年，第180页。
③ 丁喜霞《中古常用并列双音词的成词和演变研究》，语文出版社，2006年。

汉语中的这些复合词大多是由文言的词组经词汇化而凝固成词，如现代汉语中的"健美、热爱、史料、自愿、春花、秋雨、忧愁、可爱、月亮、凯旋"等。有些词组凝固成词后词义又有所引申，如"晚会"由"晚间的集会"词组义引申而为"晚上举行的以文娱节目为主的集会"，"说唱"由"说话和按照乐律发出声音"词组义引申而为"一种连说带唱的表演艺术"。词组词汇化在某种程度上也反映了汉语词汇由文言的单音节向白话的双音节发展的趋势。从历时的角度看，单音词的发展演变较为单纯。单音词虽也有可能发生语法化，从实词变为虚词，但这还是在词这一大的范畴内次范畴的变化，往往只是词义的变化，不涉及范畴性质的大的变动。其形式上的替换只是在所指（signified）基本不变的情况下能指（signifier）的变化，而这些不同的能指在大的范畴上是相同的。双音词在产生和发展过程中所经历的变化与单音词相比则更多更复杂，往往涉及范畴性质的大的改变，引起了汉语词汇系统的本质性的变化，改变了词汇系统的整体面貌。

　　就语义而言，由单音词合成的双音词体现了一个由词组或短语词义逐渐凝固成词的变化过程。词组或短语词是双音词最主要的来源。词组好比混合物，不同的物质仅仅混合在一起；由词组演变而成的复合词则好比化合物，不同的元素经过化学作用，已经结合为一种新的物质。一般来说，单音词大多数是多义的，而由它们组成的复合词大多数是单义的，因而，单音词组合成的词组凝固成复合词，实际上也就是多义的单音词抽象虚化或简化成为单义的双音词，即由多义虚化或简化为单义的词汇意义演变，同时也可看作是由词组虚化凝固为词的一种词汇语法化现象。最初的双音词一般是从非词的句法结构演变来的。当句法结构有所变化时，其词义必然也会有变化；反之，当其词义有所变化时，也会引起句法结构的变化。汉语双音词作为词汇系统中后起的一类成员，其衍生实际上经历了一个语法化的演变过程。语法化理论的一个重要假设是"句法到词法"的演变，这在一些印欧语言中主要表现为独立的词变为黏附成分（clitics），进而演变为词缀、屈折成分。汉语作为孤立语，词缀不发达，屈折成分除了变调构词法外几近于无，且造字法、构词法和造句法的规则基本上相似，故句法到词法的变化主要以双音句法单位演变为双音词的形式表现出来，这也是汉语常用词文白演变的一个重要特点。如现代汉语表描摹性的情态副词"一味"在唐代以前尚是一个松散的偏正结构，表示一种滋味或味道。如汉徐幹《中论·治学》："嘉膳之和，非取乎一味。""一味"引申可指一种食物或菜肴。如晋王羲之

《与吏部郎谢万书》："有一味之甘，割而分之。"也指中药药方中的一味药。如晋葛洪《抱朴子·金丹》："取金液及水银一味合煮之。"大约在唐宋时，"一味"在保持其词组用法的同时，已由偏正词组趋于凝固成词，语义上表"一样、同一"义。如《敦煌变文校注》卷二《庐山远公话》："雨元（原）一味，受性自殊。"苏轼《和子由寄题孔平仲草庵次韵》："犹喜大江同一味，故应千里共清甘。""一味"又有"整个味道，全部滋味"义。如《朱子语类》卷一五《大学二》："如这一盏茶，一味是茶，便是真。才有些别底滋味，便是有物夹杂了。"上所举例中"一味"的语义介于由表示一种滋味趋于泛指"一样""整个"义的变化过程间，在意义上"味"的实义逐渐减弱，以致于失去"滋味"义，同时"一味"开始具有"一样""整个"的意义；在句法上，"一"与"味"从很松散的修饰关系渐发展到凝固在一起，既带有词组的某些特征，又带有词的某些属性。这两个方面是相互联系的，"滋味"义的逐渐减弱过程也就是"一味"由很松散的修饰关系逐渐向融合凝固发展的过程。

"一味"由偏正词组凝固成词的过程中，心理上的组块过程使得原来分立的单位变得互相依赖，相应地，原结构的较为清晰的理据性逐渐变得模糊甚至最终消失，在某种程度上也促成了其由偏正词组词汇化为复合词，从而引申又可表"单纯"义。如唐赵元一《奉天录序》："缅寻太古之初，真源一味，自然朴略，不同浮华，虽垂不载。""一味"作为词的"单纯"义与作为"一种滋味"的词组义之间有认知上的联系，"一种滋味"即单一不杂的，因而可引申表"单纯"义。从"一种滋味"的词组义到"单纯"的复合词义的语义演变包括了一个隐喻抽象化的过程，即语义由表示"某一种滋味"义变为泛指"纯一"义，由较为具体的感知域引申到较为抽象的思维域，由味觉认知域延伸到性质、特性等更为抽象的认知域。这种变化符合人们从个别到一般、从具体到抽象的认知模式。

词汇语法化可以是一个词组结构演变成一个词，也可以是一个实词演变成一个虚词；可以是一个具有实实在在词汇意义的语言成分演变成一个较虚的语言成分，也可以是一个较虚的语言成分演变成一个更虚的语言成分。"一味"由偏正词组演变成复合词是由一个词组结构演变成一个词，由复合词演变为副词则是由一个具有实实在在词汇意义的语言成分演变成一个较虚的语言成分。随着"一味"在句法位置上经常处于状位，语法功能上趋于充当状语，语义也不断抽象虚化，其渐由表"一样"义的复合词演变为表"一直"义的情态副词。据有关典籍记载，"一味"至宋代已渐虚化为副词，用以描述不改变地一直持续某种行为。

如陆游《次韵张季长正字梅花》："一味凄凉君勿叹，平生初不愿春知。"蔡伸《春光好》词："如今水远山长，凭鳞翼，难叙衷肠。况是教人无可恨，一味思量。"现代汉语用以描述不顾客观条件，坚持不加改变地一直持续某种行为，一般多用于贬义，有两种格式：一为后面有贬义的词语，如"一味迁就"；一为动作行为过了头，如"养花不能一味浇水"。

　　汉语是一种虚词比较发达的语言，虚词是组词成句的重要组成部分。虚词一般都没有实在的意义，在句子中的语法作用可以说是语言声气作用的长期积淀，往往要结合句子的意义来理解，主要表示各种关系和语气。汉语属孤立型或分析型语言，汉语的词多由表意的成分连接而成，语法关系由词序和虚词来表达，而不是通过词干本身的变化或各种词缀来表达。汉语的虚词是一个准开放的语法词汇系统。一方面是汉语词汇系统的一个组成部分，另一方面又是用来表示语法意义的属于汉语语法系统的下位子系统。在汉语语法系统中，虚词系统与句法系统有着双向的信息能量交流；在汉语词汇系统中，虚词系统与实词系统又有着单向的能量输送关系，实词系统为它提供词源。汉语各个历史时期的虚词绝大多数都是从实词虚化来的。如"看"做动词有"以视线接触人或事物"和"观察"义，所带宾语本是可见的具体事物，但当所带宾语为未直接见到的事物时，其意义则有新的引申。如东晋僧伽提婆译《中阿含经》卷一七："诸君，看此加赦国王梵摩达哆，酷暴无道。"例中"看"有"提示注意"义。《晋书·姚弋仲传》："汝看老羌堪破贼与否？"例中的"看"有"估量"义。由"观察"到"提示注意"和"估量"，"看"的词义已有所虚化，于是又可用在动词或动词结构后面，表示先试一试的估摸之义。如《齐民要术·作菹藏生菜法》："尝看，若不大涩，杭子汁至一升。"又《庐山远公话》："略说身上伎艺看。"由表示先试一试的估摸之义又可表示一种疑问语气，如《朱子语类》卷八六："而今县中若省解些月椿，看州府不来打骂么？"例中"看"的词义进一步虚化，已由动词虚化为副词。又如"劣"是形容词，《说文》："劣，弱也。"古白话中"劣"虚化为副词做状语，有"仅仅、勉强"义。如《南史·胡藩传》："以刀头穿岸，劣容脚指，径上，随之者稍多。"又《王诞传》："呼从兄上岸盘头，令卒与杖，搏颊乞原，劣得免。"

　　汉语中的代词介于实词和虚词之间，从一些常用代词的古今演变可看到汉语文白的演变。如指示代词文言中表近指用"此""斯""是""之"，表远指用"彼""夫"，后渐为"这"和"那"所代替，又产生了"这儿""那儿""这里""那里""这么""那么""这样""那样"等一整套白话所用的指示代词。文言所用的疑问代词"曷""奚""胡""恶""安""焉"等也为口语中新产生的白话词"什么""怎么"所代替。汉语中一些常用虚词的古今演变同样也反映了文白的演变。如古代汉语的语气词用"之乎者也",现代汉语用"的呢了吗"。汉语书面语中用"之乎者也"的必然是文言,而用"的呢了吗"的也必然是白话。"之乎者也"等在文言中沿用,但在秦汉以来的口语中逐渐为新的语气词所代替,表陈述语气的"也""矣"代之以表肯定的"的"和表变化的"了",表疑问语气的"乎""与""邪""哉"被表是非问的"吗"、表特指问和选择问的"呢"、表测度问的"吧"等代替。从文言所用语气词"之乎者也"为"的呢了吗"所代替也可以看到白话的发展过程。如唐代《游仙窟》中用"也、矣、哉、耳、耶、而已",《入唐求法巡礼行记》用"也、矣、乎、哉、者、欤、耳、焉",《坛经》用"也、哉、已",《敦煌变文集》用"也、矣、哉、耶",《祖堂集》用"也、矣、哉、耶、乎、焉、而已、聻、摩、在、者、了、后"。《祖堂集》除承用外,出现了"聻、摩、在、者、了、后"这几个新的语气词,透露出语气词使用承先启后的新格局。如"后"用作语气词最早见于唐代,据张相《诗词曲语辞汇释》云:"后,犹呵或啊也。王周《问春诗》:'把酒问春因底意,为谁来后为谁归?''后'字为语气间歇之用犹云为甚来呵又为甚归去也。""呵"见于宋代,元代运用渐广,后又为可表多种语气的"啊"代替。又如"裏"从唐代开始用为表夸张的语气词,后记作"里""俚""哩",在元明以后"哩"可表疑问和非疑问语气,兼摄"里"和"那"的作用,"呢"又从承前问发展出特指问用法,于是"哩""呢"趋于合流。① "宋代时语气词'了'已孕育成熟,表示事实变动的功能文言中仍由'矣'担当,在中语中则由'了'充任",渐替代了文言的"耳"。② 据孙锡信研究,宋儒语录、禅家语录、话本、宋词、南戏、诸宫调和元人杂剧中文言语气词已使用得相当稀少,"文言语气词的式微表明唐五代时开始发生的汉语语气词的更迭到宋元时期已基本完成,亦即新生的语气词已基本替代了文言语气词,汉语语气词的发展已不是个别词语现象,而是体系性的变革了。"

---

① 孙锡信《汉语历史语法丛稿》,汉语大词典出版社,1997年。
② 孙锡信《近代汉语语气词》,语文出版社,1999年。

第四节　新书面语系统的形成

　　汉语是一种分析型的语言，即词与词的语法关系主要是依靠词形本身以外的成分如语序、虚词等方式来表示。这个语言类型学上的特点文言和白话是基本一致的。文白的区别主要在于文言中疑问句和否定句里的代词宾语往往前置，指示代词"是"由于其处于主体及对主体的表述和说明之间而渐虚化为系词等。一般而言，文言多用单音词，文言中可独立使用的单音词在白话中往往成为不能独立使用的词素。如"朋"和"友"在文言中是独立使用的词，可说"高朋满座，胜友如云"，白话中已渐演变成不能独立使用的词素，必须两相组合或与别的词素组合成"朋友""工友""男友"等。① 古代白话和五四时期形成的白话在与文言这些方面的不同是基本一致的，但五四时期的白话又不同于古代白话，郭沫若《文学革命之回顾》一文说："我们现在所通行的文体自然有异于历来的文言，而严格的说时，也不是历来所用的白话。"② 茅盾则把五四时期的白话称为"欧化的白话"。③ 张恨水曾以《三国演义》为例，说明五四以来新文学欧化句式与当时一般读者的美感距离："'阶下有一人应声曰，某愿往，视之，乃关云长也。'这种其实不通俗的文字，看的人，他能了然。若是改为欧化体：'我愿去'，关云长站在台阶下面，这样地应声说。文字尽管浅近，那一般通俗文运动的对象，他就觉着别扭，看不起劲。"④ 张恨水说的新文学欧化句式与当时一般读者的美感距离反映了当时通俗文学所用的古白话与五四以来新文学欧化体的不同。五四时期的白话与《三国演义》等通俗文学所用的古白话一脉相承又显然已不是《三国演义》等通俗文学所用的古白话，而是带有欧化色彩的新型白话。

　　语言是整个社会交流的工具，一种语言的转换需要整个社会的响应与支持，这是需要时间的。五四时期的欧化白话也是其来有渐，欧化白话的形成可以溯至近代西方来华传教士翻译的传教读本。传教士担负的宣教使命使他们自然地把写作和译介福音故事作为起点。如果说东汉佛

---

① 参有关汉语语法史著作的论述，本书从略。
② 《沫若文集》第 10 卷，人民文学出版社，1959 年，第 364 页。
③ 茅盾《文艺大众化问题》，《救亡日报》，1938 年 3 月 9 日—10 日。
④ 张恨水《通俗文的一道铁关》，重庆《新民报》，1942 年 12 月 9 日。

教东传，汉译佛经重在传真，切合经文的原意，而不重在辞藻文彩；重在读者易解，而不重在古雅，形成一种既非纯粹口语又非一般文言的特殊语言变体，梁启超认为："质言之，则当时一种革命的白话新文体也。"① 那么这些西方传教士出于面向更多普通老百姓传教的需要，翻译的传教读本也力求语言通俗，多用接近当时口语的白话，且带有一些外来词汇和句法，融入了一些新的元素，形成一种具有欧化色彩的白话，可以说是五四时期欧化白话的滥觞。② 如 19 世纪 70 年代西方传教士翻译的基督教赞美诗：

> 有位朋友，别人难比，爱何等大，胜似兄弟，疼爱兄弟，爱何等大。世上朋友，有时离你，今日爱你，明日恨你，只有这位，总不误你，爱何等大。
>
> 早起看见轻霜薄雪，没到日中已经消灭。花开满树眼前富贵，一阵风来忽然吹卸。③

又如传教士宾威廉翻译的约翰·班扬所著《天路历程》，初译是在 1853 年，采用文言，后来出于传教的需要，又在 1865 年改用白话重新翻译。译文虽用白话但带有西方语言的表述特点，具有欧化色彩。如书中的开头第一段写道：

> 世间好比旷野，我在那里行走，遇着一个地方有个坑，我在坑里睡着，做了一个梦，梦见一个人，身上的衣服，十分褴褛，站在一处，脸儿背着他的屋子，手里拿着一本书，脊梁上背着重任。又瞧见他打开书来，看了这书，身上发抖，眼中流泪，自己拦挡不住，就大放悲声喊道："我该当怎么样才好？"他的光景，这么愁苦，回到家中，勉强挣扎着，不教老婆孩子瞧破。但是他的愁苦，渐渐儿的加添，忍不住了，就对他家里的人，叹了一口气说："我的妻，我的子呵，你们和我顶亲爱的，现因重任压在我身上，我将死了。而且我的确知道我们所住的本城，将来必被天火焚毁，碰着

---

① 梁启超《翻译文学与佛典》，《佛学研究十八篇》，中华书局，1989 年。
② 周作人 1920 年所撰《圣书与中国文学》一文中曾说道："我记得从前有人反对新文学，说这些文章并不能算新，因为都是从《马太福音》出来的；当时觉得他的话很是可笑，现在想起来反要佩服他的先觉：《马太福音》的确是中国最早的欧化的文学的国语，我又预计他与中国新文学的前途有极大极深的关系。"（《艺术与生活》，岳麓书社，1989 年，第 45 页）
③ 狄就烈《圣诗谱序》，1873 年潍县刻印本。

这个灾殃，我和你们都免不了灭亡。若非预先找一条活路，就不能躲避，但不晓得有这活路没有。"他的老婆孩子听了这话，诧异得很，害怕得很，不是把他的话当做真的，是怕他要疯。那时天将晚了，指望他一睡，或者可以心定，就急忙催他去睡。①

这段话与今译本所用语言大致相同，与现代汉语也没有太大的差别。② 再如美国公理会传教士博美瑞翻译的基督教儿童小说《安乐家》：

利斯第问道："不是还有一个家么？天堂就是罢？"美利说："有天堂的家。那里不也算是你的家么？"利斯第道："天堂在那里？"美利指着蓝天说："在上头顶高的地方，比星星还高。"利斯第又问："天堂怎么样式？"答道："是最好的地方，人都穿洁白的衣服，道路是黄金，是明亮的黄金。耶稣也在那里。"③

就本质而言，翻译是把源语信息转化为目的语信息。由于语言的异质性，源语的某些语言特征必然会进入目的语语言体系，对目的语产生影响。在文白的转型中，汉译读物不仅借鉴外来概念，创生了一些新词汇，而且还在某种程度上促进了汉语语法和表达方式的更新。除了翻译读物，五四时期编纂的双语词典在某种程度上也对现代汉语的形成具有推动作用。如当时编纂的英汉词典收录和诠释的外来词和新词，在某种程度上也影响了汉语词汇的构成和句法形态的变迁。尤其值得指出的是，这些英汉词典不仅吸收了外来词和英语的一些语言要素，而且形成了一个能反映英语和白话文词汇词义间对应匹配关系的认知词库，构建了英语和汉语白话文之间的价值等值关系，为使用白话文翻译英语著作或其他英汉语言的交流接触活动提供了参考依据，规范了英汉语言间的对应关系，有效地统一了外来词的译名，促进了现代汉语思维的形成和现代词汇的有序发展。④ 这些翻译读物和双语词典在引入异域语言文化译成相应译文的翻译过程中，采用当时的白话，在古白话的基础上吸取融合外来的语言文化，引进了欧化的句式，在一定程度上推动了汉语词缀化和多音化的趋势，扩大了汉语的表现能力，形成一种新的书面语言，显示了古白话在西学东渐影响下的变革趋势，促成了汉语由文到白的转型。

---

① 约翰·班扬《天路历程》，宾威廉译，清同治四年（1865）刻本。
② 约翰·班扬《天路历程》，西海译，上海译文出版社，1983年。
③ Amy Catherine Walton《安乐家》，博美瑞译，中国圣教书会发行，画图新报馆，1882年，第10页。
④ 胡开宝《英汉词典历史文本与汉语现代化进程》，上海译文出版社，2005年。

西方传教士不仅采用欧化的古白话翻译传教读物，尝试改造汉语，推动汉语的变革，而且还采用注音的方法编成各种方言《圣经》。正如裘廷梁1898年在《论白话为维新之本》一文中所说："耶氏之传教也，不用希语，而用阿拉密克之盖立里土白。以希语古雅，非文学士不晓也。后世传耶教者，皆深明此意，所至则以其地俗语，译《旧约》、《新约》。"① 我们可以说，《圣经》的翻译和西方传教士的译作已开五四时期欧化白话的先声，在某种程度上奠定了产生五四白话文的基础，推动了古白话演变为现代汉语的进程，现代汉语在19世纪70年代西方传教士的作品中已具雏形，为五四时期文白的转型奠定了基础。正因为有此基础，五四白话文运动中提倡白话的呼声得到了一呼百应，整个社会群起响应，短短几年内就促成了文白由量到质的演变。

　　从本质上看，五四时期的白话已是一种新的语言系统，又称为"国语"，后又成为现在的现代汉语。古代白话和五四时期后的现代白话虽然都是白话，但就思想体系而言，现代汉语和古代汉语是两套语言系统。② 古代白话是孕育和生长在中国传统文化的母体中的，而五四时期后的现代白话则是中西文化交合后产下的宁馨儿。古代白话演变发展为现代白话经历了从边缘和附庸到中心和主体的位移，在古白话的基础上吸收了文言、口语和方言中大量有生命的语言成分，在发展中逐渐成为一种严谨、缜密、灵活又更富于艺术表现力的新语体，即现代汉语。现代汉语诞生于我国打破闭关自守而融入世界性现代化发展大潮之时，来自西学的外来思想、观念、科学和技术形成不可阻挡的巨大冲击波，一大批外来词和新词进入汉语。这些词语丰富了现代汉语的词汇，再造或修订了许多学术科目的主流概念范式，改变或修正了当时社会的文化理念，"几乎在语言经验的所有层面上都根本改变了汉语，使古代汉语成为过时之物"。③ 现代汉语在西学东渐中不仅引进和创造了大量外来词和新词，同时相当多的旧词如"亲王、太后、圣旨、把总、宗庙、俸禄"等相应地退出交际用语，许多词的意义也作有调整，整个词汇系统发生了明显的变化，而且句子结构也趋于严密，较之古白话有着更好的叙事功能和更科学细致的艺术表现力，诚如王力所说："五四以后，汉

---

　　① 裘廷梁《论白话为维新之本》，《无锡白话报》，1898年第1号。
　　② 刘纳《1912—1919：终结与开端》，《中国现代文学研究丛刊》，1998年第1期。
　　③ 刘禾《跨文化研究的语言问题》，《语言与翻译的政治》，中央编译出版社，2000年，第204—276页。

语的句子结构在严密化这一点上起了很大的变化。基本要求是：主谓分明，脉络清楚，每一个词、每一个词组、每一个谓语形式、每一个句子形式在句中的职务和作用都经得起分析。"①

现代汉语来源于古白话，在语言作为工具的层面上和古白话没有区别，而在思想思维的层面上又与古白话有着根本的区别，即吸纳了西方的话语方式，融合了外来的概念。如"文化"在古汉语中是"文治和教化"的意思，与"武力""武功"相对，"日语用'形借法'借去后，到近代又被日语用来作为英语culture的对译词，后来，又被现代汉语用'形借法'借了回来。"② 又如"科学"也已不是"科举的学问"，③ "民主"也完全不是孟子所说的"为民做主"，"理性"更与宋代的"理学"有着天壤之别。这些词虽然不是很多，但对中国现代思想以至整个中国现代历史进程的影响却非常大，使汉语发生了根本性变革，现代汉语正是在这些思想思维层面上概念的转变中完成文白的转型，由古白话质变为现代白话，形成一种新的语言体系，进而改变了中国的伦理观、价值观、历史观、哲学观、文化观、文学观等，从而从整体上改变了中国的文化状况，导致了中国文化的现代转型。文贵良《解构与重建——五四文学话语模式的生成及其嬗变》一文说："中国20世纪的前四十年内，文学语言的转向，在生存论的高度上，实践了话语模式的嬗变历程。文言话语作为权力话语被白话话语解构，而开放的白话话语又被另一种权力话语——隐形大众话语整合。在话语模式的嬗变之弦上，中国几代知识者走过了颠荡的悲壮人生。晚清知识者自觉背负着中国人生存危机的重荷，全身心地投入开通民智以新民的伟业，但他们的人格结构仍然像传统士人一样残缺不全：缺乏自我意识和个性独立精神。'五四'知识者获得了自我言说的话语方式，自我在摆脱精神束缚后横空而出，个体精神价值在与听者的和谐对话中得到充分肯定。在他们身上，本真自我的

---

① 《王力文集》第11卷，山东教育出版社，1990年，第480页。
② 戴昭铭《文化语言学导论》，语文出版社，1996年，第3页。
③ 古代汉语中无"科学"一词，与"科学"一词意思比较接近的是"格致"。所谓"格致"，即"格物知致"，亦即穷究物理的意思。《礼记·大学》说："致知在格物，物格而后知至。"不过，"格致"与"科学"在内涵上显然相距甚远，"格致"属于宽泛的科学，近代广泛的学习西方的物理、化学、数学、地理等理论以及广泛地引进西方的器械和技术更属于严格意义上的科学。现代汉语中的"科学"一词是从日语中借用而来，而日语中"科学"则是译自英语的science，所以"科学"一词本质上是来自西学东渐时的外来概念词。

毅然出场与个性精神的高度张扬与投向自身的自恋和尼采'超人式'的孤立不同,而是在打破社会规范、砸碎伦理拘囿的过程中与承担社会责任和塑造新的未来走向了同一。30年代初期,隐形大众话语整合了白话话语。尽管当时隐形大众话语处在潜势形态,但言说的困境和生存的尴尬开始昭示于知识者面前。隐形大众话语作为权力话语似乎回到了文言话语的逻辑起点上,从权力话语都拥有一个权威主体来看,二者无疑具有同构性,体现了历史的某种复归与延续性;但从话语权威的话语意向上看,二者又截然不同;在文言话语中,话语权威的话语意向在于钝化一般民众的言说机能,让他们在沉沦中颠荡。而在隐形大众话语中,话语权威的话语意向朝着另一维度展开,即把一般民众从沉沦之境中提拔出来,体现了历史的某种超越和现代性的断裂。"① 因而我们可以说现代汉语是秦汉以来汉语传统古白话自身革新与西学东渐借鉴新知相结合的产物,秦汉以来的白话融入了清末民初的现代语文新潮中,在时代变革的冲击下已起了本质的变化。

　　五四时期文白的转型标志着汉语新书面语系统的形成,汉语文白的转型适应了表达现代思想的需要,反映了时代的变革,为构建现代汉语奠定了基础。社会的剧烈变动催生了语言变革,语言的变革又推动着现代性社会的成长。文白的转型不仅仅是汉语语体的演变,而且促成了中国文化由传统的古典形态向现代形态的转化,进而成为传统中国走向现代中国的转折点,在中国传统文化的传承和开拓上产生了巨大和深远的影响。

---

① 文贵良《解构与重建——五四文学话语模式的生成及其嬗变》,《中国社会科学》,1999年第3期。

第八章　文白转变的必然规律

　　语言是人的语言,语言的演变发展与社会文化的演变发展密切相关。"语言是社会的产物。社会的政治、经济、文化不断前进,新的事物不断出现,语言也就必须与社会的发展相适应。人的思维是受客观的存在而决定的。客观的事物有了发展和变化,人的思维也就随之而有改进,日趋于复杂,同时语言也必然日趋于精密和完善,否则就不能很好地表达思想。"① 语言这个社会现象包含了两方面的内容,一方面是语言的结构系统,由语音、词汇和语法构成,是语言的物质基础;另一方面则是人们对这个系统的运用。语言正因为包含有这一内容才成为一种社会现象,成为人类最重要的交际工具。秦汉以来文献中的口语成分反映了古白话由文言的附庸而蔚为大观的发展过程,也反映了随着社会的发展汉语书面语有意识地选择白话的必然结果。1917年4月,五四新文化运动的发起者之一陈独秀在回复胡适的一封信中说:"独至改良中国文学,当以白话为文学正宗之说,其是非甚明,必不容反对者有讨论之余地,必以吾辈所主张者为绝对之是,而不容他人之匡正也。"② 信中陈独秀以不容置疑的口吻主张以白话为文学正宗,要推倒文言的正统地位,以白话代之。同时,维护文言的林纾在《论古文之不当废》一文中则认为文言不当废,"吾识其理,乃不能道其所以然"。③ 不论是倡导白话的陈独秀还

---

　　① 周祖谟《汉语发展的历史》,《周祖谟语言文史论集》,浙江古籍出版社,1988年,第7页。
　　② 陈独秀《再答胡适之〈文学革命〉》,《陈独秀著作选》第1卷,第302页。
　　③ 林纾《论古文之不当废》,转引自胡适《寄陈独秀》,《胡适书信集》上册,北京大学出版社,1996年,第92页。林纾《林琴南再答蔡子民书》说:"拼我残年,极力卫道,必使反舌无声。"(《新申报》,1919年2月26日)不过即使是提倡古文的林纾,译书所用文体在词汇和句法上也已是较通俗而富于弹性的文言,常掺有像"小宝贝""爸爸"等口语。林纾认为"一见之字里行间便觉不韵"的"东人新名词",如"普通程度、热度、幸福、社会、个人、团体、脑筋、脑球、脑气、反动之力、梦境甜蜜、活泼之精神"等流行的外来新名词也在在可见,且还用"密司脱安琪儿、苦力、俱乐部"等译音词,含有一些"欧化"成分。

是捍卫文言的林纾都只是出自一种信念,对白话取代文言的转变缺乏理性的认识。而实际上五四时期文白的转型自有其必然规律,秦汉以来文白此消彼长的发展及大量文白转换的语言现象反映了文白演变的本质和规律。

语言的一切变化和发展不会是偶然的,总有这样那样的原因,有内部原因,也有外部原因。内部原因指语言自身存在着引起变化的条件。如受三等合口韵母的影响,中古重唇音变为轻唇音;词由一个意义引申为另一个意义,是因为两个意义存在着相似的特征或一定的联系;从古代汉语到现代汉语,由于自由语素逐渐减少而引致双音节词大量增加;某些实词虚化为虚词,大都因为这些词在句中处于次要的位置等。外部原因指某种社会条件引起的语言变化。如第一人称代词"朕"本为先秦的通称,秦始皇规定用为皇帝自称后成为专称。

语言中语音的变化和社会事物的存亡没有直接的联系,它自成体系。语法规则的变化只是和人们的思维现象直接联系。词汇意义的引申和变化则与社会生活的历史息息相关,因为语言要通过意义来表达社会生活、社会思想,以互通信息,进行交际。社会的变动、人民的迁徙和民族的融合等对语言的变化有相当大的影响。凡是社会动荡、思想解放的时代,语言的变化就快,反之则相对较慢。就文白演变来说,秦汉以来有三个时期语言的变化比较剧烈,即魏晋南北朝、宋元和明清西学东渐时期。在外部原因中,语言的相互渗透和融合是一个重要的因素。如东汉时佛教传入我国,赋予一些汉语词语以新义,并创造了一批新词。佛教中的许多词语潜移默化融入汉语中,取代了传统的词语而成为人们生活中的常用词语。如汉语中的"宇宙",佛教用"世界"表示。"宇宙"和"世界"的词义原是时间和空间的概括。《淮南子·齐俗训》说:"往古来今谓之宙,四方上下谓之宇。""世界"在佛教中的含义指三世与十界。三世指过去、现在和将来;十界指八方和上、下。现在"宇宙"和"世界"都指空间而言,"宇宙"主要指太空,"世界"主要指地球上的空间。"世界"在日常生活中使用广泛,除了表示地球上的空间外,还可以表示较小的空间范围,如"桌上乱七八糟,摊了一世界"。又如表示"现在"义的"今"与佛教词语"现在"曾并存于汉语中,现代汉语中"今"为"现在"所替代,只用于书面语中了。物质生产发展和科学技术进步也是引起词义演变的原因。如"布"本指麻织品,现在可指棉、麻、毛以及化纤等各种纺织品,甚至可指并非纺织品的塑料布。"机"由弓的发动机关引申为织布机、各种机械,乃至现代化的飞机、电动机、电视机、电子计算机。随着冶炼技术的进步,"刚"引申而有钢铁的"钢"义,并进而分化出"钢"这个词。再如唐宋以来,白话作为一种平民化的表述策略,表达民间的声音,表达平民朴实细腻的思想感情,客观上也是工商平民阶层力量日益壮大的时代特征在语言领域的折射,反映了关注引车卖浆者流的平民意识的日益觉醒。平民意识的萌发和平民审美趣味的引导显然也是导致汉语文白转型的一个外因。

总的说来,导致文白的演变不外乎内部和外部两个原因,主要体现在语言自身发展的趋势、思想文化发展的需要、思维和交际的需要、语言接触的影响和推动、平民意识的萌发、口语和书面语的雅俗合璧诸方面。

第一节　语言自身发展的趋势

文言与白话的错杂并存,致使白话历史发展的研究十分不易,然而整个汉语白话的演变在一定程度上反映了语言发展的必然,比较各个时期的作品,考察这些作品所表现出来的语言变化,可见这些变化不仅反映了白话历史发展的过程,而且也反映了人们有意识地选用语体的倾向最终形成了现代汉语。胡适在《白话文学史》第八章《论唐以前三百年中的文学趋势》中说:"不过我们从历史的大趋势看来,从民间的俗谣到有意做'谐'诗的应璩、左思、程晓等,从'拙朴'的《百一诗》到'天然去雕饰'的陶诗,这种趋势不能说是完全偶然的。他们很清楚地指点出中国文学史的一个自然的趋势,就是白话文学的冲动。这种冲动是压不住的。做《圣主得贤臣颂》的王褒竟会做白话的《僮约》,做《三都赋》的左思竟会做白话的《娇女诗》,在那诗体骈偶化最盛的时代里竟会跳出一个白话诗人陶潜:这都足以证明那白话文学的生机是谁也不能长久压抑下去的。"这实际上反映了一种语体选择的趋势。① 人类社会是不断发展、不断进步的,人类语言也随之发展和进步。现代汉语比起古代汉语来是更为适应社会发展需要,也是更为进步、发达、开放和富于变化的语言。古白话在取代文言向现代汉语发展的过程中,新词、新义大量出现,复音词语的比例大大提高,新的句型频繁使用,除了主

---

① 胡适在《建设的文学革命论》一文中说:"死文言决不能产生活文学,中国若想有活文学,必须用白话,必须用国语,必须做国语的文学。"(《胡适精品集》第一卷,光明日报出版社,1998年,第58页)

语、谓语、宾语外,定语、状语、补语等附加成分大大增加,使汉语反映概念更加精确,表达思想也有了更多的形式,拓宽了语言的表现空间。《水浒传》《金瓶梅》《红楼梦》等长篇巨著在明清时产生,这固然是文学发展的结果,同时也应该是语言发展的结果。如果用文言写作,那么要如此流畅无碍、舒卷从容地描绘出广阔而又细腻逼真的社会图景,刻画出各个阶层、特别是社会底层的众多人物形象,那是比较困难的。① 白话拓展了叙事空间,引发了一系列叙事言语方式的嬗变。从文学的发展看,白话作为表情达意的工具促使了文学观念的更新;但是从话语方式的嬗变看,白话文学作为新型话语的表达形式又促使了话语方式的转向。

　　文白转型实际上可以说是语言自身发展的必然。从语言发展的内在规律看,词汇系统可能存在着一种自我调节的机制,即在原有音义的基础上变动一部分,由渐变而达到大变,通过词义的分配调整来不断求得系统内新的平衡。一个词随着使用的频繁往往会引申出许多新的义项,孳乳演变为一词多义。随着词义负担不断加重,表意的明晰性受到影响,这时就会把某些义项卸给其他词,或由该词的某个义项分化为与此词具有语义和语音上联系的同源词,或由其他的词来替代,形成新旧的兴替。如"服——著""书——写""易、更——换""执、持、操、秉、握、把、捉——拿""生——活"等常用词的文白兴替。常用词的文白兴替过程总伴随着新旧成分共时并存的现象。经过一段时间的并用后,旧词遂为新词所取代。语言现象在发展过程中,一般都遵循平衡的法则。语言的一切变化都是在社会生活提供的一定条件下实现的,即一切变化都是根据人们在表达和交际中的语言要求和语言所表达的诸种事物之间的联系以及人们的联想。某些语言现象当其已不能适应语言交际的需要时,就会逐渐消亡;与此同时,某些新的语言现象为了满足语言交际的需要就会逐渐产生。

　　语言的历史,不是自然的机械运动,而是诸多因素交互消长地推动

---

① 文言的精简确是给想象留下了意会的余地和回味的空间,但那主要是一些比较简单的意象,如果是心理活动的描写分析和推断,就不如白话能婉转曲折详尽地给予描叙。如鲁迅《阿Q正传》写阿Q拧了小尼姑滑腻的脸蛋后的心理:"谁知道他将到'而立'之年。竟被小尼姑害得飘飘然了。这飘飘然的精神,在礼教上是不应该有的。——所以女人真可恶,假使小尼姑的脸不滑腻,阿Q便不至于被蛊,又假使小尼姑的脸上盖一层布,阿Q便也不至于被蛊了,——他五六年前,曾在戏台下的人丛中拧过一个女人的大腿,但因为隔一层裤,所以此后并不飘飘然,——而小尼姑并不然,这也足见异端之可恶。"

其前进。在词汇系统的内部似乎存在着一种趋新机制，新出现的词往往取代了旧词。文言和古白话中都有一些常用词在活跃了一个时期后就消亡了，其所表示的词义则由别的词语取而代之，这往往或是由语言的习惯所决定；或由于修辞的需要，为避免重复而变换用词；或由于表述对象的变化而影响到相关词语的变化；或由于文化因素的影响；或由于时间的推移而引起所使用词语的变化；或由于其他词语对该词所用汉字的假借而造成的更替。语言是符号系统，其内部的各种因素处于对立统一的关系之中，相互间呈现一种平衡的状态。如果其中某一种因素因为要满足新的表达要求，或受到其他什么原因而发生变化，破坏了原有的平衡，那么系统内的有关部分就会重新调整相互间的关系，达到新的平衡。

从人类思维的发展来看，人们对客观事物的认识有一个从具体到抽象、从个别到一般的过程。这种现象反映在语言上，就是在上古汉语词汇中有许多词最初指称的都是具体的对象。这些词的词义中，除了一个主要的核心意义作为显性义素外，还包含着与这个核心意义密切相关的一些附加意义作为隐性义素，具有词义的综合性。如"大"可说成"厚大""巨大""强大""宏大""广大""浩大""长大"，"行"可说成"履行""步行""实行""流行""经行""巡行""运行""游行""载行""发行""推行""施行"，由笼统抽象的综合概括发展为具体的描述。又如《说文》："仓，谷藏也。"据《说文》可知，"仓"是藏谷的地方。"仓"作为名词的核心意义是"藏物的地方"，又包含有定语成分"藏谷的"修饰义。又如《说文》："引，开弓也。""引"作为动词的原义是拉开弓，核心意义是"拉开"，又包含有宾语成分"弓"。语言是交际工具和思维工具，以什么词来表达什么词义体现着词汇形式单位和词汇语义单位之间既精确严密又简明经济的最佳分配原则。人们的交际和思维内容是随着社会历史的发展变化而发展变化的，人们对交际和思维的效能也会不断提出更高的要求。于是，原有词汇形式单位和词汇语义单位间的结合就会失去平衡，必须根据词汇形式单位和词汇语义单位之间既精确严密又简明经济的最佳分配原则进行调整，这就形成了词义的演变。随着社会的发展，生活内容的更新和丰富，新生事物的大量涌现，人们对自然和社会认识的深入和全面，这些因素导致了大量新概念的产生，要求有相应的词语来表示。新词或者另造，或者在旧词的基础上派生而成。新事物新思想是层出不穷的，并且每一新事物新思想都需要一个相应的词来记录。由于一种语言中的音节有限，单音词不可能无限增加，文言以单音词为主的词汇系统已不能满足人们思维能力和认识水平不断提高的需要。因此人们便考虑到要提高固有词的利用率问题，于是一词往往赋予多义，产生了一词多义现象。但是一个词所能表达的意义毕竟不可能是毫无限制的，且一个词表达很多意义也不便交际。我们的祖先又在汉字上大做文章，想利用汉字的表意文字的特点，通过大量造字从字形上分化一词多义，如"竟境，莫暮"等。但这个办法势必增加大量的同音词，仍不便于口头语言的交际。于是人们想到了增加音节的方法，多音词也就应运而生，但无限制地增加音节又有很多不便，因为语言在使用中还要求兼顾所用词语的简便性。表意的明确与用词的经济这一对矛盾互相制约，使汉语的词形成了双音化的发展规律。汉语词汇双音化主要是为语言的社会交际功能所决定，双音词的两个语素相互作用而使词义趋于单一化、鲜明化和丰富化，汉语词义的表达也渐由先秦文言的综合趋于秦汉以后古白话的分析。如"仓"要说成"谷仓"，"引"要说成"开弓"，隐性义素"藏谷的"和"弓"呈现为显性义素。汉语词汇双音化还可由两个意义相同或相类、相反或相对的单音词构成双音词，如"仓"又可与"库"构成"仓库"，"引"又可与"导""逗""诱""领""申"等词构成"引导""引逗""引诱""引领""引申""导引""逗引"等复合词。

秦汉以来，汉语词汇渐从以单音词为主过渡到以双音词为主，文白的演变也反映了语言发展的这一趋势。如"树叶"，先秦用"叶"表示，《诗·卫风·氓》："桑之未落，其叶沃若。"汉代用"树叶"表示，《汉书·眭弘传》："又上林苑中大柳树断枯卧地，亦自立生，有虫食树叶成文字曰：公孙病已立。"先秦单音词"叶"作为名词包含的定语成分"树的"修饰义在汉以后用的双音词"树叶"中呈现出来。先秦用"眺"表示"远眺"义，《国语·齐语》："而重为之皮币以骤聘眺于诸侯。"晋时用"远眺"表示，赵至《与嵇茂齐书》："乘高远眺，则山川悠隔。"先秦单音词"眺"作为动词包含的状语修饰成分"远"义到了晋代用词组"远眺"呈现出来。先秦用"娶"表示"娶妻"义，《左传·隐公元年》："初，郑武公娶于申，曰武姜。"汉代用"娶妻"表示，《后汉书·皇后纪》："娶妻当得阴丽华。""娶"作为动词包含的宾语成分"妻"呈现出来。先秦用"怒"表示"发怒"义，《国语·周语上》："王怒，得卫巫，使监谤者。"汉代用"发怒"表示，《后汉书·杨震传》："帝发怒，遂收考诏狱，结以罔上不道。"先秦单音词"怒"的动作汉代用双音词"发怒"呈现出来。汉语词义由先秦用单音词表达到秦汉后变为用双音词或词组表达的这一语言现象在秦汉后大量出现，如"臂/手臂、波/水波/波浪、发/头发、泪/眼泪/泪水、指/手指/指向、脉/血脉、金/黄金/金黄、雪/白雪/雪白、地/大地、夜/黑夜、急/火急、罗/网罗、拱/拱手、启/启户/开启、漱/漱口、钓/钓鱼、誓/发誓、问/发问/启问、言/发言/陈言/举言/启言/兴言、风/起风/生风、光/发光/生光、愁/怀愁/作愁、害/加害/行害、念/发念/起念、疑/抱疑/持疑/生疑/怀疑、怨/抱怨/怀怨、护/加护/作护、王/称王"等，① 形成汉语词汇发展的双音化趋势，这在某种程度上也可以说是文白演变的必然趋势。

文白演变中汉语词汇双音化的发展趋势也与汉语自身的特点有关。一般而言，词汇学的研究可分为两大部类：一是有关词义的研究，一是有关词义载体的研究。汉语词汇由文言中以单音词为主过渡到白话中以双音词为主的内在原因既与词义有关，也与词义的载体有关。汉语的词是形、音、义三者的结合体，词义是核心，词形是标志，词音是外壳，音为义设，形为义存。汉语词汇双音化的内因在于处于词的核心地位的词义必须适应社会的发展而不断发展，单音词的词形和词音在某种程度上已限制了词义的发展，词形和词音是为表达词义服务的，因而也必须适应词义的发展。如果词形和词音不能适应词义的进一步发展，那么语言的发展就必然会舍弃已有的词形或词音，寻求适应词义发展的新词形或词音。这也许就是埃及、罗马等语言的古文字不为今所用的原因之一，而汉语双音词的词形和词音则为词义的发展提供了应有的用武之地。汉语词汇的发展突出表现在音节（词音）和意义（词义）之间互相促进、互相调整的对立统一关系上。汉语词形和词音必须适应词义的发展，这可以说是汉语词汇双音化的内部原因，同样也可以说是汉语书面语由文言演变为白话的内部原因。下文拟从汉语词的形、音、义三方面探讨文言演变为白话的内在原因。

一、由形看文言演变为白话的内在原因

1. 汉语的字是一个表意符号系统

汉语词的形即汉字。作为词的形体的文字，就其本质而言，仅仅是记录和传达语言的书写符号。因而作为汉语词形标志的汉字也只是词的书写符号。在约定俗成表示某个词义之前，字与意义之间并没有必然的

---

① 胡敕瑞《从隐含到呈现》，《语言学论丛》第三十一辑，商务印书馆，2005年。

联系，但是由于汉字特有的表意特性，当其以自己的形体表示某个词义时，形与义之间就会有一定的联系，字在一定程度上也就具有了表意的语言功能。

汉语的一个字可以是一个词，而一个词则不一定是一个字。汉语的"字"不同于"词"，又与"词"有相通之处。① 某个概念或词义在汉语中经人们约定俗成用某个汉字来表示后，其形即在中国传统文化的深厚积淀中与其音、义水乳交融，在表情达意中有着千丝万缕的关联。如"三羊开泰"是羊年春节人们互致问候使用频率最高的词汇之一，又作"三阳开泰""三阳交泰"。"三阳"为《易》八卦中的乾卦，由三阳爻构成。据《易》载，农历十月为坤卦，纯阴之象。十一月为复卦，一阳生于下；十二月为临卦，二阳生于下；正月为泰卦，三阳生于下。十一月冬至那天白昼最短，冬至后白昼渐长，一阳始生。泰卦卦形为乾下坤上，有上下交通之象，象征天地交而万物通。由复卦一阳始生至泰卦即"三阳开泰"，象征冬去春来，阴消阳长，有吉亨之象，故人们以"三阳开泰""三阳交泰"为岁首称颂之语。阳、羊谐音，又据《说文》："羊，祥也。"羊、祥通假，金文铭文"吉祥"多作"吉羊"。羊在古人心目中为灵兽和吉祥物，故又以"三阳开泰"为农历羊年春节称颂吉祥之语。据《说文》："阳，高明也。从阜昜声。"段玉裁注："闇之反也。不言山南曰昜者，阴之解可错见也。山南曰阳，故从阜。"《说文》释"阴"云："闇也。水之南山之北也。从阜侌声。""阳"在造字之初所表仅为"山之南水之北"之义，其后在汉语词义系统中由形音义的互相关联而有"阳光""亢阳""复苏""吉祥"等义。因而，汉字与单纯表音的拼音文字不同，其在约定俗成表示某个词义之后已不仅仅是书写的符号，而在某种程度上也是体现词义的物质外壳。诚如索绪尔曾指出："语言和文字是两种不同的符号系统，后者唯一的存在理由是在于表现前者。"然而，"对汉人来说，表意字和口说的词都是观念的符号，在他们看来，文字就是第二语言。在谈话中，如果有两个口说的词发音相同，他们有时就求助于书写的词来说明他们的思想。"② 帕默尔亦认为汉字的"视觉符号直接表示概念，而不是通过口头的词再去表示概念"。"汉字是中

---

① 吕叔湘《语言和语言研究》一文指出："汉字自成一种体系，跟语言的配合关系比较复杂。"见《中国大百科全书·语言文字》，中国大百科全书出版社，1988年。

② 索绪尔《普通语言学教程》，商务印书馆，1980年，第47页、51页。

国通用的唯一交际工具","它是中国文化的脊梁"。①

任何文字体系都包含着两方面的特性:一是从属性,一是独立性。作为记录语言的符号,它有从属的辅助的一面,没有语言,就无所谓文字。另一方面,作为一个符号体系,它必然有自己的系统性,即记录方式的独特属性。汉字作为记录和传达语言的书写符号可以分为两个层次,即从属于汉语作为词或语素(或叫词素)的符号的字和自己独有的记录词或语素所使用的符号。从前一个层次上看,因为每种语言中的词或语素都是音义的结合体,所以世界上所有的文字都是既表音又表意的,汉语的"字"也就相当于"文字"。从后一个层次即记录词或语素所使用的符号看,拼音文字用的是字母及其组合,汉字用的是偏旁和部首。字母或字母组合表示的是音素或音位,偏旁部首主要表示意义。从语音的角度分析,汉字是一种音节文字;从语义的角度分析,汉字是一种语素文字,代表的是汉语里的语素。② 汉字所以成为汉人的第二种语言,主要在于汉字具有下列一些区别于其他文字的独特属性。

汉字的独特属性首先表现在形义直接相关。拼音文字是用形体直接表示读音,再通过读音与它所表示的意义相联系。汉字则多以形体直接表示意义,再通过语言中的音义联系表现为一定的读音。表音文字从语音出发设计文字的形体,汉字则是从语义出发设计自己的形体,构成一个历史传承性很强的约定俗成的表意符号系统。汉字可分为独体和合体两大类。独体字一般是象形字或指事字,合体字是会意字和形声字。在造字之初,汉字是典型的表意文字,甲骨文中以象形、指事、会意三种形式组成的纯表意字占了70%。先秦汉语中基本词约有六七百个,其中象形、指事字约三百个,这些独体字是汉字的基本成分。汉字构字的基本方式是以文组字,表意的手段是以类系联。独体字可以说是一种"看到的词",字形简单,使用频率高,作为部件有很强的构字能力。在文字体系形成的过程中,词的语音形式和意义逐渐积淀在这些视觉知觉所能感受到的文字符号中,其所表示的已不完全是这个文字符号所代表的词语本身的具体意义,而是引申扩大了的一种类属概念,因而充当合体字部件时蕴含着类意义的信息,成为组成其他字的字根。从静态统计来分析汉字使用的具体情况,绝大多数的汉字虽是合体字,然而它们都是以独体字为字根组成的。从动态统计来分析汉字使用的具体情况,据

---

① 帕默尔《语言学概论》,商务印书馆,1983年,第99页。
② 裘锡圭《文字学概要》,商务印书馆,1996年,第10—21页。

1988年国家教委和国家语委联合公布的《现代汉语常用字表》所载，最常用的50个字中象形、指事、会意字有41个，而在100个使用频率最高的汉字中，所占比例为75%。据《汉字信息字典》统计，7785个现行汉字中有323个独体字，占总字数的4%，但使用频率亦高达26%。① 虽然从汉字本身的构造看，汉字是由表意、表音的偏旁和既不表意也不表音的记号组成的文字体系，有少量的字不直接表意，然而，汉语的大多数词毕竟是由表意的字体现的。汉字大约有六万个，这些字所表之意大致即汉语中六万个左右的单音词的词义，基本上是形义结合，一字与一词相对应。因而，"字"也就成为中国人观念中的一个"中心主题",② 汉语语言文字本身的这一特点规定了中国古代语言学以文字为对象,③ 并出现了汉语中特有的一种语文辞书，即以单个的字为主要收录单位来解释词义的字典。

其次，汉字的形音义组成自为一体的方块平面结构。汉字是记录汉语的视觉符号，其音与义来源于汉语，字形才是其本体。纵观汉字的发展历史，可以看到两个大的阶段：第一阶段是殷商甲骨文、两周金文至小篆的古文字阶段，第二阶段是由小篆隶变到楷化的今文字阶段。小篆是划分两个阶段的分水岭，汉字形成严密的体系可以说是从小篆开始的。小篆在语言发展、词义大量增加的情况下，形成了一批音义固定的基础构形构件。④ 这些构件在构字时可以承担标义和标音两方面的任务，体现了汉字意符标义和声符示源的功能，具有一定的组合层次和组合模式。它们以少数的符号拼合而成大量的字形，以简驭繁，减少了记忆的负荷，又增强了字与字之间的区别度，保持了汉字的原意，充分体现了汉字的表意特征，形成了一个互有关联而又稳定有序的构形系统。

汉字与世界上其他类型的文字一样，也是由一些最基本的单位构成的，这是由作为语言书写符号的文字的特性所决定的。同时，语音作为一种听觉信号在感知上只能以时间上的线性排列来展现，因而，语言具

---

① 李公宜、刘如水主编《汉字信息字典》，科学出版社，1988年。
② 赵元任《汉语词的概念及其结构和节奏》，载《赵元任语言学论文选》，清华大学出版社，1992年，第248页。
③ 王力《中国语言学史》，山西人民出版社，1981年，第211页。
④ 王宁《汉字构形史丛书》总序说，汉字是世界上唯一未曾中断使用而延续至今的表意文字系统。汉字的构形是系统的，只有在相互的联系中认识每一个汉字，才能弄清汉字符号的实质。小篆的基础构形元素约为四百多个，其结构层次是有序的，每一层次的组合也都有固定的模式。

有线性的特征,它只能在时间的轴线上前后延续,而不能在空间的面上铺展开来,这也是世界上所有语言的共同性质。从语言表达的动态层面上看,作为语言符号的文字只能是以线性排列构成词语来表情达意,但从文字内部构造的静态层面上看,汉字的构成部件则不是直接表音的,它与汉语词音没有系统的对应关系,它是更纯粹的视觉符号,作用在于表形,因而,汉字的结构部件可以横向排列,也可以纵向组合。汉字可以是左右结构,也可以是上下结构;可以是包围结构,也可以是穿插结构。如一人为人,二人为从,三人为众;一口为口,二口为吕,三口为品,四口成器成嚣;一木为木,二木为林,三木成森等。然而,无论构字部件是多还是少,整个字形总是形成一个内部结构部件和谐互补的方块平面。其字义因其象形而显得直观,又因其以形为基础在结构上进行有规律的逻辑组合而易辨,具有较高的形差度,即在语言表达的线性排列中,每个汉字与其前后左右的汉字在形体上都有较大的区别。正如赵元任《谈谈汉语这个符号系统》一文所说:"汉语有很强的个性,你要在一页找什么字,眼睛扫到近处,它就直盯着你,呼之欲出。"[①] 一般说来,记录语言的符号可以是任意的,人们在读或写的时候,与文字直接发生联系的是语言的语音所代表的意义。如我们在说"买东西"这句话时,一般不会去考虑为什么"买"是由"四"和"贝"构成的,也不会考虑为什么"东""西"由表示方向变成了泛指的物事。选择这三个字来代表"买东西"这一特定概念完全是任意的,不同语言可以用不同的符号来记录这一概念,文字的价值则在于其组成部件在整个符号系统中相互对立的区别性和承载的信息量。汉字是一种平面性的方块文字,从几何学的角度看,几何图形的点、线、面三者之中,面的信息量最大。汉字的组成部件和组合结构在整个汉字符号系统中,不仅直观可辨,而且在组合能力上大大超过了表音的拼音文字,能够承载更多的信息量。

汉字的第三个独特属性是每个汉字代表一个音节,具有以音节记录汉语词义的灵活性。汉字的基本语音单位不是音素,而是音节的声韵结构,汉语词义的信息是靠音节的声韵结构和附于整个音节的声调来承担的,方块汉字一字一音节的形式同汉语单音节的性质有着内在的必然联系。汉字作为一种视觉形式,既有"形入心通"的特点,又有"声入心

[①] 赵元任《汉语词的概念及其结构和节奏》,载《赵元任语言学论文选》,清华大学出版社,1992年,第248页。

通"的特点。汉字中的象形表意只是对图画记事方法的借鉴,试图通过近似于物象的符号形体所造成的视觉刺激,建立起与词语的对应联系。当汉语中一些抽象的虚词找不到所能寄托的实物形体时,汉字就用"假借"的方式来记录"本无其字"的词语。如用表示畚箕的象形字"其"记录语气词"其"或代词"其"。在日常用字中,又可用"通假"的方式记录"本有其字"的词语,如借"蚤"作"早",借"罢"作"疲"。汉字在记录汉语中的联绵词或外来音译词时往往用字不一,只记音节而不涉语义。如《玄应音义》卷六释《妙法莲华经》第二卷憔悴云"《三苍》作憔顇",《慧琳音义》卷六〇释《根本说一切有部毘奈耶律》第十卷憔悴云"《左传》从草作蕉萃",佛经经文中还有写作"燋焠、憔瘁"等。汉字在形声字出现以前,往往以整体形象来与词义联系,象形与指事自不待言,即使在会意字中,这个字所代表的词义也不等于组成其形体的各个部件所代表的词义的简单相加,而是通过整体形象或各部件相互关系等表示某种状态、意向、行为,并通过约定俗成的过程来与词语联系而表达词义。形声字产生后,则以其独立部件的组合结构来抽象概括地表达词义。这些部件的独立性表现在其意符提示整个结构的意义范畴,其声符则不仅决定读音,而且有一些声符还表达该读音所含的语源义,从以声符记载语音的角度体现了汉字是一个表意的符号系统,最终奠定了汉字的表意性特征。如"浓""脓""醲"等,其意符分别表示的范畴为水、肉、酒,其声符则除表读音外,还表达了凡从该声所具有的"厚""大"义。①

汉字的第四个独特属性是单音成义的字与字组合自如,灵活多变。汉字大多各自成词,许多字都是可以独用的成词语素,如"山、水、大、小、上、下、人、鸟"等。它们不单用的时候是构词成分,单用的时候就是词。汉语的词是由表意的字体现的,汉语的词、短语和句子三个语言层次的构造方法基本一致,而字在语言的词句结构中是一种具有很强的独立性的个体,在组词成句时往往不受统一的形式规则支配,只要字与字间意义互有关联,符合交际搭配的习惯,即可自由组合在一起。如"气"可以和"天"组合构成"天气";"天气"又能和"好"组合构成"天气好""好天气";"气"又可以和"象"组合构成"气象";"气象"又能和"新"组合构成"新气象""气象新"等,由此逐一递进,就可以逐次构成语言交际所需要的各级结构单位,小的可以是二字

---

① 徐时仪《试论"农"与"农"声字的关系》,《汉语史研究集刊》第三辑。

词组,大的可以是一个句子。汉语中的联绵词和外来音译词是由两个或多个汉字组成的单纯词,如"犹豫、恍惚、踊缮那、兜罗贮"等。这些词结构上浑然一体,一般不能分割。然而由于汉字的灵活多变性,即使是这些词,有时也可拆开使用。如《老子》中有:"道之为物,惟恍惟惚。惚兮恍兮,其中有象;恍兮惚兮,其中有物。"又如曹操《短歌行》:"慨当以慷,忧思难忘。"

2. 汉语中字与词相适应

从现代语言学的观点来看,字不等于词,词是语言的材料,是语言的构成要素,与思维直接联系;字是记录语言的符号,不是语言的构成要素,与思维没有直接联系。文字可以记录、代表语言,是语言的辅助工具,而它本身不是语言。然而,中国传统小学研究中字与词的界限是模糊不清的,这实际上表明了汉语的字与词之间确有难分难舍的关联,自有其特殊之处。汉语的词不仅仅是通过字而得到记录,而且汉语单音词的词义本身就是借汉字的外形才得到显现。词义通过字形的分布与组合来显示,字形以整体之形或局部之差来显示词义的存在状况和发展轨迹。汉语的字与词之间有着一种互为因果和互为促动的关系。

(1) 形音二合组词表意

王力说:"汉字正是和汉语单音成义的特点相适应。既然每一个音节具有一个意义,所以就拿一个方块字作为一个音节的代表了。"① 汉字中象形字是以"画成其物,随体诘诎"的造字方法来表词义的,然而人事纷繁,要求每个字"画成其物"并非易事,故先民往往根据事象的特点和意义要素的分析设计汉字的结构。每个字的构形都是先民看待事象的一种样式或对事象内在逻辑的一种理解。大部分象形字,或是画部分以代全体,如"牛"画头角,"木"画枝干;或是画他物以衬托,如"瓜"画瓜蔓,"齿"画口;或突出动作行为的器官,如"见"以目象,"拱"以手象;或突出环境,如"集"以木为背景,"徒"以路为背景;或突出参与动作的各方,如"牧"以持鞭之手与牛组成,"采"以手和树上之果组成等。汉字中的会意字则大多由两个象形符号组合而成,如"步"以双足会意,"即"以一人一食器会意,大致上由简单象形到会意象形,由单体构成合体,以意义上的二合为基础。

由于许多抽象的事物难以造象,许多具体的事物也难以刻画,假借字适应记录语言的需要应运而生。据《殷契粹编》所载,全书20856个

---

① 《王力文集》第3卷,山东教育出版社,1985年,第665—666页。

字中，假借字有 12701 个，约占总用字数的 61%。假借的大量使用虽然使汉字具有了音节表意的特征，但其形式仅仅表语音，无法体现词的音义两重性，于是产生了具有音义二合特征的形声字，即为一形表多词的字或加注形符以义别之，或加注音符以声别之。形声二合之形是一种完善的表词形式，适应了词的意义的二重性，成为汉字构型的主流，汉字中百分之九十的字是形声字。形声字既保持了汉字的表意性，又适应了汉语词汇不断增长的要求，成为汉语字与词相适应的第一个转折点。

(2) 单字二合组词表意

依靠形体差异来清晰地区分一个个不同的词，这决定了汉字数量的庞大。整个汉字系统是以几百个独体象形字为基础繁化组合而成的。汉字的繁化使字与字之间差异增大，容易辨认，然而又会造成难写，而且也有数量上的限制，因而，除了依赖字形别义外，汉字还以其适应汉语单音成义的特点而以文组字一样，灵活自如地以字组词，即以单音词组成双音词来反映客观世界层出不穷的新事物，充分体现了汉字适应汉语词汇发展的极其旺盛的生命力。汉语复合词的组成与汉字的构成有相似之处。许慎《说文·叙》说："依类象形，故谓之文；其后形声相益，即谓之字。"许慎描述了最初的文字符号——"文"是用象形的方法产生的，在这个基础上，才进而有形与形的组合以及形与声的组合。许慎的看法基本上符合汉字的发展过程。就汉字而言，汉字字多文少，以独体字组成合体字，具有以文组字而生字熟旁的特点。就汉语词汇而言，汉语字少词多，汉字约六万多个，词则难以尽数，且随着社会的发展，新的概念层出不穷，表达这些新概念的新词新语不断涌现，正像后来产生的汉字都是由独体字组合成字一样，后来产生的新词绝大多数也是由单音词组合成词。以单音词组成双音词，具有以字组词而生词熟字的特点。据《现代汉语频率词典》统计表明："有的汉字具有全面的构词能力，即可单用，又可处在词内各个不同位置上，它们的生成能力强，出现字次多。"这类汉字"约占统计总量的二分之一强"，[①] 也就是说，现代汉语中双音词的实词素中有一半同时也是单音词。

汉语造词与造字的方法有相似之处。汉字的组合具有意合的特征，也就是说，汉语的单音节词多是意合产生的，汉语的复合词同样也具有很强的意合特征，复合词的意义总是反射出语素所含的某些意义，复合词组成中的意合性和汉字的表意性相辅相成，体现了我们中华民族对

[①] 参见《编纂说明》，北京语言学院出版社，1986 年。

字、词重视视觉的要求。意合是汉语的重要特点。即使是外来词，在初期是以音为接纳媒介的音译词，在后来的语言演变发展中也都会尽量转变为半音半义词或意译词。我们可以说，汉字的会意字是复合词的雏形，汉语复合词的构造与会意字内部的复合程序相似，构成汉语复合词的词素大多可像分析汉字一样，由形及义，由剖析其内部构成部件和关系来分析其意义构成。汉语复合词的形成过程往往具有一种理据性，词义总是由语素义按一定逻辑关系结合而成。这可以说是双音节新词能够适应社会发展而大量产生并为社会接受的必要条件。

从理论上计算，汉语的 1400 个音节互相搭配组成双音词可以记载 196 万个词语，而 3000 个常用字交叉汇编则可记载 900 万个双音词。正如王力所指出："单音成义的好处在于使汉语有很大的适应性。不管增加多少新词，原则上不需要增加新字。"① 我国目前出版的最大的《汉语大词典》收词不过 40 万，可见汉字以字组词特征适应汉语词汇发展之巨大潜力。以字组词不仅遏制了汉字字量的扩大，而且在组合新词表达新义中起了由已知引向未知的表意形态标记，具有模拟性强和能辨度大的特点。阅读一份英语《纽约时报》至少需要 5 万左右的词汇量，而阅读同样内容的汉语报纸只要 5000 左右的字组成的词汇就可应付自如了。因为汉字一字可类推组合成许多词，如认识了"羊"，就可认出"羊毛、羊肉、羊皮、公羊、母羊"等有关"羊"的一些词，而英语中 sheep（羊）、wool（羊毛）、ram（公羊）、ewe（母羊）、goat（山羊）、mutton（羊肉）等则无共同的词素可以模拟。一个汉字可以与不同的其他汉字组合成大量的双音词，如"玉"由美石的概念义联想到美好，再由美好义交织各种社会意义，组合成"玉几、玉人、玉心、玉友、玉体、玉宇、玉洁、玉兰、翠玉、碧玉"等不下 600 个双音词。由此可见，汉字在双音化造词中除了具有模拟辨义的作用外，还具有以简驭繁的功能。单音节词作为词素而以字组词的双音化继形声字之后又一次显示了汉字的表意性，适应了汉语词汇不断增长的要求，成为汉语字与词相适应的第二个转折点。汉字以已有单音词作为组词的语素，用不同的搭配方式组合成大量双音词，适应了表达社会发展中产生的大量新生事物、新概念的需要，从词形上奠定了汉语词汇双音化的基础，这是文白演变的内在原因之一。

---

① 《王力文集》第 3 卷，山东教育出版社，1985 年，第 665—666 页。

二、由音看文言演变为白话的内在原因

由音看文白演变的内在原因主要体现在音节结构的变化方面。先秦汉语是单音词占优势的语言，语音系统较复杂，音位和音位的组合方式较多样，因而单音节的词互有区别。后来由于浊音清化，辅音音尾消失等变化，语音趋于简化，语言中同音词大量增加，而新词又随着社会发展不断产生，这就使语言符号的区别性逐渐模糊，给交际带来困难，需要有新的方式来解决由语音简化所带来的矛盾。汉语的解决办法是加长词的长度，用双音节词的格局代替单音节词的格局，一些单音节词成为由其组合而成的双音节词的构词词素。语音的发展变化是一环扣一环的，随着双音词的产生，一个词内部的两个成分间的关系又在语音、语义上产生轻重主次的区别，如出现轻音、词缀化等，从而促成了文白的演变。

关于汉语音系的历史发展总趋势，学术界有两种说法：一种认为上古、中古、近代的音系（尤其是韵系）呈现为一个橄榄形，如韵系为《诗经》二十九部、《切韵》一百九十三韵、《中原音韵》十九部；一种认为上古的音系有形态和复辅音，中古音系的声、韵、调皆有上古的来源，因而其差异不至于如橄榄形这样悬殊。我们认为原始汉语产生之初，仅表达简单的语义，其音系自然较简易，但发展至上古时期要表达我们今天所能看到的古文献中的这么多的词义，且多用单音节来表达，其音节自然会比中古多。如郑张尚芳构拟的上古韵母系统分为六十四韵类，-ø、-g、-ŋ、-u、-ug、-b、-m、-i、-d、-n 后皆可加-s 尾，-ø、-ŋ、-u、-m、-i、-d、-n 后还可加-ʔ 尾，因而上古的韵类就有 152 个（加上声类），如果再考虑到上古有复声母，那么从理论上说，上古的音节也是相当多的。[①] 至于《切韵》音系的音节，也并不比上古更多，如据郑张尚芳的构拟，《切韵》的韵母为九十四韵，分重纽 AB 则共有一百一十韵，加上合口韵共一百六十一韵。[②]

汉语中一个汉字基本上就是一个音节，包拟古《原始汉语与汉藏语》说："由于音节能够最好地说明音系结构，所以选择音节作为基本单位是恰当的。长期以来，音节一直被看作是描写汉语的基础。它在藏缅语中也是同等的重要，这不仅因为它是音系的单位，同时也因为它是

---

① 郑张尚芳《上古音研究十年回顾与展望》，《古汉语研究》，1999 年第 1 期。

② 郑张尚芳《从〈切韵〉音系到〈蒙古字韵〉音系的演变对应规则》，《中国语文研究》，2002 年第 1 期。

主要的形态单位。"① 在东亚语言的音韵研究中，音节一直处于核心的地位，汉语也同样如此。潘悟云在《汉语历史音韵学》中指出，上古汉语属于既有复辅音、也有一个半音节的发展阶段。如《诗·文王》："王之荩臣，无念尔祖。"《毛传》说："无念，念也。"清陈奂疏说："无，发声；无念尔祖，念尔祖也。"俞敏指出"无"（ma）相当于藏文的前加字 m-，"无念"就是 ma-nɛm，对应于藏文的 snɑam（想），藏文中的前加字 m-常与 s-交替。由此，他赞成章太炎的一字重音说，认为"念"字可能代表两个音节，并不是通常所说的复辅音。潘悟云认为俞敏所说的一个汉字两个音节，严格说来应该是一个次要音节再加上一个主要音节。次要音节在词法平面往往充当词缀。如"猱"与"猴"的别名"马流"来源于同一个早期形式 ma·lu，ma 为词头，是次要音节，次要音节 ma-弱化，ma·lu 变作 m·lu，l 在 m 的同化下变作 n，以后次要音节 m 失落：＊malu＞m·lu＞m·nu＞nu（猱）。上古汉语中还有以＊Cr-做词头的词，如"马兰"（东方朔《七谏·怨世》）、"马蠲"（《淮南子》）、"马写"（《尔雅》），"虾蟆"（《史记·龟策列传》），"虾蛤"（《上林赋》）。例中的马、虾读＊mra-、＊gra-。因为在有复辅音的语言中，一个半音节 k·la 听起来更接近于一个带复辅音的单音节 kla，而与双音节 kala 不一样。所以古人把一个半音节的词也作一个音节看待，写为一个汉字。在《诗经》中，为了韵律上的需要，有时也把次要音节拆开来作为一个字来对待。潘悟云认为，次要音节是双音节语素向单音节语素发展过程中的中间环节。东亚的原始语言中可能有很多双音节的语素，它们同时在语义和语音两个平面发生简化。上古汉语有许多双音节的语素，即通常所说的联绵词，如《诗经》中有"窈窕、参差、崔嵬、虺隤、蔽芾、厌浥、委蛇、差池、黾勉、踟蹰、蝤蛴、苤苢、杕杜、蜉蝣、蟋蟀、椒聊、绸缪、栖迟、窈纠、夭绍、猗傩、仓庚、拮据、螺赢、伊威、倭迟、棠棣、鸳鸯"等，其中的叠韵词往往就是带前冠次音节的词。② 这些联绵词很可能源自更早以前由复辅音声母组成的单音节词，后由于复辅音声母简化，遂各取复辅音声母中的一个成分作为单辅音声母，分化为双音节单纯词。如由鼻音声母和塞音声母组成的联绵词"纰缪、叮咛"等的早期语音形式可能来自由鼻音和同部位的塞音声母组成的复辅音声母 pm-、mp-、bm-、tn-、thn-、kŋ-、khŋ-等，复辅音声母

---

① 包拟古《原始汉语与汉藏语》，1980 年，潘悟云、冯蒸译，中华书局，1995 年。

② 潘悟云《汉语历史音韵学》，上海教育出版社，2000 年，第 114 页。

简化后则分化为双音节的单纯词 p-m-、m-p-、b-m-、t-n-、th-n-、k-ŋ-、kh-ŋ-等。由于汉字的字形掩盖了上古汉语一个音节与一个半音节的区别,给上古汉语的构拟造成很大的困难,但从《诗经》中的联绵词仍可看到上古汉语语音有一个由双音节语素向单音节语素发展的过程。《诗经》中除联绵词外,尚存有一些发语词。这些发语词实际上是前冠次音节,虽然在书面语中并无意义,但在口语中却具有延长听觉驻留的作用。我们可以想见,书面语产生之前,上古词语的语音应有较长的听觉驻留度才足以进行交际,这在古代周边少数民族语中也有体现。如《春秋·定公五年》:"於越入吴。"杜预注:"於,发声也。"孔颖达疏:"越是南夷,夷言有此发声。史官或正其名,或从其俗。"此由口语的特点所决定。如今天我们日常所用口语中双音词远远多于单音词,亦是为了延长听觉驻留的需要。《诗经》采自口语,由口耳而传存,故存上古口语原貌。我们推测,上古汉语语音由双音节语素演变为单音节语素可能与书面语的产生有关,在某种程度上或许也是为了适应汉字的表意性和当时书写条件的不便。①

然而,作为一种语言,过量的单音词会造成诸多不同的词语发音相同,从而容易引起理解上的歧义。语言作为一种听觉符号,转瞬即逝,接受者的驻留性与重复性较差,不可能在倾听的过程中长时间地停顿在某个词语上进行反复品味。如《汉书·张苍传》:"年老,口中无齿。"刘知幾《史通》认为,"年""口中"三字可以省略,"老,无齿"即可

---

① 李如龙《汉字的历史发展和现实观照》(《光明日报》,2014 年 12 月 8 日)一文指出,经过数十年来汉藏系诸语言的比较研究,一方面是汉语和藏缅语之间的同源词越来越多地被确认;另一方面的事实又说明了藏缅语和秦汉之后的汉语之间还明显存在许多重大的差别。因而很多学者提出了新的设想:在甲骨文出现和定型的一千年间,汉语可能发生过一场类型的转变。《诗经》里有近四分之一的双音词(叠音词和联绵词),上古汉语人称代词还有"格"的差异(吾、女为主格,我、你为宾格),从汉字的谐声可以看到明显存在的复合辅音(dl-、kl-、pl-、hm-等),可能只有"平、入"两个声调。所有的这些都很像是前上古时期旧有的语言类型的残存。自从汉字定型并成为汉语的书面符号之后,集形音义为一体的汉字成了单音词,成了上古汉语词汇占优势的主体,放弃了使用形态标志来区别语法意义的手段,复合辅音也消减了,为了增加音节容量以扩大单音词的别义能力,形成了"四声"的声调格局。上古汉语之所以成为"单音节的孤立语",显然是汉字的"形音义融为一体"和"单字成词"的结果。认为如果汉字的产生引起了汉语的一场类型变化这个假设能得到确证,不但能够解释上古汉语到中古汉语的许多演变过程,也可以解开汉语和藏缅语之间的异同相悖之谜,其结果也就是周有光所说的"汉字适合汉语"。

表达所要说的意思，① 但口语中有可能被听成"老无耻"。从听觉驻留的观点看，以单音节为主体的文言虽文约义丰，能适应先秦社会交际的需要，但不能顺应秦汉以后社会发展的需要，未能随着口语的发展而发展。

语言是一个基本自足的系统，具有一定的自组织能力。由于单音节语素在口语交际中听觉驻留短于双音节语素，而语言的发展则既要求词义具有丰富性、多样性，又要求表达的单一性、明确性。为解决这一矛盾，在单音词义不断发展、丰富的基础上，能够使语义表达更为单纯明确而且容量更大、更能满足交际需要的双音词的大量出现也就是题中应有之义。这表现在语音上即为单音词的双音化，通过复音词和同义重复等方式延长听觉时间，强化接受者的印象。据丁邦新《上古汉语的音节结构》和余迺永《上古音系研究》② 的研究，上古至今音节结构的演变为（C＝声母；M＝介音；V＝元音；E＝入声）：

早期上古音（谐声时代）：(C) C (C) (M) (M) (V) V C (C)

中期上古音（周秦）：C (C) (M) (M) (V) V (C)③

魏晋音及中古音：C (M) (M) (E)

近代音及现代音：(C) (M) V (n, ng)

当代北京话：(C) (M) V

上古汉语不仅有复杂的声母系统，而且有复杂的韵尾系统。上古汉语语音系统的简化（主要是复声母和复韵尾的单化）得到了两个补偿：声调产生和构词双音节化。谐声时代的早期上古音有复辅音和浊塞声，但没有声调。周秦后期上古音复辅音尾开始脱落，声调开始建立。④ 韵尾及复声母的失落导致了汉语音节结构的简化，缩短了原来音节的长度。冯胜利《汉语双音化的历史来源》一文据此推测，汉语的双音化当直接导源于上古汉语的音节"短化"。上古汉语音节"短化"的结果致使尾辅音不断减少，单韵素音节不断增多。由于单韵素不足以满足音步必须分枝的要求，双音节音步应运而生。声调的出现又使音节失去原有的区别，双音节复合词的发展也继声调的出现而起于春秋战国。根据王

---

① 浦起龙《史通通释》卷六，上海古籍出版社，1978年，第170页。

② 丁邦新《上古汉语的音节结构》，载《历史语言研究所辑刊》50辑，1979年，第717—739页；余迺永《上古音系研究》，香港中文大学，1985年。

③ 郑张尚芳所拟上古音系统的元音比较简单，没有 (M) (M) (V)。

④ 汉语的去声源于远古韵尾 *-s 的失落，上声源于远古韵尾 *-ʔ 的失落。

士元的词汇扩散理论，如果汉语随着音节短化、声调出现而逐渐变成音节音步，那么这种语音上的改变与要求必将涉及和影响汉语的所有表达形式：语音形式、构词形式和短语形式。首先是语音，音步要求两个音节，汉语语音发展的总趋势又不再允许一个音节有两个辅音，所以剩余的复辅音C（C）V（V）就被自然而然地拆成CVCV。这一方面符合汉语向单辅音发展的趋势，另一方面双音步当然也更能满足口语交际中听觉驻留的要求，于是有了诸如"孔→窟窿""椎→钟葵""笔→不律"以及"匍匐（双声）""委蛇（叠韵）"等联绵词的产生。① 由于汉语一音一义，而一音又不能组成音步，于是就促发了大量的双音节词组和短语。这些双音节词组和短语的进一步词汇化最终改变了汉语词汇的面貌，铸成了汉语从曲折到派生的新的词汇构造法系统。②

汉语词汇在语音上这种由声韵相拼组词到由两个音节相合组词的双音步特点为词义的发展提供了大量的语音形式，体现了汉语词音适应汉语词汇发展的巨大潜力。就现代汉语而言，单音词的语音形式是以元音为核心的单音节，在这个元音的前后可以附加上次要元音或辅音，但有着严格的限制，如次要元音只能是 i、u，在元音后面的辅音只能是 n 或 ng 鼻音。在元音前面的辅音可以不出现而成为零声母，或最多出现 1 个。声母和韵母二者加起来约 60 多个，声韵拼合后可达到 400 多个，再加上四个声调，大约可以构成 1400 多个音节。这么一点点音节所能表达的词义当然远远不能满足汉语词汇发展的需要，虽然汉字字形上个个有别而互不相同的特点正好从形体上弥补了汉语音节有限的弱点，形与音二者在组词表意上构成了互补，③ 但在口语交流的听觉上仍是以语音词为主，尤其是同一个音节记载的词义往往随着人们对客观世界认识的深化而不断丰富、形成多义词，同一个音节又往往用来记载后来出现的不同的词，形成了同音异义词（异源共形词），且这与词义适应社会

---

① 这些词上古很可能是由复辅音声母组成的单音节词，当复辅音声母开始简化后，便由复辅音声母的单音节词分化为单辅音声母的双音节单纯词，而这个单纯词的两个音节则各取复辅音声母的其中一个成分作为声母。
② 冯胜利《汉语双音化的历史来源》，《现代中国语研究》，2000 年第 1 期。
③ 多义词的词义往往在原字的基础上分化为几个字来分别表示，如"辟"，分化为"避、僻"；"臧"，分化为"藏、脏、赃"等。同音节的词则各以不同的形体来别义，如"乏、罚、伐、筏、阀"等。汉语词音音节数量少，造成听觉上的迟慢，而字体上的区别度大、显意性强、数量丰富，使得视觉直观性强，易于分辨。汉字以不同形体来记载音节同一的同音词，体现了以形别义的功能，在一定程度上弥补了汉语音节有限的弱点，适应了社会发展中表达新事物、新概念的需要。

发展的需要相比毕竟只是杯水车薪，而单音词双音化后在语音形式上为词汇的发展则提供了足够的空间，使词义的表达更趋于单一和明确。因此，我们可以说，音节的简化、声调的产生、单双音步的演变等语音现象也是文白演变中出现大量复音词的内在原因之一。

三、由义看文言演变为白话的内在原因

由语义看文白演变的内在原因，主要体现在词义的表达由综合渐趋于分析。客观世界不断涌现的大量新事物是层出不穷的，而每出现一个新事物，语言中也就必须有一个相应的词来表达。由上所述，汉语词形和词音的特点决定了单音词数量上的有限性，这也从词义上决定了汉语词汇双音化的发展趋势。据《尔雅》和《说文》所载可知，我们的祖先"对同类的事物或现象稍有不同就给以不同的名称"。① 如白马曰骉、黑马曰骊、马七尺以上曰騋、马高八尺曰駥、公马曰骘、母马曰騇等，又如白色的公羊曰羒、黑色的公羊曰羖、黄羊曰羳等。随着人类社会的发展及属、种等范畴概念的产生，汉语词汇适应社会的发展和表达新概念的需要，由独体字组合成"骘、騇、羒、羖"等单音新词演变为由单音词组合成"公马、母马、白公羊、黑公羊"等词组来表达新概念或新事物。这符合语言的经济原则，通过增加限定语来完成表达词义的功能。而就人的认识而言，人们总是由已知的事物去理解未知的事物，且新事物大多不会凭空出现，而总是与人们已知的某些事物有着或多或少的联系。因而，当人们认识到某一事物的特点，在为其命名时，出于表达的需要，往往不仅要一般地指称该事物，而且还力图反映该事物的特征，以达到突出该事物并区别于他事物的目的，于是就有了表示"公的马""母的马"的"公马""母马"等偏正结构的词组。据程湘清《先秦双音词研究》一文统计，代表东周中期语言面貌的《论语》一书中，偏正式复合词占总词数的 37.2％，并列式复合词占总词数的 26.7％。② 又据沈怀兴《汉语偏正式构词探微》一文统计，《周易》和《诗经》中的偏正式复合词分别占其总词数的 67％和 68.56％。③ 程湘清和沈怀兴的统

---

① 叶蜚声、徐通锵《语言学纲要》，北京大学出版社，1987 年，第 245 页。
② 《先秦汉语研究》，山东教育出版社，1982 年。
③ 沈怀兴《汉语偏正式构词探微》一文统计，《辞源》中偏正式复合词占总词数的 58.56％，《现代汉语词典补编》中偏正式复合词占其所收全部复合词的 47.78％，皆高于并列式复合词、动宾式复合词等其他复合词。(《中国语文》，1998年第 3 期)

计数据表明，形成偏正式复合词的偏正式词组和短语在早期先秦汉语中用得较多，这与人们认知事物时力图表达其特征有关。又据程湘清《先秦双音词研究》一文统计，《孟子》中偏正式复合词占其总词数的30%，而并列式复合词占总词数的34.5%；《世说新语双音词研究》一文统计，偏正式复合词占其总词数的26.9%，并列式复合词约占总词数的43.6%。① 程湘清的统计数据表明，战国以后，人们为了避免多义词的歧义，已大量地以并列词组来替代与之同义的单音词，力图更明确地表达词义。② 如"通"有"通达""疏通""贯通"等义，"通"这些词义在东汉以前就以与相应同义词连用的方式出现在文献中。如《周礼·地官·掌节》："凡通达于天下者，必有节以传辅之。"《礼记·经解》："疏通知远，《书》教也。"董仲舒《春秋繁露·正贯》："然后援天端，布流物，而贯通其理，则事变散其辞矣。"又如现代汉语中有"公正""端正""正直""正当"等词，这些词在东汉前也已出现，或已由"正"与相应同义词连用而具复合词雏形。如《荀子·正论》："上公正则下易直矣。"《史记·儒林列传》："太常择民年十八以上、仪状端正者，补博士弟子。"《书·洪范》："无反无侧，王道正直。"《周易·爻辞》："《象》曰：大人之吉，位正当也。"这些同义或近义词的连用形成了大批复合词，渐取代了文言中的单音词。③

汉语词汇的双音化是经由词组或短语凝固而成的，双音词的衍生和发展既涉及词汇也涉及语法。古代汉语常常把动作和动作的结果综合在一起，即通常所说的形容词的使动用法。如《荀子·成相》："大其苑囿，高其台。"大，后来用"扩大"表示；高，后来用"加高"表示。因而从

---

① 《先秦汉语研究》，山东教育出版社，1982年；《魏晋南北朝汉语研究》，山东教育出版社，1988年。

② 从单音节词发展到双音节词，大体可以通过两种途径：一是改变语音；二是利用语义。在利用语音和语义手段时，将同一音节重叠或将语义相同的词素组合起来则是最为便捷的。因此，复合词的发展中，以并列式居多。由此也可看到词义在复合词形成过程中的作用。冯胜利把韵律构词理论应用在汉语复合词的研究中，认为韵律对汉语构词的制约表现为：复合词必须首先是两个音节。这就是在汉语中双音节词占词汇系统的主体地位的原因。

③ 史存直《汉语词汇史纲要》指出："'扰乱''颠覆'这些词，在现代的眼光中，多半认为是复合词，可是从汉语史的角度看，它们并不是一开始就被当作复合词的。在人们最初用它们的时候，倒很像是当作词组来使用的。就是说，'扰乱'等于'扰而乱之'，'颠覆'等于'颠而覆之'。人们用它们用久了，于是词组才凝固成为词。"（华东师范大学出版社，1989年，第79—80页）

词义上看,词义的表达由综合到分析也是文白演变的内部原因之一。

由此可见,先秦书面语即文言中的单音词"骘、骒、叶、眺、娶、怒"等在秦汉后的口语中用双音词或词组"公马、母马、树叶、远眺、娶妻、发怒"等表示,秦汉后的书面语(包括文言和古白话,因为后人使用文言时或多或少会采用一些口语成分)则记载了当时的口语,反映了秦汉以来汉语词汇发展的双音化趋势,而汉语词汇自身发展的双音化趋势又决定了文言必然要向白话转型。文言演变为白话是由作为孤立语的汉语自身的特点决定了的,也是汉语词汇内部形、音、义三者矛盾互相推动的必然结果。形态变化衰落的汉语,主要是立足于词义,顺应人的思维,由已知昭示未知,以单音词为基础,以文组字而生字熟旁;又适应词义发展的需要,由单音词充当语素发展为双音词,以字组词而生词熟字。① 汉语词的形、音、义三要素在汉语词汇双音化的因果链中既相互联系,又彼此制约,各自扮演着其不可或缺的角色,组成一个有机的整体,从而适应了词义随人类社会和时代的发展而不断发展的需要。

第二节　思想和文化发展的需要

语言是人类特有的一种符号系统。着眼于人与人的关系,语言是人类最重要的交际工具;着眼于人与世界的关系,语言是认知世界的手段;着眼于人与文化的关系,语言是文化信息的载体。人类的世界本质上就是一个语言的世界。人们在创制语言符号的过程中,本着社会文化生活的需要,已经对世界上林林总总的事物进行了分类,对事物之间的关系有了初步的把握;本着自己对生命的体验,人们已经对特定事物的区别性特征进行了概括,对特定事物有了初步的认识。在创制语言符号的过程中,民族的、社会的、时代的人群关于万千事物分类与概括的成果,对于万千事物认识与把握的能力,在很大程度上都逐渐被符号化,并聚存于语言符号之中。后人在继承与发展语言符号体系的同时,也就在一定程度上继承和发展了这些成果与能力,并逐渐习惯于以语言的方式把握并拥有世界。② 索绪尔在《普通语言学教程》一书中说,语言符号连接的不是事物和名称,而是概念和音响形象。"语言就像一张纸,

---

① 徐时仪《汉语的字和词》,香港《中国语文通讯》,2000 年总第 54 期。
② 周光庆《汉语与中国早期现代化思潮》,黑龙江教育出版社,2001 年,第 12 页。

思想是正面,声音是反面,我们不能切开正面而不同时切开反面,同样,在语言里,我们不能使声音离开思想,也不能使思想离开声音。"① 即,当人们表达某种思想时,不可能在不使用语言的情况下,非常清楚完整地将想要表达的内容传达出来。语言是一个开放的系统,这个系统必须与社会进行信息的交换。语言的变化和发展同社会的变化发展息息相关。推动汉语文白转型的外部因素正在于社会的变革及现代生活内容的不断丰富、发展和变化。文白之争的表层是文化范型的冲突,内层是话语方式的交锋。"语言是存在之家","任何存在者的存在居住于词语之中",② 因而"呈现一种语言意味着呈现一种生活形式"。③ 解读文献典籍记载的白话演变的线索,可以藉以揭示文白演变的过程,探讨影响文白演变的各种社会因素,想象当时人们鲜活的生活图景,呈现出当时人们的生活形态。现代语言学与传统语言学最大的不同在于现代语言学把语言上升到本体论,认为语言不仅仅只是工具,不仅仅是人的能力之一,而且是思想本体,构成了人的行为本身。④ 人的思维过程即语言过程,人的世界即语言的世界,人类正是以拥有语言的方式而拥有世界的。⑤ 文言向白话的转换由内部看,指与话语方式自身内部语言层和文化范型变化有关;由外部看,指与话语方式转换的历史语境和言说者转换话语方式的心理机制有关。

文言自凝固为书面语后即成为中国传统文化的权威话语。孔子说:"名不正,则言不顺。""名"的有序化为"言"的顺达提供了依据,它最终规范着人们的行为。董仲舒《春秋繁露·深察名号》说:"治天下之端,在审辨大;辨大之端,在深察名号","名号之正取之天地","名则圣人发天意,不可不深观也"。"名"被伦理化后,成为人们既定的人生目标与价值归宿。人们以儒家修齐治平的伦理完善自己的道德人格,如关羽奉行"义",岳飞奉行"忠",郭巨埋儿之"孝",寡妇自殉

---

① 索绪尔《普通语言学教程》,商务印书馆,1982年,第157页。
② 海德格尔《海德格尔选集》,上海三联书店,1996年,第314、1068页。
③ 维特根斯坦《哲学研究》第19节,商务印书馆,2013年。
④ 赵元任《语言的意义及其获取》曾说,大多数的描写语言学家都认为语言是一种社会行为。"语言学家作为一个群体,不愿把意义看成是行为或可还原为行为的某种东西。但我认为,任何人可能都会同意'意义在某种程度上说就是语境'。"(见第十届控制论会议论文集《控制论——生物和社会系统中的循环因果和反馈机制》,纽约:1955年,李芸、王强军译,《语言文字应用》,2001年第4期)
⑤ 高玉《现代汉语与中国现代文学》,中国社会科学出版社,2003年,第20页。

之"节",无非都在实践着"名"。"名"的实践成为人生的最高追求。儒家文化反复强调的正名观为文言作为主体话语完成现实功能奠定了基石,文言在对传统文化的不断反馈中巩固着自己的地位,也日益远离人民大众实际使用的口语。作为思想的语言体系,文言从根本上限制了明末至清初的思想变革,语言规定了清末梁启超、谭嗣同等的思想不可能超越语言的界限太远。刘纳《望星空——从一个角度比较辛亥革命时期与五四时期的我国文学》一文说到,同样是望星空,而且仅仅是几年之隔,辛亥革命时期的作品与五四时期的作品就表现了很大的不同。"辛亥革命时期的文学作者并没有注意到整个夜空。他们的视线经常僵持在月亮上,而几乎对满天繁星视而不见",而且几乎不约而同的是"当持有不同政治态度的文学作者把自己的眼光投向夜空,当他们把自己的审美知觉转化为意象,呈现在他们作品里的竟是十分相像的情境"。"而对于五四作者来说,夜空真正成了美妙的艺术诱惑","怀着刚刚领悟到的无限感仰望夜空,五四作者改变了辛亥革命时期作者的视觉定向。……他们所注意的,已经不是'月',更是'星':明星、流星,尤其是繁星"。① 在相隔不长的时间里,两个时期的文学作者仰望同一个夜空,为什么会看到不同的东西?他们在仰望夜空时又为什么会有不同的联想?这除了两个时期的文学作者拥有不同的宇宙意识和审美意识外,更深刻的原因在于辛亥革命时期的作者使用文言,五四时期的作者使用白话,文白语义系统的不同限制、约束着作者的思维和联想。"从现代语言学的角度说,人对世界的认识其实是受语言左右的,世界本身并无客观性可言,人们在这个'世界'上看到什么,看不到什么,这些都要受到语言的诱导。"② 语言中的每一个词,每一种语句的组合和表达方式都包含着丰厚的文化积淀,语言就像一张无形的网,以一种无形、然而强大的力量限制、束缚着人的思想。

  语言在某种程度上决定着思想方式,③ 语言体系在深度上规定了思想体系,没有脱离语言的赤裸裸的思想,没有语言,思想便不可能。所谓"思想"都不是纯抽象的,而是通过一定的语言体系和话语方式从整体上表现出来。现代语言哲学的一个重要特征就是强调语言的本体性,认为语言

---

  ① 刘纳《望星空——从一个角度比较辛亥革命时期与五四时期的我国文学》,《现代文学研究丛刊》,1988 年第 1 期。
  ② 张卫中《汉语与汉语文学》,文化艺术出版社,2006 年,第 14 页。
  ③ 马克思、恩格斯《德意志意识形态》一书中说:"语言是思想的直接现实。"(《马克思恩格斯全集》第 3 卷,人民出版社,1960 年,第 525 页)

即思想思维,语言即世界观。① 文言既是工具性语言,又是思想性语言,它大致规定了运用文言的人们言说什么和如何言说,这是语言作为体系在思想上的本体性所决定的。既然文言使中国人的思想束缚在旧的感知模式中,那么,为了与现实世界建立起新的联系方式,就必须改变语言。语言变革是一切文化、文学和思想变革背后所必需的更为根本性的变革。

语言的变化实际上是文化和思想在深层上的变化。语言的变化常常与思想和社会的变革紧密相连,形成一种互动或共变的关系。殷周至春秋战国时期,汉语从简单到繁复、从工具的层面向思想文化层面扩展的变化,反映了社会从生存状态的低级阶段向开化和文明的高级阶段的发展。语言是文化的深层构成基础,文化转型最终可以归结为语言的转型。文言是中国传统文化的基础,文言在思想层面上作为体系的形成正是中国传统文化作为体系的形成。从文言文到白话文的转变是汉语系统的变化,这个变化同样也涉及语言观、文化观、社会观、政治观等的巨大变化。

五四时期的白话文运动不只是文体的解放,而且是思想的解放。文言既然是在先秦口语基础上凝固的书面语,既然是一种未能随着时代的发展而发展的语言形式,那么在容纳新思想上自然远远不如白话,自然要为白话取代。至于为什么为白话而不是其他语言形式所取代,则既与时代的发展有关,又与民族文化传统的传承有关。这或许可以从近年欧盟国家决定投入二十亿欧元巨资打造欧洲的Google——"我搜"(Quaero)来略窥其所以然。法国总统在2006年4月25日宣布的这项搜索引擎计划的目的在于针对美国的Google而捍卫欧洲的文化主权。拥有全球最大搜索引擎的美国Google公司于2004年12月13日宣布,它将与美国纽约公共图书馆以及一些世界知名大学的图书馆合作,把这些著名图书馆的藏书制作成电子版放到因特网上。到2015年这一工程完工时,Google将建成全球最大的网上图书馆。出于担心Google这一举措可能推动美国压倒性的话语权,法国总统希拉克随即向欧盟所有成员国提议建设欧洲自己的Google。② 欧盟的这种担心并非杞人忧天。21世纪新的信息技术正在改变我们的世界,不仅改变着我们的工作方式和生活习惯,而且还影响着我们的思想和思维方式。语言作为信息传递的重要媒介,也是信息沟通的主要模式,而任何一种新的信息传递沟通模式,都不仅仅是简单地取代了以前的旧有模式,还附加了新的价值观。文白的转变也是如此。

---

① 高玉《现代汉语与中国现代文学》,中国社会科学出版社,2003年,第4页。
② 杨立群《欧洲的反击》,《解放日报》,2006年4月28日。

文言本是在先秦汉语口语的基础上加工提炼而成，在封建社会形成和发展初期，文言与秦汉后的口语在社会功能和交际范围上相互补充，在构成和表达封建文化上起了重要的积极作用。然而在两千年的漫长岁月里，由于文言定型后，越来越脱离了不断变化发展的口语，于是文言逐渐在广大民众那里失去了与口语变体相互补充的社会功能，到近代，已不能适应表达和传播新思想新文化的需要，而近代中国社会大变革所具有的强烈民主意识要求言文一致，这就使语言的变革具有历史的必然性。

五四时期，语言的变革是势在必行，大势所趋，但如何变革？如何既适应社会的发展又能保持民族的文化传统？就当时来说，实际上有三种选择。一是改造文言文，即在古汉语中增加西学东渐产生的新名词、新术语和新概念，但文言所反映的中国传统思想和西学东渐带来的西方思想从根本上来说是两种思想，文言和西方语言是两套语言系统，二者并不能轻易地相容。文言作为一个封闭而超稳定的系统，仅靠增加一些新名词、新术语和新概念是不可能改变传统的世界观和思维方式的。二是废汉字而改用西方的拼音文字，即全盘西化论。然而废除汉字在某种程度上也就是彻底废除古汉语，这在具有根深蒂固的民族文化传统和文化自成体统的中国，当然也是不可能行得通的。第三种就是借用白话，同时吸收西学东渐的先进的话语方式、思想方式和思维方式，把西学东渐产生的新名词、新术语和新概念改造为民族化、中国化的语言形式。因为相对来说，当时的白话还处于文言的附庸地位，尚未构成一个完整的语言系统，不具备独立的思想体系，但其最具有工具性，可以按照一定的意志进行改造，既可以与反映中国传统思想的文言兼容，又可以与反映西方思想的话语方式兼容。洪堡特《论人类语言结构的差异及其对人类精神发展的影响》一文说："一个民族的精神特性和语言形成这两个方面的关系极为密切，不论我们从哪个方面入手，都可以从中推导出另一个方面。""民族的语言即民族的精神，民族的精神即民族的语言，二者的同一程度超过了人们的任何想象。""在所有可以说明民族精神和民族特性的现象中，只有语言才适合于表达民族精神和民族特性最隐蔽的秘密。"[①] 在近代中国社会大变革这一时代背景下，白话正好适合表达民族精神和民族特性。因而"五四"新文化运动适应社会变革的需要，提倡白话文，以新的语言体系取代旧的语言体系，主张从人民大众

---

① 洪堡特《论人类语言结构的差异及其对人类精神发展的影响》，商务印书馆，1997年，第50—52页。

的口语中吸取更多更具表现力的成分,更好地反映我们民族的特色。白话文就是在这样强烈的民主意识驱使下取代了文言文,适应了时代的发展,同时又不致于割裂民族的文化传统。"在当时,白话事实上扮演着'中间人'的角色,在一定程度上起着沟通中西思想的作用",它突破了文言的限制,克服了文言的缺陷,又适应了近代中国社会大变革强烈民主意识的要求。"五四时期的白话运动实际上就是传统白话的改造运动。现代白话文实际上就是在传统的白话文基础上吸收了西方语言系统的语法、词汇特别是思想词汇,继承了一定的传统思想而形成的,它本质是一种新的语言系统,是一种不同于古代汉语又不同于西方语言的第三种语言系统",也是古今、中西和雅俗冲撞交融的产物。"从成分上分析,它在工具的层面上是传统的成分多,在思想的层面上则是西方的成分多。"① 白话取代文言不仅是工具的层面,而更主要的是思想的层面。白话是与新的社会相适应的一种新兴话语方式,表现的是一种新的思维方式和思想体系。

  现代白话作为现代汉语的主体具有强烈的现代思想性。文言和白话实际上体现着两种不同的逻辑和思维方法,白话替代文言不仅是一个语体形式的革命,也不仅只是出于便利易懂,而且是一个创造适应社会发展的新语义系统的过程。文贵良《解构与重建——五四文学话语模式的生成及其嬗变》一文说:"话语模式概括了特定历史时期内某种话语的整体特征。话语模式既是一种言说方式,又是一种生存方式。它是言说者采用一定的言语方式观照世界和表达自我的方式。人一旦言说,它的生存状态就被定格。"生命个体一旦获得了言说的方式,同时就定格了它的生存状态。正是语言使人在社团中的存在成为可能。白话话语的开放性契合了人向世界开放的机构,在某种程度上加强了主体意识。白话话语旨在突出当下的人以自己的言说方式演说,将自己的思想和感情直白地说出来,赋予了言说者言说自身极大的自由度,话语主体是现实生活中活生生的生命个体,言语意向旨在让客体同样获得一种言说的话语方式,从而实现主客体之间和谐的对话关系。话语模式的嬗变是随着语言的转向完成的,反映了人们对自身价值的认识与对言说方式的选择。② 语言在深层的基础上以一种强大的力量控制着人的思维和世界观,怎么说和说什么表面上是主观行为,但在一种极抽象的程度上又是

---

① 高玉《现代汉语与中国现代文学》,中国社会科学出版社,2003年,第100—101页。

② 文贵良《解构与重建——五四文学话语模式的生成及其嬗变》,《中国社会科学》,1999年第3期。

客观行为，实际由主体所掌握的语言以一种宏观的方式控制着。

　　语言与人们的认识密切相关，任何词语都有一定的意义，且随着人们认识的发展而发展。任何一个词语都不是任意产生的，而是以一定的实践经验的积累作为基础。认知语言学认为，认知者的语义知识不是直接来源于词语内部或外部的语义对比关系，而是来源于认知者与词语指代的客体或事件间相互作用的经验。人首先通过非语言的思维从众多已知觉的客体和事件中抽象出某些特征，这些特征即语义特征，构成了语言的基础。这意味着语义特征及其形成对个体来说是先于语言的发展的。只有当这些特征积累到一定的数量时，才能构成各种组合，而由这些特征组合成概念时就产生了通常所说的词义。词的意义决定于人们对事物的认识和这种认识所达到的水平。每一个新事物问世，都要求有一个新概念、新词语与之相对应。这不仅仅是词汇量增加的问题，每一个新概念、新词语的产生及进入词汇，都必然要在原有的表述系统中寻找位置，建立关系，对整个表述系统产生张力，从而影响或改变原有表述系统的内部结构与表述功能。这些新概念、新词语或多或少对人们的思想和思维方式会产生一定影响，具有思维的诱导性和价值倾向性。如有关地理概念的"亚洲、欧洲、美洲"等词的流行，影响着人们以这些空间为单位的地理名词来考虑问题，进行亚洲、欧洲、美洲政治、经济、文化等方面的思考和论述。又如"世纪、上古、中古、冰期"等词的流行，影响着人们以这些时间概念名词来考虑问题，划分时间段，进行纪年。至于"政治、经济、文化、社会"等词的流行，更影响着人们把日常生活中的事务按照这些范畴进行分类加以考虑。久而久之，潜移默化，渐至习而不察，奉为天经地义，足见这些西学新名词新概念影响我们思维的巨大。① 当旧的概念体系无法包容和阐释新的文化现象，就必然会产生表述系统的变革。一种语言表述系统的特质在于基本词汇和语法结构。西学东渐中大量的新概念蜂拥而入，每一个新概念、新词语要求在汉语的表述系统中有一个相应的位置，旧的概念体系已无法包容和阐释这些新的文化现象，这促使了文言向白话的转型。从文化发生学角度看，文白的转型实际上也是我们以文化语境为生存环境中的话语权的转型，体现了当时中国面对伴随西学东渐的现代化和全球化趋势的应对和选择，可以说不仅仅是白话取代文言的变革，更是中西和雅俗文化互

---

　　① 黄兴涛《近代中国新名词的思想史意义发微》，《开放时代》，2003年第4期。

动的全方位的变革。冯天瑜《新语探源》导论指出："西方借助创造工业文明获得的优势，用商品、资本、武力等物质力量征服异域，并将西方精神传播全球。作为西方物质文明、精神文明表达工具的西方词汇，特别是作为近代学科发展产物的西方术语，随之散布天涯海角，形成覆盖世界的'西方话语霸权'，非西方民族与国家对此作出既拒且迎的双重反应，呈现复杂的语文状貌。"① 白话取代文言在某种程度上可以说就是汉语适应"西方话语霸权"生存环境所作的"既拒且迎"的双重反应，② 即白话随历代口语变化而变化的内在活力顺应了时代要求，形成了具有世界性文化视野的融贯中西的白话语境话语权，从而取代了文言代表的传统文化语境话语权，替代文言完成了汉语表述系统的变革。

这种新旧语境话语权和表述系统的变革也曾发生在与我们一水之隔的日本。明治维新时期，面对西洋文明，日本人发现，以往从中国学来的汉语表述系统已不能适应接纳和引进西学的需要，在西学的影响下，日本的文体也经历了一个大动荡大分化，由扬弃对传统汉学的依赖，到大量吸取西洋文化，经回炉重铸而吐故纳新，从而使日语的表述功能获得了极大的丰富和发展。

西学东渐的新词语对日语是一场大动荡大分化，对汉语也同样是一场脱胎换骨的变革。清末民初，中国的有识之士已意识到中华传统文化正面临着前所未有的挑战和机遇。随着八股文的淘汰，科举制度的改革和废除，新的学校体系和教材系统逐步建立起来，哲学、政治、经济、法律、军事、体育、外交、外贸、医学、物理、化学、生物、商业、运输、宗教、美学、音乐、天文等学科取代了经学等传统学科。大量的西学新词顺应清末以来洋务派所代表的西化倾向和主张社会革命的平民思想蜂拥而入，据高名凯《汉语外来语词典》记载，仅从日语传来的词语就有 840 多个。汪荣宝、叶澜曾编有《新尔雅》，大致上分 14 个门类收集和解释当时常见常用的新名词，容纳吸收了当时新兴的各种社会科学和自然科学词语。如"国家之起源""三权分立""民法""商法""信用""保险""群之发生""人群要素""命题""直接推理""地球之运行""地热之作用""光学""电学""原生动物""植物形态学""自然""劳力""资本""自然物""自然力""发明""内涵""商业""生产劳

---

① 冯天瑜《新语探源》，中华书局，2004 年，第 1 页。
② 我们只要将五四前后的古今汉语作一下比较，就会发现这两者在内涵上已发生了根本的变化，现代汉语不管是关于社会的还是科学的，甚至是中国传统文化的，在很大程度上都是通过融贯中西的白话这样一种语言来表述的。

力""无形资本""有形资本""固定资本""流动资本"等等。① 这些新词遍及政治、经济、军事、心理、文化等各个领域,大都是中国传统文化基本上没有而又是随着时代的发展在新的生存语境中应该具备的,犹如一弘源头活水激起了汉语表述系统的层层波澜。这使早在秦汉就已凝固的文言应接不暇,而白话则有足够的张力来融合西洋文化,以新词汇、新句法、新文体、新风格来表述新事物、新知识、新思想,显示了汉语表述系统中潜藏的强大的应变能力和再生能力。如"伦理"在文言中指事物的条理,《礼记·乐记》:"凡音者,生于人心者也。乐者,通伦理者也。"郑玄注:"伦,犹类也;理,分也。"白话中"伦"和"理"组成"伦理"一词,指人伦物理,进而指人伦道德之理、人际相处的各种道德准则、人伦的理法。如汉贾谊《新书·时变》:"商君违理义,弃伦理。"《朱子语类》卷七二:"正家之道在于正伦理,笃恩义。"由"伦理"为基础组成"伦理学"这一反映西学 ethics 的学科名词,指西学中研究道德的起源和发展、人们的行为准则、人们相互间和人们对社会国家等的义务的科学。又如"政"是文言中一个相当受重视的词,《论语·颜渊》中记载孔子的解释为"政者,正也",《新尔雅》"释政"部分解释"政"为"有人民有土地而立于世界者谓之国,设制度以治其人民地者谓之政。政之大纲三:一曰国家,二曰政体,三曰机关"。"政"的变化体现了吸取西学形成的新的政治观。在文言中"政治"指政事得以治理。如《书·毕命》:"道洽政治,泽润生命。"孔安国传:"道至普洽,政化治理,其德泽惠施,乃浸润生民。"白话中"政"和"治"组成"政治"一词,指治理国家所施行的一切措施。《汉书·京房传》:"显告房与张博通谋,非谤政治,归恶天子,讲误诸侯王。"清戴名世《史论》:"且夫作史者,必取一代之政治典章因革损益之故,与夫事之成败得失,人之邪正,一一了然洞然于胸中,而后执笔操简,发凡起例,定为一书。"西学东渐时用来指政府、政党、社会团体和个人在内政及国际关系方面的活动。又由"政治"为基础组成"政治学"这一反映西学 politics 的学科名词,指西学中研究国家学说、政治理论、政治制度和政治思想史的科学。再如"权利"本指"权势"和"财货"。《荀子·劝学》:"是故权利不能倾也。"又指权衡利害。《商君书·算地》:"权利则畏法而易苦。"后用来译西学中的法学术语 right,指公民依法应享有的

---

① 汪荣宝、叶澜《新尔雅》,上海明权社,1903年,台北文海出版社编,《近代中国史料丛刊》收录。参周光庆《汉语与中国早期现代化思潮》,黑龙江教育出版社,2001年,第195页。

权利和利益。据诸宗元《译书经眼录序例》说光绪甲午留学者咸趋日本,"且其国文字移译较他国文字为便,于是日本文译本,遂充斥于市肆,推行于学校,几使一时之学术,浸成风尚,而我国文体,亦遂因此稍稍变矣。"① 汉语表述系统的更新不单纯是以增加新词汇和新句法为标志的外在形式的演变,更是把新概念和新词汇所体现的科学成果和思维方式融入汉语表述系统的内在结构之中。这是汉语表述系统的生机所在,也是中华传统文化的生机所在。汉语文白的转型使汉语从承载本土文化进而承载世界文化,从近的交流走向远的传播,从而不断丰富着自身的容量和表现力,具备了吸纳西学和融合东西方文化的能力。

人类知识的拓展和语言的建构通常是同步进行的,知识的拓展首先要通过语言表现出来并凝结在语言中,反过来,凝结了先进知识的语言又是人类进一步获得知识的必要条件。19世纪末20世纪初,当中西文化开始碰撞和交汇时,西学的知识已经在自然和社会的各个方面延伸开来,尤其是在天文、地理、生物、医学、工程、机械等自然科学领域有了较大的发展,形成了一个以科学和逻辑为骨架,以大量经过严密分析的概念和语汇建构起来的理性知识网络。接受和掌握这些知识成果在某种意义上也成了一个人作为"现代人"的必要条件。就现代语言哲学的角度而言,语言不仅仅是一种工具和媒介,而且也是概念系统、知识系统和价值系统的总和。具体而言,词是事物的名称,又是概念的符号和思想的载体。如果引进或创造了一种新事物,通常也就要或早或晚地引进或创造一个指称该事物的新词;如果引进或创造了一个新概念,一般也要随之引进或创造一个表达该概念的新词;如果出现了一种新的社会现象或思想理论,则必然要随之产生一系列表述该社会现象或思想理论的新词语。由于语言是人和世界之间唯一的媒介,人只能按语言指定的方式认识世界,因此文白的转型也就意味着中国人认知方式和对世界看法的变革。汉语在接受了西学中大量新概念和新词语后,一方面意味着我们知识领域的扩展,② 另一方面也意味着我们在某种程度上接受了西学中一系列的道德观、人生观和价值观,刷新了对整个世界的认识。帕

---

① 《中国近代出版史料二编》,中华书局,1957年,第95页。

② 如汉语词汇系统中原本有的常用名词"电",其基本意义是《说文解字》所说的"阴阳激耀",亦即"闪电",西学东渐时用来对译英语的"electricity"一词,后又涌现出"电气""电路""电灯""电信""电机""电学"等一批新词,人们对"电"的认识在"闪电"义上又增加为指称"有电荷存在与电荷变化的现象",扩大了人们原来有关"电"的知识而具有新颖的科学精神。

默尔在《语言学概论》中说:"使用一种语言就意味着某种文化承诺,获得一种语言就意味着接受一套概念和价值。"① 人们的语言观念既为文化传统、文化观念所制约,同时也为社会变革和文化碰撞所撼动而改变。在特定的时代、特定的社会文化条件下,语言观念还能通过对民族共同语的确立、对书面语言和文字体系改革的推动与指导,进而对社会文化变革产生重要的影响。如五四白话文运动中,白话取代文言,白话语码置换文言语码,白话语码的文化信息在某种程度上改变了文言话语的文化信息系统。这一置换和改变像一把双刃剑刺穿了文言话语:一边排斥了文言话语的外在形式(文言),一边驱除了文言话语的文化内核(以儒家文化为主的中国传统文化),从而整体性解构了文言话语,形成了现代的白话话语。汉语文白的转型在某种程度上也是我们中国人从旧的封建思想体系向新的现代化思想体系的变革。"德先生""赛先生"作为五四新文化运动和新文学运动的基本精神,在某种意义上也构成了新文学的基本话语方式。大量系统反映自然和人文社会科学的西学新词,尤其是表现观念性的抽象名词,携带着新鲜的文化信息,丰富了汉语的概念系统和观念系统,极大地扩展了人们的思想空间和科学思维能力,形成了构筑新时代、突破传统范式、体现中西会通的新思想体系。如"科学"一词带来的不仅是由两个音节组成的一个新词,而且是人们认识世界、认识社会和人类自身的某种准则和精神内核,从意识深处改变了原有的子曰诗云的传统思维结构和方式。又如"革命"一词由《周易·革卦》的"汤武革命"到现代意义的"革命",不仅其词义有所变化,而且该词涉及社会发展的途径,成为现代中国思想史研究的重要课题。② 19世纪末人们讨论的一些新概念、新思想如"民主""民权""君主政体""立宪政体""国家""社会"等,不断地为现代汉语所接受,成为现代汉语词汇中的新成员。正是这样一大批有关文化与社会的

---

① 帕默尔《语言学概论》,商务印书馆,1983年,第148页。
② 梁启超曾撰《释革》一文,沿日文之波讨英文之源,在英文的 reform 和 reverlution 的辨析中,以"变革"和"改革"取代从日文借用来的"革命"一词。此词含义的不同理解不仅是语言学上的词义训释,而且更是社会政治学上的理论阐释,极其深刻地影响了中国社会的发展。详参陈建华《"革命"的现代性——中国革命话语考论》,上海古籍出版社,2000年;冯天瑜《新语探源——中西日文化互动与近代汉字术语生成》,中华书局,2004年。

新词语陆续进入汉语白话词汇系统,① 从而丰富了汉语白话的语言表达功能系统,而且更为重要的是,从根本上改变了中国传统的语言体系,形成一种新的话语生态,促使白话取代了文言话语的文化范型,完成了汉语文白转换。汉语书面语文白此消彼长的渐变,到此顺应时代变革,完成了由量变到质变的转型。

第三节 思维和交际的需要

　　语言是人类思维的载体,具有社会交际职能。语言中词的产生是建立在大量认识基础上的一种对这些认识成果的凝结,体现和标志着有关的认识成果,反映了人们对这一事物的认识状况。事实上,词之所以有意义,之所以能够作为它所指称的对象的符号,就在于体现了经验事实,凝结了人们的认识成果。语言之所以能够影响思维,在思维中发挥作用,也在于此。语言的词义系统实际上是整个客观世界与人类主观精神凝结的体系,具有反映外界客观事物的功能。因此,语言本身虽不是思维的直接媒介,但通过语义表象的媒介作用,还是参与了思维的全过程。语言机制联系着社会、文化及日常生活的各个方面,它在很大程度上决定了我们如何思考、理解及表达我们的生存感受。

　　思想的真理只有通过语言表达出来才可以交流和理解,表达有两种方式:一是口头说出来的话,这是思想最直接的交流;二是书面文字,这是说话内容的记录。现代动物行为学表明,许多高等动物有思维能力。赖以划开人类与动物思维界限的是思维活动借以进行的符号系统,即共识符号系统,而共识符号系统又只有与它的外在物理系统——语言一起才能形成。动物思维是个体思维,而人类的思维则是类思维,个体与个体之间凭借语言可以相互交流各自的思维活动。因而每一个个体思维都是开放型的,既可以把自己的想法传达给他人,也可以把他人的想法接受过来,收归己用,从而达到在集体智慧的基础上进行个体思维的目标。② 人类"到了彼此间有些什么非说不可的地步"时,语言就产生了,而劳动过程中的协作要求集体成员之间交流思想,这是产生语言的

---

　　① 雷蒙·威廉斯《关键词——文化与社会的词汇》,生活·读书·新知三联书店,2005年。
　　② 蔡俊生《人类思维的发生和幻想思维形式》,《中国社会科学》,1997年第1期。

前提,① 语言则建构起人类思维有别于动物思维的"类思维",又经由幻想思维形式发展成科学理性的思维形式。所谓思维,就是大脑对概念以及概念与概念之间联系的符号系统的操作过程。② "在现代欧陆哲学中,语言即思,思在语言中被证明。"③ 而中国的思、言、字对应关系远比西方复杂,中国古代的语言和文字既相互联系又相互区别,"文"和"语"可以分离,形成脱离口语的"文言"。由于汉语"字"与"词"的差异,汉语有一个由单音词为主发展到双音词为主的演化过程,从而产生了由以"单文思维"为主到"合文思维"为主,进而"文"与"语"逐渐契合出现"语文思维"。④

就文学而言,文学是语言的艺术,文学活动就是与语言打交道的活动。文学的本质就是人们把思想和情绪的感受通过语言这一独特的载体加以创造固定的结果,亦即对人类的存在及情感观照的感性化、个性化和审美化的描述。所谓单文思维指思维材料以单个文字组成的单音节词为主体的文学思维。这种思维形式是由汉语的发展历史决定的。先秦语中单音词占绝对优势,⑤ 而文言是在先秦汉语口语的基础上凝固形成,属于单文思维。先秦书写的不便又决定了当时以单音文字的俭省方式来记载口语,这也就造成了其时书面语不能完全地传述口语,以致孔子有"书不尽言"的感慨。⑥ 因而,文言虽是在先秦口语的基础上形成,但已出现"言""文"分离的现象。随着秦汉以后口语的发展,与时俱进的"言"与凝固定型的"文"之间的差异势必会越来越大。所谓合文思维指思维材料以单个文字与组合文字相结合组成的双音节词而进行的文学思维。这种思维形式也是由汉语的发展历史决定的。秦汉以后,双音词迅速增长,合成造词取代了派生造词,汉语由单音词为主逐

---

① 恩格斯《劳动在从猿到人转变过程中的作用》,《马克思恩格斯选集》第3卷,第511页。

② 蔡俊生《人类思维的发生和幻想思维形式》,《中国社会科学》,1997年第1期。

③ 尚杰《思·言·字——评德里达对形而上学的批判》,《中国社会科学》,1996年第1期。

④ 刘晓明《"语""文"的离合与中国文学思维特征的演进》,《中国社会科学》,2002年第1期。另,本书所用"单文思维""合文思维""语文思维"的含义与刘晓明文中所说不完全相同。

⑤ 裘锡圭《文字学概要》(商务印书馆,1988年,第16页):"汉字一般都是代表单音词的。"参刘晓明《"语""文"的离合与中国文学思维特征的演进》,《中国社会科学》,2002年第1期。

⑥ 《周易·系辞上》。

渐演变为以双音词为主，书写材料的不断改善也使书面语能较为完整地传述口语，形成了古白话，古白话随口语的变化而变化，属于合文思维。随着古白话地位的提高，由文言的附庸而渐蔚为大国，逐渐形成了足以表达口语的白话语汇和传述方式，书面语趋同于口语，又出现了言文互补的语文思维。东汉以后的汉译佛经等古白话开以语文思维形式形成的白话文之先声，从敦煌变文到禅儒语录，从《庐山远公话》到《大唐三藏取经诗话》及宋元话本，从王梵志诗和寒山诗到敦煌曲子词，言文逐渐趋于一致。

属于单文思维的文言"言"与"文"分离，"言"与"文"是两个不相一致的表达系统，由"言"到"文"必须进行系统的转换；属于合文思维的古白话随口语的变化而变化，"言"与"文"趋于一致，不需进行系统的转换，基本上是我手写我言，便于人们的交际，这就从思维形式上决定了白话必然会取代文言。就文学而言，在单文思维阶段，一词一字，一字一音节，诗句以三言、四言为佳，超过四字就显得节奏单调而缺少变化，故《诗经》以四言为主。合文思维阶段，复音词大量出现，双字组合、三字组合、四字组合等造成表情达意材料上的多样性，增加了语言的表现力，文学样式也产生很大变化，出现了五言、七言诗。

语文思维是合文思维的进一步完善，立足于活的口语，又不完全等同于口语，形成"言""文"结合，思、言、文趋于同步的一种雅化的口语白话，作者的生活体验能通过语文思维进行全方位的描写和表达，包括作者及作者笔下人物的所思所想、所听所言、喜怒哀乐，乃至一颦一笑。人的任何种类的感觉几乎都是语言的指涉对象，文学可以使用多种感觉的复合指涉来描绘形象和意象。"由于在句式语法上对语言的复制使文学完全描述语言成为可能，从而大大增强了文学的表现能力"，易于表达复杂的思想和感情。语文思维的文学作品"不仅能在传统的文学样式里用白话对其作整体改造，而且，能创造只适合用语体表达的新文学形式，如大量使用对话的话本、拟话本、白话小说之类"。① 语文思维思、言、文同步，反映生活更为实在更为生动。胡适在《白话文学史》第一章《古文是何时死的？》中说："做白话文学的人，不但不能拿白话文来应考求功名，有时还不敢叫人知道他曾做过白话的作品。故《水浒》《金瓶梅》等书的作者至今无人知道。白话文学既不能求实利，

---

① 刘晓明《"语""文"的离合与中国文学思维特征的演进》，《中国社会科学》，2002年第1期。

又不能得虚名,而那无数的白话文学作家只因为实在忍不住那文学的冲动,只因为实在瞧不起那不中用的古文,宁可牺牲功名富贵,宁可牺牲一时的荣誉,勤勤恳恳的替中国创作了许多的国语文学作品。"为什么那些白话文学作家要用白话来创作《水浒》《金瓶梅》等书呢?因为白话具有实话实说的生动,更能传神,具体而微。要表现那自然的、活泼泼的人生,只有用白话这种活的语言才行。胡适还在《白话文学史》引子中说:"白话文学史就是中国文学史的中心部分。"他指出:"那个雍正乾隆时代的代表文学,究竟是《望溪文集》与《惜抱轩文集》呢?还是《儒林外史》与《红楼梦》呢?"中国文学史上代表时代的文学"不该向那'古文传统史'里去寻,应该向那旁行斜出的'不肖'文学里去寻。因为不肖古人,所以能代表当世!"就汉语史而言,代表时代的语言也不能从文言中寻,而只有从那处于非正统地位的白话中探寻。因为白话反映了当时人们实际使用的语言,所以也就反映了语言发展的规律。语言的形式和所表达的内容有密切的关系,白话与时共进的形式相较文言而言,在一定程度上适应了时代发展的需要,能够较为充分地表达新的思想内容。梁启超也说过:"文学之进化有一大关键,即由古语之文学变为俗语之文学也。""自宋以后,实为祖国文学之大进化,何以故?俗语文学之发达故。"由王充等至胡适的"八事主张""四条主义"①,贯串着"当下的人说出自己想说的话"的深刻的生存论意向。美国语言学家萨丕尔指出:"语言是文学的媒介,正像大理石、青铜、黏土是雕塑家的材料。每一种语言都有它鲜明的特点。所以一种文学的内在的形式限制——和可能性——从来不会和另一种文学完全一样。用一种语言的形式或质料形成的文学,总带着他的模子的色彩和线条,文学艺术家可能从不感觉到这个模子怎样阻碍了他,帮助了他,或是用别的方式引导了他。可是一把他的作品翻译成别的语言,原来的模子的性质就立刻显现出来了。文学家的一切表现效果都是通过他自己的语言的形式'天赋'筹划过的,或是直觉地体会到的。"②《三国演义》《水浒

---

① 八事主张:一曰须言之有物。二曰不摹仿古人。三曰须讲求文法。四曰不作无病之呻吟。五曰务去滥调套语。六曰不用典。七曰不讲对仗。八曰不避俗字俗语。四条主义:一、要有话说,才说话;二、有什么话,说什么话;话怎么说,就怎么写;三、要说我自己的话,别说别人的话;四、是什么时代的人,说什么时代的话。《中国新文学大系·建设理论集》(1917—1927),第32—33页、第128页。

② 萨丕尔《语言论》,商务印书馆,1997年,第20页。

传》《西游记》《金瓶梅》《醒世姻缘传》《儒林外史》《红楼梦》等这些具有代表性的小说的发展趋向也不仅仅是具有运用白话的通俗性与大众性，而且更是作家们藉白话的语言形式能描绘出越来越富于真实感的人物形象与生活场景，从而深入地表现出人类的生存处境和人性的复杂状态，反映了人们自我关注、自我审视和探寻人生方向的思考。白话的通俗性和白话与现实的密切关系促使了语言形态的改变，进而又引起思维方式的改变。因而，文白的转型不仅仅是单纯的语言工具的革命，或文学形式的革命，也是由于思维和交际需要的思维方式的革命。文白转型在某种程度上可以说是从单一的、僵化的、封建大一统的思维模式转向开放的、发散的现代思维模式的革命，从而从古代汉语的思想体系转型为现代汉语的思想体系，对中国人的思想和言行产生了巨大的影响，成为中国历史上划分古代和现代的分水岭。

第四节　语言接触的影响和推动

汉语的历史悠久，使用区域广阔，在中华文化的形成与发展过程中，汉语与异质语言的接触可谓源远流长。上起商周，下迄清末民初，汉语既有亲属语言间的接触，又有非亲属语言间的接触，即既有内部不同氏族不同方言的接触交流，又有外部不同国家不同语种的接触交流，具有南染吴越与北杂夷虏的特点。汉语与异质语言的接触中有交流和碰撞，也有交融和认同，汉语正是在与不同语言文化的接触中不断充实完善的，语体上则渐由文言转型为白话。

汉语与印欧语言曾经发生过三次大规模的接触，这三次接触又导致了汉语的两次欧化。第一次接触是西汉时张骞凿通西域，中西交通的经贸往来导致了两汉至唐代汉语与西域语言的接触，汉语中产生了"狮子、蒲桃"等一批外来词。第二次是西汉末东汉初佛教的东传，汉魏至唐五代大规模的佛经汉译导致了汉语与梵语、犍陀罗语以及中亚的吐火罗语等语言的接触，形成了汉译佛典不同于文言的特有的句式，这可以说是汉语的第一次欧化。第三次即明清至民国的西学东渐，西方政治、经济、军事、文化的冲击导致了汉语与欧美语言的大规模接触，形成了一种不同于古白话的欧化白话，这可以说是汉语的第二次欧化。

汉语与阿尔泰语言也发生过四次较大规模的接触，第一次接触是汉代与匈奴的交往，第二次是北魏时鲜卑族的入主中原，第三次是辽金元时期契丹和女真及蒙古族的入主中原，第四次是清代满族的入主中原。①

魏晋南北朝是中国历史上的大变动时代，国家战乱频繁，南北对峙，国土四分五裂，人民迁徙，民族交融，语言接触频繁。汉语与南方一些少数民族语言的接触产生了南染吴越的南方通语，而汉语与阿尔泰语间的语言接触则产生了北杂夷虏的北方通语，② 南染吴越和北杂夷虏的语言接触使汉语的口语和书面语产生了明显的分歧，形成文白的对立。

南染吴越与北杂夷虏的语言接触客观上使白话成为上至皇帝下至庶民彼此交流沟通的应用语体，推动了文白此消彼长由量变向质变的转化，初步形成文白转型的雏形，对汉语书面语由文言向白话的演变有着深远影响。

语言是人们交际的工具，语言与人类社会的发展密切相关。研究语言的发展不能不研究说不同语言的人群之间的语言接触。语言接触是语言变异和语言变化研究的基本内容，具有重要的理论价值。任何一种语言都不会孤立地存在，不同语言文化间的接触交流总会导致语言间的相互吸取。中国历史上由于战争和自然灾害等原因形成频繁的人口迁徙，人口的迁徙造成不同语言接触的南染吴越与北杂夷虏，人们彼此间交际所用的口语也就与书面语越来越不一致，而语言的发展要求书面语与口语趋于一致，因而南染吴越与北杂夷虏的语言接触促进了汉语文白的此消彼长。汉语在与阿尔泰语言、印欧语言的接触中，吸收了大量外来词和一些语法形式及表达手段。汉语与印欧语言的接触导致了汉语的两次欧化，尤其是西学东渐的第二次欧化，在某种程度上可以说是文白转型的一个重要外因，促成了汉语文白消长由量变到质变的飞跃。

文化交流常常是双向的，甚至是多向度的，具有多元交错性，其结果往往导致不同文化主体一定程度上的变异。语言接触是语言相互影响发生变化的一个重要起因，语言接触可以深入到语言系统的各个层面，

---

① 夏仁虎《旧京琐记》卷二："京师人海，各方人士杂处，其间言庞语杂，然亦各有界限。旗下话、土话、官话，久习者一闻而辨之。亦间搀入满、蒙语，如看曰"把合"（靠），役曰"苏拉"，官曰"章京"（读如音），主管曰"佟兰"，大皆沿用满语，习久乃常用之。又有所谓回宗语、切口语者，市井及倡优往往用之，以避他人闻觉。庚子后则往往搀入一二欧语、日语，资为谐笑而已，士夫弗屑顾也。"（北京古籍出版社，1986 年）

② 关于南方通语和北方通语的相互关系，鲁国尧《"颜之推谜题"及其半解》（上、下）（《中国语文》，2002 年第 6 期和 2003 年第 2 期）一文所论甚详，此从略。

语言接触导致的语言变异可以涉及语音、词汇和语法,而社会因素在一定程度上则决定了语言接触的深度,即决定了一种语言受另一种语言影响(干扰和借贷)的方向。因而汉语文白的转型不仅是一种语言现象,也是一种文化现象,隐含着价值观念的更新,涉及社会的发展和人们思想观念的转变等多方面,其中也涉及语言的接触,尤其是在西学东渐浪潮的冲击下,印欧语言与汉语的剧烈碰撞在很大程度上促进了汉语的文白转型。徐世璇《语言接触性衰变的阶段性和质变标志》一文指出:"语言接触对各种具体语言的影响可能导致两种性质迥然不同的结果:一种是相接触的两种语言互相影响、各自从对方吸收新的成分进一步充实发展。从其他语言中补充进有效的表现形式和表达手段,是语言系统及时更新、不断丰富的重要途径之一,有助于语言内涵逐步深化,结构系统更加扩展,社会交际功能进一步增强,从而保证语言不断适应随时发展的社会交际的需求。另一种是相接触的两种语言实力不均衡,处于弱势地位的语言在强势语言的制约下逐渐衰退。"① 汉语的文白转型可以说是在印欧语言的剧烈冲击下汉语语言系统的及时更新,标志着汉语新书面语系统的形成,具备了吸纳西学和融合东西方文化的能力,适应了表达现代思想的需要,反映了时代的变革,为构建现代汉语奠定了基础。汉语语言系统的更新不单纯是以增加新词汇和新句法为标志的外在形式的演变,更是把新概念和新词汇所体现的科学成果和思维方式融入汉语语言系统的内在结构之中,既有所保留和舍弃,又有所接纳和发展。这是汉语语言系统内蕴的生机所在,也是中华传统文化的生机所在。②

第五节 平民意识的萌发

唐宋是我国封建社会的重要发展时期,也是汉语古今演变的一个重要发展时期。唐宋时期社会经济有较大发展,手工业商业发达,城市兴起,出现了由手工业者和小商贩组成的城市市民阶层。随着手工业、商业的兴起发展,城市经济繁荣,市镇人口增长,城市平民要求有一种精神食粮。这种精神食粮的语言既鲜活易懂,内容又是他们所熟悉的生

---

① 徐世璇《语言接触性衰变的阶段性和质变标志》,《语言接触与语言比较》,学林出版社,2007年,第16页。

② 徐时仪《略论汉语文白的转型》,《上海师范大学学报》,2008年第2期。

活。中唐兴起的新乐府运动和文人竹枝词反映出民间歌谣对正统文学的深刻影响,韩愈、柳宗元提倡的古文则顺应了文章通俗化的时代潮流,盛行于晚唐五代的曲子词和俗讲变文更是把具有民间审美趣味的通俗文学提高到了可与诗文等高雅文学相抗衡的地位。唐宋以来平民的实用需求和审美趣味渐成为引导社会文化发展的重要力量,雅俗融通。一些名儒编集《兔园策府》,将经典知识与日常生活的经验相融合,由乡校俚儒教田夫牧子读诵。建立在当时口语基础上的俗讲、变文、语录、话本、戏曲、小说等也相继问世,大众文化迅猛发展,通俗文学为越来越多的消费者所喜爱。这些作品用通俗易懂的白话表现普通人的日常生活,讲述平民熟悉和关心的事情,已萌发有平民意识。一些文人直接用口语写杂剧和小说,大多"人习其方言,事肖其本色",[①] 而出自江湖小说编写和传播者师徒相传的平话等脚本,则更是开卷市井能谙,入耳妇竖咸晓。物质生活和精神生活的丰富推动了语言的发展,促使人们交往的工具——语言也变得更加丰富。语法上,一些新的语法形式取代了旧有的语法形式。语音上,已从"古音"嬗变到"今音",上古音趋于湮没,渐形成了以《切韵》为代表的中古音系统。词汇上,新词新义不断涌现,增加了大量俗语词、方言词、行话市语,双音节词占了词汇的主导地位,增加了一些新的词头、词尾,构词方法也有扩展,口语词汇逐渐进入书面语,如文言中用的"母"和"子"在话本里已是"娘"和"儿子"。又如表示旅费义用"裹足",表示瞎扯义用"浪舌",称风流蕴藉为"角",称笨拙恶劣为"村",称妻子为"浑家",称为非作歹为"歹生活"。汉语中许多日常习用的词语完成了从上古、中古向近代的转化,逐渐形成了与文言文相抗衡的古白话系统,文言与白话分流。

从唐宋的变文、话本到明清的《金瓶梅》和《红楼梦》,这在文学史上是文学发展雅俗互动的过程,在汉语白话发展上则是白话由始附属于文言到终于取而代之的发展过程,而唐宋时白话与文言并存已不是简单的工具使用问题。语言不仅仅是人类交际的工具和媒介,同时也是文化的载体和人类经验智慧的宝库。语言的发展促进了文化的进步,而文化的每一点进步也都会在语言中留下清晰的印迹。语言既可指称和反映现实,同时又是意义的创造者。在人类各民族语言发展的历程中,一方面语言会非常敏感地对一个民族生活环境的变动和社会的变迁作出相应的调整,另一方面语言的变动一旦确定就会形成一种语言观念左右和决

---

① 臧晋叔《元曲选》序二,文学古籍刊行社,1955年,第 2 页。

定人们对生活和世界的认识。汉语文白的转变不仅是一种语言现象,也是一种文化现象,隐含着价值观念的更新,涉及社会的发展和人们思想观念的转变等多方面。就文化载体而言,文言可以说是士官文化的载体,与士官文化价值系统相联系,而白话则是市井文化的载体,与市井文化价值系统相联系。市井通俗文学关注现实社会、人生、情感、伦理、道义等,更多地采用白话写心抒怀。如元明戏曲多以"寻常话头,略加贯串,人人晓得,所以至今不废",① 明清小说多以"欲读诵者人人得而知之"的白话口语讲述人情世故,"一开卷,千百载之事豁然于心胸",② 充分体现了平民的意识。正是这种平民意识观念的不断发展,清末产生了"小说界革命""文界革命""诗界革命",而五四时期的"文学革命"又进一步让人可以"用活着的白话,将自己的思想、感情直白地说出来",③ 从而推动了中国文化由古典形态走向现代形态。

现代语言学认为语言不仅仅是人类最重要的交际工具,而且是思想本体,构成了人的行为本身。④ 语言与思想、语言与存在具有直接同一性,⑤ 人的思维过程即语言过程,人的世界即语言的世界,人类正是以拥有语言的方式而拥有世界的。⑥ 唐宋以来,白话作为一种平民化的表述策略,表达民间的声音,表达平民朴实细腻的思想感情,同时也作为民族群体的思维方式植根于民族的灵魂深处,具有强大的生命力。相较白话而言,文言不如白话通俗平实,直白自然,平民大多看不懂文

---

① 王骥德《曲律·论宾白》,湖南人民出版社,1983年,第163页。

② 蒋大器嘉靖本《三国志通俗演义》序,《古本小说集成》,上海古籍出版社,1990年,第1页。

③ 鲁迅《三闲集·无声的中国》,《鲁迅全集》第四卷,人民文学出版社,1956年,第12—15页。

④ 赵元任《语言的意义及其获取》曾说,大多数的描写语言学家都认为语言是一种社会行为。"语言学家作为一个群体,不愿把意义看成是行为或可还原为行为的某种东西。但我认为,任何人可能都会同意'意义在某种程度上说就是语境'。"(第十届控制论会议论文集《控制论——生物和社会系统中的循环因果和反馈机制》,纽约:1955年。李芸、王强军译,《语言文字应用》,2001年第4期)

⑤ 朱恒、何锡章《"五四"白话文运动的语言学考辨》,《文学评论》,2008年第2期。

⑥ 高玉《现代汉语与中国现代文学》,中国社会科学出版社,2003年,第20页。

言。① 因而用白话进行创作，实际上就是站在平民立场，与平民同流，使语言摆脱士官文化价值的束缚，使文学摆脱权力话语的束缚，为多元文化之间的平等对话创造条件，为平民文化赢得一席之地，求取全社会的理解和支持。

欧洲文艺复兴时期以俗语取代拉丁语，最终确立以俗语作为书面语和文学语言的权威地位，在以俗语取代处于正统地位的拉丁语这一点上，与汉语的文白转型有相似之处。欧洲进入文艺复兴时期，大致相当于我国的元明时期。意大利诗人但丁在《论俗语》中曾提出从民间活生生的俗语中提炼出一种文学语言，建立一种标准的意大利民族语言。他认为："所谓俗语，就是孩提在起初解语之时，从周围的人们听惯而且熟习的那种语言，简而言之，俗语乃是我们不凭任何规律从模仿乳母而学来的那种语言。从俗语又产生第二种语言，罗马人称之为文言(grammatica)。这种第二语言，希腊人以及其他民族也有，但不是一切民族都有。然而，只有少数人能够运用这种语言，因为我们必须费许多时间勤学苦练才能学到它。况且，在这两种语言中，俗语更为可贵，因为它是人类最初使用的，而且全世界都使用它，虽则俗语分为多种语素，在发音和词汇方面各不相同。俗语之所以更为可贵，是因为对我们来说，它是自然的，而文言却是人为的。我们想讨论的就是这种更可贵的语言。"②但丁把野语村言的俗语即人们的口头语言看作是"第一语言"，认为"第二种语言"是从俗语产生的，即文言是从口语产生的。俗语是自然的，人们都能说能懂，文言却是人为的，只有少数人能够运用，必须费许多时间勤学苦练才能学到。汉语的文言和白话也是如此。

欧洲文艺复兴时期以俗语取代拉丁语作为书面语和文学语言，客观上可以说是欧洲各国民族意识日益觉醒的产物，也是工商平民阶层力量日益壮大的时代特征在语言领域的折射，汉语的文白替代则是一个语言系统内部共时表现和历时传承的系统调整，本质上是同一语言内口语形式和书面语形式的语体转型，不过也具有方便更多的人运用语言的平民意识。但丁深知如果仿照以往诗人用拉丁文写作，只能为文人所用，而改用俗语，则不但开前所未有的风习，而且也并不妨碍文人的解读。他在《筵席》第一卷中指出拉丁语确有优于俗语之处，拉丁语稳定，不易

---

① 梅维恒《佛教与书面白话在东亚的兴起：民族语言的形成》一文考虑到佛教植根于社会土壤的一些特点，认为白话文是赋予平民的一种权利。

② 缪灵珠《美学译文集》第一卷，中国人民大学出版社，1987年，第267—268页。

流变，能描述各种主题和各种思想，与俗语相较而言，拉丁语更优美、更典雅，也更高贵。然而拉丁语万般皆好，只是已脱离人们的口语，不再广泛使用了，而俗语是雅俗共赏的，俗语的根基就是生活本身，俗语的思维方式植根于当时当代人们的灵魂深处，能够表达民间的声音，表达精妙细致的思想感情，简单易懂，符合自然，没有矫揉造作，具有自然的活力和强大的生命力，而拉丁文对大多数平民来说是看不懂的。汉语的文言与但丁所说的拉丁语相似，文言经文人长期的雕琢和提炼，与白话相比显得更为典雅优美，只是已脱离人们的口语，不再广泛使用，而"人事物态，有时而更，乡语方言，有时而易，事今日之事，则亦文今日之文而已矣"。①故越是平民大众的就越具有生命力，越是平民大众的也就越能弥久常新。"语入要紧处，不可着一毫脂粉，越俗越家常，越警醒。""点石成金者，越俗越雅，越淡薄越滋味，越不扭捏动人越自动人。"②这是中国文化发展的基本趋向，也是平民意识观念的价值取向。语言作为文化的核心是符号化的、公共性的意义系统，明白如话的语言兼顾了不同层次受众接受信息的能力，在最大范围内传播了符号中所承载的意义，提高了知识的普及面，体现了实用性。因而文白转型实际上也是平民意识观念的发展，即语言要为大多数人所了解，而不是经院的，不是象牙塔中的，仅仅为少数人所了解的。

　　文学作品用白话进行创作，实际上也就是要使文学摆脱权力话语束缚，为多元文化之间的平等对话创造条件，为平民文化赢得一席之地。欧洲文艺复兴与中国白话文学的兴起，都经历了一个贵族文学平民化、文学语言民族化民间化的动态发展过程，这是文人文学与民间文学互动的结果，也是文学立足于生活，拓展生存空间的必然趋势，正是在这一意义上，文学才为更广泛的群体所喜闻乐见。当然，文学作品对俚俗方言的吸纳，也经过了一番语言的锤炼功夫，包含着文人对俗语的加工，使俗语不因为"俗"而流失它的艺术含量，从而保持了"俗"中之"雅"，保持了白话语言的文学性。③汉语文白转型与欧洲文艺复兴时期

---

　　① 袁宏道《江进之》，《袁宏道集笺校》上册，上海古籍出版社，1981年，第515—516页。
　　② 徐渭《又题昆仑奴杂剧后》，《徐渭集》，中华书局，1983年，第1093页。
　　③ 吴世永《俗语与白话：全球化中的语言突围》，《学习探索》，2004年第3期。

以俗语取代拉丁语有相似之处，也有许多不同之处。① 二者的不同主要在于，欧洲文艺复兴的人文意识、民族意识更多的是带有文人在时代裹挟下由外而内再由内而外的自觉性，而中国的白话文学则多是由于佛经传唱、胡乐渗透等外来异质因子的碰撞融混、裂变重组而产生的，在结构上更具开放性，这也是五四之后中国白话文甚至能吸收西洋句法特点的原因之一。

平民百姓的意识中有种人类普遍认同的基本的东西，体现了历史发展的客观规律，而正是这种意识推动了社会的发展和语言的演变。洪堡特曾指出："语言的健康成长靠的是民众，以及民众当中产生出来的一些伟大的精神人物。"②民众日常用语是语言生生不息的基础，老子、孔子、庄子、司马迁、曹雪芹、但丁、莎士比亚、歌德等知识阶层的人物则从民众日常用语中汲取营养，进行加工提高，引导促进语言的不断演变。因而，平民意识的萌发和平民审美趣味的引导显然也是导致汉语文白转型的一个重要因素，而这也正是文学史和语言史乃至于思想史由古到今演变的主导趋势。③

---

① John De Francis《中国新文学运动的再评价》一文指出："由拉丁文过渡到意大利文以及其他民族语文，可说是源远流长、历史悠久；而在中国，从文言过渡到白话，看来很快，但从使语文适应现代需要这个较广的角度来看，它基本上是失败的，因为这个过渡只是到文白夹杂的阶段为止。"他认为"文白夹杂是拼音化严重障碍"。John De Francis 是从文字制度的根本改革着眼进行探索，实际上汉语自有其传承的特点，不可能与拉丁文过渡到意大利文以及其他民族语文相同。(《语文建设通讯》，1986 年第 21 期；2009 年第 92 期转载)

② 威廉·冯·洪堡特著，姚小平译《洪堡特语言哲学文集》，湖南教育出版社，2001 年，第 360 页。

③ 自 20 世纪初林传甲编的《中国文学史》问世以来，中国文学史的研究经历了初创、发展、转变和开拓四个时期，近年来成果颇丰，出版了章培恒主编的《中国文学史》和袁行霈主编的《中国文学史》等多部《中国文学史》。每部《中国文学史》都代表着编者的文学发展史观，不同的文学发展史观构成贯通各部《中国文学史》的不同主线，反映了编者对中国文学古今演变原因和规律的执着探索，而以平民意识的萌发和平民审美趣味的引导作为贯通中国文学发展史的主线，或更能体现出推动中国文学由古代文学发展至现代文学的主导趋势，正是这一主导趋势促成了中国文学史的古今演变。

第六节　口语和书面语的雅俗合璧

　　语言在演变发展中，一方面是口语成分被吸纳到书面语中，另一方面书面语成分有时也会被口语采用，尤其是文人的日常用语和经文人整理加工的民间通俗文学作品很自然地会受书面语的影响。① 文言与白话作为同一语言在发展演变过程中的两种不同表现形态，也一直在互相吸纳，互相渗透，无论是文言占统治地位时还是白话取代文言后，二者之间都有一部分通用的基本词汇，因而二者关系中往往是你中有我，我中有你，粗有涯界而又不易截然两分，不同场合、不同身份的人可以分别采用文言与白话这两种形式而达到异曲同工的目的。如上世纪 30 年代初，胡适曾就拒绝朋友推荐工作一事请学生们拟一份电文，意在比较文言与白话的优劣。学生所拟文言电文中用字最少的是"才疏学浅，恐难胜任，不堪从命"，胡适所拟白话电文是"干不了，谢谢"。胡适所拟白话电文确实比学生所拟文言电文要简约精到，但这样说只适合胡适或与他身份相似的社会名流，因为白话"干不了"出自通今博古、学贯中西的胡适之口，大家会认为是一种调侃或一种谦辞，而"才疏学浅，恐难胜任，不堪从命"出自学生之口，则比"干不了"更能表达初出茅庐的莘莘学子诚惶诚恐的心态，体现出自尊而又谦和的学识修养，如果学生也用"干不了"来拒绝朋友的推荐似乎就太直白了。由此可见，文言与白话这两种表现形式只要运用得体，在某种意义上还具有互补的关系。

　　汉语书面语中文言和白话两大系统的盛衰演变勾勒出了汉语书面语发展的大致轮廓。这两大系统各有自己杰出的作品和语言巨匠，无论在表达深刻的哲理、塑造生动的艺术形象方面，还是在语言的运用、体裁的构思方面都取得了卓越的成就。文言多用单音词，单音词一般都承载着多重意义，且这些意义在思维中映现的意象也是多重和复杂的，许多单音词都具有广义性，可能会与白话中数个甚至数十个复合词的词义范

---

　　① 通俗文学中的白话小说和经文人整理加工的民间说唱文学往往按照雅文化的标准作有雅化，提升了俗文化的品位，具有雅与俗的双重性格。如由民间说唱的三国志写成的《三国志平话》到罗贯中的《三国志通俗演义》，原有的口语往往被改写成书面语。又如崇祯本《金瓶梅》中也往往把常俗之语改铸为文人之言。

畴相对应。如"见""望""视"在白话中作为词素分别构词113个、86个、79个。① 文言中词与词间多为意合,且多用成语典故,凝聚着历史文化的积淀,语义融入篇章和段落及上下句中,具有一种意会的语境氛围,有赖于整体的感知和理解。这形成了文言凝练含蓄的特色。白话多用日常生活中鲜活的口语,且多为双音节的复合词,不刻意雕章琢句,而代之以随意的直白,往往是多个词义外化了文言中一个词义所内蕴的丰富意象,具有一种生动自然的亲和力和语境氛围。这形成了白话实在平白的特色。文言的凝练、典雅、含蓄和充满言外之意的空灵,在表情达意上有其自己的语言魅力,这是白话所不能代替的;白话则以其明白如话的显豁、强烈的现代思想和鲜活的生活气息,充实了书面语,成为书面语富有活力的支柱,这又是文言受时代的局限而不能企及的。双音词和多音词的大量增加,词义发展的明晰化使白话在表意上趋于精细确切,在不需揣测不同词义的可能性时也排斥了文言词义内蕴的言外之意。文言中的一个词义常常对应着白话中相应的几个近义词的词义,而又不是简单地等于这几个词义之和。文言中的这一个词无论与白话中这几个词中的哪一个对应都会有顾此失彼的不足。这也是文白对译总会有一点语义走样不到位的无奈。白话的直白也自有清丽别致的意蕴,但不似文言凝重,而是明朗豁达的隽永。文言凝练典雅的风格、意合的含蓄和精细的韵律是直白如话的白话难以重现的。

  语言是约定俗成的,不同的时代有着不同的表达方式,语言随着时代的发展而发展,但不等同于进化。② 语言演变发展的动因在于适应社会发展的需要,社会的发展要求语言的同步发展。然而,从历史的眼光看,文言和白话又都有其各自时代的合理性。章太炎《文学总略》曾说:"文章之妙,不过应用,白话体可用也。发之于言,笔之为文,更美丽之,则用韵语,如诗赋者,文之美丽者也。约言之,叙事简单,利用散文,论事繁复,可用骈体,不必强,亦无庸排击,惟其所适可矣。"③ 傅斯

---

  ① 苏新春、顾江萍《如何确定古汉语基本词汇的广义性》,《广州师范学院学报》,1990年第1期。

  ② 爱切生《语言的变化:进步还是退步》一书在研究了语言的变化后指出:"语言跟潮汐一样涨涨落落,就我们所知,它既不进步,也不退化。"(语文出版社,1997年,第282页)

  ③ 章太炎《文学总略》,引自姚奠中、董国炎《章太炎学术年谱》,山西古籍出版社,1996年,第329页。

年《文言合一草议》也说道："文言合一者,归于同之谓也,同中有异寓焉……有其异,不害其为同,有其同,不应泯其异。然则合一后遣词之方,亦应随其文体以制宜。论者似未可执一道而将合之也。"①

白话文与文言文的关系不是断裂的,现代汉语是在文言和白话此消彼长而又融合互补的基础上形成的,不仅吸收了欧化的外来成分,而且更沿用了不少文言词语和语法结构。② 就汉语词汇的古今演变而言,既有单音词的文白兴替,如"畏——怕,窃——偷,食——吃,饮——喝"等;又有已有单音词为后起复合词所取代,如"疆——边疆,文——文字,翼——翅膀,膝——膝盖"等;也有多音节凝固为单音词或复合词,如"切中肯綮——中肯(肯綮),杀青竹——杀青,象牙装饰的床——牙床,剪断彩绸——剪彩,电风扇——电扇、风扇,自己学习——自习、自学,学校学习的经历——学历,指导教师——导师"等。"疆——边疆,文——文字,翼——翅膀,膝——膝盖"等可以说是文言的白话化,"切中肯綮——中肯(肯綮),杀青竹——杀青,象牙装饰的床——牙床,剪断彩绸——剪彩,电风扇——电扇、风扇,自己学习——自习、自学,学校学习的经历——学历,指导教师——导师"等可以说是白话的文言化。在结构和韵律等因素的综合作用下,古时已有的单音词与后起复合词往往共时并存,一个词的单音节形式与双音节形式可以根据交际的需要而自由使用,具有很强的灵活性。如"学——学习,美——美丽,舞——舞蹈,真——真实",现代汉语中可以说"学汉语、心灵美、跳集体舞、这是真的",也可以说"学习汉语、美丽心灵、学舞蹈、这是真实的",从而形成汉语词汇古今文白相互转换通融和相互制约补益的自组织机制。1928 年,周作人为俞平伯的第一本散文集《燕知草》作跋曾指出:"我也看见有些纯粹口语体的文章,在受过新式中学教育的学生手里写得很是细腻流丽,觉得有造成

---

① 傅斯年《文言合一草议》,《中国新文学大系·建设理论集》,上海文艺出版社,2003 年,第 125 页。"五四"时期的现代白话文运动由于当时民族危机的深重、政治运动的冲击和急功近利的心态等因素的影响,一味否定文言,没能恰当地处理好传承与开拓的关系,带有新时代伊始的局限性,而当时欧化的白话文虽然促使汉语精细化和明确化,扩大了汉语的表现能力,但也导致了传统文化内涵的某种失落,其经验和教训尚有待进一步探讨,此从略。

② 王宁《现代汉语双音合成词的构词理据与古今汉语的沟通》:"在汉语发展史的各个阶段,当代书面语的丰富和定型,既依赖于从方言口语中吸收养分,又依赖于从历史的典籍中继承适合于自己的书面材料。"(《庆祝中国社会科学院语言研究所建所 45 周年学术论文集》,商务印书馆,1997 年,第 130 页)

新文体的可能,使小说戏剧有一种新发展,但是在论文——不,或者不如说小品文,不专说理叙事而以抒情分子为主的,有人称他为'絮语'过的那种散文上,我想必须有涩味与简单味,这才耐读,所以他的文词还得变化一点。以口语为基本,再加上欧化语、古文、方言等分子,杂糅调和,适宜地或吝啬地安排起来,有知识与趣味的两重的统制,才可以造出有雅致的俗语文来。"现代汉语不是从石头缝里凭空蹦出来的,而是"以口语为基本,再加上欧化语、古文、方言等分子,杂糅调和"有机地融合而成。胡适曾从"语言是表现思想的器具"的基本认识出发,明确提出"'建设新文学论'的惟一宗旨只有十个大字:'国语的文学,文学的国语'",认为"我们可尽量采用《水浒》《西游记》《儒林外史》《红楼梦》的白话,有不合今日的用的,便不用他;有不够用的,便用今日的白话来补助;有不得不用文言的,便用文言来补助。这样做去,决不愁语言文字不够用,也决不用愁没有标准白话。中国将来的新文学用的白话,就是将来中国的标准国语"。① 张中行也说道:"我们现在用的是现代汉语。可是现代汉语旁边坐着一位'文言'。""文言和现代汉语虽然差别很大,却又有拉不断扯不断的关系。一方面,两者同源异流,现代汉语,不管怎样发展变化,总不能不保留一些幼儿时期的面貌,因而同文言总会有这样那样的相似之点(表现在词汇和句法方面)。另一方面,两千年来,能写作的人表情达意,惯于用文言,这表达习惯的水流总不能不渗入当时通用的口语中,因而历代相传,到现代汉语,仍不能不掺杂相当数量的文言成分。"②文言与白话反映的不是各成体系互相对立的语言,而是有一个共同的基础,即汉语词汇的基本词。文言中的古雅成分或白话中的方俗口语成分都依附于汉语词汇的中心成分。汉语文白演变是同一语言系统内部共时演化与历时传承的系统调整,本质上是同一语言系统内在核心精髓的历时传承决定了共时演化的机制,即共时演化不是无本之木,而是建立在历时传承基础之上的有本之木。从汉语词汇的演变角度来看,文言中的古雅成分或白话中的方俗口语成分都是汉语词汇的外围成分。随着时代的发展,文言中的古雅成分有的已经罕用或不用,有的还在使用或用得较多,成为现代汉语的有机组成部分。白话中的方俗口语成分也是如此,有的已经普遍使用,开始进入常用范围,有的则只用于一定范围,还有一些用了一段时间未能

---

① 胡适《建设的文学革命论》,《中国新文学大系·建设理论集》,上海文艺出版社,2003年,第128页、131页。

② 张中行《张中行作品集》第一卷,中国社会科学出版社,1995年,第3页。

沿用下来。因而五四时期白话取代文言的变革虽然在表面上是废弃了文言文这样一种书面语系统，但在话语生态的意义上，文言文所赖以生存的原有话语生态不可能被完全废弃，而是变成了白话文话语生态的一部分，且通过文化传承和教育的方式内在地影响着人们的哲学思想、价值观念和审美观念，乃至思维、认知和话语方式。文言文中的经典诗文、成语、名句和一些经典人物形象及史实融入了白话文中，成为白话的有机组成部分，从而使白话文在言文一致的发展中具有古今传承的纵深感。从现代作家所写的文学作品中，可以看到文言与白话这种血脉相连的关系。就汉语口语和书面语的演变轨迹而言，在先秦口语基础上发展形成的文言文可以说是由俗到雅，在秦汉以后口语基础上发展形成的古白话则可以说是口语和书面语交融碰撞互为影响的雅俗合流，白话文最终取代文言成为当代中国人文化交流和文学创作的基本工具，大致上可以说是口语和书面语互动共存、整合融和的雅俗合璧。

科学史常有一种看似令人费解实则又蕴含必然的情况，即每当人们向未来寻求科学发展之路时，却总要追溯传统的发展历程。这反映了科学发展的辩证法，即传统与未来之间存在着时间上和逻辑上的联系。昨天的东西延续到今天，并影响制约着明天，这就是传统。科学的过去常常孕育了科学的未来。表面上看，传统的继承是一种对昨天的回顾，而实质上传统的继承就是对未来的一种把握，未来的发展在很大程度上取决于对传统的发掘、阐释和光大。汉语白话发展史的研究也是如此，研究汉语的文白演变实质上就是探讨对汉语白话发展未来的一种把握。汉语书面语发展至现代汉语，反映秦汉至明清汉语口语的白话替代了秦汉时定型的文言，而白话作为现代汉语书面语定型后，在某种程度上又可能会逐渐演变为新的文言。即使是我手写我口，但写下来的书面语毕竟是口语的加工形式，与口语或多或少会有一些距离。如我们现在口说的话写成文章时总会有一些改动，这些改动是为了适于书面语的表达，尤其是用白话来写作文学作品，除了清楚明白和精密严谨外，还需要生动形象，具有诗情画意的艺术美。世界上没有一个民族的口语和书面语是完全一样的，因而提倡言文一致是相对的而不是绝对的。言文一致只是文学描写人生的一个方面，文学语言还有其内容和形式完美结合的艺术性,① 而这日积月累也就可能会形成新一轮的文白不同。有鉴于此,如果我们要保持现代汉语书面语的白话特点,那么就应科学地理解言文一致的含义,在把口语写成书面语时,既要注意内容与形式完美结合的艺术性,也要注意书面语随着口语演变而不断发展的同步性。口语丰富生动,与时俱进,口语的不断与时俱进是词汇得以发展的重要源泉;书面语规范精细,富于表现力,书面语对口语的精雕细刻是词汇规范化的重要手段。正是口语和书面语的共存与交融,词汇才能不断扩展充实而丰富多彩。如果我们能使作为现代汉语书面语的白话继续随着口语的演变不断发展,既保持"文"向"语"的不断靠拢,也注意到"语"向"文"的提升,那么就可以在保持白话通俗、亲切、简洁、明快特点的基础上达到口语和书面语的雅俗合璧,不会凝固成新的文言,而始终具有既传承文言底蕴又贴近口语的白话色彩。

第七节　文白演变的价值取向

　　汉语词汇在由古至今的发展中有变,有不变,有变化大的、有变化小的,而为什么变、怎样变,为什么这样变而不那样变则既有语言自身的发展规律,又有人们具体取舍的价值取向,涉及到语言←→人←→客观世界的错综复杂的关联,在某种程度上也反映了精英文化与平民文化以及本土文化和外来文化的交融。词汇的演变在某种程度上可以说既是镜,也是灯,不仅反映了不同时代、不同地域的语言演变,而且也折射出各个时代不同阶层人们的意识、情感和心灵状态。语言在反映客观外界的同时,也体现了使用者内在的主观思想。语言的演变在某种程度上体现了使用者自我意识的发展水平,尤其是汉语文白的演变可以说更真实更细腻地记录了人们的思想倾向和意识情感。汉语词汇的古今发展和文白演变不仅体现了"言语意义←→语言意义"和"口语←→书面语"

---

① 张卫中《汉语与汉语文学》说:"文言虽然在两千年前就与口语相分离,但作为书面语却一直被使用。许多世纪以来,无数文人墨客在文言中开掘耕耘,对它雕琢、锤炼,使其变成了非常精美的文学语言。中国古代文人留下的那些与世界上任何文学相比都不逊色的诗词华章就是由文言孕育而成的;古人在语用和叙事方式上留下了大量弥足珍贵的经验和技巧。而现代白话文是新的书面语形式,它的生成至今还没有一百年,它的品位和表现力都需要大大提高,因此向文言的借鉴就成了现代白话文走向成熟的必要途径。"(文化艺术出版社,2006年,第145页)

整合融合的动态演变，而且也体现了不同文化和不同阶层的人们使用同一种语言的必然发展趋向，即典雅的精英文化与通俗的平民文化以及本土文化和外来文化相融合的价值取向。

一、言语意义←→语言意义互动交融

"言语"和"语言"是一组相对的概念。语言是社会成员经过约定俗成的静态符号系统，具有交际工具的客观性、概括性、规约性、社会性和相对稳定性，而言语则是人们运用语言这种工具进行交际的过程和结果，具有灵活性、具体性和临时性。语言是说话人能做什么，是静态的，而言语是说话人实际做了什么，是动态的。语言是从言语中抽象概括出来的，来自于言语，而言语活动虽在语言约定的规则内进行，但还具有个人特色，且每个人每一次说话都是不同的。语言系统的各个结构成分（语音成分、词的数量和构词规则等）是有限的，但在具体的言语活动中，作为一个行为过程，人们所说出的话是无限的，每个人都可以说出无限多的话语。大致而言，语言是言语活动中同一社会群体共同掌握的，有规律可循而又成系统的交际工具，言语则是个人对语言具体使用的结果。

语言的词义含有言语意义和语言意义。词义处于独立或静止的条件下，不受语境的制约，这时的意义是语言意义。语言意义进入交际过程即言语活动中，受到语境的影响和制约，发生一定的变化，形成言语意义。[①] 言语意义是交际活动中语句所包含的和传达出来的全部内容。言语意义的核心部分是语言意义，语言意义指语言体系中所固有的意义。语言意义是常体，即言语意义的综合和概括，有相对凝固、稳定和多义的特点；言语意义是变体，具有灵活、多变、具指和单一的特点，言语意义的内涵要比语言意义丰富得多。言语意义除了语言意义之外还有附着在核心成分之上的语境义。语境义指的是交际时的一些具体情境，如时代背景、上下文、个人修养、习惯、经验、知识等因素起作用而产生的临时意义。语言意义和语境义融合在一起构成具体的言语意义。言语意义为一定的现实交际目的服务，而交际又都是在特定语言环境中进行的，语境对言语意义有制约作用，单义词在语境制约下实现了具指化，

[①] 词义最初形成时总是处于原始的浑沌状态，内蕴着人们对客观事物各种特点各自的不同认识，在交际使用中渐渐由浑沦而明晰，约定俗成为大家认可的词义。参徐时仪《近代汉语词汇学》第四章第一节"词义构成与类型"，暨南大学出版社，2013年。

多义词在语境制约下实现了单义化与具指化。言语意义可以说是说话者与接受者在交际过程中互动的产物，在交际过程中说话者往往需要根据接受者的反应调整话语，接受者也需要根据对说话者所说话语的理解作出相应的反应。言语意义的变化又影响语言意义的变化，语言意义吸纳言语意义的变化，从而形成了语言中词义的古今演变。

  语言的发展从纵向的观点看，是一种历时演变，不论是词的分合、叠置或迁移、转换都不是杂乱无章的堆积，而是经过不同历史层次的变异而形成；从横向的观点看，是一种共时演变，即不同历史时期传承下来的成分并存整合成一个新的系统。语言表达功能决定语言形式，历时的变异与共时的整合是语言存在和发展的两种基本形式。这两种形式交替进行，相互作用，使言语意义⟵⟶语言意义既能不断承传，也能与时俱进，表现了语言系统不息的生命力。

  不同的交际场合和语境对语言的使用有不尽相同的要求，从而形成不同的语体。语体是一系列言语特点的体现。如既有《史记·儒林传》所说"小吏浅闻，不能究宣"的"文章尔雅，训辞深厚"的某些诏书律令，代表传承的语言意义；又有白居易所作老妪能解的诗，反映鲜活的言语意义。无论是帝王的诏令还是文人的诗词，从中皆可见雅俗间言语意义⟵⟶语言意义的互动交融。又如《朱子语类》所载朱熹讲学内容多为师生即时的问答，出于讲学的需要和特点，运用了多种表达手段，有用当时语言的表达方式，又有用典籍所载语言的表达方式，师生间在问答时选择何种语体取决于说话者表意的动因——表述事件发展的具体进程多用俗白体，表述思想或进行评价多用雅语体，从而文白相间，雅俗共融。尤其是朱熹在不同时期、不同场合中，讲学内容用词不尽相同，又加上他的门生来自不同的地区，所以所记内容有同有异，其中包含了有多种性质、多个层次的言语成分，既有承古的文言和成语，也有当时的白话和习语，反映了"言语意义⟵⟶语言意义"的动态演变，体现了汉语词汇发展演变渊源有自的传承性和吸纳口语的开拓性。此外，朱熹讲学时门人弟子往往边听边记或课后互相传记，大多不暇加工而直录原话，可以说活生生地反映了师生这一阶层间的语言交际实况，且后世传刻刊印的各本也多有异文，从这些无声的词语改动中也可"听"到编刻者所说的一些有"声"语言与宋代所说语言的不同，在某种程度上提供了前后相近的几个时间点上语言变或未变的珍贵线索，具有时间上的连续性。① 从朱熹门人弟子的记载也可见雅俗间"言语意义←→语言意义"的互动交融。②

二、口语←→书面语共存交融

语言作为社会交际的工具，一般有口语和书面语两种表达形式。西汉扬雄《法言》指出："弥纶天下之事，记文明远，著古昔之㖫㖫，传千里之忞忞者，莫如书"，"面相之，辞相适，捈中心之所欲，通诸人之嚍嚍者，莫如言"。书面语和口语二者各有不同的功能，口语是诉诸听觉的"说"的语言，书面语是诉诸视觉的"看"的语言。吕叔湘曾说："世界上没有，也不可能有，完全没有口语做根底的笔语；文言不会完全是人为的东西。可是文言也不大像曾经是某一时代的口语的如实的记录，如现代的剧作家和小说家的若干篇章之为现代口语的如实的记录。"③从语言本身的发展而言，语言不仅通过一代一代的口耳相传，而且文字产生以后也通过书面的记录得以传承。今天的口语实际上是前人的口语和书面语的融合体。汉语的书面语有文言和白话两个系统，文言是以先秦两汉的书面语为模式的一种书面语，白话则是与文言相对而并存的一个反映了东汉至今历代口语成分的汉语书面语系统。二者同源殊途，既有不同，又有联系。白话虽与口语关系密切，但又不等同于口语。研究语言演变主要依据口语或口语的记录，口语或口语记录的语言研究价值取向在于这些语料能够全面真实地反映当时语言的实际面貌。语言在发展演变中，一方面是口语成分被吸纳到书面语中，另一方面，书面语成分有时也会被口语采用，在某种程度上反映了雅俗间的互相吸纳、互相渗透。语言的发展不仅存在"言语意义←→语言意义"的动态演变，而且也是"口语语辞←→书面语文辞"的不断转化过程，书面语和口语之间没有截然分明的界限，二者是同一种语言的不同表现形式，基础是共同

---

① 徐时仪《词汇扩散与文献传本异文》，《中国语言学报》第 13 期，商务印书馆，2008 年。
② 徐时仪《〈朱子语类〉知晓概念词语类聚考探》，《上海师范大学学报》，2012 年第 5 期。
③ 吕叔湘《文言和白话》，《国文杂志》，1944 年第 3 卷第 1 期。

的，而区别则是局部的。① 如"眼里没人"是口语体，"目中无人"是书面语体；"拍马屁、耳边风、花架子、开夜车、一路货、打退堂鼓、打开天窗说亮话"等是口语体，"阿谀奉迎、充耳不闻、徒有虚名、夜以继日、一丘之貉、偃旗息鼓、直截了当"等是书面语体。又如"改改这句话"是口语俗白体，"此句欠妥，宜酌情删改"是书面典雅体，而"这个句子必须修改"则为正式规范体，介于口语俗白体和书面典雅体之间，口语和书面语都用。② 再如我们面对一些具体的诗文时，往往难以断定其性质究竟是文言文还是白话文。吕叔湘在《文言和白话》一文论及究竟文言是什么，白话是什么，大家都苦于心知其意而不容易定下明确的界说。③ 朱光潜《文学与语文》一文也论及多数文言文作者口里尽管只说先秦两汉，实际上都是用"一炉而冶之"的办法"杂会过去各时代的语文"。④ 张中行《文言和白话》在谈到文白界限时曾列举了六种文白混用的情形，涉及乐府诗、佛经译文、曲子词、话本、章回小说、文人笔记等多种文体。⑤ 由文白界限的模糊亦可见雅俗间"口语语辞←→书面语文辞"彼此影响渗透的互动交融。一般来说，官方政府的文书多为正式规范体，学术研究的论著多为书面典雅体，文学艺术的创作则或钟情典雅或青睐俗白或兼有二者，而人们在家说自己的方俗口语，在外使用通语，在正式公共场合则使用雅语，由此形成庄雅与俗白之别。

　　语言是约定俗成的，随着时代的发展而发展，不同的时代有着不同的表达方式。由于口语旋生旋灭，古人无法利用录音设备录下自己说的话，时至今日，我们只能依据古人记录下来的书面文献来探索这些当时有声的语言反映的汉语古今演变。这些书面文献虽已是经过加工的口语记录，但是其中也有一些因种种因缘往往直录或书面加工不多而记录了当时所说原话，从中可还原出当时的语境，"听"到纸上所载的有"声"语言。如《乐府诗集·木兰辞》："出门看火伴，火伴皆惊忙。同行十二

---

　　① ［法］约瑟夫·房德里耶斯《语言》曾说："人们永远不会像说话那样写作。人们写（或力求写）得像别人一样。哪怕最没有教养的人一旦拿起笔来就会感觉到他们所用的语言与口语并不一样，它有它的规则和它的用法。"（岑麒祥、叶蜚声译，商务印书馆，1992年，第364页）
　　② 口语体适应俚俗的语境，如顺口溜和二人转等；书面语体则适应高雅的语境，如外交辞令和政论文等。
　　③ 《吕叔湘语文论集》，商务印书馆，1983年。
　　④ 朱光潜《谈美谈文学》，人民文学出版社，1988年，第220、222页。
　　⑤ 张中行《张中行作品集》（第一卷）《文言和白话》，中国社会科学出版社，1995年，第193—201页。

年,不知木兰是女郎。"词中"火伴皆惊忙",逯钦立辑校《先秦汉魏晋南北朝诗》收在梁诗卷二十九横吹曲辞中,作"火伴始惊惶",沈德潜选录的《古诗源》收在卷十三梁诗乐府歌辞中,作"火伴皆惊惶"。从"惊忙"和"惊惶"的不同可"听"到纸上所载的有"声"语言,忙、惶、慌叠韵义同,"惊忙"和"惊惶"皆为"惊慌"义,从中可还原出木兰的伙伴看到同行十二年的木兰竟然是女郎时大吃一惊而茫然不知所措的语境。又如《朱子语类》卷一二〇:"如十个物事,团九个不着,那一个便着,则九个不着底,也不是枉思量。"文中"团"是当时口语,表"估量推测"义,书面语一般写作"揣"。从中亦可还原出朱熹与门人弟子讲学时使用口语的语境。①

从词汇的角度来看,有大量的词汇成分既适用于口语,也适用于书面语,而从口语语辞到书面语文辞或从书面语文辞到口语语辞的扩展体现了雅俗相融互补的自然过程,形成了口语和书面语并存不断完善的语言发展模式。如口语"依样画葫芦""依着葫芦画瓢"和"依样画猫儿"等喻指单纯模仿而缺乏创新,发展形成四字格成语"依模画样"。又如出自曹植《君子行》的"瓜田不纳履,李下不正冠",后世演变为成语"瓜田李下",用以比喻容易引起无端嫌疑的场合。这种雅俗相融并存的不断完善不仅是语言发展的模式,也是文学、思想、艺术和宗教等发展的模式。如敦煌文献中形式丰富多样的讲唱文学既有宣扬佛教教义的讲经文,又有韵散相间敷演佛经故事的讲唱文,适应文人精英到一般大众等不同阶层的需要,兼顾了不同层次受众接受信息的能力,具有通俗化和生活化的特点。讲经文和讲唱文互相影响,二者在传承文赋传统基础上融合而衍变为变文,进而又产生《京本通俗小说》《清平山堂话本》和《大唐三藏取经诗话》等话本。这些话本具有口耳相传的口语和书面加工的文本的双重属性,其中说经话本《大唐三藏取经诗话》和讲史话本《大宋宣和遗事》后又为文人加工,敷演撰成长篇章回小说《西游记》和《水浒传》。又如朱熹讲学时用当时的口语解说儒家经典,门人弟子笔录下来整理成《语录》刊行,后又在各家所记笔记的基础上汇编为《朱子语类大全》,② 而朱熹所撰《诗经集传》《周易本义》《四书章句集注》和《四书或问》等著作及宋张洪编《朱子读书法》、清李清馥撰《闽中理学渊源考》等则把朱熹讲学的口语加工为书面语,体现了古

---

① 徐时仪《朱子语类词汇研究》,上海古籍出版社,2013年。
② 徐时仪《朱子语录和语类各本考》,《传统中国研究集刊》11辑,上海人民出版社,2013年。

语和时语的雅俗相融,而儒家的学说经二程和朱熹等诸家的阐释形成为理学。再如两汉之交,佛教传入中土后,华严宗和唯识(法相)宗吸引上层高僧大德们剖判入微地研习精理奥义,净土宗吸引一般僧俗民众整日念"阿弥陀佛"来到达极乐世界,禅宗则以"不立文字,教外别传;直指人心,见性成佛"的顿悟而盛行于官方与民间。释迦牟尼的教理经隋代智顗、吉藏和唐代玄奘、窥基、弘忍、神秀、慧能、神会、法藏、宗密等高僧在不同层次上的钻研加工,从玄奘创立的慈恩宗由盛而衰到慧能的禅宗继之而兴,几经演变而形成中国的各宗派,进而普及到社会的各个阶层,成为上至帝王学士,下至市人村民,雅俗相融的一种宗教信仰。因而就汉语口语和书面语的演变轨迹而言,在先秦口语基础上发展形成的文言文可以说是由俗到雅,在秦汉以后口语基础上发展形成的古白话则可以说是口语和书面语交融碰撞互为影响,在精英文化与平民文化雅俗合流基础上有所甄选乃至舍弃而形成的一种新的话语生态。

三、本土文化←→外来文化碰撞交融

我国历史上永嘉、安史、靖康之乱造成的南北分裂对社会政治、经济和文化的发展产生了极其深刻的影响,语言也随之产生了较大的变化。① 如东晋在江东建国,身处吴语氛围,同时南渡移民又带来了"中原正音",两者相融合形成了当时的官方语言"江淮话"。② 如果说南迁的名士们乡音难改,说吴语只是入乡随俗,但他们的子孙辈说的话则与南方吴语水乳相融。又如清代满族进京,其时京师"言庞语杂,然亦各有界限。旗下话、土话、官话,久习者一闻而辨之"。③ 今天北京话是东北旗人话和北京老话以官话为中心合起来的,成为普通话的基础。

任何文化的交流与传播都不会是简单的复制和移植,而是相当于化学变化的互化整合,作用于大众并最终为大众接受。本土文化←→外来

---

① 如靖康之乱后,北方士民大举南迁,就当时的都城临安(杭州)而言,"临安移民的76%来自今河南,其中绝大多数又来自开封,并往往是在南宋初年随高宗迁入的。受开封移民影响,临安在经济生活、社会风俗和语言等方面都极像开封,似乎是将开封城搬到临安"。临安周边的广大区域也在语言上受到很大影响,"由于临安(今杭州市)、平江(今苏州市)、建康(今南京市)等地北方移民成为当地人口的主体部分,这一带也成了北方方言区"。(参葛剑雄主编《中国移民史》第四卷,福建人民出版社,1997年,第280页)

② 东晋时篡得帝位的桓玄生于安徽,长于湖北,他的口音有可能是江淮话和荆楚话相杂。

③ 夏仁虎《旧京琐记》,辽宁教育出版社,1998年。

文化的交流产生碰撞和交融，在整合过程中产生新物质或新概念，导致主体文化出现一定程度的变异。如西汉末东汉初佛教的东传，汉魏至唐五代大规模的佛经汉译导致了汉语与梵语等语言的接触，形成了汉译佛典不同于文言的特有句式。又如辽金元时期契丹和女真及蒙古族入据中原，各民族间的交融加强了语言的交流，不仅南北语言不断融合，而且本土和域外语言也有雅俗的交融，形成北方一带地区通用的"汉儿言语"。根据传播学的原理，只有信息的传者与受者具有相同或相似的知识素养与理解能力，方可达到最佳的交际效果。元代皇帝要了解汉文典籍，由汉人大臣用当时的口语来诠释讲解，写下来成为白话讲章。元代的诏书敕令等都是先用蒙古语写成，然后译成汉语白话，形成能让一般平民大众也能看懂听懂的白话公牍和白话告示，通行于全国，以其时口语为规范基础的书面语与蒙古语同时成为元代的官方语言。这促使雅俗相融的北方通语进一步扩展至南方，形成在北方原有雅俗相融格局基础上的南北交融，达到新的雅俗融合，上层的雅言介入日常生活口语，下层的便俗语介入书面语，汉语书面语也由文言向白话定位，白话成为上至皇帝下至庶民彼此交流沟通的应用语体，客观上也推动了文白此消彼长、由量变向质变的转化，初步形成文白转型的雏形。

由于南朝的政治相对来说比较稳定，上层精英和底层平民的语言有雅俗之别，而北方战乱频仍，士族纷纷南迁，氐、羌、鲜卑、契丹、女真等少数民族迁入与汉族杂居，这些少数民族与汉族交际所说语言自然是当时的口语，也就是底层一般平民的语言。同时虽然汉族高度的文明逐渐同化了这些民族，但在同化的过程中由于这些少数民族人数众多，必然会带来其自身的语言特点，如同成年人学外语难免带有自己母语的一些成分，而为了交际的需要，即使北方处于社会上层精英地位的汉族士人也必然会在语言的某些方面作出一些迁就和让步，如同我们与说不同语言的人交谈时在语言上彼此都会包涵和容忍一些，因而上层精英和底层平民的语言趋于更多地相融，从而相互间的差异减少，形成颜之推《颜氏家训》卷下所说"易服而与之谈，南方士庶，数言可辨；隔垣而听其语，北方朝野，终日难分，而南染吴越，北杂夷虏"的局面。北方金元统治者与平民百姓的雅俗相融导致了中原原有语言系统的调整，从而在原有语言系统基础上形成了反映当时口语的通语，为今天北方大方言区的形成奠定了基础。

明清至民国的西学东渐又形成一种新的话语生态，西方政治、经济、军事、文化的冲击导致了汉语与欧美语言的大规模接触，产生了大量新词新语，不仅促使汉语文白转型顺应时代变革由量变到质变的演变，同时汲纳欧化语言成分，形成海纳百川有容乃大的新白话，而且从物质层面和精神层面丰富了汉语的概念系统和观念系统，扩展了人们的思想空间和科学思维能力，形成了构筑新时代突破传统范式体现中西会通的新思想体系。①

四、社会底层←→社会上层流动交融

社会成员流动性和不同社会阶层间的交际交往交织在一起成为语言变化的重要因素。如魏晋南北朝、唐末五代和宋金元之际战乱等造成的社会大动荡、人口大迁徙形成了社会底层、社会上层以及不同社会阶层间的流动交往。一批由布衣素族进入上层皇室的新贵有别于门阀世族，他们所说的语言自然夹以底层平民的语言，因此形成了社会底层、社会上层之间人员的流动和语言的雅俗交融。又如，科举制度是我国古代重要的选官制度，科举制使有才识的读书人有机会进入各级政府任职，士人的主要出路是科举，于是一些平民子弟跻身仕途，一些官宦子弟则沦为平民。科举也造成了社会底层、社会上层之间人员的流动和语言的雅俗交融。②

唐代仕途开放，"四方秀艾，挟策负素，坌集京师"，③ 大批出身低微的士人进入权力中心。宋代太祖赵匡胤鉴于"向者登科名级，多为势家所取，致塞孤寒之路"，④ 他大力改革科举制度，由皇帝亲掌取士权，严密科举条制，实行"一切以程文为去留"的原则，⑤ 取士不讲门第，凡是粗具文墨的士人，不问贫富和出身，皆可应举，并寄之以重任，委之以大命。这种举措大大吸引了知识分子走科举入仕之路，既有

---

① 徐时仪《略论西学东渐与汉语词汇演化的价值取向》，香港中文大学《中国语文研究》，2011年第1—2期合刊。

② 美国人类学家罗伯特·雷德菲尔德提出"大传统"（great tradition）和"小传统"（little tradition）之说，指出大传统与主流社会紧密相关，小传统存在于民间社会；大传统文字记载，小传统口口相传；大传统由精英阶层掌握，小传统来自普罗大众；大传统代表了所谓"上层文化"，小传统则意味着"底层文化"。具体参 Robert Redfield（1956），*Peasant Society and Culture：An Anthropological Approach to Civilization*，Chicago：Chicago University Press：p. 70。

③ 《新唐书》卷一九八，中华书局，1978年。

④ 《续资治通鉴长编》卷一六，开宝八年二月戊辰条，中华书局，2004年，第336页。

⑤ 陆游《老学庵笔记》卷五，中华书局，1979年，第69页。

利于政治的清明和中央集权的巩固，又推动了社会经济、文化、思想和科学技术的繁荣与进步。虽然有幸进入政权的士人并非全是人才，但在"居今之世，孔子复生，也不免应举"①的社会氛围下，可以肯定地说，这些进士几乎囊括了全部知识分子中的佼佼者，代表当时的精英。特别是从宋真宗时代后期起，随着科举制度进入黄金时期，大量人才亦陆续涌现出来。② 以宋仁宗一朝为例，出类拔萃、彪炳史册的人不下数十人，为历朝历代所罕见。其中著名的有余靖、晏殊、范仲淹、韩琦、富弼、文彦博、欧阳修、包拯、张方平、司马光、王安石、曾巩、刘攽、刘恕、蔡襄、苏轼、苏辙、苏颂、沈括等，既有深谋远虑的政治家和改革家，也有才能杰出的思想家、科学家、文学家、史学家和犯颜直谏、风节凛然的谏臣。

唐宋由科举进入官场的士子多数出身于平民之家，入仕前生活在社会底层，说的是平民的俗语，入仕后在官场说雅语，在家或与亲友自然还是说家乡话，因此形成了类似《红楼梦》中"贾政所说的话"与"刘姥姥所说的话"的共存互补。这些平民出身的士子进入社会上层所说的语言在趋雅的同时，也形成了自上而下的教化、自下而上的讽谏这种双向关系的雅俗交融。

五、趋雅←→趋俗互补融合

语言是人类思维的载体和交际的工具，人们用彼此约定俗成的符号表达意义。约定俗成是特定时空中特定人群无需言明的"集体无意识"默契，③ 而交际既发生在同一阶层间也发生在不同阶层间，语言交际是在一定社会文化环境中进行的。什么符号表达什么意义不能任意改变，否则就会造成交流中的障碍。然而就客观而言，社会在发展，时代变了，新的事物出现了，就不得不增加新的词语和句式来表达。就主观而言，交际的语境具有认知动态性，即说者和听者的话语理解不是预先确

---

① 黎靖德编《朱子语类》，中华书局，1986 年，第 246 页。
② 何忠礼《贫富无定势：宋代科举制度下的社会流动》，《学术月刊》，2012 年第 1 期。
③ ［瑞士］费尔迪南·德·索绪尔在《普通语言学教程》中指出："社会上所认可的任何表达方式，基本上都是以集体习惯为基础的，也就是以习俗为基础的。""语言的实践不需要深思熟虑，说话者在很大程度上并不意识到语言的规律。"事实上正是这种"无意识"蕴涵着说话者掌握的语言规律。（高名凯译，商务印书馆，1985 年，第 109 页）

定的，而是彼此在言语交际中对语境假设的不断选择、调整与顺应。说话人与听话人在认知语境上越是趋同，交际就越易成功。交际过程实际上是双方认知语境信息或假设的趋同过程，而语言表达总是在既遵循常规又不断超越常规的状态下进行的。人们在交流中可能会无意识地略微偏离约定俗成的表达，也可能会有意地标新立异，二者都是用原来没有甚至不容许的说法来表意。这类偏离的表达大多由于不为约定俗成的说法所接受而消失，但也总会有一些出于交际时可以包涵和容忍的迁就、让步而生存下来，并逐渐为大家所接受，习而成俗，成为新的约定俗成的表达。① 如"很阳光""很中国"，"很"作为副词本不能修饰名词，现已为人们认同。又如"被幸福""被小康"，"被"用作被动式带名词的表述也已为人们接受。因此，语言在人们交际使用中会不断地发生变化，而交际既发生在同一阶层间，也发生在不同阶层间，语言交际是在一定社会文化环境中进行的，在一定程度上反映了交际者的社会关系、交际目的、态度等。如表达相同的概念，社会关系不同，用语则有简体和敬体的不同。从交际过程中的编码和解码来看，说写者和听读者的社会地位和文化素质对词语、句式等的选择都有影响和制约作用。语言既是精英文化的载体，也是平民文化的载体，既是本土文化的载体，也是外来文化的载体，不同阶层、不同文化各自使用的不同词语或句式在交际中自然会互相影响。不同文化群体使用的语言虽有文白雅俗的不同，但交际使用中如果没有形成对方语言的认知语境，就会出现交际障碍，因此交际时双方都需要有一个自我调节的过程。正如说不同语言的人们为了交际的需要，在交谈时彼此都会包涵和容忍一些，有意识或无意识迁就对方，出现双向的"语言调节"现象，日积月累，这就促成了语言的交融和演变。

一般而言，社会中的每个成员所说的语言都既有通语又有方言，每个成员在进行社会交际时都会根据语境、交际对象等的不同来选择通语

---

① ［美］爱德华·萨丕尔在《语言论》中指出，语言中任何重要的改变一开始必然作为个人变异存在，但只有按一定方向流动的个人变异才体现或带动语言的"沿流"（drift）。语言的沿流是由说话者无意识地选择的那些向某一方向堆积起来的个人变异构成的。"每一个词、每一个语法成分、每一种声音和重音，都是一个慢慢变化着的结构，由看不见的、不以人意为转移的沿流模铸着，这正是语言的生命。""一种沿流，从语言的轻微调整或扰动开始，会在几千年的历程中引起最深刻的结构变化。"（陆卓元译，商务印书馆，1985年，第139页、154页）

或方言的词汇成分。① 每一个成员言语能力中存在的通语和方言成分将相互影响而进入会话交际，使得一些语言成分发生变化。一旦某个变化的语言成分在某一特定阶层中扩散传播，就意味着变化的开始，继而扩散传播到此特定阶层，并继续扩散传播到其他阶层。如果这一变化在不同阶层间的扩散传播中渐为人们认同，这就导致了对这一变化的约定俗成。

如先秦汉语中的"日"和"月"，后又可称为太阳和太阴。② "太"形容极大，凡言大而以为形容未尽则作太。最初称"日"和"月"为"太阳"和"太阴"可能是在某一特定阶层内，后又在不同的阶层中扩散，"太阳"一词渐为人们认同，今口语仍沿用以称"日"。"太阴"未为人们认同，而某一特定阶层又以"月亮"一词称"月"。"月亮"本为主谓词组，意谓月光明亮。唐李益《奉酬崔员外副使携琴宿使院见示》："庭木已衰空月亮，城砧自急对霜繁。"清李光庭《乡言解颐·月》："月者，太阴之精。然举世乡言无谓太阴者，通谓之月亮。唐李益诗……以'繁'对'亮'，言其光也。相习不察，遂若成月之名矣。或曰月儿。"据李光庭所说，"举世乡言无谓太阴者，通谓之月亮"，"月亮"本是乡言这一特定阶层所称，而历代文人吟诗作文又称"月"为"玉兔、夜光、素娥、冰轮、金轮、玉轮、玉蟾、桂魄、蟾蜍、银兔、玉兔、金蟾、银蟾、蟾宫、顾兔、婵娟、玉弓、玉桂、桂月、桂轮、桂魄、玉盘、银盘、玉钩、玉镜、金镜、冰镜、嫦娥、姮娥、素娥、广寒、清虚、望舒"等。"太阴"和文人吟诗作文所用"月"的雅语在某一特定阶层内扩散传播，而乡言所称的"月亮"在不同阶层的扩散传播中渐为人们认同，今口语仍沿用以称"月"。

又如"郎"最初是宫廷侍卫人员所在地，引申而称宫廷侍卫人员，后用作官职名或作为奖励性的封赠。"郎"由一种殊誉而为世人趋从，词义渐渐泛化为男子的美称和通称。再如"博士"最初也是古代学官名。汉武帝时置"五经"博士，职责是教授、课试或奉使、议政。后用来称呼具有某种技艺或专门从事某种职业的人。如《京本通俗小说·志诚张主管》："张胜回头看时，是一个酒博士。"《警世通言·万秀娘仇报山亭儿》："家里一个茶博士，姓陶，小名叫做铁僧。"这些称谓词最初地位尊贵，后渐由雅趋俗，从众泛化而雅俗合流。

语言有雅俗之别，典雅和通俗是相融互补的，每一个民族都有俗文

---

① 意图性是决定性的，人们思考、行动、感受事物都有意图的倾向性。
② 陈士元《俚言解》卷一："俗呼日为太阳"，"但俗呼月为太阴者少"。

化和雅文化。俗可指相沿习久而形成的风尚习俗，如"风俗、礼俗、习俗、民俗"；可指平常、普通，如"通俗、世俗、常俗、凡俗、俚俗"；也可指鄙陋，如"低俗、浅俗、粗俗、鄙俗、庸俗"。雅可指正规、合乎规范，如"雅正、典雅"；也可指高贵优美，如"高雅、博雅、庄雅、风雅、文雅、古雅、儒雅、雅致、秀雅"。典雅和通俗又是相对而言的，社会的变化和历史的发展使雅与俗相应而变。雅与俗不在于文之古今。《诗经》《楚辞》出自民间，在当时大体也是白话，具有先秦时期野丫头活语言的生气，经文人加工后，去除粗俗的成分，而成为比较典雅的诗文。① 后世出自民间或采用口语的作品同样具有当时野丫头活语言的生气，经文人加工、去除粗俗成分后也可以说是比较典雅的创作。如刘义庆撰《世说新语》下卷下《惑溺》："贾公闾后妻郭氏酷妒，有男儿名黎民，生载周，充自外还，乳母抱儿在中庭，儿见充喜踊，充就乳母手中呜之。郭遥望见，谓充爱乳母，即杀之。"房玄龄编《晋书》卷四○《贾充传》改为："充妇广城君郭槐，性妒忌。初，黎民年三岁，乳母抱之当阁。黎民见充入，喜笑，充就而抚之。槐望见，谓充私乳母，即鞭杀之。"例中改"踊"为"笑"，改"呜（亲吻）"为"抚（轻拍）"，改"爱"为"私"义，把直白的口语加工为比较典雅的书面语。大致而言，无论当时多么时髦的流行用语，隔代不用则可变俗为雅；无论多么优雅的古典用语，滥用无度也会俗不可耐。"俗"以民间随意的下层性为依归，"雅"则以历史传承的上层性为依归，雅俗相互影响，雅与俗之间也可相互转化。

如果说社会上层的精英多用雅语，社会下层的平民多用俗语，那么趋雅是雅为俗所崇尚而向雅趋同，认同雅的优势，模仿雅，进而包容一些雅语成分；而趋俗则是雅为俗所触动而向俗趋同，认同俗的鲜活，吸纳俗，进而融入一些俗语成分。当然，使用"雅言"或"俗语"也跟语境、交际对象、交际场合等有关。比如正式场合，即使是平民，说话时也尽可能使用典雅的词语；而在非正式场合，即使是士人或官员，也会选择使用俗白的口语。如，一位校长对办公室秘书可以说"下周的作息时间要进行一些调整"，而不会在家里对妻子这样说。又如，某位老师在教室里对学生可以说"中午用餐时不宜大声喧哗"，而不会在家里对自己的孩子这样说。②

---

① 如《诗经·关雎》"窈窕淑女，君子好逑"在当时不过是"漂亮的好女孩，正派男孩的好伴儿"的应时口语，后来成为古雅的文语。

② 人们说话时选择何种语体带有表意的动因，一般表述事件发展的具体进程时多用俗白体，表述思想或进行评价多用雅语体。

值得指出的是，社会上层、社会下层之间的交际是趋雅、趋俗双向的融合，既有雅，也有俗，且雅中有俗，俗中有雅。①

如明代的世情小说《金瓶梅》描写了当时的社会生活，比较完好地保留了明代中后期都市群众口语、客厅用语、说书人套语和隐语黑话、行业语，以及文言公文用语等多元语言的自然面貌。万历丁巳（1617）年间东吴弄珠客序的《金瓶梅词话》本是说话人的口讲述录，呈俗文化形态；而崇祯年间的《金瓶梅》则经过文人的加工，把常俗之语改铸为文人之言。《金瓶梅》的这两个版本系统大致反映了其时口语与书面语的异同和雅俗融合的价值取向。又如蒲松龄把《孟子》中的《齐人有一妻一妾》改编成白话韵文《东郭外传》，《红楼梦》等一些白话小说被进一步改编成子弟书、弹词等讲唱文学作品，从中不仅可见文白的转化，而且还可见书面语与方俗口语的雅俗融合，推动了新的书面语的产生。

如果说文人间交谈时多用雅语，平民间交谈时多用俗语，那么文人与平民间交谈时就会是雅俗并用。文人吸纳俗语且日常生活中也说俗语，在写作时或作加工或直接写进书面语，化俗入雅，俗语渐为书面语吸纳又成为雅语。如由根据三国正史及民间传闻说唱的"说三分"写成的《三国志平话》到罗贯中的《三国志通俗演义》，书中原有的口语往往被改写成书面语。又如北宋诗人陈师道吸取当时的谚语，把"巧媳妇做不得没面馎饦""远井不救近渴"和"瓦罐终须井上破"等改写成"巧手莫为无面饼，谁能留渴须远井""瓶悬甃间终一碎"等七言诗。与此相同，文人的雅语有时也会被平民口语所采用，融雅入俗，雅俗合流。② 如姜子牙"直钩垂钓"的故事本为文人学士笔下津津乐道的典故，后经元人编《武王伐纣平话》和明人改编《封神演义》时，经过再次加工而进入平民口语，形成"姜太公钓鱼——愿者上钩"这一妇孺皆知的歇后语。

语言演变发展的动因在于适应社会发展的需要，社会的发展要求语

---

① 洪堡特曾说："只要文学语体与大众语体保持着适当的关系，对立的双方就可以成为两个相互补充的源泉。"黄侃也说："雅俗有代降，其初尽雅，以雅杂俗，久而纯俗，此变而下也。雅俗有异形，其初尽俗，文之以雅，久而毕雅，此变而上也。由前之说，则高文可流为俳体；由后之说，则舆颂可变为丽词。然二者实两行于人间，故一代必有应时之俗文，亦必有沿古之词制。"（参《黄侃日记》，中华书局，2007年，第214页）

② 相较而言，处于社会上层精英的语言变化成分更可能为其他社会阶层的人们所模仿，从一个社会阶层扩散到另一个社会阶层。

言的同步发展。词汇是语言中最活跃的要素，随着社会的发展变化，词汇也随之发生变化，词汇系统也相应地处于动态的变化中，因此，词汇系统是一个不断调整以适应社会发展需要的开放的系统。新质要素的产生必然带来旧质要素的消亡，新陈代谢是事物发展的基本规律。词汇的发展过程，概括来说，就是新陈代谢的过程，也就是词汇新质要素的不断产生和旧质要素不断衰亡的过程。词汇的发展变化不仅涉及词量、词音、词形、词义、词的用法和类属，而且也涉及词与词之间的各种关系等诸多方面。这些变化对于整个汉语词汇来说是量变或局部质变，而积累到一定阶段则可能是质变。语言的发展又具有渐变性和参差性。就语言发展的渐变性而言，汉语文白转型是在文言和白话此消彼长的基础上形成的。就参差性而言，文白的转型有各种因素的影响。汉语的文白之分不只是文体的区别，更包含雅俗的价值取向。文白演变是同一语言内口语形式和书面语形式的语体转型，既是一种语言现象，也是一种文化现象，既是表达功能的需要，也是雅俗相融的价值取向，它隐含着价值观念的更新，涉及社会的发展和人们思想观念的转变等多方面，其中也涉及语言接触及方便更多人运用语言的平民意识。①

　　汉语在由古至今的发展中既有各地言与言（口语与口语）的歧异，又有古今言与文（口语与书面语）的歧异，白话最终取代文言，成为当代中国人文化交流和文学创作的基本工具，大致上可以说是言语意义⇄语言意义、口语⇄书面语、本土文化⇄外来文化和社会各阶层间趋雅⇄趋俗互动共存、整合融和的合璧，而现代文化的形成也是典雅的精英文化与通俗的平民文化以及本土文化与外来文化相融合的产物。汉语词汇古今发展的总倾向是向通语靠拢，既有当时新出现的白话口语成分，又有传承历代的文言书面语成分，既有"阳春白雪"，又有"下里巴人"，② 既有本土文化成分，又有外来文化成分，从而形成了随着口语的变化而发展变化的现代汉语。汉语的文白转型在某种程度上正体现了不同文化和不同阶层之间的人们使用同一种语言的必然发展趋向，即精英文化与平民文化以及本土文化与外来文化雅俗相融、共存互补的价值取向。

---

　　① 徐时仪《略论汉语文白转型与平民意识》，《上海市社会科学界第七届学术年会文集》，上海人民出版社，2009年。

　　② 上层社会文化与底层社会文化犹如菁英与草根，菁英为花，为草木之菁华，而草根则是菁英之根本，二者相辅相成。

参考文献

蔡镜浩（1990）《魏晋南北朝词语汇释》，南京：江苏古籍出版社。
蔡俊生（1997）《人类思维的发生和幻想思维形式》，《中国社会科学》，第 1 期。
曹而云（2006）《白话文体与现代性》，上海：上海三联书店。
曹　炜、龚穗丰（2003）《试论现代汉语词汇的形成》，《语文建设通讯》，第 76 期。
查赫拉夫［苏］（1979）《中古汉语其形成和发展趋势》序，莫斯科，科学出版社；译文《中古汉语研究概况》载《国外语言学》，1980 年第 6 期。
陈建华（2000）《"革命"的现代性——中国革命话语考论》，上海：上海古籍出版社。
陈明娥（2006）《敦煌变文词汇计量研究》，南昌：百花洲文艺出版社。
陈明娥（2014）《日本明治时期北京官语课本词汇研究》，厦门：厦门大学出版社。
陈秀兰（2002）《敦煌变文词汇研究》，成都：四川民族出版社。
陈秀兰（2004）《魏晋南北朝文与汉文佛典语言比较研究》，首尔：新星出版社。
丁启阵（1991）《秦汉方言》，北京：东方出版社。
丁喜霞（2006）《中古常用并列双音词的成词和演变研究》，北京：语文出版社。
董达武（1992）《周秦两汉魏晋南北朝方言共同语初探》，天津：天津古籍出版社。
董秀芳（2002）《词汇化：汉语双音词的衍生和发展》，成都：四川民族出版社。
董志翘（2000）《入唐求法巡礼行记词汇研究》，北京：中国社会科学出版社。
范文澜（1965）《中国通史简编》，北京：人民出版社。
方龄贵（1991）《元明戏曲中的蒙古语》，上海：汉语大词典出版社。
方一新（1998）《东汉魏晋南北朝史书词语笺释》，合肥：黄山书社。
方一新、王云路（1993）《中古汉语读本》，长春：吉林教育出版社。
冯胜利（2013）《汉语书面语的历史与现状》，北京：北京大学出版社。
冯天瑜（2004）《新语探源——中西日文化互动与近代汉字术语生成》，北京：中华书局。
符淮青（1996）《汉语词汇学史》，合肥：安徽教育出版社。
高本汉［瑞典］（1957）《明清白话小说的语言》，《语言研究通讯》，第 4—5 期。

高歌蒂［瑞典］（1958）《朱子全书中所见的宋代口语》，Bulletin of Museum of Far Easten Antiquitics：30。

高名凯（1948）《唐代禅宗语录所见的语法成分》，《燕京学报》，第34期。

高文达（1992）《近代汉语词典》，北京：知识出版社。

高　玉（2003）《现代汉语与中国现代文学》，北京：中国社会科学出版社。

古贺英彦［日］（1991）《禅语辞典》，思文阁。

古屋昭弘［日］（1986）《明刊说唱词话12种的吴语》，早稻田大学中国文学会《中国文学研究》，第12期。

顾学颉、王学奇（1983—1990）《元曲释词》，北京：中国社会科学出版社。

顾之川（2000）《明代汉语词汇研究》，开封：河南大学出版社。

郭锡良（1997）《汉语历代书面语和口语的关系》，《汉语史论集》，北京：商务印书馆。

郭在贻（1983）《唐代白话诗释词》，《中国语文》，第6期。

郭在贻（1985）《唐诗与俗语词》，《文史》，第25辑。

何耿镛（1984）《汉语方言研究小史》，太原：山西教育出版社。

何九盈（1985）《中国古代语言学史》，郑州：河南人民出版社。

胡敕瑞（2002）《〈论衡〉与东汉佛典词语比较研究》，成都：巴蜀书社。

胡开宝（2005）《英汉词典历史文本与汉语现代化进程》，上海：上海译文出版社。

胡奇光（2005）《中国小学史》，上海：上海人民出版社。

胡　适（1922）《禅宗的白话散文》，《国语月刊》，第1卷第4期。

胡　适（1928）《白话文学史》，北京：新月书店。

胡双宝（1980）《说"哥"》，《语言学论丛》第6辑。

胡竹安（1983）《中古白话及其训诂的研究》，《天津师范大学学报》，第5期。

胡竹安（1989）《水浒词典》，北京：汉语大词典出版社。

化振红（2002）《洛阳伽蓝记词汇研究》，北京：中国文史出版社。

黄金贵（1995）《古代文化词义集类辨考》，上海：上海教育出版社。

黄锦君（2005）《二程语录语法研究》，成都：四川大学出版社。

黄永武（1982—1986）《敦煌宝藏》，台北：台湾新文丰出版公司影印。

黄　征、吴　伟（1995）《敦煌愿文集》，长沙：岳麓书社。

黄　征、张涌泉（1997）《敦煌变文校注》，北京：中华书局。

季羡林（1982）《原始佛教的语言问题》，北京：中国社会科学出版社。

江蓝生（1988）《〈皇明诏令〉里的白话敕令》，《语文研究》，第3期。

江蓝生（1994）《燕京妇语所反映的清末北京话特色》，《语文研究》，第4—5期。

江蓝生（2000）《古代白话说略》，北京：语文出版社。

蒋冀骋、吴福祥（1997）《近代汉语纲要》，长沙：湖南教育出版社。

蒋礼鸿等（1994）《敦煌文献语言词典》，杭州：杭州大学出版社。

蒋礼鸿（1997）《敦煌变文字义通释》，上海：上海古籍出版社。
蒋绍愚（1990）《唐诗语言研究》，郑州：中州古籍出版社。
蒋绍愚（1994）《近代汉语研究概况》，北京：北京大学出版社。
雷蒙·威廉斯［英］（2005）《关键词——文化与社会的词汇》，北京：生活·读书·新知三联书店。
黎锦熙（1928）《中国近代语研究提议》，《新晨报副刊》，第66—67期。
黎锦熙（1935）《国语运动史纲》，北京：商务印书馆。
李博［德］（2003）《汉语中马克思主义术语的起源与作用》，北京：中国社会科学出版社。
李如龙（2001）《汉语方言的比较研究》，北京：商务印书馆。
李　申（1995）《近代汉语释词丛稿》，南京：江苏教育出版社。
李维琦（1993）《佛经释词》，长沙：岳麓书社。
李维琦（1999）《佛经续释词》，长沙：岳麓书社。
李文泽（2001）《宋代语言研究》，北京：线装书局。
李行健、折敷濑兴［日］（1987）《现代汉语方言词语的研究与近代汉语词语的考释》，《中国语文》，第3期。
李宗江（1999）《汉语常用词演变研究》，上海：汉语大词典出版社。
梁启超（1989）《翻译文学与佛典》，北京：中华书局。
梁晓虹（1994）《佛教词语的构造与汉语词汇的发展》，北京：北京语言学院出版社。
廖名春（1990）《吐鲁番出土文书语词管窥》，《古汉语研究》，第1期。
刘百顺（1993）《魏晋南北朝史书语词札记》，西安：陕西师范大学出版社。
刘　坚（1982）《古代白话文献简述》，《语文研究》，第1辑。
刘　坚（1985）《近代汉语读本》，上海：上海教育出版社。
刘　坚（1999）《古代白话文献选读》，北京：商务印书馆。
刘　坚、曹广顺、吴福祥（1995）《论诱发汉语词汇语法化的若干因素》，《中国语文》，第3期。
刘　坚、江蓝生（1997）总主编《唐五代语言词典》《宋语言词典》和《元语言词典》，上海：上海教育出版社。
刘　坚、江蓝生、白维国、曹广顺（1992）《近代汉语虚词研究》，北京：语文出版社。
刘　坚、蒋绍愚（1990）《近代汉语语法资料汇编》，北京：商务印书馆。
刘进才（2007）《语言运动与中国现代文学》，北京：中华书局。
刘晓明（2002）《"语""文"的离合与中国文学思维特征的演进》，《中国社会科学》，第1期。
龙潜庵（1985）《宋元语言词典》，上海：上海辞书出版社。
鲁国尧（1985）《明代官话及其基础方言问题》，《南京大学学报》，第4期。
鲁国尧（1988）《〈南村辍耕录〉与元代吴方言》，《中国语言学报》，第3辑。

陆澹安（1964）《小说词语汇释》，上海：上海古籍出版社。
陆澹安（1981）《戏曲词语汇释》，上海：上海古籍出版社。
罗杰瑞（1995）《汉语概说》，北京：语文出版社。
吕叔湘（1944）《文言和白话》，《国文杂志》，第 3 卷第 1 期。
马伯乐［法］（1944）《晚唐几种语录中的白话》，《中国学报》，第 1 卷第 1 期。
马西尼［意］（1997）《现代汉语词汇的形成——十九世纪汉语外来词研究》，上海：汉语大词典出版社。
梅维恒［美］（1994）《佛教与书面白话在东亚的兴起：民族语言的形成》，《亚洲研究杂志》，第 3 期。
梅祖麟（1980）《三朝北盟会编里的白话资料》，《中国书目季刊》，第 14 卷第 2 期。
潘重规（1984）《敦煌变文集新书》，台北：台湾中国文化大学中文研究所。
潘悟云（2000）《汉语历史音韵学》，上海：上海教育出版社。
任二北（1987）《敦煌歌辞总编》，上海：上海古籍出版社。
任学良（1987）《古代汉语·常用词订正》，杭州：浙江大学出版社。
入矢义高［日］（1986）《中国口语史的构想》，《集刊东洋学》56 期，又《汉语史学报》第四辑，上海：上海教育出版社。
清水茂［日］（1988）《朱熹的口语和文言》，《汉语史的诸问题》，京都：京都大学人文科学研究所。
山川英彦［日］（1980）《见于〈戒庵老人漫笔〉的白话资料》，《神户外大论丛》，第 34 卷第 3 号。
山川英彦［日］（1983）《〈弇山堂别集〉所引白话诏令考》，《神户外大论丛》，第 37 卷第 4 号。
尚　杰（1996）《思·言·字——评德里达对形而上学的批判》，《中国社会科学》，第 1 期。
寺村政男［日］（1982）《〈大宋宣和遗事〉的白话语汇》，《中国文学研究》，第 8 期。
松尾良树［日］（1988）《唐代语汇的文白异同》，《汉语史的诸问题》，京都：京都大学人文科学研究所。
太田辰夫［日］（1987）《中国语历史文法》，蒋绍愚、徐昌华译，北京：北京大学出版社。
太田辰夫［日］（1991）《汉语史通考》，江蓝生、白国维译，重庆：重庆出版社。
童致和（1993）《"香"和"臭"的词义演变及气味词的词义系统的发展》，《杭州大学学报》，第 2 期。
汪维辉（2000）《东汉——隋常用词演变研究》，南京：南京大学出版社。
王　力（1941）《古语的死亡残留和转生》，《国文月刊》，第 9 期。
王　力（1958）《汉语史稿》，北京：科学出版社。
王　力（1993）《汉语词汇史》，北京：商务印书馆。

王立达（1963）《汉语研究小史》，北京：商务印书馆。
王　宁（1996）《训诂学原理》，北京：中国国际广播出版社。
王启涛（2001）《魏晋南北朝语言学史论考》，成都：巴蜀书社。
王盛婷（2007）《"干湿"义反义词聚合演变研究》，《语言研究》，第 2 期。
王士元（1969/1990）《竞争变化是造成剩余的一个原因》，《语音学探微》，石锋编，北京：北京大学出版社。
王　锳（1980）《诗词曲语辞例释》，北京：中华书局。
王　锳（1990）《唐宋笔记语辞汇释》，北京：中华书局。
王　锳（1991）《诗词曲语辞集释》，北京：语文出版社。
王　锳（1997）《宋元明市语汇释》，贵阳：贵州人民出版社。
王云路、方一新（1992）《中古汉语语词例释》，长春：吉林教育出版社。
王云路（1997）《汉魏六朝诗歌语言论稿》，西安：陕西人民教育出版社。
王重民、向达、周一良、启功、王庆菽、曾毅公（1957）《敦煌变文集》，北京：人民文学出版社。
文贵良（1999）《解构与重建——五四文学话语模式的生成及其嬗变》，《中国社会科学》，第 3 期。
吴金华（1994）《世说新语考释》，合肥：安徽教育出版社。
夏晓虹、王凤等（2006）《文学语言与文章体式》，合肥：安徽教育出版社。
香坂顺一［日］（1992）《水浒词汇研究（虚词部分）》，北京：文津出版社。
香坂顺一［日］（1997）《白话语汇研究》，北京：中华书局。
香港中国语文学会（2001）《现代汉语新词词源词典》，上海：汉语大词典出版社。
向　熹（1992）《简明汉语史》，北京：高等教育出版社。
项　楚（1991）《王梵志诗校注》，上海：上海古籍出版社。
解海江、张志毅（1993）《汉语面部语义场历史演变——兼论汉语词汇史研究方法论的转折》，《古汉语研究》，第 4 期。
辛嶋静志［日］（1997）《汉译佛典的语言研究》，《俗语言研究》，第 4—5 期。
徐时仪（1991）《朱子语类词语考释》，《上海师范大学学报》，第 2 期。
徐时仪（1996）《朱子语类口语词探义》，《徽州社会科学》，第 4 期。
徐时仪（1997）《汉语两个书面系统与汉语词典的编纂》，《辞书研究》，第 5 期。
徐时仪（1997）《慧琳音义研究》，上海：上海社会科学院出版社。
徐时仪（1998）《论词组结构功能的虚化》，《复旦学报》，第 5 期。
徐时仪（1999）《"睡觉"的词义衍变蠡探》，日本《中国语学研究开篇》，总 19 卷。
徐时仪（1999）《说"搞"》，香港《词库建设通讯》，总 20 期。
徐时仪（1999）《"闻"的词义衍变递嬗考探》，香港《中国语文通讯》，第 52 期。
徐时仪（1999）《朱子语类的学术价值考论》，《徽州社会科学》，第 1 期。

徐时仪（2000）《白话俗语词研究的百年历程》,《文献》,第1期。
徐时仪（2000）《古白话词汇研究论稿》,上海：上海教育出版社。
徐时仪（2000）《略论朱子语类在近代汉语研究上的价值》,《上海师范大学学报》,第4期。
徐时仪（2000）《试论"农"与"农"声字的关系》,《汉语史研究集刊》,第三辑。
徐时仪（2000）《语气词"不成"的虚化机制考论》,《华东师范大学学报》,第3期。
徐时仪（2000）《"帐"和"账"的形义演变考探》,香港《中国语文通讯》,第55期。
徐时仪（2001）《"打"字的语义分析续补》,《辞书研究》,第3期。
徐时仪（2002）《鼎、鬲、釜、镬、锅的演变递嬗考探》,《湖州师院学报》,第2期。
徐时仪（2002）《否定词"没"、"没有"的来源和语法化过程》,《湖州师院学报》,第1期。
徐时仪（2003）《"打"的形音义衍变递嬗探微》,香港《中国语文通讯》,第65期。
徐时仪（2003）《"依"的语源义深析》,《医古文知识》,第3期。
徐时仪（2003）《说"毯"》,香港《中国语文通讯》,第67期。
徐时仪（2003）《"钥匙"探源》,《中国典籍与文化》,第3期。
徐时仪（2004）《"忙"和"怕"词义演变探微》,《中国语文》,第2期。
徐时仪（2004）《"枪"和"抢"的衍变递嬗考探》,《中国文字研究》,第五辑。
徐时仪（2004）《说"歹"》,香港《中国语文通讯》,第71期。
徐时仪（2005）《"不成"、"没"和"这"的语法化探补》,《现代汉语虚词研究与对外汉语教学》,上海：复旦大学出版社。
徐时仪（2005）《"喽啰"考》,《语言科学》,第1期。
徐时仪（2005）《"马虎"探源》,《语文研究》,第3期。
徐时仪（2005）《玄应众经音义研究》,北京：中华书局。
徐时仪（2006）《词组义与词典释义考探》,《辞书研究》,第1期。
徐时仪（2006）《"儿"的音义探疑》,香港《中国语文通讯》,第79期。
徐时仪（2006）《"锦筵"、"舞筵"、"綩綖"考》,《文学遗产》,第3期。
徐时仪（2006）《两部近代汉语词典的比较》,《中国书评》第五辑,上海：上海人民出版社。
徐时仪（2006）《略论西学新语与汉语文白转型》,载《上海市社会科学界第四届学术年会文集·哲学·历史·人文卷》,上海：上海人民出版社。
徐时仪（2006）《"一味"的词汇化与语法化考探》,《语言教学与研究》,第6期。
徐时仪（2007）《古白话及其分期管窥》,《南阳师范学院学报》,第1期。

徐时仪（2007）《汉语白话发展史》，北京：北京大学出版社。
徐时仪（2007）《"开心"考》，《中国语学研究开篇》，总 26 卷。
徐时仪（2007）《"民主"的成词及其词义内涵考》，《上海师范大学学报》，第 4 期。
徐时仪（2008）《词汇扩散与文献传本异文》，《中国语言学报》，第 13 期。
徐时仪（2008）《试论语言接触与汉语文白转型》，《澳门语言学刊》，总第 31—32 期。
徐时仪（2009）《略论汉语字与词的互动》，《上海师范大学学报》，第 5 期。
徐时仪（2009）《"嚏"、"欠"和"唾"、"涎"词义考探》，《古汉语研究》，第 3 期。
徐时仪（2009）《玄应和慧琳〈一切经音义〉研究》，上海：上海人民出版社。
徐时仪（2009）《语言文字》，南京：南京大学出版社。
徐时仪（2010）《"东西"和"物事"探论》，《多视角下的中国语言和文化探讨》，首尔：韩国首尔文化社。
徐时仪（2011）《略论西学东渐与汉语词汇演化的价值取向》，香港中文大学《中国语文研究》，第 1—2 期合刊。
徐时仪（2011）《略论中国语文学与语言学的传承和发展》，《上海师范大学学报》，第 3 期。
徐时仪（2011）《朱子语类中的白话语料探析》，《汉语史研究集刊》，第十四辑。
徐时仪（2012）《汉语文白转型与平民意识探论》，《项楚先生欣开八秩颂寿文集》，北京：中华书局。
徐时仪（2012）《朱子语类知晓概念词语类聚考探》，《上海师范大学学报》，第 5 期。
徐时仪（2013）《近代汉语词汇学》，广州：暨南大学出版社。
徐时仪（2013）《论汉语文白演变雅俗相融的价值取向》，《上海师范大学学报》，第 5 期。
徐时仪（2013）《朱子语类词汇特点探略》，《江西科技师范大学学报》，第 1 期。
徐时仪（2013）《朱子语类词汇研究》，上海：上海古籍出版社。
徐时仪（2013）《朱子语类猜测概念词语类聚考探》，《合肥师范学院学报》，第 1 期。
徐时仪（2013）《朱子语类欺骗概念词语类聚考探》，《江西科技师范大学学报》，第 3 期。
徐时仪（2013）《朱子语类愚昧和痴狂概念词语类聚考探》，《陕西师范大学学报》，第 5 期。
徐时仪（2014）《词义类聚与词义系统探论》，《语林传薪》，成都：四川教育出版社。

徐时仪（2014）《汉语文白演变与语文辞书编纂》，《江西科技师范大学学报》，第 2 期。

徐时仪（2014）《再论词组结构功能的虚化》，《汉译佛典语言研究》，北京：语文出版社。

徐通锵（1986）《历史语言学》，北京：商务印书馆。

徐通锵（1994）《文白异读和语言史的研究》，《现代语言学》，北京：语文出版社。

许理和［荷兰］（1987）《最早的佛经译文中的东汉口语成分》，《中国语教师会会报》，第 12 卷第 3 期；蒋绍愚译，《语言学论丛》，第 14 辑。

许理和［荷兰］（1991）《关于最早的佛经译文的一些新看法》，*Essays on Buddhism and Chinese Religion in Honour of Prof. Jan Yu-hua*。

许少峰（1997）《近代汉语词典》，北京：团结出版社。

许少峰（2008）《近代汉语大词典》，北京：中华书局。

许威汉（1992）《汉语词汇学引论》，北京：商务印书馆。

许威汉（2000）《二十世纪的汉语词汇学》，太原：书海出版社。

雅洪托夫［苏］（1986）《七至十三世纪的汉语书面语和口语》，《语文研究》，第 4 期。

严　修（2001）《二十世纪的古汉语研究》，太原：书海出版社。

盐见邦彦［日］（1994）《唐诗口语の研究》，东京：中国书店。

颜景常（1992）《古代小说与方言》，沈阳：辽宁教育出版社。

俞理明（1993）《佛经文献语言》，成都：巴蜀书社。

袁　宾（1992）《近代汉语概论》，上海：上海教育出版社。

袁　宾（1994）《禅宗词典》，武汉：湖北人民出版社。

袁　进（2006）《中国文学的近代变革》，桂林：广西师范大学出版社。

袁行霈（1999）《中国文学史》，北京：高等教育出版社。

张世禄（1930）《中国语的演化和文言白话的分叉点》，《学生杂志》，第 17 卷 11 号。

张卫中（2006）《汉语与汉语文学》，北京：文化艺术出版社。

张　相（1953）《诗词曲语辞汇释》，北京：中华书局。

张永言（1982）《词汇学简论》，武汉：华中工学院出版社。

张永言、汪维辉（1995）《对汉语词汇史研究的一点思考》，《中国语文》，第 6 期。

张中行（1995）《文言和白话》，哈尔滨：黑龙江人民出版社。

章一鸣（1997）《〈金瓶梅词话〉和明代口语词汇语法研究》，上海：上海古籍出版社。

赵克勤（1986）《古汉语书面语与口语的关系》，《中国语文天地》，第 3 期。

赵元任（2001）《语言的意义及其获取》，第十届控制论会议论文集《控制论——生物和社会系统中的循环因果和反馈机制》，纽约：1955 年。李芸、王强军译,《语言文字应用》,2001年第4期。
赵振铎(2000)《中国语言学史》,石家庄:河北教育出版社。
郑振铎(1984)《中国俗文学史》,上海:上海书店。
志村良治(1995)《中国近世语法史研究》,北京:中华书局。
钟少华(2006)《中国近代新词语谈薮》,北京:外语教学与研究出版社。
周光庆(2001)《汉语与中国早期现代化思潮》,哈尔滨:黑龙江教育出版社。
周日健、王小莘(1998)《颜氏家训词汇语法研究》,广州:广东人民出版社。
周绍良、白化文(1982)《敦煌变文论文录》,上海:上海古籍出版社。
周振鹤、游汝杰(1986)《方言与中国文化》,上海:上海人民出版社。
周祖谟(1982)《现代汉语词汇研究》,《语文研究》,第1期。
周祖谟(1988)《汉语发展的历史》,《周祖谟语言文史论集》,杭州:浙江古籍出版社。
朱庆之(1992)《佛典与中古汉语词汇研究》,北京:文津出版社。

第二版后记

　　语言不仅仅是人类交际的工具和媒介，同时也是文化的载体和人类经验智慧的宝库。语言的发展促进了文化的进步，而文化的每一点进步也都会在语言中留下清晰的印迹。语言既可指称和反映现实，同时又是意义的创造者。在人类各民族语言发展的历程中，一方面，语言会非常敏感地对一个民族生活环境的变动和社会的变迁作出相应的调整，另一方面，语言的变动一旦确定，就会形成一种语言观念，左右和决定人们对生活和世界的认识。语言构成了文化最为深刻的基础，语言体系的形成即文化类型的形成，语言的承传亦即文化的承传。语言研究不只局限于描写语言结构的本身，还应解释为什么是这样，要联系社会、物理、生理、心理并置于空间和时间中去描写和解释。古往今来，人们生活的社会和交际的语境大致可分为物理世界、心理世界、语言世界和文化世界。一个完整的交际场是由语言世界和物理世界、心理世界、文化世界组合而成的，① 表达者和接受者在编码与解码时都要受到"四个世界"的影响和制约。② 语言世界不是直接对应于物理世界，而是有心理世界和文化世界作为中介。人们通过心理世界和文化世界来运用语言世界，同时又通过语言世界来认识物理世界和创造文化世界，反映文化和传播文化，而文化世界是制约表达者和接受者编码与解码的一个重要因素。王士元先生说："语言是人类最复杂最广泛的一种现象，单从一个角度一个学科去看是太狭窄了。要从各个不同的角度，至少要跟文化历史、

---

　　① 王希杰《修辞学通论》指出："物理世界是独立于人类认识之外而客观存在着的。""人类所认识到的物理世界，是物理世界的有限的一部分。""交际行为总是在具体的特定的物理世界之中进行。"文化世界包括思维方式、生活习俗、传统习惯、世界观、审美情趣等。（南京大学出版社，1996年，第79—81页，109页）

　　② 杨用修《醰苑醍醐》指出："夫意有浅言之而不达，深言之乃达者；正言之不达，旁言之乃达者；俚言之不达，雅言之乃达者。"参姚永朴《文学研究法》，凤凰出版社，2009年，第116页。

跟人群分布联系起来。"① 文白的转变不仅是一种语言现象，也是一种文化现象，隐含着价值观念的更新，涉及到社会的发展和人们思想观念的转变等多方面。由此入手可看到汉语适应社会发展的演变历程和趋势。

文化的定型正是语言的定型，文化的转型正是语言的转型。从初始意义上来说，语言起源于对"实"的命名，语言最初的本质是名与实的关系，但语言在发展的过程中逐渐挣脱物质实在的束缚，超越名实对应关系，意义发生衍变、转化，从而抽象化、符号化，最后成为超越物质实在、超越主体而自足的世界，即语言的世界。人的思想、知识、信仰等既来源于经验世界，也来源于语言世界。语言世界形成后，人的认识过程不再是单向的从客观现实世界到符号世界即观念世界，而是还包括从语言世界到现实世界和从语言世界到语言世界这两种模式。② 中国古代文化在春秋战国时形成正是文言在春秋战国时形成，中国古代文化在两千多年内没有发生根本性变化，正是文言在两千多年内没有发生根本性变化。中国文化的现代转型正是文白的转型，秦汉后的古白话发展至五四时期，在西学东渐中确立了现代汉语书面语的地位，中国现代文化也就确立了。现代化指的是传统社会转变为现代社会的过程，包含了工业化、商业化、城市化、社会化、民主化、法制化等许多方面。世界各国的现代化进程各有其特点，但也有大致相同之处，即除了科学技术的发展和物质生活的改善，还在于在社会结构上，由宗教或者宗法主导的传统等级制社会逐渐转变为以个人为本位的现代社会，科学的理性意识从思想上改变了人们的思维方式与世界观，形成了与传统社会不同的新知识系统和价值观念。因而文白的转型实际上不仅仅是白话取代文言的变革，而是中西和雅俗文化互动的全方位的变革，也是中国社会现代化的产物。中国的现代化进程包含了文白转变的变革以及思想观念和社会生活现代化的大变革。"语言是思想的直接现实"，③ 语言既是工具，又是思想、思维和世界观，中国古代文化的形成到发展为现代文化也可以从文白转型的角度得到深刻的分析与解释。④

---

① 石锋《访王士元教授》，《汉语研究在海外》，北京语言学院出版社，1995年，第134页。
② 高玉《古代汉语体系与中国古代文化类型》，《新疆大学学报》，2003年第1期。
③ 马克思、恩格斯《德意志意识形态》，《马克思恩格斯全集》第3卷，人民出版社，1960年，第34页。
④ 高玉《古代汉语体系与中国古代文化类型》，《新疆大学学报》，2003年第1期。

1925年兴起的新文化运动中，胡适成为白话文运动的代表，他的朋友章士钊则坚持写文言文的主张。两人在一次宴会后曾照了一张合影。章士钊在相片背后题了一首白话诗送给胡适："你姓胡，我姓章，你讲什么新文学，我开口还是我的老腔。你不攻来我不驳，双双并坐各有各的心肠。将来三五十年后，这个相片好作文学纪念看。哈哈，我写白话歪词送把你，总算是老章投了降。"在附信中章士钊还说："弟有题词，兄阅之后毋捧腹。兄如作一旧体诗相酬，则真赏脸之至也。"章士钊的题诗和附信用了日常的口语白话，诗意中流露出已感觉到白话文发展的不可阻挡。胡适收到后也在相片旁题了一首七言诗："'但开风气不为师'，龚生此言吾最喜；同是曾开风气人，愿长相亲不相鄙。"① 胡适题诗中"龚生"指龚自珍，意谓两人曾同开风气而愿长相亲。章士钊和胡适在合影照片上的题诗可以说也是白话取代文言趋势的缩影和见证。

　　20世纪初胡适曾著有《白话文学史》，惜未能续成完璧，且主要从文学史的角度论述，而有关汉语白话的发展史则迄今尚未见国内外有较为系统的研究。日本学者垣内景子《关于〈朱子语类〉的记录——口头语和书写白话的关系》一文说到《朱子语类》"是由朱子门人记录下来的特殊形式的白话文献。正因其形式的特殊性，使得《语类》有独特的资料价值：通过《语类》可以了解到朱子及其门人之间的所谓'讲学'的气氛"。他向中国学者提出如下问题："怎么区别或怎样感觉文言和白话之间的差异？白话资料有什么样的文言资料所没有的价值？口头语和书写白话之间能不能感觉到距离？如果把《语类》翻译成现代汉语，有没有恰当的文体？"② 作为中国学者，我们责无旁贷，应该也必须回答这些问题。赵元任先生曾说："对于语言及其意义的各种研究路子是互相补充的。如果我们希望做到严谨、明晰，并且所采取的每一步都很肯定，那么我们能说的就很少。另一方面，如果我们希望谈出自己真正感兴趣的东西，并且把所有因素都考虑进去，那样的话，我们所说的不仅在真实性方面不那么肯定，而且在内容方面也许更不那么清楚。""也许语言学家的日常工作总是介于这两者之间：一边是非常严谨的语义学方法，另一边则是对说话的人的活生生的、具体的研究。人作为说话的有

---

① 殷燕召《文言白话合璧存照——老照片拍卖揭示珍贵历史信息》，《光明日报》，2013年12月13日第7版。

② 垣内景子《关于〈朱子语类〉的记录——口头语和书写白话的关系》，《人文与价值，朱子学国际学术研讨会暨朱子诞辰880周年纪念会论文集》，华东师范大学出版社，2011年。

机体是心理学家和精神病学家的研究对象,但是在语言学家中间近来有一种趋势,就是偏重研究语言现象中的更省力、更整齐、更清晰、更正规的方面,而把更有意义的和更具体的东西丢在一边。我大概就是这大多数语言学家中的一员,因为我的工作有95%是形式语言学,也就是说,对语言材料进行枯燥的描述,而只有5%涉及那有血有肉、更富意义和更人性化的方面。"他指出我们可以"从两方面来努力,试着解读我们的编码",期望"所有学科间的充分的相互理解"。① 汉语白话史的研究涉及对语言材料进行枯燥的描述,也涉及有血有肉、更富意义和更人性化的方面,本书就是想试着从这两方面来努力解读汉语白话的发展和文白转型,在充分吸收传统语言学和现代语言哲学成果的基础上,从汉语史的角度审视和论述汉语白话的发展演变,宏观上从历代白话文献的诠解着眼,微观上从常用词古今演变的兴替着手,按照白话由微而显、由始附属于文言到终于取而代之的发展线索,将白话的发展史分为露头、发展、成熟三个时期,从浩如烟海的历代文献中选取能反映汉语白话发展过程的代表典籍,采用点面结合的方法,既有文白演变的历时性鸟瞰,又有每个具体发展阶段的共时描述,旨在较为全面地阐析我们的母语——汉语由文言演变为白话和白话由不登大雅之堂到升堂入室取代文言文的发展过程,剖析先秦至明清白话典籍中反映的文白演变现象,探讨现代汉语书面语系统的形成,冀廓清汉语古今演变发展的脉络,揭示言文分离和文言文转变为白话文的内在规律,填补汉语史研究中有关这方面研究的空白。然而既然是草创之作的尝试,容或有不少疏略之处,尚有待今后再作进一步的深入探索。

拙著《慧琳音义研究》后记中有当时因版面篇幅不够而删略的一段话:"世上真是知子莫如父,在当'老'大学生的第二个学生时代里,舐犊情深的老父亲一次次排着长长的队从新华书店里为我捧回了一本本散发着油墨清香的重印书,又一本本地用包书纸包好,写好书名。他那端正劲秀的字迹凝聚着他爱子的一片深情,激励着我在知识的宝库里尽情遨游驰骋。当我第一篇论文发表时,他比我还高兴地笑了,笑得那么欣慰。"三十多年来,还记得当年我的七七级同窗们传看家父寄来的中外名著时羡慕不已的神情,大家都如获至宝,教室里洋溢着文革文化沙漠后久旱逢甘霖的喜悦。值本书完稿之际,谨在此录上父亲当年排长队

---

① 赵元任《语言的意义及其获取》,载第十届控制论会议论文集《控制论——生物和社会系统中的循环因果和反馈机制》,纽约:1955年,李芸、王强军译,《语言文字应用》,2001年第4期。

为我所买一些中外名著题写书名的手泽,深切缅怀中华民族无数平凡而又不凡的真正脊梁骨之一——我亲爱的父亲。

  本书是拙著《汉语白话发展史》的修订稿,也是国家社会科学基金项目"古白话词汇研究"(13BYY107)、上海市教委科研创新项目"古白话词汇研究"(13ZS084)和上海师范大学研究生精品课程建设项目"近代汉语词汇学"的部分成果,又蒙北京大学出版社王飙先生和唐娟华女士等精心审稿,友生郎晶晶、邢怒海、潘牧天和俞莉娴、罗娫和黄辉玲等热诚相助核校了清样,可以说是在学界师长、同仁们多年来关心下的研究结晶,也是我在研究汉语白话发展史和给学生讲授古白话词汇研究课程中日有所积的一点收获。限于水平,书中论述或有挂一漏万及论述不当之处,谨在此祈请方家同仁指教赐正。

  本书用简体字排版,书中引用的有些文献例证的繁体字和异体字也许简化得未必适当。书中引用前修时贤的论点时为节省篇幅,省去了先生的称呼,在此亦一并致谢。

徐时仪
2015年2月
于上海师范大学